企业合规管理

操作指引与案例解析

曹志龙 ◎ 著

中国法制出版社
CHINA LEGAL PUBLISHING HOUSE

序

合规是企业可持续发展的基石。所谓“合规”，主要是指企业的行为符合法律法规、内部规章制度以及商业惯例和商业道德的要求。近年来，国际社会和各国政府都努力建立和维护开放、透明、公平的商业秩序。与此同时，随着党的十八大以来依法治国方略的全面推进，“企业合规”理念也越发受到我国企业的重视。2017年5月，中央全面深化改革领导小组第三十五次会议审议通过了《关于规范企业海外经营行为的若干意见》，提出“加强企业海外经营行为合规制度建设”。在这样的背景下，我国企业越来越多地关注其面临的合规风险以及如何实现合规。合规意味着企业遵守了适用的法律法规及监管规定，也遵守了相关标准、合同、有效治理原则或道德准则。若不合规，企业可能遭受法律制裁、监管处罚、重大财产损失和声誉损失，由此造成的风险，即为合规风险。

为了有效防范合规风险，企业应当建立有效的合规管理体系。企业在对其所面临的合规风险进行识别、分析和评价的基础之上，建立并改进合规管理流程，从而对风险进行有效地应对和管控。除此之外还应当重视合规文化的建设。企业的合规管理最好由领导层打造，管理层应用企业核心价值观、普遍接受的企业治理理念、道德和标准进行合规管理。

建立有效的合规管理体系并不能杜绝违规的发生，但是能够降低违规发生的风险。在很多国家或地区，当发生违规时，企业和企业的管理者以企业已经建立并实施了有效的合规管理体系作为减轻甚至豁免行政、刑事或者民事责任的抗辩。这对于我国企业无论是在国内还是在境外发展都尤为重要。

本书分为上下两编。上编主要从宏观层面针对企业合规的一些基本问题进行阐述，包括企业合规管理的概念、历史、意义，以及合规管理的组织架构、运行方式、保障机制、文化建设，等等；下编则从治理结构、合同管理、市场交易、劳动用工、财务税收、知识产权、广告、信息安全、资金往来、社会责任和突发事件处理、争议解决、海外经营投资等方面展开对具体领域的合规措施解读，尤其是有关治理结构和合同管理的合规措施。本书每章都配有案例和贴近实务的合规指引示例，以便读者能够在短时间内获得有关企业合规管理的知识与相关技能。

在这里我要感谢我的家人与同事在本书编写过程中给我的支持与鼓励。

古语云，“上医治未病”。企业合规的目的便是最大限度地将企业面临的法律风险消弭于无形。希望本书对企业及法律界的各位同人在今后的工作中有所裨益。

是为序。

目录

上篇　合规管理基础理论

下篇 合规管理实务解析

上 篇

合规管理基础理论

第一章　合规管理概述

【思维导图】

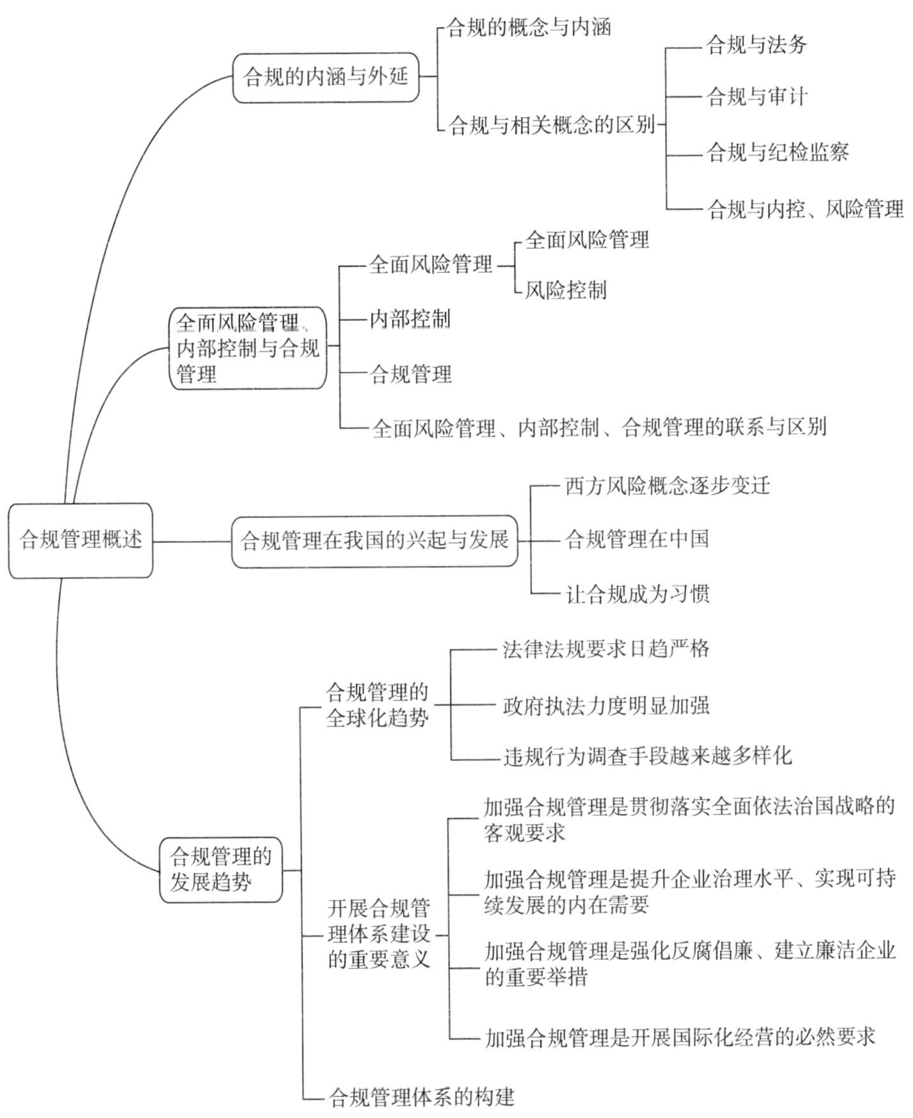

【本章概要】

本章为本书总则与概要。本章简要介绍了合规的内涵与外延，合规管理、全面风险管理与内部控制，合规管理在我国的兴起与发展，以及合规管理的发展趋势。在经济全球化的背景下，中国迈入了新的发展阶段，从过去的高速度发展转变为高质量发展。这对企业来讲，要实现可持续发展，增强核心竞争力，在市场中占据有利地位，就必须要适应经济发展的大趋势，将合规经营纳入企业管理的核心范畴，强化合规意识，树立“合规就是生产力”的观念，通过建立健全合规管理体系，为企业的行稳致远奠定基石。本章有助于企业管理者和法律人熟悉企业合规管理的概念特征、内涵以及合规管理在企业风险控制过程中的重要性，帮助企业构建、健全合规管理体系，优化企业治理结构。

第一节　合规的内涵与外延

一、合规的概念与内涵

在讨论企业合规的相关问题之前，首先需要明确合规的内涵与外延。由于国内语境下所称合规主要指企业合规，加之为表述方便，本书范围内的“合规”专指“企业合规”。随着多年来企业合规管理的发展，国内外对合规的概念存在如下不同的论述：

2018 年 11 月 2 日，国有资产监督管理委员会发布《中央企业合规管理指引（试行）》（以下简称《央企合规指引》），其中第二条第二款规定，本指引所称合规，是指中央企业及其员工的经营管理行为符合法律法规、监管规定、行业准则和企业章程、规章制度以及国际条约、规则等要求。

2018 年 12 月 26 日，国家发展和改革委员会等七部委联合发布《企业境外经营合规管理指引》（以下简称《境外经营合规指引》），其中第三条规定，本指引所称合规，是指企业及其员工的经营管理行为符合有关法律法规、国际条约、监管规定、行业准则、商业惯例、道德规范和企业依法制定的章程及规章制度等要求。

胡国辉教授在《企业合规概论》一书中认为，企业合规，是指企业的运营遵守相关的法律、法规、准则和规范。合规是管理科学，既是一个目标，也是一个完整的体系，更是一个持续的过程。胡国辉教授在讲座中进一步明确，合规要综合考虑法律、法规、强制性规定、自愿性标准、行业规范、合同义务、企业内部制度以及道德规范①。

合规意味着遵守规则、法律、标准和政策，也隐含了遵守相关行为准则的责任感和义务。从偏向法律的角度讲，企业合规指设计包括政策、程序、控制和行为在内的一整套正式内部系统，以发现和预防违反法律、法规、规则、标准和政策的情况。②

综合分析国内外对合规概念的论述，我们认为，认识合规的内涵与外延，需要先回答两方面问题：一是合规义务的来源，即“合”哪些“规”？二是合规义务主体，即规制对象是谁？

1. 关于合规义务的来源

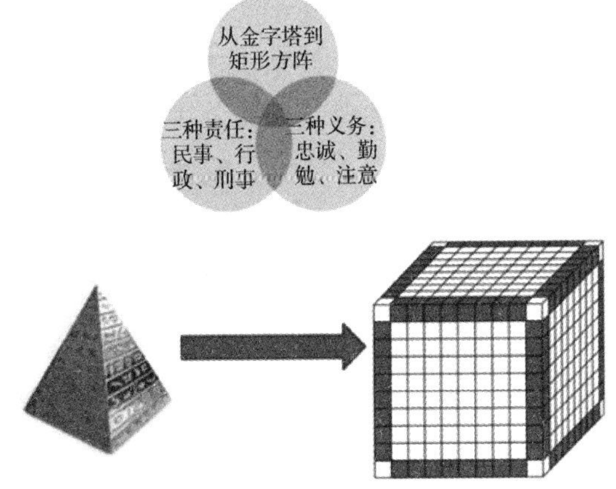

传统的企业风险管理，根据企业管理者需要和社会特定的法制环境要求，只能看到企业风险的2个至3个侧面；其实不然，企业法律风险有无数个面，因此风险管理者要有“上帝之眼”和“穿透性思维”。新时代企业的合规管理与传统的企业管理相比，不仅要求企业的行为应当符合法律法规的要求，符合企业内部制度的规定，符合企业社会责任的要求，更是要求企业加强各领域全方位合规管理体系的构建以及每个合规管理制度的建设和优化，使企业的风险管理形成一个立体的“矩形方阵”。我们认为目前合规义务的来源包括但不限于：法律法规、国际条约、行业标准与准则、商业惯例、党纪党规、

① 参见胡国辉：《企业合规概论》，电子工业出版社2018年版，第5页。

② 参见刘相文、王德昌、刁维俣、赵超、王涛：《中国企业全面合规体系建设实务指南》，中国人民大学出版社2019年版，第3页。

企业规章制度、伦理道德与职业操守等。

虽然种类繁多，但在企业合规体系建设实务中，所合之规主要还是法律、法规以及企业规章制度，因为这两类规范比较直接明确和具体，有强制约束力和相应的责任后果，是合规的重点。企业内部规范是外部规范在企业内部的投射和反映，大量基础性和核心的企业内部规范必须符合外部规范，或者来源于外部规范的授权。典型的比如企业章程、股东大会议事规则等，都是根据《公司法》《上市公司股东大会规则》等制定；再比如企业制定劳动用工制度必然要符合《劳动法》《劳动合同法》等的要求。企业合规，必须将遵守外部规范和内部规范相结合。

除了法律法规和企业规章制度外，某些国际组织或者行业协会，如世界银行集团（WBG）、国际检测认证理事会（TIC）等，不仅仅制定有针对特定主体或者成员的明确的合规指南，而且还控制丰富的项目资源为其制裁手段提供支持，只有符合这些组织的合规标准，才能成为该组织成员、获得相应的投标资质等，而违反这些组织的合规要求，则可能遭到该组织制裁，被剥夺参与某些国际项目的机会。因此，特定行业的企业往往还需要遵循相关国际和行业组织的合规标准和要求。

2. 关于合规义务的主体

合规的义务主体是企业员工及关联人员。合规的义务主体可以细化为三类：一是企业作为组织本身；二是直接控制或者参与企业决策、经营、管理的主体，包括股东、管理层、经理层、普通员工等，甚至还包括实际控制人；三是与企业经营管理发生联系，从而影响企业本身合规成效的外部主体，主要指业务合作者。

3. 合规是过程与结果的结合

合规是企业遵守和符合规则的状态。比如，《央企合规指引》第二条规定，本指引所称合规，是指中央企业及其员工的经营管理行为符合法律法规、监管规定、行业准则和企业章程、规章制度以及国际条约、规则等要求。然而，企业合规这一愿景并不能一蹴而就，而是要经过确保企业、员工、关联人员等遵守法律法规、行业标准、道德的持续性过程。

合规的过程性体现在两个方面：一是前期合规体系建设，进行风险识别，比如梳理企业内外部制度、通过现场访谈等方式发现合规风险点、编写合规业务指引和员工行为手册、撰写合规示范条款等；二是合规体系建设完成后，需要维护、运行和更新，开展合规体系评估等，更新完善企业的合规体系，而且合规体系运行也离不开合规考评、合规培训、合规文化培育、合规风险举报等需要长期开展的合规保障工作。

综合上述，我们认为，合规是指通过建立、维护和运行一整套企业内部管理制度、流程、组织和职能，以确保企业及其员工、其他利益相关方等依规行事。

二、合规与相关概念的区别

《央企合规指引》第四条第三项规定，推动合规管理与法律风险防范、监察、审计、内控、风险管理等工作相统筹、相衔接，确保合规管理体系有效运行。如果不厘清合规管理与法务、纪检监察、审计、风控等工作的关系，在本已纷繁复杂的企业风险管理板块中加上合规管理，有可能造成九龙治水、政出多门的混乱局面。

（一）合规与法务

在实务中，国内外很多企业都存在合规部和法务部合二为一的情形；加之严格来讲，合规和法务都致力于实现企业遵守法律、法规和其他适用的规则、标准的状态，是关联度很高的工作，因此两者经常容易混淆。虽然《央企合规指引》第十条规定，法律事务机构或其他相关机构为合规管理牵头部门，组织、协调和监督合规管理工作，为其他部门提供合规支持；但是这可以理解为将法务和合规这两项职能交由同一部门负责，而非合规和法务是同一职能。具体理由如下：

1. 两者的性质不同。合规是一个宏大的管理体系，强调嵌入企业的经营管理，持续不断的合规管理可以改善企业管理组织体系，形成具有较强执行力、程序化的管理制度和流程。而企业法务侧重于通过具体案件的解决和事项的处理来维护企业的权益，如个案诉讼仲裁、合同的起草、审查、修改，劳动与雇佣，投融资等。

2. 两者的内容不同。一方面，法务主要依据法律法规对企业纠纷进行处理，但是合规除了强调企业守法经营，还可能要求企业遵守企业内部规定、国际条约、行业准则、商业惯例、社会道德规范等，所依据的规范较之法务更为宽泛。另一方面，由于合规需要将规范要求细化和融入企业日常经营管理中，而非简单充当“企业警察”的角色，所以除了依赖法律专业知识，同时也涉及培训、人力资源、交流、审计和内控等企业管理内容。

合规和法务有区别，也有联系。法务为合规制定标准，提供专业支持；合规将标准嵌入企业业务流程，改善企业的经营管理。企业法务在处理纠纷的过程中可能发现合规风险点和预防风险的关键环节，从而有利于填补合规漏洞；而优秀的合规管理体系一方面可以减少法律纠纷，另一方面可以在纠纷发生的情况下，帮助提供更多的有利证据和抗辩理由，还可以证明企业已经尽到合规义务，帮助减轻企业处罚和相应的法律责任。

（二）合规与审计

内部审计专家劳伦斯·索耶（Lawrence B. Sawyer）这样给内部审计定义："对组织中各类业务和控制进行独立评价，以确定是否遵循公认的方针和程序，是否符合规定和标准，是否有效和经济地使用了资源，是否在实现组织目标。"① 企业内部审计和企业合规同属企业全面风险管理和内部控制体系的组成部分，也既有区别，又有联系。

就区别而言：

1. 合规和审计所要解决的问题不一样。简而言之，合规解决的问题是，企业活动是否符合内外部规范。而审计解决的问题是，企业活动是否达到了预期效果。

2. 两者的性质也有差异。合规着眼于企业的现在和未来，以确保企业活动遵循所适用的内外部规范，因而基本上是运行性的；而内部审计着眼于企业的过去和现在，审查和评估企业内部控制体系是否充分高效，因而基本上是保证性的。合规的运行性体现在合规嵌入企业的日常经营管理，因而和业务是紧密联系的；而审计的保证性则要求审计要起到应有的效果，就必须保持高度的独立性。

3. 合规和审计在企业风险管理中扮演的角色不一样。按照国内外通行的企业风险管理"三道防线"理论和《中央企业全面风险管理指引》第十条、《保险公司合规管理办法》第二十条至第二十三条规定，企业风险管理有三道防线，第一道防线是业务部门，第二道防线是合规部门和合规管理，第三道防线是审计部门。合规管理作为审计部门的前一道防线，其本身也是审计的

---

① 参见徐永超：《浅谈内部审计提升内控质效存在的问题及对策》，载《商业经济》2017 年第 9 期。

对象之一。

合规和审计的联系体现在：一方面，审计可以评估合规的有效性，两者之间形成交流反馈。企业审计部门应对企业合规管理的执行情况、合规管理体系的适当性和有效性等进行独立审计。审计部门与合规部门在工作中可以相互沟通审计结果和合规风险的识别和评估情况。另一方面，审计和合规分属不同专业领域，可以互相提供支持，实现“1 +1 >2”的效果。企业合规可以为内部审计提供法律支持，如法律意见和合规意见。企业合规部门开展内部合规调查，特别是涉及反腐败、反商业贿赂、反舞弊和职务侵占等事项时，需要企业审计部门提供财务方面的专业支持。

(三) 合规与纪检监察

在企业合规管理过程中，反腐败和反商业贿赂一直是重点，而纪检监察工作的重点也常常是反腐倡廉。两者在工作方式上也有共同点，都是软硬结合，既强调用规章制度进行硬性约束，又重视宣传教育和文化培育。此外，合规强调将合规管理嵌入企业具体工作流程和具体岗位，而纪检监察也在开展嵌入式廉洁风险防控机制建设，不断优化流程梳理，将廉洁要求落到实处。以上种种联系，使得合规和纪检监察的范畴显得不够清晰，但其实两者有明显的区别。

1. 两者的执行主体不同。《央企合规指引》第十条规定，法律事务机构或其他相关机构为合规管理牵头部门，组织、协调和监督合规管理工作，为其他部门提供合规支持。而在实践中，每家企业会根据自身特点单独设置首席合规官、合规委员会、合规专员等机构和岗位，也可能将合规职能直接赋予法务部，以开展合规管理工作。而企业纪检监察工作的牵头和执行部门则相对固定，纪检工作的牵头单位为企业纪委，具体办事机构为纪检监察部门。

2. 两者的规范依据和规范领域不同。合规的规范依据既包括法律法规、国际条约、行业惯例等外部规范，又覆盖企业自身的制度、政策、标准和流程，甚至还涉及道德操守，其领域横跨反腐败、产品质量、知识产权、劳动用工、环境保护，甚至出口管制等多方面。而纪检监察的规范依据主要是党的章程和相关党纪党规，覆盖的领域主要集中在腐败倡廉、思想政治工作等方面。

3. 两者的工作内容和对象不同。合规的工作内容主要包括合理搭建合规体系的组织框架、抓准合规的重点领域和关键环节、进行合规风险的识别、分析和评估、企业内外部制度梳理、法律法规库的建设和合规指引的发布等。工作对象从企业领导层到普通员工，还覆盖供应商等商业伙伴。纪检工作是党内监督工作，主要内容是负责维护党的章程和其他党规党纪，检查党的路线、方针、政策和决议的执行情况，协助党委加强党风廉政建设和组织协调反腐败工作。

4. 两者的违规后果和问责办法不同。如果企业不合规，那么根据行为的严重性和所违反的具体规范，违规主体可能承担民事责任、行政责任或者刑事责任，也有可能因违反劳动纪律被解除劳动合同，还可能因为违规损害企业声誉而丧失交易机会等。而对于违反党纪党规的主体，企业的纪检监察机关有权对违规主体进行监督、执纪和问责，纪委可以根据《中国共产党纪律处分条例》对责任主体进行相应处分。

纪检监察在企业反腐败、思想政治宣传等方面往往发挥独特作用。因此，企业在合规体系建设过程中，可以整合纪检监察资源，让合规管理和纪检监察形成合力，共同建设优秀的企业合规体系①。

（四）合规与内控、风险管理

我国《企业内部控制基本规范》第三条规定，内部控制是由企业董事会、监事会、经理层和全体员工实施的、旨在实现控制目标的过程。内部控制的目标是合理保证企业经营管理合法合规、资产安全、财务报告及相关信息真实完整，提高经营效率和效果，促进企业实现发展战略。《中央企业全面风险管理指引》第三条规定，企业风险一般可分为战略风险、财务风险、市场风险、运营风险、法律风险等。第四条则将全面风险管理定义为：企业围绕总体经营目标，通过在企业管理的各个环节和经营过程中执行风险管理的基本流程，培育良好的风险管理文化，建立健全全面风险管理体系，包括风险管理策略、风险理财措施、风险管理的组织职能体系、风险管理信息系统和内部控制系统，从而为实现风险管理的总体目标提供合理保证的过程和方法。

企业合规、企业内部控制和企业全面风险管理之间有密切的联系。企业内部控制和风险管理的对象都是企业经营过程中的风险，企业全面风险管理主要通过内部控制来实现目标，而合规则是企业内部控制的重要组成部分。

---

① 参见瞿芃：《让廉洁种子撒满“一带一路”》，载《中国纪检监察报》2019年4月28日。

第二节　全面风险管理、内部控制与合规管理

2018 年 11 月，为推动中央企业全面加强合规管理，国务院国资委颁布了《央企合规指引》，对中央企业建立健全合规管理体系作出了原则性的规定。然而在实际操作中，全面风险管理、风险控制、内部控制、合规管理等概念在企业管理中的边界并不清晰，一些管理者甚至将其中的某些概念混为一谈。本书针对这些相似概念进行分析和比较，寻找相似概念之间的联系和区别，以期帮助读者更好地理解相关概念，从而在实际运用中把握好相关政策与规范。

一、全面风险管理

（一）全面风险管理

2006 年 6 月，国务院国资委颁布的《中央企业全面风险管理指引》第四条对全面风险管理的定义是："本指引所称全面风险管理，指企业围绕总体经营目标，通过在企业管理的各个环节和经营过程中执行风险管理的基本流程，培育良好的风险管理文化，建立健全全面风险管理体系，包括风险管理策略、风险理财措施、风险管理的组织职能体系、风险管理信息系统和内部控制系统，从而为实现风险管理的总体目标提供合理保证的过程和方法。"

从这一定义可以看出，企业风险管理已经实现了由传统的风险管理上升到全面风险管理的转变。全面风险管理具有以下几个特征：一是战略性。全面风险管理主要运用于企业战略层面，站在战略层面整合和管理企业层面风险是全面风险管理的价值所在。二是全员化。全面风险管理是一个由企业治理层、管理层和全体员工参与的过程，它本身并不是一个结果，而是实现结果的一种方式。三是二重性。全面风险管理既要管理纯粹的风险（只有带来损失一种可能性），又要管理机会风险（同时存在损失和盈利两种可能性）。四是系统性。全面风险管理必须拥有一套系统且规范的方法来建立健全全面风险管理体系，包括风险管理策略、风险理财措施、风险管理的组织职能体系、风险管理信息系统和内部控制系统。

（二）风险控制

风险控制通称“风控”，是指控制风险事件发生的动因、环境、条件等，来达到降低风险事件发生的概率或者减轻风险事件发生时损失的目的。例如可以通过规定禁止在室内使用易燃易爆物质、禁止在存放设备的厂房吸烟，从而降低风险事件发生的概率；可以通过修建水坝防范洪灾、设立质量检验中心防止残次产品流向市场，从而减轻风险事件发生时的损失。

企业全面风险管理则较为复杂，它的商业使命在于：一是损失最小化管理，当风险损失不能避免时，尽量使损失最小化；二是不确定性管理，风险损失可能发生也可能不发生时，设法降低风险发生的可能性；三是绩效最优化管理，当风险预示着机会时，把风险转化为增进企业价值的机会。为了更好地完成全面风险管理的商业使命，便于管理人员更好地操作，必须对风险管理设立一套基本的流程。《中央企业全面风险管理指引》指出，风险管理基本流程包括以下主要工作：一是收集风险管理初始信息；二是进行风险评估；三是制定风险管理策略；四是提出和实施风险管理解决方案；五是风险管理的监督与改进。

由此可以看出，风险管理策略是全面风险管理基本流程中的重要一环。而风险管理策略的工具主要有七种：风险承担（对于某些风险只能采取接受的态度）、风险规避（企业回避、退出或者停止蕴含某一风险的商业活动或商业环境）、风险转移（企业通过合同将风险转移给第三方）、风险转换（企业通过战略调整等手段将面临的某个风险转换成另一个风险）、风险对冲（企业采用各种手段，使这些风险的影响互相抵销）、风险补偿（企业对风险造成的损失采取适当的措施进行补偿）和风险控制。

企业在全面风险管理的过程中，必须建立完整的流程体系，其中制定风险管理策略是全面风险管理的基本流程之一，而风险控制又是众多风险管理策略中的一种，这就是风险控制与全面风险管理的关系。

二、内部控制

财政部、证监会、审计署、银监会及保监会于 2008 年和 2010 年分别联合印发的《企业内部控制基本规范》指出，内部控制是由企业董事会、监事会、经理层和全体员工实施的、旨在实现控制目标的过程。内部控制的目标是合理保证企业经营管理合法合规、资产安全、财务报告及相关信息真实完整，提高经营效率和效果，促进企业实现发展战略。

由此可以看出，内部控制是一个实现目标的程序和方法，其本身并非目标。内部控制的目标包括：一是提高企业经营的效率和有效性，二是确保财务报告的可靠性，三是确保企业的生产经营行为遵循相应的法律法规和企业章程。

《企业内部控制基本规范》结合实际，要求企业建立与实施的内部控制包括以下5个要素：（1）内部环境；（2）风险评估；（3）控制活动；（4）信息与沟通；（5）内部监督。

财政部、证监会、审计署、银监会、保监会五部门于2010年4月15日制定的《企业内部控制配套指引》包括《应用指引》《评价指引》和《审计指引》。其中《应用指引》将企业内部控制分为组织框架、发展战略、人力资源、社会责任、企业文化、资金活动、采购业务、资产管理、销售业务、研究与开发、工程项目、担保业务、业务外包、财务报告、全面预算、合同管理、信息传递、信息系统共计18个方面，针对每一项具体业务，《应用指引》都提出了企业需要关注的主要风险以及内部控制要求与措施，从而使企业内部控制贯穿企业运营管理的各个环节。

针对每一项具体的业务，内部控制强调企业要设计和建立相互制衡的组织机构，设计、制定、实施企业内部控制的制度和流程，例如建立授权制度、业务分离制度等，并对这些制度和流程的实施进行评价和监督。以研究开发业务为例，内部控制主要关注以下几个方面：一是企业要结合研发计划，提出研究项目立项申请，编制可行性研究报告；二是研究项目应当按照规定的权限和程序进行审批；三是应当合理配备专业人员，严格落实岗位责任制，确保研究过程高效、可控；四是应当建立研究成果验收制度，组织专业人员对研究成果进行独立评审和验收；五是建立研究人员管理制度，与研究人员签署保密协议；六是建立知识产权保护制度和研发活动的评估制度。

三、合规管理

2018年11月，国务院国资委颁布了《央企合规指引》，提出了“加快提升依法合规经营管理水平，着力打造法治央企，保障企业持续健康发展”的口号。

《央企合规指引》中明确指出，合规，是指中央企业及其员工的经营管理行为符合法律法规、监管规定、行业准则和企业章程、规章制度以及国际条约、规则等要求。合规管理，是指以有效防控合规风险为目的，以企业和员工经营管理行为为对象，开展包括制度制定、风险识别、合规审查、风险应对、责任追究、考核评价、合规培训等有组织、有计划的管理活动。

对于合规管理而言，其管理依据则相当广泛，合规中的“规”不能狭义地理解为法律法规，而是应当包括以下几个方面：法律法规、监管规定、行业准则、企业章程、规章制度以及国际条约、规则和惯例，除此之外我国企业还应当严格遵守党纪和党规。企业合规强调企业运营管理的各个流程应当符合以上规定。在操作流程方面，合规在很大程度上是先把外部规定如法律法规内化为企业规章制度，而后再依据内部规章制度进行控制。合规管理则被定位为监督部门的职责，主要包括监测、识别、评估企业各部门合规规则的遵循情况和合规风险的发生及整改情况，是一种常规化、流程化、标准化的管理模式。

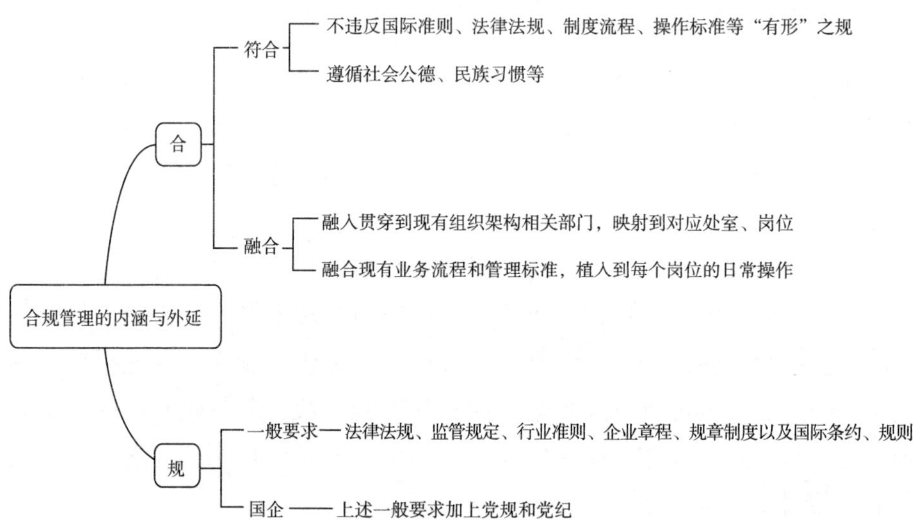

此外，我们在推进依法治国的过程中，应当注重国内法与国际法的接轨，应当将国际法作为依法治国的重要参考。我们应当积极参与国际规则的制定，增强我国在国际法治中的话语权，扩大我国的国际影响力。

四、全面风险管理、内部控制、合规管理的联系与区别

全面风险管理、内部控制与合规管理本质上都是为了评估、防范、控制企业风险，从而促进企业经营目标的实现。但是三者之间也有比较明显的区别，主要有以下几点：

一是概念的内涵不同。内部控制系统是全面风险管理体系的组成部分，全面风险管理体系除了内部控制系统之外，还包括风险管理策略、风险理财措施、风险管理的组织职能体系、风险管理信息系统。合规管理与内部控制都是通过明确的规章制度约束员工的行为，但合规管理所管辖行为的范围更小且标准更严格。一部分合规要求来自国家的法律法规，其本质特征就是有一条明显的红线，比如贪污受贿，越过即违规。因此，从三者的内涵来看，合规管理小于内部控制，内部控制小于全面风险管理。

二是应对风险的内容不同。根据风险的不同来源，企业面临的风险分为外部风险和内部风险两类。外部风险主要包括政治风险、法律风险、社会文化风险、技术风险、市场风险等；内部风险主要包括战略风险、操作风险、运营风险、财务风险等。全面风险管理是对企业面临的所有种类风险的应对措施，涵盖的范围较广。而内部控制和合规管理应对的风险种类较少，无法有效应对所有类型的风险。无论内控有多严密，也无论规章制度的遵循情况有多良好，都无法衡量和应对政策改变带来的政治风险，无法衡量和应对产品或服务价格变化带来的市场风险，也无法衡量和应对某一新技术的产生对某些行业或某些企业带来威胁的技术风险。

三是审视风险的角度不同。全面风险管理主要是围绕企业战略和生产经营目标，站在宏观的角度识别、分析和评估风险。而内部控制和合规管理主要是从流程合规、防范舞弊的角度出发，围绕企业的生产经营过程，从微观的角度审视企业的采购业务、资产管理、销售业务、担保业务等具体业务是否符合相关规定，是否存在相应风险。

四是设定的目标不同。合规管理的目标在于将企业的生产经营行为和管理行为纳入合规管理体系中，保障企业不会因为不合规行为而遭受声誉受损、民事赔偿甚至行政和刑事处罚等损失。内部控制的目标是通过一系列的控制手段，来最大限度地确保财务报告的可靠性。除此之外，内部控制还要确保企业的生产经营行为遵循相应的法律法规，提高企业的生产经营效率。如果

说合规管理更加注重结果，那么内部控制就更加注重过程。

五是采取的方法不同。全面风险管理的技术和方法有很多，比如德尔菲法、流程图分析法、风险评估系图法、敏感性分析法、决策树法等。其中既有定性分析，也有定量分析，这取决于不同风险识别技术和方法的特点。内部控制则侧重于采用穿行测试、控制测试等审计鉴证技术。具体来说，如果想了解企业的内部控制是否得到执行，可采取穿行测试的方法；如果想了解企业的内部控制是否有效，可采取控制测试的方法。

综上所述，在企业的经营与管理过程面临的潜在风险不断增加的情况下，合规管理、内部控制、全面风险管理都是现代企业治理中不可或缺的部分。虽然三者在企业管理中的界限比较近似，但是三者在概念内涵、应对风险的内容、审视风险的角度、设定的目标以及采取的方法上都有所不同，在实践中必须予以区分。合规管理的内涵最小，但是合规是企业必须遵守的底线，一旦在合规管理上出现问题，必将给企业带来难以挽回的损失。对于大型央企来说，应当转变传统的法务思维，更加重视企业合规，从组织建设、制度建设、文化建设构建合规管理体系，使依法合规成为企业的核心价值，从而确保企业的生产经营平稳有序地进行。

第三节　合规管理在我国的兴起与发展

企业作为现代人的主要工作生活场所，其属性也在日渐超越传统上以营利为目的的经济领域，进而介入政治、社会、道德伦理等诸领域。我国合规管理的兴起正是在这种现代化语境下展开的。

一、风险概念逐步变迁

根据澳大利亚学者狄波拉·勒普顿（Deborah Lupton）的梳理，风险概念经历了以下三个阶段的变迁。[①] 中世纪的风险观念特指一个客观危险（自然事件等）的可能性，这种观念排除了人的过失和责任因素，人类只能粗略估计发生此类事件的可能性并采取行动减少其影响。17 ~ 19 世纪，风险概

① 参见任雪松、郭宪功、吴尚轩：《探究中国合规管理兴起的秘密》，载《法人》2019 年第 5 期。

念不仅覆盖了自然领域，也被扩展到人类自身的行为和社会关系当中，原本彻底非确定性的宇宙被改造成一个可管理的宇宙。这一时期，风险仍是基于可预见性或可知性，当某一事件不可预见时，它就不再属于风险而进入到了不确定性（uncertainty）的范畴。与此同时，这一时期的风险是一个中性的概念。到了20世纪末，风险和不确定性以及“好风险”和“坏风险”之间的细微差别逐渐消失。除了在经济投机领域获利时会提到“好风险”之外，风险常常被用于特指一个消极的不利后果。同时，可计算的概率问题在很大程度上被日常用语所忽略，风险与不确定性在概念上被等同起来。

与这些变化并行的则是旨在回应、解决这些问题进而风险控制的策略，合规管理体系正是实现这种策略的重要组成部分。

二、合规管理在中国

在中国，首先是金融行业对合规有要求，它引进了商业银行的合规风险管理指引，基本就是以巴塞尔文件为基础，2007年保监会也是在这个基础上发布了保险公司的合规管理指引。证券领域对合规也有很大需求，因为上市公司相对于购买股票的外部人有一个很天然的优势，所以在这个领域各种欺诈、内幕交易等情况会比较多发。对于上市公司而言，可能70%的问题都与信息披露有关，比如它没有规范地按照信息披露的各种标准、要求，一些重大事项该披露的没披露，事发之后证监会都要进行处罚。

在中国非金融企业，特别是大型国有企业的企业管理中，国资委对合规工作的重视，是推动合规工作的重要力量。2018年颁布的《央企合规指引》，标志着国务院国资委从强调全面风险管理转变为强调合规管理。工作重心集中在央企对法律法规和规章制度的遵从性方面，以提高可操作性的方式促进管理措施的真正落实。

三、让合规成为习惯

在当前经济风险、伦理风险等多重风险叠加耦合的情况下，对于生活在企业治理下的现代人而言，合规是一种生活方式。这一生活方式的形成不仅是基于利益权衡的认知判断，还是基于通过文化植入而被发展了的审美的或者意义价值判断。

在这种生活方式之下，风险管理纳入他们日常生活习惯的一部分。员工让企业作为一个共同体能够在现有的社会环境中有声誉、有品牌地存续下去，从而确保自己能够经由这一组织共同体在社会环境中自由有尊严地活下去。

第四节 合规管理的发展趋势

一、合规管理的全球化趋势

自2000年以后，合规要求趋于全球化，体现在三个方面：

（一）法律法规要求日趋严格

2014年国际标准化委员会正式出台了合规管理国际标准，进一步推动合规管理成为全球规则。同时，其他发达国家均制定了类似FCPA的法律法规。

在我国，党的十八届四中全会通过的《中共中央关于全面推进依法治国若干重大问题的决定》。2016年初，国资委印发《关于全面推进法治央企建设的意见》，对我国企业增强依法合规管理能力，推动合规管理体系建设提出更高层面的要求。

我国的反腐败、反商业贿赂法条散见于各法律，如《刑法》和《反不正当竞争法》等。此外还有一些相关法规、行政法规和司法解释作为补充，如《禁止商业贿赂行为的暂行规定》。

（二）政府执法力度明显加强

我国近年来因违反市场公平竞争、反舞弊与反腐败、环保标准、质量要求等合规监管规定而受到相关监管机构严厉处罚的案例层出不穷，这些案件无一不给企业带来巨额经济损失。

（三）违规行为调查手段越来越多样化

面对日益严苛的监管形势和要求，跨国公司合规管理呈现由被动地满足监管部门的要求到主动地建立合规管理体系，强化合规管理逐渐成为企业的自发行为和内生需求。随着合规监管范围不断拓展，合规领域从专项的反腐败、反垄断、反不正当竞争扩展到包括利益冲突、关联交易、知识产权、劳工雇佣、环境、健康和安全、信息披露、反洗钱等多个领域在内的全面合规，涉及企业经营发展的方方面面。

我国正在对贿赂行为采取强硬措施。2013 年 1 月 1 日，《最高人民法院、最高人民检察院关于办理行贿刑事案件具体应用法律若干问题的解释》开始施行，为政府解释其反腐败法律法规提供了指导。该解释规定向国家工作人员行贿金额在人民币 1 万元以上的，应当追究刑事责任。2018 年颁布的《监察法》亦在第十一条规定了监察委员会对涉嫌贪污贿赂、滥用职权、玩忽职守、权力寻租、利益输送、徇私舞弊以及浪费国家资财等职务违法和职务犯罪的监督、调查、处置职责。

二、开展合规管理体系建设的重要意义

（一）加强合规管理是贯彻落实全面依法治国战略的客观要求

党的十八届四中全会作出了全面依法治国的重要战略部署。党中央、国务院下发的《关于深化国有企业改革的指导意见》（中发〔2015〕22 号）明确提出“全面推进依法治企”“进一步发挥企业总法律顾问在经营管理中的法律审核把关作用，推进企业依法经营、合规管理”。

2017 年 12 月 29 日，国家标准化管理委员会发布了《合规管理体系　指南》（GB/T 35770－2017）。2018 年 11 月，为推动中央企业全面加强合规管理，国资委又颁布了《央企合规指引》，对中央企业建立健全合规管理体系作出了原则性的规定。企业大合规，已成为中国企业合规管理的主要发展趋势，势必成为中国企业合规管理的主旋律。

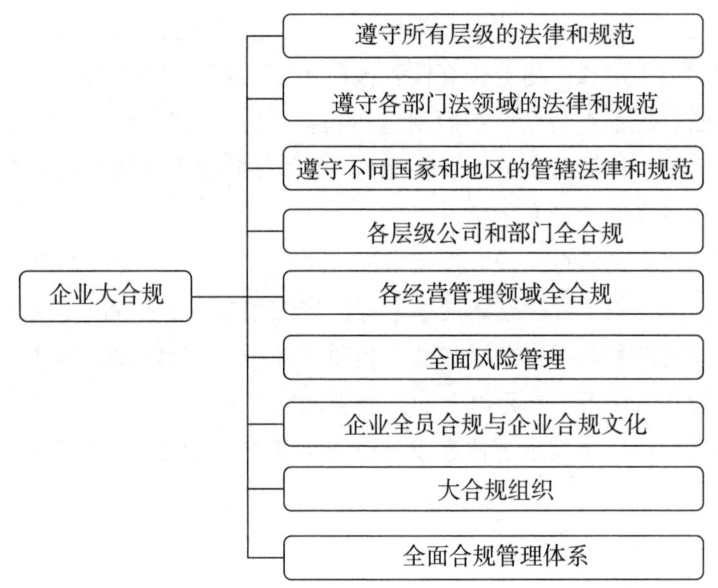

（二）加强合规管理是提升企业治理水平、实现可持续发展的内在需要

我国经济的新常态为企业治理提供了新的发展机遇，在经济增长速度放缓的大背景下，作为中国宏观经济微观基础的企业积极适应结构性调整，建立健全现代企业制度，提升经营管理水平，增强核心竞争力，经营管理必须依法合规，必须加强合规管理，变被动要求为主动推动。

通过对各业务和管理领域的合规风险进行风险评估，发现隐患，主动缓释风险，帮助领导层决策，有效化解或降低风险。

（三）加强合规管理是强化反腐倡廉、建立廉洁企业的重要举措

党的十八大以来，按照中央部署，不断加大反腐倡廉力度，积极查处违法违纪案件，取得明显成效。与此同时，也存在一些亟待解决的问题，这些问题归根结底都是由于不合规而引发的。

企业的合规管理大多都将廉洁诚信、反腐拒腐作为重要内容，同时将廉洁诚信与企业文化、道德要求等高度融合，将其作为全体员工乃至第三方的行为准则，目的就是确保上至高层领导，下到普通员工乃至第三方都遵守廉洁诚信的合规要求，实现建设廉洁企业、降低系统性腐败风险的目的。

（四）加强合规管理是开展国际化经营的必然要求

一是“走出去”过程中参与国际竞争的现实需要和压力。随着全球合规监管趋于严格，一些企业合规方面存在的问题也逐渐暴露出来。同时随着对外投资增加，面临的合规风险和诚信危机使企业参与全球竞争处于非常被动和不利的地位。

二是在与合规体系完善、发展成熟的跨国公司合作时面临的合规严苛要求也是推动力之一。

因此，企业要走出去，必须尽快建立健全合规管理体系，才能更好地参加国际化竞争，有效防范经营中的违规风险，确保企业走得稳、走得远。

三、合规管理体系的构建

在经济全球化浪潮的推动下，中国步入了新的发展阶段，市场竞争也越发激烈，这对企业来讲，既是机遇也是挑战，一方面对企业的发展提出了更高的新要求，另一方面不能适应新经济发展趋势的企业将会逐渐被社会所淘汰。企业为了实现可持续发展，增强核心竞争力，在市场中占据有利地位，就必须要适应经济发展的大趋势，改变以往落后的经营发展模式，将合规经营纳入企业管理的核心范畴，强化合规意识，坚持合规经营管理的原则，通过建立健全合规管理体系，为企业的长久有效发展奠定基石。

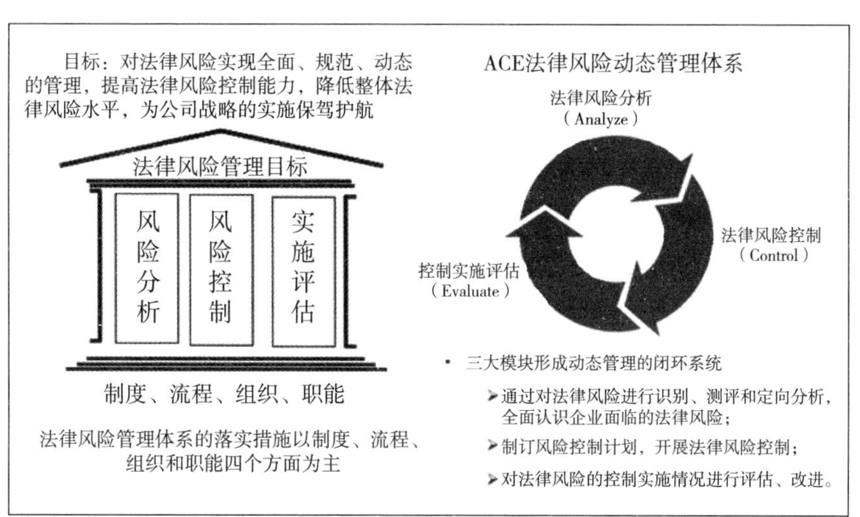

企业建立健全合规管理体系，一方面，要把握重点合规领域，随着合规监管范围不断拓展，合规领域应从专项的反腐败、反垄断、反不正当竞争扩展到包括企业主体资格、股东权利行使、企业治理结构、资金活动、合同管理、人力资源管理、财务税收、知识产权、履行社会责任、企业权益保护、企业变更、企业的解散和清算等多个领域在内的全面合规，涉及企业经营发展的方方面面。另一方面，建立健全合规管理体系不是一蹴而就的，这是一项庞杂且系统的工作，包含合规管理机构的设置、合规管理运行与控制、合规管理保障机制的建立、合规文化建设等多个方面。关于企业合规管理制度的建设以及企业重点领域合规管理体系的构建，本书将在后续章节中做进一步论述。

本章合规指引

本章介绍了企业合规管理的概念、特征、内涵以及合规管理在企业风险控制过程中的重要性。当下企业的合规管理与传统的企业管理相比，不仅要求企业的行为应当符合法律法规的要求，符合企业内部规章制度的规定，符合企业商业道德的要求，更是要求企业加强各领域全方位合规管理体系的构建以及每个合规管理制度的建设和优化。合规管理的目的就是通过建立一套机制，使企业能够有效识别、评估、监测合规风险，主动避免违法违规违纪行为的发生，从而免受法律制裁或财务、声誉等方面的损失，防范操作风险。因此本章旨在提示企业管理层树立合规思维、合规理念，让“合规成为一种习惯”。

下面提供《企业合规制度总则》作为该部分合规管理的指引。具体内容如下：

【示例】

企业合规制度总则

第一条 为规范企业合规管理，完善合规管理体系，明确合规管理责任，保障企业依法合规经营，实现企业持续规范发展，依据我国《公司法》《合规管理体系 指南》《中央企业合规管理指引（试行）》等法律法规和指引性文件，特制定本制度。

第二条 合规与合规管理

依法合规经营简称“合规”，是指企业经营活动（包括企业行为和企业员工执业行为）遵守有关法律、法规和企业管理制度。本制度所称法律法规是指适用于评级企业经营活动的法律、行政法规、部门规章及其他规范性文件、行业规范和自律规则等；本制度所称管理制度，是指企业制定的行政管理、人事管理、财务管理、评级业务管理、评级内控制度等。

本制度所称合规管理，是指企业在业务开展过程中对合规风险进行识别和管理的活动，还包括全员合规意识教育和合规文化建设。合规管理是企业一项核心的风险管理活动。

本制度所称合规风险，是指因企业经营活动违反法律、法规和企业有关管理制度，致使企业受到监管处罚、财产损失和声誉损失的风险。

第三条　合规管理原则

在企业各部门、分支机构、子公司（以下简称各单位）合规经营方面，合规管理遵循以下原则：

（一）全面管理原则

合规管理涵盖企业各单位和全体员工，覆盖企业所有评级业务领域及评级业务全流程，应做到事事合规、人人合规。企业董事会、监事会和高级管理人员依照法律、法规和企业章程的规定，履行与合规管理有关的职责，对企业合规管理的整体有效性承担责任。

企业各部门和分支机构负责人对本部门和分支机构工作人员执业行为的合规性进行监督管理，对本部门和分支机构合规管理的有效性承担责任。

企业的全体人员均应熟知与本岗职责相关的法律、法规和准则，主动识别、报告和控制自身执业行为的合规风险，并对自身执业行为的合规性承担责任。

（二）独立管理原则

合规管理部（以下简称合规部）及合规管理人员（以下简称合规人员）职能独立于业务部门，其合规管理职能不受业务部门干涉。合规人员不得承担与其合规管理职责可能产生利益冲突的职责。

在公司中，高级管理人员不得违反规定的职责和程序，不得直接向合规负责人或合规管理工作人员下达可能干扰合规管理的指令或者干涉其合规管理工作。

（三）垂直管理原则

合规管理部由企业总经理直接领导。合规人员由合规部直接领导，向合规部负责人报告。

合规管理部门的合规管理责任不替代或者免除企业其他部门、全体工作人员所负担或归属的合规责任。

第四条 企业各部门、分支机构及工作人员应接受企业合规管理部的合规指导和监督，积极配合合规管理部对企业合规管理情况的检查和评价，不得隐瞒真实情况，提供虚假信息。

第五条 企业各部门、分支机构、子公司应主动进行定期或不定期的合规性常规自查。

企业员工在发现合规风险事项或行为以及可能导致合规风险发生的事项或行为时，应于当日内向本部门或所在分支机构负责人报告；可能构成重大风险的事项或行为，应立即直接向企业合规管理部报告。

企业各部门、分支机构负责人在发现和获悉可能构成合规风险的可疑事项或行为时，应于当日内向企业合规管理部报告。

第六条 企业的评级从业人员如发现企业其他从业人员或机构从事违法、违规或违反职业道德、行业行为准则的行为时，应视具体情况立即报告合规负责人或企业分管领导。相关部门及人员应当对报告情况进行调查核实，及时采取相关措施或向有关部门报告。

企业保护举报人，禁止相关部门或人员对其进行打击报复，对查实的打击报复行为进行严惩。

第二章　合规管理组织架构

【思维导图】

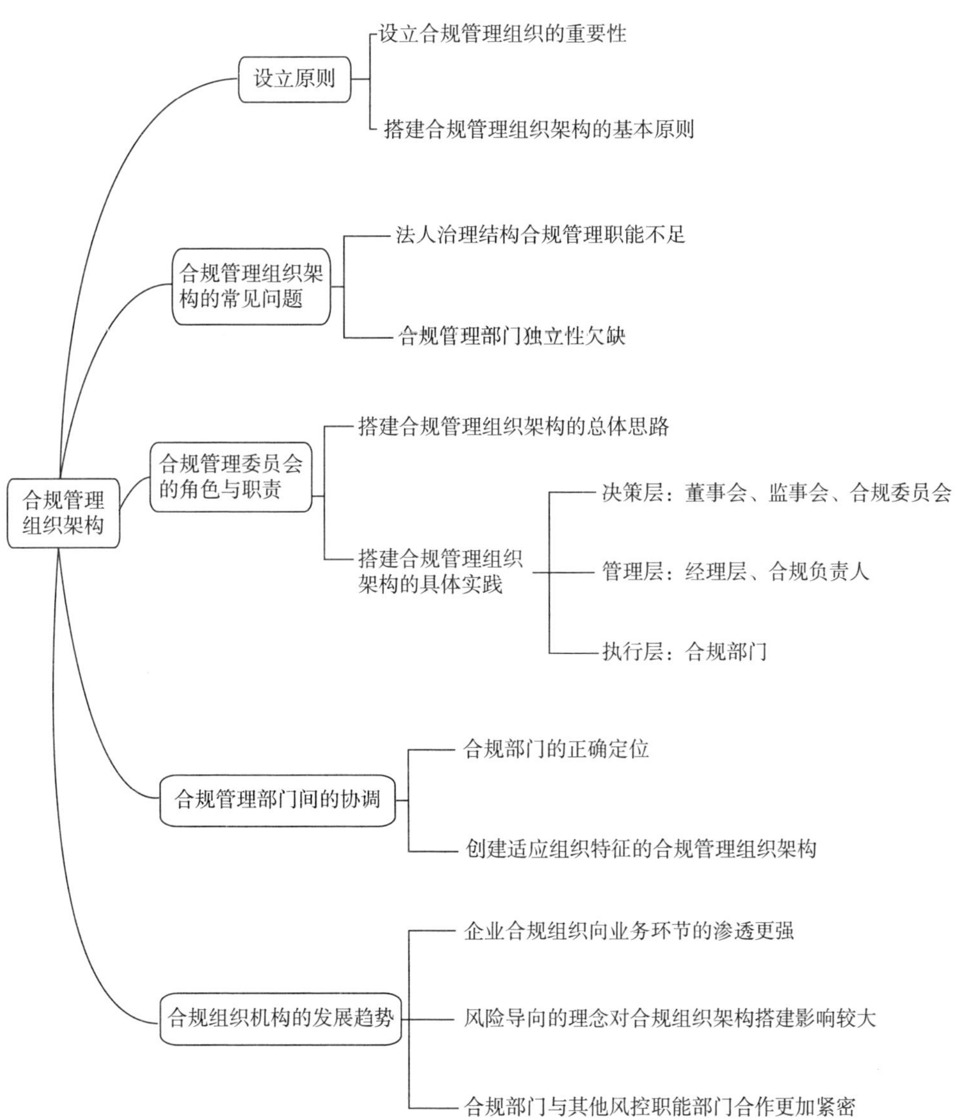

【本章概要】

任何一家企业自设立之日起都是应当有或者实际有着某种程度的合规管理，区别在于合规体系化的程度及合规管理水平。现代企业合规管理体系是对传统企业合规体系的继承与完善。健全的企业合规管理组织体系是推进全面合规体系建设的重要保障，也是后期合规体系顺利落地的必要前提。在企业建立合规管理体系的过程中，如何为决策层、管理层和执行层划清合规职能界限，避免出现“九龙治水”“叠床架屋”的局面，正是本章所要讨论的问题。国家标准化管理委员会发布的《合规管理体系　指南》（GB/T 35770－2017）提出组织创建合规管理体系可以按照建立、发展、实施、评估、维护、改进主要六个关键步骤来展开。在落实上述关键步骤时，组织的合规管理部门要承担起重要的职责。本章从设立原则、合规管理委员会的角色与职责、合规管理部门协调、合规组织机构的发展趋势等四个方面的合规管理进行阐述，重点介绍企业如何建立有效的合规管理组织架构。

第一节　设立原则

一、设立合规管理组织的重要性

企业在合规体系建设中的一个重要工作内容就是搭建完善的合规管理架构，协调管理职能和资源配置，强化合规职责及其组织领导。只有在企业的部门、角色、职能、定位等方面均满足合规工作要求，部门间汇报路径与协作机制顺畅的前提下，企业的合规工作才能顺利开展。

首先，建立完善的合规管理组织架构是开展合规工作的基本前提。合规管理工作的顺利开展一定要自上而下地建立贯穿企业全部机构、人员、流程的管理组织架构。企业全部机构和全体成员都或多或少地承载着合规职责。只有构建起科学的组织架构，才能更好地明确不同层级部门的管理职责和汇报路径。

其次，完善的合规管理架构是合规工作顺利开展的必要保障。合规管理作为企业的重要内控机制，必然涉及不同部门的协同运作。只有建立完善的合规管理组织架构，才能使合规、风控、审计、法务、业务等部门充分发挥优势，形成管理合力，将合规管理的各项工作落地。

最后，完善的合规管理架构更是建立长效合规机制的内在需要。企业的全面合规体系建设并非一蹴而就，而是需要在相当长的一定时期内不断地进行巩固和完善。这样一个体系的建立，需要以合规理念的树立、合规机构的设置、合规角色和责任的明确为基础和依托，来保障合规管理工作的稳步推进和长期保持，以及业务经营实现稳健运行。

二、搭建合规管理组织架构的基本原则

合规组织架构搭建的核心是解决合规管理工作的权力配置问题，其根本目的是保证股东和董事能够准确了解企业的合规情况，及时发现、纠正企业内部的合规风险和违规现象，保障企业价值观、目标、战略的顺利实现。一般而言，企业内部设立合规管理机构应遵循以下三个原则：

第一，独立性原则。“独立”是合规管理机构的核心标准。独立的合规管理机构首先体现在汇报路径的独立。合规管理机构的汇报条线通常是垂直的，即下级合规管理机构向上级合规管理机构负责、合规管理机构向合规委员会负责，合规管理委员会则直接向董事会负责，相关汇报垂直上报，不受其他部门的辖制。独立的管理机构还应具备充足的权力。从政策制定、流程执行到合规调查、执纪问责及整改，本质都是“管人”“管事”，如果没有足够的权威性根本无法开展合规工作。因此，合规机构需要有充足的权力和较高的地位，使其能够影响企业内部管理、顺利完成内部调查任务、有效推进整改。合规管理机构还应配备或能够调动充足的资源，包括人员、经费、设备等硬件条件，保证其不会因此受制于其他部门，否则合规工作将无法保质保量完成。

第二，专业性原则。合规的专业性主要体现在法律性。首先，合规的主要义务来源就是法律法规、行业规范及企业内控制度等，只有合规部门具备专业的法律能力才能准确地运用法律思维“依法治企”，把握法律法规要求与要素、正确执行法律法规要求。其次，企业的合规体系建设也具有较强的法律性。企业的合规制度搭建相当于企业的内部“立法”，需要将外部制度要求内化成为企业制度，需要一定的“立法经验”。同时，合规调查、执纪问责工作具有更强的法律性。特别是内部调查，涉及调查行为的合法性、证据收集的合法性，以及与后续争议解决程序的衔接和配合，都是对法律专业要求极高的事项。因此，企业合规管理机构的设立应当具有专业性，特别是配备相

当规模的法律背景人员。

第三，适当性原则。一方面，合规组织架构的搭建要与企业的实际需求匹配，过于繁杂则会导致额外的经营成本，过于简单则可能无法防控风险，所谓鞋子合适与否脚说了算。企业的合规管理架构首先要与企业的经营模式相一致。比如，全球化运营的企业，特别是业务可能涉及国际制裁及贸易出口管制的企业，应当考虑设置专门的制裁清单审查岗位；中央企业和国有企业则可以依照国资委相关指引搭建合规体系；考虑加入国际行业组织的企业，则要尊重国际通行的要求。另一方面，企业的合规管理机构还要与其风险防控需求相适应。规模较大、合规风险较为复杂的企业，需要在决策层、管理层、执行层搭建完善的合规管理体系，同时要考虑在重点领域设立专职合规联络人员；而规模较小、合规风险较低的企业，则可以考虑由法务、审计、风险等相关部门履行合规管理职责。

第二节　合规管理组织架构的常见问题

合规管理组织结构主要是指企业内部承担合规管理职能的组织机构，鉴于合规管理的复杂性，该等职能通常分散于多个机构中，该等机构共同组成企业的合规管理组织结构。合规管理组织结构是合规管理体系的主体层面，合规管理体系的实施首先依赖于相关责任主体的有效履责，否则任何合规管理体系都将难以执行，所以要提升合规管理水平，首先应当完善合规管理组织结构。但是，当前我国中央企业的合规管理组织结构还存在法人治理结构合规管理职责不足及合规管理部门独立性欠缺等问题，该等问题从源头上直接影响了企业的合规管理水平。

一、法人治理结构合规管理职能不足

所谓法人治理结构一般表现为“三会一层”，即股东会、董事会、监事会以及经理层。中央企业由国资委直接出资，不设股东会，所以中央企业的法人治理结构主要由董事会、监事会以及经理层组成。根据《公司法》的规定，除公司存续及股权变动等重大事项须报国有资产监督管理机构或本级人民政府决定或批准外，公司经营管理中的其他重大事项由董事会决定，而日常经

营管理事务主要由经理层决策。因此，中央企业的董事会以及经理层是企业的主要决策机构。但是实践中，决策机构往往不重视合规风险，合规调查并非强制性的决策程序，主要领导人能够轻易否决合规部门的意见，且决策机构不会因未履行上述程序而承担责任，这就导致了企业的合规管理形同虚设。

二、合规管理部门独立性欠缺

虽然法人治理结构出于其决策职能的要求应当承担相应的合规管理职责，但是合规问题的专业性很强，仅凭其自身的判断难以解决合规风险问题，因此就需要成立专门负责合规事务的部门。

当前，我国中央企业普遍没有设立独立的合规部门，大部分中央企业将合规管理职能交由法律事务部门处理。合规管理职能和法律事务职能虽然存在交叉，但是确有本质的不同。实践中法律事务部门的职责往往更加强调合同审核以及配合处理诉讼，该等职责更关注具体的交易细节以及事后的救济，但是合规管理要求对企业整体业务风险进行全局把握，更强调宏观性和前瞻性，法律事务部门因其具体事务的冗杂以及独立性不够等原因在合规管理职能方面往往存在欠缺。因此，有必要设立独立的合规管理部门专门负责合规风险的研究和预警。

第三节　合规管理委员会的角色与职责

一、搭建合规管理组织架构的总体思路

当在企业体系内赋予了合规组织相应职能，合规部门将可以更好地发挥其功能。合规绝非设立单一合规部门即能涵盖所有合规工作的，而是要在体系上要求各个部门承担其自身所应承担的合规职能。目前，国内企业设计合规管理机构可以参考的制度依据主要有国资委《央企合规指引》、发改委《境外经营合规指引》，以及国家质检总局和标准委联合发布的《合规管理体系指南》。这三个制度对合规管理机构的层级进行了不同的表述。其中，《央企合规指引》明确了不同部门的合规管理职责；《境外经营合规指引》将合规管

理机构划分为决策层、管理层、执行层三个层级，并专门描述了合规管理机构的组成；《合规管理体系　指南》则采用组织决策的分析框架，将合规管理机构分为治理机构和最高管理者、合规团队、管理层、员工。

为了便于分析，可以采用发改委的分类标准，把企业的合规管理部门分成三个层级，即决策层、管理层、执行层。其中，决策层主要包括企业董事会、监事会、合规委员会；管理层主要包括总经理、合规负责人；执行层包括合规管理部门以及企业业务部门。

三个层级都在企业的合规管理体系的建立和有效实施中扮演着重要角色，都应当着力推进合规文化的建立，都应当充分了解企业合规管理体系的内容和运行方式，也都应该以自己的言行，明确支持合规、践行合规。同时，各层级由于定位的不同，在合规体系中发挥作用的方式也有所不同：

企业的决策层主要包括企业的董事会、监事会，以及董事会中设立的合规委员会。决策层作为企业合规管理体系的最高负责机构，应以保证企业合规经营为目的，通过原则性顶层设计解决合规管理工作中的权力配置问题并进行重大事项决策。

企业的管理层通常包括企业总经理、合规负责人。其中，合规负责人可以为首席合规官，或由总法律顾问兼任。根据企业对合规工作的重视程度，企业可能任命最高管理层中的一员为合规管理部门的总负责人。管理层应分配充足的资源，建立、制定、实施、评价、维护和改进合规管理体系。

企业的执行层包括合规管理部门和各业务部门。这些部门应及时识别归口管理领域的合规要求，改进合规管理措施，执行合规管理制度和程序，收集合规风险信息，落实相关工作要求。

二、搭建合规管理组织架构的具体实践

（一）决策层：董事会、监事会、合规委员会[①]

企业的决策层应当对企业的合规管理体系负最终责任。决策层应当充分了解企业合规体系的设立和运行，并对合规体系进行有效的监控。在有效的合规体系中，决策层应当发挥如下作用：

---

① 参见郭青红：《企业合规管理体系实务指南》，人民法院出版社2019年版，第70页。

充分掌握企业的合规风险。了解风险是防范、化解风险的前提。企业的管理层必须保证能够及时获得有关企业合规风险的第一手信息。同时，还要对同行业对标企业的风险充分掌握。

审查、批准合规管理体系的关键内容。决策层负责对合规体系的重要部分进行审批，如重大合规制度、风险管理措施、合规委员会的权责等。

领导、支持首席合规官。首席合规官需要从决策层获得充分的授权，以有效开展工作。同时，还要建立首席合规官就企业合规问题直接向决策层进行汇报的路径。

对企业合规体系进行反馈。决策层应当对企业合规体系的有效性进行评估、对企业发现重大合规风险时的反应能力进行评估，以及对首席合规官的合规汇报进行反馈。

对管理层的合规管理工作进行监督问责。管理层对合规管理的有效性承担直接责任，其管理效果必须与决策层的预期相一致。

1. 董事会

董事会是股东会的执行机关，对股东负有忠实、勤勉和注意义务，前者是指董事要以股东利益最大化为行动的出发点，努力避免利益冲突；后者主要指董事要勤勉尽责、审慎经营并进行良好的商业判断。落实到合规方面，董事的职责意味着其应当尽最大努力确保企业以合法、合规的方式运营。这也是董事会在合规管理中的责任来源①。

另外，合规管理的重要条件就是最高层的重视，英文通常表述为“Tone From the Top”（最高层的声音）。如果缺乏最高层的明确指引，企业和员工就会缺乏对合规的正确认识。因此，董事会作为企业的决策层，对于发出合规的“正确声音”尤为重要。

依照《央企合规指引》，董事会在合规管理中的职责主要体现在战略制订、人事任免和重大决策方面，承担的合规职能包括但不限于：

（1）批准企业合规管理战略规划、基本制度和年度报告；

（2）推动完善合规管理体系；

（3）决定合规管理负责人的任免；

（4）决定合规管理牵头部门的设置和职能；

（5）研究决定合规管理有关重大事项；

---

① 参见郭青红：《企业合规管理体系实务指南》，人民法院出版社2019年版，第71页。

（6）按照权限决定有关违规人员的处理事项。

2. 监事会

监事会是企业的内部监督机构，主要作用是防止董事会、管理层滥用职权损害企业和股东利益。监事会的合规管理职能并不突出，主要是监督董事会和高级管理层合规管理职责的履行情况。依照《央企合规指引》，企业监事会的合规管理职能通常包括：

（1）监督董事会的决策与流程是否合规；

（2）监督董事和高级管理人员合规管理职责履行情况；

（3）对引发重大合规风险负有主要责任的董事、高级管理人员提出罢免建议；

（4）向董事会提出撤换企业合规管理负责人的建议。

3. 合规管理委员会

在国际实践中，合规管理委员会通常在董事会中设立，由具备法律、财务、人事管理背景的董事组成。考虑到中央企业的现有管理架构，《央企合规指引》明确了中央企业合规管理委员会可以与企业法治建设领导小组或风险控制委员会等合署。实践中，企业的合规管理委员会还可能以审计与风险管理委员会、风险管理部、伦理委员会、职业操守委员会等形式出现。在不设董事会的企业中，合规委员会也可以由执行董事牵头或企业总经理牵头，并由法律、财务、人事管理方面的最高管理层人员组成。但无论以何种形式，其性质都是企业合规管理体系的最高负责机构，负责企业合规管理的总体部署、体系建设及组织实施。

但是，作为企业合规管理的最高责任机构，合规委员会的职责在实践中要丰富得多，可以进一步包括如下内容：

（1）确保企业的内部制度和合规体系能够准确、有效地反映企业经营相关法律、法规的要求，并能够对相关的合规风险形成有效管控。企业的相关合规风险通常可能包括劳动用工、商业贿赂与腐败、数据保护、环境保护、安全生产等。

（2）管控企业的合规管理部门的组织架构、工作计划、财务预算、人员配置和权责履行情况，以及其独立性、权威性、汇报路径。

（3）审查企业合规官的任命、替换、解雇。审查企业重大合规政策、合规工作内容、合规流程以及管理层的反馈。审查合规关于刑事风险或潜在刑事风险的报告。

（4）管控针对企业、企业董事、高管、雇员或企业雇用外部机构开展的重大内外部合规调查。

（二）管理层：经理层、合规负责人

管理层主要包括以CEO/总经理为首的企业高级管理团队和首席合规官/合规负责人。管理层在合规管理体系架构中起到承上启下的作用：决策层主要负责重大事项决策，通过监督来控制合规管理体系；执行层则具体从事相应决策；中间环节的组织架构搭建、战略规划制定、合规制度批准、合规决策意见，以及领导牵头部门工作等责任均由管理层承担。同时，管理层还就合规工作向决策层负责，受决策层监督。

1. 经理层

《央企合规指引》对经理层的合规职责进行了概括：

（1）根据董事会决定，建立健全合规管理组织架构；

（2）批准合规管理具体制度规定；

（3）批准合规管理计划，采取措施确保合规制度得到有效执行；

（4）明确合规管理流程，确保合规要求融入业务领域；

（5）及时制止并纠正不合规的经营行为，按照权限对违规人员进行责任追究或提出处理建议；

（6）经董事会授权的其他事项。

2. 首席合规官/合规负责人

根据合规领域的国际通行实践，建立了全面合规管理体系的企业通常会任命首席合规官。首席合规官是企业的合规负责人，负责企业合规管理工作具体实施和日常监督。在实践中，最常见的几种首席合规官的任命方式有：企业任命总法律顾问兼任首席合规官；任命独立的首席合规官，向总法律顾问报告；任命独立的首席合规官，直接向CEO和董事会报告①。

《央企合规指引》中采用了“合规管理负责人”的概念，而《境外经营合规指引》则更加与国际接轨，明确了企业可以任命专职的首席合规官，也可以由法律事务负责人或者风险防控的负责人担任合规负责人。同时，两项指引还对其职能进行了明确。事实上，企业是否任命专人担任合规负责人并无一定之规。

---

① 参见丁继华：《上市公司应建立首席合规官制度》，载《财经》2019年9月。

（三）执行层：合规部门

合规部门的职责根据企业性质、规模等不同会有所不同。《央企合规指引》和《境外经营合规指引》分别概述了中央企业合规管理部门的一般职责和海外经营的企业的合规管理部门职责①。

第四节 合规管理部门间的协调

一、合规部门的正确定位

正确定位是合规部门得以有效运作的一个重要前提。它涉及方方面面的关系，如责任的界定、与其他部门的关系、合规部门的工作目标以及相应的资源支持等。

第一，必须认识到合规是企业内部的一项核心风险管理活动，是有效内部控制的基础、抓手或者载体。合规部门、合规意识、合规文化和合规风险管理等使得企业内部控制不再是不可触摸的机制，而是实实在在的日常工作。

第二，必须明确合规部门是支持、协助企业高级管理层做好合规风险管理的独立职能部门，一线业务部门对合规负有直接的责任，高级管理层对企业合规经营负有最终责任。切忌将合规部门的工作不到位作为企业各业务部门和高级管理层推卸责任的借口。合规部门能否发挥好作用，关键取决于高级管理层如何看待合规部门的工作，以及对合规部门工作的重视程度。

第三，界定合规部门与内审部门的职责分工和合作。这是企业合规部门设立过程中容易混淆的问题。一是合规部门是负责风险识别、量化、评估、监测、测试和报告的专职部门，而合规检查则是内审部门的一项职责。二是合规部门应受到内审部门的定期复查。三是合规部门与内审部门之间应建立明确的合作机制，如合规部门的工作可以为内审部门的复查提供方向，内审

① 参见郭青红：《企业合规管理体系实务指南》，人民法院出版社2019年版，第78页。

部门的合规检查结果可以是合规部门识别、收集和跟踪合规风险信息和合规风险点的重要来源和依据。

第四，界定合规部门与业务部门的关系。各个业务部门应主动寻求合规部门的支持和帮助，主动提供合规风险信息或风险点，并配合合规部门的风险监测和评估；合规部门要乐意为各业务部门和企业员工提供合规咨询和帮助，通过提供建设性意见，帮助业务部门管理好合规风险，为企业业务与产品创新提供合规支持。合规部门最重要的一项职能就是统一组织、统筹协调或参与企业业务政策、行为手册和操作程序的修订，有时甚至组织人员代为起草。

第五，合规部门与其他风险管理部门的关系。它们都是管理企业风险的职能部门，分别侧重于某一特定风险的管理，但合规风险是企业其他风险的一个重要诱因，特别是导致企业操作风险的最主要，也是最直接的诱因。合规是企业一项核心的风险管理活动，这是因为企业风险管理的失控，原因无非在于两个方面：要么是企业没有好的制度，要么是企业员工因缺乏诚信与正直的道德标准而不愿意执行制度。所以说，倡导诚信与正直的价值观念与制定一套好的制度同等重要。

二、创建适应组织特征的合规管理组织架构

企业各部门协作的重要性主要体现在三个方面：

第一，团队协作有利于提高企业的整体效能。通过发扬团队协作精神，加强团队协作建设能进一步节省内耗。如果总是把时间花在怎样界定责任，应该找谁处理等问题上，让客户、员工团团转，就会减弱企业成员的亲和力，损伤企业的凝聚力。

第二，团队协作有助于企业目标的实现。企业目标的实现需要每一个员工的努力，具有团队协作精神的团队十分尊重成员的个性，重视成员的不同想法，激发企业员工的潜能，真正使每一个成员参与到团队工作中，风险共担，利益共享，相互配合，完成团队工作目标。

第三，团队协作是企业创新的巨大动力。人是各种资源中唯一具有能动性的资源。企业的发展必须合理配置人、财、物，而调动人的积极性和创造性是资源配置的核心，团队协作就是将人的智慧、力量、经验等资源进行合理的调动，使之产生最大的规模效益。

创建适应组织特征的合规管理组织架构，主要是通过建立三大主要部门来实现。这是经过许多企业的经营实践所得经验，包括：①

第一，设立独立的“合规部”。采用这样的方式，意味着要在企业内部建立一个专业的合规管理部门，任命首席合规官作为合规管理总负责人。首席合规官领导专职的合规团队开展工作。该类型的优点在于，企业合规管理部门的独立性强，合规团队专业能力强，合规工作也做得相对专业。当然，这样的设置要求企业投入大量的资金、人力等资源；对合规管理人员职业技能要求高，既要懂合规专业知识，又要懂具体的业务知识；对合规管理部门与其他部门之间的沟通协调能力也要求较高。比如，某企业就设立了独立的合规管理部门来负责企业的合规管理工作。

第二，由法律部与合规部共同组建“法律合规部”。大多数企业采用此类型，把法务部或者法律事务部的管理职能与合规部门管理职能统一到法律合规部门职能之中，由法律合规部对企业的法律事务工作和合规管理工作进行统一管理②。该类型的优点在于，部门设立相对容易，投入成本相对较低，企业在设立合规管理部门时可以利用企业现有的法律部门的资源，因为大多数企业在成立合规部门之前都有法律部门。另外，合规管理工作与法律部工作配合容易，因为合规管理部门有效开展工作的前提是对外部法律法规、监管等规定有正确的理解，在一个领导之下，合规管理部门与法律部门之间的沟通也相对顺畅。按照这样的方式设置合规管理部门，开展工作时对其他部门的沟通协调要求较高，需要合规管理部门与业务部门密切配合。合规管理人员职业技能要高，既要懂合规专业知识，又要懂具体的业务知识。参与国务院国资委合规管理试点工作的中国中铁就在原有的法律事务部下增设了合规处，法律事务部变更为法律合规部。

第三，由法律、审计、风险管理、合规等职能部门共同组建“法律合规部”。采用此类型的企业往往是在原有的法律、审计部门基础上增加合规管理人员，组建具有法律、审计、风险管理职责的法律合规部。此类型有助于合规管理部门与法律部、审计和风险管理部门之间的信息沟通，方便合规管理团队了解到法律部门在工作中遇到的法律风险、审计中发现的风险等。当然，这样的设置对法律合规部负责人的领导力提出了很高的要求，法律合规部要

① 参见丁继华：《创建有效的企业合规管理体系》，载《首都建设报》2018 年 8 月 24 日。

② 参见王志乐：《企业合规管理操作指南》，中国法制出版社 2017 年版，第 142 页。

做好业务与合规风险管理的平衡。参与国务院国资委合规管理试点工作的招商局企业就以此类型组建法律合规部。

第四，合规部与审计部结合的“合规审计部”。这样的设置方式便于企业对合规风险进行管理，企业可以通过较少的投入达到合规管理的目的。但是，这样的设置方式往往独立性不强，适用于业务单一且面临合规风险较低的企业。以生产汽车为主的北京奔驰汽车就采用了该类型。

第五，其他的合规管理类型。合规管理部门设置并以上述类型为限，具体要根据企业业务类型、组织结构、组织资源而定。比如石油企业（BP）在企业层面设置“道德与合规部”进行合规管理，同时配以法律各领域专家提供日常的法律专业支持，来保证 BP 各部门的合规专业有效运行。BP 企业除了在道德与合规部门工作的全职合规工作人员之外，在每个业务与职能部门及其每一个下属地区部门，都有一位部门领导兼任本部门的“道德与合规联络人”。其职责是确保各项合规制度在本部门的有效实施，并且就日常工作中的合规问题进行处理和解答。这种安排能够有效提高本部门领导的合规意识，以及高效率地解决日常合规问题。

第五节　合规组织机构的发展趋势

一、企业合规组织向业务环节的渗透更强

不同于以往较为“超脱”的合规组织，企业合规组织近年来的发展趋势是，在宏观层面搭建合规组织架构的同时，业务环节越来越多地嵌入了常驻合规官员，以保证在“第一道防线”就很好地满足合规要求。

统一的合规管理体系能够为企业建立起宏观、完整的合规组织框架，并就企业合规管理的基础、共性问题进行管控。经营单位的合规官则通常负责本单位层级合规工作的开展，工作自然会根据本单位实际，如地理位置、产品特点、外部监管要求等，向重点板块倾斜。比如，某生产机械设备的企业在全球运营，但是某一国家可能对其产品有特殊的监管要求。因此，该国的经营单位就必须考虑所在国的监管要求。

常驻业务板块的合规官很好地平衡了企业自上而下、整体宏观的合规组

织架构与具体经营单位的实际需求之间的关系。此类合规官通常常驻在具体的业务企业，但其汇报路径各异。比如，直接向经营单位的负责人汇报并同时向合规条线的上级汇报；抑或直接向合规条线上级汇报，并抄送经营单位负责人；在许多企业，常驻具体业务企业的合规官还会通过业务企业的合规官进行汇报。

二、风险导向的理念对合规组织架构搭建影响较大

一方面，合规管理强调对企业的“全覆盖”，即合规组织架构要覆盖所有开展经营的企业部门；另一方面，合规管理在近年来也呈现以风险为出发点进行具体调整的态势。

根据国际先进合规实践，企业在构建全面合规体系时，首先要做的就是根据企业所在地、外部相关方要求、运营特点、过往风险排查情况等对主要的合规风险进行识别和评估。企业上述特点和最终识别出的风险也将影响企业的合规管理组织架构。特别是传统上，合规管理委员会主要由具有法律、内审、财务等背景的管理层构成。在风险导向的合规管理体系中，委员会的组成则更强调多元化和专业化。具有政府监管、行业、运营等多元化背景的人员越来越多地进入合规管理领域，以更好地应对企业在特定领域的风险。一个突出的表现就是，企业设立负责专门事项的合规官，充分利用其专业背景，加强重点领域的合规管理。

三、合规部门与其他风控职能部门合作更加紧密

加强部门之间的协作配合主要包括三个方面：一是增强部门协调配合的意识。建立部门间协调配合制度，目的是加强部门间互相协调，形成工作合力。二是加强部门间的联系与沟通。部门在处理问题时，如涉及其他部门职责范围内的事项，由主管领导牵头，主动征求有关部门的意见，认真协商，积极配合。三是规范部门间协调配合管理。坚持一件事情原则上由一个部门负责，确需多个部门管理的事项，要明确牵头部门，分清主次责任。

企业的各个职能部门协同配合并不鲜见。但是近年来，各个职能部门更加强调协作，让企业关注到其面临的重大风险。同时，各个职能部门也就监

控、防控特定的合规风险进一步厘清了部门间权责。这不仅体现出应对重大风险时部门间合作的重要性，也体现了企业更加强调不同部门对风险进行的全面控制。

本章合规指引

合规管理的实施首先需要设计良好的合规管理组织结构。鉴于中央企业法人治理结构中的董事会以及经理层负责主要业务的决策，而合规管理的内容与业务直接相关，因此需要强化法人治理结构的合规管理职能，具体而言主要是将合规管理的意见纳入决策程序中。此外，为了合规部门能够独立参与决策，就需要建立独立的合规管理机构即合规委员会，从而形成完整的合规管理组织结构，切实实现防范合规风险的目的。合规管理体系落地时，在符合监管要求和遵循合规义务的基础上，最大限度地保留企业内部已有的合规管理惯例，方才符合“企业合规”的基本要义，合规文化也因此能够自发生成。实践中，各企业所处行业千差万别，合规管理习惯亦各不相同。一个良好的、行之有效的合规组织结构，既要洞察企业既往运行轨迹，又要归集现有外部监管规则，还必须借鉴先进经验，方能成功搭建。

下面提供《企业合规管理组织设立办法》作为该部分合规管理的指引。具体内容如下：

【示例】

企业合规管理组织设立办法

一、原则与目的

1. 组织架构，是指企业按照国家有关法律法规、股东（大）会决议和企业章程，结合本企业实际，明确股东（大）会、董事会、监事会、经理层和企业内部各层级机构设置、职责权限、人员编制、工作程序和相关要求的制度安排。

2. 企业至少应当关注组织架构设计与运行中的下列风险：

（1）治理结构形同虚设，缺乏科学决策、良性运行机制和执行力，可能导致企业经营失败，难以实现发展战略。

（2）内部机构设计不科学，权责分配不合理，可能导致机构重叠、职能交叉或缺失、推诿扯皮，运行效率低下。

二、合规组织的设立要求

1. 企业应当根据国家有关法律法规的规定，明确董事会、监事会和经理层的职责权限、任职条件、议事规则和工作程序，确保决策、执行和监督相互分离，形成制衡。

（1）董事会对股东（大）会负责，依法行使企业的经营决策权。可按照股东（大）会的有关决议，设立战略、审计、提名、薪酬与考核等专门委员会，明确各专门委员会的职责权限、任职资格、议事规则和工作程序，为董事会科学决策提供支持。

（2）监事会对股东（大）会负责，监督企业董事、经理和其他高级管理人员依法履行职责。

（3）经理层对董事会负责，主持企业的生产经营管理工作。经理和其他高级管理人员的职责分工应当明确。

（4）董事会、监事会和经理层的产生程序应当合法合规，其人员构成、知识结构、能力素质应当满足履行职责的要求。

2. 企业的重大决策、重大事项、重要人事任免及大额资金支付业务等，应当按照规定的权限和程序实行集体决策审批或者联签制度。任何个人不得单独进行决策或者擅自改变集体决策意见。

重大决策、重大事项、重要人事任免及大额资金支付业务的具体标准由企业自行确定。

3. 企业应当按照科学、精简、高效、透明、制衡的原则，综合考虑企业性质、发展战略、文化理念和管理要求等因素，合理设置内部职能机构，明确各机构的职责权限，避免职能交叉、缺失或权责过于集中，形成各司其职、各负其责、相互制约、相互协调的工作机制。

4. 企业应当对各机构的职能进行科学合理的分解，确定具体岗位的名称、职责和工作要求等，明确各个岗位的权限和相互关系。企业在确定职权和岗位分工过程中，应当体现不相容职务相互分离的要求。不相容职务通常包括：可行性研究与决策审批；决策审批与执行；执行与监督检查等。

5. 企业应当制定组织结构图、业务流程图、岗（职）位说明书和权限指引等内部管理制度或相关文件，使员工了解和掌握组织架构设计及权责分配情况，正确履行职责。

三、具体的组织架构

岗位设置原则：各行政部门岗位一般分为以下几个级别——部门总监级、

经理级、主管级、专员级。

1. 总裁办公室

部门职责和定位：

(1) 管理企业行政事务，负责对企业内外的综合性行政协调工作及出国任务报批；协调企业管理制度建设及信息化工作；组织准备企业有关会议及文秘工作；加强对本部各部门及直接管理企业工作的督促和检查，促进各项工作的规范化管理。

(2) 负责协调企业管理制度建设及信息化工作；负责企业对外事务协调及出国任务报批；负责组织准备企业有关会议及文秘工作；负责对本部各部门及直接管理企业工作的督促和检查；负责企业本部行政事务，协调物业管理；负责企业驻京联络事务。

(3) 负责企业层面法律事务工作，建立企业的法务工作体系和规章；参与企业重大经营决策和重要经济活动中规范性文件或法律文书起草或审核；参与涉及企业的调解、诉讼、仲裁活动，负责商标登记、工商等管理事务；指导、协调和管理直接管理企业的法务工作，并提供法务支持。

下属职能部门：总裁办公室下设秘书科、人员服务科、法律事务科。

2. 质量和经济运行部

部门职责和定位：

负责企业经济运行的动态监控，促使企业实现效益最大化；负责企业市场管理，协调配套业务，促使企业实现市场最大化；负责对企业经营业绩的评价考核，牵头各业务部门实施；负责企业的质量管理，提升质量能级，对外负责归口管理；负责企业安全管理工作，优化管理体系，对外负责归口管理；负责企业相关统计报表的汇总及管理工作，对外负责归口管理；负责企业精益管理工作，推进节能降耗，对外负责归口管理。

下属职能部门：质量与经济运行部下设质量科、运行科、统计科。

3. 规划与对外合作部

部门职责和定位：

(1) 负责企业战略规划，包括：宏观经济分析、投资项目的发展环境和资本市场分析、战略制定和规划编制；负责企业对外合作与投资管理，包括：负责对外合作项目的商务谈判、投资管理及风险评估和项目管理等；负责项目竣工与投资评估、技术开发与创新管理、专利技术、房地资产、设备资产、海关事务、环保事务等；负责企业相关统计报表的归口上报。

(2) 负责企业的利用外资工作，以及对外合作战略和合作关系的拟定。

下属职能部门：规划与对外合作部下设战略规划科、投资管理科、技术管理科、合作战略科。

4. 制造事业部

部门职责和定位：

(1) 负责相关零部件企业董事会管理工作，通过董事会加强对企业的经营管理和业绩评价；负责零部件合作战略的制定和合作关系的协调；在有关部门配合下进行零部件业务发展战略研究，指导和帮助相关制造企业编制和完善发展战略和发展规划，会同相关部室研究零部件企业发展过程与合作战略中的重大问题。

(2) 配合有关部门完成零部件业务发展战略及相关企业发展规划，重点推进各零部件企业战略的贯彻与实施，研究零部件企业发展过程中的重大问题和合作战略，对企业重组、整合进行研究并提出建议方案；负责各零部件业务相关合作项目的立项评审，配合“规划与对外合作部”对相关企业投资项目进行评审并对实施过程及结果进行跟踪，对企业新业务拓展提供指导与必要辅助。

下属职能部门：制造事业部/零部件业务董事局下设专职董事、综合管理科。

5. 人力资源部

部门职责和定位：负责企业人力资源发展战略规划的制定和实施；负责企业关键岗位专业技术人员、高级技能人才的培养、考核评价等工作；负责企业人事政策制订，人员配置、培训、劳动关系等工作的指导、管理和协调；负责企业薪酬福利政策制订，人工成本管控等工作的指导、管理和协调；负责企业相关统计报表的归口管理；负责企业本部组织机构的管理和人员配置；负责企业本部员工的人事管理，及科级经理/主管的考核、任命等工作；负责指导和协调企业培训中心开展各类培训工作；负责指导企业人力资源管理中心的再就业和稳定工作。

下属职能部门：人力资源部下设人事管理科、薪资管理科和人员发展科。

6. 财务部

部门职责和定位：负责建立健全企业财务会计规章制度，参与内控制度建设，并赋予实施；负责企业内财务预算、决算以及财务分析和控制，为领导提供决策依据；负责收集和研究国家各项税务法规，为企业和企业直接管理企业业务经营提供建议方法，使企业税务最小化；负责企业的国有资产经营管理，资产的评估，产权交易以及投资项目的可行性分析；负责企业的资产管理（包括委托理财、委托贷款、外汇结算）；负责企业的财务风险管理（包括资产负债风险、信用风险、融资风险、担保风险、外汇风险）；负责对直接管理企业财务管理的指导，同时加强业务培训；负责企业对国家相关部门财务报表的归口上报。

下属职能部门：财务部下设预算科、投资与资产管理科、资金科、会计科。

7. 审计室

部门职责和定位：负责组织对企业直接管理企业的经营管理、内部控制制度的审计评价；负责对企业及企业直接管理企业的财务预算、财务收支、投资效益、资产、负债和损益、采购合同、经济责任制执行情况以及专项经费进行审计；负责对企业直接管理企业经营者离任及年度经济责任进行审计；负责企业相关统计报表的归口上报；负责向企业总裁提出内部审计工作报表及领导交办任务。

下属职能：审计室下设财务审计科和管理审计科。

8. 服务贸易事业部

部门职责和定位：负责提出服务贸易业务发展战略及相关企业规划建议，重点推进各服务贸易企业战略的贯彻和实施，对企业重组、整合进行研究并提出建议；负责企业层面服务贸易业务项目的开发和协调工作，负责服务贸易企业新建和技改项目立项评审，配合对投资项目进行评审、实施过程和结果的跟踪；负责服务贸易业务板块管控体系建设及运营管理工作；负责服务贸易企业董事会管理工作，预审董事会文件及经营管理目标，跟踪董事会决议执行情况；配合职能部门对相关企业完成其他专项管理工作。

四、合规组织的运行

1. 企业应当根据组织架构的设计规范，对现有治理结构和内部机构设置进行全面梳理，确保本企业治理结构、内部机构设置和运行机制等符合现代企业制度要求。

企业梳理治理结构，应当重点关注董事、监事、经理及其他高级管理人员的任职资格和履职情况，以及董事会、监事会和经理层的运行效果。治理结构存在问题的，应当采取有效措施加以改进。

企业梳理内部机构设置，应当重点关注内部机构设置的合理性和运行的高效性等。内部机构设置和运行中存在职能交叉、缺失或运行效率低下的，应当及时解决。

2. 企业拥有子公司的，应当建立科学的投资管控制度，通过合法有效的形式履行出资人职责、维护出资人权益，重点关注子公司特别是异地、境外子公司的发展战略、年度财务预决算、重大投融资、重大担保、大额资金使用、主要资产处置、重要人事任免、内部控制体系建设等重要事项。

3. 企业应当定期对组织架构设计与运行的效率和效果进行全面评估，发现组织架构设计与运行中存在缺陷的，应当进行优化调整。企业组织架构调整应当充分听取董事、监事、高级管理人员和其他员工的意见，按照规定的权限和程序进行决策审批。

第三章　合规管理重点

【思维导图】

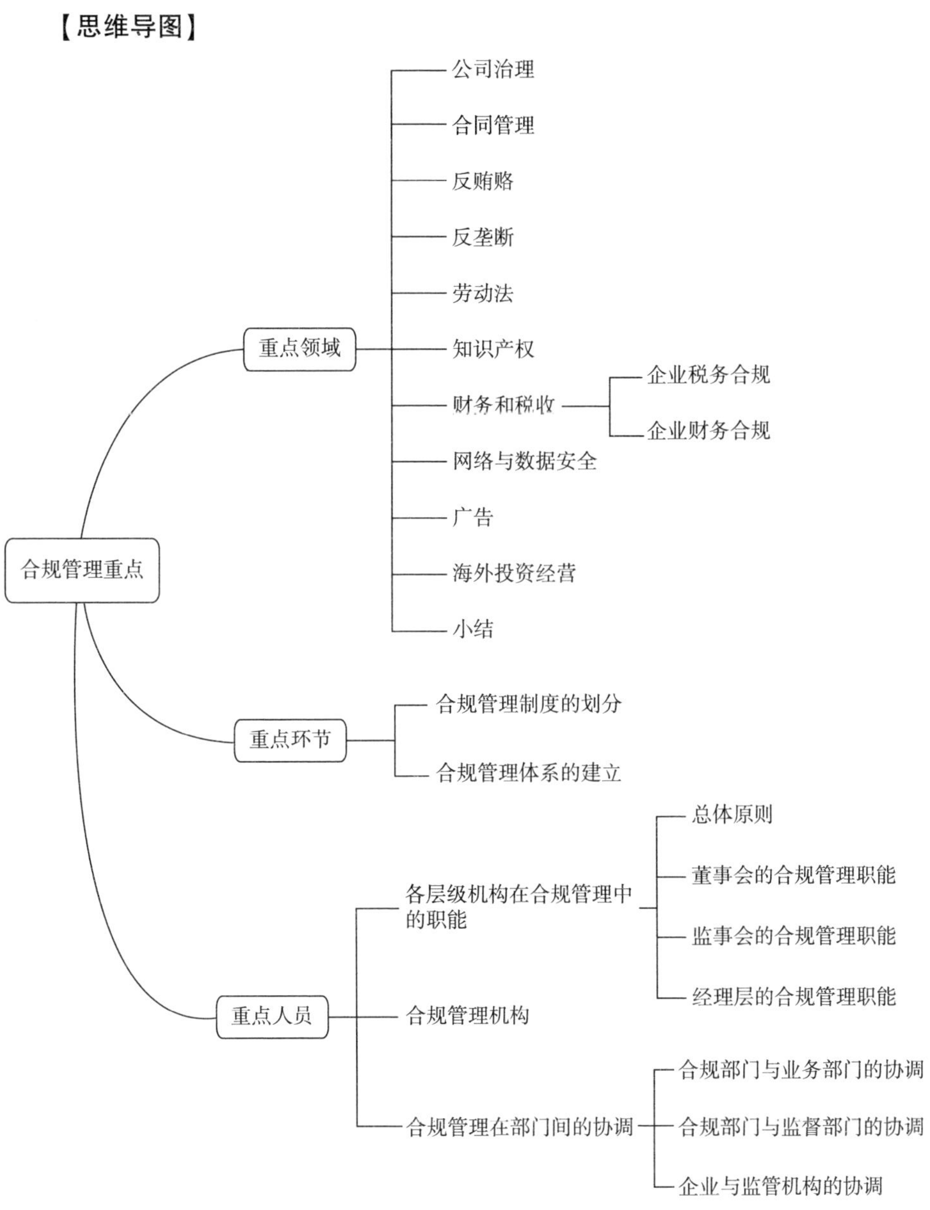

【本章概要】

本章主要分为合规管理的重点领域、重点环节、重点人员三部分。根据现有的一些国际和国内的有关合规管理的指南性文件，在合规管理中有诸多需要企业关注的领域，诸如市场交易、安全环保、产品质量、劳动用工、财务税收、知识产权，等等。这些领域各有特点，也各有需要企业关注的风险突出点。为了能够在这些领域内实现有效的合规管理，企业需要分别建立合规管理的基本制度、管理流程、操作流程，而为了建立这些制度还必须了解企业背景，确定合规义务，识别潜在风险，制定并实施合规制度，最后进行评估与改进。这些合规制度的实施需要企业内部各部门的通力协作，董事会、监事会、高级管理层在自身的职权范围内有相应的合规义务。企业还应当建立专门的合规部门并配备相应人员，负责日常合规事务。企业还应当在实施合规管理时注意企业内部及外部各部门、机构的协调，确保合规体系高效流畅运转。

第一节　重点领域

在各大企业纷纷加强自身合规管理、规避相关法律风险的当下，相关机构颁布的一系列指南、指引为中国企业的合规管理提供了重要参考。

2017 年 12 月 29 日，国家标准化管理委员会发布了《合规管理体系　指南》；2018 年 11 月，为推动中央企业全面加强合规管理，国资委又颁布了《央企合规指引》。在后者的第十三条中，文件指出了企业应当对以下重点领域加强合规管理：市场交易、安全环保、产品质量、劳动用工、财务税收、知识产权、商业伙伴，等等。由此可见，当下的企业合规管理已经超出了以反商业贿赂、反垄断、反不正当竞争、劳动争议为主的“小合规”，企业大合规已经成为当下中国企业合规管理的大趋势。

在一些学者及实务工作者的著作中，“企业大合规”被认为是覆盖生产、营销、财务、人力资源管理等诸多方面的系统性工程，需要从风险管理的角度进行一系列合规体系建立、合规指引、合规培训等。“大合规”所涉及的方面应当包括但不限于以下方面①：反腐败、反垄断、产品推广、采购招标、网

① 参见华东师范大学企业合规研究中心编：《企业合规讲义》，中国法制出版社 2018 年版，第 26 页。

络安全、数据保护、电子商务税务、劳动用工、贸易与出口管制、环境保护、内幕交易、知识产权、国有资产、安全生产、反歧视、反洗钱，等等。

本章将会以企业治理、企业合同管理、市场交易、劳动用工、财务税收、知识产权、广告、信息安全、资金往来（反腐败、反商业贿赂、反垄断、反不正当竞争、关联交易等）等一系列较为常见的合规领域为重点进行介绍分析，以让读者在深入了解某特定领域的合规管理前能够对这些领域组成的合规管理“大图景”有大致了解，具体内容将会在本书第七章至第十八章进行详细阐述。

一、公司治理

在早期商业活动中，人们只接受自然人个体、家庭以及他们的合伙为交易对象。但这些个体或组织无法满足现代商业活动的大规模资金、跨地域经营的需求，于是公司应运而生。公司是当今社会最常见的经济组织类型，公司法是规范公司组织与行为的法律规范的总称。公司法中既包含了强行性规范，也包含了任意性规范，公司法合规管理应当同时关注成文法、相关方的书面协议，有时还要将商业惯例纳入考虑范围。以我国《公司法》的体例为例，公司法的合规管理主要覆盖以下几方面：公司的设立/变更/解散、公司治理、股份发行与转让、股东与债权人权益保护等。违反公司法领域的合规要求通常导致的结果包括：行政责任、民事责任与刑事责任三类。行政责任包括警告、罚款、市场禁入、吊销资格证书等；民事责任包括损害赔偿、继续履行、返还财产、排除妨害等；当公司、公司的主管人员以及其他相关责任人员的行为具有较严重的社会危害性，可能触犯刑法时，将会导致单位、单位的主管人员及其他责任人员承担刑事责任。

在责任主体方面，公司本身是公司法合规的首要责任主体，公司具有独立的法人人格，具备独立承担相应法律责任的能力和资格。一旦公司的行为被追究法律责任，公司本身首当其冲。除此之外，公司股东、发起人和实际控制人、董事、监事、高级管理人员也有可能承担违反合规要求的法律后果，诸如《公司法》第二十一条（关联交易），第九十三条、第九十四条（发起人的责任）及公司法第六章（公司董事、监事、高级管理人员的资格和义务）。另外，当有外部第三方咨询机构参与公司业务，并因其不合规操作导致承担法律责任的，该机构自身通常也会被追究责任。

在公司治理方面，《公司法》对公司组织机构的设置、人员构成、职权、议事规则作出了一些强行性规定，同时也留下了充分的自治空间。在不违反强制性规范的前提下，公司可以通过章程和其他内部制度实施治理。对于上市公司及特定行业领域的公司，相关监管机构也发布了若干指南性文件为公司合规管理提供参考，如：《上市公司治理准则》《上市公司股东大会规则》《上市公司章程指引》《商业银行公司治理指引》《关于规范保险公司治理结构的指导意见（试行)》等。

国家标准化管理委员会还于2017年发布了《合规管理体系　指南》，该国家标准采用了与ISO 19600相同的标准，为在组织内部建立、发展、实施、评估、保持和提升有效合规管理体系提供指引。正如ISO 19600的导言第一段所指出的，旨在保持长期成功经营的组织需要保持一种正直与合规的文化，并考虑利益相关方的期望。因此，正直与合规不仅是组织成功且可持续的基础，更重要的是提供了这样的机会。

二、合同管理

《央企合规指引》第十三条第一项指出，市场交易被视为合规管理的重点。现代商业行为离不开合同对双方权利义务关系的约束，因此我们可以认为企业的合同管理是合规管理的重要组成部分。

根据《民法典》第四百六十四条对合同的定义，“合同”指的是民事主体之间设立、变更、终止民事法律关系的协议。合同的合规管理必须覆盖合同的全生命周期，包括拟文、签订、生效、失效。企业不仅应当在合同签订前注意合同的合规管理，在合同签订后更要注意履约过程中的合同管理，对合同进行必要的补充和修改，甚至在不得已时及时终止合同。

在落实合同的合规管理的过程中，企业应当做好以下方面的工作：

1. 对第三方做好尽职调查。如合同涉及金额超过企业内部规定的数额，应当对该合同相对方进行必要的尽职调查，具体措施包括由第三方填写《第三方调查问卷》、与第三方及其员工口头交流、核对有关资料、从公开渠道获得重要信息、聘请中介机构对其进行尽职调查等。

2. 判断合规风险。合规主管部门应当根据实际情况判断合规风险，并提出修改、补充或者不予签署的合规建议。

3. 合规主管部门应当根据合同履约情况及时跟进，如发现风险应当及时要求相关企业部门进行整改。合同变更、补充或解除应报合规主管部门事先审核。发生违纪违规行为的，将视情况给予不同的处分。

三、反贿赂

在《2016 反贿赂管理体系——要求和使用指南》中，“贿赂”一词是指“无论在何地违反适用法律直接或间接地提供、承诺、给予、接受或索取任何价值的不当好处（可以是金钱的或非金钱的），以引诱或奖励个人利用职务之便的作为或不作为”。① 在该文件的引言中，贿赂被认为是一种会引发严重道德、经济和政治问题的普遍现象，会破坏良好治理、阻碍经济发展，扭曲公平正义。除此之外，它还会增加营商成本，在商业交易中引入不确定性，增加商品和服务的成本，降低产品和服务的质量，从而可能导致声誉和财产的损失，破坏机构的公信力并妨碍市场公平、高效运行②。对于企业而言，通过贿赂手段通常能够带来短期的利益，但从长期来看，会损害企业间的相互信任，破坏企业内部与社会外部间原本存在的良性互信氛围，尤其是一旦贿赂行为被发现，企业将会面临代价高昂的处罚以及业内声誉的严重损害。

我们应当注意到，在过去所发生的诸多商业贿赂案件中，有些并非企业指使员工行贿受贿，而是员工的个人行为。可一旦发生企业成员实施贿赂行为的事件，企业的管理层和治理层都会面临大量的质疑甚至指控，企业的声誉也会因此受损，进而影响企业接下来业务的开展。企业的治理层和管理层如要证明自身并未参与贿赂行为且对此不知情，通常面临较为繁杂的举证负担。但如果企业在反贿赂方面有比较完善的内控体系，则会有利于上述举证。所以，企业反贿赂合规虽说不能完全杜绝贿赂行为的发生，但能够切实降低贿赂风险，并且保护企业及企业的管理层、治理层免予或减轻承担不利的法律后果。

---

① 参见 ISO 37001：2016 Anti – Bribery Management Systems – – Requirements with Guidance for Use，1 范围，载国际标准化组织官网，https：//www. iso. org/standard/65034. html，最后访问时间：2021 年 7 月 30 日。

② 参见 ISO 37001：2016 Anti – Bribery Management Systems – Requirements with Guidance for Use，引言第一段，载国际标准化组织官网，https：//www. iso. org/standard/65034. html，最后访问时间：2021 年 7 月 30 日。

【案例】

商业贿赂典型案例

MSD 裁员风波[①]：2004 年 3 月，世界 500 强之一的 MSD 公司解雇 20 多名中国分区副经理和医药代表，理由是“假以学术推广的名义报销娱乐费”。

XRL 案[②]：2005 年 4 月 22 日，香港珠宝商 XRL 父子被指涉嫌向旅行社雇员提供非法回扣，作为安排内地旅行团到该店参观购物的报酬，被香港廉政公署拘捕。

四、反垄断

在《反垄断法》第三条中，“垄断”行为包括：（1）经营者达成垄断协议；（2）经营者滥用市场支配地位；（3）具有或者可能具有排除、限制竞争效果的经营者集中。与其他部门法相比，反垄断法与政治、经济领域的联系更为密切，而且事实认定相对复杂，这就导致反垄断认定存在较大不确定性。除此之外，企业的经营行为一旦被认定为垄断行为，将会面临高昂数额的处罚，会使企业的未来经营面临极大变数。因此企业的规模越大，经营范围越广，越是重视反垄断合规。

【案例】

反垄断典型案例[③]

1. 冰醋酸原料药案

案情：2018 年 8 月，市场监管总局根据举报立案调查冰醋酸原料药垄断案，查明三家涉案企业达成并实施了提高冰醋酸原料药价格的垄断协议。2018 年 12 月，市场监管总局依法对三家企业作出处罚，罚款并没收违法所得合计 1283 万元，三家企业及时将冰醋酸原料药价格恢复至竞争状态。

2. 天然气纵向垄断协议案

案情：2018 年 1 月，国家反垄断执法机构对 Z 公司天然气销售分公司和

---

① 周祖城：《企业伦理学》，清华大学出版社 2005 年版，第 165 页。

② 参见《XRL 涉嫌提供利益遭廉署起诉》，载中国新闻网，http：//www.chinanews.com/news/2006/2006 -01 -20/8/680672.shtml，最后访问时间：2021 年 11 月 9 日。

③ 参见《市场监管总局发布 2018 年反垄断执法十大典型案例》，载中国政府网，http：//www.gov.cn/xinwen/2019 -05/11/content_ 5390670.htm，最后访问时间：2021 年 7 月 30 日。

天然气分公司违反《反垄断法》的规定、限定压缩天然气最低转售价格的行为依法作出处罚，共处其年度销售额6%的罚款，合计8406万元。接受处罚后，两家涉案公司及时整改，保障了该地区天然气供应。

3. 天津港口岸地区堆场经营企业垄断协议案

案情：2018年1月，天津市反垄断执法机构对天津市港口岸地区多家堆场经营企业违反《反垄断法》的规定、固定收费标准达成横向垄断协议的行为依法作出处罚，罚款总额超过4510万元。此案查处过程中，天津市人民政府高度重视，执法人员主动作为，通过外围取证、突袭调查等方式，不断抽丝剥茧，取得关键证据并形成有效证据链。

五、劳动法

劳动关系相比于一般的合同关系的特殊性在于，劳动关系是企业与劳动者之间形成的合意。但劳动者相对于企业处于弱势地位，如果国家不对该种合同关系加以主动规制，会令劳动者处于易受欺凌的弱势地位。为了弥补劳动者的弱势地位，国家采用劳动立法的方式来保护劳动者的权益不受到侵害。另外，劳资关系涉及社会稳定——劳资关系中承载着劳动者的生存利益，一旦有企业侵害劳动者权益，往往比较容易产生冲突，且容易激化矛盾[①]。因此，我国政府设置了专门的行政机关对企业的劳资关系进行监督与检查。企业违反劳动合规的要求将会导致行政处罚甚至刑事责任。

劳动合规风险主要体现在以下几方面：

其一，因相关法律法规倾向于保护劳动者的权益，一旦企业违反劳动合同，其承担的违约责任将会较重。

其二，企业违反劳动用工方面的合规要求将会招致劳动行政部门的处罚，且劳动行政部门的监督检查具有主动性，会针对用人单位招工、用工、缴纳社会保险、工资支付等诸多情况进行检查。所以企业在劳动合规领域需要同时兼顾诸多方面，稍有不慎便会有违规受罚之虞。

企业在进行劳动合规体系建设时应当考虑的方面：

1. 企业内部劳动规章制度。该制度是企业规章制度的组成部分，也是与

---

① 参见华东师范大学企业合规研究中心编：《企业合规讲义》，中国法制出版社2018年版，第295页。

劳动者日常工作直接相关的规章制度。《劳动法》第四条强调了企业建立相应规章制度，保障劳动者享有合法权益并履行劳动义务。

2. 劳动合同。劳动合同是企业与劳动者双方就劳动关系达成合意的体现，其中规定了劳动者与企业各自的权利和义务。企业应当注意承担订立书面劳动合同的义务，并且注意劳动合同的主要条款不违反相关法律法规的要求。

3. 对特殊员工的照顾。劳动法注意对女职工、未成年人的保护。诸如《劳动法》第二十九条第三款规定了女职工在孕期、产期、哺乳期不受解雇的权利，《劳动法》第十五条规定了对以未成年人为用工对象的相关保护措施，《劳动法》第七章则是对女职工与未成年工保护所特设的章节。

4. 最低工资的支付。最低工资是国家通过立法确定并强制推行的工资标准，是企业应当支付的最低劳动报酬。企业在计算最低工资时应当注意应剔除的事项，确保最低工资额计算准确。

此外，劳动法合规管理还应当注意的方面包括：劳动安全、职工教育与培训、劳动纪律等。本书第十章将会对以上内容进行详细阐述。

六、知识产权

21 世纪的商业竞争是知识与人才的竞争，而知识的竞争离不开在知识产权与商业秘密领域的角力。我国自加入 WTO 以来，对知识产权的保护愈加重视。2019 年 11 月 24 日，中共中央办公厅与国务院办公厅联合印发《关于强化知识产权保护的意见》；2020 年 2 月 26 日，国资委联合国家知识产权局发布了《关于推进中央企业知识产权工作高质量发展的指导意见》，其中亦提及 2013 年发布的《企业知识产权管理规范》（GB/T 29490－2013）。这些文件旨在强化我国企业对知识产权的合规管理，净化知识产权的发展环境。

在知识产权与商业秘密领域，一方面企业需要保护自己的知识产权不受侵犯，另一方面则需要避免自己侵害他人的知识产权甚至是落入他人的“知识产权陷阱”。我国的知识产权包括著作权、商标权、专利权。企业为了获得上述权益，通常会有大量的前期投入，如果因为无法满足合规要求而最终无法获得或者获得后无法行使相应的知识产权，则会造成巨大的企业损失。如果企业因知识产权与他方产生纠纷，则会陷入漫长而复杂的诉讼过程，费时费力。因此，企业在知识产权领域的合规管理投入是相当有必要的。

在著作权领域，企业应当防止作品属于剽窃，并注意各种授权方式的差异。在专利权与商业秘密领域，此二项皆为企业的重要资产，甚至是企业的核心竞争力，是否能就相应的客体获得法律保护事关企业的重大利益。在商标权领域，则涉及企业将自己的商品或服务与他人的商品或服务进行区分。可见知识产权领域的纠纷通常会直接影响企业的日常经营业务，因此必须予以高度重视。

七、财务和税收

（一）企业税务合规

企业税法合规指的是企业能够按照税法规定，按时、数额准确地缴纳税款。企业的税务合规风险既有可能来自企业内部，也有可能来自企业外部。

1. 企业内部的税务合规风险

企业内部的税务合规风险通常来自漫长的产业链、复杂的交易模式以及广泛的业务范围。由于税法本身的规定非常复杂，在没有专业税务人士帮助的情况下，企业几乎不可能按时、数额准确缴纳自身的税款。再加上各类业务、交易的叠加更是令企业税务处理复杂化。同时，企业缴税作为一种现金流出会影响企业的可动用现金流以及成本、利润，进而影响企业的财务指标。企业需要在纳税的谨慎性与资金的充裕性之间作出取舍，而取舍的基础是对税法的了解。

2. 企业外部的税务合规风险

税法的条文内容复杂，各税种、税率、缴纳期限、征收机关的其他规定较多。我国各层级的税收规范性文件交织在一起，难免会有待完善的地方。当面临一些在实务中尚存争议的问题时，企业就暴露在了合规风险之下。当企业与税务机关对税法条文的理解出现偏差的时候，企业的税务合规风险大大增加。

基于以上叙述，我们可以得出结论，由于税法和税务实务的高度复杂性，企业必须在此方面有专门的合规管理，以避免企业因自身疏忽招致税务机关的行政处罚。

（二）企业财务合规

有说法认为，企业财务合规是合规管理的最后一道防线[①]，因为资金使用的最后一道关口在财务，即使在业务前端出现了违反合规要求的做法，位于终端的财务如能恪守合规理念，就能发挥财务的监督和控制作用，保障企业资产安全。除此之外，企业的经营管理活动的效果在很大程度上会在财务数据上反映，如企业的财务合规管理能够有效防止财务数据造假，则不良财务数据的暴露能够揭示企业经营管理的漏洞和不足之处，提醒企业及时纠正。

企业的财务合规建设应当规定财务负责人与经营负责人共担责任，相互监督制约。财务负责人一方面要为企业经营负责人的决策提供有效支持，另一方面也要独立行使对财务合规的监督权限，积极推动企业经营责任人和财务负责人分工协作、监督促进的管理机制。

企业的财务合规还应当强化问责机制，通过对财务制度的执行情况进行评价，及时发现问题，并追究相关责任人责任，从而约束其经营行为，强化责任意识。

**【案例】**

Z 矿业避税事件[②]

Z 股份公司成立时，与 C 先生有关的 3 家公司持有 Z 的股份占 Z 股份的 18.2%，是第二大股东。2007 年 2 月 5 日，新华都工程公司、新华都百货公司以每股面值 0.1 元的价格合计转让给 C 先生 35888.16 万股 Z 股份，经过股份转让，Z 股份就从新华都工程公司等法人名下转移到 C 先生个人名下。此项交易新华都工程公司没有赚到一分钱，明知 Z 上市必然产生大幅溢价收益，赚取超额利润，新华都工程公司却将股份慷慨转让给 C 先生。目的是什么呢？

仅在 2009 年 4 月至 7 月，C 先生前后两次减持 Z 股份总计约 2.94 亿股，套现 27.3 亿元，而成本仅仅是 2940 万元，利润达 27 亿元。如果 C 先生出售的 2.94 亿股股票没有转让到其个人名下，通过新华都工程公司等转让，27 亿元利润要按照 25% 企业所得税税率计算缴纳企业所得税，税额超过 6.75

---

① 参见赵何璇：《企业合规管理的最后一道防线》，载《国际合规法律问题实务与观察》2019 年 2 月。

② 参见《陈某发逃税门风波》，载人民网，http：//finance. people. com. cn/GB/8215/169190/，最后访问时间：2021 年 11 月 9 日。

亿元。

公司缴纳企业所得税后，税后利润分配给自然人股东，自然人股东还要缴纳20%的个人所得税，假设全部分配，大约要缴纳4亿元个人所得税。但C先生把法人股票转让为自然人股票后出售，不仅6亿多元企业所得税分文不缴，潜在的4亿元个人所得税也免去了，10亿元税收没了。

财政部和国税总局于2009年12月31日发布财税〔2009〕167号文件，对个人限售股开始征收20%个人所得税。

八、网络与数据安全

由于互联网技术的普及和数字经济驱动，目前信息网络已经高度渗透进了社会的方方面面。数据本身的价值被社会高度认可，数据的收集、存储、流通、使用等各个环节都将是企业现在与将来合规的重点。

为了保障网络安全运行，国家已经制定了一系列的法律法规和技术规范。早在1994年国务院就制定了《计算机信息安全保护条例》。2007年公安部等部门制定了《信息安全等级保护管理办法》。2012年全国人大常委会通过了《关于加强网络信息保护的决定》。2016年11月全国人大颁布了《网络安全法》。除此之外，不同的政府部门也根据各自职责对相关网络设备（如无线电通信设备、电信终端）进行了安全认证。国家互联网信息办公室也会同其他主管部门统一制定了网络关键设备和网络安全专用产品名录。

个人信息数据的保护也是合规工作的重要组成部分。由于个人信息的收集、存储、传输、使用涉及个人隐私，所以过程必须合法正当。对于用户在网络上发布、传输的信息，网络运营者必须建立相应的审查管理及投诉举报制度。

企业一旦违反网络安全与数据合规要求，轻则面临民事责任和行政责任，重则面临刑事责任①。如《民法典》第一百一十条、第六章就规定了个人信息的法律保护。《网络安全法》第六十四条则规定了网络运营者、网络产品或者服务的提供者违反相关法律法规可能面临的行政处罚。《刑法》第二百五十三条则规定了非法获取个人信息的刑事责任。

① 参见《网络安全法》第七十四条。

九、广告

现代商业活动离不开广告手段的推广宣传，但广告发布者、制作者又往往具有夸大自身产品或追求轰动效应的倾向。这样就带来了在商业推广与消费者保护之间权衡的问题。在立法者逐步收紧对商业广告监管的当下，企业发布广告必须慎之又慎，否则将有可能面临各类行政、民事甚至刑事责任①，给企业的日常经营和声誉带来很大的负面影响。

对商业广告进行规制的法律文件首当其冲是《广告法》。我国的《广告法》于1994年10月27日经全国人大常委会审议通过，又分别于2015年4月24日、2018年10月26日和2021年4月29日由全国人大常委会对其进行了必要的修订。根据该法第二条，适用该法的“广告”是指在中华人民共和国境内，商品经营者或者服务提供者通过一定媒介和形式直接或者间接地介绍自己所推销的商品或者服务的商业广告活动。

在多媒体传播投放渠道日益丰富但广告监管法规也越发严格的当下，商业广告的合规管理会面临诸多需要考量的方面，比如绝对化用语的界定（《广告法》第九条第三款）、商业广告与信息的区分（《广告法》第二条）、广告的道德、政治导向（《广告法》第二条、《网络安全法》第十二条）、内容引证的界定（《广告法》第十一条第二款）、广告代言的风险控制（《广告法》第三十八条）等。具体内容将会在本书第十三章进行详述。

十、海外投资经营

随着我国“一带一路”倡议的不断推进以及全球经济的持续整合，中国企业“走出去”的情形将会越发常见。企业经营的国际化进程将会导致企业越发频繁地面临国外的监管。中国企业在海外遭遇的风险既有外部条件的客观因素，也有自身情况的主观因素。所以说，海外投资经营的合规管理正在成为向海外拓展市场的中国企业的重要学习内容。

中国企业在海外投资经营方面的合规管理工作进步较快。2016年3月，中石油、中国移动、招商局集团、中铁和东方电气五家央企被国资委选为开

① 参见《广告法》第五十五条至第七十三条。

展合规体系试点工作的单位，这些企业通过不断学习国际同类企业的实践经验，并积极探索符合企业自身特点的合规管理体系，已经取得了一定的成绩。[①] 国内外企业实务经验都已经证明，一个完善的海外投资经营合规管理体系不仅能够帮助企业尽可能地规避法律风险，而且还能为企业的长远发展奠定坚实基础。

十一、小结

至此已经介绍了多达十个企业在日常经营过程中需要进行合规管理的重点领域，但这些内容相比于企业需要注意的合规管理要求依然是挂一漏万。企业大合规覆盖的范围十分广，限于篇幅，本节将不再对其他合规领域进行概略性的介绍，而是将在本书下篇各章对这些重要的企业合规领域进行详细介绍和分析。

第二节　重点环节

一、合规管理制度的划分

在《合规管理体系　指南》中并未对企业合规的制度和流程作出详细规定，在我国的《央企合规指引》中也只是在第十七条作出了原则性规定。在发改委等多部门联合发布的《境外经营合规指引》第四章中，企业合规管理制度被分为行为准则、管理办法、操作流程三部分，其中，行为准则作为企业合规管理的基础原则统摄合规全局，管理办法是行为准则的细化，操作流程则是具体落实合规管理办法的程序。

1. 基本制度

根据《央企合规指引》第十七条、《境外经营合规指引》第十三条，企业应当首先制定全员普遍遵守的合规规范，将其作为企业最基本的合规制度，适用于所有员工和部门。合规管理的基本制度应当明确企业合规管理的目标、

---

① 《国资委系统法治工作简报第 16 期》，载国务院国资委官网，http：//www.sasac.gov.cn/n2588020/n2588072/n2590860/n2590862/c8176349/content.html，最后访问时间：2021 年 11 月 10 日。

基本原则、机构设置、违规责任追究等内容。

在国际层面，欧美跨国公司、OECD成员国、世界银行等主要基于诚信合规理念，普遍以企业行为准则作为合规制度的基础，用以规范企业员工的行为。我国的《境外经营合规指引》规定了合规管理的基本模式，其第十三条规定："合规行为准则是最重要、最基本的合规制度，是其他合规制度的基础和依据，适用于所有境外经营相关部门和员工，以及代表企业从事境外经营活动的第三方。合规行为准则应规定境外经营活动中必须遵守的基本原则和标准，包括但不限于企业核心价值观、合规目标、合规的内涵、行为准则的适用范围和地位、企业及员工适用的合规行事标准、违规的应对方式和后果等。"

2. 具体制度

《央企合规指引》规定，由企业的总法律顾问或相关负责人担任合规管理负责人，领导合规管理牵头部门研究起草合规管理计划、基本制度和具体制度规定，最后由经理层批准①。此外，该指引第十七条要求中央企业制定专项合规管理制度，保障重点领域的合规管理得到切实有效落实。

以下以若干合规指引为例，说明诚信合规具体制度应当包括的内容：

《境外经营合规指引》第十四条第一款	企业应在合规行为准则的基础上，针对特定主题或特定风险领域制定具体的合规管理办法，包括但不限于礼品及招待、赞助及捐赠、利益冲突管理、举报管理和内部调查、人力资源管理、税务管理、商业伙伴合规管理等内容。
世界银行《诚信合规指南》②	禁止不当行为、责任、计划的启动、风险评估与审查、内部政策、业务伙伴政策、内部控制、培训与传播、激励、报告、不当行为的补救、集体行动。
巴斯夫《行为准则》③	劳工和社会标准、环境、健康与安全保护、反托拉斯法、反腐败、礼品与招待、利益冲突、信息保护和内幕交易法、数据隐私保护、进出口、企业及业务伙伴资产保护、禁止洗钱。

《境外经营合规指引》第十五条规定，企业可结合境外经营实际，就合规行为准则和管理办法制定相应的合规操作流程，进一步细化标准和要求。也

① 参见《央企合规指引》第九条第三款、第十条第一款、第七条第二款。

② 参见《世界银行集团廉政合规指南概要》，载世界银行集团官网，https://thedocs.worldbank.org/en/doc/302151536766276403 - 0240022018/original/WBGIntegrityComplianceGuidelinesCH.pdf，最后访问时间：2021年7月30日。

③ 参见巴斯夫（中国）《行为准则》，载巴斯夫企业官网，https://www.basf.com/global/en/who-we-are/organization/management/code-of-conduct.html，最后访问时间：2021年7月30日。

可将具体的标准和要求融入现有的业务流程当中，便于员工理解和落实，确保各项经营行为合规。这里的业务流程应当包括企业的横向职能领域与纵向业务领域，前者包括财务、风控、内控、人力资源、法务、行政等，其合规管理制度和流程包括但不限于：企业规章、授权机制、印章管理、对外投融资及担保审核、并购重组管理、关联交易审核、知识产权管理、合同管理、内部审计等；后者包括产品、采购、研发、销售、生产、物流等，因不同行业业务部门设置差异很大，在此不对其不同业务部门的合规管理流程一一叙述。

二、合规管理体系的建立

建立企业合规管理体系的过程大致可以分为以下步骤：

1. 了解企业背景。为了建立有效的企业合规管理体系，必须首先对企业所在行业背景、企业的日常经营业务范围、业务开展方式、企业战略、内部规章等涉及企业日常经营的方方面面进行了解。

2. 确定合规义务。合规义务也按是否具有强制性分为合规要求与合规承诺[①]。合规要求即为法律、法规、规章、命令、判决等具有强制效力的要求，合规承诺是指企业根据自身所处行业以及自身特点自愿接受的约束。企业应当建立合规业务清单，并及时更新，尤其要注意是否已经穷尽企业合规管理所需的不同层级、不同来源的各种法律规范。

3. 识别潜在风险。在明确了企业合规的义务后，企业就需要对日常运营过程中可能发生的合规风险进行识别、分析、评估，这也是通常企业建立合规管理体系所期望达到的最低要求。企业应当将自身日常运营情况与企业的各种合规要求与合规承诺进行比照，以此推测各种不合规情况的发生概率以及相应的风险，并结合监管环境、市场特点以及企业自身情况确定各合规风险的优先级。

4. 制定合规制度。企业合规制度是企业在确定潜在合规风险后，为了应对该风险首先需要采取的措施。企业的合规制度应当体现企业为了防范所识别的合规风险所采取的策略与方法；企业还需在其合规制度中就其合规管理体系的适用范围、管理和报告合规事项的责任、不合规的可能后果进行规定。

---

① 华东师范大学企业合规研究中心编：《企业合规讲义》，中国法制出版社2018年版，第33页。

5. 实施合规制度。制度的生命力在于实施。企业需保证所制定的合规制度对企业内部各个业务环节和职能领域可能产生的风险能够产生有效的控制。通常企业的合规管理会在各相关职能部门分别实施，各部门各司其职。企业通过对这些部门实施合规制度的情况进行监督，从而达到控制各部门以及企业整体合规风险的目的。

6. 评估与改进合规管理体系。当企业已经建立了较为完备的合规管理制度后，并不意味着企业可以一劳永逸，从此高枕无忧了。随着时间的流转，企业的内部状况与外部状况都在不断变化，企业应当时常就其合规管理体系的有效性和合理性进行评估，评估该体系所预期达到的效果与其实际效果之间存在多少差距，并及时采取适当的改进措施，消除合规管理体系现存的缺陷。

第三节 重点人员

合规管理是企业治理的重要组成部分。企业治理的目的在于，确保在企业所有权的层面上妥善规范地实现从股东到高级管理层的授权，并且对高级管理层勤勉履职的状况进行及时监督反馈，以维护股东权益。而企业的合规治理作为企业治理的重要组成部分，是以保证企业合规经营为目的，通过合规管理的制度性安排，解决合规管理工作中的权力配置问题①。

在现代企业治理的体系流程中，高级管理层往往主要负责企业的日常运营，企业的股东、董事会需要准确了解企业内部各职业经理人的履职情况，并及时发现并纠正其中的不合规之处，同时及时建立起未来对此类事件的预防机制。

一、各层级机构在合规管理中的职能

（一）总体原则

以公司为例，为了建立合理有效的合规管理体制，公司应当明确股东、董事会、监事会、高级管理层在合规治理中的角色，合理分配他们的权力与

① 参见王志乐：《企业合规管理操作指南》，中国法制出版社2017年版，第140页。

职责。对于利益相关方，公司也应当考虑他们在合规治理中的地位和作用，鼓励他们在参与公司合规方面发挥积极作用。另外，合规团队应当与公司的治理层有通畅的沟通渠道，且合规团队应当保持一定的独立性，其日常工作不受其他业务部门或职能部门的限制。

（二）董事会的合规管理职能

董事会作为公司股东（大）会的执行机关，负责公司业务经营的指挥管理，并向股东（大）会负责。董事会应当确定公司合规的基础原则，确立诚信正直的公司内部职业操守与价值观念，促进公司自身合规与外部监管的有效互动。

结合《公司法》第四十六条有关公司董事会职权的规定，董事会在合规管理中应当履行的职责包括：（1）审议批准公司合规政策，监督合规政策的有效实施；（2）审议公司的经理层提交的合规管理报告，对公司合规体系的有效性进行评价，并对发现的合规风险作出相应的风险应对措施；（3）授权董事会下设的合规管理委员会或其他与合规管理有关的职能部门对公司的合规管理进行日常监督，以及向合规团队提供其他必要授权。

对于上述第三点，董事会尤其应当注意需向合规团队分配适当的权限与责任，保证合规管理体系设计的合理性和一致性。另外，由于合规管理涉及公司诸多职能部门和业务单元，合规团队可能不具备足够的权力对这些公司部门和单元进行审核，因此董事会还应当向合规团体提供明确清晰的支持，保证合规团队有直接向董事会报告的渠道。董事会还应当为合规团队创造接触决策层的机会，以便合规团队能够获得足够的资料和信息，并在决策流程的初期就提出合规建议。

（三）监事会的合规管理职能

根据《公司法》第五十三条和第五十四条的规定，监事会的存在意义就是在公司内部的分权制衡体系中作为公司的内部监督机关，防止董事会、经理层滥用职权损害公司和股东的利益。监事会的合规管理职能就在于监督董事会和经理层对合规管理要求的落实履行情况。

结合《公司法》第五十三条和第五十四条对监事会职权的规定，与合规相关的职权包括：（1）检查公司财务；（2）对董事、高级管理人员执行公司职务的行为进行监督，对违反法律、行政法规、公司章程或者股东会决议的董事、高级管理人员提出罢免的建议；（3）当董事、高级管理人员的行为损害公司的利益时，要求董事、高级管理人员予以纠正；（4）向股东会会议提出提案，针对公司合规管理存在的缺陷提出纠正建议。

（四）经理层的合规管理职能

根据《公司法》第四十九条的规定，公司的高级经理层的主要职能在于制定经营目标、方针、战略，制定利润的使用、分配方案，重大规章制度、修改和废止，指挥和协调各组织机构的工作和相互关系，确定他们的职责和权限。管理层应当全面落实公司的合规管理制度，有效管控合规风险。

经理层应当履行的合规管理职责一般包括：（1）制定具体的合规制度，并根据合规风险状况及相关法律法规的变化情况及时更新合规政策，上报董事会；（2）贯彻执行制定的合规政策，确保发现违规政策后能够及时纠正；（3）识别公司面临的主要合规风险，审批合规管理计划，协调合规管理部门、内部审计部门和风险管理部门的工作；（4）调配充足资源建立、制定、实施、评价、维护、改进合规管理制度体系，使董事会能够充分了解合规管理绩效。

二、合规管理机构

通常情况下，企业的合规管理组织架构可主要分为两个层级：

1. 合规委员会

第一个层级是在董事会中设立的合规委员会，作为企业合规管理体系的最高负责机关制定企业的合规管理目标、方针、政策、审议合规报告和决议。合规委员会应当由董事中具备法律、财务、人力资源等相关背景的人组成，在不设董事会的企业中也可以由执行董事牵头执行相关工作。

合规委员会的主要职责是负责企业合规管理的总体体系建设，主要包括：制定企业合规管理基本政策及战略方针；建立企业的合规管理体系，审定企业年度合规工作计划；审阅下属部门的合规管理工作报告，并提出监督、指导、改进建议。

2. 合规负责人

第二个层级是在合规委员会之下建立合规管理部门，负责合规管理的日常工作。合规管理部门的规模根据合规管理的日常工作量设定，绝大多数企业都任命高级管理层中的一员作为合规管理部门的总负责人，全面负责合规管理工作，同时任命若干合规专员负责日常合规工作。

企业可以任命首席合规官或由总法律顾问担任合规负责人，或由首席财务官兼任合规负责人，合规负责人可以进入董事会；企业还可以聘任外部专家担任合规负责人。合规负责人的主要职责包括：（1）贯彻执行合规委员会制定的合规政策、方针，全面具体实施合规管理工作；（2）协调企业合规工作与企业其他业务的关系；（3）领导企业合规部门的日常工作。

3. 合规部门

合规管理部门的主要职责包括：（1）跟踪企业所在地的法律法规和行业监管要求的最新情况，及时为经理层提供建议；（2）将识别出的合规义务转化成特定的合规程序和流程；（3）审查企业的各项政策、程序的合规性，组织协调各业务支线与内控部门，对政策、程序进行审查和修订；（4）配合企业人事部门为企业员工组织合规培训，并编写合规手册等指引性文件；（5）主动评估与企业日常生产经营相关的合规风险，并管理与上下游供应商、代理商、经销商、承包商等相关的合规风险，评估与新业务、新客户相关的合规风险；（6）定期评价企业合规管理体系的运行有效性，并进行测试和调查，向合规委员会上报结果。

三、合规管理在部门间的协调

（一）合规部门与业务部门的协调

企业合规管理并非单单是合规部门的事情，而是需要其他各业务部门通力协作——合规部门并不直接负责业务，需要其他直接负责业务的部门的合作。合规部门与业务部门的关系应该是：（1）业务部门对本部门的合规风险进行识别，并及时向合规部门提交；（2）合规部门应当综合业务主管部门的合规风险分析，对不同业务领域的合规风险进行综合分析评估，发布风险预警；（3）业务主管部门应当根据风险预警，严格落实风控措施。

（二）合规部门与监督部门的协调

与审计部门的分工协作。审计部门主要负责对合规管理体系运行状况实施监督，对企业的经营管理进行合规审计。合规部门与审计部门相互独立，合规部门也要定期接受审计部门的检查。合规部门向审计部门提供合规检查的方向与重点，审计部门应当考虑合规部门的建议。审计部门在审计过程中应当注意收集合规风险信息，在检查结束后应当及时将结论抄送给合规部门，为合规部门的识别、收集合规风险提供信息来源和依据。

与监察部门的分工协作。在我国的国有企业中还有纪检监察部门，一般情况下负责违规举报的受理、调查和责任追究，还通常会参与反舞弊制度的完善。监察部门应当与合规部门相互通报违规调查情况，确保合规管理体系执行到位。

与内控部门的分工协作。一些企业还设有内控部门。内控包括对市场风险（主要源于外部环境的变化）、营运风险（主要源于企业自身业务经营的疏忽）、合规风险（主要源于企业及员工行为未能符合法律法规的要求）的控制。合规管理是内控的组成部分，两者应当互有侧重，相互配合。合规管理实际上是风险管理的前提。

（三）企业与监管机构的协调

在当今全球市场环境下，企业应将来自监管部门的关注纳入其合规管理流程。企业可以通过发展与监管制度相一致的合规制度来降低被监管机构处罚的风险。如果企业具有行业领先地位，则应当积极参与立法，将行业内部的诉求或实践经验通过立法固定下来，使得自己的行为受到法律保护。

企业应当积极了解监管机构对企业合规的预期，即监管机关希望企业的合规流程包括哪些内容。当合规风险已经发生时，企业合规部门要与外部律师有效配合，及时提供企业内部相关信息与文件资料，积极与监管机关沟通，尽量配合执法机关的调查。但积极配合调查不意味着坐以待毙，而是应当由企业积极回应质疑，同时向监管机关证明企业拥有良好的合规和内控体系以及诚信记录，维护企业形象。

本章合规指引

本章介绍了合规管理所涉及的重点领域、环节、人员。这三部分均涉及诸多方面与环节，需要企业管理者在其中发挥统领与协调的艺术。合规的重点领域是合规需要关注的方向，合规环节是实施合规管理的步骤，人员则是实施合规管理的主体。合规管理是一个动态的过程，企业应当在合规管理制度化的基础上发挥人员的主观能动性，根据企业内外部环境的变化及时修改合规制度，确保合规的顺利进行。

下面提供《企业合规管理重点》作为合规管理重点的指引，主要内容包括合规管理结构、机构、协调等内容。具体如下：

【示例】

企业合规管理重点

一、合规治理结构

企业可结合发展需要建立权责清晰的合规治理结构，在决策、管理、执行三个层级上划分相应的合规管理责任。

(1) 企业的决策层应以保证企业合规经营为目的，通过原则性顶层设计，解决合规管理工作中的权力配置问题。

(2) 企业的高级管理层应分配充足的资源用于建立、制定、实施、评价、维护和改进合规管理体系。

(3) 企业的各执行部门及境外分支机构应及时识别归口管理领域的合规要求，改进合规管理措施，执行合规管理制度和程序，收集合规风险信息，落实相关工作要求。

二、合规管理机构

企业可根据业务性质、地域范围、监管要求等情况设置相应的合规管理机构。合规管理机构一般由合规委员会、合规负责人和合规管理部门组成。尚不具备条件设立专门合规管理机构的企业，可由相关部门（如法律事务部门、风险防控部门等）履行合规管理职责，同时明确合规负责人。

1. 合规委员会

企业可结合实际设立合规委员会。作为企业合规管理体系的最高负责机构，合规委员会一般应履行以下合规职责：

(1) 确认合规管理战略，明确合规管理目标。

(2) 建立和完善企业合规管理体系，审批合规管理制度、程序和重大合规风险管理方案。

(3) 听取合规管理工作汇报，指导、监督、评价合规管理工作。

2. 合规负责人

企业可结合实际任命专职的首席合规官，也可由法律事务负责人或风险防控负责人等担任合规负责人。首席合规官或合规负责人是企业合规管理工作具体实施的负责人和日常监督者，不应分管与合规管理相冲突的部门。首席合规官或合规负责人一般应履行以下合规职责：

（1）制订合规部门工作计划、全面负责合规部门日常管理工作；

（2）组织、协调和督促各部门对相关管理制度进行修订，使其符合法律法规的要求；

（3）带领并指导合规人员进行全业务口径、全业务流程的合规管理工作，包括合规审核、合规检查、合规报告、合规考核与奖惩；

（4）监督检查评级业务运营、评级报告信息报备和信息披露情况；

（5）监督审查评级结果表现和评级质量检验情况；

（6）对合规人员进行业务和技能培训；

（7）承担监管部门、行业自律组织等要求的合规管理工作。

3. 合规管理部门

企业可结合实际设置专职的合规管理部门，或者由具有合规管理职能的相关部门承担合规管理职责。合规管理部门一般应履行以下合规职责：

（1）持续关注我国及业务所涉国家（地区）法律法规、监管要求和国际规则的最新发展，及时提供合规建议。

（2）制定企业的合规管理制度和年度合规管理计划，并推动其贯彻落实。

（3）审查评价企业规章制度和业务流程的合规性，组织、协调和监督各业务部门对规章制度和业务流程进行梳理和修订。

（4）组织或协助业务部门、人事部门开展合规培训，并向员工提供合规咨询。

（5）积极主动识别和评估与企业境外经营相关的合规风险，并监管与供应商、代理商、分销商、咨询顾问和承包商等第三方（以下简称第三方）相关的合规风险。为新产品和新业务的开发提供必要的合规性审查和测试，识别和评估新业务的拓展、新客户关系的建立以及客户关系发生重大变化等所产生的合规风险，并制定应对措施。

（6）实施充分且具有代表性的合规风险评估和测试，查找规章制度和业务流程存在的缺陷，并进行相应的调查。对已发生的合规风险或合规测试发现的合规缺陷，应提出整改意见并监督有关部门进行整改。

（7）针对合规举报信息制定调查方案并开展调查。

（8）推动将合规责任纳入岗位职责和员工绩效管理流程。建立合规绩效指标，监控和衡量合规绩效，识别改进需求。

（9）建立合规报告和记录的台账，制定合规资料管理流程。

（10）建立并保持与境内外监管机构日常的工作联系，跟踪和评估监管意见和监管要求的落实情况。

三、合规管理协调

1. 合规管理部门与业务部门分工协作

合规管理需要合规管理部门和业务部门密切配合。境外经营相关业务部门应主动进行日常合规管理工作，识别业务范围内的合规要求，制定并落实业务管理制度和风险防范措施，组织或配合合规管理部门进行合规审查和风险评估，组织或监督违规调查及整改工作。

2. 合规管理部门与其他监督部门分工协作

合规管理部门与其他具有合规管理职能的监督部门（如审计部门、监察部门等）应建立明确的合作和信息交流机制，加强协调配合，形成管理合力。企业应根据风险防控需要以及各监督部门的职责分工划分合规管理职责，确保各业务系统合规运营。

3. 企业与外部监管机构沟通协调

企业应积极与境内外监管机构建立沟通渠道，了解监管机构期望的合规流程，制定符合监管机构要求的合规制度，降低在报告义务和行政处罚等方面的风险。

4. 企业与第三方沟通协调

企业与第三方合作时，应做好相关的国别风险研究和项目尽职调查，深入了解第三方合规管理情况。企业应当向重要的第三方传达自身的合规要求和对对方的合规要求，并在商务合同中明确约定。

第四章　合规管理运行与控制

【思维导图】

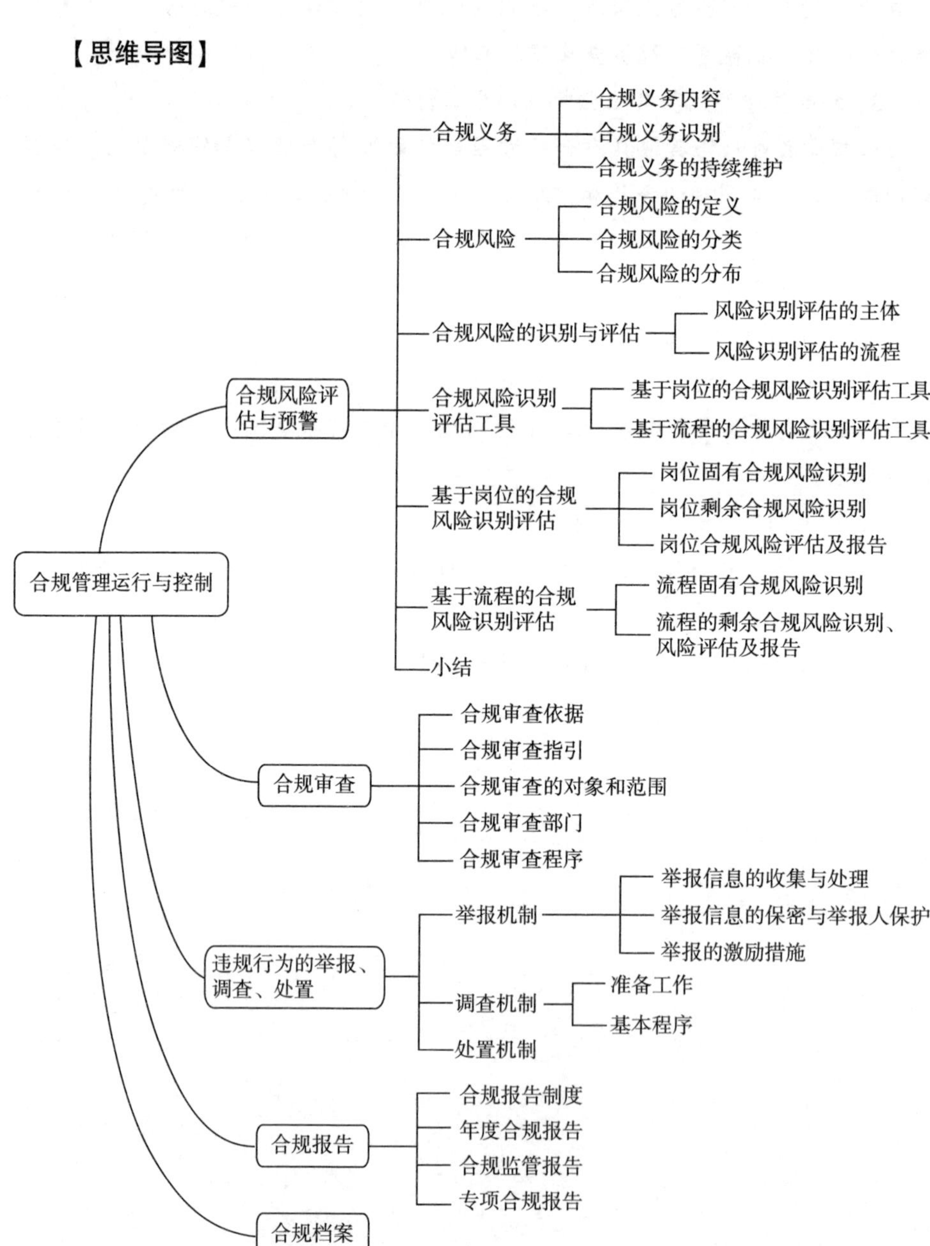

【本章概要】

本章将围绕合规风险评估与预警，合规审查，违规行为的举报、调查、处置，合规报告，合规档案这五个方面详细阐述企业合规管理体系运行与控制所需要的要素和方法。合规风险的识别与控制是合规管理的起点，首先应当确认合规义务，然后基于企业内部权力分布确认合规风险，继而借助基于岗位和流程的风险评估工具完成对合规风险的识别和评估。

相关部门在完成对风险的识别和评估之后，一方面要按照企业的内部制度对企业及员工的行为进行审查，另一方面还要接收对违规行为的举报，并基于前述步骤获得的违规信息对违规行为进行调查和处置。此外，企业还需要撰写合规报告，对企业整体与需要关注的重点事项的合规情况进行总结。企业还可以借助信息化手段对合规管理过程中需要的信息进行归档整理，建立自己的合规信息档案管理。

第一节 合规风险评估与预警

一、合规义务

识别和评估合规风险是企业建立合规体系的工作基础。企业要识别和确定具体的合规风险，首先要识别合规义务。合规义务是衡量企业及其员工的行为是否违规的标尺，有了标尺才能够测量偏差。

（一）合规义务内容

总的来说，企业合规义务包括以下内容：

（1）合规要求。这是指企业所在国家、地方政府、行业组织、社区制定的强行性规范，涉及面包括商业行为、生产安全、职业健康、社会责任等，其存在形式可能为法律法规、许可、执照、授权、监管机构发布的命令、条例、指南、法院判决书、条约、惯例、协议等①。这些规范的共同特征是具有强制性，企业的行为必须符合这些规范。如果有所违反，企业将会受到来自

① 参见《合规管理体系 指南》第4.5.1条示例1。

相关监管机构的处罚或制裁。

（2）合规承诺。这是企业为了获取市场信任而作出的超出合规要求的承诺[①]。合规承诺可以分为两类，一类是伦理道德方面承诺，诸如公平交易、诚信经营、以人为本。另一类是企业为了市场竞争而作出的业务技术上的承诺，诸如售后服务、绿色环保、人性化设计等。对于这些承诺，尽管监管机构也颁布了很多监管规范，但这些规范通常是取行业的均值；如果企业想在激烈的市场竞争环境中占有一席之地，就必须将自身产品提升到一个更高的标准，这样才能赢得客户的青睐。

需要注意的是，合规义务与企业本身密切相关，合规义务决定了企业的合规风险。在企业经营过程中，企业及员工对合规义务的理解与执行的不确定性导致了企业合规风险的产生。接下来本书将讨论合规风险的相关内容。

（二）合规义务识别

根据《合规管理体系　指南》的要求，在识别合规义务前，企业需要考虑以下内容：（1）所在市场的监管机构的相关监管要求；（2）合规管理体系的相关方及其诉求；（3）企业业务活动的内容；（4）风险识别所需方法；（5）参与合规风险识别评估的内外部门；（6）合规团队的资源、独立性，与治理机构的联系等诸多因素[②]。

在《合规管理体系　指南》第4.5.1条中，对合规义务的识别有明确的指引：

组织宜系统识别其合规义务及其对组织活动、产品和服务的影响。

组织在确立、制定、实施、评价、维护和改进合规管理体系时，宜考虑这些合规义务。组织宜以适合其规模、复杂性、结构和运行的方式记录其合规义务。

合规义务的来源宜包括合规要求和合规承诺。

从上述指南的各项内容来看，组织应当系统识别合规义务及其对组织活动、产品和服务的影响。组织应当以适合其规模、复杂性、结构和运营的方式来确定合规义务。另外，对于合规承诺，企业应当以经济适宜的原则来确定，不要将超出自身能力的事务纳入承诺范围，否则承诺了却无法做到，只

① 参见《合规管理体系　指南》第4.5.1条示例2。
② 参见《合规管理体系　指南》第4.1~4.4条。

会损害企业自身信用。

对于具有强制性的合规要求，企业应当根据这些要求识别合规义务，制定合规义务清单，并在企业内部发布。比如，企业可以建立合规识别表格来描述企业需要履行哪些合规义务以及各项合规义务对企业的影响。

（三）合规义务的持续维护

在《合规管理体系 指南》第4.5.2条中，对合规义务的维护有如下指引：

组织宜有适当的过程识别法律、法规、准则和其他合规义务的出台和改变，确保持续合规。组织宜有序评价已识别的变更和任何变更的实施对合规义务管理的影响。

示例：获取法律和其他合规义务改变信息的过程包括：

——列入相关监管部门收件人名单中；

——成为专业团体的会员；

——订阅相关信息服务；

——参加行业论坛和研讨会；

——关注监管部门网站；

——与监管部门会晤；

——与法律顾问洽商；

——关注合规义务来源（如：监管声明和法院判决）。

对合规义务的维护首先要做到对合规风险进行持续监控。监控合规风险是指对风险的分布和敞口进行持续关注和评估。风险监控应当是一个连续、动态的过程，会因为时间的推移而变化。在企业经营的过程中，企业内外部面临的各种问题、相关方的要求会不断变化，市场的政策、供求关系、客户偏好也会不断变化。企业如要保证自己具备持续应对这些变化的能力，就应当保持自身持续获得市场和监管机构的认可。企业需要保持与各方沟通的信息渠道的畅通，及时获得有关监管机构的监管要求以及关注市场需求的新变化，以更新自己的合规义务清单。

更新合规义务清单所需的沟通渠道：

在《合规管理体系 指南》的第4.5.2条【示例】中，列举了八项更新合规义务清单所需的沟通渠道：

获取法律和其他合规义务改变信息的过程包括：

——列入相关监管部门收件人名单中；
——成为专业团体的会员；
——订阅相关信息服务；
——参加行业论坛和研讨会；
——关注监管部门网站；
——与监管部门会晤；
——与法律顾问洽商；
——关注合规义务来源（如：监管声明和法院判决）。

企业有必要制定相应的合规义务清单动态管理制度来及时跟踪合规管理所需考虑的法律法规——在上一轮识别的合规义务的基础上增加、删除、变更合规义务，并描述其对企业的影响、企业确认是否继续履行这些合规义务。

【案例】

G 药企在华行贿案①

2013 年 7 月，公安部对某药企 G 公司部分高管涉嫌严重经济犯罪依法立案侦查。G 公司运营总经理等部分高管通过旅行社，用虚增会议规模等手段进行套现。旅行社按照不成文的默契协议向部分高管通过支付现金等方式行贿。除了高管使用一定的费用，销售人员还通过虚开和虚构会议的方式套现，用以行贿政府官员、专家和医生等。G 被判处罚金人民币 30 亿元，G 的中国高管等被告人被判处有期徒刑 2 年到 3 年。

G 商业腐败事件是因为该公司在国际化经营中没有遵守当地的法律法规而受到的处罚。该案件既涉及高管利用职务之便受贿，还涉及通过第三方进行行贿。对第三方的合规管理是合规管理的一个重要领域，从表面上看，该事件就是该公司对商业合作伙伴合规管理不到位而造成的。从深处追究，我们会发现，G 不是没有合规管理体系，而是有较完整的合规管理体系。但是，管理层为了追求业绩，没有制止甚至参与了商业腐败，导致该公司合规管理体系出现了系统性的坍塌。公司合规管理体系得到有效落实，最高管理层以身作则，支持合规管理，对腐败采取零容忍态度非常重要。

① 参见丁继华：《中外跨国公司的合规经验与教训》，载《商业新知》2019 年 11 月。

二、合规风险

（一）合规风险的定义

对于企业，风险通常来自各种情况的不确定性。企业的生产经营应当符合各类合规义务，一旦违反合规义务，就产生了不确定性，进而产生了合规风险。《合规管理体系 指南》明确指出，合规风险就是不确定性对合规目标的影响[①]。在合规管理体系中，合规目标是由组织制定的、与组织合规政策相一致、旨在实现的特定结果。合规风险就是指不合规的情况发生的可能性及其后果。由此看来，合规义务与合规风险之间存在对应关系——一旦企业发生不合规的行为或事件，则就会对企业产生不利后果。现代企业在经营过程中不仅要面对各种经营和财务风险，还要考虑可能出现的合规风险。

合规风险的存在取决于合规义务是否履行。企业承担的合规义务越少，企业的合规风险就越低；反之，如果企业承担了大量或高标准的合规义务，则企业就有较大可能因无法履行合规义务而承受不利后果。

当前，企业国际经营所面临的合规风险越来越高——世界各国对不合规的企业经营行为采取了严格的处罚措施。随着企业生产经营的国际化，企业会面临越来越多的强制性合规要求，而且这些要求有可能会需要作出不同的本土化调整，合规局面也因此复杂化。这是各类开展跨国经营的企业所共同面临的挑战。在“一带一路”倡议的引领下，越来越多的中国企业也需要在国际业务中妥善应对这样的挑战。如何管理合规风险，也将会是这些中国企业需要考虑的问题。

（二）合规风险的分类

1. 发生在岗位上的合规风险和发生在流程上的合规风险[②]

按照合规风险发生的位置，可以将合规风险划分为发生在岗位上的合规风险和发生在流程上的合规风险。前者指岗位人员在履行岗位职责的过程中对合规目标产生影响的不确定性；后者指流程中某个环节的人员行为对合规

---

① 参见《合规管理体系 指南》第3.12条。

② 参见华东师范大学企业合规研究中心编：《企业合规讲义》，中国法制出版社2018年版，第64页。

目标产生影响的不确定性。

但这个分类并非非此即彼的，即实际上一个合规风险往往既存在于某个岗位上，又存在于某个环节中。这样分类的意义在于，层级管理体系比较发达的企业往往适合采用从岗位定义合规风险，而流程管理体系比较发达的企业往往适合采用从流程定义合规风险。总之，如何定义合规风险需要根据企业自身特点来决定。

2. 固有合规风险和剩余合规风险[①]

固有合规风险是指在没有对应的合规风险管理措施的情况下的全部合规风险。在完全没有合规管控措施的情况下，合规风险出于最大值状态，即是固有合规风险状态。固有合规风险是绝对存在的风险，只要有合规义务的存在，就有固有合规风险。

剩余合规风险是在当前已有风险管控措施下，仍然还存在的游离于风险管控措施之外的风险。剩余合规风险是在固有合规风险的基础上减去了能被合规管理措施有效管控的风险后所剩余的风险。一家企业有没有剩余合规风险，必须考察企业为了管理和控制固有合规风险采取了哪些措施，并要证实这些措施是否得到落实以及是否能有效管控风险。剩余合规风险可以是 0，也可以小于或等于固有合规风险，但不可能大于固有合规风险。

（三）合规风险的分布

合规风险是未履行或违反合规义务不确定性所导致的。也就是说，合规义务分布在哪，这种不确定性就会如影随形。所以，合规义务的分布特征决定了合规风险的分布特征。合规义务主要是用来规范企业权力的正确行使。行使权力的过程实际就是分配利益的过程，利益分配过程往往伴随着利益争端和不公平分配。为了约束和规范这种利益纠纷，监管机构就会出台一系列的强制性规范来规范权力的行使[②]。权力、合规义务与合规风险具有内在的高度联系性，权力决定了合规义务的分布特征，合规义务决定了合规风险的分布特征。一般来说，企业合规较多涉及以下诸项权力[③]：

---

① 参见华东师范大学企业合规研究中心编：《企业合规讲义》，中国法制出版社 2018 年版，第 64 页。

② 参见华东师范大学企业合规研究中心编：《企业合规讲义》，中国法制出版社 2018 年版，第 65 页。

③ 参见《合规风险识别、评价与控制指引（征求意见稿）》第 7.2.3 条。

（1）审核权。这项权力分布于组织内部大大小小的各个领导岗位，决定一件事做或不做，怎么做，何时做，谁来做，等等。它是由组织最顶层的管理层逐级向下授予的权力，通常表现为各级领导在本部门的范围内行使签字权的权力，如企业的销售、采购、认识、财务等具体工作都需要相应层级领导的审核。审核权是组织中最重要的权力，因为组织的行为最终能否落地完全取决于在审核关口能否被通过。

（2）销售权与市场客服权。这两项权力是具有市场销售行为的企业组织的重要权力。市场上存在买方与卖方，对于供方而言，如何获得市场客户的青睐以及获得较高的产品售价是关键。该项权力主要包括：如何向客户介绍产品、服务功能、销售政策、价格优惠、销售合同签订、售后服务、维修保养、以旧换新等，以及围绕客户所实施的公关活动等。

（3）人事权。人事权即企业内决定人事管理的权力。为了维持企业的正常生产经营，必须对作为生产要素之一的人力资源进行必要的管理和协调。与人相关的工作往往都涉及利益分配，人事权的本质是决定组织内部人员生存空间的变量，该项权力主要包括：任免、考核、雇佣、招聘、奖励、处罚、职称评定、岗位选拔等。

（4）采购权。组织的运行需要从外部获得持续的资源。企业需要为客户提供特定的产品或服务，则企业需要在市场上获得生产要素进行加工运作。采购权中同样涉及供求关系的强弱地位对比。采购方往往希望获得较低的采购价格以及较高质量的采购标的物。企业同时采购往往涉及企业产品的价格成本。该项权力主要包括：确定供应商、分包商、租赁商合格名单，确定采购方式、采购策划，确定采购文件，确定投标人、中标人等。

（5）检验权。检验权是对采购来的产品是否可靠进行检查的权力，需要检查的方面包括质量、技术、安全等。采购的产品应当符合国家、行业以及企业内部设定的相应标准，只有达到相应标准的采购产品才能进入企业生产流程。

（6）计量权。计量权则是对采购产品的数量进行检验的权力，影响的是产品的数量成本。该项权力主要包括：质检、安全管理、仓储管理、品控、进出门管理、专业认证、采购计量、结算、开具验收单、工作量计量等。

（7）财务权。凡是与企业内部资金流动有关的权力都与财务相关。该项权力主要包括：收款、付款、费用开支、费用报销、津贴福利管理等。

（8）关键信息接触权。这是在以上各种权力中衍生出的权力。当一方可以凭借自身的优势地位接触到别人无法接触到的关键信息，意味着该方对他人具备了信息不对称优势，并可以凭借这种优势为自身谋取利益。该项权力主要包括：知晓、掌握内部商业秘密、工作战略、重要人事安排、工作部署等信息。

以上权力广泛分布在企业生产经营过程的各个环节，被授予的权力越大，不合规的风险也就越高。这些权力在行使的过程中最容易违反法律法规、企业制度以及商业道德价值准则。根据以上权力在企业内部岗位和流程的分布情况，我们就能大致识别出企业的合规风险的集中点。

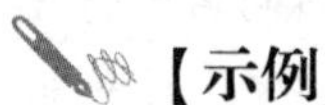【示例】

以基建经理岗为例的权力识别

权力名称	权力内容清单
销售权与市场客服权	/
审核权	/
人事权	/
采购权	工程询价；工程队报批；合同草签
检验权	施工管理；工程验收
计量权	预算报批；工程结算报批
财务权	/
关键信息接触权	掌握工程内部价格；掌握投标人信息；掌握工程内部预算量等

三、合规风险的识别与评估

合规风险识别与评估的目的是识别企业内部潜藏的合规风险，并采取积极措施进行风险管理，避免企业因不合规遭受各种有形与无形的损失。企业应当采取必要的合规管控措施，使企业在所在地/国的业务经营符合合规义务的要求。

根据《合规管理体系　指南》，企业在合规风险识别与评估的过程中应当注意以下几方面①：

① 参见《合规管理体系　指南》第4.6条。

1. 企业应当首先识别自身的合规风险，这要求企业将自身的合规义务与自身的活动、产品、服务及运营联系起来，以达到基于自身特点识别合规风险的目的。

2. 企业应当对不合规的原因及后果进行查明。企业在进行风险分析时应当考虑不合规情况的产生原因、后果、严重性及发生的可能性。

3. 进行合规风险评估还需要考虑分析过程中发现的合规风险等级和组织愿意接受的合规风险水平，将二者进行比较，根据《合规管理体系　指南》第6.1条的要求确定任务的优先级，并在此基础上确定控制措施的必要性和优先程度。

4. 企业应当对合规风险进行定期再评估，当出现新的活动、产品或服务时、组织的战略与组织结构发生变化、发生重要的外部变化、合规义务发生变化或者发生不合规情形时，尤其需要进行合规风险再评估。

5. 合规风险评估的细节程度与水平取决于企业的风险状况、环境、规模以及目标，在如环境、财务、社会等特定方面可能出现额外变化。但企业基于风险的合规管理不意味着不合规情形在低风险的情形下是可接受的，因为基于风险的合规管理只是为了让企业能够将优先的注意力与资源集中处理更高级别的风险。企业进行合规风险管理的最终目的依然是覆盖所有合规风险，并对所有已经识别的合规风险或不合规情形进行监视和纠正。

（一）风险识别评估的主体

风险识别与评估的流程应当由法律部门或合规部门牵头，在对应业务部门的配合下实施①。如果企业的合规事务较为复杂，任务量大，则相关各方应当建立合规风险管理小组。合规专员应当联合业务部门的主管人员，依据合规义务清单、企业内部流程制度，以访谈、座谈、专家咨询的方式以及结合内部纪检监察、审计、内控等方面的信息，进行合规风险形势的评估。尤其要关注企业过去一年内出现的违反廉洁规定的事件、亏损单位的审计。

合规风险管理小组应该由法律和财务、审计以及熟悉相关企业业务的专业人士组成。一个人员多元化的合规管理小组能够提高对非法律领域的合规风险的识别与评估，有助于企业总部到基层的各层级的全方位合规风险管理。

---

① 参见《央企合规指引》第十条、第十一条。

（二）风险识别评估的流程

合规风险识别是发现、收集、确认、描述合规风险以及整理和储存合规风险信息的过程，包括对风险根源、风险成因、风险事件及潜在后果的识别。合规风险识别是合规风险管理的首要步骤、前提和基础①。

企业风险识别评估的流程：

1. 企业应当确定合规风险管理的目标岗位和业务，进行企业合规风险形势评审，关注合规风险敞口的分布。为达成此目标，企业必须了解自身的内外部环境，这是企业合规风险识别的出发点。这项措施至少应当每年进行一次。另外，当企业的内外部环境发生重大变化时，也应当及时进行合规风险的形势评估，评估的主要内容包括：企业生产经营中是否出现新的产品、服务；企业的组织架构是否出现变动；企业是否有新的业务活动；外部金融经济环境、市场情况等是否发生变化；企业内部是否已经发生不合规的情况；企业内部控制是否能够有效发现并纠正不合规情况；企业专项审计是否存在问题；等等。

2. 定义合规风险。企业应当根据自身业务流程制度和部门业务分工、岗位职责和授权，全面梳理各部门的工作职责，识别对应的职权，形成权责清单，然后根据前一步识别的权责清单识别企业风险。全面的风险识别将会是企业坚持改善经营方式的有力证明。而后，企业应当根据识别出的风险，推测该不合规成为现实时可能导致的后果，进行不合规原因的分析，并根据以往业务执行情况判断该业务发生的频率，以评估不合规情形发生的可能。

3. 确定合规风险等级。企业应当根据不合规情形发生的可能性和可能带来的负面影响，确定合规风险的等级，并按照等级进行优先级排序。在不合规后果评估的基础上，评估不合规对目标业务的影响以及对合规目标的影响。一般应按照直接影响、间接影响、不影响三个程度进行评估，并确定组织愿意接受的合规风险等级。

企业评估合规风险对目标业务影响的具体方式是：预估风险发生的后果，分析对业务目标和合规目标的影响，按照高—中—低的定性来评估风险敞口的大小。对业务目标和合规目标的影响分为直接影响、间接影响、不影响三

① 参见郭青红：《企业合规风险管理》，载《汇业评论》2018 年 6 月 13 日。

种。引起合规风险的行为按频率分为高—中—低[①]。如下表：

对业务目标的影响	对合规目标的影响	行为发生频率	合规风险等级
直接影响	直接影响	高	高
间接影响	间接影响	中	中
不影响	不影响	低	低

4. 制定合规风险应对措施。企业通过对已经识别的企业合规风险进行排序，确定待处理的风险点，进而确定年度合规风险应对机会的重点工作领域，工作组也可以据此拟定工作计划。然后，企业应当根据风险点所在的不同位置及合规风险等级，有针对性地制定合规风险应对措施。在面对不同风险等级的合规风险时应当区别对待，优先应对高风险。

四、合规风险识别评估工具

目前并没有适用于所有企业的合规风险评估工具，各个企业也都是按照已有的合规管理体系的指南性文件，结合本企业的实际情况，制定适用于本企业的合规风险识别评估流程，继而开展各类风险识别评估工作。

为了确保合规风险识别评估方法适合本企业，企业需要根据企业所在行业、业务的特点、主要市场、规模、结构、文化和风险偏好进行与之相匹配的合规风险识别评估[②]。合规风险识别评估的范围太宽或太窄都不利于企业进行适当的合规管理——太宽则会导致企业合规管理负担过重，并且也会让企业的注意力淹没在各种不重要的风险管理信息中；太窄则会导致企业无法有效识别具有潜在威胁的合规风险，从而面临未知的合规风险。

本文将企业进行合规风险识别评估的工具分为"基于岗位"和"基于流程"两类。

（一）基于岗位的合规风险识别评估工具

岗位职责决定了相应的权力分布，合规风险往往隐藏于权力的行使之中。

---

① 参见陈立彤：《企业国际化进程中合规风险的爆发与防控》，中国工商出版社2019年版，第43页。

② 参见陈立彤：《企业国际化进程中合规风险的爆发与防控》，中国工商出版社2019年版，第50页。

所以如果要识别出岗位职责里存在哪些合规风险，那么需要将岗位职责及对应的业务目标与合规目标逐一列出。

企业对不同的岗位赋予了不同的业务执行权力。权力是导致合规风险发生的重要因素。权力的不当行使会导致企业组织内部的不合规、违规，进而发展成为贪污腐败、犯罪等问题。在企业生产经营岗位上的职工违规通常是在同时具备以下三个条件时发生：权力、动机、机会。在此处需要引入前述的八项权力。

岗位名称					
岗位职责清单					
业务目标与合规目标					
权力识别	审核权、与市场客服权				
	销售权、与市场客服权				
	人事权				
	采购权				
	检验权				
	计量权				
	财务权				
	关键信息接触权				
合规义务梳理	法律法规规定				
	伦理道德要求				
	企业承诺				
固有合规风险	法律法规规定				
	伦理道德要求				
	企业承诺				
不合规后果描述	经济损失				
	声誉损失				
	监管处罚或制裁				
	不合规原因				
	业务发生频率				

（二）基于流程的合规风险识别评估工具

要识别出企业日常经营管理中存在的合规风险，需要将企业的流程制度进行准确描述。企业流程是企业组织为实现特定目的所采取的一系列有控制的步骤、活动与方法的集合。由此可以延伸出一个“1+6”的结构表①：一个特定目标加上步骤、组织、活动、控制记录、工作标准、工作方法等六个方面，进而形成下表：

步骤	责任主体			工作任务	工作记录	工作标准
	业务主办	业务主管	分管领导			
1						
2						
3						

五、基于岗位的合规风险识别评估

岗位是企业中的最小工作单元。岗位是企业要求个人必须持续完成的任务并为此赋予个人对应权力的总和②。如前所述，有权力行使的地方就会有合规风险，因此企业赋予了权力的岗位就会存在合规风险。

（一）岗位固有合规风险识别

根据前述合规风险识别的流程，确定岗位固有合规风险主要有以下步骤：

1. 确定目标岗位。在“不合规行为＝权力＋动机＋机会”的公式中，导致合规风险的源头是权力。企业运行过程中存在的诸多权力导致了大部分的企业内部控制失灵、舞弊、贪污腐败问题。不合规行为的发生通常伴随着权力的不正当行使。找到了权力的分布，就可以比较准确地识别合规风险源的分布，进而找到合规风险的潜在分布情况。

2. 岗位的权力识别。在企业中，不同的岗位有各自的职责，职责本身也有多有少，每项职责发生的业务频次也各有不同。如果某个岗位的职责对应

① 参见《合规风险识别、评价与控制指引（征求意见稿）》第7.3.1条。

② 参见华东师范大学企业合规研究中心编：《企业合规讲义》，中国法制出版社2018年版，第91页。

一项权力，并且这项权力是舞弊、腐败等不当商业行为的主要诱因，则该岗位就有较高的合规风险。

3. 梳理合规义务。企业应当根据岗位人员掌握的权力内容，找到该项权力对应的规范，并且建立起该权力与对应规范间的匹配关系。企业应当建立和维护自身的合规数据库，该数据库应当包含三方面内容，即国家、部委以及行业监管机头颁布的具有强制要求的法律法规，检索企业过往做出的承诺，企业应在日常生产经营过程中遵循伦理道德的要求。

4. 定义具体合规风险。企业此时应当根据整理出的合规义务、岗位的权力内容以及此二者间的匹配关系，描述该岗位具体会产生怎样的具体风险，以及该种风险可能会造成怎样的不利后果。

（二）岗位剩余合规风险识别

岗位剩余合规风险识别相较于固有合规风险识别多了三个步骤：一是对企业制度进行深度剖析；二是评价现有的合规风险管控措施对固有风险的控制有效性；三是辨析剩余合规风险。

1. 剖析企业的制度。企业风险管理是一个过程，受董事会、管理层和其他员工的影响，包括内部控制及其在战略和整个企业中的应用，旨在为实现经营的效率与效果、财务报告的可靠性以及现行法规的遵守提供合理保障[①]。合规风险由行使权力引发。为了防止合规风险的发生，企业往往会先自行建立相关的制度措施来规范和监督业务运行中权力的行使。合规人员应当先对企业针对岗位权力设置的控制措施进行检索。

2. 当完成了上述检索工作，合规人员应当注意，制度是固定的，要靠人来执行才能使其产生活力。有了相应的制度未必就不会发生合规风险。有了制度却依然发生合规风险的原因主要有二：一是制度对特定的合规风险管理失灵；二是企业制度在设置时就没能覆盖到具体的合规风险。合规人员应当对企业的合规风险管理制度的运行效果进行评估。

3. 在完成上述评估工作的基础上，删去那些可以被制度有效管控的风险，剩下的就是企业的剩余合规风险。

下表可用于企业固有与剩余合规风险的评估：

---

① 参见《COSO 企业风险管理整体框架》概览（二），载 COSO 组织官网，https://www.coso.org/Documents/COSO－ERM－Executive－Summary－Chinese－Simplified.pdf，最后访问时间：2021 年 7 月 30 日。

表 1 岗位固有合规风险评估表

权力名称	是否具有该项权力	权力内容清单	权力规范与制衡制度	工作完成评判标准	固有合规风险		
					伦理道德要求	业务专业要求	法律法规要求
审核权							
销售权、与市场客服权							
人事权							
采购权							
检验权							
计量权							
财务权							
关键信息接触权							

表 2 岗位剩余合规风险评估表

权力名称	是否具有该项权力	权力内容清单	权力规范与制衡制度	工作完成评判标准	剩余合规风险		
					伦理道德要求	业务专业要求	法律法规要求
审核权							
销售权、与市场客服权							
人事权							
采购权							
检验权							
计量权							
财务权							
关键信息接触权							

（三）岗位合规风险评估及报告

企业岗位上发生不合规或者违反规定的行为后，可能会给企业组织及员工个人带来的负面后果包括：企业及个人的声誉损失、监管制裁或处罚、企业或个人的经济损失等。不合规的原因往往是权力在流程上的不正常使用，风险来源于岗位上掌握权力的人。

岗位合规风险等级评估可以包括以下内容：

1. 对业务目标的影响：直接影响、间接影响、不影响；
2. 对合规目标的影响：直接影响、间接影响、不影响；
3. 合规风险等级包括：高、中、低。

根据对业务目标的影响和对合规目标的影响，只要存在直接影响目标的，不论影响的是业务目标还是合规目标，均按照高合规风险等级评估；如果存在间接影响业务流程目标或合规目标，定为中等风险；不影响定为低风险①。

下表可以作为以上评估的参考：

表 3　不合规后果描述表

不合规后果描述				
经济损失	声誉损失	监管处罚或制裁	不合规原因	业务发生频率

表 4　合规风险等级评估表

合规风险等级评估			
对业务目标的影响	对合规目标的影响	合规风险等级	企业愿接受的合规风险等级

将表 3、表 4 置于表 1 与表 2 的右侧，就是完整的基于岗位的企业合规风险评估表格。

在完成合规风险评估之后，就要撰写岗位合规风险评估报告。该报告是基于岗位的合规风险识别评估的工作成果，是建立和持续改进企业合规管理体系的重要基础。合规管理体系建立在合规风险的有效识别的基础上。基于

① 参见华东师范大学企业合规研究中心编：《企业合规讲义》，中国法制出版社 2018 年版，第 118～119 页。

岗位的合规风险识别评估，其重点在于如何全面解读企业岗位上面临的合规风险特征。岗位合规风险评估报告包括：企业整体或者业务岗位的合规风险基本评估、存在的岗位合规风险、岗位合规风险发生的原因、可能导致的企业损失、风险应对建议。

1. 企业整体或者业务岗位的合规风险基本评估

该项评估是对被评估范围的合规风险敞口做整体性的描述。一般包括四个方面的内容：本次合规风险评估识别覆盖哪些岗位；本次合规风险评估的概况，如发现多少风险点；具体的识别评估情况，如高中低风险等级的风险点各有多少，及有哪些需要采取风险应对措施；对评估范围内的合规风险管理效果进行评价，如可以以剩余风险点的数量除以固有风险点的数量，比值越高说明风险管理措施的效果越差。

如果企业的合规风险评估工作较为复杂，也可以在报告一开始加入对合规风险评估工作的实施概况的描述，比如为了开展合规风险评估的相关准备工作、合规风险评估实施的具体工作情况等。通过对这些方面的简短描述，可以让报告的阅读者了解企业合规信息如何而来，了解相关背景知识，给决策者提供辅助信息支持，同时也有利于提高合规风险评价报告的权威性。

2. 存在的岗位合规风险

企业需要把识别出的需要采取风险管理措施的风险点详细列出，一般以岗位为一级分类序号，然后按照岗位权力模型识别岗位职责中赋予的权力具体内容，形成权力内容清单，对应评估出的岗位需要采取风险管理措施的风险点。

3. 风险发生的原因

在对被发现的风险点采取风险应对措施后，企业还有必要对这些合规风险发生的原因进行查明，所谓“亡羊补牢，犹未为晚”。合规风险发生的原因可以从以下几个方面来查明：（1）哪项权力引起了合规风险；（2）被评估存在风险的岗位对企业内部运行及外部商业环境的影响；（3）该岗位的人员参与企业内部合规培训的情况；（4）该岗位所在业务领域的合规制度的情况。

如果近期被评估的岗位所处的业务领域已经发生过不合规情况，合规风险评估的工作人员要对不合规情况发生的原因进行查明，原因可能为：（1）当事人对业务本身不熟悉；（2）当事人对合规制度了解不够；（3）该领域内缺乏足够的合规制度；（4）来自外部环境的不可控原因；（5）其他原因。对已经发生过的不合规情况的原因进行查明有助于更好地发掘合规风险发生的原因。

4. 可能导致的损失

接下来企业就需要评估，一旦被识别出的合规风险在企业局部发生，会给企业带来怎样的损失？此时可以采用头脑风暴的方式在合规小组内部讨论。预测不合规情况可能造成的损失需要基于一定的客观资料，不能漫无目标地进行。比如基于被评估的业务部门近三年占企业利润和成本的比例来确定企业的成本、利润管理情况，再评估一旦局部发生合规风险对企业的负面经济影响。

5. 风险应对建议

风险评估小组应当根据被识别出的风险以及评估得出的风险可能造成的损失，向企业管理层提出合理的合规措施建议，一般包括：（1）指出现有企业内部业务制度的漏洞并提出修改建议；（2）参考同类或相似业务岗位中合规风险管理较好的样本，提升被评估岗位的合规风险管理水平；（3）咨询外部专业人士。

六、基于流程的合规风险识别评估

权力是合规的风险之源，有权力的地方就会有合规风险，存在于流程各个环节的权力会导致合规风险的发生。以流程为主线的识别评估是基于岗位之外的另一种重要的合规风险评估手段。识别评估企业的合规风险，主要是靠前述的“1+6”步骤，“1+6”步骤的含义此处不再赘述。

（一）流程固有合规风险识别

在企业中，流程上的各个步骤环节的工作人员被授予与工作内容对应的业务权力。生产经营过程中，工作人员会在步骤环节中行使自身的业务权力，并将自己完成的工作传递到下一环节中。利益会驱使工作人员为了自己而做出违反规定的行为。

运用制度“1+6”的要素分解法，将业务制度的全部内容在绩效管理目标、业务步骤和对应步骤的部门、岗位、任务、记录、标准、方法等几个方面进行客观归类，如表5：

表 5　“1+6”流程制度权力识别表

流程名称						
业务管理目标						
工作步骤	责任部门	责任岗位	工作任务	工作记录	工作标准	工作方法
业务启动						
策划						
……						
整理归档						
业务统计						
业务督导						
绩效考核						
……						

如果将权力识别、风险后果描述、风险等级评估[①]的相应栏目添在此表的右侧，则形成了一张完整的流程固有合规风险识别评估表。

(二) 流程的剩余合规风险识别、风险评估及报告

流程的剩余合规风险识别、风险评估、识别评估报告与本节“五、基于岗位的合规风险识别评估”类似，此处不再赘述。

七、小结

本节内容较多。先从合规义务入手，介绍了合规义务的定义、分类、识别和维护，进而介绍了合规风险的定义、分类、分布。其中合规风险分布和企业内部的权力分布高度相关，在进行合规风险分布分析的过程中往往要使用权力模型作为工具。接下来就要进行合规风险的识别，主要分为基于岗位和基于流程的合规风险识别，合规风险又分为固有合规风险和剩余合规风险。在完成风险识别后还要进行风险可能造成损害的预估和风险等级的评估，最后出具合规风险识别评估报告。

---

① 参见表 2、表 3、表 4。

第二节 合规审查

合规审查是指对企业的经营管理活动的合规性进行审核与检查，对违规行为进行及时整改纠正，并持续监督，保障企业经营管理的合规性。合规审查是企业合规管理的重要内容。

一、合规审查依据

合规审查依据即是企业进行合规审查的规范基础，类似于法院裁判中的法律渊源。我国企业应当适用的合规规范包括：

	外部合规规范	内部合规规范
1	国际条约、国际规范、国际组织的决议	企业与第三方间的合同或协议
2	国内外的法律、法规、部门规章、规范性文件、司法判例、党纪和党规	企业所在行业的自律性规则
3	交易习惯与道德规范	企业选择承诺的非强制性国家标准、行业标准、企业标准
4	行政许可与授权	

根据企业自身经营的地域、所属行业、企业所有权性质的不同，其适用的合规规范本身也存在差异。企业合规审查的首要任务是：

1. 掌握适用于本企业的所有合规规范，建立完整的合规规范数据库，并对企业应当遵守的合规义务进行识别；

2. 持续关注企业内外部的合规规范的最新发展，并正确理解合规规范的规定，准备评估新的合规规范对企业可能产生的影响，确保企业始终处于较低的合规风险之下①；

3. 开展企业合规培训，让企业员工时刻保持较高的合规意识，并能够初步理解企业要遵守的合规规范。

在我国的《合规管理体系　指南》第 4.5.2 条中，对于如何获取合规规

① 参见《央企合规指引》第十条第二款。

范提出了如下建议：

列入相关监管部门收件人名单中；成为专业团体的会员；订阅相关信息服务；参加行业论坛和研讨会；关注监管部门网站；与监管部门会晤；与法律顾问洽商；关注合规义务来源（如：监管声明和法院判决）。

二、合规审查指引

有关合规审查的国家标准、指南主要有以下文件：

1. 银监会《商业银行合规风险管理指引》第十八条第三款、第六款；

2. 保监会《保险公司合规管理办法》第十六条第九款、第二十一条、第二十九条；

3. 证监会《证券公司和证券投资基金管理公司合规管理办法》第十一条、第十三条、第二十四条；

4. 国资委《央企合规指引》第十一条、第十四条第一款至第四款、第二十条；

5. 发改委《境外经营合规指引》第十一条第三款、第十二条第一款。

三、合规审查的对象和范围

根据我国有关合规管理的办法、指引的规定①，合规审查的对象和范围如下：

1. 全面合规审查

全面合规审查是企业合规审查的基本要求和内容，是合规管理全面性原则的重要体现。其要求对企业经营管理的各个方面是否符合合规规范进行全面审查，能有效防控合规风险，保障企业的经营管理依法合规。

企业的内部规章制度既是企业进行自我审查的合规依据，也是外部监管机构对企业进行合规审查的对象。对企业内部制度进行审查，除了审查该制度是否符合外部的监管规范，还要审查该制度是否符合企业内部具有更高效力层次的内部规章制度，以及企业内部其他规章制度是否协调一致，避免相互矛盾或功能重叠。

① 参见《央企合规指引》第八条、第十条第二款、第十二条等。

2. 重点领域合规审查

我国国资委发布的《央企合规指引》第三章中就概括了央企进行合规管理的重点领域，包括市场交易、安全环保、产品质量、劳动用工、财务税收、知识产权、商业伙伴等方面，这在本书第三章有较为详细的论述。

3. 热点领域合规审查

除了对企业合规进行全面审查与热点领域审查，企业还需要对一些当下的热点领域进行合规审查，比如反垄断、广告发布、消费者权益保护、反腐败、反欺诈、关联交易、数据安全、出口管制等。在这些领域往往存在较为密集的政府监管法规，企业有较大可能因为违反合规义务而遭受外部监管机构的处罚。

不同企业基于自身的行业、业务模式、所有权性质、行业监管情况等，其合规审查的重点领域和对象也会存在差别①。比如跨国公司在华投资，更加侧重外商投资领域的合规审查，国有企业需注意国有资产管理的相关监管要求。金融、医疗、保险行业会更加侧重于行业监管规则的合规性审查。上市公司对于是否遵守证监会的监管规则会格外重视。

4. 重大事项合规审查

我国银监会、保监会、证监会、国资委都要求合规管理部门对重大合规事项进行审查，但对于构成重大合规事项的要件或前提却规定不一，这就导致了重大合规事项在不同监管规则下定义和范围不一致。企业应当根据自身的规模、业务模式、风险现状等情况，确定自身的合规审查范围。

5. 专业性合规审查

专业性合规审查是对合规审查对象的专业性内容，如人事、财务、安全环保、信息安全等专业领域的合规性进行审查。

四、合规审查部门

有很多人认为，合规审查是企业合规负责人与企业合规部门的专属职责，这种认识是片面的——业务部门也是全面合规审查不可缺少的组成部分，并应对本领域经营管理活动的合规负责②。企业内部部门的合规审查职责分配情况可做如下总结：

---

① 参见陈立彤：《企业国际化进程中合规风险的爆发与防控》，中国工商出版社2019年版，第50页。

② 参见《央企合规指引》第九条至第十一条。

1. 各业务部门

企业各个业务部门作为直接负责业务的单位，是企业合规风险管理的第一道防线。各业务部门应当在本部门领域内和职责范围内开展全面合规审查，突出重点领域和热点领域的合规审查，确保本部门经营管理活动的合规性。

2. 合规管理部门

企业的合规管理部门在合规审查阶段主要负责对企业的重大事项合规进行审查，包括：

（1）重要的经营业务行为、财务行为、资金运用；

（2）新产品的开发与新业务的拓展；

（3）企业组织架构、规章制度的变动、重大事项决策、重大项目运营等。

3. 法务部

企业法务部作为企业内部负责法律事务的专门部门，在合规中扮演重要角色。法律审查是合规审查的核心内容，但合规审查不仅限于法规审查。合规审查与法律审查的主要联系与区别主要在于：

（1）合规审查强调全面审查，范围要广于法律审查；合规审查涉及适用于企业的所有合规规范，法律审查仅涉及相关法律事务所适用的合规规范，一般不包括技术标准、商业习惯等。

（2）法律审查主要在于审查法律实务中当事人的权利、义务和法律风险，侧重于在法律事务（如合同起草、审查、修改、诉讼或仲裁等）中适用合规规范进行审查；合规审查主要是企业合规部门审查企业经营管理活动是否符合内外部的合规规范①。

法律审查是合规审查中最重要的组成部分，两者经常有重叠交叉之处。有不少企业将法务部门与合规部门合二为一，这样就需要二者妥善协调处理职责边界，避免重复劳动。

五、合规审查程序

先由各部门自查，然后由法务部门进行审查，最后由专门的合规部门审查：

1. 各部门自查。各个业务部门作为企业合规风险的第一道防线以及企业

① 参见郭青红：《企业合规管理体系实务指南》，人民法院出版社2019年版，第133页。

合规风险管理的主体，有责任对由其负责的合规审查对象进行全面的合规审查。业务部门的自我合规审查一般由该部门的业务经理提起，报负责该业务部门的合规专员后进行。如果上述业务部门的合规审查还需要诸如人事、财务、品控、技术等专业职能部门的配合，业务部门也应当提请专业性合规审查。

2. 法务部门审查。在各个业务部门完成内部自查后，应当由法务部门对合规审查对象进行审查。

3. 合规管理部门审查。对于需要合规管理部门进行审查的重大事项或是热点领域，最好将合规管理部门的合规审查置于项目启动阶段，使得合规审查始终贯穿项目。除了前述措施外，合规管理部门还应当在项目最后对项目进行审查，保证自己作为“合规的最后一道防线”能够在各部门完成合规审查任务后再进行最后的合规审查。

在审查工作中，务必保证合规管理部门的审查独立性。合规管理部门的工作独立性是企业合规管理的重要原则。这要求合规管理部门和它的工作人员能独立履行审查职责，不受其他部门和人员的干涉，还要求其他的业务部门予以积极配合，确保提供准确、完整的信息①。如果无法做到上述要求，则合规部门的最后审查也失去了其意义。

第三节　违规行为的举报、调查、处置

一、举报机制

为了保障合规管理机制的有效运行，企业应当建立完善的内部举报体系，对违规者和潜在违规者形成足够威慑。企业通过严格的合规管理流程识别评估和防范合规风险，必定能从很大程度上堵住合规风险发生的漏洞。但在追求不当利益的目标的驱动下，有违规动机的人员也会千方百计地隐藏自己的行为，通过一系列的“技术处理”来达成隐藏违规行为的目的②。因此，拓宽信息获取渠道，挖掘更加深入的违规信息，揭示潜在或已经发生的合规风

① 参见姚华：《跨国公司商业贿赂合规审查与风险防范》，载《法制与经济》2014 年 8 月。
② 参见王志乐：《企业合规管理操作指南》，中国法制出版社 2017 年版，第 169 页。

险，强化企业的合规管理，是企业合规管理必须重视的部分。

目前一些跨国公司和合规风险管理研究机对企业内部的信息举报问题已经有了较为广泛且深入的研究，更多的企业也在实践的基础上不断总结和完善相关机制。但是，鉴于举报所涉及的市场竞争、潜规则、腐败行为、企业文化、监督漏洞等敏感问题以及举报人担心被报复等因素，企业内部举报问题的实际操作充满了复杂性和敏感性，这也造成了企业建立违规信息举报体系往往面临诸多困难和障碍。

（一）举报信息的收集与处理

企业应当建立正确的举报信息收集理念。在举报信息收集过程中，不应当考虑举报人的动机，在处理信息时应当排除其他因素的干扰，只就信息所涉及的问题和线索进行调查核实。

企业应当拓宽举报渠道，比如在公共场所设立举报箱，举报箱周围应当撤去电子监控；企业还可以设立举报电子邮箱和专线电话用于接收举报信息。

举报信息资料应当尽量规范，以提高信息收集整理和展开调查的效率，企业可以根据自身情况拟定举报信息的规范格式和体例，内容应当客观周详，包括被举报人的基本信息、项目基本信息、具体违规行为、所涉金额、可能或已经造成的损失、相关证据资料①。

收到举报后，举报的受理部门应当对举报信息登记在案。企业应当配置专人对举报信息进行分析评估，并决定是否采取进一步程序。如果决定继续调查，必须按照规定的流程开启内部调查，企业应当向举报人及时反馈处理进度。

（二）举报信息的保密与举报人保护

对于举报信息要按照风险类别进行归整，并按照调查需要将信息仅发送给必要的人员，尽可能缩小知道举报信息的人的范围。接触信息的人应当承担保密义务。举报信息的受理人作为知晓举报人信息的最初一级，在发生泄密情况时将会被作为泄密源头展开追查。企业还应当建立回避制度，严禁被举报者利用职权调取相关信息；对于任何形式的打击报复行为，一经发现，应对打击报复者进行严惩。

---

① 参见陈立彤：《企业国际化进程中合规风险的爆发与防控》，中国工商出版社 2019 年版，第 48 页。

（三）举报的激励措施

企业应当鼓励违规人员“迷途知返”，自我纠正，应当提倡“首报不究”。这是从违规团伙内部进行突破的一件利器。对于参与举报、协助侦破并退还违规所得的违规者，企业可以免予追究或减轻追究其责任①。

对于本身没有违规行为的举报者，企业应当根据避免、减轻或挽回损失的数额，对举报者给予金钱、荣誉、人事方面的奖励，并根据实际情况决定是否公开表彰。企业还可以将从违规者的处罚所收到的罚款中的一部分作为奖励给予举报人。

企业还应当鼓励客户或第三方合作企业举报违规获得，在商业合作初期就明确禁止商业贿赂及其他违规行为，告知其一旦发现违规行为将会根据情况进行处罚。如果客户或第三方能够提供有价值的举报信息，企业可以考虑扩大与其合作。企业可以考虑将客户或第三方的合规情况纳入档案库进行评估。

【案例】

某集团诚信合规平台②

在该网站上，举报者可以通过独立第三方 Convercent 所提供的举报网站对任何涉嫌舞弊的行为进行举报。举报者通过此网站所提交的举报会由 Convercent 系统安全且机密地即时直接传送给某集团内控与审计部门。举报者所提交的举报信息将由小米内控与审计部门及相关部门负责核实与调查，并在需者方知的前提下向集团相关的管理层报告。举报处理的状态会在此热线上更新，举报人可以登录热线网站进行跟踪。

当举报者在线提交举报后，Convercent 将会提供给举报者一个访问号码并要求举报者建立一个密码。举报者可以通过访问号码和密码跟踪举报处理的进展，以及了解调查团队是否需要提供更多信息。

合规热线受理各类涉嫌舞弊行为的举报。以下是可以通过合规热线举报的问题类型：（1）账簿和记录、会计问题；（2）腐败贿赂；（3）违反法律、

---

① 参见 United States Sentencing Commission：2007 Federal Sentencing Guidelines，Chapter Eight - Part B (2)，Effective Compliance and Ethics Program。

② 参见某集团全球诚信合规平台－举报流程，载某集团官网，https：//www.mi.com/static/sincerity，最后访问时间：2021 年 7 月 30 日。

法规；(4) 利益侵占；(5) 费用报销问题；(6) 违规礼品和招待；(7) 企业机密或商业秘密信息安全；(8) 知识产权；(9) 盗窃；(10) 其他。

【示例】

BP 公司的 Open Talk 制度①

在 BP《行为准则》的末页，向读者提供了名为 Open Talk 的保密性沟通渠道，准则写道："Open Talk 是您报告的渠道之一。Open Talk 是 BP 的全球服务热线，对您的疑问进行保密的解答，您还可以通过这项保密的服务提出您的顾虑。Open Talk 由一家独立的公司管理，全天候运作，可提供超过75 种语言的服务。大部分地区的员工都可以匿名联系 Open Talk。您的任何报告都将严格遵守法律和商业惯例进行保密。"

在《行为准则》中，BP 介绍了自身对于反腐败、反贿赂、利益冲突、内幕交易、保护知识产权等诸多方面的态度，并且鼓励员工通过 Open Talk 制度与公司沟通涉及准则内容的疑问或违规现象。这有助于他们及时发现问题并积极采取行动规避风险。

二、调查机制

（一）准备工作

合规调查方案应当根据举报中所提及问题的性质、复杂程度、覆盖面来制定，该方案通常由负责调查的部门或是其指定的人员制定，调查方案应当尽可能写明被调查者的姓名、职务、证人的姓名、负责调查的部门和人员、需要调查的问题、调查的方向等。

在开展调查前，首先要确定调查人员的人选。这直接关系到调查质量，进而影响到企业能否避免损失声誉和财产。在选拔调查人员时应当注意以下几点：

1. 调查人员应当具有客观中立的立场，独立于案件各方的利益相关人员。如果无法找到合适人选，可以考虑从其他业务部门抽调。

2. 调查人员应当受过良好的调查技巧培训，保证其知晓如何开展调查工

---

① 参见 BP 公司《行为准则》第 25 页，载 BP 公司官网，https://www.bp.com/content/dam/bp/business-sites/en/global/corporate/pdfs/who-we-are/our-values-and-code-of-conduct/bp-code-of-conduct-english.pdf，最后访问时间：2021 年 7 月 30 日。

作，最好曾经与具备经验的调查员执行过调查任务。

3. 调查人员应当了解调查所需的相关法律法规、内部制度、政策及相关业务流程。调查人员必须熟知前述的有关规定和流程，以便初步确定漏洞的所在以及哪些行为属于违规范畴。

4. 调查人员最好能够在诉讼或仲裁中具备向裁判者提供证词的能力。

5. 调查人员可能需要与外部调查机构对接。如果管理层向有关部门报案，则企业自己的调查人员需要向外部机关提供初步的调查报告，比如有关企业高层的违法行为、金额巨大的职务侵占等。

如果不合规案件需要的调查员人数较多，则需要在调查员中任命负责人来牵头调查工作。如果条件允许，每次调查最好由两个以上调查员进行，一方面可以分工协作，另一方面则相互监督，避免调查人员和被调查者串通。

（二）基本程序

在开始调查前，调查人员需要熟悉与案件相关的政策规定，审查有关的文档、记录，还包括被指控人的个人档案，以及其企业邮箱的通信记录[①]。

在合规调查期间，调查人员必须注意防止恶意串通以及销毁证据，为此管理层需要采取的必要措施包括：禁止进入相关的企业内部场所、内部网络，禁止接触企业的文档、资金、邮箱等，直至调查程序结束。

在访谈程序中，调查人员应当对与案件有关人员进行访谈，包括举报人、被举报人以及其他员工、客户、合作伙伴等。访谈顺序最好是先举报人，然后是其他相关人员，最后是被举报人。访谈最好面对面进行，因为这可以让调查人员更好地观察被访谈者的神态、语气等言辞之外的表现。重要的访谈除了应当以文字方式记录，最好由音频或视频记录。

访谈的目的是尽可能多地获取信息，因此调查人员应当运用适当的技巧让被访谈者尽可能地多说，这样就有可能发现被访谈者提供信息中的不连贯或不合逻辑的地方，进而发现对方是否在撒谎。访谈所使用的问题应当尽量避免“是/否”的简单回答，而是要让对方用完整叙述的方式回答[②]。调查人员应当尽量控制自己的情绪，以平和的语气问询对方，并尽量不要打断对方的叙述。如发现对方叙述中有不合理的地方，可以提出疑问，但不要立刻指

---

① 参见郭青红：《企业合规管理体系实务指南》，人民法院出版社2019年版，第185页。

② 参见王志乐：《企业合规管理操作指南》，中国法制出版社2017年版，第175页。

控对方在撒谎。

在了解具体事件的时候，调查人员可以采用“5W”提问原则，即时间(When)、地点(Where)、人(Who)、发生了什么(What)、为何发生(Whey)。鉴于内部调查手段的局限性，在很多时候即使实施了内部调查也无法获得有力的证据。在这种情形，调查人员应当向管理层解释为什么不能得出明确的调查结论，同时应当向举报人和受害人反馈调查进度，鼓励他们继续提供有用信息。

在调查的最后，调查人员应当及时撰写调查报告。报告中应当避免采用带有个人感情好恶的叙述方式和文字，尽量详细描述时间的“5W”。报告不应作出法律性的结论，报告也不应建议管理层如何处理违规人员。调查人员还应当尽可能缩小接触报告的人员范围，以利于调查的保密。

三、处置机制

1. 合规的处理机制

企业对违规行为人应当进行纪律处分，这些处理方式包括训诫、口头或书面警告、降职、调职、最终警告、解雇等。企业还可以向执法部门报告违法情况以及向违规者提起民事诉讼。

纪律处分应当与违规者的福利和奖励相联系，例如扣减奖金、取消升职或加薪。当员工收到奖励或晋升时，企业应当检查员工在过去12个月内是否受过纪律处分。如果有，则不考虑晋升或奖励。另外，企业应当对所有员工一视同仁，不论级别高低，一旦违规都应受到处分。当员工发现在纪律处分时出现区别对待情况，则对维持合规体系的威信损害极大。

对此，一个可行的办法是由企业内部的纪律处分委员会来作出最终决定，该委员会可以包括来自法务、人事、合规以及业务部门的领导。委员会对提请的纪律处分建议进行审批。在一些跨国公司，纪律处分在执行前需要由总部集中管理的合规部门或其代表批准同意，确保本企业在各个国家对于类似的违规行为有一致的纪律处分。对于严重的违规，企业还可以将违规者信息放入“不适用再次聘用”库，确保违规者今后即使再次来企业应聘也不会被录取。企业应当要求员工对诸如欺诈、贿赂等违规行为进行举报，若员工知情不报也应当受到处罚。

企业还可以将合规管理与团队经理的绩效挂钩。如果团队中在某个时间段多次出现较严重的违规情况，则说明在团队内部未能建立有效的合规文化。

2. 合规机制的改进

当企业确定一起违规事件时，企业应当查明导致违规行为的根源，究竟是制度设计有缺陷，还是执行不到位？一旦查明原因，企业就需要审视现有的合规机制并进行改进，防止类似事件的再次发生。企业对已发现的合规漏洞所采取的行动表明了企业对合规的态度，如果企业明明发现了合规漏洞但听之任之，那将会在面临监管机构调查或在裁判时处于非常不利的境地。

因此，企业应当采取足够的行动来发现并预防因为业务的独特性质而产生的合规问题。如一个服务器提供商就应当注意保护数据安全。企业还应当对相关员工进行培训，以书面形式记录所有授权审批，定期审查和优化管控设计。

第四节　合规报告

企业合规报告大致可以分为年度合规报告、合规监管报告、专项合规报告。

一、合规报告制度

企业有必要明确规定合规管理计划的起草部门、提交和审批路线，以厘清与合规报告相关的职责权限。如《合规管理体系　指南（征求意见稿）》第 9.1.7 条的规定：

a）治理机构、管理层和合规团队宜确保他们能够及时有效并持续充分地了解组织合规管理体系绩效，包括所有相关的不合规，并及时和积极地推动这一原则：组织鼓励和支持充分和坦诚报告的文化。内部报告制度的安排宜确保：设定适当的报告准则和义务；

b）确立定期报告时间表；

c）建立便于对新出现的不合规进行特别报告的异常报告系统；

d）合适的系统和过程确保信息的准确性和完整性；

e）向组织的适当职能部门或区域提供准确和完整的信息，以采取预防、纠正和补救措施；

f）要对向治理机构提交报告的准确性签字确认，包括合规团队的签字。

除非法律另有规定，组织宜选择适合自己情况的内部合规报告的版式、内容和时间。

对合规的报告宜融入组织的常规报告中。

只宜为重大不合规或新出现的问题单独编写报告。

需要对所有不合规做适当报告。尽管系统性和反复出现的问题特别重要，但如果一次性不合规非常重大或故意为之，那么该问题同样需要得到重视。即使是一个小失败，也可表明当前过程和合规管理体系存在严重缺陷。如果不及时报告，可能导致人们产生失败不重要的想法并导致这样的失败成为系统性问题。

企业宜鼓励员工反映并报告违法行为和其他不合规事件，鼓励员工将报告视为积极的、不构成威胁的行为，无须担心遭到报复。

企业宜在组织的合规方针和程序中清晰地设定报告义务，并通过其他方法加以强化，如由管理者在日常工作中对员工强化合规义务。

二、年度合规报告

1. 我国《商业银行合规风险管理指引》第十三条第六款：

高级管理层应当……每年向董事会提交合规风险管理报告，报告应提供充分依据并有助于董事会成员判断高级管理层管理合规风险的有效性。

2. 我国保监会《保险公司合规管理办法》第十六条第五款：

合规管理部门履行以下职责……撰写年度合规报告。

3. 我国《央企合规指引》第九条第五款：

中央企业相关负责人或总法律顾问担任合规管理负责人，主要职责包括……组织起草合规管理年度报告等。

企业的年度合规报告根据不同合规文件的要求应当包括以下内容：

1. 《合规管理体系　指南》第9.1.8条：

合规报告包括：

（1）组织按要求向任何监管机构通报的任何事项；

（2）合规义务变化及其对组织的影响，以及为了履行新义务，拟采用的行动方案；

（3）对合规绩效的测量，包括不合规和持续改进；

（4）可能的不合规数量和详细内容和随后对他们的分析；

（5）采取的纠正措施；

（6）合规管理体系有效性、业绩和趋势的信息；

（7）与监管部门的接触和关系进展；

（8）审核结果和监视活动。

合规方针宜促进常规报告时间表范围之外的实质性重大事件的立即报告。

2. 保监会《保险公司合规管理办法》第三十七条：

企业年度合规报告应当包括以下内容：

（1）合规管理状况概述；

（2）合规政策的制订、评估和修订；

（3）合规负责人和合规管理部门的情况；

（4）重要业务活动的合规情况；

（5）合规评估和监测机制的运行；

（6）存在的主要合规风险及应对措施；

（7）重大违规事件及其处理；

（8）合规培训情况；

（9）合规管理存在的问题和改进措施；

（10）其他。

3. 证监会《证券公司和证券投资基金管理公司合规管理办法》第三十条：

年度合规报告包括下列内容：

（1）证券基金经营机构和各层级子公司合规管理的基本情况；

（2）合规负责人履行职责情况；

（3）违法违规行为、合规风险隐患的发现及整改情况；

（4）合规管理有效性的评估及整改情况；

（5）中国证监会及其派出机构要求或证券基金经营机构认为需要报告的其他内容。

三、合规监管报告

合规监管报告是企业按合规规范向上级监管部门提交的合规报告，不同的合规文件对此也有不同要求。

例如，证监会《证券公司和证券投资基金管理公司合规管理办法》第十五条规定，合规负责人应当按照公司规定，向董事会、经营管理主要负责人报告证券基金经营机构经营管理合法合规情况和合规管理工作开展情况。合规负责人发现证券基金经营机构存在违法违规行为或合规风险隐患的，应当依照公司章程规定及时向董事会、经营管理主要负责人报告，提出处理意见，并督促整改。合规负责人应当同时督促公司及时向中国证监会相关派出机构报告；公司未及时报告的，应当直接向中国证监会相关派出机构报告；有关行为违反行业规范和自律规则的，还应当向有关自律组织报告。

《央企合规指引》第二十八条规定，建立合规报告制度，发生较大合规风险事件，合规管理牵头部门和相关部门应当及时向合规管理负责人、分管领导报告。重大合规风险事件应当向国资委和有关部门报告。

合规管理牵头部门于每年底全面总结合规管理工作情况，起草年度报告，经董事会审议通过后及时报送国资委。

四、专项合规报告

专项合规报告是指：

1. 针对专门业务领域的合规报告，比如财务税收、劳动人事、企业治理等；

2. 针对专门合规任务的报告，比如合规调查报告、合规培训报告、合规风险评估报告、合规审计报告等；

3. 重大合规风险报告，即合规部门发现的重大合规风险、有关企业合规指引的国际标准和国家标准的变化等。

第五节 合规档案

合规档案是用来记录和管理合规信息的工具机制。合规信息是指需要控制和维护的必要信息和包含信息的媒介，是企业经过一定的审核程序确定的较为正式的文件和信息[①]。合规信息需要持续不断维护和更新，一旦内部情况发生了变化，就应当及时更新和维护这些信息，避免造成执行偏差。

合规档案的管理必须满足法律法规及监管规定的要求，尤其是需要披露

① 参见王志乐：《企业合规管理操作指南》，中国法制出版社2017年版，第179页。

和报告的内容，如上市公司必须披露内控的自我评价报告、企业的关联交易及管理情况报告、金融企业反洗钱及反恐融资的管理情况报告等。合规档案管理应当为合规管理体系的有效性提供充分证据。企业应对合规管理活动进行准确、及时记录，从而为监控和评估流程提供支持，并展示相关记录与合规管理的一致性。企业应当采取合理方式储存记录，确保清晰完整，并支持检索查询。

通过将合规信息归档保存以及准确反映合规运行轨迹和测试记录，可以证明企业合规管理体系的有效性：

（1）对争议、举报、投诉的妥善处理体现了合规风险的防范和化解；

（2）对发现的合规漏洞进行整改，体现了发现缺陷及相应的改正；

（3）合规风险持续监视与预警记录，为合规风险的防范和化解争取了时间。

合规信息本身也是指导和协调合规管理工作的核心工具，比如：

（1）通过对合规风险信息的收集、整理、分析，准确识别和评估合规风险，有针对性地采取防控措施。这些信息包括但不限于投诉、举报、穿行测试结果、经营情况、抽样测试等。

（2）通过合规管理流程和操作指南，指导员工的日常行为。

（3）监测整体合规风险水平，为管理层提供决策参考。

（4）分析合规风险结构分布，确定潜在合规风险点及后续管控重点。

（5）进行员工合规培训，使员工认识到合规的意义，自觉遵守各类制度。

建立和维护合规档案库的流程：

1. 合规信息档案的创建及授权审批。合规信息档案建立后是要被执行和使用的，为了确保合规信息的质量和权威性，档案的创建必须经过相应的授权审批程序。在大型企业一般还有《职权划分与授权管理指引》之类的文件，便于员工检索。为了提高合规信息的可执行性和使用效率，企业一般还会明确规范标准，如制度性文档一般要明确目标、适用范围、执行人及其职责分工、工作程序、评价方法等；并对特殊术语进行定义，规定重大风险的控制措施。

2. 合规信息的评审。重要的合规信息在发布前必须经过专业的合规人员进行评审，发现问题后及时修改，并清理未经审批不适宜归档的信息。

3. 合规信息的标识、发布与更新。合规信息的标识是为了与其他文件相区分，便于与适用事项相匹配。合规信息通常有标题、关键词、版本号、保密级别、主送单位、承办人、发布者、发文日期等。合规信息的发布者应当收回过时的合规信息，只让现行有效的合规信息处于使用者的视野中。

4. 合规信息的获取。一般合规信息的内容、形式、发布机制应当考虑使用和执行的便利。为了使合规信息档案尽可能地便于使用，企业应当在合规信息档案的建立过程中纳入合规信息的执行者、使用者，并建立使用跟踪反馈制度；企业应当对合规信息按照重要程度、使用频率、合规领域等标准分类归档；企业应当对员工及时培训合规信息档案的使用方法；对敏感信息或保密信息应当尽可能缩小接触者的数量，通过加密保存、信息隔离等手段建立安全保护。

5. 合规信息废止与处置。已经废止的合规信息可能仍然具有追溯以往的效力或是参考价值，应当按规定归档保存。超过规定保存期限且无利用价值的合规信息，应当在履行规定的审批程序后进行销毁，并委派专人监督销毁。

本章合规指引

本章从五个方面详细阐述了企业合规管理体系运行与控制所需要的要素和方法。其中对合规风险的识别与控制是合规管理的起点，也是重要的基础。相关部门在完成对风险的识别和评估之后，一方面要按照企业的内部制度对企业及员工的行为进行审查，另一方面要接收对违规行为的举报，进而进行调查和处置。企业应当根据相关指南撰写合规报告，对企业整体与需要关注的重点事项的合规情况进行总结。企业还应当发展自己的合规档案管理系统，借助信息化手段对合规管理过程中需要的信息进行归档整理，以提升企业合规管理的工作效率。

下面提供《企业风险评估办法》《企业违规行为举报办法》《企业合规管理审核办法》《企业合规管理报告办法》作为该部分合规管理的指引。具体内容如下：

【示例1】

企业风险评估办法

一、目标设定

控制目标：企业建立的整体目标和具体控制目标应当符合管理层意志；并且被很好地记录；与各级管理层进行充分沟通。

1. 企业整体目标的建立

企业应当在董事会和国资委（如有需要）的领导下，对企业的发展目标及其实现途径做出具有全局性、方向性、前瞻性的战略规划，从而明确企业的整体战略目标。这是编制年度实施计划和经营预算的基本依据，也是实施考核和奖惩的重要依据。

战略规划应当通过各种恰当的形式，与各级管理层进行沟通。

2. 具体控制目标的建立

在既定的战略规划和年度实施计划确定之后，企业再把战略规划分解至具体的业务工作流程上，在业务操作层面应根据企业对风险的偏好和承受能力，通过对内部控制的分析和评估，制定具体的控制目标。

由于对风险的控制需要相应的成本，在风险控制成本较高的情况下，管理层可以采取接受风险的方式，使风险控制的成本和收益相匹配。

二、风险评估

控制目标：建立风险识别机制，以识别潜在的风险因素；管理层识别并获得为达成企业目标所必需的资源；高级管理层评估有关并购或拆分重要业务或资产的影响。

1. 内部控制和风险的自我评估

企业提倡各级管理层进行内部控制及相关风险的自我评估。内部控制的自我评估是一个对企业内部控制的效力进行检查和评价的过程，目的是为企业实现所有经营目标提供合理的保证。通过复核企业主要经营目标，识别在实现经营目标过程中存在的风险，对内部控制防范风险的效力进行评估。

企业目前尚无专职的风险管理职能部门，由总裁办公室代为履行风险管理职能部门的相关职责，包括审议通过对重大风险事项的管理解决方案，并加以实施跟踪和监控。企业各职能部门持续开展风险信息收集工作，收集与风险和风险管理相关的内部、外部初始信息，包括历史数据和未来预测，同时对收集的初始信息进行必要的筛选、提炼、对比、分类、组合，以进行定期或不定期的风险评估。

2. 员工对风险的报告和反馈机制

企业鼓励员工将发现的风险直接汇报给相关的部室负责人或企业指定的部室或人员。对于员工报告的重大风险，相关部室应及时进行重要性排序，并采取措施处理解决。

三、风险管理

控制目标：建立程序，定期审核和评估企业内部和外部风险；管理层准确识别、有效降低企业面临的风险。

企业对通过风险识别所发现的风险进行评估，评价控制活动的效果和效率。如果控制活动无法使固有风险的危害降低至可接受的范围内，则需采取风险管理对策或措施，使残留的风险在执行了有效的风险控制计划后能降低至可接受的范围。

1. 风险管理机制的描述

风险管理是一个由企业的投资者、管理层和其他员工共同参与的、应用于企业战略制定和内部各个层次及部室的执行过程，用于识别可能对企业造成潜在影响的事项并在企业风险偏好范围内对风险进行管理，从而为企业目标的实现提供合理的保证。

2. 风险管理的基本原则和方法

风险管理过程应被应用于企业内部的每个层次和部室，是一种全面的管理，应从全局、从总体层面上考虑企业的各项活动以及主要经营决策。

企业对待风险的行动和对策：以下的对策和行动均需要一贯执行，并及时向管理层报告。对于重要性不同的风险，企业可以考虑需采取不同的对策：

（1）高风险要求企业高层的书面行动计划；

（2）重大风险要求企业高层的关注；

（3）中等风险要求特定管理层负责；

（4）低风险可由日常流程加以控制。

企业管理层针对风险须采取回避风险，转嫁风险，减轻风险和接受风险等各项策略。

四、变革管理

控制目标：建立风险预警机制，及时披露信息，使管理层采取应对措施；根据商业环境的变化制定企业规划和预算的管理流程，并及时更新预算和预测，以使其反映企业业务变化的情况。

1. 全面预算管理的原则

通过实施全面预算管理，可以明确并量化企业的经营目标、规范企业的管理控制、落实各责任中心的责任、明确各级责权、明确考核依据。

预算目标应具有可操作性。预算编制宜采用自上而下、自下而上、上下结合的互动性编制方法。预算管理后要进行考核，实施奖惩，激励员工为实现企业战略目标而共同努力。具体的工作流程，请参见第十七章《质量与经济运行管理》。

2. 业务变革管理

企业应随时关注企业内部和外部的变化，并针对这些变化采取相应的变革措施，及时作出反应。

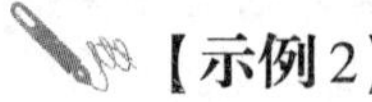【示例2】

企业违规行为举报办法

一、总则

1. 根据国家有关法律法规和党内条例，为促进企业领导干部和员工廉洁从业，防止腐败行为发生，制定本办法。

2. 本办法所称舞弊行为是指：企业系统内人员采取欺骗等违法违规手段，谋取个人不正当利益，损害正当的企业利益的行为；或谋取不当的企业经济利益，损害国家利益，同时可能为个人带来不正当的经济利益的行为。本办法所规定的“投诉、举报”，是指企业的员工和其他组织通过合法的途径，向企业纪委（监察室）进行的投诉和举报。

二、接受投诉、举报

1. 投诉举报人可以通过电话、信函、网上电子邮件等形式投诉或举报，也可以找纪委（监察室）当面投诉或举报。纪委（监察室）设立投诉举报电话、电子邮箱等，投诉者可以随时进行投诉或举报，非办公时间投诉者可以通过录音电话留下姓名、联系电话。工作人员将及时与投诉者联系。

投诉或举报电话号码：

电子邮箱地址：

通信地址：

邮政编码：

2. 投诉人对本办法第二条规定的事项的投诉，可以采用实名书面的投诉形式，说明事情的基本经过，被投诉对象的名称、地址、具体当事人，投诉人的姓名、联系方式、具体的投诉要求，并应同时提供投诉人利益或企业利益受到侵害的证据或其他有关资料。

3. 企业提倡实名举报。凡向纪委（监察室）实名举报的，纪委（监察室）将在调查结束后以适当的方式将处理结果反馈给举报人。若是匿名举报的，处理结果不予反馈。

4. 实名或匿名举报有违纪违法行为，应尽可能说明被举报机构或人员名称、地址以及违法违规的基本事实、具体情节、具体线索和有关证据。若举报无可查性，无相应线索，一般不予处理。

5. 对不属于本办法第二条规定的事项的电话投诉举报和来访，将建议投诉举报人向有处理权的机关反映或向有关部门转发。

三、处理投诉、举报的程序

1. 纪委（监察室）对收到的举报、投诉，应制定相应的表格加以记录，并根据举报事项涉及的金额、单位、人员级别和人数、与其他单位的牵连等加以分类。

2. 对收到涉及企业高级管理层舞弊行为的举报、投诉，应及时向企业分管领导或上级主管部门报告；需要立案调查的，应按规定程序立案，指定专人进行立案调查。

3. 对收到涉及厂部级领导干部舞弊行为的举报、投诉，应及时报告企业分管领导；需要立案调查的按照规定程序，由纪检监察部门立案调查。

4. 对收到企业下属各单位的部门和管理人员以及总部其他人员的舞弊行为的举报、投诉，按照管理权限，由企业纪委（监察室）调查或者分流有关职能部门或企业调查。

5. 纪委（监察室）应指定专人对有关投诉、举报事项进行接收、记录、保留和处理，并保存相应的记录。对受理的投诉、举报，进行及时调查，根据调查结果依法依纪作出处理。

6. 纪委（监察室）应每年至少一次将投诉或举报问题及处理结果向企业领导进行专题报告，重大的问题应随时向企业领导报告。

7. 在调查有关专业问题时，纪委（监察室）可以要求有关部门参与调查。

8. 纪委（监察室）对举报人的姓名、工作单位、家庭住址等有关情况及举报内容严格保密。凡违反保密规定的责任人员，将依照有关规定严肃处理。

9. 对假借投诉或举报名义，故意捏造事实，诬告陷害他人，或以投诉举报为名制造事端，干扰正常工作的，一经查实，企业将依照有关规定严肃处理，涉嫌犯罪的，移送司法机关处理。

【示例3】

企业合规管理审核办法

一、合规审核

1. 合规审核是指合规人员依据法律法规及企业管理制度，对评级业务制度及流程进行审核、提示风险并提出合规建议或整改决定的过程。

2. 合规审核的范围包括：企业管理制度制定或修订；全业务口径、全业务流程的监管要求落实情况审核；新业务风险评估；企业办公会认为需要进行合规审核的重大业务决策等。

二、合规审核流程

1. 项目的合规审核流程。合规人员在业务部门合规经营的基础上，依据各自岗位职责，根据法律法规及企业管理制度要求，对评级业务全流程进行合规审核，并填写《合规审核表》，出具合规意见。评级项目合规审核通过后，方可对外出具正式评级报告。对于不符合国家法律法规或企业管理制度要求的，评级项目作业人员要按要求进行及时整改，并经合规人员再审通过后方可对外出具正式评级报告。

2. 管理制度及新产品、新业务的合规审核流程。相关部门起草或修订企业管理制度、技术委员会实施新产品新业务评估后，应通过工作协调单将草案连同相关资料移交合规管理部进行合规审查，通过合规审查后方可实施后续流程。

三、合规审核内容

1. 合规审核主要审核企业评级业务流程、跟踪评级安排、评级结果变动、新业务开展情况等是否违背国家有关法律法规、是否满足监管机构、自律组织及企业管理制度要求，提示存在的合规风险与合规缺陷。

2. 对于新业务评估，除进行审核是否与有关法律法规和企业管理制度一致外，应会同技术委员会进行合规性测试，明确主要风险点和控制环节。新业务评估的合规审查应重点关注企业是否能够独立、客观、公正地对受评对象进行评级，是否具备相应的评级能力，是否要对企业管理制度、业务政策和相关操作规程进行修订，是否应与监管机构或自律组织进行合规沟通。

3. 监督审查企业相关部门信息报备和披露职责履行情况。

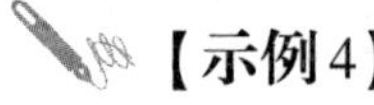

【示例4】

企业合规管理报告办法

一、合规报告

1. 合规报告的类型包括：合规工作报告、合规风险事项报告和重大合规风险事项报告。

2. 合规工作报告为定期报告，根据监管部门及企业要求定期提交。

3. 合规风险事项报告和重大合规风险事项报告为不定期报告，发生合规风险事项时于发生风险事项的当日上报企业办公会，同时按合规风险事项影响程度依据监管要求上报监管机构和自律组织。

二、合规工作报告

1. 合规工作报告是指根据监管机构和企业内部控制制度要求，按季度、半年度和年度提交信用评级业务开展和合规运行情况报告。合规工作报告内容包括：

（1）评级业务开展、收入盈利等评级业务运营情况；

（2）评级结果表现和评级质量情况；

（3）合规管理制度建设与执行情况；

（4）评级从业人员管理与培训情况；

（5）监管机构和自律组织的监管要求的落实情况；

（6）评级作业部门关于合规建议的整改落实情况；

（7）合规事项及其处理情况。

2. 合规风险事项报告

各部门、合规人员在发现或获知以下合规风险信息的，应于发现当日内报告至合规部负责人：

（1）发生的合规风险事件；

（2）业务部门发现的合规风险隐患或合规风险提示等；

（3）监管部门业务合规监管意见或建议；

（4）内外部审计检查中所发现的合规风险信息；

（5）合规人员在合规审核或检查的日常工作中，发现的合规风险或合规问题。

3. 重大合规风险事项报告

重大合规风险事项指评级作业过程中因违反法律法规或监管要求受到重大处罚或制裁，遭受明显经济损失或声誉损失的重大事项。发现或获知以下重大合规风险事项时，各业务部门、合规人员应于当日内报告至合规部负责人，情况紧急可能引起严重或不良后果的，合规部负责人应立即向企业总经理或办公会报告：

（1）发生合规案件；

（2）内部员工承揽业务或具体作业过程中违法违规导致犯罪案件；

（3）因合规风险被新闻媒体负面报道，对企业声誉造成严重损害；

(4) 客户关于企业重大合规事项的投诉；

(5) 因合规事项被监管机关制裁或处罚；

(6) 各部门认为应当报告的其他重大合规风险事项。

4. 合规风险事项及重大合规风险事项的报告内容

合规风险事项及重大合规风险事项报告，应由事发机构负责人提交书面说明材料，说明材料中应包括：

(1) 合规风险来源；

(2) 合规风险事项发生的时间、地点、部门、岗位、发生经过；

(3) 合规风险事项的性质；

(4) 可能或已经形成的风险、不良影响或损失程度；

(5) 已采取的措施；

(6) 下一步处置措施及建议。

5. 合规报告路径与程序

专职合规人员、各单位兼职合规人员对于需报告的事项，应按要求上报合规部负责人；合规部负责人对需要上报企业办公会的事项，应按规定及时报告企业总经理。

第五章　合规管理的保障机制

【思维导图】

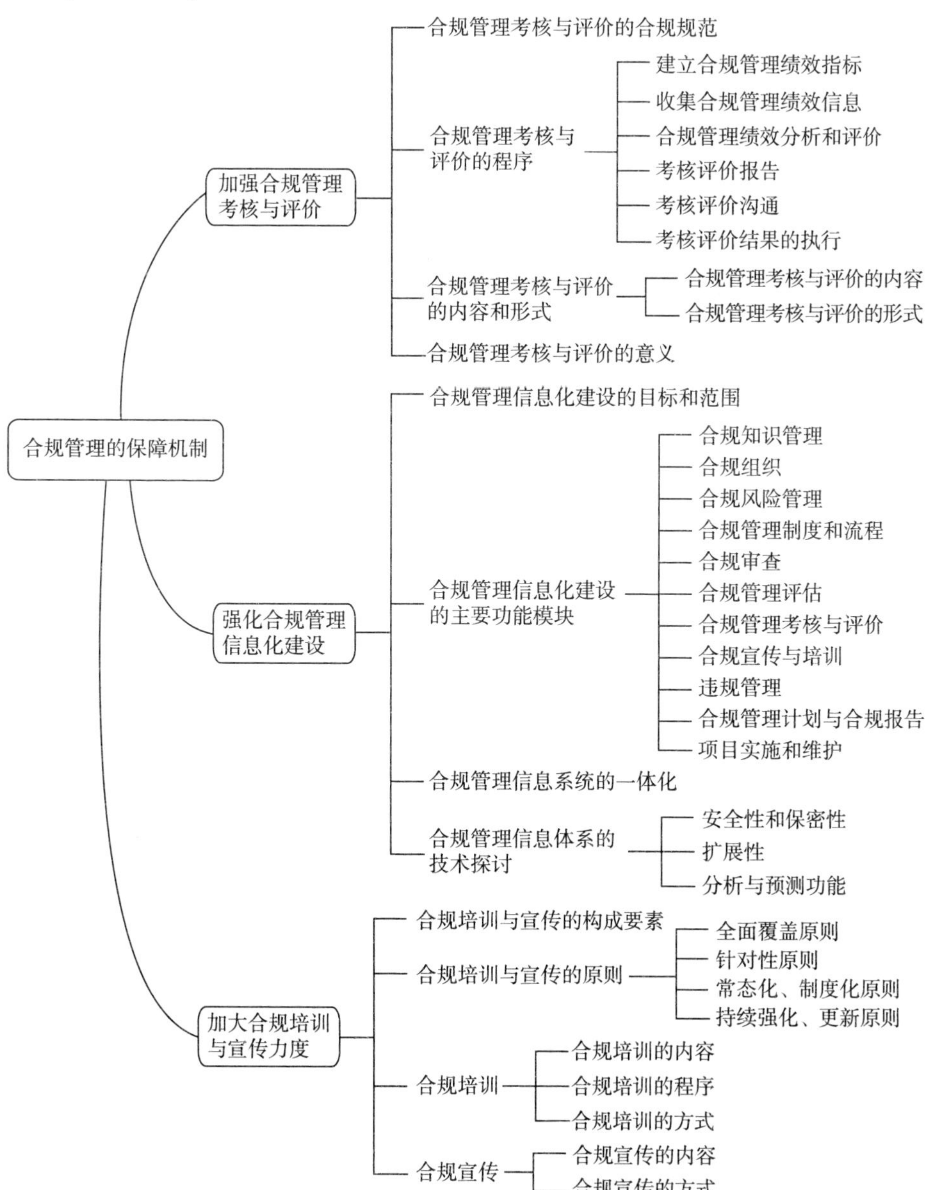

【本章概要】

本章从加强合规管理考核与评价、强化合规管理信息化建设、加大合规培训与宣传力度三个方面来重点论述合规管理保障机制所应注意的环节。合规管理作为企业管理活动的重要一环，其制度要符合企业长远发展要求，并在此过程中企业要制定相关的合规管理保障机制，为合规管理的正常运行提供方向。

第一节　加强合规管理考核与评价

企业合规管理考核与评价是指对企业建立、实施并保持一个或多个程序，以定期评价其对适用法律法规的遵循情况的一项管理措施以及对各部门及其管理人员和员工的合规管理绩效进行考核与评价。这是企业合规管理体系的重要构成要素，也是保障合规管理进程的重要措施之一。

一、合规管理考核与评价的合规规范

关于企业合规管理的国际组织标准、指南以及我国国家标准、办法和指引对企业合规管理考核与评价的规定不尽相同，具体列示如下。企业可以根据自身实际情况需要，对本企业的考核评价作出具体规定。①

（一）《合规管理体系　指南》

《合规管理体系　指南》规定，企业最高管理者宜对照合规关键绩效措施或结果接受考核。该标准还对绩效评价的内容和程序作了具体规定。我们认为，该标准要求企业高级管理人员应当接受董事会的合规管理考核与评价。该规定适用于采纳该标准的所有企业。

（二）《央企合规指引》

按照我国国资委《央企合规指引》，中央企业应加强对管理人员、各部门

---

① 参见郭青红：《企业合规管理体系实务指南》，人民法院出版社2019年版，第159页。

及下属企业员工的合规管理考核与评价。企业应当开展合规管理评估，定期对合规管理体系的有效性进行分析，对重大或反复出现的合规风险和违规问题，深入查找根源，完善相关制度，堵塞管理漏洞，强化过程管控，持续改进提升。

企业应当加强合规考核评价，把合规经营管理情况纳入对各部门和所属企业负责人的年度综合考核，细化评价指标。对所属单位和员工合规职责履行进行评价，并将结果作为员工考核、干部任用、评先选优等工作的重要依据。

（三）证监会《证券公司和证券投资基金管理公司合规管理办法》

1. 证券基金经营机构董事会对合规负责人的考核

证券基金经营机构董事会履行的合规管理职责包括决定聘任、解聘、考核合规负责人，决定其薪酬待遇。证券基金经营机构董事会对合规负责人进行年度考核时，应当就其履行职责情况及考核意见书面征求中国证监会相关派出机构的意见，中国证监会相关派出机构可以根据掌握的情况建议董事会调整考核结果。

2. 合规负责人对合规管理部门与合规管理人员的考核

合规部门及专职合规管理人员由合规负责人考核。对兼职合规管理人员进行考核时，合规负责人所占权重应当超过50%。

（四）银监会《商业银行合规风险管理指引》

合规负责人应全面协调商业银行合规风险的识别和管理，监督合规管理部门根据合规风险管理计划履行职责，定期向高级管理层提交合规风险评估报告。合规负责人不得分管业务条线。合规风险评估报告包括但不限于以下内容：报告期合规风险状况的变化情况、已识别的违规事件和合规缺陷、已采取的或建议采取的纠正措施等。商业银行应建立对管理人员合规绩效考核制度。商业银行的绩效考核应体现倡导合规和惩处违规的价值观念。

（五）保监会《保险公司合规管理办法》

保险公司应当确保合规管理部门和合规岗位的独立性，并对其实行独立预算和考评。合规管理部门和合规岗位应当独立于业务、财务、资金运用和内部审计部门等可能与合规管理存在职责冲突的部门。保险公司应当建立有效的合规考核和问责制度，将合规管理作为公司年度考核的重要指标，对各部门、各分支机构及其人员的合规职责履行情况进行考核和评价，并追究违法违规事件责任人员的责任。

二、合规管理考核与评价的程序

根据国际标准暨我国国家标准《合规管理体系　指南》以及其他相关合规规范的规定，企业合规管理绩效考核与评价的程序包括：①

（一）建立合规管理绩效指标

企业应制定一系列可测量的合规管理绩效指标，帮助企业对合规管理目标的实现进行评价。合规管理绩效指标【示例】如下：

1. 活动类指标包括：（1）经过有效培训的员工比例；（2）监管部门来访的频率；（3）反馈机制的使用（包括用户对那些机制价值的评论）；（4）对于每项不合规，采取何种类型的纠正措施。

2. 反应类型指标包括：（1）根据类型、区域和频率报告已识别的问题和不合规；（2）不合规的后果，包括对经济赔偿、罚款和其他处罚、补救成本、声誉或员工时间成本影响的估价；（3）报告和采取纠正措施所花费的时间。

3. 预测类指标包括：（1）一定时期的不合规的风险［以目标的潜在损失/收益（收入、健康和安全、声誉等）测量］；（2）不合规趋势（基于过去趋势预测合规率）。

（二）收集合规管理绩效信息

收集与合规管理考核评价对象有关的合规管理绩效信息。

1. 合规绩效信息来源包括：（1）员工，如通过举报工具、热线电话、反馈、意见箱；（2）客户，如通过投诉处理系统；（3）供应商；（4）监管部门；（5）过程控制日志和活动记录（包括电子版和纸质版）。

2. 合规绩效信息的内容

合规绩效信息包括的内容有：（1）合规问题；（2）不合规和合规疑虑；（3）新出现的合规问题；（4）持续的监管和/或组织的变更；（5）对合规有效性和合规绩效的评论；（6）优秀合规实践案例。

---

① 参见郭青红：《企业合规管理体系实务指南》，人民法院出版社2019年版，第161页。

3. 收集合规绩效信息的方法

合规绩效信息收集的方法包括：（1）出现或确认不合规时的特别报告；（2）通过热线电话、投诉和其他反馈（包括举报）所收集的信息；（3）非正式讨论、研讨会和分组座谈会；（4）抽样和诚信实验，例如神秘购物；（5）感知调查的结果；（6）直接观察、正式访谈、工厂巡视和检查；（7）审核和评审；（8）利益相关方质询、培训需要和培训过程中的反馈（尤其是员工的反馈）。

（三）合规管理绩效分析和评价

合规是业务发展的基石。一个有效的绩效管理体系不仅对员工的业务能力和成绩进行考核，而且对员工在业务中的合规执行情况也应该进行考量，并占据一定的考核比重。一旦收集了合规绩效，则需要对它进行分类、分析和精确评估以识别根本原因和需采取的适当措施。分析时，宜考虑系统性和反复发生的问题，并进行改正或改进，因为这些问题可能给组织带来重大并更加难以识别的合规风险。

（四）考核评价报告

分析和评价后，应及时编制合规考核评价报告。

考核评价报告应包括：（1）考核依据，包括相关的合规义务、合规管理制度和流程、绩效指标等；（2）考核主体；（3）考核对象；（4）考核期限；（5）考核评价方法和流程；（6）考核评价结果；（7）揭示重大不合规和新出现的合规问题，提出应对整改建议；（8）报告优秀的合规管理实践案例，提出激励措施建议。

（五）考核评价沟通

考核评价沟通是合规宣传和培训的重要途径和方式。考核评价结果应与考核评价对象进行充分沟通，听取其意见，允许其申辩。企业合规管理考核评价的总体情况和结果，还应在企业内公开进行沟通，让全体员工知晓企业合规管理运行的状况、需要应对整改的问题等。

（六）考核评价结果的执行

1. 将合规管理考核评价结果，作为员工考核、干部任用、评先选优等工作的重要依据。

2. 倡导和奖励合规管理优秀的部门和员工。

3. 违规问责，即追究违法违规事件责任人员的责任。

4. 违规整改，持续改进。

三、合规管理考核与评价的内容和形式

（一）合规管理考核与评价的内容

关于合规管理考核评价的内容，只有我国发改委等七部门《境外经营合规指引》作了原则性的规定。根据该指引第十八条的规定，合规管理考核内容包括但不限于按时参加合规培训、严格执行合规管理制度、积极支持和配合合规管理机构工作、及时汇报合规风险等。

从合规管理考核评价的对象来看，结合我们合规管理实践案例的经验，合规管理考核评价的内容包括：①

1. 对高级管理人员的考核评价

对高级管理人员的合规管理考核，包括对本企业高级合规人员、合规管理负责人、子公司高级管理人员的考核，宜包括：（1）执行企业董事会关于合规管理决定情况；（2）企业合规管理的有效性；（3）经营管理和执行行为的合规性；（4）合规意识、带头依法开展经营管理活动及认真履行承担的合规管理职责情况；（5）企业年度合规管理计划执行情况；（6）将合规管理流程融入业务流程情况；（7）重大合规风险的应对整改情况；（8）违规问责情况等。

2. 对合规部门的合规管理考核评价

对合规管理部门（包括子公司合规管理部门）的合规管理考核评价内容，宜包括：（1）本企业合规管理体系的建设及运行情况；（2）合规部门合规管理职责的履行情况；（3）合规管理人员的合规意识与合规管理知识及能力情况；（4）年度合规计划的执行情况；（5）及时汇报重大合规风险，以及重大合规风险的应对整改情况；（6）对各部门、下属企业的合规风险管理指导、支持和管控情况。

3. 对业务部门、分支机构及其负责人的合规管理考核

对业务部门及其负责人的合规管理考核内容，宜包括：（1）合规管理体

---

① 参见郭青红：《企业合规管理体系实务指南》，人民法院出版社2019年版，第164页。

系的在本部门的运行情况；（2）本部门合规管理职责的履行情况；（3）负责人的合规意识、带头依法开展经营管理活动及认真履行承担的合规管理职责情况；（4）对合规管理的支持与配合情况；（5）本部门执行合规管理制度情况；（6）不合规事件及其整改情况。

4. 对业务部门员工的考核

对业务部门员工的合规管理考核，宜包括：（1）员工的合规意识；（2）参加合规培训情况；（3）遵守和履行合规管理制度情况；（4）对合规管理的支持与配合情况；（5）不合规事件及整改情况；（6）配合违规调查情况。

5. 对子公司的合规管理考核

对子公司的合规管理考核，宜包括：（1）合规管理有效性；（2）经营管理和职业行为合规性。

（二）合规管理考核与评价的形式①

企业可以制定单独的合规绩效考核机制，也可以将合规考核标准融入总体的绩效管理体系中去。通过有效的合规绩效考核机制，对有重大合规贡献的员工应该给予表彰或奖励。对有合规问题的员工，应该给予积分扣分或相应的处罚。

考核机制可以采取各种形式，如矩阵式、九宫格、记分卡（Scored Card）等，而且需要制定详细的合规考核标准，考核内容可以包括：

1. 按时完成或参加所有的合规培训；
2. 严格执行企业合规政策和流程；
3. 有无任何违反合规的行为；
4. 积极支持和配合合规职能部门工作；
5. 及时汇报违规行为或合规风险以避免或减少合规风险给企业带来的损失和负面影响。

四、合规管理考核与评价的意义

（一）全面开展合规性评价，有利于提高普法工作绩效，促进学法与用法的密切结合。

作为企业，要针对自身实际搞好普法工作，重点要把握学法是前提，用

---

① 参见王志乐：《企业合规管理操作指南》，中国法制出版社2017年版，第168页。

法是核心、是落脚点；学用结合，才能使企业经营管理人员，既能熟悉掌握与社会主义市场经济相关的法律知识，又能熟练运用与本职工作相关的法律知识。要提高普法的绩效，全面开展合规性评价不失为促使普法工作达到学用结合的一项具体措施：第一，具有规范性，《环境管理体系要求》[①] 标准对合规性评价提出了具体的步骤和方法，包括识别、应用、评价、持续改进等项工作，评价内容既包括规章制度的符合性，又注重执行的有效性，环环紧扣。据此运作，既能够与国际标准化 ISO 管理规范接轨，也促使学法、用法有效融合，使依法管理工作更为严谨、细致、扎实[②]。第二，具有系统性，企业各专项管理全面开展合规性评价，则能够覆盖企业全方位，有效防止适用于各个管理专业活动、产品和服务的漏缺项，全面落实国家对企业的法制监管。第三，具有协同性，合规性评价工作从单一的环境管理体系中运作，扩大推广至企业内部各个专项管理，成为管理工作的共同要求。

（二）全面开展合规性评价，有利于提高各方面的满意度，进一步提升企业形象。

《环境管理体系要求》标准提出的合规性评价，旨在通过核查、对比的方式，客观地分析了解自身环境管理现状与相关法律法规和其他要求的差距，便于寻找改进的机会。全面开展合规性评价工作，借助于《环境管理体系要求》标准的这一管理理念和方法，能有效地加强包括党群工作在内的企业所有专业管理工作，提升企业的整体形象。

（三）全面开展合规性评价，有利于增强企业防范法律风险能力，更好地维护企业权益。

在市场经济条件下，企业面临着诸多风险，其中包括法律风险，而其他风险最终也可能转化为法律风险。法律风险是由于企业违反法律法规而产生的法定后果。法律法规是明示的，因而法律风险在事前是可以预见的，可以采取各项有效措施进行防范和控制。企业定期、全面地开展合规性评价，则能够及时有效地发现企业行为与法律法规的差异。分析这些差异可能产生法律风险的程度，衡量自身现状可接受或可承担的法律风险范围，

---

① 参见 GB/T 24001－2004。

② 参见乔文骏、蔡军祥：《企业合规体系建设的法律视角》，载《中伦观点》2017 年 11 月 3 日。

对不可承担的法律风险，研究制定相应的防范和控制措施。在认真防控企业行为与法律法规的差异可能导致企业承担法律责任、造成损失的同时，还应当识别和分析执行哪些法律法规的有利性，如环境保护、新产品、科研一些优惠规定等。这也就是人们常说的用好、用足政策，争取企业权益最大化。

【示例】

J银行某支行制定2020年内控合规工作考核方案

为深入贯彻全面从严治行相关要求，深入推进内控合规工作上台阶，为全行业务发展保驾护航，J银行某支行制定了2020年内控合规工作考核方案。

一、考核总体要求。以“无重大违规、无重大责任事故、无重大负面舆情、无重大群体性事件、无案件”的“五无”为目标，通过考核，落实条线和层级管理两个责任，全面实现支行内控合规管理水平上台阶，确保全年外部检查无罚款，审计底稿和会计差错率、重大差错比上年减少50%以上，在上级行年度考评中名次比上年大幅提升。

二、考核指标设置

考核基础分为100分，其中日常管理指标和专项管理指标分别占分70分和30分。目标管理指标和专项加分指标不占总分，采取扣分制和加分制。

（一）日常管理考核指标：包括组织推动落实、合规教育开展、重点工作推进、条线合规检查、合规职责履行、员工行为管理以及合规文化宣传等7项指标。每项采取扣分制，最高扣分为该项指标的分值。

（二）专项管理考核指标：包括反洗钱工作和内外部检查工作，每项采取扣分制，最高扣分为该项指标的分值。

（三）目标管理考核指标：为内控合规管理的最终目标，包括“五无”目标、外部监管处罚和外部监管有效投诉三个方面。如果目标未实现，将实行严厉的扣分制，最高扣分为100分。

（四）专项加分考核指标：主要为成功堵截案件、成功处置严重违规事件的单位加分。最高加分为5分。

三、考核结果的运用

一是考核结果与各单位KPI考核挂钩。考核得分按照内控合规在KPI考核中的分值占比进行折算。二是对没有实现“五无”目标的单位和领导人员评先评优实行一票否决，并严肃追究相关责任。三是考核得分最后一名且得分在 80 分以下的部门和基层网点，支行分管内控合规的行领导对该部门和网点主要负责人进行提醒谈话。

四、考核奖罚

一是对考核得分前三名且得分在 95 分及以上的部门和基层网点评定为内控合规管理先进单位。二是对考核得分低于 85 分以下的部门和基层网点实行负激励，得分低于 60 分的实行双倍负激励。

第二节　强化合规管理信息化建设

企业信息管理体系包括合规信息的咨询、报告、检举、记录、识别、监测、测试、处理、评估、建议等。在合规管理体系中，合规信息是指那些需要控制和维护的必要信息和包含信息的媒介，是企业经过一定的审核程序确定的较为正式的文件和信息。合规信息长期持续指导我们的合规管理工作，如果情况发生了变化，就需要更新和维护这些合规信息，避免造成执行偏差，如各项合规管理制度，如果法规、监管制度发生变化，企业内部制度也要进行相应的修订。

我国国资委《央企合规指引》在第二十四条中就要求中央企业强化合规管理信息化建设，通过信息化手段优化管理流程，记录和保存相关信息。运用大数据等工具，加强对经营管理行为依法合规情况的实时在线监控和风险分析，实现信息集成与共享。①

一、合规管理信息化建设的目的和范围

第一，合规信息管理必须满足法律、法规及监管规定要求披露或报告的内容。如上市公司必须披露的内部控制自我评价报告、企业关联交易及管理情况报告、金融企业反洗钱及反恐融资管理情况的报告以及其他一系列例行报告和专项报告。企业经营管理符合法律、法规的要求是合规管理的基础，支持和满足监管要求的报告编制的需要则是企业合规管理的核心目标之一。

第二，合规信息化建设应当为合规管理体系的有效性提供充分证据。企

① 参见王志乐：《企业合规管理操作指南》，中国法制出版社 2017 年版，第 179 页。

业应当对合规管理活动进行准确、及时的记录，从而支持监控和评估流程，进而展示相关记录与合规管理体系的一致性。采取合理的方式储存方式，保证清晰可辨，支持查询检索，并采取适当的方式来保持记录的真实性、完整性。

第三，合规信息管理是合规管理体系的规划和执行的重要组成部分，是指导和协调合规管理工作的核心工具，也是合规信息化建设最根本的价值。

关于合规信息化建设的范围，应当服务于合规管理的目标，在合规管理需要与资源投入可能两方面寻求一个平衡点。在合规管理实务中，一般建立《合规信息清单》来管理合规信息范围，有限保证重要的合规信息化建设。

二、合规管理信息化建设的主要功能模块

企业合规管理信息系统中，除合规管理信息系统本身以外，其余十二大企业合规管理系统构成要素，都可以建立合规管理信息系统模块。它们之间相互协同并紧密联系，构成企业合规管理信息系统的总体框架。企业合规管理信息系统的11个模块包括：

（一）合规知识管理

用以采集、储存、发布、共享、查询、统计和运用合规管理的信息和知识。

1. 合规规范，包括适用于企业生产经营和管理的所有外部合规规范与内部合规规范；

2. 违规案例，包括与企业生产经营和管理相关的司法判例、行政处罚案例、行业内违规案例、企业内部违规案例；

3. 合规管理最佳企业实践与经验分享；

4. 有关合规管理理论和实践研究的学术著作和文章；

5. 有关合规管理的内部格式文件，等等。

（二）合规组织

用以采集、储存、共享、查询合规管理各层级组织、人员及其职责，以及合规管理中的授权管理体系文件。

（三）合规风险管理

1. 发布合规风险管理项目方案，包括合规风险管理项目的目标、计划、组织与职责、领域和对象、方法和程序等；

2. 识别并发布相关合规义务清单及具体内容；

3. 提供合规风险评估的技术方法和程序；

4. 收集合规风险信息、线索和报告；

5. 储存并不断更新合规风险清单，实现合规风险日常监测和预警；

6. 发布合规风险管理项目成果，提交、批准合规风险管理报告；

7. 发布合规风险应对整改计划和方案，分配应对整改职责；

8. 对合规风险的应对整改进行跟踪和监督检查；

9. 提供合规风险管理沟通与协调平台。

（四）合规管理制度和流程

1. 发布合规管理制度与流程及其修改、补充；

2. 跟踪监督合规管理制度与流程的执行，收集合规管理制度和流程执行情况的信息和意见；

3. 收集对合规管理制度与流程的修改、补充意见；

4. 组织对合规管理制度与流程的修改和补充。

（五）合规审查

1. 合规负责人、合规管理部门的合规审查：对企业重大决策事项、重大项目事项、重大合同事项、大额投资事项、改革方案文件、新产品、新业务进行合规审查；

2. 规章制度审查：规章制度的合规性审查，不同规章制度、流程之间的协调统一性审查，合规管理制度与业务操作流程的协调统一性审查；

3. 业务部门开展本领域日常合规审查；

4. 法务部门对交易文本及其他法律文件进行法律审查；

5. 实现线上合规审查和审批。

（六）合规管理评估

1. 发布合规管理评估计划；

2. 组织评估项目小组；

3. 提供合规管理评估工具，支持业务部门的自我测评与合规管理部门主动检测相结合的合规检查工作模式，对合规测试工作准备、测试评估、控制观察与确认等过程提供全面而有效的支持；

4. 上传、汇总合规管理评估文件和信息；

5. 发布合规管理评估报告，提交、批准合规管理评估报告；

6. 发布整改计划和方案，分配整改职责；

7. 对整改进行跟踪和监督检查；

8. 提供合规管理评估的沟通与协调平台。

（七）合规管理考核与评价

1. 发布合规管理考核指标，提供合规考核信息；

2. 提供多角度（垂直、横向）考核评级与信息沟通平台；

3. 提供合规管理考核工具，运算、发布考核评价结果；

4. 跟踪、监督考核评价结果执行。

（八）合规宣传与培训

1. 提供线上合规宣传与培训平台；

2. 发布合规宣传与培训课程资料。

（九）违规管理

1. 公布违规举报电话、负责部门及负责人员的联系方式；

2. 提供线上违规举报链接；

3. 线上违规线索处置；

4. 提交、审批违规调查计划；

5. 线上违规调查：收集违规证据、信息，对相关人员进行线上访谈，汇总调查证据，起草、呈交、审批违规调查报告；

6. 发布违规调查结果和处置、问责决定；

7. 跟踪、监督违规处置、问责执行。

（十）合规管理计划与合规报告

1. 收集合规管理计划、合规报告信息资料和意见；

2. 修改、提交、审批合规管理计划、合规报告；

3. 发布合规管理计划、合规报告；

4. 跟踪、监督合规管理计划、合规报告的执行。

（十一）项目实施和维护

1. 企业建立合规管理信息系统，宜按照项目管理的方式和程序开展。

2. 立项。建立企业合规管理信息系统，需要申报项目和预算，经批准来实施。

3. 项目小组。企业合规管理信息系统建设的技术性、前瞻性很强，需要IT及其他方面专业人员的参与和支持。

4. 项目实施团队是企业合规管理信息系统建立和成功运营的重要保障。项目小组宜包括企业合规管理人员、企业IT经理及信息管理系统外部咨询机构、企业法务人员及外部合规管理律师团队、风控部门代表、内控部门代表、审计部门代表、运营管理代表、人力资源代表、采购部门代表、销售部门代表以及国有企业纪检监察部门代表等。项目小组组长宜由企业合规负责人担任。

5. 项目计划宜制定建立企业合规管理信息系统的进度计划，循序渐进，有序进行。

6. 合规管理功能需求。提出合规管理功能需求是建立合规管理信息系统的关键环节。合规管理信息系统要实现其模块功能，需要企业合规管理部门提出详细的管理目标和管理功能需求。

7. 项目工具。企业合规管理信息系统应建立在先进、完善、运营成熟有效的信息管理系统之上，设计项目管理软件和平台的选择和运用，对整个项目进行阶段划分、人员分工、任务分解、文档共享、过程协作和资源调度，能被企业尽快学习掌握，并对项目中的问题进行专家诊断和问题排除。

8. 信息输入。根据合规信息管理系统的功能模块，项目小组应输入合规管理的基础信息、方法、程序和工具。

9. 项目成果。合规管理信息系统初步建立后，项目小组应对其各项功能进行测试和验收，查找缺陷和不足，并进行调整、补充和完整。

10. 培训。合规管理信息系统初步后，需要对企业合规组织以及合规管理人员进行培训，确保其掌握和熟练使用系统，为企业合规管理服务。

11. 维护。合规管理信息系统需要企业合规管理部门和IT部门委派专人进行维护，确保系统有效运行。

三、合规管理信息系统的一体化

我国国资委2015年12月8日发布《关于全面推进法治央企建设的意见》（国资发法规〔2015〕166号），要求加快提升合规管理能力，探索建立法律、合规、风险、内控一体化管理平台。我国国资委《央企合规指引》第四条第三款（协调联通）要求推动合规管理与法律风险防范、监察、审计、内控、风险管理等工作相统筹、相衔接，确保合规管理体系有效运行。

我国国有企业及其他所有制性质的大型企业都已经建立不同的企业管理信息系统，如企业全面风险管理系统、企业运营管理信息系统、内控管理信息系统、财税管理信息系统、采购管理信息系统、销售信息管理系统、生产信息管理系统、人力资源管理信息系统、质量管理信息系统、环安卫管理信息系统、物流管理信息系统等。企业合规管理信息系统是企业管理信息系统的组成部分[①]。根据企业的业务领域、规模及实际需要，企业管理信息系统可以包括若干平台，如全面风险管理、内控管理、行政管理、人事管理、财务管理、质量管理、采购管理、营销管理等。

企业需要对现有信息管理系统和平台进行诊断，研究将合规管理信息系统植入现有企业管理信息系统和平台的可行性和有效性，实现企业合规管理信息系统与企业管理的其他信息系统相互衔接，协调融合，互通共享，避免出现重复、矛盾的情况。

四、合规管理信息体系的技术探讨

（一）安全性和保密性

合规管理信息系统承载着企业、企业员工以及企业业务伙伴的重要保密信息和数据。

我国证监会《证券公司和证券投资基金管理公司合规管理办法》第十四

① 参见王志乐：《企业合规管理操作指南》，中国法制出版社2017年版，第179页。

条就要求合规负责人协助董事会和高级管理人员建立和执行信息隔离墙制度。

企业需要按照我国有关网络安全和信息保护的法律法规，建立企业合规管理信息的安全保护制度，包括网络安全保护、密码制度、信息制度、信息的分类和分级保护、信息存取和修改的授权和分级管理、支持入侵检测与防御系统和防火墙的应用等。

（二）扩展性

1. 企业合规管理信息系统应具有良好的扩展性，足以适应企业管理模式、业务变化、合规管理调整等的需要。

2. 预留标准的 EDI 接口，方便与新的业务部门及分子公司的衔接。

（三）分析与预测功能

开发合规管理信息的分析功能和预测功能，为企业合规管理部门提供图形化、报表化的合规管理信息分析数据，对合规风险做出预警，对未来企业合规管理需求做出预测等。

第三节　加大合规培训与宣传力度

企业合规宣传培训的目标，是确保所有员工有能力以与组织合规文化和对合规的承诺一致的方式履行角色职责①，加强全体员工对企业合规的基本认识，帮助员工理解和掌握自己的合规义务，提高员工的合规意识及遵纪守法的自觉性，是实现全员合规的基础。企业合规培训的有效性也是企业合规管理评估的重要内容。

一、合规培训与宣传的构成要素

合规宣传与培训是企业合规管理体系的构成要素之一，是企业文化建设的重要途径和内容。我国银监会《商业银行合规管理指引》就对合规培训与教育制度合规培训的程序和要求做了具体规定。我国国资委《央企合规指引》

① 参见《合规管理体系　指南》第 6.2.2 条。

第二十六条与发改委等七部委《境外经营合规指引》第十六条都把合规培训作为重要的合规管理运行机制进行规定。

二、合规培训与宣传的原则

（一）全面覆盖原则

合规培训的目的决定了全体员工都应接受合规培训，尤其是针对企业合规目标、合规要求、员工手册、合规规范的理解。《境外经营合规指引》中还明确规定“决策层和高级管理层应带头接受合规培训”。企业合规管理体系要求企业决策层和高管层负责合规事项的决策、执行、推动等，决策层或最高管理者需要对外发布合规承诺，因此，合规培训决策层和高管人员必须带头参与，同时，决策层和高管人员也需要通过合规技能和知识的培训，增强自身的合规管理能力，持续改进企业合规管理建设的能力①。

（二）针对性原则

针对性原则包含两个方面：一方面，企业围绕自身的合规目标，设计符合企业合规要求和实际情况的培训制度和内容；另一方面，根据企业自身确定的重要领域、重点人员、重点环节，开展具有针对性的培训内容。

根据《央企合规指引》和《境外经营合规指引》，重点领域一般包括市场交易、安全环保、产品质量、劳动用工、财务税收、知识产权、商业伙伴等，境外经营中，对外贸易、境外投资、对外承包工程、境外日常经营等；重点环节一般包括制度制定环节、经营决策环节、生产运营环节等；重点人员至少包括管理人员、重要风险岗位人员、海外人员等。

（三）常态化、制度化原则

合规管理是融入企业生产经营活动全过程的管理要求，合规培训是将企业合规意识导入的重要方式，是配合企业合规管理的一种运行机制，合规管理的全面覆盖意味着合规培训的常态化，而常态化的培训活动需要通过制度规定落实。我们建议在企业已有的岗位培训中融入合规培训内容，将合规知识与岗位职责、业务技能结合培训，注意合规培训与人和岗位都有关系，企

---

① 参见乔文骏、蔡军祥：《企业合规体系建设的法律视角》，载《中伦观点》2017 年 11 月 3 日。

业新进员工必须进行合规培训，部门新进员工即使是老员工岗位调整，也需要针对新的岗位要求开展合规培训。

（四）持续强化、更新原则

企业的合规风险会随着内部外环境的变化而变化，外部环境包括法律法规、政策要求、国际形势的变化等，内部环境包括培训对象的认知、企业经营计划调整等，因此，合规培训的内容需要进行动态调整，一方面是将国内外最新的法律法规、政策要求、行业规则等信息传达给相关员工，另一方面是应对新的合规风险的措施、技能等，也需要教授给相关员工①。

三、合规培训

合规培训是企业员工合规认知提高的一个重要方法，也是企业整体合规文化建设的必要组成部分之一。在企业内部，专门的培训管理机构和合规体系管理机构应承担相应的企业合规培训的协调和执行工作。在培训前期，要做好培训的需求分析、培训计划；在培训开展时，要结合受众群体的任务、特点以及企业的合规要求和企业培训内容。

（一）合规培训的内容

1. 企业合规理念的导入

合规意识在中国境内尚未被普遍认知、了解，要建立合规管理首先要培育合规的理念。《境外经营合规指引》出台时，发改委负责人明确表示，为推动企业加强境外经营合规管理，国家发展和改革委员会将会同有关部门和单位，典型案例，开展合规经营专题培训，帮助企业提高合规管理能力②。政府通过培训向企业管理者宣传合规理念，企业的管理者也需要通过培训，将企业的合规理念传导给全体员工，核心是向全体员工传达企业的合规价值观、合规规划、合规要求。企业合规理念的导入，确保在合规管理中上下统一思想。

---

① 参见乔文骏、蔡军祥：《企业合规体系建设的法律视角》，载《中伦观点》2017 年 11 月 3 日。

② 参见王志乐：《企业合规管理操作指南》，中国法制出版社 2017 年版，第 163 页。

2. 企业合规管理架构的介绍、合规文件的解读

企业合规管理体系建设，需要建立专门的合规管理部门，制定配套的运行机制、合规规范等文件，全体员工及合规管理人员都需要熟悉，以便于贯彻执行。企业合规承诺、员工手册、合规规范等文件，全体员工都应当熟悉掌握；合规管理部门的具体职责、合规运行机制等管理信息，决策层、高管人员以及合规管理部门人员应当充分了解。

3. 合规管理基本知识的教授

合规管理的基本知识包括法律、经济、管理、财务、时政等，尤其作为合规管理部门的人员或企业高管人员，应当具备这些基本知识，在经营决策时，将合规风险纳入考量因素中，做出符合企业合规要求的判断。

4. 合规管理技能的掌握

如前文所述，合规管理工作还需要一定的岗位技能，比如法律部门人员，应当具备对新法律法规是否影响企业重大合规义务的识别能力，合规监察部门人员，应当有内部调查、问责、收集信息的技能；审计部门人员应当有配合合规管理部门审查财务问题的专业能力；部门管理者对下属有业务合规宣教、违规行为管理或问责的能力。针对不同岗位需要掌握的合规履职技能，企业应当提供有针对性的培训课程，并作为岗位技能进行考核。

（二）合规培训的程序

《合规管理体系　指南》第 6.2.1 条对合规培训的程序作了简要规定。结合其他有关管理的国际组织标准、指南以及我国国家标准、办法和指引的规定，合规培训的程序梳理如下：

1. 制定合规培训计划

合规培训计划应是企业计划与培训计划的一部分，应当纳入企业年度合规计划与年度培训计划。

2. 评估员工合规培训需求

适宜时，采取措施（包括与员工面对面地沟通），对培训对象的知识和能力缺口进行评估，了解培训对象的合规培训需求。

3. 确定培训项目和内容

根据员工合规培训需求，针对员工角色和职责相关的义务和合规风险，量身定制合规培训项目与培训内容。

合规培训项目内容应当实用并易于员工理解，应当与员工的日常工作相

关，并且以相关行业、企业本身或部门的情况作为案例。

4. 提供合规培训

培训方式应足够灵活，并涉及各种技能，以满足组织和员工的不同需求。

5. 对培训的有效性进行评估

培训结束时，对培训的有效性进行评估，包括对评估对象进行培训考核。

合规培训的组织与效果是合规管理考核指标的重要指标与内容（《合规管理体系　指南》第8.1.6条）。

6. 合规培训的记录与保存

合规培训时，应制作并妥善保存培训记录，包括：培训项目名称，培训时间，培训内容简介，培训对象姓名单位和职务，培训老师姓名、职务介绍，培训考核情况，培训效果评估情况。培训对象名册应由培训对象逐一签署。

7. 合规培训报告

合规管理部门应基于合规培训记录，向决策层和高级管理层汇报合规培训的组织情况与合规培训效果的评估结果。

8. 再培训

根据国家标准《合规管理体系　指南》第6.2.1条，在下列情况下应考虑合规再培训：（1）员工角色或职责改变；（2）企业内部方针、程序和过程改变；（3）企业组织机构改变；（4）企业合规义务（尤其是法律或相关方）要求改变；（5）企业活动、产品或服务改变；（6）从监视、审核、评审、投诉和不合规（包括利益相关方反馈）产生的问题。

（三）合规培训的方式

合规培训与合规活动的形式可以多种多样，不拘一格。很多企业集团已经采取线下培训、网络培训与合规活动相结合的方式，取得了很好的效果，值得借鉴。

1. 线下培训。由合规培训老师面对面地进行培训授课。可以在企业总部集中培训，到相关业务部门和子公司提供现场培训，也可以参加咨询机构组织的合规培训或研讨会等。可以是普及培训、合规管理人员专职培训、入职培训、业务部门专项合规培训等。线下培训需要与企业人力资源部门充分协作，进行培训考核，制作培训记录。

2. 网络培训。设置网络培训课程，通过企业内网和企业合规管理信息系统，自动推送到各培训对象，培训对象接受线上合规培训，进行线上培训考核，制作线上合规培训记录。

四、合规宣传

（一）合规宣传的内容

合规宣传是企业宣传的一部分，属于合规意识形态领域，目的在于建立全员合规意识，培育企业合规文化。企业合规宣传的内容主要包括：将诚信合规列入企业的核心价值观，宣传合规方针、领导承诺、员工合规义务、合规目标以及合规计划等。

（二）合规宣传的方式

合规宣传宜采取灵活多样的合规宣传方式，例如：

1. 在企业宣传墙、员工电脑屏保上宣传企业合规方针与领导承诺；
2. 发放合规手册、合规操作指引等；
3. 在员工大会上进行合规宣示，在部门例会、晨会上宣示、宣传合规；
4. 员工签署合规承诺书；
5. 开展合规宣传周、活动日活动；
6. 有奖问答调查、现场案例宣讲、专题讲座等。

**【示例】**

N 银行的内部合规考核

按照监管机构和 N 银行总行、省分行三年合规文化建设方案，近年来，N 银行某分行深入开展内控综合治理、不断夯实合规管理基础。为进一步提升内控管理水平，建立灵敏有效的合规管理评价机制，该行于近期制定了《2020 年内控合规工作考核（暂行）办法》，通过量化考核方式促进全行内控合规工作上台阶。

1. 不断完善内控机制

近年，伴随着该行各项业务跨越式发展，建立与规模、品种相匹配的内控合规管理机制，防范可能出现的金融风险，亦成为该行合规稳健经营、转型高质量发展的内生需求。为此，行领导班子高度重视内控合规管理体系建设，重点对执行和监督二个层面的问题进行剖析研究，针对管理和操作层面的薄弱环节，从手段和措施上不断“出实招”，明确职责狠抓落实，全力推进内控合规纵向到底、横向到边。依据2020年内控合规工作目标，分管行长先后多次组织召开专题会议，在对历年检查发现的问题进行归类梳理基础上，研究制定了《2020年内控合规工作考核（暂行）办法》，该办法完善了该行内控管理和考核的制度体系，通过严格考核进一步明确了全员依法合规的行为准则，基本建立起内外衔接、统筹兼顾的合规考核机制。

2. 着力强化执行力度

该行制定的内控考核办法以强化管理和防控风险为着眼点，主要内容有：内控合规工作组织及员工队伍管理、年度内控合规主要工作、内外部检查发现问题整改、考核与问责四大类，其下分设21个分类指标和考核评价细则，每条细则对应明确的分值和评分标准。整个考评体系充分考虑了该行业务发展的现状和经营管理的薄弱环节，以强化监督和执行为落脚点，采用日常考核和现场考核相结合的方式，采取经济处罚和违规积分综合处罚的办法，考核工作在市分行内控合规委员会统一领导下，由内控合规部门建立考核台账，对日常内控合规、案防工作及适时现场检查情况，并结合被考核单位工作实绩和各种外部检查评价信息进行年终考核，考核结果纳入年度综合目标管理并在全系统进行通报。该考核办法明确了管理层和操作层相关内控职责，压实了考核的责任，增强了一道防线自发抵制缺陷发生的能力，更强化了二道防线落实检查监督考评的主体作用。

3. 努力提升合规理念

该行制定的内控考核办法在充分征求各部门、支行意见并多次召开专题会议研究讨论后形成。考核办法制定后，分管行长又带队组织内控合规部门相关人员走访各支行，传达内控考核办法相关精神，解读考评条款相关要求，并对分类指标和评价细则深入沟通探讨，取得反馈意见再进行修正和完善。考核办法从制定伊始就传达了“内控建设、人人有责”的合规理念，着眼于扭转基层行只注重业务拓展而淡化内控管理的固有思维。该考核办法考评指标疏密有致，基本与该行经营情况、管理基础、风险防控目标和人员队伍相匹配，有效落实了各条线、各岗位内控合规管理职责。通过严格考评机制，促使形成了“领导带头、立合规之德，全员做起、行合规之为”的良好氛围。

内部合规管理是N银行依法合规经营和高质量发展的内生要求和永恒主题，该行制定的内控考核办法，强化执行监督考核力度，增强内控管理能力，确保内控管理成效，提升全行合规理念，从而保障该行持续稳健经营。

本章合规指引

本章从加强合规考核评价、强化合规管理信息化建设、加大合规培训与宣传力度三个方面来重点论述合规管理保障机制所应注意的环节。加强合规考评尤其要注意加强考评的内容与形式。除此之外，要善于运用信息化技术提升合规考评的准确性和效率。最后，企业应当加大合规培训的宣传力度，做到常态化、制度化，将合规理念植入员工内心。

下面提供《合规工作考核与奖惩规则》《合规管理信息化规则》，作为该部分合规管理的指引。具体内容如下：

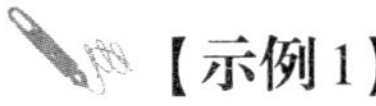【示例1】

合规工作考核与奖惩规则

一、考核

合规部负责对各部门合规经营情况进行考核。考核结果作为业务考核年度考评中评级质量及管理考核的重要依据。

合规考核内容包括业务合规情况、国家法律法规及企业管理制度执行情况和合规风险报告职责履行情况、评级结果质量检查情况等。

二、奖励

各部门或员工有下列行为之一的，可在年度绩效考核中进行加分：

1. 严格执行国家法律法规及企业管理制度要求，防范合规风险成绩显著的；

2. 成功识别、评估、举报和处置企业重大合规风险事项，对避免企业资产和声誉损失成绩显著的；

3. 在合规风险分析、整改和防范合规风险中，对提高企业业务合规性和业务风险防范中成绩显著的；

4. 因合规管理工作受到外部监管机构表彰和奖励的。

三、处罚

对违反本制度的行为，企业按照严重违反规章制度进行处理。对下列行为，从重处罚：

1. 隐瞒合规问题、合规隐患和已出现的合规风险，不按规定报告，被合规部发现或查实的；

2. 多次违规的（一年三次以上）；

3. 违反国家法律法规或企业管理制度，造成重大合规风险的；

4. 因违规被外部监管部门发现或查实、或被外部监管部门批评、处罚或制裁的；

5. 因违规被新闻媒体披露造成不良影响的；

6. 因违规被客户投诉，造成重大不良影响，经查证属实的；

7. 违反企业合规管理制度造成严重损失和不良后果的。

四、责任追究

对违反国家法律法规或企业管理制度的，情节严重，需要进行责任认定和责任追究的，由合规部会同相关部门按照本制度规定进行查处，提交企业办公会进行责任追究。涉嫌构成刑事犯罪的，由企业移送司法机关处理。

【示例2】

合规管理信息化规则

一、用户责任

1. 企业的每个计算机信息用户都肩负着保护信息系统安全的责任。在使用任何计算机和网络资源时，必须严格遵守企业信息系统安全制度和由此产生或衍生的有关信息安全的支持性制度文件，以及企业员工手册中的有关信息安全条例。

2. 用户应出于工作实际需要并本着为企业以最小成本创最大效益的原则，使用企业计算机和网络资源。

3. 用户不得非法或未经授权使用或肆意破坏企业计算机和网络及信息，如传播不良图片、连锁信、计算机游戏、非法软件、个人文件等。

4. 若发现任何与计算机信息安全有关的问题或漏洞，应及时与部门领导、总裁办公室及上汽股份信息系统部（以下统称为信息系统部）系统协调员或安全员联系。

5. 任何违反相关条例和制度的行为，将按情节轻重予以处分。

二、部门领导及部门信息协调员的责任

1. 各部门领导及信息协调员应根据员工工作实际需要，授权其登录网络、系统或使用电子数据的权限，并定期审阅和更新权限批准，并及时与信息系统部联系。

2. 各部门对相关电子数据、数据文件、程序、软件、系统及计算机设备对本部门业务运作的重要性及潜在风险进行分级评估和分析，以便与信息系统部共同制定安全措施，做好相应的备份和灾难恢复计划。各部门应与信息系统部一起定期测试和更新灾难恢复计划，以确保在危难情况下，各部门运作能及时恢复。

3. 指导和监督部门所有计算机用户，包括使用企业计算机设备及网络资源的非企业组织或人员（如供应商等），明确注意事项，严格遵守安全使用条例。

三、信息系统部的责任

1. 信息系统部受企业委托，主要负责企业计算机网络及相关 IT 设备的运行、维护和信息安全工作，并对受控信息系统环境在物理上和逻辑上的安全，采取足够、适当的信息安全措施，确保信息系统和网络的保密性、完整性及可用性。

2. 在鉴定部门信息系统权限申请符合权限申请流程及安全性管理要求的基础上，批准、处理和控制各信息系统的权限设置，并归纳和保留所有申请原件，以供各部门定期审阅及企业内部和外部审计需要。

3. 通过与用户部门一起对信息系统对其业务领域产生的影响、风险及优先级别的划分，作出相应备份和灾难恢复计划并严格执行，确保具备用户要求的及时恢复能力。

4. 及时响应用户部门对现有信息系统安全保护提出的疑惑、指出的漏洞及合理的信息系统安全保护要求，作出解决方案并落实具体措施。

5. 提供信息系统安全方面的培训，通过各种形式，不断加强宣传和教育，以增强用户部门和用户对信息系统安全的认识和重视程度。

6. 对内部审计部门、管理层或外部审计单位在正常情况下，提出的合理信息和信息系统安全审查要求，信息系统部应积极做好相应准备和配合工作，检查并确认必要的安全措施已有效地执行。

第六章 合规文化建设

【思维导图】

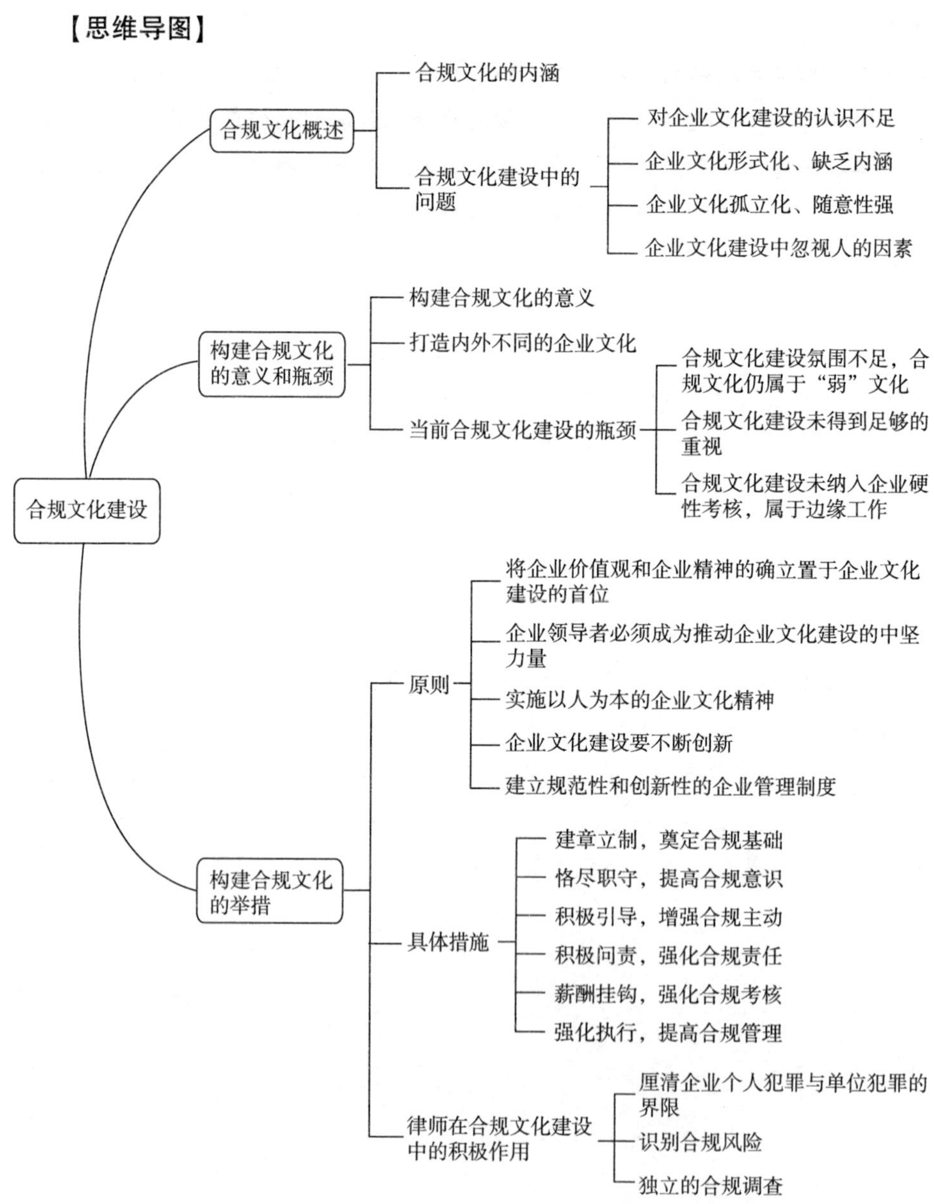

【本章概要】

企业从事生产经营活动，不是处于一个完全真空的环境之中，而是面对四处充满竞争和规则的围墙。特别是中国的企业要想走向世界，实现跨越式发展，就需要应对诸如合同、知识产权、税法、数据保护、商业秘密、刑事风险等方面的规则，以及域外国际法相关规则。而企业文化是企业在长期的生产经营过程中形成的价值观念、经营思想、管理方式、群体意识和行为规范。企业文化作为一种资源，它通过塑造具有共同理想信念、明确价值取向、高尚道德境界的企业员工群体，从而达到提高企业整体素质、提升企业管理水平和企业核心竞争实力、实现企业利益最大化目标的目的。本章包括合规文化概述、构建合规文化的意义和瓶颈、构建合规文化的举措方面进行阐述，以企业合规文化的内涵、企业文化建设中的问题作为切入点，指引企业做好企业文化合规建设。

第一节 合规文化概述

一、合规文化的内涵

合规由英文“compliance”翻译而来，表示要遵守企业总部和经营所在国的法律法规，要遵守企业内部的规章制度，另外还要遵守企业员工的职业操守、道德规范。“合规”有广义和狭义两种含义。广义的“合规”泛指企业应当遵守各种法律法规和监管规定，包括关于社会、环境、反腐败、反垄断、反欺诈等各个方面。狭义的“合规”主要指强化合规经营反对商业贿赂。合规建设包括规章制度建设、防控长效机制建设、风险管理、合规文化建设等，而合规文化建设作为推动合规建设的内源性因素，起到了不可替代的作用[①]。合规，是经济全球化背景下企业的“护身符”。

合规文化建设首先需要组建一支高效有为、廉洁自律、协调能力强大的领导团队，再通过管理层形成强势的核心意识，上行下效，在企业大范围内形成一种实效的、有价值的、可为的内生文化，形成一种上下联动且生生不

① 参见陈立彤：《企业国际化进程中合规风险的爆发与防控》，中国工商出版社2019年版，第338页。

息的经营理念或精神信仰，才能使高层与下属达到同气连枝、互相监督、相互制约、共同进步的效用。

合规文化建设依赖于制度制定梳理和执行力。在制定规则体系时要打破部门间条块分割、各管一块的牵制规则，制定尽可能详尽的业务规章制度和操作流程，建立以提高执行力为目标的制度体系。培养企业全员的良好合规习惯，处理好合规经营与业务发展的辩证关系，落实制度的执行。

合规文化建设归根结底是一种思想的建设，需要通过道德教育、自律管理、宣传警示净化心理，树立良好的行为方式和三观。具体到企业每个岗位、每个业务操作环节，促使全员重操守、讲合规、促案防，塑造合规经营的良好环境，强化法纪、自觉、集体意识。

合规文化建设需要建立沟通制度，以确保该项文化持续有效稳健地形成和运转。通过开展"合理化建议活动"，充分发挥企业每一位员工的智慧，重视他们的意识，引导他们提出改善业务操作、防范风险的合理化建议。这些建议一旦受到重视并在实践中得以运用，将会自觉得以执行。

企业应将合规作为经营理念和社会责任的重要内容，并将合规文化传递至利益相关方，树立积极正面的合规形象，促进行业合规文化发展，营造和谐健康的境外经营环境。近年来，随着经济全球化不断深入，各国政府对企业合规要求越来越高，监管力度越来越大。2018 年 11 月 2 日，国务院国资委发布《央企合规指引》；2018 年 12 月 26 日，国家发改委会同外交部、商务部、人民银行、国资委、外汇局以及全国工商联发布《境外经营合规指引》，两份指引都运用了企业大合规理念来指导和规范企业合规管理，将全面性原则确立为企业合规管理的第一大原则，要求合规管理覆盖企业各业务领域、各部门、各级子公司和全体员工，贯穿决策、执行、监督、反馈等各个环节。两份指引的先后发布，可以说是中国企业加强合规管理的里程碑意义的事件，是落实全面依法治国的具体举措，也是加强现代企业管理和企业治理的具体体现，同时也预示着大合规时代的到来①。随着中国法治国家建设的推进和融入国际化进程的加速，企业合规部门的功能性逐渐强化，培育良好的合规文化变得至关重要。因此，积极倡导"安全稳健""廉洁自律""合规创造价值"理念，合规文化建设才能持久。

---

① 参见陈立彤：《企业国际化进程中合规风险的爆发与防控》，中国工商出版社 2019 年版，第 342 页。

二、合规文化建设中的问题

当今社会不仅是知识经济、网络经济的时代，更是文化经济的时代，企业之间的竞争越来越表现为文化力的竞争，企业文化已成为推动生产力发展的强劲动力。只有构建一个具有深厚文化底蕴，且博采众长又独具特色的企业文化，才能凝聚人心，形成强大的发展动力，进而提高企业的市场竞争能力。企业文化建设也越来越受到众多企业的重视，但目前很多企业对企业文化建设的认识不足，在企业文化建设中存在许多问题，主要反映在以下几个方面：

（一）对企业文化建设的认识不足

企业文化建设工作虽然已经得到了多数企业的认可和重视，但也有相当数量的企业，其管理理念还没有转变过来，没有充分认识到企业文化建设对企业经营、管理与发展的重要意义，简单地认为企业文化建设不能产生直接的经济效益。在实际工作中，这些企业只重视技术、市场等企业经营管理的实际工作，忽视企业文化建设工作，使企业文化建设处于简单的自然发展状态①。长期以来，一些企业对如何构建企业文化，企业文化的内涵包括哪些内容缺乏明确的认知，认为企业文化的实质和内容就是做一些公关宣传活动、广告推广活动、社会公益活动和职工文化娱乐活动，而忽视了企业文化中最本质的部分，即企业理念和行为方式的确立与推广。这使得企业文化建设陷入了肤浅化的误区。

（二）企业文化形式化、缺乏内涵

一些企业家对企业文化的认识过于狭隘，认为企业文化只是一些文娱、体育活动，把企业的文娱、体育活动开展好了，就是建立了企业文化。实践中，有的企业往往为了装扮门面，或为了赶时髦，热衷于做表面文章，提出几个口号，张贴几条标语，定个条例，写一曲厂歌，定一个标志，统一企业服装，再搞一些文娱、体育活动，认为这样就完成了企业的文化建设。实则

---

① 参见郑洁：《企业文化建设中的人力资源管理问题的分析与解读》，载《现代商业》2019年12月。

不然，这些企业并没有将在市场条件下被证明是行之有效的竞争文化作为能够促进企业长期稳定发展的管理手段和管理思想，企业的精神文化没有得到广大员工的广泛认同和接受，没有转化为员工的群体意识和整体行动，没有把企业文化真正转化为企业的财富。

（三）企业文化孤立化、随意性强

企业文化建设的目的是服务于企业的经营活动，如何将企业的文化力转化为企业的竞争力，需要将企业文化建设工作与企业的经营管理活动结合起来，落实到企业的实际工作中去。很多企业的各项工作都有年度计划，唯独企业文化建设工作没有计划，工作开展的随意性很强，缺乏全面完备的策划方案和详细可行的长远规划。企业的管理层对企业文化的重视不够，没有把企业文化建设作为企业发展战略的重要组成部分来看待，没有把企业文化建设纳入日常管理活动之中，在企业文化的建设过程中或为文化而文化，不注重经济效益；或功利目的太强，企图立竿见影，急于求成。

（四）企业文化建设中忽视人的因素

在企业文化建设的过程中忽视员工的参与度。有的企业认为企业文化等同于企业家文化，企业文化建设是对企业家文化的总结和提炼，企业家是企业文化建设的主导者和中坚力量，员工只需被动地接受和服从。因而企业文化建设中，多采取自上而下的方式，缺乏自下而上的沟通和反馈，员工没有参与到企业文化建设中来，从而加大了企业文化推广过程中的阻力和障碍，难以实现预期的目标，难以充分发挥企业文化的影响力①。另外在企业文化建设的过程中忽视员工的发展。企业文化建设的最终目的是既要提升企业的竞争力，又要给员工一个很好的职业生涯。有的企业在进行企业文化建设中，忽视了最重要的因素——企业员工，没有将文化建设的核心——企业员工作为文化建设的基础。在实际工作中表现为重视企业精神文化的贯彻、推广，轻视员工的培训、职业生涯设计和规划，造成员工对自己未来的职业前途和可能达到的职位程度缺乏认识，失去了奋斗的动力。

---

① 参见郑洁：《企业文化建设中的人力资源管理问题的分析与解读》，载《现代商业》2019年12月。

第二节　构建合规文化的意义和瓶颈

一、构建合规文化的意义

（一）合规文化建设是企业文化建设的重要组成部分，是提升企业核心竞争力的基础和保证

企业文化是由企业领导层倡导并为全体员工所认同且遵守的企业宗旨、精神、价值观和理念，以及这些理念在生产经营实践、管理制度、员工行为方式与企业对外形象中的体现总和。

合规是企业及员工的经营管理行为符合法律法规、监管规定、行业准则、企业章程和商业伦理以及国际条约、规则等要求以及基于以上的企业系统规章制度，合规文化是企业文化精神层的核心要求，是指导企业行为和员工行为的哲学，以风险控制为指导思想，依靠先进的管理手段实现有效的组织形式，确保各项活动合乎内外部规定的行为准则，最大限度地防范经营风险，提高综合竞争能力。如果说企业的核心价值观是企业的灵魂，那么良好的合规文化则是合规风险防范的基础和保证。

（二）合规文化建设有利于推动企业依法合规经营，保障企业健康有序实施经营管理

企业的有序发展离不开健全的企业规章制度的约束和保障，企业规章制度的合法性、规范性、健全性也逐步被企业所关注，随着经济环境的改变，立法也在逐步完善，一些滞后的企业规章制度逐渐不能适应企业发展的新需求。开展企业合规文化建设，设立风险防范操作规范，则可以促进企业快速建立和完善科学、系统的规章制度体系，实现企业的依法合规经营。这是企业合规文化建设在企业健康有序规范合法发展过程中起到的首要指引作用。

（三）合规文化建设有利于企业更好地履行社会责任，提升企业形象

社会责任是企业通过透明和合乎道德的行为，为其决策和活动对社会和环境的影响而承担的责任。这些行为包括：致力于可持续发展，包括健康和

社会福利；考虑利益相关方的期望；遵守使用的法律，并符合国际行为规范；融入整个企业并在其关系中得到践行等。合规文化建设是强化企业社会责任管理体系的主要体现，旨在使企业对决策和活动的社会和环境影响进行全面、系统和有效的管理，最大限度地促进有益影响，防止和尽可能减少不良影响，为管理社会责任风险和机遇提供框架，并持续改进社会责任绩效。另外，通过合规文化建设，企业可以在内部营造良好的文化氛围，促使企业领导和员工抛弃唯利是图的价值观念，敢于承担起社会责任，向社会传递诚实守信的经营理念，进而提升和巩固企业的社会形象，维护企业声誉。

二、打造内外不同的企业文化

（一）内部营造“时时、处处、人人、事事”的合规文化氛围

在合规文化的建立中，要坚持以人为本的价值准则，把重心放在企业员工本身，树立“全面、全程、全部”的“三全”合规理念，积极营造“时时、处处、人人、事事”的合规文化氛围。企业的每一位员工，都要担负起合规监督者和被监督者的双重角色，要做到“吾日三省吾身”，理论联系实际。合规文化是企业整体核心价值观的完美诠释，是推动企业良性健康发展的政治定力和组织保证，有助于增强企业的凝聚力、创造力、战斗力。滴水穿石，非一日之功，要深刻认识到合规文化建设的长期性、复杂性、艰巨性，不能一蹴而就，也不能浅尝辄止，建立合规文化就是要做好打持久战的准备。

（二）外部建立“和而不同”的多元融合性企业文化

随着中国企业不断地“走出去”，放眼世界，面向未来，我们要做到的不仅仅是“走出去”，不久的将来，我们要考虑的是“走进去”，然后再“走上去”。我们的合规建设也必将从“单项合规”发展为“全面合规”，从“国内合规”升华为“全球合规”。在这样的发展趋势下，企业更是会面对不同国家、不同语言背景的企业文化，这就需要我们求同存异，以发展的眼光看待问题，以开放包容的姿态接纳各种差异与不同。在差异中寻求文化认同，相互借鉴、取长补短、诚实信任、良性互动，在交流中增加感情，在碰撞中迸发出火花，勇于探索、敢于挑战，建立“和而不同”的多元融合性企业文化，确保企业的可持续发展。

三、当前合规文化建设的瓶颈

总体来讲，虽然当前已迈入大合规时代，但我们对合规管理的认识还存在相当的不足，合规文化建设就显得更加没有准备。

（一）合规文化建设氛围不足，合规文化仍属于“弱”文化

当前，合规建设在金融类企业得到稳步推进，在非金融类企业尚处于起步阶段，合规文化难以有效进入企业管理层的全面战略决策与常规视野，不能很好地融入企业的经营管理活动全过程。在企业文化建设中，合规文化也因全员合规意识不强而沦为“弱势文化”。考量社会大环境，权力制约不到位，管理行为不规范，制度规章不能与时俱进的情况在一定范围内还存在，合规文化建设在观念、认识上受到制约；在企业内部，一方面，企业经营管理者对合规管理的底气不足；另一方面，实际经营管理过程中，变相违规的事情经常发生，员工对合规管理认同度不够，合规意识有所欠缺。

（二）合规文化建设未得到足够的重视

当前，企业文化建设得到企业各级人员的重视，但作为企业文化的重要组成部分，合规文化建设的重视程度还远远不够。一般情况下，合规管理由法务部门牵头建设，其他部门虽然有合规建设的要求和任务，但重视程度和积极性都还不够，大多数员工没有参与合规文化建设的压力和动力；另外，企业经营管理者对合规管理认识的不平衡，也导致领导层的合规文化建设的动力不足。企业合规文化建设需要一支强有力的队伍，运用系统化思维，有效帮助企业经营管理者树立“依法合规”理念、促进企业依法合规经营管理、建章立制、维护企业合法权益、进行合规文化教育以及帮助全员提高合规意识。就牵头合规管理的法务人员来说，在合规文化建设上，也有力量不足、不到位的情况。而现实中，与企业经营规模、市场地位、发展需求相匹配的法务机构尚未建立健全，法务人员专业化水平参差不齐，对企业行为商业价值的综合判断能力尚有欠缺，法务人员在企业管理体系中职责和权限不清晰，运作机制及运作流程仍需规范等，现有的力量还无法很好地牵头完成企业合规文化建设的重任。

（三）合规文化建设未纳入企业硬性考核，属于边缘工作

当前，大多企业的考核指标体系均已建立，且不断完善，KPI 也日臻成熟，但作为新鲜事物的合规文化建设，虽然说起来很重要，但其实因为没有得到足够的重视，基本没能纳入考核指标，在考核这个“指挥棒”下，被考核者会自行掂量重要工作与非重要工作的权重，进而选择相应的精力去完成相关的工作。

如何充分发挥考核这个“指挥棒”的作用，建立合规绩效考核制度，对合规建设任务完成的好坏加以区别，能否采用业务经营指标与合规管理指标平衡记分的考核办法，加大合规指标考核力度，能否建立和完善有效的问责制度和举报制度，对违规行为严格责任认定和追究，鼓励举报等，变“边缘工作”为主要工作，是企业高层和合规从业者急需考虑和解决的问题。

第三节　构建合规文化的举措

一、原则

为使企业科学、可持续地发展，我们必须高度重视企业文化建设，培育形成具有特色的企业文化。针对企业文化建设中存在的问题，如何加强文化建设，构建完整的企业文化体系，笔者认为，新形势下企业文化建设的具体措施和途径主要有：

（一）将企业价值观和企业精神的确立置于企业文化建设的首位

企业价值理念和企业精神的建设是企业文化的核心和灵魂，是形成企业文化物质层面和制度层面的基础。企业精神和价值理念的建立过程就是企业精神文化的建立过程。在创建企业价值观和企业精神时要强调创建特色的企业价值观和精神①。企业价值观和精神应该是在企业整个生产、经营、管理的

① 参见郭青红：《企业合规管理体系实务指南》，人民法院出版社 2019 年版，第 212 页。

全过程中提炼出来的具有鲜明性、自主性、独立性的精神和价值理念，带有本企业鲜明的特色，具有不易模仿性、不可复制性的特点。

（二）企业领导者必须成为推动企业文化建设的中坚力量

企业家处于企业文化建设的核心地位，企业文化从某种特定意义上可以说是“企业家”文化，因为企业是由领导者进行管理的，企业文化在很大程度上取决于领导者的决心和行动。企业领导者应该带头学习企业文化知识，对企业文化的内涵要有深刻的认识，对建设本企业文化具有独到的见解，对本企业发展有长远的战略思考。要亲自参与文化理念的提炼，指导企业文化各个系统的设计，提出具有个性化的观点，突出强调独具个性和前瞻性的管理意识，通过长远目光、人格魅力和管理艺术，感染和影响职工发挥最大的潜力，推动企业科学和可持续发展。企业家要充分认识到企业文化这一无形资产的重要性。

（三）实施以人为本的企业文化精神

企业文化的本质特征是倡导以人为中心的人本管理哲学，要坚持把人作为企业管理和一切活动的中心。对员工的尊重、信任，能激发员工的积极性，提高员工的创新精神。重视人才，把人才的竞争力当成企业的核心竞争力，建立完善的人才管理机制，强调“以人为本”的理念来建设企业文化势在必行。

（四）企业文化建设要不断创新

创新是企业活的灵魂。创新是企业文化建设的特点和生命力所在，是企业价值观的内核，它与时代的发展和环境变化同步，不能有丝毫的窒息和停滞。没有创新的文化就没有创新的企业英雄人物和创新的员工队伍，就没有创新的技术、创新的管理、创新的产品、创新的服务和市场，企业就会丧失其社会价值的依据。把创新这个内核植入企业价值观，全方位融入企业文化诸多要素和建设企业文化的全过程，培育全体员工的创新精神，使创新成为企业的品质，这是企业文化建设必须始终关注的焦点问题，也是所有成功企业的共同经验。创新作为一条成功的经验，存在于各个企业的个性化实践之中，以本企业特有的表达方式、实践方式和实际效果表现出来，使企业成为富有创新精神的企业，与企业的发展目标保持一致①。要激发和培养员工的创新意识，同时为其提供创新的外部环境，大力推进企业的经营理念创新、管理创新、技术创新和产品创新。在企业文化建设中，注意发现、总结、提升独具特色的创新内核，无疑是一项十分重要的工作。

（五）建立规范性和创新性的企业管理制度

加强企业文化建设并不意味着抛开制度管理。没有较完善的规章制度，企业就无法进行有效的生产和经营活动。企业文化需要有良好的企业制度作为支撑，成功的企业文化背后一定有规范性和创新性的制度在实施。企业制度是制度规范性和创新性实施与创新活动的产物。为使企业文化能跟上时代要求，适应市场经济变化和企业发展，企业制度的创新要破除旧有观念，树立适应市场经济的新观念，转换企业经营管理机制，形成既能适应市场经济要求，又能充分调动广大员工积极性和创新性的现代企业制度。企业制度的规范性和创新性之间是一种互为基础，互相影响的关系。良性的循环关系是两者保持统一、和谐、互相促进的关系，非良性的循环关系则是两者形成割裂，甚至矛盾的关系。作为企业而言，应努力使企业制度的规范性与创新性因素之间呈良性关系。

二、具体措施

（一）建章立制，奠定合规基础

合规风险管理本身并不能直接为企业增加利润，但能通过系列合规风险管理活动增加盈利的空间和机会，避免业务活动受到限制，进而间接为企业创造价值。一套健康合体的风险管理机制，有利于形成鼓励合规的合规意识和诚信文化，有利于内敛形成一套具有较强执行力、程序化的内部规章制度。将各种日积月累的良好做法沉淀下来，上升到理念和政策的高度，清晰界定实际工作中的尽职、问责和免责标准，促进合规风险管理人性化、科学化和规范化，保障日常经营管理少走或不走弯路，进而实现经营效益最大化。

---

① 参见郭青红：《企业合规管理体系实务指南》，人民法院出版社2019年版，第209页。

（二）恪尽职守，提高合规意识

合规风险管理不仅是合规部门或合规管理岗位人员的职责，还是所有干部员工的基本职业操守；只有合规成为每一个员工的行为准则，成为各级管理人员和各岗位员工每时每刻的自觉行为，才能共同保证有关法律、法规和准则及其精神得到遵循和贯彻落实；只有从高管到员工，都具备了诚实和正直的价值观念，恪守高标准的职业道德规范，认真履行自身的合规职责，形成合规人人有责的共识，合规风险管理才会真正奏效；高管层的合规言行，决定着全员的合规质量和成效，从形式上看，合规人人有责，但从本质上理解，合规首先需要高管合规，需要领导发挥模范带头作用。

（三）积极引导，增强合规主动

主动合规是教育引导工作到位的标志，当一名员工发自内心地去恪守规章，自觉自愿地践行合规的时候，合规的效能才能真正显现，才能称得上真正意义上的合规。为此，企业高管及合规管理者应立足于营造主动合规的大气候，通过教育启迪、管理者示范、政策激励、机制传导等形式，倡导积极主动合规。表现在日常工作和每个岗位、员工身上，是谨慎规避和大胆揭发违规现象，勇于自我批评和改正错误，主动暴露合规风险隐患和问题，主动参与改进和完善业内规章制度及操作流程的实践①。作为企业，要制定惩戒措施，对于主动报告问题和隐患的，要从轻处罚，甚至可以视具体情况给以免责乃至奖励。对于出现问题隐瞒不报的，一经查实，应予加重处罚，依靠惩恶扬善，创造主动合规氛围。

（四）积极问责，强化合规责任

当前，问责制已成为企业法人治理和内部控制的关键。实践表明，在现代企业管理中，积极科学的问责制，以人为本、对事不对人的问责制，应是合规风险管理的生命线。切实落实好问责制，应恪守以下原则：一是必须做到日常工作职责明确，明确风险的有效归属，也就是责任该是谁的就是谁的，只有奖惩分明，违规必究，才能将问责落到实处。二是增加问责透明度，缩

① 参见王志乐：《企业合规管理操作指南》，中国法制出版社2017年版，第163页。

短问责决策过程，从而减少合规问责的复杂性，降低问责成本[①]。三是在合规机制建设层面，要纠正“重经营业绩、轻内控管理”的绩效考核弊端，确立内部控制优于业务拓展的理念，平衡业务拓展与风险管理的关系。四是在工作的基础层面，要让员工明白“制度大于天，人情薄于烟”的道理，破除“以信任代替管理、以习惯代替制度、以情面代替纪律”等不良习俗。确立违规“零容忍”理念，切实扭转职责不清、落实乏力、出现问题问责难的被动局面，摒弃“违规就问、问完再犯、犯了再问责”的习惯性被动问责思维。

（五）薪酬挂钩，强化合规考核

企业合规的主体对象是广大员工，而员工发自内心地拥护合规、践行合规，是以自身价值的真正体现和被尊重为前提的。科学考核，尽可能合理、公正、公平地分配劳动薪酬，尤为关键；分析目前辖内考核的弊端，确立新的考核思路，分线条和切块考核，按部门和岗位考核，已经势在必行。具体内容设定上，应分为存量薪酬、发展薪酬、质量薪酬和贡献薪酬：存量薪酬体现工作量，干多干少不一样；发展薪酬注重业绩，干与不干不一样；质量薪酬体现管理责任和操作责任，干孬干好不一样；贡献薪酬体现创新，碌碌平庸和敢想敢干不一样。

（六）强化执行，提高合规管理

考核体系的最终目标，是调动大多数人的积极性，体现和谐考核的思想。质量考核是对制度执行力的考核，它能够促使管理责任和操作责任的有效落实，加大对各级管理部门的考核，解决管理责任落实不到位、部室考核一个部门一个“调”的弊病。它体现的是切块考核，而线条的考核则是按岗位进行的，譬如针对会计主管、一般员工、客户经理的考核。这样一来，通过条块考核的结合，最终形成一套全新的业务管理考核体系，不断增强考核的合理性、科学性和先进性，进而永续激发和调动全员合规的积极主动性，丰富合规文化成长底蕴。

三、律师在合规文化建设中的积极作用

合规文化建设，具体落实到企业中，就是要建立一套行之有效的合规管

---

① 参见王志乐：《企业合规管理操作指南》，中国法制出版社2017年版，第170页。

理体系。这不仅包括企业内部的合规、风控部门等的共同努力，律师在其中也发挥着重要的积极作用。

（一）厘清企业个人犯罪与单位犯罪的界限

律师可助推企业有效划分员工个人行为责任与企业责任。

【案例】

Q 公司员工侵犯公民个人信息案①

2011 年至 2013 年 9 月，Q 公司的郑某等 6 名员工为推销配方奶粉，通过支付好处费等手段，从兰州市多家医院医务人员处获取孕产妇姓名、手机号等信息共计 12 万余条。2016 年 10 月 31 日，兰州市城关区人民法院一审宣判，以侵犯公民个人信息罪分别判处郑某等人拘役 4 个月至有期徒刑 1 年 6 个月不等的刑罚。之后，郑某等人以涉案行为属于单位犯罪等理由提出上诉。2017 年 5 月 31 日，兰州市中级人民法院作出二审终审裁定：驳回上诉，维持原判。此案中，兰州法院只判罚了 Q 公司员工，并没有认定 Q 公司犯罪。原因是法院认可"Q 公司禁止员工从事侵犯公民个人信息的违法犯罪行为"的规定，认定 Q 公司制定和实施了较为完善的合规制度，将员工个人的违法行为与该公司的单位犯罪进行了有效划分，从而避免了公司因员工个人行为而陷入"单位犯罪"的不利境地。管中窥豹，可见一斑。在公司建立合规制度初期，律师就能助推公司有效厘清个人犯罪与单位犯罪之间的界限。对因员工行为而有可能界定为单位犯罪的易发、高发情形进行有效防范和界定，才能使公司在面对法律风险时从容、游刃有余，不会发生事后诸葛的情况，有效降低和避免公司发生单位犯罪的风险。

（二）识别合规风险

合规风险，指不确定性对于合规目标的影响。组织识别合规风险，宜把合规义务和它的活动、产品、服务和运行的相关方面联系起来，以识别可能发生的不合规、不合规的原因及后果。当今科技发展突飞猛进，市场经济日新月异，企业在每一个发展阶段的业务范围都会有所调整，企业犯罪的方式和风险也随之不断发展变化，因此合规风险的识别和评估工作也

① （2017）甘 01 刑终 89 号。

应当与时俱进。风险识别过程中，可能会遇到前所未有的新问题，以及不易觉察的风险点，需要律师专业化的敏锐眼光和灵敏触觉，时刻把握风险防控的脉动，有效识别合规风险，完善风险评估。合规风险是按照等级划分的。对识别出来的合规风险，并不是全部立即整改。而应当根据相应风险等级，那些对合规目标的实现有直接影响，或对企业可能造成现实威胁，或关系到企业重大经济损失，或企业管理者及员工可能承担刑事责任等属于高风险等级的重大风险，应立即进行风险防控，查找不合规的根源，对症下药，实施相应的解决办法和措施，分阶段、按步骤、依流程有的放矢地进行合规风险整改。

（三）独立的合规调查

合规调查，是构建完善合规管理体系的重中之重。当企业存在如下情形时，会启动合规调查：一类是外界因素：其一是举报、投诉，如企业接到了关于员工违规行为的举报、第三人投诉等；其二是审计发现，在审计过程中发现会计的违规行为或其他违规风险；其三是新闻舆论，媒体的宣传报道等。另一类是自行发现，如企业在生产经营对外活动中发现或怀疑员工有不合规的行为。合规调查一般由企业内部合规部门或内部审计部门实施。上述只是企业一般合规调查的情形，当企业面临监管部门调查和检察机关起诉时，律师事务所除了为企业提供合规调查和调查起诉应对业务以外，还可以针对企业违法违规的情况，针对合规风险的分布情况，以及根据企业合规计划的漏洞，提出有针对性的完善合规计划的建议①。在律师的协助下，通过尽职调查、合规审计、出具意见等方式，帮助企业识别、规避合规风险，同时为企业制定合规制度，诸如员工守则等，并提供定期审查。在实践中，企业不仅可以聘请律师协助建立和完善合规计划，还可以委托律师作为“外部法律专家”，与外部审计专家一道，对企业进行独立的合规调查，帮助企业诊断合规风险，提出合规管理的具体方案。

本章合规指引

本章的核心观点是，企业文化就是以价值观为核心的思想行为规范。企业文化对企业的计划、领导和控制及整体发展具有非常重要的意义。企业文

① 参见郭青红：《企业合规管理体系实务指南》，人民法院出版社2019年版，第178页。

化建设的成败关系到企业的兴衰。因此，建设适应时代和企业自身发展的富有特色、个性鲜明的优秀企业文化是我们当前的一个紧迫任务。我们必须正确对待“企业文化”，有计划、有组织地予以实施，加强企业文化建设，促进企业不断发展进步，使企业步入一个健康飞速的发展环境。

下面提供《企业合规文化建设办法》作为该部分合规管理的指引。具体内容如下：

【示例】

企业合规文化建设办法

一、企业文化的建设

1. 企业采取切实有效的措施，积极培育具有自身特色的企业文化，引导和规范员工行为，打造以主业为核心的企业品牌，形成整体团队的向心力，促进企业长远发展。

2. 企业培育体现企业特色的发展愿景、积极向上的价值观、诚实守信的经营理念、履行社会责任和开拓创新的企业精神，以及团队协作和风险防范意识。

3. 企业重视并购重组后的企业文化建设，平等对待被并购方的员工，促进并购双方的文化融合。

4. 企业根据发展战略和实际情况，总结优良传统，挖掘文化底蕴，提炼核心价值，确定文化建设的目标和内容，形成企业文化规范，使其构成员工行为守则的重要组成部分。

5. 董事、监事、经理和其他高级管理人员在企业文化建设中发挥主导和垂范作用，以自身的优秀品格和脚踏实地的工作作风，带动影响整个团队，共同营造积极向上的企业文化环境。

6. 企业促进文化建设在内部各层级的有效沟通，加强企业文化的宣传贯彻，确保全体员工共同遵守。

7. 企业文化建设融入生产经营全过程，切实做到文化建设与发展战略的有机结合，增强员工的责任感和使命感，规范员工行为方式，使员工自身价值在企业发展中得到充分体现。

8. 企业加强对员工的文化教育和熏陶，全面提升员工的文化修养和内在素质。

二、企业文化的评估

1. 企业建立企业文化评估制度，明确评估的内容、程序和方法，落实评估责任制，避免企业文化建设流于形式。

2. 企业文化评估，重点关注董事、监事、经理和其他高级管理人员在企业文化建设中的责任履行情况、全体员工对企业核心价值观的认同感、企业经营管理行为与企业文化的一致性、企业品牌的社会影响力、参与企业并购重组各方文化的融合度，以及员工对企业未来发展的信心。

3. 企业重视企业文化的评估结果，巩固和发扬文化建设成果，针对评估过程中发现的问题，研究影响企业文化建设的不利因素，分析深层次的原因，及时采取措施加以改进。

下 篇

合规管理实务解析

第七章　公司治理合规管理

【思维导图】

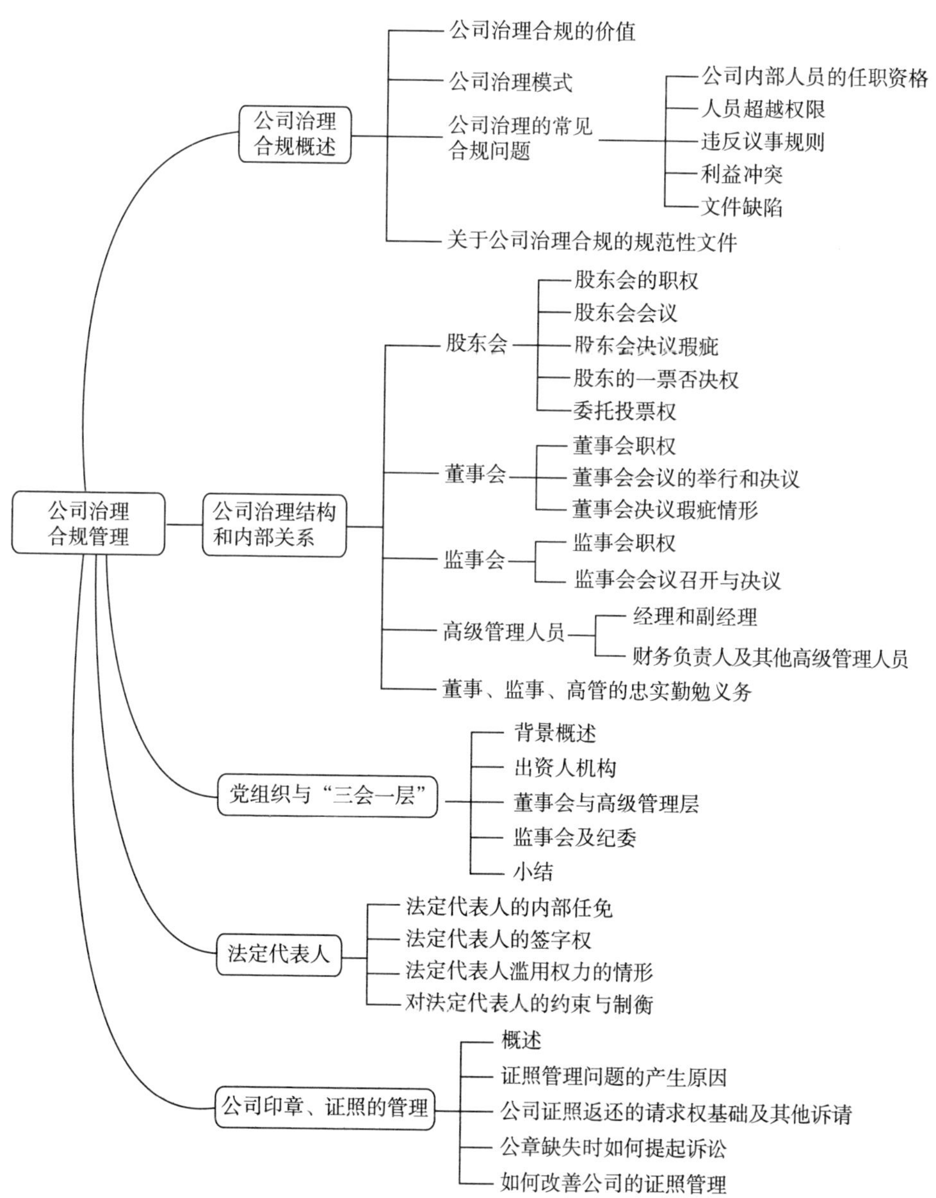

【本章概要】

本章以公司治理结构为主要线索，阐述了公司治理在合规管理领域所能起到的价值和功能。本章先后分析了公司治理在合规领域的基本情况、公司治理的基本结构、公司党组织在公司治理中的作用、公司法定代表人的相关问题、公司印章证照的管理。其中“三会一层”是公司治理的基础结构，其各个机构的权限及相互关系构成了公司治理图景的基本面。对于国企而言，应当让公司党组织有效融于公司治理结构，让其发挥应有的作用。法定代表人作为公司的对外代表，其越权问题及代理产生的外观问题一直都是理论和实务的热点。因某网李某庆抢公章事件将公司的证照、印章管理问题推入大众视野，本章也将对由该问题引申出的诉讼和公司内部管理问题进行分析。

第一节　公司治理合规概述

一、公司治理合规的价值

我们知道，管理也是生产力。公司一直在追求公司的“良法善治”、依法治企、科学发展，公司治理是提高经济效率以及增强投资者信心的一个关键要素。公司治理涉及公司的管理层、董事会、股东和其他利益相关者之间的一整套关系。公司治理也提供了一个框架，通过该框架来确立公司目标、决定实现目标的措施和绩效监控。良好的公司治理应该对董事会和经理层提供适当的激励，促使其追求符合公司和股东利益的目标并有利于有效监督。在单个公司和整个经济体中保持有效的公司治理体系，能够为市场经济有效运行提供必要的信心。作为其结果，资本成本将进一步降低，公司也被要求更加有效地利用资源，从而促进经济增长①。

公司治理问题产生的根源是公司所有权与经营权相分离。现代公司的经营通常十分复杂，所以催生了职业经理人。职业经理人作为股东或公司代理

① 参见 OECD《公司治理原则》导言，载 OECD 官网，https：//www. oecd. org/daf/ca/corporate-governanceprinciples/49200756. pdf，最后访问时间：2021 年 7 月 30 日。

人，可能会利用委托人对公司事务的不了解而谋取不当私人利益。公司治理结构就是要就此问题建立一种分权与制衡的机制，从而更好地经营管理公司。这主要有以下三方面的价值：

（1）避免逆向选择和道德风险。在现实中，由于公司所有权与经营权的分离，加上股东股权的相对分散，公司的实际控制权被职业经理层控制，这样就容易产生道德风险和逆向选择①。（a）道德风险是指在信息不对称的条件下，由于合同的不确定性或不完全性使得负有责任的经济行为主体不承担其行动的全部后果，在最大化自身效用的同时，做出不利于他人行动的现象。在公司治理中，如果股东缺乏对管理层的有效制衡和监督，管理层就有可能利用信息不对称实施对公司股东不利的行为。（b）逆向选择是指由于交易双方信息不对称和市场价格下降产生的劣质品驱逐优质品，进而出现市场交易产品平均质量下降的现象。如果公司股东无法对管理层的行为获得足够的信息，则无法判断管理层履职的质量。那些尽职的管理层无法因为自身的勤勉而受到奖励，而怠惰的管理层则仅凭混日子都能拿到和勤勉的同僚差不多的薪水。长此以往，劣币驱逐良币，尽职的管理层会越来越多地离开职场，职场里仅剩下履职能力低下的人。这就是逆向选择。

（2）提高公司自身的抗风险能力。随着公司规模的不断壮大，公司、股东、管理层的关系将会越发复杂，运营风险将会显著增大。一个科学合理的公司治理结构能有效缓解各种利益关系产生的冲突，增强公司自身的抗风险能力，避免股东权益和公司权益遭受重大损失。

（3）提升公司对投资者的吸引力。国际资本流动使得公司可以吸引更广范围的投资者以获得融资。如果一个国家要从全球资本市场获取充分的利益，并且准备吸引长期“耐心（patient）”的资本，公司治理安排必须是可信的、别国也可以很好理解的，并且符合国际认可的原则。即使公司并不主要依靠外国资本，良好的公司治理实践也有助于提高国内投资者的信心，降低资本成本，巩固金融市场的有益功能，最终创造更稳定的融资来源②。

---

① 定义参见曾康霖：《习惯的思维与理性的落差——简议道德风险与逆向选择》，载《中国金融》2006 年半月刊。

② 参见 OECD《公司治理原则》导言，载 OECD 官网，https：//www. oecd. org/daf/ca/corporate-governanceprinciples/49200756. pdf，最后访问时间：2021 年 7 月 30 日。

二、公司治理模式

公司治理的一般框架包括“三会一层”机构，即股东（大）会（权力机构）、董事会（决策机构）、监事会（监督机构）、高级管理层（执行机构）。公司治理的核心问题是权力划分，更具体地说是如何保证公司权力在上述机构中能够得到合理划分——既要让执行者有足够的经营权限从而保证公司高效运转，又要督促董事、高管勤勉履职，防止侵害股东权益。

我国公司治理模式以产权和经营分离、委托代理为基础，以股东价值最大化为目标①。在最常见的公司治理结构中，董事会是对股东会负责，是股东会的执行机构；监事会是公司的监督机构，对董事、总经理及其他高管履职行为进行监督；总经理主持公司的日常生产经营工作，向董事会负责。“三会一层”的关键在于《公司法》的权利、义务、责任的边界以及如何行权和撤销，特别是党组织法定地位的确立。

三、公司治理的常见合规问题

提及公司治理，必须要考虑的问题是如何解决公司内部各利益相关方的诉求以及这些诉求如何转化为公司的决定与行动。各利益相关方包括公司的股东、董事、监事、高级管理人员、普通职工、监管机构、社会公众等②。从公司治理的产生和发展来看，公司治理可以分为广义和狭义两种。广义的公司治理将公司理解为一个涉及广泛利益的、由利益相关者构成的利益共同体。通过构造合理的企业内部治理结构，来协调公司与利益相关者的关系，以实现公司价值的最大化。狭义的公司治理是指公司股东对经营者的监督制衡机制。

通常来说，公司治理领域的合规风险主要在以下方面：

（一）公司内部人员的任职资格

《公司法》对公司内特定岗位的人员有任职资格限制，如第一百四十六条就规定：有下列情形之一的，不得担任公司的董事、监事、高级管理人员：

---

① 参见战飞扬：《公司合规》，人民日报出版社2019年版，第100页。

② 参见华东师范大学企业合规研究中心编：《企业合规讲义》，中国法制出版社2018年版，第284页。

（一）无民事行为能力或者限制民事行为能力；

（二）因贪污、贿赂、侵占财产、挪用财产或者破坏社会主义市场经济秩序，被判处刑罚，执行期满未逾五年，或者因犯罪被剥夺政治权利，执行期满未逾五年；

（三）担任破产清算的公司、企业的董事或者厂长、经理，对该公司、企业的破产负有个人责任的，自该公司、企业破产清算完结之日起未逾三年；

（四）担任因违法被吊销营业执照、责令关闭的公司、企业的法定代表人，并负有个人责任的，自该公司、企业被吊销营业执照之日起未逾三年；

（五）个人所负数额较大的债务到期未清偿。

公司违反前款规定选举、委派董事、监事或者聘任高级管理人员的，该选举、委派或者聘任无效。

董事、监事、高级管理人员在任职期间出现本条第一款所列情形的，公司应当解除其职务。

实践中，公司通常以"当事人书面保证＋尽职调查"的方式来确保排除不适格任职的情形。前者主要依赖个人诚信，后者则是公司基于客观调查所得出的结论。有此双重保证则能大大降低不适格人员任职的可能性。

【案例】

高管系失信被执行人，单位解除合法①

高管缺乏任职资格的准入条件，工商登记部门无法为其办理公司董事变更登记手续。

原告钱某拟被聘为被告某基金公司高管，但其个人却负有1900万元债务且被列为失信被执行人。被告到工商行政管理局办理董事变更的过程中，工商行政管理部门以被告是最高人民法院发布的失信被执行人，不得担任公司法定代表人、董事、监事、高级管理人员为由，不能为其办理公司董事变更登记手续，要求被告更换符合法律规定的董事。据此公司认为钱某负有高额债务没有清偿，并被最高人民法院列为失信被执行人，与《公司法》《证券投资基金法》等法律关于高管及从业人员的强制性规定不符，解除了与钱某之间的劳动关系。钱某认为公司的行为构成违法解除劳动关系，故诉至法院。

法院审理后认为，钱某系公司高级管理人员，不仅所负债务数额较大到

① （2016）沪0109民初17866号。

期未清偿，被列入失信被执行人，且不具备基金从业人员资格，因此公司认定钱某为缺乏基金公司高级管理人员任职资格的准入条件，影响劳动合同的继续履行，进而解除劳动合同，并无不当。至于公司聘任钱某过程中存在一定的失察行为及钱某并未主动告知大额负债等影响任职资格情况，并不能否定公司的解除行为合法有效。故钱某以公司违法解除劳动合同要求恢复劳动关系，缺乏事实和法律依据，法院依法不予支持。

（二）人员超越权限

对于公司内部机构的权限，《公司法》中对此有大量的强制性规定，但同时也给公司章程留下了自治的空间。公司内部机构和人员应当确保自己的行为不超过法律、公司章程及内部规章制度所规定的权限。导致越权的因素有很多，可能是人员疏忽，也有可能是有意为之。公司人员的越权行为一旦与第三方相关，还必须考虑是否能够对抗善意第三人的问题。公司应当为董事、监事、高级管理人员提供必要的职业素养培训机会，降低越权行为的风险。同时，监事会应当肩负起发现和纠正董事和高级管理人员越权行为的责任。

（三）违反议事规则

《公司法》中规定了公司内部重要会议的召集方式、参与人员资格、表决方式、表决通过所需人数、代理表决等重要问题，公司章程及其他内部规章也有可能对这些方面作出相关规定。违反这些规定不仅会造成程序上的缺陷，更有可能在实质上影响公司决策的有效性。

（四）利益冲突

利益冲突通常体现在，当公司内部人员与公司内部决策有利益牵连时，该人员不应当参与到该决策的制订中。比如《公司法》第十六条第二款、第三款规定，公司为公司股东或者实际控制人提供担保的，必须经股东会或者股东大会决议。前款规定的股东或者受前款规定的实际控制人支配的股东，不得参加前款规定事项的表决。该项表决由出席会议的其他股东所持表决权的过半数通过。《公司法》第一百二十四条规定，上市公司董事与董事会会议决议事项所涉及的企业有关联关系的，不得对该项决议行使表决权，也不得代理其他董事行使表决权。实践中，公司一般会聘请专业人士对股东会或董事会决议进行审查，以确保决议不存在违法或违反公司章程的情形。

（五）文件缺陷

文件缺陷有诸多表现形式，如法定代表人仅对文件签字但未盖章，或仅盖章但未签字，会议记录不完整，抑或是因公司证照、公章管理不当而无法形成相关决议或履行相关手续。公司应当对重要的文件、证照、公章建立完善的管理制度，避免因文件上的缺陷造成经营管理障碍。

四、关于公司治理合规的规范性文件

《公司法》对公司内部组织机构的设置、人员构成、职权和议事规则作出了一系列的强制性与任意性规定。在不违反强制性规范的前提下，公司可以通过章程和其他内部制度的设计，根据本公司的实际情况对公司治理进行“私人订制”。

在诸多公司种类中，由于上市公司具有公众性，为了保护公众投资的安全，监管机构针对上市公司发布了大量的与公司治理相关的规范性文件，如：《上市公司治理准则》《上市公司章程指引》《上市公司与投资者关系工作指引》《上市公司股东大会规则》。

金融类、保险类行业的监管机构对行业内公司的治理问题也通过一系列规范性文件进行了规定，如银监会发布的《商业银行公司治理指引》（2013年）、保监会发布的《关于规范保险公司治理结构的指导意见（试行）》（2006年）。2017年，国务院办公厅发布了《关于进一步完善国有企业法人治理结构的指导意见》（国办发〔2017〕36号），对国有企业的法人治理提出了新的要求。

第二节 公司治理结构和内部关系

在《公司法》第二章和第四章中，分别对有限责任公司和股份有限公司的组织机构进行了规定。俗称“三会一层”（股东会①、董事会、监事会、高

---

① 为行文简便，除非另有指出，否则本章的“股东会”包括有限责任公司的股东会和股份有限公司的股东大会。

级经理层）的公司内部机构的权利、义务、责任、运行程序等诸多内容构成了该部分的主要内容。

一、股东会

《公司法》第三十六条、第九十八条规定了股东会是公司的权力机构，由全体股东组成。董事会、监事会的权力都来自股东会。在我国现行《公司法》框架下，股东会一般是必设机构。但有例外，比如一人有限责任公司不设股东会，由独资股东行使股东会职权；国有独资公司不设股东会，由国有资产监督管理机构行使股东会职权。股东会还是公司就重大事项作出决策的最高权力机构[①]。现代公司制度的特点是所有权与经营权相分离，公司的实际经营权一般在董事会和高级经理层的手中，股东虽握有公司所有权和最终控制权，但不直接参与经营管理。

根据现行《公司法》第二十五条第四项的规定，股东会的议事规则由公司章程规定，这是法律给予公司自治空间的体现。一般而言，现代公司的股东会决议应当是股东集体协商、投票的结果，这是公司自治民主性和科学性的必然要求。虽然可能存在股东数量较少或股份较集中的情况，但不可否认的是，合议制还是现行公司法理论下应该采取的股东会议事形式。

（一）股东会的职权

根据《公司法》第三十七条、第九十九条的规定，股东会的具体职权包括：（一）决定公司的经营方针和投资计划；（二）选举和更换非由职工代表担任的董事、监事，决定有关董事、监事的报酬事项；（三）审议批准董事会的报告；（四）审议批准监事会或者监事的报告；（五）审议批准公司的年度财务预算方案、决算方案；（六）审议批准公司的利润分配方案和弥补亏损方案；（七）对公司增加或者减少注册资本作出决议；（八）对发行公司债券作出决议；（九）对公司合并、分立、解散、清算或者变更公司形式作出决议；（十）修改公司章程；（十一）公司章程规定的其他职权。

根据以上内容，股东会的职权可以概括为以下几方面：

---

① 如《公司法》第三十七条，《证券法》第十四条、第十五条、第五十二条等就规定了一些重大事项必须经过公司股东会的决议通过。

1. 公司经营、投资及其他重大事项的决策。上述条文的第一项是关于公司的经营方针和投资计划，这直接影响公司未来的盈利能力和股东的切身利益；第七项到第十项则是涉及公司命脉的重大事项，与股东利益息息相关，应当由公司的最高权力机构审慎对待。

2. 关键高层的任免。公司本身是一个拟制的主体，其运营需要由不同的自然人负责。股东会对于非职工代表担任的董事、监事具有任免权，并可决定其报酬数额和支付方式。董事和监事是接受股东的委托执行和监督公司的日常运营，其人选直接关系到公司的运营质量，其任免应当由作为最高权力机构的股东会来决定。

3. 关键报告的审批。《公司法》第三十七条第一款第三项至第六项所提及的报告或者方案或是公司重要机构的工作汇报，或是涉及公司重大运营方案。与上述2类似，作为对公司董事会、监事会工作成果的评价，只能由比这两个机构处于更高层的董事会来做决定。

（二）股东会会议

1. 会议召集与主持

股东的意志需要通过股东会的决议才能具象化。股东会决议一般由召开股东会议来通过。但《公司法》第三十七条第二款规定了一种例外情形：对前款所列事项股东以书面形式一致表示同意的，可以不召开股东会会议，直接作出决定，并由全体股东在决定文件上签名、盖章。

股东会会议分成两种，一种是定期会议，另一种是临时会议。前者是依照章程规定按时召开的股东会会议，后者往往是由于公司经营管理遇到重大事项，需要由法定主体临时召集股东会会议。根据《公司法》第三十九条规定，有权提议召开临时会议的主体是代表十分之一以上表决权的股东，三分之一以上的董事，监事会或者不设监事会的公司的监事。

会议的召集和通知在《公司法》中也有相关规定。第四十条规定："有限责任公司设立董事会的，股东会会议由董事会召集，董事长主持；董事长不能履行职务或者不履行职务的，由副董事长主持；副董事长不能履行职务或者不履行职务的，由半数以上董事共同推举一名董事主持。有限责任公司不设董事会的，股东会会议由执行董事召集和主持。董事会或者执行董事不能履行或者不履行召集股东会会议职责的，由监事会或者不设监事会的公司的监事召集和主持；监事会或者监事不召集和主持的，代表十分之一以上表决权的股东可以自行召集和主持。”第四十一条规定：“召开股东会会议，应当于会议召开十五日前通知全体股东；但是，公司章程另有规定或者全体股东另有约定的除外。股东会应当对所议事项的决定作成会议记录，出席会议的股东应当在会议记录上签名。”

股东会的召集和主持依次由董事会和监事会来负责，应该是出于以下考虑：董事会作为负责公司实际经营的机构，对公司的经营状态更加了解，所以由其或者其机构领导人来负责召集和主持。如果董事会怠于履职或无法履职，则由监事会补充，最后由代表十分之一以上表决权的股东兜底[①]。

按照《公司法》第三十九条的规定，如果监事会、代表十分之一以上表决权的股东行使提议权，提议召开股东会临时会议的，董事会应予召开，而且没有不同意的权利。但毕竟召开股东会会议是需要花费召集主体、被召集主体一定的时间、精力、资金成本的，又基于董事会作为公司执行机构，绝大部分情况下，相对于监事会、股东，其应对公司经营状况更加了解，所以可以考虑设置董事会反馈环节，其理由是为了让监事会、股东更了解公司现行状况，再次考虑是否有必要召开股东会临时会议。

2. 会议的举行

《公司法》第四十三条第一款给有限责任公司的股东会议事方式和表决程序留下了较大的自治空间。股东会一般会先由主持人简要介绍参会人员出席情况、公司最近的运营情况、本次会议的主要议题，再由各个部门的负责人向会议汇报工作成果。在听取汇报后，参会股东可以提问和讨论。《公司法》第一百五十条规定：股东会要求董事、监事、高级管理人员列席会议的，董事、监事、高级管理人员应当列席并接受股东的质询。董事、高级管理人员应当如实向监事会或者不设监事会的有限责任公司的监事提供有关情况和资料，不得妨碍监事会或者监事行使职权。

在完成工作汇报后，由议题的提出人向股东说明该议题的提出背景和主要内容。在阐述议题完毕后，由参会股东对议题进行讨论，然后表决，一般分为“同意”“弃权”“反对”；根据股东会决议应当通过的表决权比例，确定该议题是否能成为新的股东会决议。然后进入下一议题，重复上述过程。股东会应当将所议事项的决定做成会议记录，出席会议的股东应当在会议记录上签名（《公司法》第四十一条第二款）。在会议结束阶段，一般由主持人

① 参见曹志龙编著：《公司章程设计指引》，中国法制出版社2018年版，第174页。

总结本次会议内容，由参会人员在会议记录上签字。

《公司法》第四十二条规定：股东会会议由股东按照出资比例行使表决权；但是，公司章程另有规定的除外。可见，《公司法》对股东行使表决权赋予了较大的自治空间，“同股不同权”成为可能。“同股不同权”对于防御恶意收购十分有利，也有利于防止因融资而被后来进入的强势投资者干预公司经营方向[①]。但这种表决权特权也有其缺点：除非掌权者主动放弃特权，否则它是无法通过公司内部决策会议废除的，而这部分特权又往往不会随着相关股份的转让而转让，掌权者相当于不受约束地拥有了对公司经营的永久性控制。如果掌权者未能准确地判断公司未来应该着力发展的方向，则会因缺乏相应的制衡机制而让公司陷入深渊。

《公司法》第四十三条第二款规定：股东会会议作出修改公司章程、增加或者减少注册资本的决议，以及公司合并、分立、解散或者变更公司形式的决议，必须经代表三分之二以上表决权的股东通过。这是《公司法》的强行性规定，是为了在涉及公司人格存续的重大问题上保持审慎态度。

3. 股东会失能情形

《最高人民法院关于适用〈中华人民共和国公司法〉若干问题的规定（二）》（以下简称《公司法解释（二）》）第一条规定了单独或者合计持有公司全部股东表决权百分之十以上的股东，以下列事由之一提起解散公司诉讼，并符合公司法第一百八十二条规定的，人民法院应予受理：

（一）公司持续两年以上无法召开股东会或者股东大会，公司经营管理发生严重困难的；

（二）股东表决时无法达到法定或者公司章程规定的比例，持续两年以上不能做出有效的股东会或者股东大会决议，公司经营管理发生严重困难的；

（三）公司董事长期冲突，且无法通过股东会或者股东大会解决，公司经营管理发生严重困难的；

（四）经营管理发生其他严重困难，公司继续存续会使股东利益受到重大损失的情形。

股东以知情权、利润分配请求权等权益受到损害，或者公司亏损、财产不足以偿还全部债务，以及公司被吊销企业法人营业执照未进行清算等为由，提起解散公司诉讼的，人民法院不予受理。

---

① 参见邹小芳：《论同股不同权的必要性与可行性》，载《企业管理》2017 年第 4 期。

51%

67%：
- 修改公司章程
- 增资、减资
- 公司合并、分立、解散、变更公司形式

51%：
- 对公司重大决策进行表决和控制（如制定董事会和高管薪酬以及投权激励等）

33%/34%：
- 对于股东会绝对控制权的直接否决权

10%：
- 召集临时股东大会
- 召集临时董事会
- 申请解散公司

1%：
- 知情权、查阅账簿
- 股东会通知
- 股东派生诉讼

公司的“股权生命线”

【案例】

股东提起解散公司之诉的条件②

裁判要点：公司股东在股东会机制失灵的情况下可以诉请解散公司。

判决摘要：法院生效裁判认为：首先，根据《公司法》第一百八十三条和《公司法解释（二）》第一条的规定，判断公司的经营管理是否出现严重困难，应当从公司的股东会、董事会或执行董事及监事会或监事的运行现状进行综合分析。“公司经营管理发生严重困难”的侧重点在于公司管理方面存有严重内部障碍，如股东会机制失灵，无法就公司的经营管理进行决策等，不应片面理解为公司资金缺乏、严重亏损等经营性困难。本案中，凯莱公司仅有戴某明与林某清两名股东，两人各占50%的股份，只要两名股东的意见存有分歧、互不配合，就无法形成有效表决，显然影响公司的运营。凯莱公司已持续4年未召开股东会，无法形成有效股东会决议，股东会机制已经失灵。执行董事戴某明作为互有矛盾的两名股东之一，其管理公司的行为已无法贯彻股东会的决议；林某清作为公司监事不能正常行使监事职权，无法发挥监督作用。由于凯莱公司的内部机制已无法正常运行、无法对公司的经营作出决策，即使尚未处于亏损状况，也不能改变该公司的经营管理已发生严重困难的事实。

其次，《公司法解释（二）》第五条明确规定了“当事人不能协商一致使公司存续的，人民法院应当及时判决”。本案中，林某清在提起公司解散诉讼之前，已通过其他途径试图化解与戴某明之间的矛盾，但双方仍不能达成一

---

① 33%为未到1/3，34%为超过1/3。

② （2012）民申字第336号。

致意见。两审法院也基于慎用司法手段强制解散公司的考虑，积极进行调解，但均未成功。

综上所述，凯莱公司已符合《公司法》及《公司法解释（二）》所规定的股东提起解散公司之诉的条件。二审法院从充分保护股东合法权益，合理规范公司治理结构，促进市场经济健康有序发展的角度出发，依法改判解散凯莱公司。

（三）股东会决议瑕疵

根据《最高人民法院关于适用〈中华人民共和国公司法〉若干问题的规定（四）》（以下简称《公司法解释（四）》）第三条规定，对于瑕疵的公司股东会决议一共有三种处理方式：宣告不成立、撤销、宣告无效。

1. 股东会决议不成立

《公司法解释（四）》第五条规定：股东会或者股东大会、董事会决议存在下列情形之一，当事人主张决议不成立的，人民法院应当予以支持：

（一）公司未召开会议的，但依据公司法第三十七条第二款或者公司章程规定可以不召开股东会或者股东大会而直接作出决定，并由全体股东在决定文件上签名、盖章的除外；

（二）会议未对决议事项进行表决的；

（三）出席会议的人数或者股东所持表决权不符合公司法或者公司章程规定的；

（四）会议的表决结果未达到公司法或者公司章程规定的通过比例的；

（五）导致决议不成立的其他情形。

可见，股东会会议不成立主要是针对决议缺乏基本形成要件的情形（比如没开会或者开了会没表决等），从而使得一项“决议”根本不构成决议。

2. 股东会决议可撤销

《公司法》第二十二条第二款规定：“股东会或者股东大会、董事会的会议召集程序、表决方式违反法律、行政法规或者公司章程，或者决议内容违反公司章程的，股东可以自决议作出之日起六十日内，请求人民法院撤销。”

3. 股东会决议无效

《公司法》第二十二条第一款规定：“公司股东会或者股东大会、董事会的决议内容违反法律、行政法规的无效。”

《公司法解释（四）》第十七条规定：“有限责任公司的股东未履行出资

义务或者抽逃全部出资，经公司催告缴纳或者返还，其在合理期间内仍未缴纳或者返还出资，公司以股东会决议解除该股东的股东资格，该股东请求确认该解除行为无效的，人民法院不予支持。”

与之类似的是限制股东权利的决议。除法律许可的对股东权利进行限制的情形（《公司法》第三十四条、第七十一条），其他的对股东权利进行限制的股东会决议通常无效。《公司法》第三十四条规定：“股东按照实缴的出资比例分取红利；公司新增资本时，股东有权优先按照实缴的出资比例认缴出资。但是，全体股东约定不按照出资比例分取红利或者不按照出资比例优先认缴出资的除外。”《公司法》第七十一条第三款规定：“经股东同意转让的股权，在同等条件下，其他股东有优先购买权。两个以上股东主张行使优先购买权的，协商确定各自的购买比例；协商不成的，按照转让时各自的出资比例行使优先购买权。”

值得注意的是，《最高人民法院关于印发〈全国法院民商事审判工作会议纪要〉的通知》（以下简称《会议纪要》）指出，审判实践中，部分人民法院对《公司法解释（四）》第二十一条规定的理解存在偏差，往往以保护其他股东的优先购买权为由认定股权转让合同无效。准确理解该条规定，既要注意保护其他股东的优先购买权，也要注意保护股东以外的股权受让人的合法权益，正确认定有限责任公司的股东与股东以外的股权受让人订立的股权转让合同的效力①。一方面，其他股东依法享有优先购买权，在其主张按照股权转让合同约定的同等条件购买股权的情况下，应当支持其诉讼请求，除非出现该条第一款规定的情形。另一方面，为保护股东以外的股权受让人的合法权益，股权转让合同如无其他影响合同效力的事由，应当认定有效。其他股东行使优先购买权的，虽然股东以外的股权受让人关于继续履行股权转让合同的请求不能得到支持，但不影响其依约请求转让股东承担相应的违约责任。

【案例】

公司股东诉请确认公司决议无效案②

股东会决议不存在内容违反法律、行政法规无效的情形，应属有效。

原告与被告乙均系被告B公司的股东，其中，被告乙持有被告B公司

① 参见《会议纪要》第九条。

② （2014）沪一中民四（商）终字第2373号。

3.18%的股权。2010年5月13日，《B公司章程》制定形成，全体股东（包括被告乙）签字确认。该章程第7.01条规定，公司股东会制定公司《股权管理办法》《股权管理办法》是公司股权转让、股权管理的基本规章制度，对全体股东具有约束力。第7.03条规定，股东在A公司离职后或其要求转让股权的，应当按照其持有的股权上一年度末的对应净资产值将公司股权转让给股东会决议指定的受让人员。2010年5月15日，《B公司股权管理办法》制定形成，全体股东（包括被告）签字确认。上述办法载明：被告B公司系由A公司部分高级管理人员、核心技术人员、中层管理人员等出资设立的有限责任公司，注册资本330万元。公司设立的目的和主要的职能是：通过管理持有的B公司的股权，实现对A公司相关人员的中长期股权激励。自本管理办法生效之日至A公司首次公开发行的股票上市之日起12个月内，激励对象若发生因主动与A公司解除劳动合同的……若激励对象的认购时间超过半年的，在按季度进行折算，不满一个季度不计的基础上，激励对象承诺按照原始认购股权价格并加算8%年利率（不计复利，并扣除历年分红部分）将其持有的全部B公司的股权转让给公司股东会认可的其他股东或第三人，激励对象作为B公司股东的一切权利终止。2008年10月，被告乙入职A公司。2013年6月20日，被告乙申请离职，同年7月13日解除被告乙与A公司的劳动合同关系。2014年7月22日，被告B公司股东会会议如期召开并通过前述股东会会议决议。

法院判决：系争股东会决议不存在决议内容违反法律、行政法规无效的情形，应属有效。确认2014年7月22日形成的“B公司临时股东会决议”有效；被告乙持有的被告B公司的3.18%的股权归原告甲所有。

（四）股东的一票否决权

通常中小企业采用有限责任公司组织形式，人合性较强，具有一定的封闭性，股东直接参与经营管理。股东之间本应该是一种充分信赖的关系。在这种情况下，如果股东之间出现矛盾，极易引发公司僵局。在（2018）京01民终4562号判决中，法院认为德丰公司仅有李某新、曲某东两名股东，各持公司50%的股权，拥有对等的表决权。德丰公司只能在两位股东意见一致的情况下才能做出有效的股东会决议，德丰公司的持股比例与议事规则无异于赋予股东一票否决权，德丰公司已经持续两年以上无法召开股东会或者股东大会，不能做出有效的股东会决议，公司经营管理已经陷入僵局，继续存续会使其股东利益受到重大损失。李某新系德丰公司持股50%的股东，有权起诉要求解散德丰公司。因此，股东在投资设立公司时应当考虑避免出现此类情形。一方面合理设置股权比例结构，另一方面给予异议股东有效的退出机制约定。《最高人民法院关于适用〈中华人民共和国公司法〉若干问题的规定（五)》（以下简称《公司法解释（五)》）第五条就为有限责任公司股东解决分歧提供一些思路，避免动辄解散公司的情形，相关解决方式可以在章程中事先约定下来。

应当注意一票否决权行使也有边界，不能违反法律强制性规定。上海市第一中级人民法院在（2002）沪一中民三（商）终字第292号判决中认为，根据《公司法》的规定，公司经营期届满后，可以解散公司，并应当在15日内成立清算组。尽管上诉人依公司章程在该股东会上行使了“一票否决权”反对成立清算组，但其行使的该“一票否决权”与上述《公司法》规定的应当成立清算组之股东的法定义务有悖。赋予少数股权股东一票否决权通常是限制大股东滥用股权多数决，排挤和压制小股东的行为。小股东出于反抗目的，也存在滥用一票否决权引发公司僵局的可能。小股东在行使一票否决权时应当对公司和大股东负有信托义务，如果小股东滥用表决权，大股东亦可以依据《公司法》第二十条规定，请求法院判决小股东赔偿因违反信托义务而给公司造成的损失，以此制衡一票否决权，禁止权利滥用。

（五）委托投票权

关于股东委托他人代行投票权，我国《公司法》第一百零六条明确规定，股东可以委托代理人出席股东大会会议。代理人应当向公司提交股东授权委托书，并在授权范围内行使表决权。该条规定针对的是股份有限公司股东的投票权委托，对有限责任公司的股东投票权委托没有规定。但是结合《公司法》第四十二条、第四十三条关于有限责任公司股东会议的有关规定，应当认为在有限责任公司的公司章程未作出明确禁止性规定的情况下，应允许有限责任公司的股东参照《公司法》第一百零六条规定委托他人代行投票权。

对于股东的表决权按比例分别委托给数人的问题。在我国法律法规未对股东投票权部分委托作出禁止性规定的情况下，应遵从“法无禁止即可为”的原则，允许股东选择将自己持有的表决权全部委托给一位代理人，或同时按比例分别委托给数个代理人行使。与此同时，为了避免陷入同一整体下的表决权行使不一致，以至于难以认定表决权行使结果、影响表决权行使效力的尴尬局面，应当要求作出表决权部分委托安排的股东在委托代理合同中对表决权在不同代理人之间的分配、行使等具体安排作出专门说明，约定在数个委托人各自行使其所持表决权造成意见不一的情形下，如何确认表决结果的规则。如此一来，便既能保证股东在法律范围内行使权力的自由意志，又能规范表决权的委托及其行使，避免矛盾、无序的混乱局面。

二、董事会

董事会是由公司董事组成的，负责公司内外事务执行的机构。董事会成员由股东会选举和更换（职工代表担任的董事除外）。根据《公司法》第四十四条、第五十条、第一百零八条的规定，有限责任公司的董事人数为三至十三人；股份有限公司的董事人数为五至十九人。股东人数较少或者规模较小的有限责任公司，可以设一名执行董事，不设董事会，执行董事可以兼任公司经理。

两个以上的国有企业或者两个以上的其他国有投资主体投资设立的有限责任公司，其董事会成员中应当有公司职工代表；其他有限责任公司董事会成员中可以有公司职工代表。董事会中的职工代表由公司职工通过职工代表大会、职工大会或者其他形式民主选举产生。

董事任期由公司章程规定，但每届任期不得超过三年。董事任期届满，连选可以连任。董事任期届满未及时改选，或者董事在任期内辞职导致董事会成员低于法定人数的，在改选出的董事就任前，原董事仍应当依照法律、行政法规和公司章程的规定，履行董事职务（《公司法》第四十五条）。

（一）董事会职权

董事会的首要职责在于指导公司战略，此外还需要负责监控管理层绩效和为股东获取充足的回报，同时防止利益冲突，平衡各方面对公司的要求。为使董事会成员有效地履行职责，他们必须能够明确地做出客观、独立的判断[①]。董事会的另一个重要责任是监督确保公司合规，其涉及的法律规范包括税法、竞争法、劳工法、环境法等。

---

① 参见OECD《公司治理原则》注释Ⅵ，载OECD官网，https：//www.oecd.org/daf/ca/corporategovernanceprinciples/49200756.pdf，最后访问时间：2021年7月30日。

根据我国《公司法》第四十六条的规定：董事会对股东会负责，行使下列职权：

（一）召集股东会会议，并向股东会报告工作；

（二）执行股东会的决议；

（三）决定公司的经营计划和投资方案；

（四）制订公司的年度财务预算方案、决算方案；

（五）制订公司的利润分配方案和弥补亏损方案；

（六）制订公司增加或者减少注册资本以及发行公司债券的方案；

（七）制订公司合并、分立、解散或者变更公司形式的方案；

（八）决定公司内部管理机构的设置；

（九）决定聘任或者解聘公司经理及其报酬事项，并根据经理的提名决定聘任或者解聘公司副经理、财务负责人及其报酬事项；

（十）制定公司的基本管理制度；

（十一）公司章程规定的其他职权。

除了上述职权之外，根据《公司法》第一百五十一条的规定，当监事有违反忠实勤勉义务的情形时，有限责任公司的股东、股份有限公司连续180日以上单独或者合计持有公司1%以上股份的股东，可以书面请求董事会或者不设董事会的有限责任公司的执行董事向人民法院提起诉讼。

以上为《公司法》对董事会职权的法定规定，但公司对董事会职权的设定也有一定自治空间，可以根据公司的实际运营情况进行调整。需要注意的是，董事会不应当被视为受股东控制的工具，而应当在公司事务中作出独立客观的判断，平衡各方的利益，防止利益冲突①。

（二）董事会会议的举行和决议

与股东会一样，董事会成员的意志也需要通过董事会决议转化成实际行动。在董事会会议上，各董事会成员会进行表决，进而形成董事会决议。董事会的议事方式和表决程序，除公司法另有规定的外，由公司章程规定（《公司法》第四十八条第一款）。可以看出《公司法》还是给有限责任公司董事会的议事方式和表决程序留出了较大的自治空间。

---

① 参见OECD《公司治理原则》注释Ⅵ B E，载OECD官网，https://www.oecd.org/daf/ca/corporategovernanceprinciples/49200756.pdf，最后访问时间：2021年7月30日。

如果要召集董事会，一般会提前告知董事会成员该次会议的主要议题。董事会会议的召集与主持通常由董事长负责；董事长不能履行职务或者不履行职务的，由副董事长召集和主持；副董事长不能履行职务或者不履行职务的，由半数以上董事共同推举一名董事召集和主持（《公司法》第四十七条）。根据《公司法》第四十八条第二款、第三款的规定，董事会应当对所议事项的决定作成会议记录，出席会议的董事应当在会议记录上签名。董事会决议的表决，实行一人一票。不过通过一项议题需要多少比例的票数，属于公司自治的范畴。

（三）董事会决议瑕疵情形

根据《公司法》第二十二条第一款、第二款的规定，董事会的决议内容违反法律、行政法规的无效。董事会的会议召集程序、表决方式违反法律、行政法规或者公司章程，或者决议内容违反公司章程的，股东可以自决议作出之日起六十日内，请求人民法院撤销。《公司法解释（五）》第三条第一款规定，董事任期届满前被股东会或者股东大会有效决议解除职务，其主张解除不发生法律效力的，人民法院不予支持。

【案例】

董事会决议的效力认定①

裁判要点：董事职务的无因解除。

判决摘要：首先，从公司法的立法本意来看，最大限度赋予公司内部自治的权力，只要公司董事会决议在召集程序、表决方式、决议内容上不违反法律、行政法规或公司章程，即可认定为有效。从佳动力公司的公司章程来看，规定了董事会有权解聘公司经理，且对董事会行使这一权力未作任何限制性规定，即未规定必须“有因”解聘经理。因此，佳动力公司董事会行使公司章程赋予其的权力，在召集程序、表决方式符合、决议内容不违反公司法和公司章程的前提下，“无因”作出的聘任或解聘总经理的决议均应认定为有效。其次，从董事会决议内容分析，“总经理李某某不经董事会同意私自动用公司资金在二级市场炒股，造成巨大损失”是佳动力公司董事会对行使解聘总经理职务列出的理由，这一理由仅是对董事会为何解聘李某某总经理职

① （2010）沪二中民四（商）终字第436号。

务作出的“有因”陈述，该陈述内容本身不违反公司章程，也不具有执行力。李某某是否存在不经董事会同意私自动用公司资金在二级市场炒股，造成巨大损失这一事实，不应影响董事会决议的有效性。因此，原审法院对“总经理李某某不经董事会同意私自动用公司资金在二级市场炒股，造成巨大损失”这一事实是否存在进行了事实审查，并以该事实存在重大偏差，在该事实基础上形成的董事会决议缺乏事实及法律依据为由撤销董事会决议不符合《公司法》第二十二条第二款之规定，本院对该节事实是否存在不予审查与认定。但如李某某认为董事会免去其总经理职务的理由侵害其民事权益的，可另行通过其他途径主张自己的权益。综上所述，佳动力公司的上诉请求本院予以支持。

三、监事会

监事会是由股东选举和职工选举的监事组成，监事会的日常工作是监督和检查公司日常经营管理活动。《公司法》第五十一条规定，有限责任公司设监事会，其成员不得少于三人。股东人数较少或者规模较小的有限责任公司，可以设一至二名监事，不设监事会。

监事会应当包括股东代表和适当比例的公司职工代表，其中职工代表的比例不得低于三分之一，具体比例由公司章程规定。监事会中的职工代表由公司职工通过职工代表大会、职工大会或者其他形式民主选举产生。

监事会设主席一人，由全体监事过半数选举产生。监事会主席召集和主持监事会会议；监事会主席不能履行职务或者不履行职务的，由半数以上监事共同推举一名监事召集和主持监事会会议。

董事、高级管理人员不得兼任监事。

《公司法》第五十二条规定了监事的任期：监事的任期每届为三年。监事任期届满，连选可以连任。

监事任期届满未及时改选，或者监事在任期内辞职导致监事会成员低于法定人数的，在改选出的监事就任前，原监事仍应当依照法律、行政法规和公司章程的规定，履行监事职务。

（一）监事会职权

《公司法》第五十三条规定了监事会的职权：

（一）检查公司财务；

（二）对董事、高级管理人员执行公司职务的行为进行监督，对违反法律、行政法规、公司章程或者股东会决议的董事、高级管理人员提出罢免的建议；

（三）当董事、高级管理人员的行为损害公司的利益时，要求董事、高级管理人员予以纠正；

（四）提议召开临时股东会会议，在董事会不履行本法规定的召集和主持股东会会议职责时召集和主持股东会会议；

（五）向股东会会议提出提案；

（六）依照本法第一百五十一条的规定，对董事、高级管理人员提起诉讼；

（七）公司章程规定的其他职权。

值得注意的是，监事会的法定职权是法律的强制性规定，不能通过章程对其进行缩限，但可以扩大。监事还有权列席董事会会议，对董事会决议提出质询或者建议。监事会、不设监事会的公司的监事发现公司经营情况异常，可以进行调查；必要时，可以聘请会计师事务所等协助其工作，费用由公司承担（《公司法》第五十四条）。

（二）监事会会议召开与决议

监事会每年度至少召开一次会议，监事可以提议召开临时监事会会议。监事会的议事方式和表决程序，除本法有规定的外，由公司章程规定。监事会决议应当经半数以上监事通过。监事会应当对所议事项的决定作成会议记录，出席会议的监事应当在会议记录上签名（《公司法》第五十五条）。

四、高级管理人员

高级管理人员是指公司的经理、副经理、财务负责人，上市公司董事会秘书和公司章程规定的其他人员（《公司法》第二百一十六条）。其实质就是负责公司的日常经营管理，在公司管理层中担任重要职务的人员。按《公司法》第四十九条与第一百一十三条的规定，有限责任公司“可以”而非“必须”设经理，而股份有限公司“必须”设置经理一职。经理的聘任、解聘、报酬由董事会决定，副经理由董事会根据经理的提名来聘任或解聘（《公司法》第四十六条）。

（一）经理和副经理

根据《公司法》第四十九条的规定，经理的法定职权包括：

（一）主持公司的生产经营管理工作，组织实施董事会决议；

（二）组织实施公司年度经营计划和投资方案；

（三）拟订公司内部管理机构设置方案；

（四）拟订公司的基本管理制度；

（五）制定公司的具体规章；

（六）提请聘任或者解聘公司副经理、财务负责人；

（七）决定聘任或者解聘除应由董事会决定聘任或者解聘以外的负责管理人员；

（八）董事会授予的其他职权。

另外，根据第四十九条的规定，如果公司章程对经理职权另有规定的，从其规定；经理还可以列席董事会会议。

（二）财务负责人及其他高级管理人员

财务负责人是全面负责公司财务管理、会计核算与监督工作的人，现在通常称之为“财务总监”。《公司法》对于财务负责人的职权并未有单独规定，与财务负责人职权相关的内容主要在第八章，包括：（1）依照法律、行政法规和国务院财政部门的规定建立本公司财务、会计制度；（2）应当在每一会计年度终了时编制财务会计报告，并依法经会计师事务所审计；（3）应当依照章程规定在规定期限内将财务会计报告向股东提交；（4）计提法定、盈余公积金；（5）聘用、解聘会计师事务所。

除了经理、副经理、财务负责人，公司还可以根据实际情况在公司内部设立销售、市场、采购、人事、法务等部门的负责人，负责相应领域的工作。

五、董事、监事、高管的忠实勤勉义务

《公司法》第一百四十七条规定，董事、监事、高级管理人员应当遵守法律、行政法规和公司章程，对公司负有忠实义务和勤勉义务。董事、监事、

高级管理人员不得利用职权收受贿赂或者其他非法收入，不得侵占公司的财产。而 OECD《公司治理原则》认为，董事会成员应在全面了解情况的基础上，诚实、尽职、谨慎地开展工作，最大限度地维护公司和股东的利益。该原则明确了董事会成员受托责任的两个关键因素：审慎责任（duty of care）和忠诚责任（duty of loyalty）[①]。综上，根据《公司法》第一百四十七条的规定，并参考 OECD 规范，董事、监事、高管的义务可以概括为以下两方面：

（1）忠实义务。

忠实义务是指公司内部的权力行使者必须在行使职权时保持善意，并且是出于为公司利益而非个人利益的考虑[②]。忠实义务是勤勉义务的前提，如果董事和高管对公司不忠实，将个人私利掺进公司决策，那其勤勉就失去了意义。

《公司法》第一百四十八条针对董事和高管的忠实义务规定了若干禁止行为：

董事、高级管理人员不得有下列行为：

（一）挪用公司资金；

（二）将公司资金以其个人名义或者以其他个人名义开立账户存储；

（三）违反公司章程的规定，未经股东会、股东大会或者董事会同意，将公司资金借贷给他人或者以公司财产为他人提供担保；

（四）违反公司章程的规定或者未经股东会、股东大会同意，与本公司订立合同或者进行交易；

（五）未经股东会或者股东大会同意，利用职务便利为自己或者他人谋取属于公司的商业机会，自营或者为他人经营与所任职公司同类的业务；

（六）接受他人与公司交易的佣金归为己有；

（七）擅自披露公司秘密；

（八）违反对公司忠实义务的其他行为。

董事、高级管理人员违反前款规定所得的收入应当归公司所有。

（2）勤勉义务。

勤勉义务在大陆法系国家被称为“善良管理人的注意义务”，在英美法系国家被称为“勤勉、注意和技能义务”，其含义是指公司相关人员在执行公司

---

① 参见 OECD《公司治理原则》Ⅵ A，载 OECD 官网，https：//www. oecd. org/daf/ca/corporate-governanceprinciples/49200756. pdf，最后访问时间：2021 年 7 月 30 日。

② 参见邓峰：《普通公司法》，中国人民大学出版社 2009 年版，第 460 页。

事务时应当以一个合理谨慎的人在相似情况下所应当表现出的谨慎、勤勉和技能来履行职责①。几乎在所有法域，只要董事会成员不是特别疏忽而且决策是基于尽职调查做出的，审慎责任并不覆盖到商业判断失误。董事和高管的勤勉义务应当覆盖以下几方面：

一是主动了解公司一般运行情况，包括公司的财务状况是否健康，主营业务存在何种优势和问题，人才是否缺乏，发展方向是否符合行业趋势。法律不要求董事和高管对公司事务事无巨细地关注，但应当对公司经营的基本面有大致的了解。经理层应当认真制作报表，董事应当对报表进行认真的审阅；如果经理层不及时报送报表，董事会还应当主动索要。二是保证公司的正常运行。董事和高管应当及时获得经营所需要的各种信息，董事可以要求经理层建立能够反馈各种信息的制度并定期检查。三是董事和高管一旦发现重大危险性，应当主动调查与处理，不能坐等事态恶化。

通常在公司运行状况良好的时候，没人会站出来要求董事或高管承担责任，即使他们正在严重渎职。董事和高管被追究责任，都是出现在公司运行出现重大问题的时候。此时，董事和高管在决策过程中的作为和不作为会成为关注的焦点。如果董事和高管在决策前合理收集了信息，并在此基础上作出了他认为有利于公司的决策，他就尽到了注意义务，不必承担责任。

与此相关的还有商事判断规则。商事活动通常充满了机遇与风险，董事和高管是商业行家，而法官和律师则相对外行。外行应当尊重内行的决策，只要董事和高管在决策时是知情的，并且是为了公司的利益而行事，即使事后证明该决策是错误的，也不能追究董事或高管的法律责任（至于公司内部的降职降薪措施不在此讨论之列）。商事判断规则被视为董事和高管的安全港，一般认为其要件有三个：（1）知情；（2）主观上认为符合公司最佳利益；（3）不为个人私利②。只要符合了这三个要件，则认为相关公司高层尽到了勤勉义务，即使其决策造成了公司的损失，也不应当承担法律责任。

---

① 参见赵旭东：《新公司法条文解释》，人民法院出版社2005年版，第289页。

② 参见朱锦清：《公司法学》，清华大学出版社2019年版，第582页。

【案例】

董事违反勤勉义务的认定[①]

裁判要点：管理者在作出某一经营判断前，应当收集足够的信息，诚实而且有正当的理由相信该判断符合公司的最佳利益。

判决摘要：1. 相关证据已经证明，被告为赔偿问题多次赴东海翔公司协商，说明被告为解决该问题采取了积极的行动，在多次协商的情况下，被告不可能对产品是否存在质量问题以及损失的大小没有了解。2. 2005 年 9 月，被告与王某定、叶某方为赔偿问题一起去过东海翔公司，虽然最终未就质量问题达成一致意见，但至少王某定和叶某方对东海翔公司要求赔偿的事是知情的，股东之间必然也就质量问题商量过。3. 从被告的文化程度和从业经历来看，其业务水平显然远高于其他几位股东，被告基于其对自身业务水平的信任，认为问题布一碰即破，造成质量问题的原因不经过鉴定也能够判断出来，这种自信在无相反证据的情况下应可推定为合理。4. 对于损失额的问题，由于两原告公司是提供布料，由东海翔公司加工后卖给临亚公司，临亚公司再销往国外，因此一旦布料出现问题，造成的损失不但包括布料本身的价值，从 2006 年 4 月 25 日东海翔公司致被告的信函可以看出，还包括东海翔公司的库存布、重新加工费，甚至可能包括空运费用。所以，赔偿额高于合同标的额并非不可能，以此为由不能说明该赔偿数额就是不合理的。5. 两原告在东海翔公司起诉后，未足够地行使抗辩权利，因若原告方认为被告代表两原告与东海翔公司订立赔偿协议时存在重大误解等可撤销事由，原告可依法行使撤销权，若两原告认为被告与东海翔公司之间有恶意串通，损害原告方利益的行为，原告方可依法请求法院确认赔偿协议无效。但两原告却自愿地与东海翔公司订立调解协议，并部分履行了协议，应视为两原告已认可被告签订的协议。因此本院认为，被告在作出赔偿行为时已尽到了勤勉义务。

该案主审法官在裁判之后专门写过案件评析[②]，认为原告对被告违反勤勉义务承担证明责任，可以从以下几个方面举证：1. 经营判断另有所图，并非为了公司的利益；2. 在经营判断的过程中，没有合理地进行信息收集和调查分析；3. 站在一个通常谨慎的董事的立场上，经营判断的内容在当时的情况

---

① （2007）慈民二初字第 519 号。

② 参见何琼、史久瑜：《董事违反勤勉义务的判断标准及证明责任分配》，载《人民司法·案例》2009 年第 14 辑。

下存在明显的不合理。如果法官对上述任意一点形成心证，那么原告就完成了对义务违反要件的举证，若再能完成对损失和因果关系的举证，举证责任便可转移至被告。董事、高级管理人员具有较多的接触公司业务的机会，因此，为了防止公司董事、高级管理人员利用职务便利谋取公司利益或者损害公司利益，公司章程中应对其相应的行为作出具体限制，并通过对赔偿标准作出规定的方式使公司在面临相应争议时不致处于被动地位。

本章合规指引

公司治理基本架构的搭建和相应职责的设置

公司的“三会一层”构成了公司治理的基本结构，其中经理层和董事会是与公司日常经营关系较为密切的两个机构。公司治理的一大重点就是督促董事和高管忠诚履职、勤勉履职。但何为忠诚、勤勉，在实务判断中非常复杂。不论国内还是国外，在这方面都有大量的判例，并衍生出了相应的理论。本章限于篇幅，不可能对此进行全面、详细的论述。本书目前可以给出的建议是：

（1）董事、高管的忠实勤勉履职，离不开股东会在人事任免上的审慎与监事会的日常监督。公司应当注意积极发挥股东会和监事会的职能，以起到对董事和高管的权力制衡作用。公司应当每年召开股东大会，保障所有股东享有平等地位并有效行使自身权利。为了保证关联交易的公平合理性，在股东大会对关联交易议案进行审核、表决时，关联股东应当回避。

（2）公司董事会应当下设多个委员会，比如提名委员会，审计委员会，考核与薪酬委员会，投资与发展委员会，健康、安全与环保委员会等，为董事会决策提供支持。董事会应当充分考虑成员构成的重要性、自身业务模式和具体工作需要，兼顾成员年龄、文化及教育背景或专业经验，推动董事会成员多元化。上市公司还应当积极为独立董事监督公司运行提供条件，从财务会计、法律、金融、投融资管理等多个领域聘请专家成为独立董事。公司应当持续就重要生产经营情况及时向独立董事定期通报，落实独立董事建议，以达到较好的沟通效果。

（3）公司监事会依照《公司法》和公司章程的规定，向股东大会报告工作，提交监事会报告和有关议案。监事会应当对监事的履职方式、内容、要求及评价标准作出规定，督促全体监事本着对全体股东负责的态度，对公司财务以及公司董事和高级管理人员履行职责的合法合规性进行监督。

(4) 公司应当坚持集约化、专业化、一体化方向，建立权责匹配、科学规范、简洁高效、富有活力的管理体系，强化对权力运行的制约和监督。公司应当强化重大决策的合规论证审查，确保依法管理，合规经营。

第三节　党组织与“三会一层”

中国的公司治理在“三会一层”之外还有一个额外的因素——公司内部的党组织。根据《公司法》第十九条的规定，在公司中，根据中国共产党章程的规定，设立中国共产党的组织，开展党的活动。公司应当为党组织的活动提供必要条件。对于国有公司，尤其是关系到国家安全和经济命脉的重要国企而言，在公司内部形成强有力的党的领导，对其在事关国家安全和经济命脉的关键领域发挥作用具有重要意义。在此背景下，探索如何在法治理念下将党组织融入公司治理框架，将是中国公司法的一大创举。

在前述章节中，本书已经对传统意义上的“三会一层”在公司治理中的功能进行了较为详细的描述。在本节中，将会在“三会一层”之外加入党组织，将这五个组织机构作为公司治理的主要机构进行讨论。

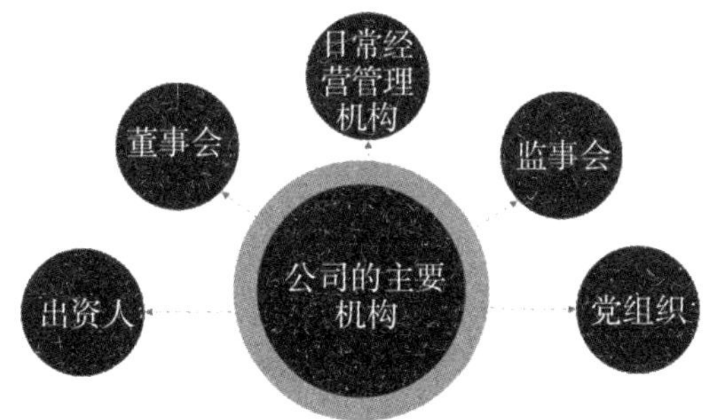

一、背景概述

由于国企在我国的经济体系中具有重要意义，充分发挥党组织的领导与核心作用是深化国企改革的原则。按照《中国共产党章程》第三十二条规定，国有企业党委（党组）发挥领导作用，把方向、管大局、保落实，依照规定讨论和决定企业重大事项。国有企业和集体企业中党的基层组织，围绕企业生产经营开展工作。保证监督党和国家的方针、政策在本企业的贯彻执行；

支持股东会、董事会、监事会和经理（厂长）依法行使职权；全心全意依靠职工群众，支持职工代表大会开展工作；参与企业重大问题的决策；加强党组织的自身建设，领导思想政治工作、精神文明建设和工会、共青团等群团组织。对于国企而言，必须将强化党组织的领导与现代公司治理机制有机结合，将党建工作纳入企业章程①。正确处理党建与公司治理之间的关系，提升和强化党建工作是当前国有企业所面临的一项重要课题。

二、出资人机构

根据《企业国有资产法》第十一条、第十二条的规定，国家出资企业中的国有资产由各级人民政府授权本级国有资产监督管理机构进行管理。履行出资人职责的机构依照法律、行政法规的规定，制定或者参与制定国家出资企业的章程。在章程中，应当明确党组织在公司治理体系中的地位和作用，应当让党组织参与到公司重大决策流程中。

国有企业还应当强化出资人监督，加强对关键业务、重点领域、国有资本运营重要环节以及境外国有资产的监督，规范操作流程，开展总会计师由履行出资人职责机构委派的试点。健全国有资本审计监督体系和制度，实行企业国有资产审计监督全覆盖，建立对企业国有资本的经常性审计制度。加强纪检监察监督和巡视工作，强化对企业领导人员廉洁从业、行使权力等的监督。整合出资人监管、外派监事会监督和审计、纪检监察、巡视等监督力量。

三、董事会与高级管理层

《关于深化国有企业改革的指导意见》（以下简称《国企改革意见》）认为，健全公司法人治理结构的重点是推进董事会建设，建立健全权责对等、运转协调、有效制衡的决策执行监督机制，规范董事长、总经理行权行为，充分发挥董事会的决策作用、监事会的监督作用、经理层的经营管理作用，切实解决一些企业董事会形同虚设、“一把手”说了算的问题，实现规范的公司治理。

另外，要坚持党管干部原则与董事会依法产生、董事会依法选择经营管

---

① 参见中国保监会党委课题组：《国有股份制保险公司党委在公司治理结构中充分发挥作用的领导体制和工作机制初探》三（一）。

理者、经营管理者依法行使用人权相结合。董事会应与党组织充分沟通，有序开展国有独资公司董事会选聘经理层试点，加强对经理层的管理和监督①。上级党组织和国有资产监管机构按照管理权限加强对国有企业领导人员的管理，广开推荐渠道，依规考察提名，严格履行选用程序。根据不同企业类别和层级，实行选任制、委任制、聘任制等不同选人用人方式。推行职业经理人制度，实行内部培养和外部引进相结合，畅通现有经营管理者与职业经理人身份转换通道，董事会按市场化方式选聘和管理职业经理人，合理增加市场化选聘比例，加快建立退出机制。

四、监事会及纪委

根据《企业国有资产法》第十九条的规定，国有独资公司、国有资本控股公司和国有资本参股公司依照《公司法》的规定设立监事会。国有独资企业由履行出资人职责的机构按照国务院的规定委派监事组成监事会。国家出资企业的监事会依照法律、行政法规以及企业章程对董事、高级管理人员执行职务的行为进行监督，对企业财务进行监督检查。

在国企现有的监督体系中，笔者认为，公司应当完善内部监督体系，明确监事会、审计、纪检监察、巡视以及法律、财务等部门的监督职责，增强制度执行力。尤其是国有独资公司，董事会、监事会、高级经理层中的党员应当定期向党组织汇报个人履职与廉洁情况。要提高专职监事比例，增强监事会的独立性和权威性。对国有资产监管机构所出资公司依法实行外派监事会制度。外派监事会由政府派出，负责检查公司财务，监督公司重大决策和关键环节以及董事会、经理层履职情况，不参与、不干预公司经营管理活动②。

上级党组织对国有独资公司的纪检组负责人实行委派制和定期轮岗制。纪检组负责人可以列席董事会和董事会专门委员会的会议③。国有公司董事、监事、经理层中的党员每年要定期向党组（党委）报告个人履职和廉洁自律情况。公司纪委的主要职责包括：维护党章党纪，检查公司对上级党组织政

① 参见《国务院办公厅关于进一步完善国有企业法人治理结构的指导意见》二（二）。

② 参见《国务院办公厅关于进一步完善国有企业法人治理结构的指导意见》二（四）。

③ 参见曹志龙编著：《公司章程设计指引：条款剖析与关键细节》，中国法制出版社2018年版，第484页。

策的落实部署情况，督促本级及下级党组织按照要求严格落实责任；协助公司党委按照从严治党的原则进行党内治理，落实从严治党主体责任和纪委监督责任体系。

五、小结

如何将党务党建机制与现代公司治理相结合，一直都是亟待解决但又需要探索的问题。本节所述内容其实可以概括为《中国共产党国有企业基层组织工作条例（试行）》第十四条第一款和第二款：坚持和完善“双向进入、交叉任职”领导体制，符合条件的党委（党组）班子成员可以通过法定程序进入董事会、监事会、经理层，董事会、监事会、经理层成员中符合条件的党员可以依照有关规定和程序进入党委（党组）。党委（党组）书记、董事长一般由一人担任，党员总经理担任副书记。确因工作需要由上级企业领导人员兼任董事长的，根据企业实际，党委书记可以由党员总经理担任，也可以单独配备。

党委在参与决策的过程中，公司应当将重点放在前期引导、研究上。在重大问题决策上，党委要充分调研，深入了解政策法规依据，并认真听取党员和群众的意见。“三会一层”中的党委成员要将党委前期达成的一致意见及时向相应的机构通报，保证党委意图能够得到充分重视，并妥善处理分歧。为了使党委和公司治理结构能够协调运转，党委书记（通常也是董事长）要及时与经理进行沟通，同时要分清自身职能定位。党委书记在重大问题上要积极与经理层和董事会进行沟通，交换对拟决议事项的看法，尽可能形成一致意见。

总体而言，《国企改革意见》倾向于在尊重企业治理框架和流程的基础上由党组成员对国企实施经营管理和监督，从而实现在公司法的框架内强化党对国企的领导。其实质接近于：同一件公司事务分别按照公司治理规则与党组织规则进行处理，但由于公司“三会一层”与党组织有较大程度重合，再加上前期党组织与“三会一层”已经有了较充分的沟通，从而保证按两套流程形成的决策意见能够大致一致。

第四节 法定代表人

在《公司法》第十三条中，法定代表人被定义为“依照公司章程的规定，由董事长、执行董事或者经理担任，并依法登记。公司法定代表人变更，应当办理变更登记”。《民法典》第六十一条规定：依照法律或者法人章程的规定，代表法人从事民事活动的负责人，为法人的法定代表人。法定代表人以法人名义从事的民事活动，其法律后果由法人承受。法人章程或者法人权力机构对法定代表人代表权的限制，不得对抗善意相对人。可见，法定代表人的代表权本质上是一种代理权，但和一般民事代理不同的是，法定代表人的权限范围是法定的，在此范围内代理不需要被代理人的具体授权，所以是一种法定代理权①。

一、法定代表人的内部任免

由《公司法》第三十条可知，公司的法定代表人产生于内部章程的规定，且必须明确，不能有诸如“公司的法定代表人由执行董事或经理担任”这类指向性不明的章程规定。当法定代表人由董事长或执行董事担任时，由于董事长或执行董事的产生是由股东会决定，因此法定代表人的人选实际上是由股东会决定。当法定代表人由经理担任时，由于经理的人选是由董事会决定，所以法定代表人实际是由董事会决定。

根据《公司法人法定代表人登记管理规定》第三条规定，公司法人的法定代表人（以下简称法定代表人）经公司登记机关核准登记，取得法定代表人资格。这种登记手续实际就是公示制度，会产生公信效力。实务中，若公司的法定代表人变更而未在公司登记机关办理备案登记，则不得对抗善意第三人。所以在理论上，存在一个公司内部完成法定代表人变更流程但尚未办理备案登记的空档期，在这个空当期内，原法定代表人仍然可以代表公司对外进行民事活动，第三方可以基于原法定代表人登记备案而信赖该人有权继续代表该公司建立民事法律关系，这种对第三人的保护持续到登记备案被改变为止。

---

① 参见朱锦清：《公司法学》，清华大学出版社2019年版，第251页。

【案例】

公司法定代表人的内部程序①

裁判要点：公司更换法定代表人，只要股东会的召集程序、表决方式不违反和公司章程的规定，即可多数决。

判决摘要：从立法本意来说，只有对公司经营造成特别重大影响的事项才需要经代表三分之二以上表决权的股东通过。公司法定代表人一项虽属公司章程中载明的事项，但对法定代表人名称的变更在章程中体现出的仅是一种记载方面的修改，形式多于实质，且变更法定代表人时是否需修改章程是工商管理机关基于行政管理目的决定的，而公司内部治理中由谁担任法定代表人应由股东会决定，只要不违背法律法规的禁止性规定就应认定有效。此外，从公司治理的效率原则出发，倘若对于公司章程制订时记载的诸多事项的修改、变更均需代表三分之二以上表决权的股东通过，则反而是大股东权利被小股东限制，若无特别约定，是有悖确立的资本多数决原则的。若更换法定代表人必须经代表三分之二以上表决权的股东通过，那么张某升、豪骏公司只要不同意就永远无法更换法定代表人，这既不公平合理，也容易造成公司僵局。因此，公司股东会按照股东出资比例行使表决权所形成的决议，理应得到尊重。公司更换法定代表人，只要股东会的召集程序、表决方式不违反法律和公司章程的规定，即可多数决。张某升及豪骏公司申请再审认为房地产公司法定代表人的变更须经代表三分之二以上表决权的股东签署通过的理由不能成立。

二、法定代表人的签字权

《企业法人登记管理条例》第十一条规定：登记主管机关核准登记注册的企业法人的法定代表人是代表企业行使职权的签字人。法定代表人的签字应当向登记主管机关备案。该行政法规对法定代表人的签字权进行了确认，并且通过备案使得法定代表人的签字对外产生公示效果。《民法典》第四百九十条规定，当事人采用合同书形式订立合同的，自当事人均签名、盖章或者按指印时合同成立。既然法定代表人是法人的代表，其行使职务时的签字等同

① （2014）新民再终字第1号。

于法人的盖章。法定代表人代表法人在文件上的签字直接对外发生法律效力，但该法定代表人明确以个人名义签字的情形除外。

值得注意的是，在司法实践中，有些公司有意刻制两套甚至多套公章，有的法定代表人或者代理人甚至私刻公章，订立合同时恶意加盖非备案的公章或者假公章，发生纠纷后法人以加盖的是假公章为由否定合同效力的情形并不鲜见。《会议纪要》第四十一条认为，人民法院在审理案件时，应当主要审查签约人于盖章之时有无代表权或者代理权，从而根据代表或者代理的相关规则来确定合同的效力。法定代表人或者其授权之人在合同上加盖法人公章的行为，表明其是以法人名义签订合同，除《公司法》第十六条等法律对其职权有特别规定的情形外，应当由法人承担相应的法律后果。法人以法定代表人事后已无代表权、加盖的是假章、所盖之章与备案公章不一致等为由否定合同效力的，人民法院不予支持。代理人以被代理人名义签订合同，要取得合法授权。代理人取得合法授权后，以被代理人名义签订的合同，应当由被代理人承担责任。被代理人以代理人事后已无代理权、加盖的是假章、所盖之章与备案公章不一致等为由否定合同效力的，人民法院不予支持。

【案例】

公司对加盖公司公章的文件的责任承担[①]

裁判要点：即使公司法定代表人在合同上加盖公司公章，如果有其他证据证明其签订合同属于个人行为，公司不承担责任。

判决摘要：案件中，原被告双方就合同主体是法定代表人个人还是公司产生了争议。法院认为根据借款协议内容，该协议首部列明的协议主体为甲方、乙方，乙方一栏仅载明为被告，以及被告个人的身份证号码。在协议落款处乙方一栏有被告的本人签名，虽然在该处有公司的盖章，但协议中并未载明公司盖章的用意，被告亦未提供相应证据证明公司是作为借款人盖章、被告作为公司的法定代表人签字。况且，如果是公司作为合同的主体签约盖章，却在协议首部协议主体乙方一栏处仅列明个人及其身份证号，有悖常理。故法院认定系争借款系被告的个人借款，被告理应按约归还原告借款本息。

---

① （2013）浦民一（民）初字第34114号。

法定代表人仅在文件上签字，但未盖章，该文件效力如何？

最高人民法院主编的《公司案件审判指导》一书中曾指出：公司的意思表示并非只能通过公司印鉴形式表征出来，法定代表人也不是只有凭印鉴才能行使代表权[①]，并不能认为欠缺了印鉴，公司就无法作出意思表示。由于法定代表人本身即代表公司，在没有特别约定时，法定代表人以公司名义所作出的意思表示（如签名），即可视为公司的意思表示。

三、法定代表人滥用权力的情形

法定代表人滥用代表权的情形既有可能发生在超越代表权的领域，也有可能发生在代表权范围内。当公司对法定代表人职权范围规定得过于宽泛或者没有明确规定时，法定代表人可能会出现未经股东会或者董事会同意的专权行为，丧失公司决策应当具备的民主性和科学性。

当公司法定代表人完全无视公司章程或是其他规定，超越权限行使代表权（最常见的如擅自向他人提供担保），则需要参考越权代理的情形处理。《会议纪要》第十七条、第十八条认为，为防止法定代表人随意代表公司为他人提供担保给公司造成损失，损害中小股东利益，《公司法》第十六条对法定代表人的代表权进行了限制。根据该条规定，担保行为不是法定代表人所能单独决定的事项，而必须以公司股东（大）会、董事会等公司机关的决议作为授权的基础和来源。法定代表人未经授权擅自为他人提供担保的，构成越权代表，人民法院应当根据《民法典》第五百零四条关于法定代表人越权代表的规定，区分订立合同时债权人是否善意分别认定合同效力：债权人善意的，合同有效；反之，合同无效。

前条所称的善意，是指债权人不知道或者不应当知道法定代表人超越权限订立担保合同。《公司法》第十六条对关联担保和非关联担保的决议机关作出了区别规定，相应地，在善意的判断标准上也应当有所区别。一种情形是，为公司股东或者实际控制人提供关联担保，《公司法》第十六条明确规定必须由股东（大）会决议，未经股东（大）会决议，构成越权代表。在此情况下，债权人主张担保合同有效，应当提供证据证明其在订立合同

① 该意见在（2016）甘民申1324号、（2016）京02民终5033号、（2018）冀05民终4102号等判决中均有体现。

时对股东（大）会决议进行了审查，决议的表决程序符合《公司法》第十六条的规定，即在排除被担保股东表决权的情况下，该项表决由出席会议的其他股东所持表决权的过半数通过，签字人员也符合公司章程的规定。另一种情形是，公司为公司股东或者实际控制人以外的人提供非关联担保，根据《公司法》第十六条的规定，此时由公司章程规定是由董事会决议还是股东（大）会决议。无论章程是否对决议机关作出规定，也无论章程规定决议机关为董事会还是股东（大）会，根据《民法典》第六十一条第三款关于"法人章程或者法人权力机构对法定代表人代表权的限制，不得对抗善意相对人"的规定，只要债权人能够证明其在订立担保合同时对董事会决议或者股东会决议进行了审查，同意决议的人数及签字人员符合公司章程的规定，就应当认定其构成善意，但公司能够证明债权人明知公司章程对决议机关有明确规定的除外。

以上内容仅限于公司对外提供担保的情形。但在担保以外的其他领域的实务中也经常发生法定代表人对外代表公司签订合同，但事后公司以法定代表人无权签订该合同为由主张合同无效。一般来说，在属于公司日常经营范围的交易中，法定代表人会被认为可以代表公司进行意思表示，只有不寻常的合同才需要董事会甚至股东会的批准。在确定合同相对方眼中法定代表人是否具有代表权外观时，要看一个理性人在与公司交易时会不会合理认为法定代表人应该有这样的代表权；如果在以前的类似交易中，董事会从未质疑过法定代表人行使代表权，则可以推定法定代表人具有合法授权的外观①。

同理，当合同相对方与公司进行交易的时候，出于谨慎考虑可以要求对方出示有权代表的证据，一般是董事会或股东会决议。合同相对方对公司机关决议内容的审查一般限于形式审查，只要求尽到必要的注意义务即可，标准不宜太过严苛。公司以决议系法定代表人伪造或者变造、决议程序违法、签章（名）不实、担保金额超过法定限额等事由抗辩债权人非善意的，人民法院一般不予支持。但是，公司有证据证明债权人明知决议系伪造或者变造的除外。

四、对法定代表人的约束与制衡

对法定代表人的权力制衡最常见且最有效的方式是在公司章程中规定法

① 参见朱锦清：《公司法学》，清华大学出版社2019年版，第257页。

定代表人的职权范围与滥用职权的后果。在章程中明确法定代表人的职权，对内可以约束法定代表人，对外则可以产生公示效力，让公众知晓本公司法定代表人的职权范围，从而降低法定代表人滥用权力的概率。

公司还应当建立内部职能体系，明确每个部门的职权范围和汇报层级，让特定的事务由特定的人员来处理，避免公司内部出现职能空白，让法定代表人有多余的权力操作空间，尤其应当避免法定代表人掌控财务部门。财务部门应当直接对股东会或者董事会负责。

公司应当建立对重要材料和印章的保管体系，且由不同的职能部门或人员分开保管，包括但不限于营业执照正副本原件，公章、财务章以及银行对公账户的U盾。这些材料应当避免全部由法定代表人一人保管，通过分散权力来防止法定代表人滥用权力。

公司应当建立适当的内部监管体系，通过董事会、监事会或者其他机构对法定代表人的行为进行监督。监管体系可以将法定代表人的履职情况定期向股东会报告。如果发生法定代表人无法胜任职务或严重滥用权力的情形，则该套监管体系便于公司及时变更法定代表人，降低公司损失。

公司应当及时将法定代表人的信息进行公示。按照《公司法》的有关要求，法定代理人变更需要提交公司登记机关进行备案登记，该备案登记具有公示效力。及时进行法定代表人的变更登记有助于减少原法定代表人冒用身份以公司名义进行活动的可能性。

第五节　公司印章、证照的管理

一、概述

在争夺公司控制权的系列案件中，公司证照返还是一个高频发生的案由。现实中，有不少公司平时疏于对证照、印章进行管理，一旦发生争议，由于印章或证照被别人控制而无法履行相关程序。因此，如何在公司对证照、印章失去控制时提起返还诉讼，就成为公司证照管理的重点。

公司作为具有独立民事权利能力和行为能力的拟制法人，对公司财产承担相应的民事权利和义务。公司证照、印章则起到了对外证明公司身份的作用，是公司意志最直观的体现。诸多登记、变更手续都需要加盖公司印章的文件或是公司的证照，如果缺失了上述印章、证照，会给公司的日常经营管理带来诸多不便。公司证照一旦被非法占有，则公司需要通过证照返还诉讼取回证照。公司证照返还纠纷是一个独立的民事案件三级案由，此处的“证照”除了指字面意义上的公司证照，还包括各类公司印章及可以起到证明作用的特殊动产，具体有以下各类证照：

（1）字面意义上的公司证照，包括营业执照、组织机构代码证、税务登记证（现部分地区已采取三证合一）、银行开户许可证、社保登记证等。而对于需要事前审批的特殊行业，在设立时除一般证件外，还需要先进行行政审批，拥有特殊的特许经营、批准文书或执照，这些证件对于这类特殊公司来说，同样对经营管理具有关键作用。

（2）印章。一般来说，公司的印章包括公司公章、财务专用章、发票专用章、法定代表人人名章。对于一些内部系统庞大、业务种类和数量繁多的公司，出于使用简便的考虑，会根据实际情况自行刻制部门专用章、合同专用章等，这类情况在建设工程领域颇为常见。

（3）其他特殊动产。除公司证照、印章之外，公司的财务账册、会计凭证（包含记账凭证及相关原始凭证）、各类资质证书、银行开户支票本、房产证及公司、土地使用证、公司的档案、机密文件等均属于其他范畴。

二、证照管理问题的产生原因

1. 公司内部缺乏有效的证照管理制度，比如证照由多个管理人同时保管，权责不清；公司人员交替衔接不畅，导致证照未能及时被移交给新任的保管人；公司未制定有效的证照使用规范，能够接触和使用证照的人员过多过杂，导致证照经常脱离公司控制。

2. 公司治理存在问题。这表现为公司内部对控制权的争夺——新旧股东之间、新旧法定代表人之间、创始人与大股东之间争夺公司控制权。除此之外，还有可能是公司之外的第三人非法占有公司证照。当这些主体非法占有证照并拒不归还时，就会产生公司证照返还纠纷。

由上可知，公司证照返还纠纷的侵权主体一般都有合理的理由或合法的身份接触和使用证照，包括：（1）公司证照、印章等特殊动产保管人；（2）公司股东、董事、经理等高级管理人员；（3）公司经办员工；（4）公司外第三人（特殊情况下）。

三、公司证照返还的请求权基础及其他诉请

通常情况下，公司证照、印章虽不具备较高的物质价值，但也是公司的动产，在被非法占有后，公司该依据何种法律规定向占有人提出返还请求权?《民法典》第三百三十五条规定，无权占有不动产或者动产的，权利人可以请求返还原物。通常可以引用该条法律作为公司证照返还的请求权基础。

1. 公司董事、监事的法定赔偿义务

《公司法》第一百四十七条规定："董事、监事、高级管理人员应当遵守法律、行政法规和公司章程，对公司负有忠实义务和勤勉义务。董事、监事、高级管理人员不得利用职权收受贿赂或者其他非法收入，不得侵占公司的财产。"第一百四十九条规定："董事、监事、高级管理人员执行公司职务时违反法律、行政法规或者公司章程的规定，给公司造成损失的，应当承担赔偿责任。"

第一百四十七条主要描述了违反公司忠实义务的表现形式，其中虽然并没有明确提及侵占公司证照的行为，但该行为明显侵害了公司利益。如果公司的董事、监事、高管非法占有公司证照拒不归还，明显也属于"违反对公司忠实义务的其他行为"的范畴。

由于董事、监事、高管的特殊地位，其在执行职务时是接触公司证照最多的人。而上述第一百四十九条的规定非常宽泛，完全可以适用公司董事、监事、高管因非法侵占公司证照而给公司造成损失的情形。

2. 公司董监高以外的主体的法定责任

公司董事、监事、高管之外的第三人发生侵占公司证照、印章、财务账册等特殊公司财产的行为，其本质上也是一种侵权行为。"返还财产"和"赔偿损失"是《民法典》第一百七十九条规定的承担民事责任的方式之二。所以公司在请求第三人返还公司证照的同时，如果侵占证照的行为本身给公司带来损失，除了可以提起返还之诉，还可以提起赔偿之诉。

四、公章缺失时如何提起诉讼

公司的法定代表人是唯一受法律认可的可以代表公司意志的人。在公章缺位时，法定代表人仍然可以代表公司对外实施民事法律行为，其签字可直

接代表公司的意志。

如果侵占证照的是法定代表人或其利益相关人，法定代表人肯定会怠于通过诉讼手段主张权利。此时，公司股东会作为法定的公司最高权力机关，有权通过决议免除原来的法定代表人并任命新的法定代表人，或者向某一股东出具特别授权，由其代表公司进行诉讼。值得注意的是，公章的缺位仅仅会造成无法办理行政备案登记，但股东会决议的效力并不因此受到影响，仅仅是不能对抗善意第三人。因此，股东可依法通过股东会决议授权或任免新法定代表人的方式，在确定公司证照被侵占时，作为公司诉讼代理人，向人民法院提起公司证照返还纠纷。

【案例】

公司对公章的返还请求权[①]

裁判要点：(1) 在公司公章被前法定代表人侵占的情况下，新任法定代表人即使仅凭签字也能代表公司意志。(2) 对公司证照、公章的合法占有以公司的相应授权为前提。

判决摘要：公司的法定代表人依法代表法人行使职权，谢某系经工商行政管理机关登记备案的嘉裕德公司法定代表人，嘉裕德公司在应诉时向本院提交的授权委托书系当面签署，其上有谢某签名但并未加盖公章。嘉裕德公司在提交委托手续的同时提交了一份《说明》，主要内容为因公司公章于2016年3月15日被陈某棠强抢占有，因此相关授权书及其他法律文件无法盖章，仅由公司法定代表人谢某签署。本案正是谢某诉请陈某棠返还公司公章之诉，相关授权委托手续和法律文件上无法加盖公章非因谢某过错所致。陈少棠称已通过《股东特别会议之决议》免去谢某的法定代表人职务，但其并未根据公司章程规定的程序召集董事会，也未穷尽催告及救济手段后作出相关决议，此举程序上不符合公司章程及公司法的相关规定，该决议的效力不予认定。谢某作为嘉裕德公司的法定代表人，有权以公司名义提起诉讼，授权委托手续符合我国民事诉讼法的规定。

公司是公司法人，有独立的法人财产，享有法人财产权。公司公章、证照等是公司的合法财产，公司对其公章、证照的所有权受法律保护，任何单位和个人不得侵犯。公司的公章、证照被他人无权控制、占有时，公司有权

---

① (2017) 闽民终1213号。

要求返还。本案中，陈某棠主张其持有公章的依据是其系公司股东，但其未能提交相关证据证明其对公司公章的占有、控制和管理有公司章程、董事会决议、法定代表人的授权。嘉裕德公司作为公章的所有权人主张陈某棠予以返还，于法有据，应予支持。

【案例】

公司法定代表人对公章的使用①

裁判要点：即使是公司高层，也只有在已获得授权的情况下才能合法持有公司证照、印章。

判决摘要：本案诉讼请求的标的物为公司的营业执照、印章等，并非一般意义上的公司财产，而是特殊财产，此类财产通常由公司的法定代表人持有、使用，他人使用则需要得到批准。上诉人方某不是被上诉人彩云轩公司执行董事、法定代表人，其仅是彩云轩公司监事，在未得到合法授权的情况下，无权持有上述印章、证照。法院最终判决上诉人方某于判决生效之日起十日内返还上海彩云轩公司的相关证照。

五、如何改善公司的证照管理

在实践中，公司失去对证照的控制多是由于公司内部管理不善造成，比如证照使用流程不清晰，使用过程缺乏监管。为了防止此类事件发生，公司应当对证照管理予以足够重视，定期进行公司证照管理相关的合规培训，让公司人员对证照的重要性有足够认识。

公司应当完善证照管理档案，对证照的使用、交接制定严格的流程，确保证照使用始终处于控制之下。如果公司证照较多，还应当进行分类细化管理，通过公司章程或者股东会、董事会的合法决议确定管理部门并指定专人负责管理，明确管理部门、管理人及使用人的责任。公司证照的更新和使用应当在公司内部有备案，做到有迹可循。

另外，借助先进的电子信息技术，近年来电子印章的使用已经愈加广泛。如《上海市优化营商环境条例》第三十二条规定："本市建立统一的电子印章系统，推进电子印章在政务服务、社区事务受理等领域的应用，鼓励市场主体和

---

① （2016）沪01民终6543号。

社会组织在经济和社会活动中使用电子印章。各部门已经建立电子印章系统的，应当实现互认互通。企业电子印章与企业电子营业执照同步免费发放。企业可以根据实际需要，自主刻制实体印章。”电子印章相比实体印章，其使用更加简便，安全性也更强。公司可根据实际需要探索电子印章的使用和管理。

本章合规指引

本章认为，改善公司治理的合规可以帮助公司避免逆向选择和道德风险，提升公司的抗风险能力，吸引高质量投资。公司治理合规应当从俗称“三会一层”的公司治理结构入手，尤其要强化、落实董事和高管的忠实勤勉义务。股东会和监事会分别作为最高权力机构和监督机构，应当对董事和高管的履职情况进行监督。国企还应当加强党委与公司治理结构的双向人员流动，让党委的意见能够通过公司治理的机制转化为公司的行为。公司的法定代表人行为的对外效力主要是基于相对方的善意信赖而产生，其签字或是盖章只是形式。除此之外，公司还应当加强对印章、证照的管理，如有条件可以引入电子印章和证照。

下面提供有限责任公司和股份有限公司章程设计样例两份，作为该部分合规管理的指引。[①] 具体内容如下：

【示例1】

有限责任公司章程设计样例

__________有限（责任）公司章程

第一章　总则

第一条　依据《中华人民共和国公司法》（以下简称《公司法》）及有关法律、法规的规定，由各方共同出资，设立有限（责任）公司（以下简称公司），特制定本章程。

第二条　本章程中的各项条款与法律、法规、规章不符的，以法律、法规、规章的规定为准。

第二章　公司名称和住所

第三条　公司名称：____________________。

第四条　住所：____________________。

---

① 参见曹志龙：《公司章程设计指引：条款剖析与关键细节》，中国法制出版社2018年版，第606页以下。

第三章　公司经营范围

第五条　公司经营范围：____________________。

（注：根据实际情况具体填写。最后应注明“以工商行政管理机关核定的经营范围为准”。）

第四章　公司注册资本及股东信息

第六条　公司注册资本：______万元人民币。

第七条　股东的姓名（名称）、认缴的出资额、出资时间、出资方式、实缴出资如下：

股东姓名	认缴出资	出资时间	出资方式	实缴出资

第五章　公司的机构及其产生办法、职权、议事规则

第八条　股东会由全体股东组成，是公司的权力机构，行使下列职权：

（一）决定公司的经营方针和投资计划；

（二）选举和更换非由职工代表担任的董事、监事，决定有关董事、监事的报酬事项；

（三）审议批准董事会（或执行董事）的报告；

（四）审议批准监事会（或监事）的报告；

（五）审议批准公司的年度财务预算方案、决算方案；

（六）审议批准公司的利润分配方案和弥补亏损的方案；

（七）对公司增加或者减少注册资本作出决议；

（八）对发行公司债券作出决议；

（九）对公司合并、分立、解散、清算或者变更公司形式作出决议；

（十）修改公司章程；

（十一）其他职权。（注：由股东自行确定，如股东不作具体规定应将此条删除）

第九条　股东会的首次会议由出资最多的股东召集和主持。

第十条　股东会会议由股东按照出资比例行使表决权。（注：此条可由股东自行确定按照何种方式行使表决权）

第十一条　股东会会议分为定期会议和临时会议。

召开股东会会议，应当于会议召开15日以前通知全体股东。（注：此条可由股东自行确定时间）

定期会议按（注：由股东自行确定）定时召开。代表十分之一以上表决权的股东，三分之一以上的董事，监事会或者监事（不设监事会时）提议召开临时会议的，应当召开临时会议。

第十二条　股东会会议由董事会召集，董事长主持；董事长不能履行职务或者不履行职务的，由副董事长主持；副董事长不能履行职务或者不履行职务的，由半数以上董事共同推举一名董事主持。

（注：有限责任公司不设董事会的，股东会会议由执行董事召集和主持。）

董事会或者执行董事不能履行或者不履行召集股东会会议职责的，由监事会或者不设监事会的公司的监事召集和主持；监事会或者监事不召集和主持的，代表十分之一以上表决权的股东可以自行召集和主持。

第十三条　股东会会议作出修改公司章程、增加或者减少注册资本的决议，以及公司合并、分立、解散或者变更公司形式的决议，必须经代表三分之二以上表决权的股东通过。（注：股东会的其他议事方式和表决程序可由股东自行确定）

第十四条　公司设董事会，成员为______人，由　　　产生。董事任期年（注：每届不得超过三年），任期届满，可连选连任。

董事会设董事长一人，副董事长______人，由______产生。（注：股东自行确定董事长、副董事长的产生方式）

（注：有限公司不设董事会的，此条应改为：公司不设董事会，设执行董事一人，由股东会选举产生。执行董事任期年，任期届满，可连选连任。）

第十五条　董事会行使下列职权：

（一）负责召集股东会，并向股东会议报告工作；

（二）执行股东会的决议；

（三）审定公司的经营计划和投资方案；

（四）制订公司的年度财务预算方案、决算方案；

（五）制订公司的利润分配方案和弥补亏损方案；

（六）制订公司增加或者减少注册资本以及发行公司债券的方案；

（七）制订公司合并、分立、变更公司形式、解散的方案；

（八）决定公司内部管理机构的设置；

（九）决定聘任或者解聘公司经理及其报酬事项，并根据经理的提名决定聘任或者解聘公司副经理、财务负责人及其报酬事项；

（十）制定公司的基本管理制度；

（十一）其他职权。（注：由股东自行确定，如股东不作具体规定应将此条删除）

（注：股东人数较少或者规模较小的有限责任公司，可以设一名执行董事，不设董事会。执行董事的职权由股东自行确定。）

第十六条 董事会会议由董事长召集和主持；董事长不能履行职务或者不履行职务的，由副董事长召集和主持；副董事长不能履行职务或者不履行职务的，由半数以上董事共同推举一名董事召集和主持。

第十七条 董事会决议的表决，实行一人一票。

董事会的议事方式和表决程序。（注：由股东自行确定）

第十八条 公司设经理，由董事会决定聘任或者解聘。经理对董事会负责，行使下列职权：

（一）主持公司的生产经营管理工作，组织实施董事会决议；

（二）组织实施公司年度经营计划和投资方案；

（三）拟订公司内部管理机构设置方案；

（四）拟订公司的基本管理制度；

（五）制定公司的具体规章；

（六）提请聘任或者解聘公司副经理、财务负责人；

（七）决定聘任或者解聘除应由董事会决定聘任或者解聘以外的负责管理人员；

（八）董事会授予的其他职权。

（注：以上内容也可由股东自行确定。）

经理列席董事会会议。

第十九条 公司设监事会，成员______人，监事会设主席一人，由全体监事过半数选举产生。监事会中股东代表监事与职工代表监事的比例为：______。（注：由股东自行确定，但其中职工代表的比例不得低于三分之一）

监事的任期每届为三年，任期届满，可连选连任。

（注：股东人数较少规格较小的公司可以设一至二名监事，此条应改为：公司不设监事会，设监事______人，由股东会选举产生。监事的任期每届为三年，任期届满，可连选连任。）

第二十条 监事会或者监事行使下列职权：

（一）检查公司财务；

（二）对董事、高级管理人员执行公司职务的行为进行监督，对违反法律、行政法规、公司章程或者股东会决议的董事、高级管理人员提出罢免的建议；

（三）当董事、高级管理人员的行为损害公司的利益时，要求董事、高级管理人员予以纠正；

（四）提议召开临时股东会会议，在董事会不履行本法规定的召集和主持股东会会议职责时召集和主持股东会会议；

（五）向股东会会议提出提案；

（六）依照《公司法》第一百五十二条的规定，对董事、高级管理人员提起诉讼；

（七）其他职权。（注：由股东自行确定，如股东不作具体规定应将此条删除）

监事可以列席董事会会议。

第二十一条　监事会每年度至少召开一次会议，监事可以提议召开临时监事会会议。

第二十二条　监事会决议应当经半数以上监事通过。

监事会的议事方式和表决程序。（注：由股东自行确定）

第六章　公司的法定代表人

第二十三条　董事长为公司的法定代表人。（注：也可是执行董事或经理，由股东自行确定）

第七章　股东会会议认为需要规定的其他事项

第二十四条　股东之间可以相互转让其部分或全部出资。

第二十五条　股东向股东以外的人转让股权，应当经其他股东过半数同意。股东应就其股权转让事项书面通知其他股东征求同意，其他股东自接到书面通知之日起满30日未答复的，视为同意转让。其他股东半数以上不同意转让的，不同意的股东应当购买该转让的股权；不购买的，视为同意转让。

经股东同意转让的股权，在同等条件下，其他股东有优先购买权。两个以上股东主张行使优先购买权的，协商确定各自的购买比例；协商不成的，按照转让时各自的出资比例行使优先购买权。

（注：以上内容亦可由股东另行确定股权转让的办法。）

第二十六条　公司的营业期限______年，自公司营业执照签发之日起计算。

第二十七条 有下列情形之一的，公司清算组应当自公司清算结束之日起30日内向原公司登记机关申请注销登记：

（一）公司被依法宣告破产；

（二）公司章程规定的营业期限届满或者公司章程规定的其他解散事由出现，但公司通过修改公司章程而存续的除外；

（三）股东会决议解散或者一人有限责任公司的股东决议解散；

（四）依法被吊销营业执照、责令关闭或者被撤销；

（五）人民法院依法予以解散；

（六）法律、行政法规规定的其他解散情形。

（注：本章节内容除上述条款外，股东可根据《公司法》的有关规定，将认为需要记载的其他内容一并列明。）

第八章 附 则

第二十八条 公司登记事项以公司登记机关核定的为准。

第二十九条 本章程一式份，并报公司登记机关一份。

全体股东亲笔签字、盖公章：

年 月 日

【示例2】

股份有限公司章程设计样例

__________股份有限公司章程

依据《中华人民共和国公司法》（以下简称《公司法》）及其他有关法律、行政法规的规定，由__________、__________和__________出资，发起设立__________股份有限公司（以下简称公司），并制定本章程。

第一章 公司的名称和住所

第一条 公司名称：____________________股份有限公司。

第二条 公司住所：____________________。

第二章 公司经营范围

第三条 公司经营范围：____________________

【企业经营涉及行政许可的，凭许可证件经营】

公司经营范围中属于法律、行政法规或者国务院决定规定在登记前须经批准的项目的，应当在申请登记前报经国家有关部门批准。

第三章　公司设立方式

第四条　本公司系依照《公司法》和其他有关法律、行政法规的规定以发起方式设立的股份有限公司。

第四章　公司股份总数、每股金额和注册资本

第五条　公司注册资本：人民币______万元。

第六条　公司的股份总数为______万股，每股金额为______元人民币。

第五章　发起人信息

第七条　公司发起人的姓名或者名称、认购的股份数、出资方式和出资时间、实缴出资如下：

发起人姓名/名称	认购股份数	出资方式	出资时间	实缴出资

第八条　发起人认足公司章程规定的出资后，应当选举董事会和监事会，由董事会向公司登记机关提交公司章程以及法律、行政法规规定的其他文件，申请设立登记。

第六章　股东大会、董事会的组成、职权和议事规则

第九条　公司股东大会由全体股东组成。

第十条　股东大会是公司的权力机构，依法行使下列职权：

（一）决定公司的经营方针和投资计划；

（二）选举和更换非由职工代表担任的董事、监事，决定有关董事、监事的报酬事项；

（三）审议批准董事会的报告；

（四）审议批准监事会的报告；

（五）审议批准公司的年度财务预算方案、决算方案；

（六）审议批准公司的利润分配方案和弥补亏损方案；

（七）对公司增加或者减少注册资本作出决议；

（八）对发行公司债券作出决议；

（九）对公司合并、分立、解散、清算或者变更公司形式作出决议；

（十）修改公司章程；

（十一）为公司股东或实际控制人提供担保作出决议。

第十一条 股东大会分为股东大会年会和临时股东大会。股东年会每年召开一次。

有下列情形之一的，应当在两个月内召开临时股东大会：

（一）董事人数不足法律规定人数或者公司章程所定人数的三分之二时；

（二）公司未弥补的亏损达实收股本总额三分之一时；

（三）单独或者合计持有公司10%以上股份的股东请求时；

（四）董事会认为必要时；

（五）监事会提议召开时。

第十二条 股东大会会议由董事会召集，董事长主持；董事长不能履行职务或者不履行职务的，由副董事长主持；副董事长不能履行职务或者不履行职务的，由半数以上董事共同推举一名董事主持。

董事会不能履行或者不履行召集股东大会会议职责的，监事会应当及时召集和主持；监事会不召集和主持的，连续90日以上单独或者合计持有公司10%以上股份的股东可以自行召集和主持。

第十三条 召开股东大会会议，应当将会议召开的时间、地点和审议的事项于会议召开20日前通知各股东；临时股东大会应当于会议召开15日前通知各股东。

单独或者合计持有公司3%以上股份的股东，可以在股东大会召开10日前提出临时提案并书面提交董事会；董事会应当在收到提案后2日内通知其他股东，并将该临时提案提交股东大会审议。临时提案的内容应当属于股东大会职权范围，并有明确议题和具体决议事项。

股东大会不得对前两款通知中未列明的事项作出决议。

第十四条 股东出席股东大会会议，所持每一股份有一表决权。但是，公司持有的本公司股份没有表决权。股东大会作出决议，必须经出席会议的股东所持表决权过半数通过。

但是，股东大会作出修改公司章程、增加或者减少注册资本的决议，以及公司合并、分立、解散或者变更公司形式的决议，必须经出席会议的股东所持表决权的三分之二以上通过。

第十五条 股东大会选举董事、监事，可以实行累积投票制，即每一股份拥有与应选董事或者监事人数相同的表决权，股东拥有的表决权可以集中使用。

股东可以委托代理人出席股东大会会议，代理人应当向公司提交股东授权委托书，并在授权范围内行使表决权。

股东大会应当对所议事项的决定作成会议记录，主持人、出席会议的董事应当在会议记录上签名。会议记录应当与出席股东的签名册及代理出席的委托书一并保存。

第十六条　公司向其他企业投资或者为他人提供担保，由股东大会作出决定。其中为公司股东或者实际控制人提供担保的，必须经股东大会决议。该项表决由出席会议的其他股东所持表决权的过半数通过，该股东或者实际控制人支配的股东不得参加表决。

第十七条　公司设董事会，其成员为五人，任期三年，由股东大会选举产生。董事任期届满，可以连任。

董事任期届满未及时改选，或者董事在任期内辞职导致董事会成员低于法定人数的，在改选出的董事就任前，原董事仍应当依照法律、行政法规和公司章程的规定，履行董事职务。

第十八条　董事会对股东大会负责，行使下列职权：

（一）召集股东大会会议，并向股东大会报告工作；

（二）执行股东大会的决议；

（三）决定公司的经营计划和投资方案；

（四）制订公司的年度财务预算方案、决算方案；

（五）制订公司的利润分配方案和弥补亏损方案；

（六）制订公司增加或者减少注册资本以及发行公司债券的方案；

（七）制订公司合并、分立、解散或者变更公司形式的方案；

（八）决定公司内部管理机构的设置；

（九）决定聘任或者解聘公司经理及其报酬事项，并根据经理的提名决定聘任或者解聘副经理《财务负责人及其报酬事项》；

（十）制定公司的基本管理制度。

第十九条　董事会设董事长一人，副董事长一人。董事长和副董事长由董事会以全体董事的过半数选举产生。

董事长召集和主持董事会会议，检查董事会决议的实施情况。副董事长协助董事长工作，董事长不能履行职务或不履行职务的，由副董事长履行职务；副董事长不能履行职务或者不履行职务的，由半数以上董事共同推举一名董事履行职务。

第二十条 董事会每年度至少召开两次会议，每次会议应当于会议召开10日前通知全体董事和监事。

第二十一条 代表十分之一以上表决权的股东、三分之一以上董事或者监事会，可以提议召开董事会临时会议。董事长应当自接到提议后10日内，召集和主持董事会会议。

董事会召开临时会议，应当于会议召开15日（注：可约定）前通知全体董事和监事。

第二十二条 董事会会议应有过半数的董事出席方可举行。董事会作出决议，必须经全体董事的过半数通过。

董事会决议的表决，实行一人一票。

第二十三条 董事会会议，应由董事本人出席；董事因故不能出席，可以书面委托其他董事代为出席，委托书中应载明授权范围。

董事会应当对会议所议事项的决定作成会议记录，出席会议的董事应当在会议记录上签名。

第二十四条 公司股东大会、董事会的决议内容违反法律、行政法规的无效。

股东大会、董事会的会议召集程序、表决方式违反法律、行政法规或者公司章程，或者决议内容违反公司章程的，股东可以自决议作出之日起60日内，请求人民法院撤销。

公司根据股东大会、董事会决议已办理变更登记的，人民法院宣告该决议无效或者撤销该决议后，公司应当向公司登记机关申请撤销变更登记。

第七章 经 理

第二十五条 公司设经理，由董事会决定聘任或解聘。

第二十六条 经理对董事会负责，行使下列职权：

（一）主持公司的生产经营管理工作，组织实施董事会决议；

（二）组织实施公司年度经营计划和投资方案；

（三）拟订公司内部管理机构设置方案；

（四）拟订公司的基本管理制度；

（五）制定公司的具体规章；

（六）提请聘任或者解聘公司副经理、财务负责人；

（七）决定聘任或者解聘除应由董事会决定聘任或者解聘以外的负责管理人员；

（八）董事会授予的其他职权。

经理列席董事会会议。

第八章　公司法定代表人

第二十七条　公司法定代表人由董事长担任。

第九章　监事会的组成、职权和议事规则

第二十八条　公司设监事会，其成员为三人（注：不少于三人），其中职工代表一人。监事会中的职工代表由公司职工通过职工大会选举产生。监事任期每届三年，任期届满，可以连任。

第二十九条　监事会设主席一人。由全体监事过半数选举产生。监事会主席召集和主持监事会会议；监事会主席不能履行职务或者不履行职务的，由监事会副主席召集和主持监事会会议；监事会副主席不能履行职务或者不履行职务的，由半数以上监事共同推举一名监事召集和主持监事会会议。

董事、高级管理人员不得兼任监事。

第三十条　监事会行使下列职权：

（一）检查公司财务；

（二）对董事、高级管理人员执行公司职务的行为进行监督，对违反法律、行政法规、公司章程或者股东大会决议的董事、高级管理人员提出罢免的建议；

（三）当董事、高级管理人员的行为损害公司的利益时，要求董事、高级管理人员予以纠正；

（四）提议召开临时股东大会会议，在董事会不履行《公司法》规定的召集和主持股东大会会议职责时召集和主持股东会会议；

（五）向股东大会会议提出草案；

（六）依法对董事、高级管理人员提起诉讼。

第三十一条　监事可以列席董事会会议，并对董事会决议事项提出质询或者建议。

第三十二条　监事会发现公司经营情况异常，可以进行调查；必要时，可以聘请会计师事务所等协助其工作，费用由公司承担。

第三十三条　监事会每6个月至少召开一次会议。监事可以提议召开临时监事会会议。

监事会决议的表决，实行一人一票。监事会决议应当经半数以上监事通

过，监事会应当对所议事项的决定作成会议记录，出席会议的监事应当在会议记录上签名。

第十章　公司的财务、会计及利润分配办法

第三十四条　公司应当依照法律、行政法规和国务院财政部门的规定建立本公司的财务、会计制度。

第三十五条　公司应当在每一会计年度终了时编制财务会计报告，并依法经会计师事务所审计。

第三十六条　财务会计报告应当在召开股东大会年会的20日前置备于本公司，供股东查阅。

第三十七条　公司分配当年税后利润时，应当提取利润的10%列入公司法定公积金。公司法定公积金累计额为公司注册资本的50%以上的，可以不再提取。

公司的法定公积金不足以弥补以前年度亏损的，在依照前款规定提取法定公积金之前，应当先用当年利润弥补亏损。

第三十八条　公司从税后利润中提取法定公积金后，经股东大会决议，还可以从税后利润中提取任意公积金。

第三十九条　公司按照股东持有的股份比例分配利润。

第四十条　法定公积金转为资本时，所留存的该项公积金不得少于转增前公司注册资本的25%。

公司聘用、解聘承办公司审计业务的会计师事务所，由董事会决定。

第十一章　公司的解散事由与清算办法

第四十一条　公司的营业期限为20年，从《企业法人营业执照》签发之日起计算。

第四十二条　公司有下列情形之一，可以解散：

（一）公司营业期限届满；

（二）股东大会决议解散；

（三）因公司合并或者分立需要解散；

（四）依法被吊销营业执照、责令关闭或者被撤销；

（五）人民法院依照公司法的规定予以解散。

公司营业期限届满时，可以通过修改公司章程而存续。

第四十三条　公司经营管理发生严重困难，继续存续会使股东利益受到重大损失，通过其他途径不能解决的，持有公司全部股东表决权10%以上的

股东，可以请求人民法院解散公司。

第四十四条　公司因本章程第四十二条第一款第（一）项、第（二）项、第（四）项、第（五）项规定解散时，应依《公司法》的规定成立清算组对公司进行清算。清算组应当自成立之日起10日内向登记机关申请清算组成员及负责人备案、通知债权人，并于60日内在报纸公告。清算结束后，清算组应当制作清算报告，报股东大会或者人民法院确认，并报送公司登记机关，申请注销公司登记，公告公司终止。

第四十五条　清算组由董事会确定的人员组成。

第十二章　公司的通知和公告办法

第四十六条　公司可采用以下通知方式：

（一）直接送达；

（二）邮寄送达；

（三）法律、行政法规允许的其他送达方式。

第四十七条　公司召开股东大会、董事会、监事会的会议通知，以书面方式进行。

第四十八条　公司通知以直接送达方式送达的，由被送达人在送达回执上签名（或盖章），被送达人签收日期为送达日期；公司通知以邮寄送达的，以回执上注明的收件日期为送达日期。

第四十九条　公司指定省级报纸为刊登公司公告和其他需要披露信息的报刊。

第十三章　股东大会会议认为需要规定的其他事项

第五十条　本章程中的各项条款与法律、法规、规章不符的，以法律、法规、规章的规定为准。

第五十一条　公司登记事项以公司登记机关核定的为准。公司根据需要修改公司章程而未涉及变更登记事项的，公司应将修改后的公司章程送公司登记机关备案；涉及变更登记事项的，同时应向公司登记机关作变更登记。

第五十二条　本章程自全体发起人盖章、签字之日起生效。

第五十三条　本章程一式______份，公司留存______份，并报公司登记机关备案一份。

全体发起人签字（法人盖章）：

年　　月　　日

第八章　企业合同合规管理

【思维导图】

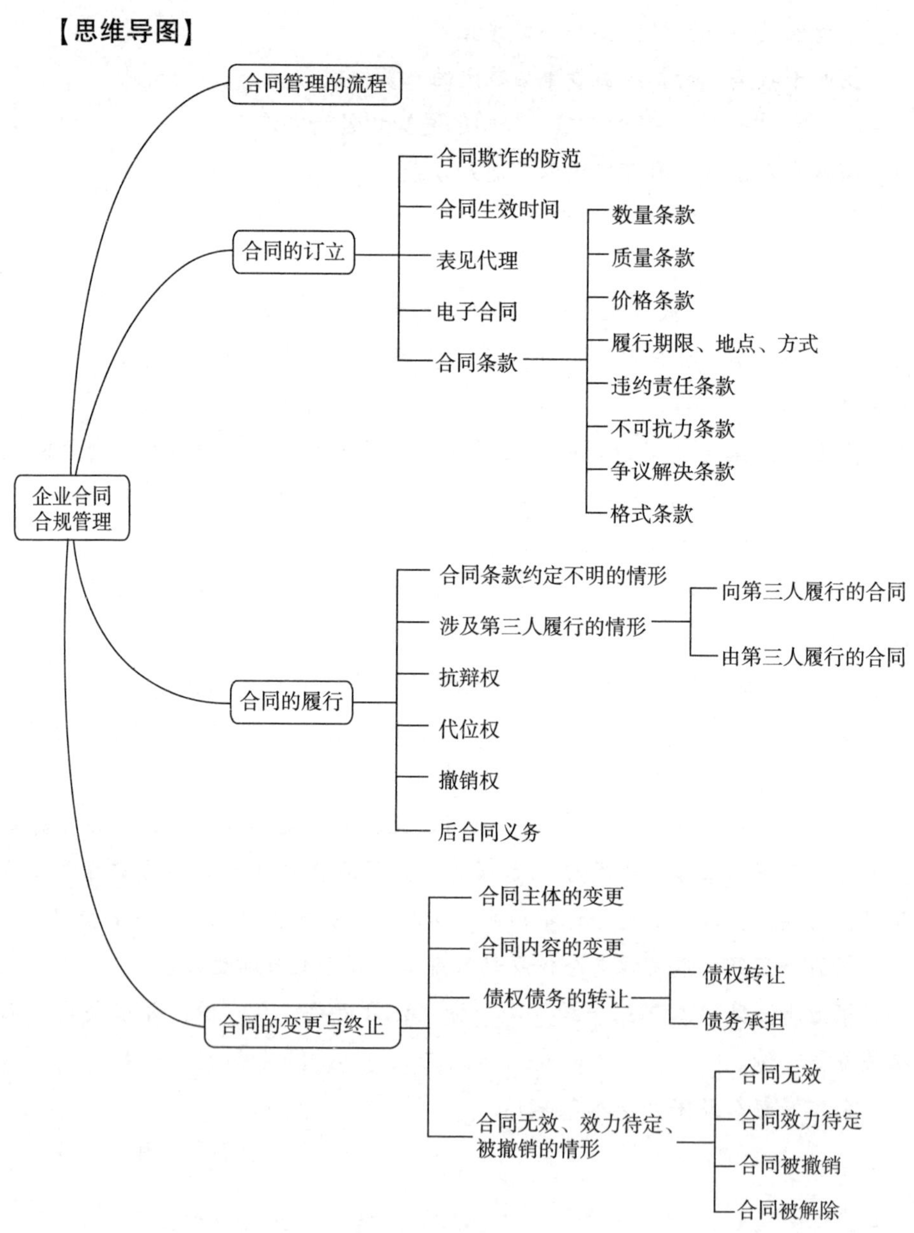

【本章概要】

合同管理是日常管理的重要组成部分，其目的是防范各类合同风险。合同管理覆盖从商谈、草拟、签订、生效、履约、完成合同的一系列流程，同时也会涉及企业的一系列职能部门。在合同管理的诸多环节中，合同的订立、履行、变更和解除最为重要。在订立合同环节，尤为需要注意防范合同欺诈、表见代理以及合同条款的细节。在合同履行环节需要注意条款约定不明的情形、各种抗辩权、撤销权、代位权、后合同义务。在合同的变更与解除环节需要注意合同无效、效力待定、被撤销的情形。

第一节　合同管理的流程

合同是平等主体的自然人、法人、其他组织之间设立、变更、终止民事权利义务关系的协议。合同是一种经济行为，合同法律风险是企业最为常见也最为重要的法律风险，合规介入合同管理是为这种行为控制法律风险，以确保实现交易目的和保障交易安全。如何实现良好的合同管理，防范合同风险的发生，是企业日常管理的重要内容。

以公司为例，合同管理应当采取公司法律部门统一管理和各业务部门分管的模式。法律部门作为公司合同的统一管理部门，对公司合同的签订和履行负有监督指导之责。法务人员和业务人员应当紧密配合，关注业务运作中的每一个细节变化。各业务部门和所属单位作为合同的二级管理单位，负责本部门、本单位的合同签订和履行，并向法律顾问部门定期汇报有关合同的执行情况，法务人员应当及时反馈分析结果①。在规模不大的中小型企业，可以依照企业部门机构和业务经营范围等，根据本企业的实际情况将合同分门别类进行管理。

合同管理是全过程、全系统、动态的过程。全过程是指从商谈、草拟、签订、生效、履约、完成合同的一系列流程。全系统是指凡是涉及合同条款的各个部门都应当统一有机管理，将合同管理视为企业经营生产的重要任务。动态就是注重履约过程中内外部情况的变化，尤其是要掌握对己方不利的变化，对合同进行及时的修改、变更、中止或终止。在实践中，企业将合同管

① 参见苏欣：《公司合同管理制度动态化研究》，载《法制与经济》2005年第1期。

理的步骤前后联结，形成具体的流程，以规范合同从签订到完成的每一步环节。

合同管理的流程大致可分为以下几部分：

1. 合同准备。合同签订前的管理重点在于批准权限。根据合同金额、标的重要程度等因素，企业合同管理制度规定不同层次的领导可以拥有相应合同的批准权限。

2. 合同谈判、订立与审查。双方的利益博弈在这一环节表现得最为突出——双方会尽力为自己争取最大利益，同时又能达成妥协。当合同双方对各项条款基本达成一致意见后，就进入了合同订立与审查环节。在文本起草工作中，工作人员应就双方商定的全部条款、签订合同的各个环节，包括整个履约过程可能出现的种种情况，都进行充分的估计，并预先采取对策。合同文本初步形成后，应当提交项目经理办公会审查，重大合同必须由项目管理委员会集体审查。文本通过审查后，再报业务部门复审，法律事务部门应当在此环节起到审核把关的作用①。

对于重大合同文本、招（投）标文件的起草，项目部应组织专门会议商讨，并征求财务部门和法律顾问的意见。合同文本应尽量使用成熟的合同范本。合同中术语、特有词汇、重要概念，应当设立专门条款解释。双方当事人对数量、质量、履行期限和方式等有特殊要求的，应当在合同中予以特别明确。合同条款一般应当具备以下要素：

（1）当事人名称、法定地址、法定代表人姓名、职务；

（2）标的名称、型号、规格等；

（3）数量和质量，包括验收标准和方式；

（4）价款或者酬金及付款时间、方式；

（5）履行的期限、地点和方式；

（6）违约责任；

（7）合同争议的解决方式；

（8）合同订立的时间、地点；

（9）正副本份数和分配方式；

（10）合同生效的时间和条件；

（11）附件名称；

---

① 参见张金英：《企业合同管理制度研究》，载《企业改革与管理》2017 年 4 月上。

（12）签约地点、日期；

（13）签约各方开户银行及账号；

（14）签约各方合同专用章和法定代表人（负责人）或委托代理人签章。

3. 合同的签署。合同一经审查并修改完毕，由法定代表人或法定代表人授权的人向印章管理部门申请加盖企业合同专用章。合同原件应当由承办人按照企业的档案管理规定按时归档。

4. 合同履行。合同履行可能周期较长且环节复杂，可能遇到多种难以预见的情况。合同项目组要定期组织召开会议，综合评价分析各项合同的履行情况，围绕高效履行合同义务、行使合同权利来组织生产，确保履约水平。

5. 合同变更。在合同履行过程中，不可避免地会遇到来自内外部的新情况、新问题，抑或是起初被遗漏的事项被重新提起，抑或是原来约定的事项发生变化。这些都需要合同双方及时变更协议，必要时也可以以会谈纪要的方式经双方共同签字确认。

6. 合同的保存。企业签署的合同文本除了及时报送对口业务部门备案外，均应交由项目部业务对口部门负责人集中保管留存，并向财务部门提交一份原件作为付款依据。其他任何人不得保管任何已经签署生效的合同文本，以避免有关人员违规操作或出现其他不良现象给项目部和企业带来的被动局面。试想假如企业丢失了合同原件，又偏偏被合同相对方抓住把柄告上法庭，企业将很难有自辩的能力。因此，合同必须有专人保管，企业领导和其他业务人员如需调阅合同，阅后必须及时交还合同保管人，不能以任何借口留存。

借助于电子信息化技术，企业还可以通过电子合同管理系统对合同的归档、检索、借阅、下载等环节进行控制。

（1）合同归档：合同签署完后，电子合同管理系统会自动通知归档人员入库归档，归档信息包括合同金额、起止时间、合同执行状态等各标签，并可关联合同项目，合同所属项目及成员一目了然。

（2）合同检索：电子合同管理系统支持关键词搜索、按组织架构/文件类型分类快速查找，通过一键搜索等功能让文件归类管理更便捷。

（3）合同借阅：合同被归档入库后会自动加密，其他人如需查看则需要申请借阅权限。权限可细分至每位人员，也可按时效性开启，到期自动回收阅读权限。

（4）合同下载：电子合同签署完后保存在云端存储，企业可随时随地下载合同查看合同内容详情。

7. 合同争议的处理。对于合同纠纷，各方应当首先采用协商、调解的方式解决，如果能达成一致，则应当订立书面协议；如果无法达成一致，则可以依合同约定诉诸仲裁或诉讼。当发生重大合同纠纷时，应当及时通知企业的法律部门和风控部门，并及时收集相关证据，提出争议处理方案，向企业分管领导报告。

8. 追责机制。合同纠纷处理完毕后，企业应对整个事件过程作出评估和总结，在根据成因分清责任后对负有责任的相关人员追究责任，企业对外承担法律责任，而负有责任的相关人员应最终对企业的损失承担责任；构成犯罪的，企业应将其移交司法机关追究刑事责任。对于不合格的业务人员或法务人员要及时撤换，或对其进行离职培训[①]。

企业签订合同是严肃的法律行为，由法律行为产生的法律风险最终都会转化成企业的经济风险。因此，企业有必要在合同管理的每一环节加强制度约束和过程监控。下文将会挑选上述八个环节中最为重要的几个环节进行深入分析和阐述。

第二节　合同的订立

一、合同欺诈的防范

原则上，订立合同是当事人双方之间形成合同法律关系的起点。但在订立合同前，企业首先应当注意防范合同欺诈。一旦形成合同法律关系，当事人面临合同欺诈时想要寻求救济手段就会花费大量的时间、金钱和精力。所以在订立合同前，企业首先应当注意预防合同欺诈风险。

根据联合国国际贸易法委员会编写的《认识和预防商业欺诈：商业欺诈的标志》[②] 中列举的诸多商业欺诈表现形式，其中涉及合同欺诈的主要表现形式有：

---

① 参见苏欣：《企业合同管理制度动态化研究》，载《法制与经济》2005 年第 1 期。

② 参见联合国国际贸易法委员会编：《认识和预防商业欺诈：商业欺诈的标志》，载联合国国际贸易法委员会网，https：//uncitral. un. org/sites/uncitral. un. org/files/media – documents/uncitral/zh/recognizing – and – preventing – commercial – fraud – c. pdf，最后访问时间：2020 年 12 月 30 日。

1. 虚构或冒用合同主体，特别是业内声望高或影响大的人物的名称。同样，一家企业或其他实体的名称、标识、商标、流行语和标记也可被用于实施欺诈。欺诈者可能指出，业内知名人士已审查或核准了所称的交易，因而向受害人暗示骗局真实可信，正当有效，可予实施。欺诈人往往伪造或利用他人证照、公章、票据等，虚构交易背景，骗取他人信任，骗取合同款项。

2. 抽逃资金。在个人或实体被要求作出涉及财务问题的决定时，欺诈者可能对他们施加压力以实现立即、快速或不可撤销地转账，从而完成交易。资金一旦被转移，欺诈者就可轻易地将之再次转移，并且常常是转移到其他国际管辖区域，这可能会使挽回或追踪变得困难或无法实现。

3. 对自身资质或产品进行虚构或夸大宣传，骗取对方的保证金、加盟费、中介费等，诱使对方签订合同，等到合同履行时，却发现合同标的不符；或是为了诱使投资，扭曲风险与收益成正比的比例原则，许诺的高额回报与承担的很小风险或者全无风险不成比例。

4. 无正当理由突然终止履行合同。欺诈者会频繁地给出前后不一致或不合逻辑的解释，以说服潜在受害人不去主张自身权利，或拖延欺诈时间，或隐瞒欺诈所得。或者，当收益延迟时，欺诈者可能会声称，应支付给投资者的收益出现延迟是由于自然灾难、当前事件或其他事件的缘故，而这些事件一般是不会影响所设想的这类交易的。欺诈者还有可能指责受害方存在过错，如扣押定金、保证金、预付款、材料款等费用。

预防合同欺诈，重点在于合同签订环节。面对合同欺诈，当事人可以从以下几方面来预防：

1. 避免加入过于复杂的交易结构。有些合法交易极为复杂，所以在市场上只面向合格投资者，而欺诈者经常会将这样的交易作为设计模型。之后，欺诈者会利用这一设计模型引诱那些没有能力识别交易性质或复杂必要性的人加入。欺诈者还有可能建立一个由若干企业或其他实体组成的网络结构，一旦欺诈被发现，可使欺诈者远离责任，阻挠资产追回，转移犯罪所得或继续实施一系列并行的骗局。

2. 签订合同前应当严格审查对方的主体资格，不要和来历不明的对方签订合同。如果合同相对方是自然人，应当审查其是否具备民事权利能力和行为能力。常见做法是查看对方的身份证件，不要因为对方是熟人介绍或是上级介绍就草率签订合同。企业应当随时留意对方的资信情况和履约情况。对于标的额巨大的合同，应当让对方提供担保，同时还要留意担保的权利瑕疵。

合同相对方如果是法人，则应当查看并核实其营业执照，检查其从事的业务是否超出经营范围。签订合同前，应当让对方提供法定代表人的授权委托书、营业执照副本、合同经办人员的身份证明等；仅凭合同专用章或银行账号尚不足以确定对方身份。在需要对方提供担保时，应当留意是否存在担保权利的瑕疵。

企业还应当检查对方的履约能力、财务状况和实际经营状况。签约前最好能直接派人前往实地调查对方资信情况，如有疑惑可以向当地工商管理部门查询。

3. 签订合同时应当考察对方订立合同的动机。如果合同报酬异常丰厚，则需留意对方是否存在合理动机。欺诈者往往会吹嘘自身实力和背景，夸大报酬，然后诱使相对方交纳高额保证金或是其他名目的钱款。在面对具有高额报酬的合同时，应当留意有效期限尚未届满前提前终止合同或其他的合同退出机制。

4. 订立合同时应当有规范的程序和合同样式，对合同约定的经营业务的全部过程和各种可能性要有充分的准备，企业应当重点审查：

（1）合同标的。合同标的是合同当事人权利义务的指向对象，如货物、服务等。订立合同时，合同标的一定要用精确的话语来规定，避免当事人利用合同名称的模糊性实施欺诈。当事人还应当留意合同标的的数量和质量，审查合同条款对此两项的规定是否准确。如果涉及对方交付货物的场景，我方一定要亲临现场，依据质量和数量标准逐项验收，在验收合格后才付款。

（2）合同价款。对一项特定的合同业务要按照现有市场经营情况核算获利。如果合同获利过高，则应当留意合同风险。应当尽量避免合同价款模糊或暂时无法确定的情况。

（3）履行期限、地点和方式。履行的时间、地点和方式会在很大程度上影响合同的履行情况以及双方此后的权利义务，因此必须在合同签订时就予以明确。

（4）违约责任。当合同无法顺利履行时，违约责任的约定直接决定了双方如何让自己的合同损失受到补偿。违约责任条款的含混不清只会留下隐患。

建立必要的合同管理规章制度。合同诈骗的发生离不开企业管理的制度漏洞，受欺诈的也多是制度不健全，程序不完善的企业。因此企业应当根据自身具体情况，制定一套完善、严密的合同管理制度，包括合同签订程序和审批制度、资信审查制度、合同专用章与合同文本管理制度、合同中止备案制度、合同履行检查制度、合同保管制度等。企业应当通过对合同履行过程中的定期检查，掌握合同履行的真实现状，对不能再去履行的合同要及时采取补救措施或派人专门了解情况，研究并制订计划保证如期履行。

二、合同生效时间

合同生效是指已经依法成立的合同在当事人之间形成相应的法律约束力。合同生效的前提是合同成立，成立后的合同才能产生合同效力。《民法典》第四百八十三条规定，承诺生效时合同成立，即要约人向受要约人提出订立合同，希望对方接受要约的意思表示。受要约人的同意就是合同成立的标志。《民法典》第四百九十条、第四百九十一条规定，当事人采用合同书形式订立合同的，自双方当事人均签名、盖章或者按指印时合同成立。当事人采用信件、数据电文等形式订立合同的，可以在合同成立之前要求签订确认书，签订确认书时合同成立。当事人一方通过互联网发布商品或者服务信息符合要约条件的，除非另有约定，否则对方选择该商品或者服务并提交订单成功时合同成立。

合同生效后就具有法律效力，受到法律保护。在履行合同期间，除法律规定和当事人约定合同中止、终止条款，双方协商解除合同之外，合同继续履行，直至合同期满自然终止。

三、表见代理

法人本身是社会组织，不具有自然人的特性，其民事行为必须由法定代表人代为行使。但如果法定代表人的行为超越了法人授予的权限，责任应当由谁承担？为了保护交易安全，民法中引入了表见代理制度。表见代理是指虽无代理权但表面上有足以使人相信为有代理权而须由本人负授权之责的代理。《民法典》第一百七十二条规定：“行为人没有代理权、超越代理权或者代理权终止后，仍然实施代理行为，相对人有理由相信行为人有代理权的，代理行为有效。”《民法典》第一百七十一条第二款规定，表见代理旨在保护相对人利益，相对人对于表见代理应享有选择权，既可以按狭义无权代理，享有撤销权；亦可按表见代理，接受与本人的民事法律行为，与本人之间发生权利义务关系。

表见代理要件如下：（1）以本人名义为民事法律行为；（2）行为人无代理权，无代理权是指实施代理行为是无代理权或对于所实施的代理行为无代理权。如果代理人拥有代理权，则属于有权代理，不发生表见代理的问题。（3）须有使相对人相信其有代理权的表征①。

表见代理中举证责任的分配与代表人责任不尽相同。首先，由被代理人承担对行为人确系无权代理的举证责任。比如，行为人不是本单位工作人员、公章系盗用或私刻，或者行为人违反企业章程关于授权限制的明确规定等。其次，由相对人承担证明信赖行为人有代理权且信赖是有理由的举证责任。比如，行为人所持公章、介绍信、合同书系真实的，或者行为人确曾做过被代理人的代理人等。最后，再由被代理人对相对人主观上是否为恶意或在缔约过程中是否存在重大过失进行举证。举证是递进的，即仅当前一个举证充分后，再递进到下一个环节的举证②。《民法典》第一百七十一条第四款规定，如果相对人知道或者应当知道行为人无权代理的，相对人和行为人按照各自的过错承担责任。

从表见代理的法律后果来看，表见代理的价值主要是为了保障交易安全。现在司法实践中认定“第三人有理由相信行为人有代理权”的情况通常有：

1. 本人曾以书面或口头方式，直接向相对人表示行为人为其代理人，实际上并未向行为人授权；

2. 本人知道行为人以自己名义为法律行为而不作否认表示；

3. 本人出具有代理权证明意义的印鉴、业务介绍信、合同专用章、盖有公章的空白合同书等，被行为人所持有；

4. 本人授权不明使行为人超越权限的；

5. 本人对行为人授权范围的限制为相对人所不知的；

6. 代理关系终止后，本人未收回行为人所持有的代理证书并通知相对人的。

为了避免企业员工或者熟识的第三方构成表见代理给自身造成损失，被代理方应当注意以下方面：建立严格的图章使用制度，不轻易将公章、合同专用章或空白合同书交给他人；授权委托书应当注意写明授权的范围及期限，

---

① 参见最高人民法院《关于当前形势下审理民商事合同纠纷案件若干问题的指导意见》第四部分。

② 参见觉德咏等主编：《最高人民法院关于合同法司法解释（二）理解与适用》，人民法院出版社2009年版，第102～103页。

避免使用诸如“一般代理”“全权代理”等模糊字眼；在代理权消灭后应当及时收回委托并通知交易相对方。

站在交易相对方的立场，为了避免被代理人以无权代理为理由否认已经存在的合同关系，应当注意以下两点：留存可以证明代理人具有代理权外观的证据，如企业原名片、工作邮件等；买卖合同情形下，送货单最好可以加盖被代理人公章、仓库签收章或者由合同中指定的人签收。

【案例】

加盖公章、有法定代表人签字的合同效力[①]

裁判要点：即使单位公章和个人名章系被擅自加盖，但是法定代表人在协议上签字构成法定代表行为。

判决摘要：已经成立的合同中加盖了单位的公章和个人的名章，并且还有单位法定代表人的签字，现还款人主张加盖的单位公章和个人名章系被擅自加盖，要求依法撤销该合同，人民法院将依法不予支持。因为即使单位公章和个人名章系被擅自加盖，但是法定代表人在还款协议上签字，构成法定代表行为，也能满足合同成立的法定要件，故可以认定该合同依法成立。

四、电子合同

电子合同包含身份认证、数字证书、电子签名、时间戳、存证保全和法律支持等服务，其法律效力和纸质合同同等，但与纸质合同不同的是，电子合同可全程在线发起、签署、归档和管理，无须打印，具有使用简单、管理便捷等特点。因此，简单而言，电子合同是指参与方全程在线签署且具备和纸质合同同等法律效力的合同形式。在我国《民法典》第五百一十二条中，明确承认了电子合同的存在。根据该条规定，通过互联网等信息网络订立的电子合同的标的为交付商品并采用快递物流方式交付的，收货人的签收时间为交付时间。电子合同的标的为提供服务的，生成的电子凭证或者实物凭证中载明的时间为提供服务时间；前述凭证没有载明时间或者载明时间与实际提供服务时间不一致的，以实际提供服务的时间为准。电子合同的标的物为采用在线传输方式交付的，合同标的物进入对方当事人指定的特定系统且能

---

① （2006）最高法民二终字第100号。

够检索识别的时间为交付时间。电子合同当事人对交付商品或者提供服务的方式、时间另有约定的，按照其约定。

五、合同条款

（一）数量条款

商品的数量是经贸往来合同中不可缺少的主要条件。为了促进交易的达成和争取有利的价格，合同当事方必须正确掌握交易标的的数量。合同中的数量条款是双方交接货物的依据，尤其在国际贸易中更是如此。随着全球贸易一体化的推进，我国的国际贸易也日趋增多。在签订合同时，引用国际惯例的合同原则也日益增多。因此，在磋商合同数量条款时，应牢记有关国际惯例对于数量条款的规定，避免因条款不严密而产生纠纷。

在外贸合同中，围绕数量条款产生合同纠纷较为常见。一般情况下是由卖方补交货物完成。值得注意的是，在国际贸易中，交付超过合同约定数量的货物同样属于违约行为。《联合国国际货物销售合同公约》（CISG）第三十五条第一款规定：卖方交付的货物必须与合同所规定的数量、质量和规格相符，并须按照合同所规定的方式装箱或包装。第三十七条规定：如果卖方在交货日期前交付货物，他可以在那个日期到达前，交付任何缺漏部分或补足所交付货物的不足数量，或交付用以替换所交付不符合同规定的货物，或对所交付货物中任何不符合同规定的情形做出补救，但是，此一权利的行使不得使买方遭受不合理的不便或承担不合理的开支。但是，买方保留本公约所规定的要求损害赔偿的任何权利。第五十五条第二款规定：如果卖方交付的货物数量大于合同规定的数量，买方可以收取也可以拒绝收取多交部分的货物。如果买方收取多交部分货物的全部或一部分，他必须按合同价格付款。

数量是买卖双方交接货物的直接依据。《最高人民法院关于适用〈中华人民共和国合同法〉若干问题的解释（二）》（以下简称《合同法解释（二）》）第一条第一款规定："当事人对合同是否成立存在争议，人民法院能够确定当事人名称或者姓名、标的和数量的，一般应当认定合同成立。但法律另有规定或者当事人另有约定的除外。"① 根据上述司法解释的规定，在许多合同中，

---

① 虽然随着《民法典》的生效，原有的相关司法解释均会失效，但不能排除最高人民法院在原司法解释所涉及问题上依然持有类似的裁判态度，因此本书依然引用原合同法相关司法解释的内容以供参考。

数量是必备条款，缺乏标的数量的合同是视为不能成立的。为了避免不必要的误解，一般而言，合同中应当使用合同当事方都接受的计量单位、方法、工具。根据不同的情况，还会有不同的精确度要求，允许的尾差、磅差、超欠幅度、自然耗损率等。在订立数量条款时，关于计量单位、计算方法以及允许的误差范围等必须明确具体地进行规定，应当避免使用含义笼统的字词，在签约和谈判过程中要仔细斟酌。

（二）质量条款

质量指标准、技术要求，包括性能、效用、工艺等，一般以品种、型号、规格、等级等体现出来。在经济贸易中，往往是按照每种商品的不同特点，选择一定的质量指标来表示不同商品的品质。商品质量优劣直接影响商品使用价值和价格，这往往是买方最为关心的事项。在当前国际市场竞争激烈的背景下，许多国家都把提高商品质量作为加强对外竞争力的手段。国家如对产品有强制性的质量标准，必须按照规定标准执行。

在实践中，合同当事人如果没有约定质量标准，在发生争议时很容易各执一词。因此，双方应当在签订合同时就质量标准作出明确约定。如果涉及复杂的质量标准，双方最好事先约定检验方法、检验标准、检验机构①。在凭样品买卖时，应列明样品的编号和寄送日期，有时还加列交货品质与样品一致或相符的说明。在进行标准买卖时，一般应列明所采用的标准及标准版本的年份。

除了以上内容，合同中还应当约定质量异议条款。按《民法典》第六百二十一条的规定，买方应在约定的检验期间或合理期间内提出质量异议。因此合同双方最好根据合同标的物的特性等具体情况明确约定检验期间及质量异议期间。未约定检验期间的，质量异议的最长期限为两年，除非货物另行约定了质量保证期。

（三）价格条款

合同价款是一方当事人向对方当事人所支付的对价。价款通常有买卖合同的货款、租赁合同的租金、借款合同中借款人向贷款人支付的本金和利息、借款合同中的本金和利息等。价款条款是合同双方的核心关注问题之一，双

---

① 参见姜艳艳：《如何避免商品质量条款出现争议》，载《黑龙江对外经贸》2007 年第 11 期。

方会就此展开激烈的博弈。在起草或审阅合同时，应当对价款条款高度重视，重点一般在于价款计算、付款时间、付款地点等。

1. 价款计算。应当同时约定单价与数量，并且确定计价依据（如装车量、验收单记载数量等）。

2. 付款时间。根据付款时间的不同，可分为预付款、中间付款、尾款或定期分期付款。与付款时间直接联系的是迟延付款的违约责任。如果约定了付款时间但未能按时付款，则应当承担违约责任，支付迟延付款的利息；如造成其他损失也应一并赔偿。如果未约定付款时间，则对方可在交付之同时或之后的任何时间要求对方付款，但应给予一定的展期，若展期届满仍未给付的，依法将承担与前述相同的违约责任。

3. 付款地点。当事方可以自行约定付款地，也可以按照《民法典》第五百一十条、第五百一十一条的规定来确定。但一般而言，以约定本方企业的营业地为妥，这可能涉及合同争议的诉讼管辖。

【案例】

合同价格争议下相关价款的推断[①]

裁判要点：根据合同条款和诚实信用原则推断相关价款。

判决摘要：根据查明的事实，双方当事人为彻底解决窑车设备存在的质量问题，于2013年8月8日签订了《协议书》。《协议书》第三条约定："甲方收到上述返还款项后，向乙方退回合同项下窑车140台、窑门及运转设备，乙方自行负责运回上述退回窑车、窑门及运转设备。"双方当事人由此对于从140台窑车上卸载、倒运、码放砖坯，拆卸、倒运窑车上筑有的耐火砖和耐火材料、吊运堆放窑车的义务应当由哪一方承担产生争议。

《合同法》第一百二十五条规定："当事人对合同条款的理解有争议的，应当按照合同所使用的词句、合同的有关条款、合同的目的、交易习惯以及诚实信用原则，确定该条款的真实意思。"[②] 首先，《协议书》第三条约定甘肃F公司的义务是"退回"窑车、窑门及运转设备，而武汉D公司的义务是

① (2016)最高法民再306号。

② 《合同法》已被2020年5月28日颁布的《民法典》废止。《民法典》第四百六十六条第一款规定："当事人对合同条款的理解有争议的，应当依据本法第一百四十二条第一款的规定，确定争议条款的含义。"第一百四十二条规定："有相对人的意思表示的解释，应当按照所使用的词句，结合相关条款、行为的性质和目的、习惯以及诚信原则，确定意思表示的含义。"本书收录的案例适用的是当时有效的法律法规及司法解释，下文将不再对此进行提示。

“自行运回”上述设备。根据合同所使用的词句，之所以在“运回”之前加入“自行”的限定，意在强调武汉D公司负有自行拆卸至能够运回的状态之含义。其次，《协议书》是武汉D公司提供的货物存在质量问题且经多次维修无法得到解决后，双方达成的问题解决方案。如果没有武汉D公司定做的设备质量问题在先，也就不可能达成该协议，亦不存在更换窑车的问题。在更换窑车的实际过程中，“拆卸”是“更换”的附随义务。因此，根据合同签订的目的、公平原则以及诚实信用原则，武汉D公司作为造成双方合同解除的责任主体，其应承担有关更换窑车的附随义务。最后，《协议书》第四条约定由武汉D公司负责无偿安装甘肃F公司新购置的窑门及运转设备。根据合同前后条款的关系，可以推断出对于窑车的相关“更换”费用，是武汉D公司承担。这也与双方当事人此前签订的《安装及运转设备维修协议》中关于现有窑车上的半成品、成品的装卸及装卸费用由武汉D公司承担的意思表示相一致。综上，前述义务应当由武汉D公司承担，武汉D公司未履行协议约定的义务，构成违约，应当承担违约责任。

（四）履行期限、地点、方式

1. 履行期限

履行期限是指合同中规定的债务人提供给付的时期①。履行期限直接关系到合同义务完成的时间，涉及当事人的期限利益，也是确定合同是否按时履行或者迟延履行的客观依据。履行期限可以是即时履行的，也可以是定时履行的；可以是在一定期限内履行的，也可以是分期履行的。不同的合同，其履行期限的具体含义是不同的。买卖合同中卖方的履行期限是指交货的日期，买方的履行期限是指交款的日期，运输合同中承运人的履行期限是指从起运到目的地卸载的时间，工程建设合同中承包方的履行期限是指从开工到竣工的时间。正因如此，期限条款应当尽量明确、具体，或者明确规定计算期限的方法。

如果合同中对履行期限没有约定或约定不明，则根据《民法典》第五百一十条和第五百一十一条第四项的规定处理。这点在本章第三节详述，此处不再赘述。

2. 履行地点

合同约定的履行地点是债务人应当履行债务的地点；不在履行地点履行

---

① 参见韩世远：《合同法总论》，法律出版社2018年版，第354页。

债务，不能发生清偿效力[①]。履行地的确定以合同约定为优先；如果合同没有约定或约定不明，以补充协议、相关条款、交易习惯确定；如果还无法确定履行地，则一般遵循以“特征履行地”为主，结合“实际履行地”的判断规则。以下以常见的合同类型为例，说明在合同没有约定或约定不明的情形下，按以上规则该如何确定合同履行地。

（1）买卖合同：标的物需要运输的，出卖人应当将标的物交付给第一承运人以运交给买受人；标的物不需要运输，出卖人和买受人订立合同时知道标的物在某一地点的，出卖人应当在该地点交付标的物；不知道标的物在某一地点的，应当在出卖人订立合同时的营业地交付标的物（《民法典》第六百零三条第二款第二项）。

（2）加工承揽合同：以加工地为合同履行地（《最高人民法院关于如何确定加工承揽合同履行地问题的函》）。

（3）财产租赁合同、融资租赁合同：以租赁物使用地为合同履行地（《最高人民法院关于适用〈中华人民共和国民事诉讼法〉的解释》第十九条）。

（4）借款合同：贷款方所在地为合同履行地（《最高人民法院关于如何确定借款合同履行地问题的批复》[②]）。

（5）以信息网络方式订立的买卖合同：通过信息网络交付标的的，以买受人住所地为合同履行地；通过其他方式交付标的的，收货地为合同履行地（《最高人民法院关于适用〈中华人民共和国民事诉讼法〉的解释》第二十条）。

3. 履行方式

合同的履行方式主要包括运输方式、交货方式、结算方式、标的物的交付方法，工作的完成方法等。履行方式由法律规定、合同约定或者是合同性质来确定。在履行方式上，一般情况下，双方有约定时，按约定方式履行；履行方式不明确的，按照有利于实现合同目的的方式履行（《民法典》第五百一十一条第五项）。合同的履行方式与当事人的权益有密切关系，履行方式不符合要求，会造成标的物缺陷、费用增加、迟延履行等后果。所以合同当事人应当从方便、快捷和防止欺诈等方面考虑采取最为适当的履行方式，并且在合同中明确规定。

---

① 参见韩世远：《合同法总论》，法律出版社2018年版，第351页。

② 根据《最高人民法院关于废止部分司法解释（第十三批）的决定》，《最高人民法院关于如何确定借款合同履行地问题的批复》已被《最高人民法院关于审理民间借贷案件适用法律若干问题的规定》代替。《最高人民法院关于审理民间借贷案件适用法律若干问题的规定》（2020年第二次修正）第三条规定：“借贷双方就合同履行地未约定或者约定不明确，事后未达成补充协议，按照合同相关条款或者交易习惯仍不能确定的，以接受货币一方所在地为合同履行地。”

（五）违约责任条款

违约责任是指当事人一方或者双方不履行合同或者不适当履行合同，依照法律的规定或者按照当事人的约定应当承担的法律责任。违约责任是促使当事人履行合同义务，使对方免受或少受损失的法律措施，也是保证合同履行的主要手段。一般有关合同的法律对于违约责任都已经作出较为详尽的规定。但法律的规定不可能面面俱到，涵盖各种合同的特殊情况。因此，当事人为了特殊的合同需要，为了保证合同义务严格按照约定履行和更加及时地解决合同纠纷，可以在合同中约定违约责任，如约定定金、违约金、赔偿金以及赔偿金的计算方法等。

注意区分违约责任条款是针对全部违约行为还是部分或特定违约行为，最好涵盖尽可能多的违约情形。

应当充分利用定金和违约金条款。实践中往往很难准确、快速认定违约造成的实际损失，采用违约金和定金条款可以给受损害方提供一个相对明确的寻求救济的范围。《民法典》第五百八十六条规定，定金的数额由当事人约定，但不得超过主合同标的额的20%。至于违约金的数额，法律并没有严格的规定，一般由当事人自愿商定。

（六）不可抗力条款

不可抗力，是指不能预见、不能避免并不能克服的客观情况。《民法典》第五百九十条规定，因不可抗力致使不能实现合同目的的，可以解除合同。不可抗力条款是一项免责条款，是指买卖合同签订后，不是由于合同当事人的过失或疏忽，而是由于发生了合同当事人无法预见、无法预防、无法避免和无法控制的事件，以致不能履行或不能如期履行合同，发生意外事件的一方可以免除履行合同的责任或者推迟履行合同。但如果变更合同后仍然可以继续履行，债权人仍然有履行请求权①。

在不可抗力条款的拟定和适用上，有以下问题值得注意：

（1）合同中是否约定不可抗力条款，不影响直接援用法律规定。

（2）不可抗力条款是法定免责条款，约定不可抗力条款如小于法定范围，当事人仍可援用法律规定主张免责；如大于法定范围，超出部分应视为另外

① 参见韩世远：《合同法总论》，法律出版社2018年版，第487页。

成立了免责条款。

(3) 不可抗力作为免责条款具有强制性，当事人不得约定将不可抗力排除在免责事由之外。

以买卖合同为例，合同当事人在合同中订立不可抗力条款，最好能够列明以下内容：(1) 不可抗力的范围；(2) 是双方都有解除权，还是仅单方有解除权；(3) 因不可抗力解除合同，不负损害赔偿责任；(4) 不可抗力的后果有两种：一种是解除合同，另一种是延期履行合同。究竟如何处理，应视事故的原因、性质、规模及其对履行合同所产生的实际影响程度而定。

为了规范“不可抗力”在疫情期间所涉案件的运用，最高人民法院于2020年4月16日印发了《关于依法妥善审理涉新冠肺炎疫情民事案件若干问题的指导意见（一）》。根据该意见，疫情期间不可抗力的适用原则如下：

疫情或者疫情防控措施直接导致合同不能履行的，依法适用不可抗力的规定，根据疫情或者疫情防控措施的影响程度部分或者全部免除责任。当事人对于合同不能履行或者损失扩大有可归责事由的，应当依法承担相应责任。因疫情或者疫情防控措施不能履行合同义务，当事人主张其尽到及时通知义务的，应当承担相应举证责任。

疫情或者疫情防控措施仅导致合同履行困难的，当事人可以重新协商；能够继续履行的，人民法院应当切实加强调解工作，积极引导当事人继续履行。当事人以合同履行困难为由请求解除合同的，人民法院不予支持。继续履行合同对于一方当事人明显不公平，其请求变更合同履行期限、履行方式、价款数额等的，人民法院应当结合案件实际情况决定是否予以支持。合同依法变更后，当事人仍然主张部分或者全部免除责任的，人民法院不予支持。因疫情或者疫情防控措施导致合同目的不能实现，当事人请求解除合同的，人民法院应予支持。

当事人存在因疫情或者疫情防控措施得到政府部门补贴资助、税费减免或者他人资助、债务减免等情形的，人民法院可以作为认定合同能否继续履行等案件事实的参考因素。

（七）争议解决条款

解决争议的方式指合同争议的解决途径、对合同条款发生争议时的解释以及法律适用等。解决争议的途径主要有：协商和解、调解、仲裁、诉讼。《民法典》中有大量条款都规定了相应的争议解决手段，如第一百四十七条至

第一百五十一条、第五百五十三条等。

依照仲裁法的规定，如果当事人约定通过仲裁来解决纠纷，除非仲裁协议无效，即排除法院对其争议的管辖（《仲裁法》第五条）。仲裁实行一裁终局的制度，裁决作出后，当事人就同一纠纷再申请仲裁或者向人民法院起诉的，仲裁委员会或者人民法院不予受理。裁决被人民法院依法裁定撤销或者不予执行的，当事人就该纠纷可以根据双方重新达成的仲裁协议申请仲裁，也可以向人民法院起诉（《仲裁法》第九条）。

涉外合同的当事人约定采用仲裁方式解决争议的，可以选择中国的仲裁机构进行仲裁，也可以选择在外国进行仲裁。当事人可以选择适用中国的法律、港澳地区的法律或者外国的法律。但法律对有些涉外合同法律的适用有限制性规定的，依照其规定。

（八）格式条款

格式条款是在经济活动中为了达到快捷、大量交易的目的，当事人一方预先拟定的合同条款。这些条款的拟定完全由当事人一方为之，另一方不参与。我国《民法典》合同编为了平衡合同关系中强弱不对等的情况，从保护弱者利益出发，在《合同法》原有基础上强化了对接受格式条款一方的保护。

一是进一步强化提供格式条款一方的提示说明义务，加强对接受格式条款一方的保护。首先，扩大了提示说明义务的范围。《合同法》所规定的提供格式条款一方的提示说明义务的范围为免除或者限制其责任的条款。合同编第四百九十六条第二款在此基础上，增加了其他与接受格式条款一方有重大利害关系的条款。其次，对于未履行提示说明义务的法律后果作出了更有利于接受格式条款一方的规定。合同法对未履行提示说明义务的法律后果未作规定。《合同法解释（二）》第九条规定，提供格式条款的一方未尽提示说明义务，导致对方没有注意相关条款，对方可以申请撤销该格式条款。合同编第四百九十六条第二款则进一步规定，此种情形下，接受格式条款的一方可以主张该条款不成为合同的内容。①

二是细化了格式条款无效的情形。合同编第四百九十七条分三项对格式

① 《民法典》第五百三十五条规定："因债务人怠于行使其债权或者与该债权有关的从权利，影响债权人的到期债权实现的，债权人可以向人民法院请求以自己的名义代位行使债务人对相对人的权利，但是该权利专属于债务人自身的除外。代位权的行使范围以债权人的到期债权为限。债权人行使代位权的必要费用，由债务人负担。相对人对债务人的抗辩，可以向债权人主张。"

条款无效的情形进行罗列。其中第二项规定，提供格式条款一方不合理地免除或者减轻其责任、加重对方责任、限制对方主要权利的，该格式条款无效。相较于合同法的规定，增加了提供格式条款一方减轻其责任、限制对方主要权利的情形，同时对于此类情形以“不合理”作为限定条件。

采用格式条款时应当注意：

1. 格式条款应当公平地确认当事人之间的权利义务。由于格式条款是一方在未与另一方协商的情况下单方拟定的合同条款，因此法律格外注意不能由条款的拟定方将权利全留给自己，把义务和责任全“推给”对方。

2. 由于格式条款是由一方拟定，另一方往往对格式条款的内容细节注意不够或是理解不完全。因此拟定格式条款的一方应当采取合理的方式提请对方注意对其不利的条款。在对方要求就这些条款的含义进行说明时，提供格式条款的一方有义务清楚说明，以便相对人决定是否接受该条款，如《保险法》第十七条第二款规定：对保险合同中免除保险人责任的条款，保险人在订立合同时应当在投保单、保险单或者其他保险凭证上作出足以引起投保人注意的提示，并对该条款的内容以书面或者口头形式向投保人作出明确说明；未作提示或者明确说明的，该条款不产生效力。

3. 关于如何提请对方注意格式条款，一般来说可采取宣读、讲解、声明、特别标注等能引起相对人对该条款足够注意的方式[①]。为了保证合同相对方在真正了解合同条款含义的基础上签订合同，合同条款应当以书面形式呈现，使用引人注意的特殊字体在显著位置标注。如果格式条款的拟定方没能做到上述要求，在争议发生时，其格式条款则往往很容易被法院判决无效。

【案例】

明显加重对方责任的格式条款无效[②]

裁判要点：格式条款明显加重对方责任、排除其权利，该条款无效。

判决摘要：孙某提起诉讼时已过服务协议约定的终止期限，服务协议已失效，孙某无须再主张解除该协议。孙某单方面放弃服务，应承担由此产生的后果。因孙某不接受预付款金额的全额服务，故对已接受的服务项目不能享受优惠折扣，已接受的服务对应的总价款为 31800 元，在 10 万元预付款中

---

① 参见天驰君泰律师事务所编著：《公司合同法律风险管理实务》，法律出版社 2019 年版，第 29 页。

② （2012）沪二中民一（民）终字第 879 号。

予以扣除。服务协议及声明书中虽写明孙某放弃或不按照安排接受服务，则不退回任何费用，但这些约定系由某公司提供的格式化条款，未遵循公平的原则来确定双方之间的权利和义务，明显加重了孙某的责任，排除了其权利，故该约定无效。法院综合考量协议的履行程度、提供服务的情况、孙某单方面放弃服务的过错程度等因素，依照公平原则和诚实信用原则，确定孙某需向某公司支付2万元的违约金。在10万元预付款中扣除服务费用31800元、违约金2万元后，某公司还需返还孙某48200元。据此，二审法院依法判决某公司一次性返还孙某48200元，驳回孙某的其他诉讼请求。

第三节　合同的履行

总体而言，合同的履行应当遵循以下原则：

（1）全面履行。这是指当事人应按照合同的规定不折不扣地履行合同义务。

（2）亲自履行。债务人应当亲自履行债务，例外场合可以由第三人履行。第三人履行是指在合同履行过程中，履行合同义务的人或接受义务履行的人不是合同当事人，而是合同当事人以外的第三人的情形。只要在合同中有约定，第三人就可以成为合同履行的主体。

（3）同时履行。只要合同双方能够同时提供给付，当事人应当同时履行，除非情况特殊。同时履行原则也被视为同时履行抗辩权的前提①。

履行合同期间，如果出现情势变更情形，视不同情形选择不同的履行方式。合同有效成立之后、履行之前，如果出现某种不可归责于当事人原因的客观变化，仍然履行合同会给一方当事人造成显失公平的结果，法律允许当事人变更或解除合同而免除违约责任的承担。但除了情势变更情形，当事人在合同履行过程中还会遭遇诸多其他障碍，以下就一些常见的合同履行障碍进行分析。

一、合同条款约定不明的情形

《民法典》第四百七十条列出了一般情况下合同应当包括的条款，除此之

① 参见韩世远：《合同法总论》，法律出版社2018年版，第330页。

外当然也允许合同当事人根据自身需要增减条款。但在实践中，当事人往往会因为各种原因对某些条款未能作出明确约定，主要表现形式有：（1）当事人对某些合同条款未作意思表示而疏漏；（2）当事人虽有约定但不明确；（3）当事人约定某些条款在合同订立后另行约定；（4）合同的某些条款因违法而被确认无效或被撤销。根据《民法典》第五百一十条、第五百一十一条的规定，约定不明合同的履行原则如下：

1. 当事人协议补充

《民法典》第五百一十条规定：合同生效后，当事人就质量、价款或者报酬、履行地点等内容没有约定或者约定不明确的，可以协议补充；不能达成补充协议的，按照合同相关条款或者交易习惯确定。可见当事人对没有约定或者约定不明确的合同可以通过协商的办法订立补充协议，使合同具体化和明确化，并与原合同共同构成一份完整的合同。

2. 按照合同有关条款或交易习惯确定

根据上述《民法典》第五百一十条可知，在合同未就争议事项有明确约定时，先按照当事人的补充协议补足合同；如果无法达成补充协议，就按照交易习惯或者合同的有关条款确定。其中，“按照合同相关条款确定”是指结合合同的其他方面的内容加以确定，使合同具体化和明确化。因为合同是一个整体，当事人未就某一具体条款明确规定，但在其他条款中涉及这一问题时，就可以按照该条款加以确定。“按照交易习惯确定”是指按照人们在同样的交易中通常采用的合同内容加以确定，使合同具体化和明确化：无论在国内交易中，还是在国际交易中都已形成了许多交易习惯：这些交易习惯可以用来补充当事人合同的内容。

3. 法定补充

法定补充是指法律规定的，以法律条款来弥补当事人所欠缺或未明确表示的意思，使合同内容合理、确定。《民法典》第五百一十一条就是典型的法定补充条款：

（一）质量要求不明确的，按照强制性国家标准履行；没有强制性国家标准的，按照推荐性国家标准履行；没有推荐性国家标准的，按照行业标准履行；没有国家标准、行业标准的，按照通常标准或者符合合同目的的特定标准履行。

（二）价款或者报酬不明确的，按照订立合同时履行地的市场价格履行；依法应当执行政府定价或者政府指导价的，依照规定履行。

（三）履行地点不明确，给付货币的，在接受货币一方所在地履行；交付不动产的，在不动产所在地履行；其他标的，在履行义务一方所在地履行。

（四）履行期限不明确的，债务人可以随时履行，债权人也可以随时请求履行，但是应当给对方必要的准备时间。

（五）履行方式不明确的，按照有利于实现合同目的的方式履行。

（六）履行费用的负担不明确的，由履行义务一方负担；因债权人原因增加的履行费用，由债权人负担。

【案例】

交易习惯的确认要求[①]

裁判要点："交易习惯"的确认有诸多要求，不能随意认定。

判决摘要：根据《合同法解释（二）》的规定，"交易习惯"是指：（一）在交易行为当地或者某一领域、某一行业通常采用并为交易对方订立合同时所知道或者应当知道的做法。（二）当事人双方经常使用的习惯做法。对照此规定，对M公司主张的交易习惯不予认定，理由如下：1. 适用交易习惯的前提不存在。交易习惯作为确定当事人真实意思的一种方式，只有在合同未作约定或约定不明时，才考虑适用。本案中，如何办理商品退场，虽合同中未约定具体的操作流程，但是M公司的退场单上对其作出了具体明确的规定，即供应商应持盖章的原件办理退场。该规定意思表示明确，也不违背法律和合同的规定，故应按此规定执行，何况M公司是该规则的制定者。因此在既有明确规定的情况下，不存在适用交易习惯的前提。2. M公司主张的行业做法不构成交易习惯。M公司主张该行业存在委托他人办理退场的做法，但根据法律规定，任何公民、法人均可委托代理人实施民事法律行为。故委托他人办理事务，属于法律赋予的公民、法人的权利，在任何领域、任何行业均能通用，不能认定为某一行业的交易习惯。3. M公司对其主张的双方之间的习惯做法未完成举证。M公司主张其根据与J公司之间使用传真件办理退场的交易习惯，将系争55套货币大系交付给李某，对此应举证证明在交付55套货币大系之前，双方经常使用该做法。此处的经常，按照通常理解，至少2次以上。但M公司对此提供的证据中涉及的退场均是在本案系争55套货币大系交付李某之后。故即便之后形成交易习惯，也不能以之后形成的交易习惯

① （2013）沪二中民四（商）终字第788号。

作为之前操作的依据。何况，根据M公司所述，在李某办理系争55套货币大系退场之前，J公司未曾办理过退场；即便其所述J公司实际上是替代了宇聚公司，但其提供的宇聚公司的委托手续却均为原件。因此，在办理系争55套货币大系退场时双方并未形成利用传真件办理退场的交易习惯。4. M公司未尽到合理审查义务。传真件本身由于难以核对真实性，故在实际使用时应合理审查。具体到本案，凭传真件代收大标的商品，与M公司在退场单上的规定不符，M公司应尽到较高的审查义务。何况，M公司的退场单有其公司行政主管、财务总监、副总经理的审核签字，说明其对商品退场的审查之严格。但按M公司所述，其公司的员工李某持有退场单和委托书的传真件首次代表J公司办理退场时，其既未与J公司联系核实，也未保留传真件，仅保留了传真件的复印件，即将涉案商品交付给李某。及至事后，在J公司要求其报案时，仍不积极采取措施进行报案。故原审法院认定M公司未尽到基本的审查义务，存在严重过错。

二、涉及第三人履行的情形

（一）向第三人履行的合同

《民法典》第五百二十二条规定：当事人约定由债务人向第三人履行债务，债务人未向第三人履行债务或者履行债务不符合约定的，应当向债权人承担违约责任。

法律规定或者当事人约定第三人可以直接请求债务人向其履行债务，第三人未在合理期限内明确拒绝，债务人未向第三人履行债务或者履行债务不符合约定的，第三人可以请求债务人承担违约责任；债务人对债权人的抗辩，可以向第三人主张。

《民法典》第五百二十二条新增规定了真正的利益第三人合同，其中该条第二款规定了利益第三人合同中第三人所享有的拒绝权、履行请求权以及在债务人不履行债务时的违约责任请求权，这些都是《合同法》未作出规定的内容。第三人实际上处于一种类似于债权人的地位。债务人未向第三人履行债务或者履行债务不符合约定的，应当向债权人承担违约责任。债务人基于对债权人的抗辩，可用以对抗第三人。如债务人因债权人原因而产生的同时履行抗辩权、不安抗辩权等，可以对抗第三人，而不向其履行。

（二）由第三人履行的合同

由第三人履行的合同，又称第三人代为履行的合同，是指经当事人约定，由第三人代替债务人履行义务，第三人没有因为履行债务而成为当事人。《民法典》第五百二十三条规定：当事人约定由第三人向债权人履行债务的，第三人不履行债务或者履行债务不符合约定，债务人应当向债权人承担违约责任。

由第三人履行的合同，该第三人并没有成为合同的当事人，合同的当事人仍然是原债权人和债务人。如果第三人没有履行，债务人应向债权人承担责任，第三人本身不承担任何给付义务[①]。合同当事人经过协商一致同意由第三人向债权人履行债务，至于第三人是否履行，应由债务人和第三人进行协商。第三人代为履行不能损害债权人的利益。合同债务可以由第三人代为履行，即必须由债务人亲自履行的债务不能由第三人代为履行的除外。

三、抗辩权

1. 同时履行抗辩权

《民法典》第五百二十五条规定：当事人互负债务，没有先后履行顺序的，应当同时履行。一方在对方履行之前有权拒绝其履行要求。一方在对方履行债务不符合约定时，有权拒绝其相应的履行要求。其构成要件为：

（1）须当事人在同一合同中互负债务。这里的债务，首先应是主给付义务。在从给付义务的履行与合同目的的实现具有密切关系时，也应认为它与主给付义务之间有牵连关系，产生同时履行抗辩权。双方互负的债务应具有对价关系。该对价关系不强调客观上等值，只要双方当事人主观上认为等值即可。如果当事人之间的债务没有牵连性，则不能适用同时履行抗辩。

（2）须双方的债务均已届清偿期。由于同时履行抗辩权旨在使双方当事人所负的债务同时履行，当事人双方的债务必须同时履行，否则不构成同时履行抗辩。此外根据该条件的要求，当事人双方的债务必须已届清偿期，否则任何一方当事人均无权要求对方履行，从而也无适用同时履行抗辩权的余地。

（3）须对方未履行债务或未提出履行债务。双务合同中，当事人要援引

---

① 参见尹田：《论涉他契约》，载《法学研究》2001 年第 1 期。

同时履行抗辩权以对抗对方当事人的履行请求，必须是对方当事人未履行债务。如果对方当事人已履行债务，则未履行的一方不得援引同时履行抗辩权。不过，一方当事人未履行的债务或未提出履行的债务，与另一方当事人所负的债务无对价关系时，另一方当事人仍不得主张同时履行抗辩权。一方当事人的履行不适当时，另一方当事人可行使同时履行抗辩权，但在一方当事人已为部分履行，另一方当事人拒绝履行自己的债务违背诚实信用原则时，不得主张同时履行抗辩权。

（4）须对方的履行是可能的，同时履行抗辩权制度旨在促使双方当事人同时履行其债务。如果对方当事人因不可抗力或者其他原因，不能履行义务，则当事人不能援引同时履行抗辩权，而是适用免责规定或者违约规定进行处理。

2. 不安抗辩权

《民法典》第五百二十七条第一款规定："应当先履行债务的当事人，有确切证据证明对方有下列情形之一的，可以中止履行：（一）经营状况严重恶化；（二）转移财产、抽逃资金，以逃避债务；（三）丧失商业信誉；（四）有丧失或者可能丧失履行债务能力的其他情形。"第五百二十八条第三句规定："中止履行后，对方在合理期限内未恢复履行能力且未提供适当担保的……中止履行的一方可以解除合同……"其构成要件为：

（1）因同一双务合同互负债务，且两债务间具有对价关系。不安抗辩权与同时履行抗辩权一样，均只能发生于双务合同中。因此，单务合同以及不完全的双务合同均不能产生不安抗辩权。

（2）不安抗辩权适用的双务合同属于异时履行，即一方先履行，另一方后履行。一般来说，除法律有特别规定外，买卖合同采用同时履行主义；而对于以下合同，除当事人有特别规定外，通常采用异时履行主义，这些合同包括租赁、承揽、保管、仓储、委托、行纪、居间等。

（3）先履行方债务已届清偿期。如果履行期未届至，先履行方只能暂时停止履行的准备，无从停止履行。

（4）先履行方有确切证据证明后履行方于合同成立后丧失或可能丧失履行能力。

3. 先履行抗辩权

先履行抗辩权是指在双务合同中应当先履行的一方当事人未履行或者不适当履行，到了履行期限对方当事人享有的不履行、部分履行的权利。当事人行使先履行抗辩权致使合同迟延履行的，迟延履行责任应由对方当事人承担，其要件为：(1) 需基于同一双务合同。双方当事人因同一合同互负债务，在履行上存在关联性，形成对价关系。单务合同无对价关系，不发生后履行抗辩权。如果当事人互负的债务不是基于同一双务合同，亦不发生后履行抗辩权。(2) 该合同需由一方当事人先为履行。在双务合同中，双方当事人的履行，多是有先后的。这种履行顺序的确立，或依法律规定，或按当事人约定，或按交易习惯。很多法律对双务合同的履行顺序有规定。

但在实务中，当事人对合同权利义务的约定往往比较复杂，在合同履行过程中也时常出现合同预期之外的情况。因此，当一方主张先履行抗辩权时，另一方往往对此存有异议①。关于先履行抗辩权应当注意以下几点：

(1) 先履行抗辩权须以对待给付为前提。如果后履行一方与先履行一方无法构成对待给付，则后履行一方主张先履行抗辩权可能无法得到法院支持。

(2) 先履行一方未完全履行合同义务，后履行一方就前者未履行的部分依然享有先履行抗辩权。

(3) 如果合同当事人约定了履行期限，但并未明确约定双方履行顺序，则根据履行期限推定履行顺序有可能无法得到法院支持。

四、代位权

《民法典》第五百三十五条规定："因债务人怠于行使其债权或者与该债权有关的从权利，影响债权人的到期债权实现的，债权人可以向人民法院请求以自己的名义代位行使债务人对相对人的权利，但是该权利专属于债务人自身的除外。代位权的行使范围以债权人的到期债权为限。债权人行使代位权的必要费用，由债务人负担。相对人对债务人的抗辩，可以向债权人主张。"

第五百三十六条规定："债权人的债权到期前，债务人的债权或者与该债权有关的从权利存在诉讼时效期间即将届满或者未及时申报破产债权等情形，影响债权人的债权实现的，债权人可以代位向债务人的相对人请求其向债务人履行、向破产管理人申报或者作出其他必要的行为。"

① 参见天驰君泰律师事务所编著：《公司合同法律风险管理实务》，法律出版社2019年版，第131页。

第五百三十七条规定：“人民法院认定代位权成立的，由债务人的相对人向债权人履行义务，债权人接受履行后，债权人与债务人、债务人与相对人之间相应的权利义务终止。债务人对相对人的债权或者与该债权有关的从权利被采取保全、执行措施，或者债务人破产的，依照相关法律的规定处理。”

在代位权行使过程中，债权人只能在本人债权额内提起代位权诉讼，也不得超出债务人权利的范围。经审理确认代位权成立，并经次债务人向债权人履行清偿义务后，债权人与债务人之间的债权债务关系归于消灭。

次债务人在代位权诉讼中处于被告的诉讼地位，可以向债权人主张自己对债务人的一切抗辩。经人民法院审理后认定代位权成立的，由次债务人向债权人履行清偿义务。在代位权诉讼中，债权人胜诉的，诉讼费用由次债务人负担，从实现的债权中优先支付。

【案例】

N银行某支行诉张家港涤纶厂代位权纠纷案①

裁判要点：代位诉讼开始后，债务人无权再处分次债务人债权。

判决摘要：债务人工艺品公司既未积极向债权人履行到期债务，又未通过诉讼或仲裁方式主张其对次债务人的到期债权，而在其债权到期后，通过签订延期还款协议，将还款时间延长8年之久，明显损害债权人合法权益，属于《合同法》第七十三条②债务人怠于行使债权行为，该延期还款协议应认定无效。债务人与次债务人间具体债务数额是否确定，并不影响债权人行使代位权。一审判决后，涤纶厂与工艺品公司所签以资产抵债协议无效，不能产生本案终结的法律后果。因进入代位权诉讼程序后，债务人即丧失了主动处分次债务人债权权利，代位权行使后果直接归属于债权人，次债务人如履行义务，只能向代位权人履行，不能向债务人履行。工艺品公司在诉讼中主动清结债权债务，存在逃避诉讼、规避法律的故意，故判决涤纶厂给付银行垫付款项。

---

① （2018）粤01民终7396号。

② 《民法典》第五百三十五条规定：“因债务人怠于行使其债权或者与该债权有关的从权利，影响债权人的到期债权实现的，债权人可以向人民法院请求以自己的名义代位行使债务人对相对人的权利，但是该权利专属于债务人自身的除外。代位权的行使范围以债权人的到期债权为限。债权人行使代位权的必要费用，由债务人负担。相对人对债务人的抗辩，可以向债权人主张。”

五、撤销权

《民法典》第五百三十八条规定：债务人以放弃其债权、放弃债权担保、无偿转让财产等方式无偿处分财产权益，或者恶意延长其到期债权的履行期限，影响债权人的债权实现的，债权人可以请求人民法院撤销债务人的行为。

第五百三十九条规定：债务人以明显不合理的低价转让财产、以明显不合理的高价受让他人财产或者为他人的债务提供担保，影响债权人的债权实现，债务人的相对人知道或者应当知道该情形的，债权人可以请求人民法院撤销债务人的行为。

第五百四十条规定：撤销权的行使范围以债权人的债权为限。债权人行使撤销权的必要费用，由债务人负担。

第五百四十一条规定：撤销权自债权人知道或者应当知道撤销事由之日起一年内行使。自债务人的行为发生之日起五年内没有行使撤销权的，该撤销权消灭。

此次《民法典》第五百三十九条规定在《合同法》第七十四条的基础上，进一步扩大了债权人行使撤销权的情形：以明显不合理的高价受让他人财产以及为他人的债务提供担保。并且还将《合同法》第七十四条中“受让人知道该情形的”扩大为“债务人的相对人知道或者应当知道该情形的”。

债务人的行为一经撤销，行为自始无效。受领人对已经受领的给付负有恢复原状的义务，具体的法律后果包括：返还财产、赔偿损失、收缴财产等。债权人行使撤销权所支付的律师代理费、差旅费等必要费用，由债务人负担；第三人有过错的，应当适当分担①。

六、后合同义务

《民法典》第五百五十八条规定“债权债务终止后，当事人应当遵循诚信等原则，根据交易习惯履行通知、协助、保密、旧物回收等义务”。法律条文未对后合同义务的具体内涵有非常明确的规定，后合同义务除了以上列举的几种，还存在其他种类。本文仅就一些常见的后合同义务进行简要介绍。

---

① 参见《合同法解释（二）》第二十六条。

1. 通知义务。通知义务又称告知义务，合同终止后，一方当事人应当在有条件的情况下及时将有关情况通知另一方当事人。例如：标的物提存后，除债权人下落不明的以外，债务人应当及时通知债权人或者债权人的继承人、监护人；房屋买卖合同履行完毕后，卖家应将房屋的有关重要事项及时告知买家等。

2. 协助义务。合同终止后，当事人应当帮助、配合对方当事人处理合同终止后的善后事宜。例如，房地产买卖合同双方不仅在合同履行过程中需要互相协助对方，在房屋产权过户后，基于诚实信用原则的要求，也需要协助另一方当事人办理后续事宜；在一般的消费品买卖合同终止后，销售者还负有售后服务义务；供应的机械设备运行中出现技术问题，供货方应当给予买方技术支持、协助排除故障等。

3. 保密义务。保密义务包括以下三方面：首先，合同终止后，合法接触、掌握、使用国家秘密的合同当事人，对于保密期内的国家秘密，无权向第三者泄露。其次，合同终止后，当事人负有保守商业秘密的义务。最后，除了国家秘密和商业秘密，当事人在合同中约定保密的特定事项，合同终止后，当事人也不得泄露。例如：劳动合同解除后，一方到另一与原单位业务相竞争的单位工作，不得擅自利用原单位的技术秘密；技术开发合同终止后，工程技术人员负有不得泄露企业开发新产品、新技术的秘密等。

4. 保护义务。《民法典》第五百五十八条未列出保护义务，但合同终止后，当事人应尽诚实善意之人的注意义务，保护对方的合法权益，其例有整修房屋之工人于修缮完毕后不应任意丢弃烟头以免火灾，餐厅应代为照顾顾客遗忘物，医院于病人转院时应派员护送等[①]。

5. 竞业禁止义务。该义务本身并非法定的后合同义务，其存在通常是由于在合同中事先有相关约定。但值得注意的是，我国有判例认为，在欠缺经济补偿的情况下，竞业禁止条款对劳动者不具有约束力[②]。因此企业如果想要在合同中引入竞业禁止条款，应当同时约定相应的经济补偿条件。

---

① 参见最高人民法院研究室编著：《最高人民法院关于合同法司法解释（二）理解与适用》，人民法院出版社2009年版，第164~165页。

② 参见《最高人民法院公报》2009年第11期。

第四节　合同的变更与终止

一、合同主体的变更

合同主体的变更，是指改变合同关系中债权人或债务人的行为。不论是改换债权人，还是改变债务人，都发生合同权利义务的移转，移转给新的债权人或者债务人，因此合同主体的变更实际上是合同权利义务的转让，分为合同权利的转让、合同义务的转让、合同权利义务的概括转让。

合同的变更，主要有以下类型：

（1）基于法律规定变更合同的，如《民法典》第一百四十七条至第一百五十一条；

（2）当事人各方协商同意变更合同的；

（3）当事人在合同中具有形成权，其行使形成权使合同变更的；

（4）在情势变更使合同履行显失公平的情况下当事人诉请变更合同，法院依职权裁决变更合同的。

二、合同内容的变更

《民法典》第四百七十条规定，合同的内容一般包括以下条款：当事人的名称或者姓名和住所，标的，数量，质量，价款或者报酬，履行期限、地点和方式，违约责任，解决争议的方法。合同内容的变更即是对包括但不限于以上内容的合同内容的变更。变更合同内容应当注意：

1.《民法典》第五百四十四条规定“当事人对合同变更的内容约定不明确的，推定为未变更。”如果双方约定变更合同内容，变更内容一定要明确，避免因产生歧义而导致合同变更失败。

2. 从原则上说，合同的变更必须经当事人双方协商一致，并在原合同的基础上达成新的协议。任何一方不得未经对方同意，无正当理由擅自变更合同内容。当然这并非意味着合同的变更只能由约定产生。事实上，在一些特殊情形（例如重大误解）之下，法律赋予了当事人解除合同的法定权利。

3. 合同内容的变更，是指合同关系的局部变化，也就是说合同变更只是对原合同关系做某些修改和补充，而不是对合同内容的全部变更。如果对合同内容进行了全部变更，则实际上导致原合同关系的消灭，产生了一个新的合同。

4. 合同的变更，也会产生新的债权债务关系。事实上，合同的变更是指在保留原合同的实质内容的基础上产生一个新的合同关系，而变更之外的债权债务关系仍继续生效。

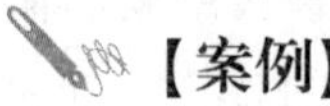【案例】

情势变更原则的适用①

裁判要点：因政府政策调整导致原合同无法履行或目的无法实现，应当适用情势变更原则。

判决摘要：本案涉案合同在履行过程中，常州市政府根据省政府《关于进一步加强污染物减排工作的意见》的要求，调整了节能减排的政策，明确要求X公司自备电厂在2012年6月底前拆除燃煤锅炉，客观情况发生了重大变化，导致X公司原定的对燃煤锅炉进行脱硫工程改造项目继续进行已经没有意义，无法实现合同目的，该变化是当事人无法预见的，这种合同风险显然也不属于普通的商业风险。虽然合同法及有关司法解释并未明确规定政府政策调整属于情势变更情形，但是如果确实因政府政策的调整，导致不能继续履行合同或者不能实现合同目的，当然属于合同当事人意志之外的客观情况发生重大变化的情形。因此，应该认定本案的情形属于《合同法解释(二)》第二十六条规定的情势变更情形。

三、债权债务的转让

（一）债权转让

市场经济的灵活多变使得交易主体之间的经济活动更为频繁，经常会发生交叉交易、互负债务的情形。为了缩短交易流程，简化相互间的债务关系

① （2015）最高法民提字第39号。

的处理，债权让与往往在交易中被交易主体多有运用。债权转让发生于债权人和第三人之间，只要约定转让协议就立即生效，不需要债务人同意（但约定不得转让的除外），也不以通知债务人为必要条件，但是债权转让不通知债务人不得对抗债务人。

值得注意的是，《民法典》第五百四十五条第二款对禁止债权转让的约定进行了限制规定："当事人约定非金钱债权不得转让的，不得对抗善意第三人。当事人约定金钱债权不得转让的，不得对抗第三人。"由此，似应认为当事人关于禁止债权转让的约定仍然在当事人之间有效，但由于引入了对抗性规定，在很大程度上削减了该等约定的实际效用。

债权人将约定不得转让的非金钱债权让与的，善意受让人可取得债权。有学者认为此处实际体现了债权善意取得规则[①]。如若如此，对受让人善意的判断似可参照《最高人民法院关于适用〈中华人民共和国物权法〉若干问题的解释（一）》第十五条以下的规则，即受让人受让债权时不知道转让人无处分权无重大过失的，应当认定受让人为善意，且应由主张权利人（此处应为债务人）证明受让人非善意。

债权附有担保物权的，债权人转让债权的，从权利一并转让。《民法典》第五百四十七条第二款对此类从权利作出了特别规定，即受让人取得担保物权属于法定继受取得，无需登记或移转占有即已取得担保物权。

对于保证，《民法典》则作出了相反规定。保证以担保人的责任财产为担保，可能产生担保过度等弊端，因此立法往往对保证人（尤其是自然人保证）作出额外倾斜。根据《民法典》第六百九十六条等规定，无论债权是否附有禁止让与约定，债权人移转债权的，均需要通知保证人。如果保证人提前约定不得让与债权，而债权人又为让与的，除非保证人书面同意，否则第三人无论是否善意，均不能要求保证人承担保证责任。

综上，在《民法典》第五百四十五条第二款的规则下，更有利于债权的自由转让，符合当下债权资产化的趋势，以及债权作为交易标的和融资工具的现实。同时，该条规定对金钱债权和非金钱债权予以区分，赋予金钱债权更大的流通自由，也符合经济现实的需要。

---

① 参见王利明：《民法典合同编通则中的重大疑难问题研究》，载《云南社会科学》2020 年第 1 期。

【示例】

债权转让可能存在的法律风险与防范对策

1. 表见让与，即债权人将债权转让事宜通知债务人后，债权转让实际并未发生或生效，但债务人基于对通知事实的信赖而向受让人履行。在表见让与的情况下，债务人向受让人履行债务后，不再承担向原债权人履行的责任。

防范对策：由于在表见让与的情形下，承担损失的是原债权人，所以债权人在转让债权前，应当审慎审查债权让与的生效条件，在确定完成债权让与的所有步骤前，不向债务人送达债权让与通知，这样也能防范债务人和受让人恶意串通。

2. 债务人与受让人恶意串通，让受让人与债权人约定债权转让的对价分期支付。一旦债权人将债权转让给受让人，受让人便消失，不再支付余款，从而让原债权人承担了损失。

防范对策：受让人在与债权人进行接洽谈判时，应当尽量聘请律师参与谈判和调查，要求债权人提供催收债权的通知，以及债权人与债务人的往来信函，由律师判断该债权是否已过诉讼时效，从而确定是否要受让该债权。受让人最好自行或聘请律师调查债务人的相关情况，如住所、财产状况等，如经调查发现债务人住所无法找到同时其财产下落不明的，即使债权转让的对价很低，受让人也不应贪图便宜而签订合同，避免利益受损。

3. 受让的债权难以实现，如债务人下落不明而无法实现债权；或者债权已过诉讼时效，受让人取得该债权时就已丧失了胜诉权，导致债权成为“自然债务”。

防范对策：受让人在受让债权前应进行充分调查了解，包括债权人与债务人之间的债权债务关系等，并要求转让人对转让的债权承担瑕疵担保责任。

（二）债务承担

债务承担有广义和狭义之分。狭义的债务承担就是债务转让，亦称“免责的债务承担”，是指合同的债权人、债务人与第三人之间达成协议将合同债务转移给第三人承担。之后仅承担人作为债务人，也可以说是债务人的替换。《民法典》第五百五十一条第一款规定：“债务人将债务的全部或者部分转移给第三人的，应当经债权人同意。”可见，债务转让必须经债权人同意。

广义的债务承担还包括让承担人与原债务人一起承担债务的情形，这种债务承担方式也被称为“并存的债务承担”。依我国学者通说，在并存的债务承担场合，债务人和第三人之间成立连带关系，除非双方另有约定①。但目前也有学者认为可采不真正连带债务的立场。此问题的解决还留待将来立法予以释明。

由于债务加入与保证担保等制度在存在相似性的同时又存在显著差异，如与保证担保追偿权方面的差异、保证期间的适用等，而这些差异可能对第三人的权益产生实质影响，所以第三人、债务人以及债权人在作出意思表示及签署相关书面文件时，应准确表达自己的意思，尤其要准确使用债务加入、保证担保、代为履行、债务转移等法律概念，避免因措辞不清而导致自身权利受到影响甚至丧失。由于第三人在债务加入中的追偿权尚存争议，故在第三人加入债务之前，应与债务人就该问题达成书面协议，否则第三人可能会面对实际履行债务后无法向债务人追偿的情况，导致自身利益损失。

《会议纪要》第二十三条规定了法定代表人以企业名义表示加入债务的效力问题参照该纪要关于企业为他人提供担保的有关规则处理，而该纪要第十八条又规定了在不同情况下债权人对企业担保决议的审查义务，且债权人是否尽到审查义务将直接影响到企业对外担保效力。鉴于此，我们建议，在拟加入债务的第三人为企业的情况下，从债权人角度而言，应确认第三人已经参照《会议纪要》第二十三条之规定履行了必要的企业内部决议程序。具体来说，即对于企业为履行股东或实际控制人的债务而加入债务的，债权人应当对决议进行审查；对于企业为履行股东、实际控制人以外的非关联方的债务加入债务的，债权人应当对第三人加入债务的股东（大）会决议或董事会决议进行审查；或者债权人应当确保第三人存在《会议纪要》第十九条规定的四种债权人不负有审查企业决议义务的情形，否则，一旦第三人否认债务加入的效力，其债务加入行为将很可能被认定无效，进而导致债权人不能要求第三人履行债务，影响自身权益。

---

① 参见王利明主编：《合同法研究》（第2卷），中国人民大学出版社2003年版，第254页。

四、合同无效、效力待定、被撤销的情形

（一）合同无效

1. 合同无效情形

合同无效是指合同因欠缺一定生效要件而导致合同当然不发生效力。我国的《民法典》对合同无效的确认标准作了原则性规定，如《民法典》第一百五十三条规定，违反法律、行政法规的强制性规定的民事法律行为无效，但该强制性规定不导致该民事法律行为无效的除外；另外，违背公序良俗的民事法律行为无效。第一百五十四条规定：行为人与相对人恶意串通，损害他人合法权益的民事法律行为无效。第一百四十四条规定：无民事行为能力人实施的民事法律行为无效。第五百零六条规定，合同中的下列免责条款无效：（1）造成对方人身损害的；（2）因故意或者重大过失造成对方财产损失的。

值得注意的是，《合同法解释（二）》第十四条指出，《合同法》第五十二条第五项规定的“强制性规定”，是指效力性强制性规定。在判断何为“效力性强制性规定”时，尤其要考量强制性规定所保护的法益类型、违法行为的法律后果以及交易安全保护等因素的基础上认定其性质。一般来说，下列强制性规定应当认定为“效力性强制性规定”：强制性规定涉及金融安全、市场秩序、国家宏观政策等公序良俗的；交易标的禁止买卖的，如禁止人体器官、毒品、枪支等买卖；违反特许经营规定的，如场外配资合同；交易方式严重违法的，如违反招投标等竞争性缔约方式订立的合同；交易场所违法的，如在批准的交易场所之外进行期货交易。关于经营范围、交易时间、交易数量等行政管理性质的强制性规定，一般应当认定为“管理性强制性规定”①。鉴于原《合同法》第五十二条第五项被转移到了《民法典》第一百五十三条中，我们有理由认为，随着后期民法典各编司法解释的出台，上述合同法司法解释的意见有较大可能会被保留。但由于此次民法典没有采纳效力性强制性规定的概念，法律法规的强制性规定中哪些部分可能导致合同（民事法律行为）无效，仍然法无明确标准，仍待权威案例给予指引。

---

① 参见《会议纪要》第三十条。

另外，合同条款违反规章一般情况下不影响合同效力，但该规章的内容涉及金融安全、市场秩序、国家宏观政策等公序良俗的，应当认定合同无效①。

2. 合同无效的法律后果

《民法典》第一百五十七条规定："民事法律行为无效、被撤销或者确定不发生效力后，行为人因该行为取得的财产，应当予以返还；不能返还或者没有必要返还的，应当折价补偿。有过错的一方应当赔偿对方由此所受到的损失；各方都有过错的，应当各自承担相应的责任。法律另有规定的，依照其规定。"可见合同无效或被撤销后，其产生的后果主要有：

（1）返还财产，是指合同当事人在合同被确认为无效或者被撤销以后，对已经交付给对方的财产，享有返还财产的请求权。双务合同不成立、无效或者被撤销时，标的物返还与价款返还互为对待给付，双方应当同时返还。关于应否支付利息问题，只要一方对标的物有使用情形的，一般应当支付使用费，该费用可与占有价款一方应当支付的资金占用费相互抵销，故在一方返还原物前，另一方仅须支付本金，而无须支付利息②。

（2）折价补偿，是在因无效合同所取得的对方当事人的财产不能返还或者没有必要返还时，以金钱的方式对对方当事人进行补偿的责任形式。折价时，应当以当事人交易时约定的价款为基础，同时考虑当事人在标的物灭失或者转售时的获益情况综合确定补偿标准。当事人因标的物灭失所获得的保险金或者其他赔偿金及转售时取得的对价，均属于当事人因标的物而获得的利益。对获益高于或者低于价款的部分，也应当在当事人之间合理分配或者分担③。

（3）赔偿损失。合同不成立、无效或者被撤销时，仅返还财产或者折价补偿不足以弥补损失，一方还可以向有过错的另一方请求损害赔偿。在确定损害赔偿范围时，既要根据当事人的过错程度合理确定责任，又要考虑在确定财产返还范围时已经考虑过的财产增值或者贬值因素，避免双重获利或者双重受损的现象发生④。

---

① 参见《会议纪要》第三十一条。
② 参见《会议纪要》第三十四条。
③ 参见《会议纪要》第三十三条。
④ 参见《会议纪要》第三十五条。

【案例】

股权隐名代持行为的效力[①]

裁判要点：隐名代持证券发行人股权的协议因违反公共秩序而无效。

判决摘要：法院认为，《民法总则》第一百五十三条第二款规定，“违背公序良俗的民事法律行为无效”。[②] 公序良俗的概念具有较大弹性，在具体案件中应审慎适用，避免过度克减民事主体的意思自治。公序良俗包括公共秩序和善良风俗。证券领域的公共秩序应先根据该领域的法律法规予以判断，在上位法律无明确规定的情况下，判断某一下位规则是否构成公共秩序时，应从实体正义和程序正当两个层面进行考察：该规则应当体现证券领域法律和行政法规所规定的国家和社会整体利益；该规则的制定主体应当具有法定权威，制定与发布符合法定程序，具有较高的公众知晓度和认同度。证券发行人应当如实披露股份权属情况，禁止发行人股份存在隐名代持情形，系由《证券法》和《首次公开发行股票并上市管理办法》明确规定，关系到以信息披露为基础的证券市场整体法治秩序和广大投资者合法权益，在实体和程序两个层面均符合公共秩序的构成要件，因此属于证券市场中应当遵守、不得违反的公共秩序。隐名代持证券发行人股权的协议因违反公共秩序而无效。

股权代持协议被认定无效后，投资收益不属于合同订立前的原有利益，不适用恢复原状的法律规定，应适用公平原则，根据对投资收益的贡献程度以及对投资风险的承受程度等情形，即“谁投资、谁收益”与“收益与风险相一致”进行合理分配。名义持有人与实际投资人一致表示以系争股票拍卖、变卖后所得向实际投资人返还投资款和支付股份增值收益，属于依法处分自身权利的行为，不违反法律法规的禁止性规定，可予支持。

（二）合同效力待定

效力待定合同已经成立，但合同因缺乏处分权、代理权或缺乏行为能力而效力并不齐备。其既非完全无效，也非完全有效，而是处于一种效力不确定的中间状态，因而有待于其他行为或事实使之确定。合同效力待定主要有

① （2018）沪74民初585号。

② 《民法典》第一百五十三条第二款规定：“违背公序良俗的民事法律行为无效。”

以下原因：

（1）《民法典》第一百四十五条规定，限制行为能力人订立的合同。限制行为能力人实施与其年龄、智力、健康状况不相适应的行为，其法律效果是法定代理人的追认权和相对人的催告权与善意相对人的撤销权。

（2）无权代理人订立的合同。《民法典》第一百七十一条规定，行为人没有代理权、超越代理权或者代理权终止后以被代理人名义订立的合同，必须经过被代理人的追认才能对被代理人产生法律拘束力，否则，后果由行为人承担。相对人可以催告被代理人一个月内予以追认，被代理人未作表示的，视为拒绝。被追认之前，善意相对人有撤销的权利，表见代理除外。

（三）合同被撤销

合同可撤销的情形主要集中在《民法典》第一百四十七条至第一百五十一条。

第一百四十七条，基于重大误解实施的民事法律行为，行为人有权请求人民法院或者仲裁机构予以撤销。

第一百四十八条，一方以欺诈手段，使对方在违背真实意思的情况下实施的民事法律行为，受欺诈方有权请求人民法院或者仲裁机构予以撤销。

第一百四十九条，第三人实施欺诈行为，使一方在违背真实意思的情况下实施的民事法律行为，对方知道或者应当知道该欺诈行为的，受欺诈方有权请求人民法院或者仲裁机构予以撤销。

第一百五十条，一方或者第三人以胁迫手段，使对方在违背真实意思的情况下实施的民事法律行为，受胁迫方有权请求人民法院或者仲裁机构予以撤销。

第一百五十一条，一方利用对方处于危困状态、缺乏判断能力等情形，致使民事法律行为成立时显失公平的，受损害方有权请求人民法院或者仲裁机构予以撤销。

《民法典》第一百五十二条规定，有下列情形之一的，撤销权消灭：（1）当事人自知道或者应当知道撤销事由之日起一年内、重大误解的当事人自知道或者应当知道撤销事由之日起九十日内没有行使撤销权；（2）当事人受胁迫，自胁迫行为终止之日起一年内没有行使撤销权；（3）当事人知道撤销事由后明确表示或者以自己的行为表明放弃撤销权。

（四）合同被解除

合同解除在学理上可以分为法定解除、约定解除、合意解除[①]，主要是指《民法典》第五百六十二条、第五百六十三条。《民法典》第五百六十三条对于法定解除规定了客观履行不能和违约两种情形，具体为：（一）因不可抗力致使不能实现合同目的；（二）在履行期限届满之前，当事人一方明确表示或者以自己的行为表明不履行主要债务；（三）当事人一方迟延履行主要债务，经催告后在合理期限内仍未履行；（四）当事人一方迟延履行债务或者有其他违约行为致使不能实现合同目的；（五）法律规定的其他情形。至于约定解除与合意解除则是指“当事人可以约定一方解除合同的条件，解除合同的事由发生时，解除权人可以解除合同”和“当事人协商一致，可以解除合同”的情形。

《民法典》第五百六十四条规定：法律规定或者当事人约定解除权行使期限，期限届满当事人不行使的，该权利消灭。法律没有规定或者当事人没有约定解除权行使期限，自解除权人知道或者应当知道解除事由之日起一年内不行使，或者经对方催告后在合理期限内不行使的，该权利消灭。原来在《合同法》第九十五条中并未对解除权的行使期限作出任何强制性的规定，仅在《最高人民法院关于审理商品房买卖合同纠纷案件适用法律若干问题的解释》（2020 年修正）第十一条第二款中对解除权的行使期限作出了规定[②]，之前亦有一些法院在审理其他类型的合同解除纠纷时适用了该条规定。在无合同约定的情况下，是否所有类别的合同都适用该解除权行使期限，一直未有定论。现在《民法典》采用了上述司法解释在当事人没有催告的情形下一年时长的解除权行使期间，但没有采用在当事人催告的情形下时长三个月的解除权行使期间，而是以“合理期限”给法官留下了自由裁量的空间。

本章合规指引

合同管理覆盖从商谈、草拟、签订、生效、履约、完成合同的一系列流程，同时也会涉及企业的一系列部门。合同的管理同时涉及企业的管理原理

---

① 参见韩世远：《合同法总论》，法律出版社 2018 年版，第 644 页。

② 《最高人民法院关于审理商品房买卖合同纠纷案件适用法律若干问题的解释》（2020 年修正）第十一条第二款规定：“法律没有规定或者当事人没有约定，经对方当事人催告后，解除权行使的合理期限为三个月。对方当事人没有催告的，解除权人自知道或者应当知道解除事由之日起一年内行使。逾期不行使的，解除权消灭。”

与合同法的原理，其内容广博而复杂，企业的管理者对此不得不予以重视。合同管理的成效好坏直接关系到企业的合规体系是否运行有效，进而关系到企业的经营风险。因此企业有必要建立一套能够覆盖合同运行全流程的合规体系，避免企业承担不必要的损失。

下面提供《企业合同管理办法》作为该部分合规管理的指引。具体内容如下：

【示例】

企业合同管理办法

1. 为规范合同管理，有效地控制风险、预防纠纷、保障权益、提高效益、顺利实现经营目标，根据相关法律法规，结合企业实际，特制订本办法。

2. 本办法适用于以企业名义签署的所有合同，但劳动合同除外。

3. “合同”是指企业在经营活动和业务交往中，与作为平等主体的自然人、法人及其他组织之间签署的，设立、变更、终止民商事权利和义务关系的各类协议。

4. 职责

(1) 归口部门，指总裁办，负责审定企业合同示范文本、进行合同的法律审核、根据需要报告合同履行情况以及解释和修订本管理办法。

(2) 主办部门，指合同的提出部门（包括项目组），负责组织、协调合同文本的准备、审核、签署、归档、跟踪等。以项目组为主办部门的合同，在项目组解散之前，应由项目组与相关职能部门先行协商确定该等合同的接管事宜。

(3) 会审部门，指参与合同审核的各部门，负责对与本部门职能范围相关的合同条款进行审核并相应提出意见。

5. 合同的文本准备

(1) 订立合同，主办部门应事先查证对方当事人的主体资格、履约能力、资信情况以及签约人的合法身份等。订立合同，均应采用书面形式，但可即时结清或按照一般交易习惯更适宜采用口头形式者除外。

(2) 如已有合同文本，可予优先采用。

(3) 已有合同文本是指企业制订的示范文本，政府主管部门/社会机构提供的示范文本，合同相对方提供的文本。已有合同文本采用顺序一般为：企业制订的示范文本，政府主管部门/社会机构提供的示范文本，合同相对方提供的文本。

(4) 如主办部门决定采用上述已有合同文本，合同文本可交由总裁办会同相关职能部门共同修订，但企业提供的示范文本或已经确认且无任何实质性改变的合同文本除外。

(5) 如无已有合同文本，合同文本的拟订由主办部门会同总裁办及相关职能部门共同完成，包括拟订基本原则和主要条款。

(6) 合同条款应详尽、完整，用语应准确、精练。

(7) 合同内容一般应包括：合同主体；标的或事由；权利与义务；价款或酬金及其支付方式与期限；履行的期限、地点、方式；违约责任；争议的解决等。

(8) 对于经常性发生的合同，企业制定并采用示范合同文本。

(9) 示范合同文本的拟制，由主办部门向总裁办提出需求后，总裁办应配合主办部门，共同拟制。

(10) 草拟合同示范文本，主办部门负责商业条款内容；合同内容涉及其他部门职责的，相关部门应对职责范围内的合同内容负责草拟与审核；根据主办部门对合同的具体要求，总裁办法律顾问负责合同框架、法律条款的拟制以及规范性、合法性审核。

(11) 示范合同文本草拟后，应经相关部室会审、修改，并由总裁办法律顾问对该文本最后审定并备案后，方可作为企业示范合同文本使用。

6. 合同的谈判

(1) 合同的谈判一般由项目组或合同的主办部门组织进行。谈判包括面对面的谈判以及电话会议等各种形式。

(2) 项目所涉及各类合同以及其他重大合同的谈判均应当有企业法律顾问及其他相关专业人员一同参与，必要时可以聘请外部专业人员参与。主办部门对于谈判过程中的重要事项应当予以记录。

(3) 记载或反映谈判重大进展或变化及其他重要信息的传真、电子邮件等，应当采用企业规定的传真、电子邮件模板，并由主办部门按有关规定进行保管。

7. 合同的审核

(1) 主办部门将合同提交签署之前，应交相关部室进行审核，主办部门应根据合同具体内容和关联程度及相关内控制度确定会审部室，会审部室除总裁办外，还应包括与合同内容有实质关联的相关部室。

(2) 主办部门将合同交相关职能部室进行会审，应附有合同审核表。各会审部室一般应在收到合同文本后 5 个工作日内完成审核，并在审核表上填写审核意见。

(3) 使用企业制订的示范合同文本的合同，各会审部室审核时间一般不应超过2 个工作日。

(4) 使用示范合同，不应对示范合同内容作实质性变更；凡对示范合同内容作实质性修改的，均应作出明显易见的标注或说明，并依照程序进行会审。

(5) 主办部门按照会审部室的意见将合同文本修改后，可重新提交会审；若主办部门和会审部室不能达成一致意见，主办部门应上报其分管领导协调解决。

(6) 需上报总裁办公会议或董事会审批级别的合同，在经部门审核或经部门会审后，由主办部门提交总裁办公会议或董事会审批决定。

(7) 已按照本办法审核或批准的合同在交付签署之前，应经法律顾问对合同的合法性、规范性进行复核。

(8) 合同经复核通过后，不得擅自修改，由总裁办法律顾问对合同进行编号并在合同审核表上加盖合同复核章后，交法定代表人或其授权委托人签署。

(9) 总裁办法律顾问认为合同不符合合法性、规范性的要求，或发现仍然有重大法律风险的，应出具书面意见，并连同合同文本退回主办部门。

(10) 被退回的合同由主办部门修改后再次交总裁办法律顾问复核。

8. 合同的授权与签署

(1) 合同签署人应为企业法定代表人或其授权委托人（以下简称代理人)，代理人不得超越权限签署合同。

(2) 主办部门提交签署的合同，应按本办法完成审核并附合同审核表；合同需经总裁办公会议或董事会审议的，还应附有相关决议文件。

(3) 授权分为一般授权和特别授权。

(4) 一般授权是法定代表人对企业内部各层级管理人员根据既定的预算、计划以及相关内控制度等标准，就一般性、经常性的业务行为所进行的授权。

(5) 在一般授权情况下，主办部门根据相关规定或者实际需求起草授权委托书，经总裁办法律顾问审核后，交董事会办公室提请法定代表人签署。

(6) 特别授权是指考虑到对等原则、重要性原则及其他因素，由法定代表人特别授权有关人员签署合同。

(7) 在需要特别授权情况下，主办部门或相关部门向董事会办公室提出特别授权申请，经核准后，由总裁办法律顾问根据特别授权申请起草授权委托书，并交董事会办公室提请法定代表人签署。

（8）代理人不得越权签订合同，也不得擅自转委托。

（9）代理人授权期满，或调离本岗位，或法定代表人撤回授权，以及因其他情形导致代理权终止的，代理人应当将授权委托书交总裁办法律顾问注销。

（10）合同原则上应当与合同对方当事人当面签订。对于确需企业先行签字并盖章，然后寄送对方签字并盖章的，应当采用在合同各页码之间加盖骑缝章、使用防伪印记等方法对合同文书加以控制，防止对方当事人任意增减、修改合同条款和内容。

9. 合同的归档

（1）合同签署后由主办部门及时归档。

（2）应予归档的合同资料主要包括：合同（含附件，下同）原件；授权书；相关决议；法律意见书；政府批文以及其他重要资料。

（3）合同资料由主办部门自行归档或归档至档案室。

（4）存档期为5年以上或主办部门认为重要的合同资料应归档至档案室。

（5）其他合同资料，由主办部门自行归档。

（6）各部门及人员应当遵守企业相关的保密制度。任何人不得以任何形式泄露合同在订立和履行过程中涉及的商业秘密和技术秘密。

10. 合同的履行

（1）合同依法签订并生效后，应当全面履行，不得擅自变更或解除。

（2）合同对方当事人违约的，主办部门应及时通报总裁办，以书面形式督促对方履行合同义务，并依照法律规定或合同约定追究其违约责任。如要放弃追究对方的违约责任，应依合同原审核程序会审后，报主管领导批准；凡未经批准擅自放弃追索权者，应承担相应责任。

（3）企业自身违约的情形，由主办部门以书面形式报告主管领导，经批准后履行相应赔偿责任。

（4）合同的履行由主办部门负责跟踪。

11. 修订、解释及其他

（1）本办法由总裁办结合各部门意见于每年2月进行修订。

（2）本办法由总裁办负责修订和解释。

在合同的订立、审批、履行等过程中，企业内控制度、规范文件如对预算管理、采购管理等另行作出规定的，还应按照相应规定执行。

第九章　企业市场交易合规管理

【思维导图】

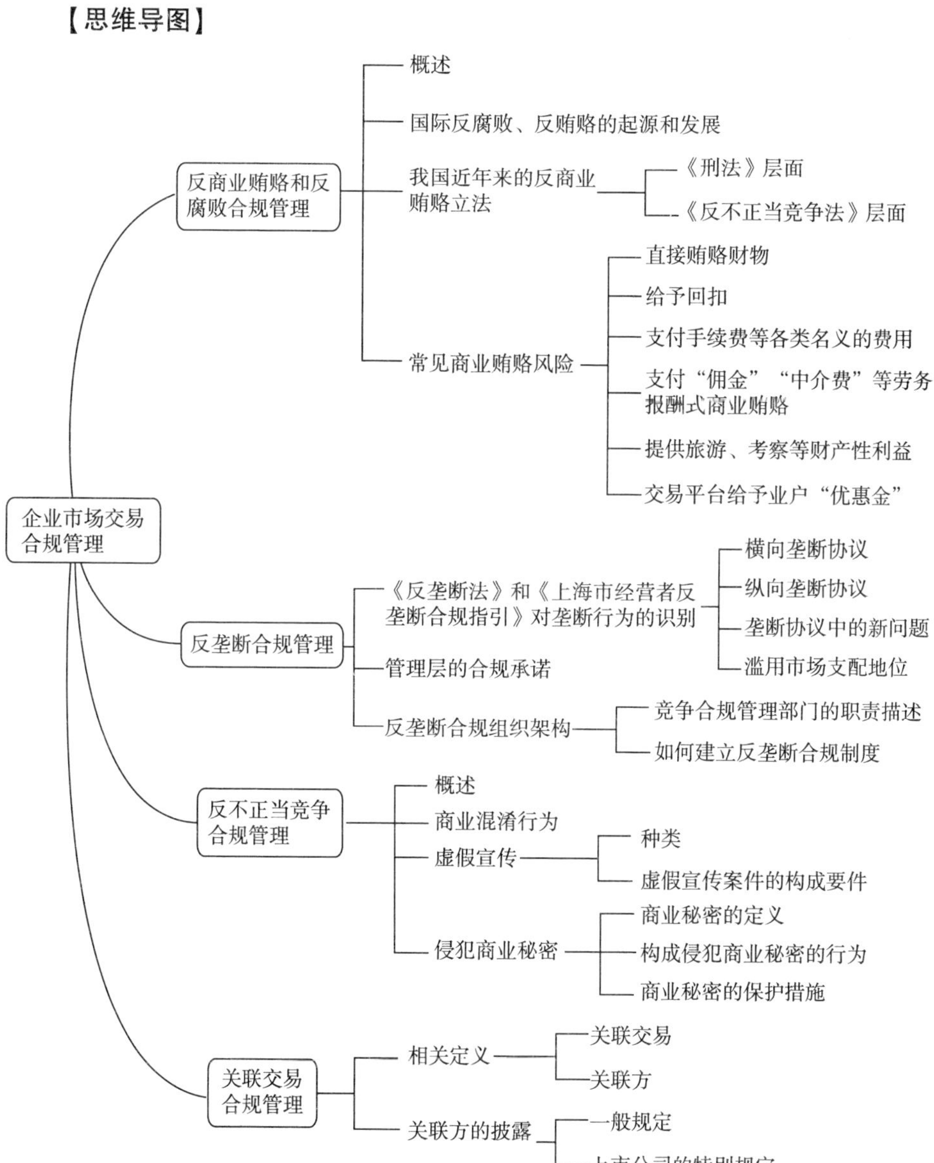

【本章概要】

本章共分四节，围绕企业交易分别阐述了反商业贿赂和反腐败、反垄断、反不正当竞争和关联交易的企业合规措施。企业在这些领域一旦发生违规行为，轻则遭受行政处罚，重则触犯刑法，更不用说会对企业声誉和市场商业道德的构建造成严重不良影响。因此，企业有必要采取严密措施，严防商业交易中违背商业道德和法律法规的不良行为。

第一节　反商业贿赂和反腐败合规管理

一、概述

商业贿赂是指经营者以排斥竞争对手为目的，为使自己在销售或购买商品或提供服务等业务活动中获得利益，而采取的向交易相对人及其职员或其代理人提供或许诺提供某种利益，从而实现交易的不正当竞争行为①。

商业贿赂的危害在于：1. 它违背社会主义市场经济的基本原则，破坏市场秩序，妨碍公平竞争的资源合理配置，影响投资环境。2. 增加企业经营成本，造成国家税收减少和公有财产被侵吞。3. 为假冒伪劣商品开了方便之门，直接损害广大消费者的合法权益，引发不少突发公共事件和其他社会问题。4. 败坏社会风气，腐蚀企业从业人员，成为滋生腐败行为和经济犯罪的温床。

二、国际反腐败、反贿赂的起源和发展

1977 年后，国际层面的反腐败和反商业贿赂制度相继建立：

1999 年，《OECD 反贿赂公约》生效，鼓励成员国通过惩治成员国企业在国际交易中的贿赂行为减少腐败。2003 年，联合国通过《联合国反腐败公约》。2010 年，英国通过了《反贿赂法》并于次年生效，该法被认为是世界上最严厉的反腐败法律：在证明贿赂犯罪成立时，该法只关注行贿行为，并不要求公诉机关证明受贿对象不正当地行使了职权。此外，该法规定了雇主对

① 《民法典》第一百五十三条第二款规定："违背公序良俗的民事法律行为无效。"

雇员、代理人、下属机构的行贿行为的严格责任和替代责任。在国际组织的推动下，欧盟、拉丁美洲、亚洲大部分国家也相继制定或完善了各自的反腐败、反贿赂法律和制度：2016 年，法国通过了《萨宾第二法案》以促进交易透明、反腐败和经济现代化。在我国的推动下，APEC 第 26 届部长级会议还通过了《北京反腐败宣言》并成立了 APEC 反腐执法合作网络，以促进亚太地区在打击跨境腐败上的执法合作。

概括而言，国际上有关反腐败和反商业贿赂主要包括两大核心要求：

1. 反贿赂规则（Anti - bribery Provision）：禁止个人或企业为了获取不正当优势以取得或保留商业机会，向公职人员行贿。其中，公职人员的范围较广，政党或政党官员、政府官员候选人、国际公共组织人员、海外公职人员等均可能被当地法律纳入公职人员范围。

2. 会计规则（Accounting Provisions）：要求企业保存准确的账簿和记录，并设立完善的财务内控制度。

在经历了 30 多年的发展后，国际反腐败和反商业贿赂的发展呈现如下趋势：

1. 国家对反腐败行为的管辖范围延伸至海外。

2. 大部分国家加强对企业责任的追究，同时关注个人责任。如上述英国《反贿赂法》的规定。

3. 大部分国家强调了举报制度的作用和对举报人的保护。

4. 部分国家开始引入受调查对象与政府间的和解机制。如法国《萨宾第二法案》即引入和解机制，以促进交易透明、反腐败和实现经济现代化。

5. 各国在反腐败、反贿赂领域的国际调查和执法合作进一步加强。

6. 大部分监管机构监管采取了“实质重于形式”的监管原则，在监管要求上也逐渐趋严。

三、我国近年来的反商业贿赂立法

我国与国际反腐败、反商业贿赂的接轨始于《联合国反腐败公约》。我国还先后加入了《引渡条约》《刑事司法协助条约》《移管被判人条约》等国际条约。在此之后，我国进一步加快了反腐败和反商业贿赂的发展进程：

2010 年，我国修订《行政监察法》。

2017 年党的十九大之后，我国开始启动国家监察体制改革试点。

2017 年 11 月 4 日，第十二届全国人民代表大会常务委员会第三十次会议对《反不正当竞争法》进行了修订。

总的来说，我国对反腐败和反商业贿赂的规制主要集中于《刑法》及《反不正当竞争法》层面。

（一）《刑法》层面

2006 年《刑法修正案（六）》：将商业贿赂犯罪的主体扩大到企业、企业以外的其他单位的工作人员。

2009 年《刑法修正案（七）》：明确规定了“特定关系人”的受贿罪（利用影响力受贿罪），即向国家机关工作人员的近亲属或者其他与该国家工作人员关系密切的人，或者向离职的国家工作人员或者其近亲属以及其他与其关系密切的人行贿的，也将被依法追究刑事责任。

2011 年《刑法修正案（八）》：增加了对外国公职人员、国际公共组织官员行贿罪。

2015 年《刑法修正案（九）》：进一步完善了受贿犯罪的定罪量刑标准，将以前规定的单纯的“数额”标准，修改完善为“数额 + 情节”标准，即无论受贿数额多少，只要情节严重，就要追究相应的刑事责任。此外，对重特大受贿犯罪被判处死刑缓期二年执行的，人民法院根据犯罪情节等情况可以同时决定在其死刑缓期执行二年期满依法减为无期徒刑后，终身监禁，不得减刑、假释。《刑法修正案（九）》还对行贿犯罪增加了财产刑，在每一档量刑中新增“并处罚金”。

目前刑法针对贿赂设定的罪名包括：非国家工作人员受贿罪，对非国家工作人员行贿罪，对外国公职人员、国际公共组织官员行贿罪、受贿罪，单位受贿罪，利用影响力受贿罪、行贿罪，对有影响力的人行贿罪，对单位行贿罪，介绍贿赂罪，单位行贿罪。

（二）《反不正当竞争法》层面

除了刑法修正案外，2018 年 1 月 1 日实施的《反不正当竞争法》[①] 对商业贿赂部分的修订也有多处亮点，与刑法修正案、国际反商业贿赂实践在多

---

① 后根据 2019 年 4 月 23 日第十三届全国人民代表大会常务委员会第十次会议《关于修改〈中华人民共和国建筑法〉等八部法律的决定》修正。其中，有关商业贿赂的内容未作修改。

个方面保持了一致：

首先，新修订的《反不正当竞争法》修改了商业贿赂的对象。在新《反不正当竞争法》实施前，收受商业贿赂的主体是“对方单位或个人”。而修订后的《反不正当竞争法》不再将“交易相对方”作为商业贿赂的对象，收受商业贿赂的主体调整为三类：交易相对方的工作人员；受交易相对方委托办理相关事务的单位或者个人；利用职权或者影响力影响交易的单位或者个人。这就意味着向“交易相对方”给予好处的行为，无论给予的好处以何种形式例如折扣、返利、促销、赞助、赠品等和金额大小，根据新修订的《反不正当竞争法》的规定，原则上都不落入商业贿赂的范围。

其次，与刑法不同，新修订的《反不正当竞争法》对商业贿赂对象并不区分公共或私营性质。《中央治理商业贿赂领导小组关于在治理商业贿赂专项工作中正确把握政策界限的意见》（以下简称《治贿意见》）[①] 即规定，商业贿赂的主体既包括各类企业、企业及其从业人员，个体工商户以及其他经营者和社会团体、行业自律组织、社会中介组织及其从业人员；也包括国家机关、事业单位、人民团体及其工作人员等。

四、常见商业贿赂风险

（一）直接贿赂财物

直接贿赂财物是最传统和典型的贿赂行为，《反不正当竞争法》《刑法》均明文规定禁止。直接贿赂财物包括：货币、货币等价物、会员卡、电子券和实物等。礼品是人际往来的润滑剂，有必要予以约束。

《治贿意见》指出，商业活动中，可以依据商业惯例送小额广告礼品。违反规定以附赠形式向对方单位及其有关人员给予现金或者物品的，属于商业贿赂。《关于禁止商业贿赂行为的暂行规定》（以下简称《暂行规定》）规定，经营者在商品交易中不得向对方单位或者其个人附赠现金或者物品，但按照商业惯例赠送小额广告礼品的除外。

不过，鉴于新《反不正当竞争法》在商业贿赂的对象中删除了交易相对方，因此，一般情况下经营者给予交易相对方工作人员附赠礼物的，属于商

---

① 参见《中央治理商业贿赂领导小组关于在治理商业贿赂专项工作中正确把握政策界限的意见》。

业贿赂行为。如直接向交易相对方附赠财物，如实入账的可认定为折扣，未如实入账的应认定为回扣。

反商业贿赂下的企业礼品制度应当注意以下方面：

1. 适用范围。礼品制度适用于所有向第三方提供礼品的情形，但不包括在市场推广活动中向个人消费者提供的赠品，以及在与其他企业交易中在合同中列明的赠品。

2. 礼品价值。企业一般会对送出礼品的市场价值进行限制，并使用货币作为衡量单位。但需要注意的是，并非所有低于企业规定市场价值的礼品就一定符合企业的礼品规定。企业一般最好禁止以货币或货币等价物作为礼品，选择其他形式的礼品也要结合当地风俗习惯考虑该礼品是否妥当。

3. 送礼对象。赠送礼品需要考虑接受者的身份以及其所在组织的要求，比如国家公务人员一般是被禁止在公务活动中接受礼品的。

4. 流程。很多企业规定赠送礼品要经过企业的内部事前审批，有些企业还要求合规部门参与审批或对审批进行复核。礼品的购买、领取和使用都应当按照财务制度形成记录，送礼对象也应当记录。如果企业员工遇到索要礼品，或被明示或暗示用礼品换取特定利益，则应当向企业合规部门报备。

（二）给予回扣

根据新《反不正当竞争法》规定，经营者在交易活动中，可以以明示方式向交易相对方支付折扣，应当如实入账。因此，是否入账是区分回扣与折扣的主要标准。《治贿意见》指出，商业活动中，可以以明示并如实入账的方式给予对方折扣，给予、接受折扣必须如实入账。账外暗中给予、收受回扣的，属于商业贿赂。

据此，尽管新《反不正当竞争法》对商业贿赂行为作出了较大幅度的修改，但仍应当坚持账外暗中是构成回扣的必要条件。给予“折扣”未如实入账的，应当认定为给予回扣的行为。否则，在实践中将无法区分回扣与折扣，造成新的混乱。

（三）支付手续费等各类名义的费用

关于各类手续费问题，《治贿意见》在政策层面指出：通过赌博，以及假借促销费、宣传费、广告费、培训费、顾问费、咨询费、技术服务费、科研费、临床费等名义给予、收受财物或者其他利益，以提供、获取交易、服务机会、优惠条件或者其他经济利益的，属于商业贿赂。

实践中，有关规定明文禁止的支付各类手续费行为主要包括以下几种①：

1. 旅游购物网点给予旅行社和导游的购物提成

在《关于旅行社或导游人员接受商场支付的“人头费”、“停车费”等费用定性处理问题的答复》中，工商总局指出，商场为吸引旅行社和导游人员组织旅行团到商场购物，按旅行团人数以“人头费”“停车费”等名义或按游客购物成交额的一定比例给付旅行社或导游人员一定的财物，构成商业贿赂行为。

2. 未发生宣传、广告行为而支付宣传费、广告费、商业赞助

在《关于在柜台联营中收取对方商业赞助金宣传费广告费行为能否按商业贿赂定性问题的答复》中，工商总局指出，宣传费、广告费、商业赞助等，应是对宣传行为、广告行为及其他具体商业行为所支出的费用。如果未发生宣传、广告等相应的具体商业行为，而是假借宣传费、广告费、商业赞助等名义，以合同、补充协议等形式公开收受和给付对方单位或个人除正常商品价款或服务费用以外的其他经济利益，即构成商业贿赂。

3. 医院向其他医院医生支付的介绍费

工商总局《关于医院给付医生 CT“介绍费”等是否构成不正当竞争行为的答复》指出，医院以给付“介绍费”“处方费”等各种名目的费用为手段，诱使其他医院医生介绍病人到本院做 CT 检查或者其他检查的行为，构成不正当竞争。

4. 啤酒企业向饭店服务员支付“推销费”

工商总局《关于以收买瓶盖方式推销啤酒的行为定性处理问题的答复》指出，啤酒企业以给付现金等方式向酒店服务员回收啤酒瓶盖，诱使酒店服务员向顾客推销其产品，实质是经营者为销售商品，采用给予财物的方式贿赂对其商品销售有直接影响的人。其行为在一定程度上排挤了其他经营者，也极易限制消费者的选择权，损害消费者合法权益，扰乱正常市场竞争秩序，构成商业贿赂。

5. 保险公司以销售保险为目的，向住房基金管理部门、保险代理人支付手续费

工商总局《关于〈反不正当竞争法〉第二十三条滥收费用行为的构成及

---

① 参见《暂行规定》。

违法所得起算问题的答复》指出，保险公司为达到被指定为公积金贷款的保险人而借此销售其保险服务的目的，以“手续费”等名义给付住房基金管理部门财物，构成商业贿赂。

《关于超出国家规定标准支付、收取保险代办手续费行为定性处理问题的答复》指出，国家对于航空人身意外险代办手续费的支付标准是有严格规定的，保险公司违反国家规定，采用向保险代理人支付超出国家规定标准的代办手续费的手段竞相推销航空人身意外险保险的行为，构成商业贿赂。

（四）支付“佣金”“中介费”等劳务报酬式商业贿赂

新《反不正当竞争法》规定，经营者在交易活动中，可以以明示方式向中间人支付佣金，并如实入账，接受佣金的经营者也应当如实入账。关于佣金的概念，《暂行规定》规定，佣金是指经营者在市场交易中给予为其提供服务的具有合法经营资格中间人的劳务报酬。《治贿意见》指出，在账外暗中给予、收受中介费的，属于商业贿赂。据此，在商业活动中，经营者委托居间人提供居间服务并支付佣金的，应当如实入账；未如实入账的，属于商业贿赂行为。

（五）提供旅游、考察等财产性利益

经营者向可能影响交易的相关人员提供旅游、考察等财产性利益，以谋取交易机会或竞争优势的，是现实中常见的具有隐蔽性的贿赂行为。对此《暂行规定》规定，采用提供国内外各种名义的旅游、考察等给付财物以外的其他利益的手段贿赂对方单位或者个人的行为，构成商业贿赂。《最高人民法院、最高人民检察院关于办理商业贿赂刑事案件适用法律若干问题的意见》第七条规定，商业贿赂中的财物，既包括金钱和实物，也包括可以用金钱计算数额的财产性利益，如提供房屋装修、含有金额的会员卡、代币卡（券）、旅游费用等。

此外，最高人民法院在《〈关于办理商业贿赂刑事案件适用法律若干问题的意见〉的理解与适用》一文中也对财产性利益进行了论述。该文指出，当前对于贿赂范围的理解和掌握实际上有一定程度的突破，部分可以直接物化的财产性利益如免费旅游、无偿劳务、债务免除、消费权证等有时也会视具体情况被认定为贿赂。

（六）交易平台给予业户“优惠金”

工商总局在《关于对商品交易市场开办者以给付优惠金形式招揽业户行为定性处理问题的批复》（已失效）中指出，商品交易市场开办者为吸引业户到自己的市场承租摊位，以“优惠金”的名义给付业户一定财物，属于以不正当的利益引诱交易，构成不正当竞争行为。

该规范性法律文件现已失效。对于其中涉及的问题本书认为，一方面，给予业户优惠金的方式属于正常的价格竞争行为，不违反商业道德，并未采取不当方式限制或排除竞争。另一方面，由于业户是交易平台的交易相对方，随着新《反不正当竞争法》的生效，一般也不再认为属于商业贿赂行为。因此，只要交易平台在给予业户优惠金时如实入账，在新《反不正当竞争法》的精神下，不应当再被认定为商业贿赂。

本章合规指引

本节提供以下商业反腐败及反贿赂措施以供参考。

企业反腐败及反贿赂措施

一、公职人员

虽然本政策严禁商业贿赂和公共部门贿赂，但向公职人员付款或代表其作出付款以及向其提供业务招待时仍需严格检查，且必须经过合规部门提前审核和批准（除非符合以下豁免条件）。就本政策而言，“公职人员”具有广义的阐释，包括政府民选官员，政府或任何部门、机关或“机构”（比如国有企业或其他商业企业）或者公共国际组织的官员或员工。“公职人员”还包括为或代表任何此类政府或部门、机关或机构以及公共国际组织担任公职的人员。公职人员示例包括：国家元首及其他领导人、党政机关工作人员、法官或人大代表、国有企业的官员或员工，政府部门、机关或机构的公职人员、国际组织（比如世界银行、国际货币基金组织、联合国）的官员、享受政府赞助养老金或退休计划的员工。

二、业务招待

贿赂不仅限于支付包含腐败意图的现金，也包括提供动机不良的业务招待或其他有价物，例如礼品、款待或娱乐。严禁出于腐败或不当目的提供任何业务招待。此外，除非经合规部门事先批准，否则不得直接或间接地向公职人员提供任何业务招待，如下所示（除非符合以下豁免条件）。

业务招待包括但不限于：礼品。附送赠品、差旅费、请客就餐、娱乐、消遣和其他款待、体育、文化或其他活动门票、慈善捐款（不论以现金形式还是其他各种赞助形式，比如晚宴或高尔夫赛）、业务机会、扣或免费产品或服务、公职人员或其家庭成员提供实习、借调或聘用机会、贷款、医疗护理援助等。

（一）针对向非公职人员业务联系人提供业务招待的限制规定

只有在满足以下通用要求的情形下，员工方可以向任何业务联系人提供业务招待①：

1. 在相应情况下，业务招待的支出必须合理正当。

2. 业务招待必须遵守适用法律。

3. 业务招待不应按常理被视为意图获取不当的业务优势，而且不得对企业构成负面影响。

4. 业务招待必须善意为之，且与合法的业务目的直接相关，比如：a. 推广、展示或解释企业产品和服务；或者 b. 执行或履行合同义务。

5. 业务招待必须有收据支持，且必须根据任何适用的费用报销和会计流程（比如企业差旅和娱乐政策）适当记录在案。

（二）针对向公职人员提供业务招待的限制规定

只有在满足上述所有通用要求，并在符合以下附加条件的情况下，员工方可以向公职人员提供业务招待：

1. 业务招待必须经过合规部门预先批准（除非符合以下豁免条件）；

2. 业务招待必须以公开、透明的方式给予，且不得用于引诱或贿赂公职人员履行不当的职能或活动；

3. 业务招待不得涉及转移现金，任何涉及现金等价物（例如礼品卡或礼品券）的业务招待都需要经过合规部门预先批准；

4. 对于实际礼物（比如节日礼物）而言，业务招待价值不得过高，且必须仅用于反映我们的尊重和感谢，且不能过于频繁（一年不得超过两次）。

---

① 可比较参见《穆迪反贿赂和反腐败政策》与《Eaton 全球反腐败规定》。《穆迪反贿赂和反腐败政策》，载穆迪（中国）信用评级有限企业官网，https：//www. moodys. com/microsites/Moodys/Documents/% E5% 8F% 8D% E8% B4% BF% E8% B5% 82% E5% 92% 8C% E5% 8F% 8D% E8% 85% 90% E8% B4% A5% E6% 94% BF% E7% AD% 96. pdf? WT. ti = R – 7 – 8_ 5，最后访问时间：2021 年 7 月 30 日；《Eaton 全球反腐败规定》，载伊顿中国官网，https：//www. eaton. com/content/dam/eaton/company/ethics – compliance/anti – corruption – policy/Chinese – Simplified. pdf，最后访问时间：2021 年 7 月 30 日。

（三）关于向公职人员提供某些常规、合理业务招待的预先审批要求的豁免规定

在正常开展业务的过程中，企业可能时不时向公职人员提供一些常规、合理的业务招待，而不需以上描述的预先审批，但前提是这些业务招待应与合法业务目的直接相关，且符合本政策以及当地法律中规定的所有要求。

豁免包括：

1. 向企业会议和活动的与会者、参与者和演讲者提供的食品和点心，前提条件是此类食品和点心的成本在该场合下是合理的；

2. 与公职人员开会时向公职人员附带提供的食品和点心，前提条件是此类食品和点心的价值应正常合理（不高于每人300元人民币或当地同等标准）；

3. 在企业活动和会议上提供的企业品牌商品，前提条件是此类商品的价值应正常合理（不高于每人400元人民币或当地同等标准）；

4. 企业开展的调查研究，前提条件是该调查研究已经公布。

三、咨询委员会

企业会邀请外部方参与成为各种咨询委员会的成员。此类要求，不论付费或自愿，对接收者而言都将意味着具有价值。相应地，在向公职人员（或其已知的家庭成员或指定人）提供此类职位之前，必须获得预先批准。

在特殊情况下，允许承担参与此类咨询委员会产生的费用或付款。在向公职人员（或其已知的家庭成员或指定人）提供参与咨询委员会的费用之前，必须获得预先批准。

四、雇佣和实习

雇佣决定（包括付费或免费实习和借调）必须基于其个人所长和优点，而不能对公职人员构成不当影响。如果公职人员已知的家属或指定人正寻求在企业的就业机会（包括借调或实习），在进行此类招聘或雇佣流程之前，必须获得预先批准。

五、慈善捐赠和捐款

公职人员请求的对特定慈善机构或非营利机构（即使广为人知）的捐款可能被视为贿赂行为，如果该捐款意图影响该官员作出任何不当的行为或决定。任何针对此类慈善捐赠或捐款的请求均须经过事先批准。

六、会议和活动赞助；代表团旅行

会议和活动赞助以及任何相关的付款如果意图影响公职人员作出任何不当的行为或决定，则可能被视为贿赂。如公职人员请求企业赞助会议或其他活动，则必须经过预先批准。

向公职人员提供参加企业赞助的会议和活动的免费入场券和登记费用优惠必须获得预先批准。如果邀请公职人员担当企业赞助的会议和活动的演讲人，向公职人员支付差旅费和膳宿费也必须获得预先批准。

当邀请公职人员代表团访问企业办事处时，本政策通常禁止企业支付公职人员的差旅费和膳宿费。在特别情况下，企业可能批准此类费用和业务招待，但需要获得预先批准。

七、家庭成员

通常情况下，禁止向公职人员的家属提供业务招待。在特别情况下，企业可能批准此类业务招待，但需要获得预先批准。

八、疏通费

"疏通费"一般指向政府官员支付的用于推进个人或企业有权合法获得的常规政府行动的费用，这些行动包括处理证件、颁发签证和提供电话服务等。换言之，相关官员通常应当履行其职责，但是需要一笔相对较小的"额外"费用来促使其履行职责。一般来说，本政策禁止提供疏通费。但是仅在特殊情况下，比如一名员工处于胁迫并面临潜在安全问题或个人伤害时，可以支付此类费用。在这种情况下，必须将付款立即汇报给法务部门，并提供一份针对付款情形的描述。必须将此类付款在企业账簿和记录中予以准确描述和记录。

九、第三方中介机构

当企业自己作出付款可能违反本政策或任何适用反贿赂和反腐败法律时，不得通过第三方付款。相应地，在与代理、顾问和其他代表企业处理客户或政府事务的第三方中介机构签署合同或续约之前，必须遵守企业的《相关第三方的反腐败尽职调查和缔约程序》。

第二节　反垄断合规管理

一、《反垄断法》和《上海市经营者反垄断合规指引》对垄断行为的识别

根据《反垄断法》第三条的规定，垄断行为包括：经营者达成垄断协议、经营者滥用市场支配地位以及具有或者可能具有排除、限制竞争效果的经营者集中。第十三条规定，禁止具有竞争关系的经营者达成下列垄断协议：固定或者变更商品价格，限制商品的生产数量或者销售数量，分割销售市场或者原材料采购市场，限制购买新技术、新设备或者限制开发新技术、新产品，联合抵制交易以及国务院反垄断执法机构认定的其他垄断协议。第十四条规定，禁止经营者与交易相对人达成下列垄断协议：固定向第三人转售商品的价格、限定向第三人转售商品的最低价格以及国务院反垄断执法机构认定的其他垄断协议。

除此之外，各地方政府也出台了相应的指引或规定，在《反垄断法》的基础上对垄断行为进行了更为细致的定性。本书以《上海市经营者反垄断合规指引》为例，就一些常见的垄断行为进行探讨。

（一）横向垄断协议

《上海市经营者反垄断合规指引》强调横向垄断协议是“世界各国都严格禁止并处以最严厉处罚的行为，也是经营者面临的最主要的反垄断法风险”①，横向垄断协议仍是经营者未来需重点防控的风险。值得关注的是，《上海市经营者反垄断合规指引》首次明确将“串通招投标”单独列举，并行于“固定或者变更商品价格”等其他典型的横向垄断协议行为。

竞争者间因“信息交换”达成的协同行为近来备受关注。《上海市经营者反垄断合规指引》将可能促成协同行为的“敏感信息”进行列举，虽然实践中这些信息的风险等级会视情况而定，但其范围十分宽泛，足以值得引起经

---

① 参见《上海市经营者反垄断合规指引》5。

营者重视。在不可避免地会与竞争者见面的情况下，如参加行业协会、讨论行业标准等，其他竞争者如有讨论或提及可能涉嫌违反反垄断法律的敏感话题时，《上海市经营者反垄断合规指引》明确指出经营者“应当立即明示拒绝参与并及时避席”，同时还可以“做好拒绝与避席的相关证据记录”，因为这些证据将有可能帮助经营者证明自身未参与该涉嫌垄断的行为。

《上海市经营者反垄断合规指引》规定“所有经营者都应当独立地实施销售、采购及作出相关市场行为决策”，这也是反垄断执法机构首次明确建议经营者应该“独立”作出商业决策。

（二）纵向垄断协议

除了对纵向转售价格管控的禁止，《上海市经营者反垄断合规指引》还对纵向非价格垄断协议进行了列举，这是继《关于汽车业的反垄断指南（征求意见稿）》（以下简称《汽车反垄断指南》）后，反垄断执法机构首次在非特定行业的指引性文件中明确列举并评估纵向非价格垄断协议情形。

值得注意的是，纵向非价格垄断协议虽然存在一定反垄断风险，但并不是本身违法。目前《禁止垄断协议暂行规定》第十三条规定了认定垄断协议的考虑因素，其同样适用于认定纵向非价格的垄断协议；《汽车反垄断指南》也列举了常见的纵向非价格限制，特别是对地域限制和客户限制中限制被动销售的行为、限制交叉供货的行为，认为通常能够严重限制竞争。目前《汽车反垄断指南》尚未生效，反垄断执法至今也尚无单纯针对纵向非价格限制的处罚。不过提示企业注意，《上海市经营者反垄断合规指引》首次将排他性销售（独家销售）和排他性购买（独家购买）与《汽车反垄断指南》中评估过的“限制被动销售”“限制交叉供货”平行列举，提示了这两类排他性安排可能的反垄断风险。

（三）垄断协议中的新问题

除了上述典型的横向和纵向垄断协议。《上海市经营者反垄断合规指引》还强调经营者应该对涉嫌垄断协议的新问题予以密切关注和高度重视。并以“平台轴辐合谋”和“网络平台经营者”利用其平台达成的垄断协议为例，提醒经营者注意上述两种模式下可能产生的新类型垄断协议问题。

“平台轴辐合谋”作为达成横向垄断协议的一种形式，由本次《上海市经营者反垄断合规指引》首次明确提出，这类合谋因为形式上具有纵向协议的外观（竞争者间通过与一个居间方平台沟通或意思联络），可能产生一定的混淆。提示企业注意甄别与其最终达成合意的是竞争者还是上下游企业，进而更清晰地区分其到底达成何种类型的垄断协议[①]。

（四）滥用市场支配地位

《上海市经营者反垄断合规指引》在经营者滥用市场支配地位这一部分中，首先，介绍了何为市场支配地位，以及从哪些因素进行考虑继而判断是否具有市场支配地位。其次，上海市场监管局强调了“经营者拥有市场支配地位本身并不违法。《反垄断法》并不反对经营者通过合法经营获得市场支配地位，也不反对具有一定市场力量的经营者凭借更好的技术和更高的效率在商场取得更大的成功”。这一说明帮助很多经营者明确了一个概念，也即垄断本身并不违法，但滥用垄断地位将会被予以制裁。同时，也更清晰地反映了我国《反垄断法》更多的是以保护市场竞争为目的，规制市场主体的经营行为，而不是调整现有的市场结构。

再次，类似于前述横向、纵向垄断协议，《上海市经营者反垄断合规指引》中明确列举了滥用市场支配地位的典型行为和说明性案例，案例简要清晰、易懂、易掌握，同时又切入要点，涵盖精髓，具有很强的针对性和可操作性。

最后值得注意的是，《上海市经营者反垄断合规指引》在该章节的末尾单独提出“关系国民经济命脉和国家安全的（包括供水、供电、供气、电信、有线电视等公用企业）以及依法实行专营专卖的行业，在相关市场易被推定具有市场支配地位，反垄断法律风险较高”。我国供电、供气、供水以及依法实行专营专卖的企业大多数具有天然垄断的属性，在目前强监管的态势下，极易引发反垄断问题。在此背景下，不排除下一年公用事业企业以及依法实行专营专卖的企业仍将属于重点执法领域。

二、管理层的合规承诺

不论是国家工商总局的《经营者反垄断合规指南（公开征求意见稿）》（以下简称《总局反垄断指南》）还是《上海市经营者反垄断合规指引》均提

① 参见侯利阳：《轴辐协议的违法性辨析》，载《中外法学》2019 年第 6 期。

及管理层承诺制度，其含义是：企业“董、监、高”带头以书面形式做出竞争合规经营者的个人承诺，将其作为企业反垄断合规的指导方针和总领思想，或者将其列为企业首要行为准则，以证明企业有做好反垄断合规的决心并愿意为此调配充足资源。

这里有三个问题需要注意：（1）签署承诺书的企业决策层和高级管理人员是否了解中国的《反垄断法》？（2）企业决策层和高级管理人员是否对排除、限制竞争有准确的判断？只有真正理解竞争与反竞争行为边界的决策层和高级管理人员才可能将企业平稳带向成功。（3）企业决策层和高级管理人员是否理解什么叫作零容忍？对于很多反垄断合规意识强的企业而言，违反《反垄断法》的行为都是企业头等大事，如果存在违规行为需要第一时间解决，相关行为人可能面临解雇，在没有解决反垄断风险前，企业相关项目需要暂停。

三、反垄断合规组织架构

《总局反垄断指南》和《上海市经营者反垄断合规指引》均有关于倡导企业建立完善竞争合规管理机构的条款，都鼓励企业根据自身条件建立反垄断合规组织架构，有条件的企业可以设置专门的反垄断法领域合规部门，对于规模较小的企业可以由法务、风险防控等部门负责反垄断合规事宜。机构化是反垄断合规在企业内部落地的重要基础。不论竞争合规职能被分配到法务、审计或风控部门，都由专门人员甚至部门负责反垄断合规。这将有效地推动企业内部反垄断合规工作，也是衡量一个企业认真落实反垄断合规的重要指标。

（一）竞争合规管理部门的职责描述

《总局反垄断指南》对竞争合规管理部门履行职责进行了细化描述，其中包括：（1）持续关注国内以及与企业业务密切相关国家（地区）反垄断法的发展动态，进行研究并及时提供竞争合规建议；（2）制定企业内部竞争合规体系，明确经营者反垄断合规管理战略目标、规划以及合规管理要求和流程，推动其在各部门和各项业务领域中贯彻实施；（3）监督、审核、评估企业经营管理和业务行为的合规性，并制定应对措施（包括纠正不合规的经营行为和对违规行为进行惩处）；（4）组织或协助业务部门、人事部门开展持续且定期的竞争合规教育培训，并向业务部门和员工提供竞争合规咨询；（5）建立竞争合规汇报和记录台账，对竞争合规举报制定调查方案并开展调查；（6）将竞争合规责任纳入企业岗位职责和员工绩效考核评价体系；（7）妥善应对反垄断风险事件，恰当控制、及时补救并配合反垄断执法机构的调查。

（二）如何建立反垄断合规制度

《总局反垄断指南》第五条明确说明了反垄断合规制度的重要性，其有助于提高经营管理水平，避免员工从事违法行为，树立依法经营的形象，因此企业应当给予足够的关注，建立并执行该制度。《总局反垄断指南》和地方指引提及的合规制度主要有以下几个方面：

（1）汇报机制

汇报机制包括对内汇报和对外汇报两部分。根据《总局反垄断指南》第七条，经营者可以向反垄断执法机构书面报告企业竞争合规制度和实施效果。此外，若企业遭受反垄断调查时，汇报机制也使得企业能够以自身竞争合规建设情况争取减轻处罚。另外，《上海市经营者反垄断合规指引》也建议企业在日常经营中要及时向决策和管理机构汇报企业反垄断合规的运行情况和遇到的问题，并给出建议。通过该机制形成了反垄断执法机构与企业的联动，在反垄断执法力量相对有限的情况下，可以使国家市场监督管理总局，以及省级市场监督管理机关能够更多地获取企业的信息，了解行业反垄断合规动态。

（2）审核机制

《上海市经营者反垄断合规指引》提出经营者应对重大决策、重要协议进行内部审核。通常情况下，一个企业与自己竞争对手或潜在竞争对手之间签署协议或进行商业合作时，需要进行严格的反垄断审查。《山东省经营者反垄断合规指引》第四条和第十六条分别对经营者与同行竞争者达成垄断协议和交换竞争敏感信息作出警示。此外，一个企业与经销商之间的经销协议模板，销售渠道管理政策，经销模式调整方案都需要进行全面反垄断审查。对于日常经营行为，主要应当对促销推广方案、渠道处罚、竞争者之间谈判等进行反垄断审查。该审查过程一般由企业合规部、法务部以及外聘律师负责。

（3）咨询机制

上述指南和指引中都建议经营者在竞争合规管理制度中建立咨询机制，

其可以分为三个部分，内部咨询、向外部专家咨询以及向执法机构咨询。内部咨询是指企业员工在做业务的过程中可以就相关问题咨询企业内部反垄断合规机构或负责人。这也是企业反垄断合规管理部门的职责之一。《浙江省企业竞争合规指引》第十条就规定，具有竞争关系的经营者在签订协议或参加会议时就相关行为是否违法可以咨询竞争合规专业人员。向外部专家咨询是指，向外部律师进行咨询。《总局反垄断指南》第十八条建议开展境外业务的企业在必要时可以咨询反垄断专业律师的意见。第三种是向反垄断执法机构进行咨询。《浙江省企业竞争合规指引》第七条提出，“对于复杂或专业性强且存在重大反垄断法律风险的事项，可以向反垄断执法机构进行咨询”。这种咨询方式在实践中较多地出现在企业对经营者集中申报有不明确的地方向总局申请商谈的情形，以求获得对其问题的官方权威指导。

（4）文件保管机制

企业应当制定明确的文件保管制度，从配合反垄断调查的角度出发，完善企业归档流程，确定应当存档文件的清单，并且定期检查文件存档工作落实情况。

企业应当在文件保管制度以及反垄断合规指南/指引中明确告知员工销毁文件和妨碍反垄断执法的后果，确保反垄断执法机构在进行反垄断调查期间，所有员工不销毁、修改、转移、隐匿任何电子及纸质文档。

（5）考核机制

根据《浙江省企业竞争合规指引》第三十二条，反垄断执法机构鼓励企业将竞争合规考核结果与员工的评优评先、职务任免、职务晋升以及薪酬待遇等挂钩，将竞争合规关系每个员工的切实利益，增加员工对竞争合规的重视程度。考核机制并不局限于对违反《反垄断法》行为的处罚，也包括对知情不报员工的处罚；不局限于对向反垄断合规负责人举报的员工的奖励，也包括对这些“吹哨人”的匿名保护及防止报复机制。

该机制的落实需要有效的信息收集体系能够发现涉嫌违规行为，需要有很好的评估机制以准确地评价相关行为的违法性，此外要有一个令人信服的执行尺度能够将行为违法性通过适度的处罚体现出来。建立考核机制对企业反垄断合规体系的能力要求非常高。如果一个员工因为从事了涉嫌违反《反垄断法》的行为而受到内部处理，相关问题的处理不妥当有可能导致举报及后续反垄断调查及处罚。因此，相关考核机制的建立一定要在完善的反垄断合规体系建立后逐步实施，不能一蹴而就。

（6）反垄断合规培训及内部合规指南

反垄断合规培训必须贴合企业业务实际，有大量的真实场景演练。企业决策层、高级管理人员及一线经理往往在实战演练中暴露出其错误认识，需要通过纠正错误、避免反垄断风险。

《总局反垄断指南》和地方指引均以单独的条款强调了反垄断合规培训的重要性。反垄断培训的内容主要是帮助员工了解反垄断法律法规、违法行为类型、其法律责任及应对措施，使得全体员工对企业合规有着基本认识，提高员工的合规意识，促进企业合规文化建设。考虑到法律法规是持续更新的且企业业务发展也持续推进，相对应的反垄断合规培训也应当是个持续的过程，且应当每年组织开展。特别是对新入职的员工，必须进行反垄断合规培训，以防止出现合规漏洞。此外，企业应当对参加过反垄断培训的员工进行登记，详细记录每一位员工参加反垄断培训的时间、场次。

与反垄断合规培训同样重要的是定制化的企业内部反垄断合规指南/指引。因此，需要在对一个企业具体业务模式和主要风险点进行全面了解、得到各个层级员工的反馈意见的情况下，制定反垄断合规指南/指引。在不了解上述信息及员工反馈的情况下，无法制定一个有针对性、实操性，员工能够理解并执行的反垄断合规指南/指引。

第三节　反不正当竞争合规管理

一、概述

根据《反不正当竞争法》第二章“不正当竞争行为”的相关规定，不正当竞争行为主要有以下几项：商业混淆、商业贿赂、虚假宣传、侵犯商业秘密、诋毁对手等行为。商业贿赂的相关内容已在本章第一节叙述，此处不再赘述。

二、商业混淆行为

1. 有一定影响的商业标识

现行的《反不正当竞争法》吸收现代反不正当竞争法已采取的广义的市

场混淆概念，即除了狭义的商品混淆外，还包括主体关联关系、许可使用关系等。[①] 除此之外，《反不正当竞争法》还引入了“有一定影响”的概念，即第六条所保护的对象都须是有一定影响的。从本质上看，《反不正当竞争法》所保护的商品名称、包装、装潢，企业名称，以及域名、网站、网页名称都属于未注册的标识，上述标识获得保护的前提是已因市场主体的使用取得了显著性。市场上无影响力的商业标识仅具有区分商品来源的作用，并未凝结有商誉，即使产生市场混淆，亦不致产生危害。

【案例】

商标抢注行为的认定[②]

裁判要点： PPStream 作为中国知名网络视频播放软件的软件名称/网站名称/域名/软件产品商标/视频服务及其他互联网服务商标/软件服务商标被广泛使用、宣传和报道，在中国享有较高知名度，因此可以认定“PPStream”商标是 Z 公司在先使用并有一定影响的商标。

判决摘要： 首先，Y 注册争议商标的申请日为 2006 年 12 月 15 日，Z 公司的“PPStream”网络电视软件于 2005 年研发成功并投入使用，故 Z 为公司使用其未注册“PPStream”商标的时间早于争议商标的申请日。

其次，Y 将“PPS 私人助理”注册在“电视播放、信息传递、电子邮件”等服务上，与 Z 公司将“PPStream”使用在网络视频播放软件的软件名称/网站名称/域名/软件产品商标/视频服务及其他互联网服务商标/软件服务上，二者构成类似服务；争议商标与 Z 公司在先使用的“PPStream”商标主要识别部分均为“PPS”，二者在类似服务上使用，容易导致相关公众的混淆与误认，二者构成近似商标。

再次，Z 公司一审期间提交的证据足以证明 Z 公司在争议商标申请日前使用了“PPStream”商标，且在部分场合将其简称为“PPS”。在争议商标申请日之前，PPStream 作为中国知名网络视频播放软件的软件名称/网站名称/域名/软件产品商标/视频服务及其他互联网服务商标/软件服务商标被广泛使

---

① 在现行《反不正当竞争法》实施之前，司法解释即已对市场混淆采取扩张解释。《最高人民法院关于审理不正当竞争民事案件应用法律若干问题的解释》第四条第一款规定：“足以使相关公众对商品的来源产生误认，包括误认为与知名商品的经营者具有许可使用、关联企业关系等特定联系的，应当认定为反不正当竞争法第五条第（二）项规定的‘造成和他人的知名商品相混淆，使购买者误认为是该知名商品’。”

② （2017）最高法行申 3105 号。

用、宣传和报道，在中国享有较高知名度，因此，可以认定“PPStream”商标是Z公司在先使用并有一定影响的商标。

最后，争议商标申请日前，Z公司在先使用的“PPStream”商标已经具有一定影响，Y在类似服务上注册争议商标，属于明知或者应知Z公司存在在先使用“PPStream”商标的情形，Y未举证证明其没有利用Z公司在先使用“PPStream”商标商誉的恶意。根据上述司法解释的规定，可以推定其构成“以不正当手段抢先注册”争议商标。

2. 与他人有特定联系

现行《反不正当竞争法》中的“与他人有特定联系”来自《最高人民法院关于审理不正当竞争民事案件应用法律若干问题的解释》（以下简称《不正当竞争解释》）第四条第一款的规定。《反不正当竞争法》中的“与他人有特定联系”是指误认为与有一定影响的商品的经营者具有许可使用、关联企业关系等特定联系。

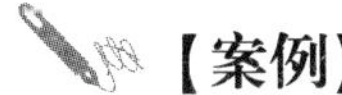【案例】

电影制作中的不正当竞争行为的认定[①]

裁判要点：在出品人、导演已经退出原电影制作团队的情况下，依然刻意突出重新拍摄的新影片与原影片的联系点，损害了原影片制作公司的商业机会，属于不正当竞争。

判决摘要：H公司《某途》放映后，获得了良好的评价和商业声誉，已经着手筹拍《某途2》，并获得拍摄许可。X作为参加两部电影拍摄的主要演员，其在接受采访过程中表达参演不同电影的个人感受无可厚非，但作为《某途之×》影片的导演、出品人之一的真乐道公司的法定代表人，在其明知H公司《某途2》的大纲和筹备事宜，且已公开宣布退出《某途2》，其与《某途》续集毫无关系的情况下，在单独拍摄《某途之×》先导预告片时，仍以“曾经狭路相逢，注定续写悲催，喜剧王牌组合X、王甲，某途、某再途、某途之×”的宣传画面，刻意突出两个影片的联系点。“某途之×”原名称为“×”，在《某途之×》制作、发行、宣传期间，电影的主创人员、发行方、出品人等多次提及是《某途》的“升级版”。媒体的报道及网民的评

① （2015）民三终字第4号。

论业已将《某途之×》认为是《某途》的续集、第二部，升级版、系列片。一审证据也表明影院甚至在放映预告中将《某途之×》直接写为《某途×》《某途之×》，客观上造成了相关公众的混淆误认。此外，《法制晚报》刊登的《×下线收12.4亿投资方称将打造系列电影》一文中王乙关于“G和X的合作将会延续……《某途》这个系列不在今年出，也会在明年出。《某途3》已指日可待”的言论亦表明，即使在《某途之×》下线后，投资方仍将《某途之×》列入《某途》系列，并表示继续投拍《某途3》，利用了H公司《某途》的在先商誉，损害了H公司的商业机会。综上，一审法院据此认定相关行为违反《反不正当竞争法》第五条第二项规定并无不当。

三、虚假宣传

（一）种类

《反不正当竞争法》第八条将虚假宣传行为划分为三种类型：欺骗型的虚假宣传、误导型的虚假宣传和帮助他人进行虚假宣传。前两种类型为规定在第八条第一款中的“虚假或者引人误解的商业宣传”，第三种类型则为新增的虚假宣传的帮助行为，规定在第八条第二款，即以组织虚假交易等方式，帮助其他经营者进行虚假或者引人误解的商业宣传。

1. 欺骗型的虚假宣传

（1）宣传的商品或者服务不存在，即虚构了商品或服务本身，给以消费者空口许诺或进行诱饵式宣传。

（2）对商品的有关信息做虚假宣传，即对其商品的性能、功能、质量、销售状况、用户评价、曾获荣誉等做虚假的商业宣传。

（3）宣传中使用虚构、伪造或者无法验证的科研成果、统计资料、调查结果、文摘、引用语等信息作证明材料的。

（4）虚构使用商品或者接受服务的效果的，经营者所宣传的商品或服务的功效超出主管部门批准的范围。

2. 误导型的虚假宣传

根据《不正当竞争解释》第八条，误导型的虚假宣传主要有三种表现形式：

（1）对商品作片面的宣传或者对比的，例如，隐瞒关于产品和服务的重要讯息、故意强调突出关于商品和服务的不具重要性的事实和做片面的对比。

（2）将科学上未定论的观点、现象等当作定论的事实用于商品宣传的，宣传中使用一些无法验证的统计数据、科学技术等概念，但因披着客观、科学的外衣，往往造成消费者的误认。

（3）以歧义性语言或者其他引人误解的方式进行商品宣传的。例如表达模糊的广告语，易使消费者进行多种解读，造成误导性结果。

3. 帮助他人进行虚假宣传

帮助他人进行虚假宣传主要表现为虚假评论、刷单炒信，即通过增加不实的交易订单数量和好评，帮助其他经营者进行虚假或引人误解的商业宣传。

（二）虚假宣传案件的构成要件

虚假宣传的构成要件有三：经营者之间具有竞争关系、有关宣传内容足以造成相关公众误解、对经营者造成了直接损害。相较于其他类型的不正当竞争行为，虚假宣传行为造成的损害对象具有广泛性和不特定性，即某一行为可能导致不特定的经营者均受到损害，但只要侵权人、侵权行为和损害后果是特定、具体的，在不特定的受损害的经营者与特定侵权人之间形成的竞争关系就是特定、具体的，任何受损害的不特定的经营者原则上都可以主张权利。

对于侵权人主观上是否存在虚假宣传的故意，是法院判定赔偿数额时的一个考量因素，但并不是构成虚假宣传案件的必要条件，根据《反不正当竞争法》第八条的规定，经营者的商业宣传行为足以“欺骗、误导消费者”即构成虚假宣传，并未明确要求经营者商业宣传时在主观上有欺骗或误导的故意。

【案例】

“刷单入刑”案①

2013 年 2 月，被告人李某某通过创建“某网商联盟”网站和利用某语音聊天工具建立刷单炒信平台，吸纳淘宝卖家注册账户成为会员，并收取 300 ~ 500 元不等的会员费和 40 元的平台管理维护费。李某某通过制定刷单炒信规

---

① （2016）浙 0110 刑初 726 号。

则与流程，组织及协助会员通过平台发布或接受刷单炒信任务，在淘宝网上进行虚假交易并给予虚假好评，进而提升淘宝店铺的销量和信誉，欺骗淘宝买家。截至2014年6月，李某某非法获利90余万元。

李某某在炒信过程中非法获利的途径主要有几个方面：一是会员费和培训费，每名会员需交540元；二是卖任务点的收入，以每个点5元的价格出售获利；三是帮助别人炒信获利；四是销售空包获利，通过代售空包的差价获取利益。

据悉，2014年初阿里巴巴运用大数据手段发现“某网商联盟”网站在淘宝网上存在刷单行为。同年5月，阿里向杭州市经侦支队报案，李某某后被传唤到案。2016年6月，李某某被公诉机关以涉嫌非法经营罪起诉至余杭区法院。

某区法院一审审理认为，被告人李某某违反国家规定，以营利为目的，明知是虚假的信息仍通过网络有偿提供发布信息等服务，扰乱市场秩序，且属情节特别严重。法院当庭宣判，李某某因犯非法经营罪判处有期徒刑五年六个月，并处罚金90万元，连同原判有期徒刑九个月，并处罚金2万元，予以并罚，决定执行有期徒刑五年九个月，并处罚金92万元。

四、侵犯商业秘密

在当今以知识为导向的商业环境中，技术变得日益重要，具有商业价值的机密信息是企业获得成功的关键因素。企业必须保护自己的商业秘密，才能维持其竞争优势；商业秘密一旦被披露，往往就失去了其商业价值。在社会全球化和数字化的背景之下，保护商业秘密已经成为许多企业所面临的重大挑战。

（一）商业秘密的定义

根据《反不正当竞争法》第九条第四款的规定，商业秘密是符合下列条件的技术信息和经营信息：不为公众所知悉、具有商业价值并经权利人采取相应保密措施的技术信息、经营信息等商业信息。

《关于禁止侵犯商业秘密行为的若干规定》（以下简称《商业秘密规定》）第二条和《刑法》第二百一十九条也对商业秘密给出了同样的定义。因此，就行政处罚、民事诉讼和刑事诉讼而言，商业秘密的定义大致相同。《不正当竞争解释》第九条至第十三条和《商业秘密规定》第二条进一步界定了什么是商业秘密①。

1. 不为公众所知悉

首先，只有不为公众所知悉的信息才可能成为商业秘密。《不正当竞争解释》第九条特别指出，有关信息不为其所属领域的相关人员普遍知悉和容易获得，才可认定为“不为公众所知悉”。具有下列情形之一的，当认定为公众知悉：

a）该信息为其所属技术或者经济领域的人的一般常识或者行业惯例；

b）该信息仅涉及产品的尺寸、结构、材料、部件的简单组合等内容，相关公众通过观察产品即可直接获得；

c）该信息已经在公开出版物或者其他媒体上公开披露，已通过公开的报告会、展览等方式公开，或从其他公开渠道可以获得；

d）该信息无需付出一定的代价而容易获得。

2. 经济利益和实用性

根据《不正当竞争解释》第十条的规定，有关信息具有现实的或者潜在的商业价值，能为权利人带来竞争优势的，应当认定为能为权利人带来经济利益、具有实用性。

3. 保密措施

根据《不正当竞争解释》第十一条的规定，如果权利人采取了与保密信息的商业价值相适应的合理保护措施，则符合“保密措施”要求。法院基于下列因素认定权利人是否采取了“保密措施”：

a）所涉信息载体的特性；

b）权利人的保密意愿；

c）保密措施的可识别程度；

d）他人通过正当方式获得的难易程度。

《不正当竞争解释》第十一条列举了防止信息泄露的合理措施，包括：

a）限定涉密信息的知悉范围，只对必须知悉的相关人员告知其内容；

b）对于涉密信息载体采取加锁等防范措施；

c）在涉密信息上标记保密标志；

① 参见我国商务部对此的定义，载中国保护知识产权网，http：//ipr. mofcom. gov. cn/hwwq_ 2/intro/intro/intro_ trade_ secret. html，最后访问时间：2020 年 5 月 2 日。

d）对于涉密信息采用密码或者代码；

e）签订保密协议；

f）对于涉密的厂房、车间等场所限制来访者或者提出保密要求；

g）确保信息秘密的其他合理措施。

除了《不正当竞争解释》以外，北京市高级人民法院《关于审理反不正当竞争案件几个问题的解答（试行)》中第 12 个问题也对“采取合理保密措施”作出了规定。它指出，权利人必须对其主张权利的信息对内、对外均采取了保密措施；所采取的保密措施明确、具体地规定了信息的范围；措施是适当的、合理的，不要求必须万无一失。如上所述，该司法解释仅在北京法院具有约束力，但对其他法院具有说服力。

因此，各种信息均可能成为中国法律规定的商业秘密。可能构成商业秘密的信息包括：客户名单、客户信息、客户偏好、供应商名单、价格信息、营销/产品策略、内部成本信息、生产流程、配方以及不能授予专利或未申请专利的技术/工艺。

4. 反向工程

《不正当竞争解释》第十二条规定，通过自行开发研制或者反向工程等方式获得信息，不构成侵犯商业秘密。在此，“反向工程”是指通过技术手段对从公开渠道取得的产品进行拆卸、测绘、分析等而获得有关信息。

（二）构成侵犯商业秘密的行为

1.《反不正当竞争法》

《反不正当竞争法》是对商业秘密侵权行为提起民事诉讼或要求行政处罚的主要法律依据。《反不正当竞争法》第九条规定，下列行为构成侵犯商业秘密：

a）以盗窃、利诱、胁迫或者其他不正当手段获取权利人的商业秘密；

b）披露、使用或者允许他人使用以前项手段获取的权利人的商业秘密；

c）违反约定或者违反权利人有关保守商业秘密的要求，披露、使用或者允许他人使用其所掌握的商业秘密。

d）教唆、引诱、帮助他人违反保密义务或者违反权利人有关保守商业秘密的要求，获取、披露、使用或者允许他人使用权利人的商业秘密。

经营者以外的其他自然人、法人和非法人组织实施前款所列违法行为的，视为侵犯商业秘密。

第三人明知或者应知商业秘密权利人的员工、前员工或者其他单位、个人实施本条第一款所列违法行为，仍获取、披露、使用或者允许他人使用该商业秘密的，视为侵犯商业秘密。

本法所称的商业秘密，是指不为公众所知悉、具有商业价值并经权利人采取相应保密措施的技术信息、经营信息等商业信息。①

此外，第三人明知或者应知前款所列违法行为，获取、使用或者披露他人的商业秘密，视为侵犯商业秘密。《刑法》第二百一十九条也就商业秘密侵权行为给出了相同的定义。因此，就行政处罚、民事诉讼和刑事诉讼而言，侵犯商业秘密的定义大致相同。

2. 《刑法》

根据《刑法》第二百一十九条的规定，侵犯商业秘密行为，给商业秘密的权利人造成重大损失的，处十年以下有期徒刑，并处或者单处罚金。《刑法》侵犯商业秘密罪的构成要件，与《反不正当竞争法》的规定相同。

根据《刑事诉讼法》第一百七十条以及相关司法解释，涉及知识产权侵权（包括商业秘密侵权）的刑事案件有以下两种起诉方式：

a）公诉：由公安机关侦查，并由人民检察院起诉。

b）自诉：受害人可以直接在人民法院起诉侵权人，无须公安局和检察院介入。

3. 《民法典》合同编

《民法典》也提及了侵犯商业秘密的行为。第五百零一条规定，当事人在订立合同过程中知悉的商业秘密或者其他应当保密的信息，无论合同是否成立，不得泄露或者不正当地使用；泄露、不正当地使用该商业秘密或者信息，造成对方损失的，应当承担赔偿责任。

（三）商业秘密的保护措施

1. 向雇员开展信息安全教育

首先要形成强调信息安全重要性的企业文化。至少需要制订并实施有关信息安全的规章制度，并对雇员进行相关教育。只有雇员意识到信息安全的重要性，他们才会遵守有关信息安全的规章制度。在中国，向雇员开展信息安全教育尤为重要。许多中国企业，尤其是过去通常没有制定健全的信息安全

---

① 本款规定原为："前款规定的人员，索取他人财物或者非法收受他人财物，犯前款罪的，处五年以上十年以下有期徒刑，并处罚金。"2020 年 12 月 26 日第 13 届全国人大常委会第 24 次会议通过的《刑法修正案（十一）》（主席令第 66 号公布，2021 年 3 月 1 日起施行）将其改为择重罪而处之。

制度，而且往往没有向雇员提供足够的商业秘密保护培训，导致在这些中国企业工作过的雇员往往没有足够的信息安全意识。因此，在中国的企业首先应当向雇员开展信息安全教育，以确保雇员严格遵守有关信息安全的规章制度。

2. 标记保密标志和限制访问

信息安全政策应当包含机密信息分类和识别系统。机密文件应标明保密标志，从而可以提醒雇员对该信息保密。如果对方违约，标明保密标志可以帮助企业向法院证明其已采取适当措施保护商业秘密，这也是商业秘密侵权案件的立案要素之一。

该分类系统还可以用来控制和限制必须知悉保密信息的雇员对保密信息的访问。现代技术使得雇员可以在数秒钟内将数百个重要文件复制到 U 盘，并带出企业。精心设计的访问控制可以有效地降低员工获得保密信息并带出企业的风险。访问控制并非防止信息泄露的唯一方法。例如，有些企业会禁用企业电脑上的 USB 端口（或其他输入/输出端口），雇员即使知悉某些文件，却无法将其复制到自己磁盘上。有些企业采用文件加密技术，加密文件只能在企业电脑上解密、浏览，因此复制（加密）文件并带出企业，将毫无意义。

3. 保密协议

雇主还应当与自己的雇员或承包商签订保密协议。该协议应明确指出，雇员在企业接触到的所有信息（包括雇员自身信息）属于企业，雇员有义务不向第三方披露或导致第三方知悉该信息。如果书面协议中没有明确规定员工的义务，即使雇主认为该义务是雇佣合同的附随义务，雇主也可能无法在中国法院强制执行其权利。

对于关键员工，签订保密协议的同时，还可以签订一个非竞争协议，以减少雇员利用雇主的商业秘密与雇主进行商业竞争。如果雇主愿意使用这种方法，应该注意到非竞争协议的内容应当符合中国法律的规定。例如，《劳动合同法》第二十四条规定，非竞争义务的期限不得超过两年，并且在协议有效期内，非竞争义务人有权获得赔偿。

4. 提高雇员忠诚度

公平地说，在中国，雇员是商业秘密的“最大威胁”。在许多情况下，雇员将商业秘密出售给竞争对手或者将商业秘密提供给新的雇主，而该雇主往往是前雇主的竞争对手。因此，员工忠诚度低且员工流动率高的企业将面临更大的商业秘密侵权风险。

第四节 关联交易合规管理

一、相关定义

（一）关联交易

关联交易（Connected transaction）就是企业关联方之间的交易。《公司法》第二百一十六条第四项对关联关系的定义为“公司控股股东、实际控制人、董事、监事、高级管理人员与其直接或者间接控制的公司之间的关系，以及可能导致公司利益转移的其他关系。但是，国家控股的企业之间不仅因为同受国家控股而具有关联关系”。关联交易是企业运作中经常出现的而又易于发生不公平结果的交易。关联交易在市场经济条件下广为存在，从有利的方面讲，交易双方因存在关联关系，可以节约大量商业谈判等方面的交易成本，并可运用行政的力量保证商业合同的优先执行，从而提高交易效率[①]。从不利的方面讲，由于关联交易方可以运用行政力量撮合交易的进行，从而有可能使交易的价格、方式等在非竞争的条件下出现不公正情况，形成对股东或部分股东权益的侵犯，也易导致债权人利益受到损害。

（二）关联方

以下根据《企业会计准则第36号——关联方披露》和《上海证交所上市公司关联交易实施指引》的相关规定，分别列举有关关联方和关联交易的相关定义。

企业会计准则第36号——关联方披露	上海证交所上市公司关联交易实施指引
第三条 一方控制、共同控制另一方或对另一方施加重大影响，以及两方或两方以上同受一方控制、共同控制或重大影响的，构成关联方。	**第七条** 上市公司的关联人包括关联法人和关联自然人。 **第八条** 具有以下情形之一的法人或其他组织，为上市公司的关联法人：

① 参见刘相文、赵振、赵超、李振伟：《关联交易损害公司利益？看〈公司法司法解释五〉如何定义》，载中伦律师事务所官网，https://www.baidu.com/link?url=O_iIBTIBeWtMfVjnwrS-SKEVfES5pdqdw0uKj4dj5cNIn2SPD_oWMhRg7T8I2xcw99yINSYXMGJ1b5SK4UGsYNsB1j63M-M-UiDN-rCf3G3K&wd=&eqid=dcec05c900631660000000026119cd5f，最后访问时间：2019年5月24日。

企业会计准则第 36 号——关联方披露	上海证交所上市公司关联交易实施指引
控制，是指有权决定一个企业的财务和经营政策，并能据以从该企业的经营活动中获取利益。 共同控制，是指按照合同约定对某项经济活动所共有的控制，仅在与该项经济活动相关的重要财务和经营决策需要分享控制权的投资方一致同意时存在。 重大影响，是指对一个企业的财务和经营政策有参与决策的权力，但并不能够控制或者与其他方一起共同控制这些政策的制定。 **第四条** 下列各方构成企业的关联方： （一）该企业的母公司。 （二）该企业的子公司。 （三）与该企业受同一母公司控制的其他企业。 （四）对该企业实施共同控制的投资方。 （五）对该企业施加重大影响的投资方。 （六）该企业的合营企业。 （七）该企业的联营企业。 （八）该企业的主要投资者个人及与其关系密切的家庭成员。主要投资者个人，是指能够控制、共同控制一个企业或者对一个企业施加重大影响的个人投资者。 （九）该企业或其母公司的关键管理人员及与其关系密切的家庭成员。关键管理人员，是指有权力并负责计划、指挥和控制企业活动的人员。与主要投资者个人或关键管理人员关系密切的家庭成员，是指在处理与企业的交易时可能影响该个人或受该个人影响的家庭成员。 （十）该企业主要投资者个人、关键管理人员或与其关系密切的家庭成员控制、共同控制或施加重大影响的其他企业。 **第五条** 仅与企业存在下列关系的各方，不构成企业的关联方： （一）与该企业发生日常往来的资金	（一）直接或者间接控制上市公司的法人或其他组织； （二）由上述第（一）项所列主体直接或者间接控制的除上市公司及其控股子公司以外的法人或其他组织； （三）由第十条所列上市公司的关联自然人直接或者间接控制的，或者由关联自然人担任董事、高级管理人员的除上市公司及其控股子公司以外的法人或其他组织； （四）持有上市公司 5% 以上股份的法人或其他组织； （五）本所根据实质重于形式原则认定的其他与上市公司有特殊关系，可能导致上市公司利益对其倾斜的法人或其他组织，包括持有对上市公司具有重要影响的控股子公司 10% 以上股份的法人或其他组织等。 **第九条** 上市公司与前条第（二）项所列主体受同一国有资产管理机构控制的，不因此而形成关联关系，但该主体的法定代表人、总经理或者半数以上的董事兼任上市公司董事、监事或者高级管理人员的除外。 **第十条** 具有以下情形之一的自然人，为上市公司的关联自然人： （一）直接或间接持有上市公司 5% 以上股份的自然人； （二）上市公司董事、监事和高级管理人员； （三）第八条第（一）项所列关联法人的董事、监事和高级管理人员； （四）本条第（一）项和第（二）项所述人士的关系密切的家庭成员； （五）本所根据实质重于形式原则认定的其他与上市公司有特殊关系，可能导致上市公司利益对其倾斜的自然人，包括持有对上市公司具有重要影响的控股子公司 10% 以上股份的自然人等。 **第十一条** 具有以下情形之一的法人、其他组织或者自然人，视同上市公司的关联人：

企业会计准则第36号——关联方披露	上海证交所上市公司关联交易实施指引
提供者、公用事业部门、政府部门和机构。 （二）与该企业发生大量交易而存在经济依存关系的单个客户、供应商、特许商、经销商或代理商。 （三）与该企业共同控制合营企业的合营者。 **第六条**　仅仅同受国家控制而不存在其他关联方关系的企业，不构成关联方。 **第七条**　关联方交易，是指关联方之间转移资源、劳务或义务的行为，而不论是否收取价款。 **第八条**　关联方交易的类型通常包括下列各项： （一）购买或销售商品。 （二）购买或销售商品以外的其他资产。 （三）提供或接受劳务。 （四）担保。 （五）提供资金（贷款或股权投资）。 （六）租赁。 （七）代理。 （八）研究与开发项目的转移。 （九）许可协议。 （十）代表企业或由企业代表另一方进行债务结算。 （十一）关键管理人员薪酬。	（一）根据与上市公司或者其关联人签署的协议或者作出的安排，在协议或者安排生效后，或在未来十二个月内，将具有第八条或者第十条规定的情形之一； （二）过去十二个月内，曾经具有第八条或者第十条规定的情形之一。 **第十二条**　上市公司的关联交易，是指上市公司或者其控股子公司与上市公司关联人之间发生的可能导致转移资源或者义务的事项，包括： （一）购买或者出售资产； （二）对外投资（含委托理财、委托贷款等）； （三）提供财务资助； （四）提供担保； （五）租入或者租出资产； （六）委托或者受托管理资产和业务； （七）赠与或者受赠资产； （八）债权、债务重组； （九）签订许可使用协议； （十）转让或者受让研究与开发项目； （十一）购买原材料、燃料、动力； （十二）销售产品、商品； （十三）提供或者接受劳务； （十四）委托或者受托销售； （十五）在关联人的财务公司存贷款； （十六）与关联人共同投资。 （十七）本所根据实质重于形式原则认定的其他通过约定可能引致资源或者义务转移的事项，包括向与关联人共同投资的公司提供大于其股权比例或投资比例的财务资助、担保以及放弃向与关联人共同投资的公司同比例增资或优先受让权等。

【案例】

“实质重于形式”的认定①

案例一：工商登记与实际控制的差异

上市公司A第一大股东下属公司的员工X和Y分别设立了X公司和Y公司，并向X公司和Y公司转让了其持有上市公司A的股权，但未履行付款义务。此外，X公司和Y公司的股权转让涉及的相关方亦无实际资金往来。上市公司A在历次披露中均未将前述股权转让行为认定为关联交易。

证监会在行政处罚决定书中明确认定，“判断上市公司股东之间是否具有关联关系，不应单纯以工商登记资料为依据，而应当以实质重于形式的原则进行认定”，前述股权转让行为应属于关联交易。

案例二：上市公司向控股股东让渡商业机会

上市公司B拟收购目标公司100%股权，且其全资子公司C与目标公司股东（即转让方）签署了股权转让协议。其后，实际控制人A通过其实际控制的体外公司D与目标公司及转让方签署了增资协议，该等增资完成后，体外公司D持有目标公司90%的股权；同时，上市公司B的全资子公司C与转让方终止了股权转让协议。

证监局认为上市公司B签署终止股权转让协议即实际放弃了上市公司的商业机会，并实际由实际控制人取得了该等商业机会，属于关联交易，且上市公司B未履行董事会审议程序和信息披露义务，由此出具了警示函措施。

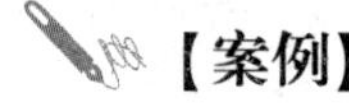【案例】

自我交易的认定②

裁判要点：《公司法》第一百四十八条规定的董、高的自我交易的范围通常限于个人，如果以上人员另行设立公司进行关联交易等，应适用关联交易的规定。

判决摘要：根据《公司法》第一百四十八条第一款第四项的规定，自我交易的主体应仅限于董事、高管本人违反公司章程或未经股东会同意与本公

---

① 参见徐辉、许河斌、丁磊：《实质重于形式认定关联交易的典型案例》，载金杜律师事务所官网，https://www.kwm.com/zh/cn/knowledge/insights/listed%20-company-compliance-20200721，最后访问时间：2020年7月21日。

② （2016）沪02民终21号。

司进行交易的行为，司法审判不宜扩张解释至董事、高管投资设立的其他公司与本公司进行交易的行为。况且，自我交易返还的收入系指董事、高管本人因自我交易而获得的实际收入，而董事、高管另设公司与本公司交易获得的收入并非董事、高管本人的收入。本案倪某琪投资设立的浩铭公司与上诉人签订物业管理合同的行为难以认定为自我交易；浩铭公司不符合自我交易的主体，其获得的物业费收入也并非倪某琪、谭某的收入；依现有证据难以认定谭某曾系三上诉人的高级管理人员，故谭某亦不是自我交易的主体。因此，三上诉人以构成自我交易为由要求三被上诉人返还物业费的诉请，本院实难支持。但本案所涉物业合同的签订和履行构成关联交易，如果上诉人认为其因该关联交易而遭受损害的，可以另行主张。因本案的请求权基础并非基于关联交易损害赔偿，故根据《民事案件案由规定》，对于本案的案由变更为最接近的"损害公司利益责任纠纷"为宜。

二、关联方的披露

（一）一般规定

根据《企业会计准则第 36 号——关联方披露》第九条规定，企业无论是否发生关联方交易，均应当在附注中披露与母公司和子公司有关的下列信息：

1. 母公司和子公司的名称。如果母公司不是该企业最终控制方的，还应当披露最终控制方名称。母公司和最终控制方均不对外提供财务报表的，还应当披露母公司之上与其最相近的对外提供财务报表的母公司名称。

2. 母公司和子公司的业务性质、注册地、注册资本（或实收资本、股本）及其变化。

3. 母公司对该企业或者该企业对子公司的持股比例和表决权比例。

此外，根据上述会计准则第十条，企业与关联方发生关联方交易的，应当在附注中披露该关联方关系的性质、交易类型及交易要素。交易要素至少应当包括：（1）交易的金额；（2）未结算项目的金额、条款和条件，以及有关提供或取得担保的信息；（3）未结算应收项目的坏账准备金额；（4）定价政策。

关联方交易应当分别关联方以及交易类型予以披露。类型相似的关联方交易，在不影响财务报表阅读者正确理解关联方交易对财务报表影响的情况下，可以合并披露。公司只有在提供确凿证据的情况下，才能披露关联方交易是公平交易。

（二）上市公司的特别规定

根据《上海证券交易所上市公司关联交易实施指引》第十八条、第十九条的规定，上市公司与关联自然人拟发生的交易金额在30万元以上的关联交易（上市公司提供担保除外），应当及时披露。上市公司与关联法人拟发生的交易金额在300万元以上，且占公司最近一期经审计净资产绝对值0.5%以上的关联交易（上市公司提供担保除外），应当及时披露。

根据上述文件第二十条的规定，上市公司与关联人拟发生的关联交易达到以下标准之一的，除应当及时披露外，还应当提交董事会和股东大会审议：

1. 交易（上市公司提供担保、受赠现金资产、单纯减免上市公司义务的债务除外）金额在3000万元以上，且占上市公司最近一期经审计净资产绝对值5%以上的重大关联交易。上市公司拟发生重大关联交易的，应当提供具有执行证券、期货相关业务资格的证券服务机构对交易标的出具的审计或者评估报告。对于第七章所述与日常经营相关的关联交易所涉及的交易标的，可以不进行审计或者评估；

2. 上市公司为关联人提供担保。

为了识别隐藏的关联交易，应当考虑以下几方面：

（1）分解交易

人为找一家或多家非关联的过桥公司作为直接交易对手，被尽调公司与过桥公司之间发生交易，使该交易行为不构成关联交易，再让被尽调公司的关联方与过桥公司进行交易。比如A公司将某笔资产以明显高于市场价的价格出售给不关联的B公司，再让与A公司有关联关系的C公司以同等价格买回该资产，从而达到A公司虚增利润等目的。

这种方式由于简单，可操作性强，现实中被频繁使用，甚至实际操作中会存在多层交易的方式来隐藏关联交易，那么这就需要尽调人员有针对性地对重大或异常的交易进行穿透核查。

（2）隐匿关联交易

有些公司在重组过程中，将交易时点选择在成为关联方之前，与关联方发生现时非关联化交易，按照非公允价格进行交易，待交易完成后正式加盟成为关联方。通过此种方式导致交易发生时该交易还不是法律意义上的关联交易，因此可以避免对关联交易的监管与披露。实践中，也存在公司通过多重参股的形式与法律意义上的非关联方之间产生交易，那么也同样需要尽调人员依据实质重于形式的原则来确定其是否构成关联交易。

（3）解除关联关系

实践中，有一些公司通过转让关联方的股权的形式，达到法律上要求的非关联关系，将关联关系非关联化。但此时需要注意的是，受让股权方是否与被尽调公司有间接的关联关系，或该股权转让的行为仅仅是股份代持行为，而实质上仍然由被尽调公司的关键人物实际控制着关联方，仍然对以后的交易有重大的影响力。

这种形式的不关联，实质上是关联的交易在尽调过程中确实很难查清楚，因而很多尽调人员仍然需要依赖被尽调公司的坦白意愿。在无法核实、拿不准的情况下，一般要求被尽调公司建立完善的内控制度、关联交易与对外担保关联制度，另外也需要求被尽调公司、实际控制人及高管出具相应承诺。

本章合规指引

本章围绕反商业贿赂和反腐败、反垄断、反不正当竞争和关联交易的企业合规措施展开分析。反商业贿赂和反腐败合规主要要求企业针对各种日常招待和业务活动中的不正当金钱及财物的流动进行防范。反垄断和反不正当竞争合规要求企业能够结合国家和地方的一系列法律法规，对垄断行为进行识别和防范。关联交易的合规则要求企业能够识别以各类形式出现的关联交易，并根据法律法规和证券交易所的要求对违规关联交易进行防范和制止。除此之外，以上各个领域的合规都要求企业的合规部门建立一系列的汇报、审核、咨询、培训机制，以在企业内部形成良好的合规文化和制度氛围。下面提供《企业业务招待费管理办法》《企业反垄断行动指南》《国有企业领导人员廉洁规定》《公司关联交易管理制度》作为该部分合规管理的指引。具体内容如下：

【示例1】

企业业务招待费管理办法

1. 为促进企业健康发展，保持领导干部廉洁勤政，根据《关于国有企业实行业务招待费使用情况等重要事项向职代会报告制度的规定》《国家税务总局关于企业所得税税前扣除办法》等相关制度，结合企业实际，特制订本制度。

2. 本制度适用于集团总公司及集团直接管理企业。

3. 本制度所称的“业务招待费”是指企业在经营管理活动中用于接待、交际、应酬等活动的各项费用。

4. 有关业务招待费的使用管理权限如下：

（1）企业主管领导负责本单位业务招待费的审批；

（2）企业财务部负责本单位业务招待费原始凭证的审核；

（3）集团总公司财务部负责集团直接管理企业业务招待费超过税前可列支限额的审批；

（4）集团总公司审计室负责集团总公司及集团直接管理企业业务招待费使用情况的审计。

5. 业务招待费的预算、使用及审批程序

各企业应按照《企业所得税税前扣除办法》等有关规定的业务招待费税前可列支限额，编制年度费用预算。

各企业主管领导可根据企业实际情况进行审批授权。

业务招待费原始凭证应保证内容真实、完整，并由经办人员和主管领导审批签字。各企业财务部门要认真审核原始凭证，若手续不完备，应拒绝办理。

因特殊原因，超出税前可列支限额的，须报集团总公司财务部审核批准后方可使用。

6. 业务招待费的报告流程

企业行政领导应向本企业职代会报告业务招待费的使用情况。

职代会应及时将职工代表对业务招待费使用情况报告的意见和建议向行政领导反馈。行政领导应及时落实整改措施。

7. 业务招待费向职代会报告的内容

国家有关规定税前可列支的业务招待费金额、企业确定的预算金额、企业实际使用的金额。

业务招待费预算是否健全，使用是否合理，审批是否严格，报销和入账手续是否符合企业有关财务制度。

业务招待费的主要用途以及其他需要说明的情况。

8. 业务招待费的审计

企业内审部门应每年对本单位及集团直接管理企业业务招待费的使用情况实施审计，并形成书面报告，并由企业领导向职代会报告。

企业应于每年年初，将其上年招待费使用情况的审计报告报集团审计室，由集团审计室组织实施审计，并形成书面报告，并由集团领导向集团总公司职工代表大会报告。

企业应结合实际，进一步规范业务招待费的使用范围、标准和审批程序，并结合实施厂务公开制度，完善业务招待费使用情况向职代会报告的有关制度。

【示例2】

企业反垄断行动指南

1. 制定原则

（1）企业的全体员工、管理者、董事和高级管理人员都有义务遵守所有适用的竞争法；

（2）企业的员工不得实施或允许其他员工实施、批准或容忍任何违反适用竞争法或违反本指南的行为；

（3）管理岗位的员工不仅对自己的行为负责，也对下属的行为负责，因此，每位管理者应特别注意执行相应的内部控制措施，以减少违反竞争法的风险；

（4）任何违反本指南的员工将可能受到纪律处分，包括开除；

（5）企业将根据需要提供资料和培训项目，从实践角度出发阐明在日常工作中可能面临竞争问题的员工该如何应对。

2. 员工必须：

与地区法务部门讨论所有竞争问题或疑虑。

遵守竞争法的相关要求，并参加所有必要培训。

如果您怀疑讨论可能涉及违法的不恰当领域，尤其对方是竞争对手时，必须停止讨论并且：

（1）立即告知对方本次讨论是直接违反本政策的；

（2）立即结束讨论和/或离开讨论现场，并要求记录您的离席；

（3）立即以有形的方式记录您的行为；

（4）尽快在讨论后就该讨论的细节联系地区法务部门。立即向地区法务部门报告涉及上述主题的所有讨论。

3. 员工不得：

与企业的竞争对手讨论定价、价格变动时间、成本、利润、折扣和回扣的条款和条件、产能、竞标、新项目、战略、业务计划、供应商、客户或任何其他竞争性敏感信息。本条适用于任何时间、地点，包括行业协会、社交场合以及社交媒体。

就共同商定价格或其他销售条款（包括授信条款或折扣）、固定或协议标（或协议不投标）、划分市场或客户、减少或控制生产或产量、抵制/处罚或以其他方式歧视其他企业或个人的事项开玩笑，或使用可能被解释为暗示、表达某项协议或共识的模棱两可的语言或推测性语言。

与客户或竞争对手协商约定不与其他企业交易。

与竞争对手协商约定雇用或招聘员工（包括协商约定不雇用或不招聘员工），或协商约定雇用条款和条件。

未经地区法务部门批准，从事下列活动：

（1）限制客户转售本企业商品的地域范围或价格；

（2）限制客户向个人或企业转售本企业商品；

（3）要求购买一种商品或服务的客户购买另一种商品或服务（搭售安排）；

（4）禁止客户向竞争对手进行购买（排他性交易安排）；

（5）实施可能被视为滥用市场支配地位的行为。

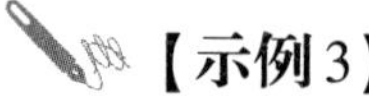【示例3】

国有企业领导人员廉洁规定

第一章　廉洁从业行为规范

1. 企业领导人员应当切实维护出资人利益，不得有滥用职权、损害企业资产权益的下列行为：

（1）违反决策原则和程序决定企业生产经营的重大决策、重要人事任免、重大项目安排及大额度资金运作事项；

（2）违反规定办理企业改制、兼并、重组、破产、资产评估、产权交易等事项；

（3）违反规定投资、融资、担保、拆借资金、委托理财、为他人代开信用证、购销商品和服务、招标投标等；

（4）未经批准或者经批准后未办理保全国有资产的法律手续，以个人或者其他名义用企业资产在国（境）外注册企业、投资入股、购买金融产品、购置不动产或者进行其他经营活动；

（5）授意、指使、强令财会人员进行违反国家财经纪律、企业财务制度的活动；

（6）未经履行国有资产监督管理职责的机构，决定本级领导人员的薪酬和住房补贴等福利待遇；

（7）未经企业领导班子集体研究，决定捐赠、赞助事项，或者虽经企业领导班子集体研究但未经履行国有资产出资人职责的机构批准，决定大额捐赠、赞助事项。

2. 企业领导人员应当忠实履行职责。不得有利用职权牟取私利以及损害本企业利益的下列行为：

（1）个人从事营利性经营活动和有偿中介活动，或者在本企业的同类经营企业、关联企业和与本企业有业务关系的企业投资入股；

（2）在职或者离职后接受、索取本企业的关联企业、与本企业有业务关系的企业，以及管理和服务对象提供的物质性利益；

（3）以明显低于市场的价格向请托人购买或者以明显高于市场的价格向请托人出售房屋、汽车等物品，以及以其他交易形式非法收受请托人财物；

（4）委托他人投资证券、期货或者以其他委托理财名义，未实际出资而获取收益，或者虽然实际出资，但获取收益明显高于出资应得收益；

（5）利用企业上市或者上市公司并购、重组、定向增发等过程中的内幕消息、商业秘密以及企业的知识产权、业务渠道等无形资产或者资源，为本人或者配偶、子女及其他特定关系人谋取利益；

（6）未经批准兼任本企业所出资企业或者其他企业、事业单位、社会团体、中介机构的领导职务，或者经批准兼职的，擅自领取薪酬及其他收入；

（7）将企业经济往来中的折扣费、中介费、佣金、礼金，以及因企业行为受到有关部门和单位奖励的财物等据为己有或者私分；

（8）其他利用职权牟取私利以及损害本企业利益的行为。

3. 企业领导人员应当勤俭节约，依据有关规定进行职务消费。不得有下列行为：

（1）超出备案的预算进行职务消费；

（2）将履行工作职责以外的费用列入职务消费；

（3）在特定关系人经营的场所进行职务消费；

（4）不按照规定公开职务消费情况；

（5）用公款旅游或者变相旅游；

（6）在企业发生非政策性亏损或者拖欠职工工资期间，购买或者更换小汽车、公务包机、装修办公室、添置高档办公设备等；

（7）使用信用卡、签单等形式进行职务消费，不提供原始凭证和相应的情况说明；

（8）其他违反规定的职务消费以及奢侈浪费行为。

4. 企业领导人员应当加强作风建设，注重自身修养，增强社会责任意识，树立良好的公众形象。不得有下列行为：

（1）弄虚作假，骗取荣誉、职务、职称、待遇或者其他利益；

（2）大办婚丧喜庆事宜，造成不良影响，或者借机敛财；

（3）默许、纵容配偶、子女和身边工作人员利用本人的职权和地位从事可能造成不良影响的活动；

（4）用公款支付与公务无关的娱乐活动费用；

（5）在有正常办公和居住场所的情况下用公款长期包租宾馆；

（6）漠视职工正当要求，侵害职工合法权益；

（7）从事有悖社会公德的活动。

第二章　实施与监督

5. 企业应当依据本规定制定规章制度或者将本规定的要求纳入企业章程，建立健全监督制约机制，保证本规定的贯彻执行。

企业党委（党组）书记、董事长、总经理为本企业实施本规定的主要责任人。

6. 企业领导人员应当将贯彻落实本规定的情况作为民主生活会对照检查、年度述职述廉和职工代表大会民主评议的重要内容，接受监督和民主评议。

7. 企业应当明确决策原则和程序，在规定期限内将生产经营的重大决策、重要人事任免、重大项目安排及大额度资金运作事项的决策情况报告履行国有资产出资人职责的机构，将涉及职工切身利益的事项向职工代表大会报告。需经职工代表大会讨论通过的事项，应当经职工代表大会讨论通过后实施。

8. 企业应当完善以职工代表大会为基本形式的企业民主管理制度，实行信息公开。

9. 企业应当按照有关规定建立健全职务消费制度，报履行国有资产监督管理职责的机构备案，并将职务消费情况作为厂务公开的内容向职工公开。

10. 企业应当结合本规定建立领导人员从业承诺制度，规范领导人员从业行为以及离职和退休后的相关行为。

11. 履行国有资产出资人职责的机构和人事主管部门应当结合实际，完善企业领导人员的薪酬管理制度，规范和完善激励和约束机制。

12. 纪检监察机关、组织人事部门和履行国有资产出资人职责的机构，应当对企业领导人员进行经常性的教育和监督。

13. 履行国有资产出资人职责的机构和审计部门应当依法开展各项审计监督，严格执行企业领导人员任期和离任经济责任审计制度，建立健全纪检监察和审计监督工作的协调运行机制。

14. 各级纪检监察机关、组织人事部门和履行国有资产出资人职责机构的纪检监察机构，应当对所管辖的企业领导人员执行本规定的情况进行监督检查。

企业的纪检监察机构应当结合年度考核，每年对所管辖的企业领导人员执行本规定的情况进行监督检查，并作出评估，向企业党组织和上级纪检监察机构报告。

对违反本规定行为的检举和控告，有关机构应当及时受理，并作出处理决定或者提出处理建议。

对违反本规定行为的检举和控告符合函询条件的，应当按规定进行函询。

对检举、控告违反本规定行为的职工进行打击报复的，应当追究相关责任人的责任。

15. 各级组织人事部门和履行国有资产出资人职责的机构，应当将廉洁从业情况作为对企业领导人员考察、考核的重要内容和任免的重要依据。

16. 企业的监事会应当依照有关规定加强对企业领导人员廉洁从业情况的监督。

第三章　违反规定行为的处理

17. 企业领导人员违反本规定第二章所列行为规范的，视情节轻重，由有关机构按照管理权限分别给予警示谈话、调离岗位、降职、免职处理。

应当追究纪律责任的，除适用前款规定外，视情节轻重，依照国家有关法律法规给予相应的处分。

对于其中的共产党员，视情节轻重，依照《中国共产党纪律处分条例》给予相应的党纪处分。

涉嫌犯罪的，依法移送司法机关处理。

18. 企业领导人员受到警示谈话、调离岗位、降职、免职处理的，应当减发或者全部扣发当年的绩效薪金、奖金。

19. 企业领导人员违反本规定获取的不正当经济利益，应当责令清退；给企业造成经济损失的，应当依据国家或者企业的有关规定承担经济赔偿责任。

20. 企业领导人员违反本规定受到降职处理的，两年内不得担任与其原任职务相当或者高于其原任职务的职务。

受到免职处理的，两年内不得担任企业的领导职务；因违反国家法律，造成国有资产重大损失被免职的，五年内不得担任企业的领导职务。

构成犯罪被判处刑罚的，终身不得担任企业的领导职务。

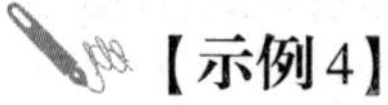【示例4】

公司关联交易管理制度

第一章　关联交易的定义及其范围

第一条　本制度所称的关联交易指公司或者其控股子公司与公司关联人之间发生的交换资源、资产，相互提供产品、服务或者劳务的交易行为。

第二条　公司的关联人包括关联法人和关联自然人。其定义以《香港联合交易所有限公司证券上市规则》《上海证券交易所上市规则》及相关法律法规的规定为准。

（一）具有以下情形之一的法人，为公司的关联法人：

1. 直接或者间接控制公司的法人或其他组织；

2. 由上述第1项直接或者间接控制的除上市公司及其控股子公司以外的法人或其他组织；

3. 关联自然人直接或者间接控制的，或者由关联自然人担任董事、高级管理人员的除公司及其控股子公司以外的法人或其他组织；

4. 持有公司5%以上股份的法人或其他组织；

5. 按照国家有关法律、法规和上市地上市规则确定的与公司具有关联关系的法人或其他组织；

6. 中国证监会、上海证券交易所以及公司根据实质重于形式的原则认定的其他与公司有特殊关系，可能造成公司对其利益倾斜的法人或其他组织。

（二）具有以下情形之一的自然人，为公司的关联自然人：

1. 直接或者间接持有公司5%以上股份的自然人。

2. 公司的董事、监事和高级管理人员。

3. 上面所述人士的关系密切的家庭成员，包括：

a. 父母及其配偶的父母；

b. 配偶及其配偶的兄弟姐妹；

c. 兄弟姐妹及其配偶；

d. 年满 18 周岁的子女及其配偶；

e. 子女配偶的父母。

4. 直接或者间接控制公司的法人或其他组织的董事、监事及高级管理人员。

5. 按照国家有关法律、法规和上市地上市规则确定的与公司具有关联关系的自然人。

6. 中国证监会、上海证券交易所以及公司根据实质重于形式的原则认定的其他与公司有特殊关系，可能造成公司对其利益倾斜的自然人。

（三）根据与公司关联人签署的协议或者做出的安排，在协议或者安排生效后，或在过去或者未来十二个月内曾经具有或者将具有上述关联法人和关联自然人规定的，视同为上市公司的关联人。

（四）关联关系主要指在财务和经营决策中，有能力对公司形成直接或间接控制或施加重大影响的直接或间接关系，主要包括关联人与公司之间存在的股权关系、人事关系、管理关系及商业利益关系。

（五）公司应对关联关系对公司的控制和影响的方式、途径、程序及可能的结果等方面做出实质性判断，并做出不损害公司利益的选择。

第三条　由公司控制或持有 50% 以上股份的子公司发生的关联交易，视同公司行为，其关联交易的管理适用本制度。

第四条　关联交易包括但不限于下列事项：

（一）购买或者出售资产；（二）对外投资（含委托理财、委托贷款等）；（三）提供财务资助（包括以现金或实物形式）；（四）提供担保（反担保除外，不含主营业务）；（五）租入或者租出资产；（六）签订管理方面的合同（含委托或者受托管理资产和业务等）；（七）赠与或者受赠资产；（八）债权或债务重组；（九）签订许可使用协议；（十）转让或者受让研究与开发项目；（十一）购买或销售原材料、燃料、动力；（十二）购买或销售产品、商品；（十三）提供或者接受劳务；（十四）委托或者受托购买、销售；（十五）在关联人财务公司存贷款；（十六）与关联人共同投资；（十七）其他通过约定可能引致资源或义务转移的事项；（十八）挂牌的证券交易所认为应当属于关联交易的其他事项。

第二章 关联交易遵循的原则

第五条 公司的关联交易应符合下列基本原则：

（一）诚实、信用、平等、自愿、等价、有偿；

（二）不损害公司及非关联股东合法权益的原则；

（三）公司董事会应当根据客观标准判断该关联交易是否对公司有利，必要时应当聘请独立财务顾问就该交易对全体股东是否公平出具意见；

（四）有任何利害关系的董事，在董事会就该事项进行表决时，应当回避；

（五）独立董事对应予披露的关联交易需明确发表独立意见；

（六）公司关联人与公司发生关联交易，必须签署书面协议，同时应当采取必要的回避措施：

1. 任何个人只能代表一方签署协议；

2. 公司关联人不得以任何方式干预公司的决定；

3. 公司董事会审议关联交易事项时，关联董事应当回避表决，也不得代理其他董事行使表决权；

4. 股东大会审议关联事项时，关联股东应当回避表决，也不得代表其他股东行使表决权。

第六条 公司董事会就关联交易进行表决时，存在下列情形的董事不得参与表决：

（一）为交易对方；

（二）为交易对方的直接或间接控制人；

（三）在交易对方或者能直接或间接控制该交易对方的法人单位或者该交易对方直接或间接控制的法人单位任职；

（四）为交易对方或者其直接或间接控制人的关系密切的家庭成员；

（五）为交易对方或者其直接或间接控制人的董事、监事或高级管理人员的关系密切的家庭成员；

（六）中国证监会、证券交易所或公司认定的因其他原因使其独立的商业判断可能受到影响的人士。

未能出席会议的董事为有利益冲突的当事人的，不得就该事项授权其他董事代理表决。

上述关联交易如因关联董事回避表决造成投票表决董事人数不足全体董事半数的情况，应当由全体董事（含关联董事）就将该等交易提交公司股东大会审议的程序性问题做出决议，由股东大会对该等交易做出相关决议，同时对独立董事的意见进行单独公告。

第七条 公司股东大会就关联交易进行表决时，下列股东应当回避表决：

（一）为交易对方；

（二）为交易对方的直接或间接控制人；

（三）被交易对方直接或间接控制；

（四）与交易对方受同一法人或者自然人直接或间接控制；

（五）因与交易对方或者关联人存在尚未履行完毕的股权转让协议或者其他协议而使其表决权受到限制和影响的股东；

（六）中国证监会或者证券交易所认定的可能造成公司对其利益倾斜的法人或自然人。

上述关联股东回避表决时，其所代表的有表决权的股份数不计入有效表决总数。如有特殊情况无法回避时，在公司征得有权部门同意后，可以按照正常程序参加表决。公司应当在股东大会决议中对此作出详细说明，同时对非关联人的股东投票进行专门统计，并在决议公告中披露。

第八条 关联交易定价原则

（一）关联交易价格是指公司与关联人之间发生的关联交易所涉及之商品或劳务等的交易价格；

（二）关联交易价格的确定应遵循“公平、公正、公开以及等价有偿”的原则，并以书面协议方式予以确定；

（三）交易双方应根据关联交易事项的具体情况确定定价方法，并在相关的关联交易协议中予以明确。有关法律法规要求以评估值或审计值做定价依据的，应聘请专业评估机构或审计机构对有关交易标的进行评估或审计。

第九条 公司应采取有关措施防止股东及其关联人以各种形式占用或转移公司的资金、资产及其他资源。

第十条 公司应采取有效措施防止关联人以垄断采购销售业务渠道等方式干预公司的经营，损害公司和非关联股东的利益。

第十一条 公司与关联人之间的关联交易应签订书面协议。协议的签订应当遵循平等、自愿、等价、有偿的原则，协议内容应明确、具体。公司应将该协议的订立、变更、终止及履行情况等事项按照有关规定予以披露。

第十二条 公司不得以下列方式将资金直接或间接地提供给控股股东及其他关联人使用：

（一）有偿或无偿地拆借公司的资金给控股股东及其他关联人使用；

（二）通过银行或非银行金融机构向关联人提供委托贷款；

（三）委托控股股东及其他关联人进行投资活动；

（四）为控股股东及其他关联人开具没有真实交易背景的商业承兑汇票；

（五）代控股股东及其他关联人偿还债务；

（六）中国证监会认定的其他方式。

第十三条 公司不得为控股股东及其下属控制企业、公司股东、公司持股50%以下的其他关联人、任何非法人单位或个人提供担保。

第十四条 任何与关联交易有利害关系的关联人在董事会上应当放弃对该议案的表决权。

第十五条 关联交易活动应遵循商业原则，关联交易的价格原则上应不偏离市场第三方的价格或收费的标准。公司应对关联交易的定价依据予以充分披露。

第十六条 公司在与控股股东及其他关联人发生经营性资金往来过程中，应严格限制其占用公司资金，并不得为其垫付期间费用，也不得与其互相代为承担成本和其他支出：

（一）公司董事会建立对控股股东所持有公司股份的“占有即冻结”机制，即发现控股股东侵占公司资产立即申请司法冻结，凡是不能以现金偿还的，通过出售股份偿还侵占资产；

（二）公司董事、监事、高级管理人员有义务维护公司的资金不被控股股东及其附属公司占用。公司董事、高级管理人员协助、纵容控股股东及其附属公司侵占公司资产的，公司董事会应当视情节轻重对相关人员进行处理，对于负有严重责任的董事应提请股东大会给予罢免。

第三章 关联交易的测试指标

第十七条 测试指标是设定关联交易审批程序和权限的标准，是根据上市地上市规则所做出的，并随上市地上市规则的修订而调整。

（一）净资产比率是指关联交易发生额占公司最近一期经审计的净资产绝对值的百分比。

（二）资产比率是指关联交易所涉及的资产总值占公司最近一期经审计的资产总值的百分比。

（三）收入比率是指关联交易所涉及资产所产生的收入占公司最近一期经审计的总收入的百分比。

（四）代价比率是指关联交易发生额占公司的市值总值的百分比。（市值总值为公司在香港联合交易所上市股票在有关关联交易协议签订日之前五个营业日的平均收市价与公司总股本的乘积。）

（五）股本比率是指在公司以发行证券所募集资金作为支付关联交易的代价情况下，所发行的股本总额占进行有关交易前公司已发行股本总额的百分比。

第十八条　各项测试指标均单一计算，并按照孰低原则以严格标准执行。持续性关联交易以每年的交易额为基础计算。

第四章　关联交易决策的权限

第十九条　公司拟进行的关联交易由公司职能部门提出书面报告，就该关联交易的具体事项、定价依据和对交易各方的影响做出详细说明。

第二十条　以下交易需要独立董事对该交易发表事前认可的独立意见，并在独立董事认可后，提交董事会审议批准：（1）公司拟与关联人发生的交易金额在人民币 300 万元以上的，且净资产比率为 0.5% 以上的关联交易；或（2）资产比率、收入比率、代价比率、股本比率等单一测试指标为 0.1% 以上的关联交易，但其中资产比率、收入比率、代价比率、股本比率等每一测试指标均在 0.1% 以上、5% 以下，且交易金额在 100 万港元以下的关联交易除外。独立董事做出判断前，可以聘请中介机构出具独立财务顾问报告，作为其判断依据。

第二十一条　除第十九条规定外，达到以下标准的关联交易，还需获得股东大会批准后方可实施：（1）公司与其关联人达成的一次性关联交易或在连续 12 个月内达成的关联交易，其交易总额在人民币 3000 万元以上，且净资产比率为 5% 以上的关联交易；或（2）资产比率、收入比率、代价比率、股本比率等单一测试指标为 5% 以上，但每一测试指标均在 5% 以上、25% 以下，且交易金额为 1000 万港元以下的关联交易除外。任何与该关联交易有利害关系的关联人在股东大会上应当放弃对该议案的投票权。公司董事会应当对该交易是否对公司有利发表意见，同时公司应当聘请独立财务顾问就该关联交易对全体股东是否公平、合理发表意见，并说明理由、主要假设及考虑因素。

第二十二条　公司在连续十二个月内发生交易标的相关的同类关联交易，应当按照累计计算的原则。

第二十三条　达到以下标准的公司关联交易（“应予披露的关联交易”），

在通过任何决策机构批准的情况下，均应当及时披露：

（一）公司与关联自然人发生的交易金额在人民币30万元以上的关联交易；

（二）公司与关联法人发生的交易金额在人民币300万元以上，且净资产比率为0.5%以上的关联交易；

（三）资产比率、收入比率、代价比率、股本比率等单一测试指标为0.1%以上的关联交易；但是每一测试指标均在0.1%以上、5%以下，且交易金额在100万港元以下的关联交易可免予披露。

公司独立董事应当对上述应予披露的关联交易是否符合程序及公允性发表独立意见，一并同时披露。

第五章　关联交易的决策程序

第二十四条　由公司有关职能部门就拟达成的关联交易提出意见或可行性方案，报公司总经理办公会议讨论或总经理审批。

第二十五条　总经理办公会议通过或总经理批准后，公司有关职能部门向公司独立董事提交关联交易议案。

第二十六条　公司独立董事对公司职能部门提交的议案，认为必要时可要求提供支持性文件和资料。

第二十七条　公司董事会按照公司章程的规定和决策权限对总经理提出的并经独立董事审议后的议案进行表决。如属公司股东大会决策权限的则应在公司董事会通过后，由董事会向股东大会提出议案。

第二十八条　由董事会负责召集股东大会，并向股东做出详细说明，由股东大会进行表决。

第二十九条　公司的独立董事应向股东大会对关联交易方案的公平性做出独立意见或说明。

第三十条　公司的监事会应充分关注关联交易的公允性和合规性。如有需要，可以就该项关联交易是否损害公司和其他非关联股东的合法利益的情形明确发表意见。

第三十一条　股东大会对关联交易进行表决时，适用《公司章程》关于股东大会普通决议的表决方式。

第三十二条　股东大会审议有关关联交易时，关联股东不应参与投票表决，且应当回避，其所代表的有表决权的股份数不计入有效表决总数；如有特殊情况关联股东无法回避时，公司在征得有关部门的同意后，可以按照正常程序进行表决，并在股东大会决议公告中作出详细说明。

第三十三条　公司董事会审议有关关联交易事项时，过半数的非关联董事出席即可举行，董事会会议所做决议必须经非关联董事过半数通过。出席董事会的非关联董事人数不足三人的，公司应当将该交易提交股东大会审议。

第三十四条　董事会对关联交易事项作出决议时，至少需要审核以下文件和资料：

（一）关联交易发生的背景情况说明；

（二）关联人的主体资格证明（法人营业执照或自然人身份证明）；

（三）与关联交易有关的协议、合同或任何其他书面安排；

（四）关联交易定价的依据性文件、材料；

（五）关联交易对公司和非关联股东合法权益的影响说明；

（六）中介机构报告（如有）；

（七）董事会要求的其他材料。

第三十五条　股东大会对关联交易事项作出决议时，除审核第三十九条所列文件外，还需审核独立董事就该等交易发表的意见。

第三十六条　需经公司股东大会批准的公司与关联人之间的重大关联交易，公司应当聘请具有执行证券、期货相关业务资格的中介机构，对交易标的进行评估或审计。与公司日常经营有关的购销或者服务类交易除外，但有关法律、法规或规范性文件有规定的，从其规定。

公司可以聘请独立财务顾问就需经股东大会批准的关联交易事项对全体股东是否公平、合理发表意见，并出具独立财务顾问报告。

第三十七条　关联交易合同有效期内，因不可抗力或生产经营的变化导致必须终止或修改关联交易协议或合同时，有关当事人可终止协议或修改补充协议内容。补充、修订协议视具体情况即时生效或再经董事会或者股东大会审议确认后生效。

第三十八条　公司为关联人提供担保的，不论数额大小，均应当在董事会审议通过后提交股东大会审议。公司为关联股东提供担保的，关联股东应当在股东大会上回避表决。

第六章　关联交易的关联董事回避和表决程序

第三十九条　董事个人或者其所任职的其他企业直接或间接与公司已有的或者计划中的合同、交易、安排有关联关系时（聘任合同除外），不论有关事项在一般情况下是否需要董事会批准同意，均应尽快向董事会披露该关联关系的性质和程序。

第四十条 董事会审议的某项事项与某董事有关联关系，该董事应当在董事会召开之前主动向公司董事会披露其关联关系并提出回避申请；非关联关系的董事有权在董事会审议有关关联交易事项前向董事会提出关联董事的回避申请。

董事提出的申请，可以用口头或者书面的形式，并申明某关联关系的董事应当回避的理由，董事会在审议前应首先对非关联关系的董事提出的回避申请进行审查、决议。除非关联董事按照本条要求向董事会作了披露并且董事会在不将其计入法定人数，该董事亦未参加表决的情况下批准了该事项，公司有权要求董事个人或者其所任职的其他企业撤销该合同、交易或者安排，但该董事个人或者其所任职的其他企业是善意第三人的情况除外。

第四十一条 董事会在审议有关关联交易时，会议主持人宣布有关关联关系的董事，并解释和说明关联董事与关联交易事项的关联关系。

第四十二条 对关联交易进行表决时，会议主持人宣布关联董事回避，由非关联董事对关联交易事项进行审议、表决。

第四十三条 关联事项形成决议，必须由全体非关联董事半数以上通过。

第四十四条 关联董事未就关联事项按上述程序进行关联关系披露或回避，有关该关联事项的一切决议无效，公司有权撤销该合同、交易或安排。

第四十五条 被提出回避的董事或其他董事如对关联交易事项的定性及由此带来的披露程度、回避、放弃表决权有异议的，可申请无须回避的董事召开临时董事会会议做出决定。该决定为终局决定。

第十章　企业劳动用工合规管理

【思维导图】

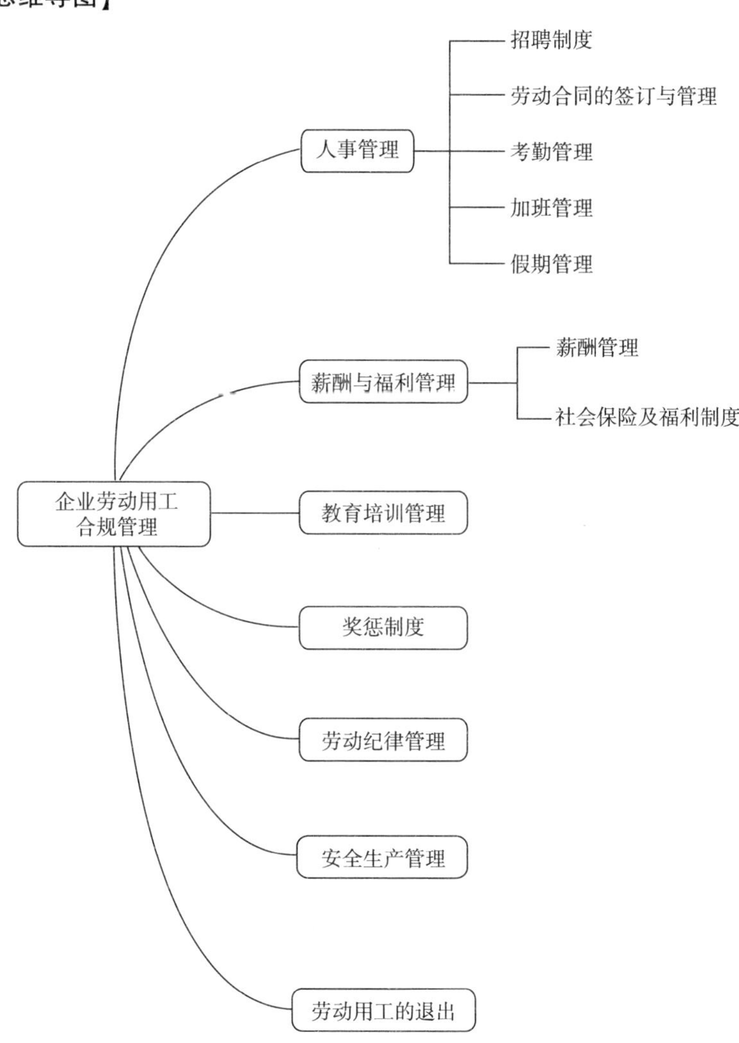

【本章概要】

劳动用工作为企业人力资源管理中的重要组成部分，劳动用工管理的缺陷将会制约企业本身以及社会经济的发展。随着经济的高速发展，现代社会的工业化建设等急需大规模的劳动力，然而在现代企业中，很多企业出于节约成本，追求利润最大化及法治观念淡薄等因素的存在，缺乏合法合规、行之有效的劳动用工管理，随意损害员工合法劳动权益的现象比较突出。因此，本章将重点介绍规范企业劳动用工的人事管理、薪酬与福利管理、教育培训管理、奖惩制度、劳动纪律管理、安全生产管理、劳动用工的退出等内容。望有助于有效预防和及时处理各类劳资纠纷，维护各方合法权益，以便形成协调和稳定的劳动用工关系，对促进社会主义市场经济的健康发展、营造和谐文明的社会氛围具有重要的现实意义。

第一节　人事管理

一、招聘制度

【案例】

用人单位无法兑现招聘广告中的承诺的情形①

小毕看到某外资公司登出了一则招聘广告，广告中写道："本单位录用的员工将被送到国外培训半年至一年"，他便毅然辞去原来的工作，顺利地进了新单位。加入新单位的小毕对工作充满希望，想通过积极工作得到重视，及时得到出国的机会。但是两年过去了，出国培训的事情依然没有动静，也没有听说哪位同事出国培训了。小毕找到单位负责人理论，单位应当履行在招聘广告中的承诺。单位负责人当面答应小毕一定会考虑。几天过去后，单位还是没有动静，小毕觉得用人单位实在欺人太甚，明明写好的条件却没有给予兑现，严重侵犯了自己的合法利益，就提出了仲裁申请。虽然劳动仲裁委

---

① 《用人单位无法兑现招聘广告中的承诺，劳动者上诉为何被驳回？求职陷阱怎么破？》，载上海远业律师事务所搜狐号"远业说法"，https：//www.sohu.com/a/407387633_120772517？spm = smpc.author.fd - d.110.1636445474330qQgUnJ5，最后访问时间：2021 年 11 月 9 日。

员会最终作出裁决：小毕与某公司的劳动合同并没有规定公司应当承担送小毕出国培训的机会，因此公司没有此项义务。招聘广告中的承诺，因为没有写进劳动合同中去，因此不具备法律效力，故驳回小毕提出单位应当履行“招聘广告”中规定的义务的请求。但公司还是为与小毕的官司付出了相当大的时间和成本。

招聘是用人单位为了发展需要，选拔、吸收劳动者的过程。招聘是人力资源管理活动的基础，它从源头上影响到公司人力资源的质量，同时也给人力资源管理带来风险。

根据《劳动合同法》第八条规定，用人单位招用劳动者时，应当如实告知劳动者工作内容、工作条件、工作地点、职业危害、安全生产状况、劳动报酬，以及劳动者要求了解的其他情况；用人单位有权了解劳动者与劳动合同直接相关的基本情况，劳动者应当如实说明。如用人单位或劳动者任何一方不履行告知义务，劳动合同有可能被认定为欺诈而导致合同无效。

从以上法条我们可以看出，对于招聘，法律给用人单位与劳动者分别规定了不同的义务。在现实中用人单位因在招聘过程中处于主导地位，可以根据自己的各种要求来挑选合格的劳动者，很多劳动者关心的也只是自己的劳动报酬有多少，公司的大小和前景或许不是他们最在意的地方。所以，用人单位往往不会刻意隐瞒自己的真实情况，能够很好地履行自己的告知义务。但劳动者来自五湖四海，背景、学历和综合素质有高有低。为了能够获得自己心仪的工作，有的劳动者不惜隐瞒甚至欺骗用人单位，提供虚假信息为自己被成功录用增加砝码。这时候摆在公司人力资源管理者面前最重要的问题就是，如何了解劳动者的真实情况，应该了解劳动者哪些方面的情况，公司又该如何做呢？

人力资源管理者在招聘过程中应当注意以下问题①：

1. 审查劳动者年龄。《劳动法》第十五条规定，禁止用人单位招用未满16周岁的未成年人。文艺、体育和特种工艺单位招用未满16周岁的未成年人，必须依照国家有关规定，履行审批手续，并保障其接受义务教育的权利。

---

① 参见牛慧、孙茜、佟磊、苗欢、刘岳：《人力资源管理制度法律合规性审查——公司规章制度之招聘制度》，载《中国劳动》2012年第9期。

2. 审查劳动者身份。应严格把关，宁缺毋滥。比如，对于劳动者是否还与其他用人单位存在劳动关系，以及是否存在竞业限制等情形，应严格审查。

3. 审查劳动者身体状况，是否存在潜在疾病、职业病。对于新入职的员工，需要进行入职前的身体检查。如果员工存在潜在的疾病或者是职业病，根据有关法律法规，劳动者只要与用人单位建立劳动关系，劳动者至少有3个月的医疗期。在医疗期内，用人单位一般无法与劳动者解除劳动合同，即便医疗期满，与劳动者解除劳动合同也需履行一定的程序，支付相应的经济补偿金和医疗补助费。

4. 对于外国人的特别审查。由于现在很多企业都需要各种跨国人才，企业招聘外国人也已经变成了很普遍的事情，但《外国人在中国就业管理规定》第五条规定，用人单位聘用外国人须为该外国人申请就业许可，经获准并取得《外国人就业许可证书》后方可聘用。

5. 避免就业歧视嫌疑。企业在制定录用条件时，应当避免就业歧视，提倡就业机会均等，这不仅是劳动法律法规具体明确的责任义务，也是企业社会责任的必然承担。就业歧视是指没有法律上的合法目的和原因而基于种族、肤色、社会出身、性别、户籍、残障或身体健康状况、年龄、身高、语言等原因，采取区别对待、排斥或者给予优惠等任何违反平等权的措施侵害劳动者劳动权利的行为。大多数企业容易在应聘者相貌、性别、年龄和语言上进行就业歧视。

6. 注意招聘广告与劳动合同的关系。由于招聘广告的对象并不是特定的，而是潜在的、不特定的，而且招聘广告一般并不具备法律所规定的签订劳动合同的七项必备条款。所以一般认为，招聘广告中的承诺，在法律上的含义并非“要约”，而是“要约邀请”。就法律约束力而言，要约邀请发出后对发出人并不产生法律约束力，发出人没有履行要约邀请内容的义务。因此。用人单位对于招聘广告中的内容并不承担必须履行的义务。但如果招聘广告中的承诺写入了劳动合同，用人单位自然要按劳动合同所约定的内容履行自己所承诺的义务。但还是要说明的一点是，在招聘广告中，不能为了宣传而作不可能做到的承诺，以避免不必要的纠纷。

7. 入职报到相关要求。入职报到要求，即员工被单位录用后应提交哪些材料、填写哪些表格。个人信息在入职前填写还是入职后填写非常重要，建议在入职前填写，因为如果是入职后填写，即便是虚假的也不能被认定为欺诈入职。同时，劳动合同应在报到时签订，否则会有此后员工不愿订立劳动合同而生波折的风险。

8. 妥善管理员工文档。员工文档在人力资源合规化管理中的作用非常重要，而且符合现行劳动法背景下企业承担更多举证责任的要求。建议企业为每位员工建立员工档案，从员工入职起即将员工所有资料加以整理归档，例如，入职申请表、资格证书、身份证明、社保记录等。

二、劳动合同的签订与管理

【案例】

怀孕员工的劳动保障①

李某于2010年1月1日与某公司签订为期2年的劳动合同。2010年6月，经医院检查，她已怀孕2个月，李某以怀孕为由，要求公司调整工作岗位。公司领导称其工作岗位符合国家安全生产规定，并告知以前同岗位同工种的女职工生育后身体都很好，不同意调整其工作岗位。李某认为领导对她不关心，于是工作消极，经常迟到、早退、旷工，公司领导多次做工作，但仍无济于事。9月12日，因李某上班时间串岗，其看管的机器断料，生产设备被烧毁，造成直接经济损失2万余元。公司领导对其进行了批评，要求其承认错误，并写出书面检查，否则解除劳动合同。而李某则要求先调整岗位，再写检查。9月28日，该公司作出了解除与李某劳动合同的决定。李某不服，于是向当地劳动争议仲裁委员会提出申请，要求公司撤销解除劳动合同决定。仲裁委经审理认为，根据《劳动法》第二十五条、《劳动合同法》第三十九条的规定，劳动者违反劳动纪律或者用人单位规章制度的，严重失职对用人单位利益造成重大损害的，用人单位可以解除劳动合同，维持该公司作出的解除与李某劳动合同的决定。

劳动合同的签订与管理包括劳动合同的订立、劳动合同的续订、劳动合同的履行和变更、劳动合同的到期终止和提前解除。

根据《劳动合同法》第十条规定，建立劳动关系，应当订立书面劳动合同。已建立劳动关系，未同时订立书面劳动合同的，应当自用工之日起一个

---

① 《女员工怀孕，却被公司调岗降薪：怀孕就该被差别对待吗?》，载上海远业律师事务所搜狐号“远业说法”，https：//www. sohu. com/a/408904694 _ 120772517? spm = smpc. author. fd – d. 107. 1636445474330qQgUnJ5，最后访问时间：2021年11月9日。

月内订立书面劳动合同。用人单位与劳动者在用工前订立劳动合同的，劳动关系自用工之日起建立。

在劳动合同的签订方面，需要注意：

1. 劳动合同的签订率，一定要达到百分之百，全方位排查死角，查漏补缺，确保所有员工在入职后的 1 个月内签订合同。

2. 企业签订劳动合同应执行现场签订制度。比如，一些制造业企业劳动用工规模大，人员流动频繁，一些一线员工的劳动合同都是发给车间管理人员签订后再上收，是否为本人签订、是否代签，不能完全确定。但是，依据法律规定，劳动合同必须由本人亲自签署，否则视为未签订书面劳动合同，用人单位须承担双倍工资赔偿。

3. 员工拒签劳动合同的处理。如员工拒签劳动合同，应向员工作出《签订劳动合同通知书》，交由员工签收，并注意保留员工拒签的证据，如遇员工不履行任何签收义务，人力资源管理人员可会同工会干部见证企业履行告知义务的全过程，以此证明企业履行了要求员工在规定时间内签署合同的义务。对于个别不愿意签订劳动合同的员工，应考虑在其入职 1 个月内与其解除劳动关系。

4. 企业应建立员工档案管理制度。一人一档，所有与人力资源相关的资料，都应进入保管范围。离职员工档案要保存两年以上。特别是对于员工考勤记录，应长期保管，专门存放。

5. 用人单位与劳动者相互履行劳动合同签订过程（特别是签订前）的告知义务。一方面便于单位招聘时充分根据应聘者的详尽情况选用合适人选，并且对出现的个人原因隐瞒、虚假履历信息，留有处罚依据；另一方面便于劳动者就业时充分了解用人单位情况，按照平等、自愿、协商一致的原则与用人单位签订劳动合同。法律规定，用人单位与劳动者相互履行告知义务，单位与劳动者充分沟通，获得对等的信息，满足双方知情权。

6. 在劳动合同续订方面，由于劳动合同的续订直接关系到无固定期限劳动合同的确定问题。一旦形成无固定期限劳动合同关系，只要不出现《劳动法》或《劳动合同法》中规定的可以由企业解除劳动合同的情形，企业就无法合法解除或终止与该劳动者的劳动合同。无固定期限劳动合同有利于稳定员工队伍，但企业过早地实行无固定期限劳动合同，有可能扼杀员工队伍的创造力，形成“新人进不来、老人出不去”的问题。一般而言，无固定期限劳动合同应重点考虑人力资源、财务管理、核心技术骨干等技术含量高、保密性强，需要稳定员工长期服务的岗位或是优先适用于企业中高级管理人员、符合企业发展规划的员工或用于优秀员工的一种奖励。对于其他员工，建议采取经济补偿方式达成终止协议。对于不愿终止劳动关系、希望继续在企业工作的员工，企业要加强劳动管理制度建设，做实绩效管理工作，将员工考勤、考绩等考核结果有效运用于劳动合同的续订。同时，可以采取适当的沟通，要求员工提交“主动提出签订固定期限劳动合同”并固化相关资料，再与其签订有固定期限的劳动合同，由此避免出现固定期限劳动合同被变更为无固定期限劳动合同和由此引起的法律风险。同时，多种用工形式也是节约人工成本、调整专业工龄结构的途径，应适量聘用已达到或已超过法定退休年龄的员工，如确有需要，企业应与其签订《劳务合同》或《上岗协议》，明确劳务费发放、福利待遇、休息休假等内容，并为其购买人身意外伤害保险。劳动合同期满后，企业如继续聘用员工应在上一个劳动合同期限届满之日起的一个月内，与员工续签劳动合同。否则，企业与员工存在新的事实劳动关系，如发生劳资纠纷，员工有可能向企业提出“二倍工资”索赔。

7. 关于劳动关系的履行与变更。实践中大多数情况下，劳动合同的变更是变更工作岗位，一般情况下，必须与劳动者充分协商，再签订《工作岗位变更书》。如用人单位不经劳动者同意，单方面调整劳动者工作岗位，必须符合下列情形之一：一是劳动者患病或者非因工负伤，在规定的医疗期满后不能从事原工作，用人单位应当另行安排适当工作，并因此相应变更劳动合同内容。如果员工仍不能从事安排的工作，企业可以提前 30 日书面通知员工或额外支付 1 个月的工资，解除劳动合同。二是劳动者不能胜任工作，用人单位应当对其进行培训或者调整工作岗位，并相应变更劳动合同内容。经过培训或者调整工作岗位后，员工仍不能胜任工作的，企业可以解除劳动合同。但在实际工作中，常常出现的并非以上两种情况，而是用人单位常常出于管理需要，在未经劳动者同意的情况下，单方调整劳动者的工作岗位和薪资报酬，这属于单方变更劳动合同的违约行为，由此易引发劳资纠纷。

因此，需要注意：第一，制定详细的《岗位说明书》，将每一岗位、工种、职务的具体职责和要求以《岗位说明》或《职位说明书》的形式固定下来。第二，在《职务调整管理制度》中，对调职、调岗、调薪的情形进行细化，并明确“以岗定薪、薪随岗变”的原则。第三，在《劳动合同》中，对“调岗调薪”作出明确约定。即甲方有权根据生产经营的实际需要和乙方的现实表现，适当调整乙方工作岗位，并实行调岗之后的薪资标准。第四，完成调岗调薪后，及时与员工签订《工作岗位变更协议》。

三、考勤管理

【案例】

旷工导致劳动关系解除①

某公司员工王某，因个人原因需外出一天，但未走正常的请假流程，而由同事戴某代用其工牌打卡，伪造出勤记录。事件发生后，经公司相关部门调查认定，王某及戴某存在严重违反公司规章制度的行为，最终公司与两人解除劳动关系。

考勤管理，是公司劳动纪律管理的最基本工作，也是员工履行劳动合同的法律义务。它通过约束性手段来统一公司全体员工的工作态度、规范公司全体员工的工作行为、提升公司全体员工的工作绩效。

根据《劳动法》第二十五条规定，发生以下情况时，用人单位可以解除劳动合同：劳动者严重违反劳动纪律或者用人单位规章制度；劳动者严重失职，营私舞弊，对用人单位利益造成重大损害。

公司依照相关法律制度，通过民主程序制定的规章制度，员工应积极学习，严格遵守，树立诚信端正的工作作风。

在考勤制度管理中，需要注意：

1. 公司内部各种考勤方式共存，应明确以哪种标准确定工作时间。如今考勤方式多种多样，比如电子考勤、门禁卡、指纹机、考勤签字等。对此应当明确以何种方式作为工作时间的计算标准，如规定门禁间隔时间为工作时间，或者以明示工作时间的计算方式。大大减少因工作时长引发的矛盾。

2. 休息时间规定要明确。一些公司规定每日工作 8 小时，但并未规定中间有 1 小时的休息时间。如此就有可能在这 1 小时加班时间或者因为休息发

---

① （2021）苏 05 民终 3524 号。

生事故从而追究用人单位的工伤责任。这就需要我们在考勤制度中明确休息时间。

3. 考勤记录需要签名确认。现代用人单位多用电子考勤，无纸质考勤，对于这种考勤制度，建议在规章制度中或者劳动合同中予以明示，并且规定以电子考勤或者其他考勤方式作为工作时间计算标准的依据。当然从风险控制的角度看，电子考勤记录应当定期交由员工确认签字，以确保考勤记录的真实、有效、合法。

四、加班管理

【案例】

企业应向员工支付法定加班工资[①]

陈某系保洁公司的保洁员，双方签订有无固定期限劳动合同。陈某在工作中认为公司没有按时支付其工资、法定休假日加班工资等，遂向仲裁委及法院申请仲裁及起诉，要求公司支付工资、法定休假日加班工资等。经过法院调查，保洁公司确实拖欠了陈某部分月份的工资，也存在法定休假日加班的情形。但是保洁公司主张，由于陈某与保洁公司签订的无固定期限劳动合同尚在履行期内，双方并未解除劳动合同，保洁公司希望与陈某协商，用安排调休的方式，弥补陈某的法定节假日加班，借以免除支付法定休假日加班工资的义务。经询问，陈某不同意保洁公司的主张。仲裁委及法院最终没有采信保洁公司的主张，判决保洁公司向陈某予以补足拖欠的工资，以及支付法定休假日加班工资。

加班是指用人单位安排劳动者在法定节假日或休息日工作，加点是指用人单位安排劳动者在标准工作时间以外延长工作时间进行工作。加班其实也包括加点，都是延长了法定工作天数和标准工作时间。加班是相对于法定标准工时制而言。而对于法定标准工时制，我国相关法律法规有明确规定，根据我国《劳动法》第三十六条和第三十八条、《国务院关于职工工作时间的规定》第三条和第七条、《全国年节及纪念日放假办法》、原劳动保障部《关于职工全年月平均工作时间和工资折算问题的通知》的规定，我国每月的法定

① （2019）京0102民初6527号。

工作天数为20.83天、季工作天数为62.5天、年工作天数为250天。年法定节假日为11天、年休息日为104天。

在加班制度管理中，需要注意：

1. 特殊工时制审批与告知。对于一些岗位，用人单位可以依法申请实行综合计算工时制或不定时工时制，实行这两种工时制，用人单位可以安排员工集中工作、集中休息，绕开标准工时制对工作时间的严苛规定，可以灵活合理安排员工在休息日或法定节假日休息，有效避开标准工时制对休息日加班和法定节假日加班工资计算的系数限制，最大限度地控制加班成本，为企业解套。单位申请实行综合计算工时制或者不定时工时制得到劳动行政部门的批复后还需要将批复告知劳动者，具体的告知方式，实践中一些企业采用发布公告的方式进行告知，我们建议，从证据保全的角度考虑，可以采用合同约定或者让员工签收告知单的方式进行告知。

2. 就餐时间作特殊约定。实践中，曾经发生过劳动者要求认定就餐时间属于工作时间并要求单位支付加班费的案例。就餐时间是否属于工作时间，法律并无明文规定，主要由用人单位与劳动者在劳动合同中自由约定，或者由企业在规章制度中作出规定，在劳资双方未对就餐休息时间是否算作工作时间的情况下，仲裁部门和法院一般根据实际情况，判定员工的实际用餐时间与工作时间，对用餐时间与工作时间做出适当平衡。从控制加班工资的角度出发，笔者建议，用人单位应在劳动合同约定或规章制度中明确规定就餐休息时间不算作工作时间。

3. 建立加班审批制度。加班审批制度是指除了用人单位安排加班外，劳动者由于工作原因需要加班的，必须提前填写加班申请单，经过相关负责人批准后方可加班的一种严格控制加班的管理制度。一般情况下，如果用人单位没有设立加班审批制度，那么，双方发生争议，只要考勤记录中显示劳动者离开单位与达到单位之间的时间差超过法定工作时间，则超出部分即可以认定为加班。因此，我们建议用人单位应当在劳动合同中明确约定加班审批制度，明确未经申请审批的自愿加班，企业不支付劳动报酬，并在员工签收的规章制度中规定加班申请审批的条件、流程、权限等具体操作措施。

4. 休息日加班尽量安排调休。《劳动法》第四十四条规定，休息日安排劳动者工作又不能安排补休的，支付不低于工资的百分之二百的工资报酬。

从法条可以看出，在员工休息日加班的情况下，是安排补休还是支付2倍加班工资，用人单位具有决定权，也就是说用人单位想给员工补休就补休，想给员工补钱就补钱。我们建议，用人单位应建立加班调休制度，在员工有累计加班工时的情况下，企业应尽量选择调休以对冲加班工资的支付，同时，对调休使用的期限设定一定限制，对超过规定期限不使用的调休则作废。

5. 建立值班制度并约定值班待遇。值班是指劳动者根据用人单位的要求，在正常工作日之外担负一定的非生产性的责任，主要是因单位安全、消防、假日等需要担任单位临时安排或制度安排的与劳动者本职工作无关的值班。由于值班人员从事的是非生产性的工作任务，用人单位无需支付加班工资。我们建议，用人单位应对适合的岗位和时间建立值班制度，在规章制度中规定值班的情形、值班的安排、值班的待遇。

6. 离职时做好离职结算。劳动者离职时，用人单位一般都会与劳动者进行离职结算，我们建议，就劳动者在职期间包括加班工资支付在内的所有工资支付事项做一清算，并写明双方无其他任何争议。做完这样的离职清算后，根据《最高人民法院关于审理劳动争议案件适用法律问题的解释（一）》第三十五条第一款之规定，“劳动者与用人单位就解除或者终止劳动合同办理相关手续、支付工资报酬、加班费、经济补偿或者赔偿金等达成的协议，不违反法律、行政法规的强制性规定，且不存在欺诈、胁迫或者乘人之危情形的，应当认定有效”。如果劳动者再提出用人单位支付加班工资，劳动仲裁机构和法院一般就很难再会支持劳动者的请求。当然，离职结算的形式可以根据每个单位的具体操作而定，可以是以离职协议形式，也可以是专门的离职结算单，还可以是离职交接单。

五、假期管理

【案例】

企业应保障劳动者休假权①

郭某于2011年3月1日入职某地产公司，该地产公司以郭某连续三日旷工为由解除与郭某的劳动关系。郭某请求支付违法解除劳动合同的赔偿金、

① 本案例是作者为了正文叙述编写的案例，特此说明。

未休年休假工资等。关于未休年休假工资的问题，该地产公司的《员工考勤及请假管理规程》规定，年休假当年有效，不得跨年度累计，若员工在当年度未提出休假申请就视同放弃休假权。该地产公司认为，郭某未向地产公司提出休假申请，应当视为其已经放弃休假权。按照相关法律规定，享受带薪年休假是职工的法定权利，单位制定的关于员工未提出休年休假申请即视同放弃休假权的条款，因违反法律规定应为无效条款，单位仍须支付员工未休年休假的工资。

休年休假是劳动者的基本权利，我国《劳动法》自1995年实施以来即确立了带薪年休假制度。直到国务院、人力资源和社会保障部分别于2007年、2008年发布《职工带薪年休假条例》和《公司职工带薪年休假实施办法》，我国的带薪年休假制度才有了落地实施的依据。实践中，关于年休假的争议较多归因于公司的休假制度设计不合理、不合规。

在假期制度管理中，需要注意：

1. 在年休假统筹安排管理的基础上，建议用人单位根据行业生产特点选择适当的休假方式。对劳动力密集型企业，用人单位可选择生产淡季或生产需求下降时集中安排或分段安排劳动者休年假；对其他用工需求较少的企业，用人单位可发挥劳动者的积极性，采用企业统筹与员工申请相结合的方式，由劳动者自行申请年休假，用人单位统筹监控劳动者年休假余额，并在合理时间范围内提醒或者统筹安排劳动者休年假。用人单位统筹与劳动者自行申请相结合的休假方式，更加符合人性化和灵活化的用工管理需求，更能帮助用人单位减少法律风险，降低用工成本。

2. 企业安排集体度假具有一定的特殊性，可以从以下几点考虑：第一，集体度假应考虑员工个人意志，本着自愿参与原则，不得强制要求参加；第二，明确休假性质，事先告知员工度假期间将使用员工的年休假，员工参加度假，即视为其对单位年休假安排的认可。

3. 关于福利年休假的管理规定，首先，用人单位应严格区分福利年休假与法定年休假，不得将二者进行笼统规定；其次，应明确福利年休假的折薪标准，如企业不打算在员工基本工资之外另行对未休福利年休假进行折薪，可直接作出“未休福利年休假不作折薪”的规定，避免引起歧义；除此之外，用人单位还应明确福利年休假的申请方式并统筹管理；当然，福利年休假的管理规定在本质上作为规章制度，用人单位应保证相关书面规定、通知已公示送达。

4. 明确请假审批权限。比如中层领导请假按程序申请，需经企业领导批准。

员工请带薪年休假、婚假、丧假、产假、护理假、探亲假、公假等按国家和企业有关规定执行，请假时应提供相关证明材料，由所在单位人事部门审批（产假及男员工计生护理假需由单位计生主管部门审核）。员工请病假、事假的，1 天以内（含 1 天）由所在班组、科室批准；1 天以上 3 天以内（含 3 天）或当月累计 5 天以上（含 5 天）的，由所在车间领导批准；3 天以上或当月累计 10 天以上（含 10 天）的及机关科室、部室人员请假 1 天以上或累计 3 天以上（含 3 天）的，由单位主管领导批准；请事假每次 10 天以上或年累计达 30 天以上的，以及医疗期满后的病假需呈报企业人力资源部审批。

5. 明确请假程序及相关规定。比如员工请假都要事先书面申请，填写《请假单》（带薪年休假填写《员工带薪年休假审批表》），按请假审批权限和程序办理。如遇急病或突发事件无法事先书面请假的，必须向主管领导说明情况，可以通过短信、微信、QQ、OA 等通信方式请假，经主管领导同意后休假，休假完后在回单位上班第一天内凭有关证明补办请假手续。请假人员须在完假后上班第一个工作日到原请假批准部门销假，未销假的按旷工处理。

第二节　薪酬与福利管理

一、薪酬管理

【案例】

企业薪酬管理制度[①]

张小姐与房地产开发公司签订劳动合同，约定张小姐为公司的楼盘销售员，工资按销售额 4‰提成。一个月后，张小姐辞职时要求公司支付 3378 元提成工资，公司以国家统计局《关于工资总额组成的规定》中并无“提成工资”项目为由拒绝，只同意按最低月工资标准付给张小姐 1200 元。

① 陈庆良等：《企业规章制度之薪酬管理制度》，载《中国劳动》2012 年第 10 期。

于是，张小姐将公司告上法庭。法庭最后判定公司应支付张小姐劳动报酬3378元。理由是劳动合同约定了张小姐的工资构成中部分是按销售额进行提成发放。

在司法实践中，因薪资报酬引起的纠纷是劳动争议纠纷中发案率较高的纠纷类型，用人单位在制定以及执行薪酬管理制度时常因工资范围不明确、特殊期间的工资支付不规范、随意扣罚工资等问题产生法律风险。

为避免上述风险，《劳动法》《劳动合同法》《工资支付暂行规定》《国家统计局关于工资总额组成的规定》《财政部关于公司加强劳动者福利费财务管理的通知》等法律法规要求，用人单位应当按时支付工资给劳动者本人，不得无故克扣劳动者的工资，但对于劳动者请事假等相应减发工资的情况除外。

关于薪酬管理制度，需要注意①：

1. 明确薪酬构成。用人单位应明确薪酬一般由工资、奖金、津贴、劳保福利等部分组成。用人单位基于岗位和绩效考评体系建立薪酬制度。根据岗位对知识技能的要求，解决问题能力的要求，岗位承担责任大小等因素设定不同薪酬级别。岗位和职级与薪酬及福利待遇挂钩。

2. 及时发放工资。依据国家有关规定或劳动合同的约定，工资必须在用人单位和劳动者约定的日期支付。如遇节假日或休息日，则应提前在最近的工作日支付。工资至少每月支付一次，实行周、日、小时工资制的可按周、日、小时支付工资。支付工资的具体日期由用人单位与劳动者约定。支付工资的日期一旦确定后，应严格按照规定的日期支付劳动者工资，逾期不支付工资的，则按拖欠工资处理。

3. 明确工资支付流程。从用人单位内部管理层面以及法律角度来讲，用人单位制定的薪酬制度最终要落实在工资的支付环节，一般工资支付的流程具体包括以下环节：（1）根据用人单位与劳动者之间签订的劳动合同确定支付给劳动者的工资总额及其包含的项目；（2）用人单位内部实施考核奖金或全勤奖金的，应当将奖金的发放条件作为用人单位经营管理的重点项目，可按用人单位规定发放；（3）对劳动者的考勤进行记录，确定劳动者正常工作

---

① 参见陈庆良、王倩、王晓燕、蔺秀丽、刘岳：《人力资源管理制度法律合规性审查——公司规章制度之薪酬管理制度》，载《中国劳动》2012年第10期。

时间、劳动者的休假期间及其他非正常工作时间；（4）根据薪酬制度、考勤休假制度及劳动者在一个劳动周期内的考勤记录按时足额向劳动者支付工资，并在支付工资的同时向劳动者提供工资清单。

4. 建立减发工资的完善程序。克扣工资和拖欠工资一样，同样属于“未及时足额支付劳动报酬”，同样会面临劳动者主张解除劳动合同以及要求支付赔偿金的法律风险。

对于减发劳动者工资，用人单位应当符合以下规定：（1）公示工资减发事项。根据相关法律法规及其实践，一般在以下四种情况下用人单位可以合法扣减劳动者工资，并明确扣减的额度限制：①劳动者因个人主观原因没有完成生产任务，并非身体问题等所致，单位可扣减其工资，扣后工资不能低于最低工资标准；②劳动者违反劳动纪律并造成单位损失时，单位扣减工资，每月扣减比例必须小于该劳动者月工资的20%；③劳动者请事假，按照缺勤一天扣一天的工资计算；④劳动者请病假，按照病假工资发放，可以扣减其绩效或生产性奖励等。（2）注意调查程序，建议各用人单位在调查违纪员工时，可以综合各类调查、访谈方式，以准确判断员工是否有过错，是否构成违纪。认定员工违纪应当依据相关证据进行判断，避免主观臆断，在相关证据的收集阶段应当注意及时将证据保留存档，为日后产生劳动争议时提供证据支持。（3）出具书面处理决定，书面处理决定应当写明：①违纪事实；②对该员工该等行为进行处罚的相关“依据”；③扣减工资的金额等。（4）劳动者签字确认。对于出具的书面处理决定，应当由员工在该决定上签字确认，以避免日后的纠纷。

二、社会保险及福利制度

【案例】

企业应及时为员工缴纳社保及公积金①

某餐饮公司于2018年9月12日向香港联交所提交全球发售文件，披露存在未及时缴纳社会保险及住房公积金的情况，针对缴纳不足部分补缴计提2015年至2018年上半年共计10990万元。

---

①《某餐饮公司触及17.8港元发行价》，载每经网，http://www.nbd.com.cn/articles/2018-09-26/1258277.html，最后访问时间：2021年11月9日。

员工福利一般包括法定的社会保险、法定福利及公司福利等形式。这些奖励作为公司成员福利的一部分，奖给职工个人或者员工小组。

根据《劳动法》第七十三条规定，劳动者在下列情形下，依法享受社会保险待遇：（一）退休；（二）患病、负伤；（三）因工伤残或者患职业病；（四）失业；（五）生育。劳动者死亡后，其遗属依法享受遗属津贴。劳动者享受社会保险待遇的条件和标准由法律、法规规定。劳动者享受的社会保险金必须按时足额支付。

在社会保险及福利制度管理上，企业应注意：

1. 企业一定要合规缴纳社保。员工没有放弃社保的权利，也就是说，员工自愿放弃社保的口头承诺、书面承诺都不具法律效力，一旦发现，企业将面临补缴、罚款、滞纳金。

2. 对企业福利进行区分。全体员工可以享受的福利，如工作餐、节日礼物、健康体检、带薪年假、奖励礼品等。对企业做出特殊贡献的技术专家、管理专家等企业核心人员可给予特殊群体的福利，包括住房、汽车等项目。

3. 企业可根据经济效益，为加入工会组织的合同制员工建立其他福利待遇，但企业有权视企业经营情况调整或取消。

第三节　教育培训管理

【案例】

员工培训制度①

2012年8月29日，B医院与张某签订聘用合同，约定合同期限为3年，同时约定，张某接受B医院提供的规范化培训后，须在B医院服务5年，若调离或辞职，B医院收回3年期间发给张某的全部费用。后B医院将张某派至某医院进行了3年的规范化培训，双方在合同期限届满前续签了3年合同。而在3年培训即将届满时，张某即向B医院提出辞职，3年培训结束后也未到B医院处上班。B医院申请劳动仲裁，要求张某赔偿因其违法解除聘用合同给

① 本案例是作者为了正文叙述编写的案例，特此说明。

B 医院所造成的各项损失共计 18 万余元，劳动仲裁委裁决张某向 B 医院支付 10 万余元。张某不服，向法院起诉，法院驳回其起诉，张某上诉，二审法院维持原判。法院认为，培训是培养临床医师的必经途径，从该培训持续的时间、培训的内容、系统性、规范化程度来看，该培训应属于《劳动合同法》第二十二条规定的专业技术培训。

公司为了实现整体战略目标，会建立并完善公司人力资源开发及培训体系，不断熔炼及培养各级员工，达到员工能力与任职岗位匹配的目的。

根据《劳动合同法》第二十二条规定，用人单位为劳动者提供专项培训费用，对其进行专业技术培训的，可以与该劳动者订立协议，约定服务期。劳动者违反服务期约定的，应当按照约定向用人单位支付违约金。

在教育培训管理上，企业应注意：

1. 培训应当针对的是特定人员，即非一般员工或者是全体员工。如培训含金量较高，建议用人单位内部对培训人员的选拔制定相应的规章制度。

2. 培训时间最好是员工正式入职且试用期满后。为了避免出现该等用工风险，建议用人单位仅针对已通过试用期考核的员工进行培训。

3. 培训目的要具体写明使员工能胜任更高层次或更加专业的工作（注意需区别转岗培训），属于专门针对特定主体而设置的特定项目。同时，在员工结束培训，且通过考试或考核合格后，对员工的工作岗位或薪资进行相应的提升。一方面有利于留住核心员工，另一方面也凸显培训的目的属于提升性培训。

4. 培训内容应当明确具体，如员工接受的是语言技能培训，那么直接约定“英语专业八级”，而不是宽泛、模糊地界定培训内容。

5. 用人单位应当注明培训的主体、培训的具体方式。如可以是课堂讲授或视频教学，也可以是现场观摩、操作，或者是专人带教下的师徒式学习。尤其是针对技术人员，培训方式不能仅限于课堂授课，单纯接受知识的教授，而应与实务操作相结合。

6. 建议尽量在《培训协议》中列明培训的项目和所对应项目需花费的费用。同时，该培训项目及所需费用需与培训机构签订的有关培训协议或技术使用协议中所约定的相关培训费用相对应，并将该等协议作为《培训协议》的附件。

第四节　奖惩制度

【案例】

员工奖惩制度[①]

胡某于2011年4月入职某物业服务公司，担任秩序主管一职，2017年8月15日，物业服务公司因物业服务区域扩大而对各秩序主管的物业区域管理范围进行了适当的调整，该等调整不涉及秩序主管的岗位职责、工作内容及福利待遇。但胡某拒不服从公司安排，并在公司领导两次与其面谈的过程中进行辱骂、威胁。后公司解除了与胡某的劳动关系，胡某不服遂提起仲裁。仲裁裁决认为"公司基于管理的需要，对胡某的工作范围进行适当调整，未降低职务及工资，并无不当。胡某本应服从或通过正当合理渠道向上级反映其想法，却无端辱骂、威胁上级领导，其行为确系违反了公司《员工奖惩制度》的规定。公司系合法解除"。

奖惩制度，就是在公司运作中对员工进行有目的的奖励和惩罚的制度。在公司运作中，单一的管理制度，只是对员工日常工作的要求和约束，要提升员工的工作积极性和效率，就必须使他们看到利益。无论这个利益是物质的，还是精神的，它都将对于公司的日常运作，产生极大的作用。

在奖惩制度管理上，需要注意：

1. 奖惩制度应通过民主程序制定。根据《劳动法》第四条规定，用人单位应当依法建立和完善规章制度，保障劳动者享有劳动权利和履行劳动义务。《最高人民法院关于审理劳动争议案件适用法律问题的解释（一）》第五十条规定，用人单位根据《劳动合同法》第四条规定，通过民主程序制定的规章制度，不违反国家法律、行政法规及政策规定，并已向劳动者公示的，可以作为确定双方权利义务的依据。

2. 关于"扣工资"，根据《工资支付暂行规定》第十六条规定，因劳动者本人原因给用人单位造成经济损失的，用人单位可按照劳动合同的约定要

① 本案例是作者为了正文叙述编写的案例，特此说明。

求其赔偿经济损失。经济损失的赔偿，可从劳动者本人的工资中扣除。但每月扣除的部分不得超过劳动者当月工资的20%。若扣除后的剩余工资部分低于当地月最低工资标准，则按最低工资标准支付。用人单位要让劳动者赔偿经济损失，首先需要证明劳动者给用人单位造成了损失，还必须是因为本人原因。因此，对于用人单位来说，对员工进行罚款之前，一定要审查规章制度是否有明确规定，是否将员工违反规章制度的事实通过多种取证方法予以固定，否则，经营自主权的行使将可能变成克扣工资。

3. 用人单位需要明确奖惩的标准。比如每月考核在9分以上为达标，可领取当月全额效益工资；8～8.9分为基本达标，可领取当月效益工资的90%，7～7.9分可领取当月效益工资的80%，6～6.9分可领取当月效益工资的50%，6分以下取消当月效益工资；年度扣分累计在10分以下者，可领取全额年终奖，扣分在10～18分之间可领取90%的年终奖，扣分在18～26分之间可领取70%的年终奖，扣分在26～36分之间可领取50%的年终奖，36分以上者取消年终奖；连续两个月考核在6分以下者辞退或给予处分。

4. 明确奖励程序。可由员工推荐、本人自荐、领导提名等方式得出合适人选，经证明符合条件者给予奖励。

5. 明确奖励方式。奖励方式包括但不限于表扬信/嘉奖单：发表扬信，张贴通告；嘉奖（现金）等。

6. 明确惩罚的范围。如违反国家法律、法规、政策和企业规章制度，造成经济损失或不良影响的（无论金额大小）等情况。

第五节　劳动纪律管理

【案例】

员工应当遵守企业劳动纪律[①]

2012年5月25日，刘某与A公司签订了期限为2012年5月25日至2015年5月24日的劳动合同。刘某于2014年9月有6天、10月有3天、11月有4天、12月有4天，2015年1月有4天没有考勤记录。2014年10月23日，A

① 本案例是作者为了正文叙述编写的案例，特此说明。

公司曾向刘某发出要求其回岗上班的通知，刘某依然旷工。2015 年 1 月 30 日，A 公司以刘某连续旷工多日严重违反劳动合同约定为由，决定自 2015 年 1 月 31 日起与刘某解除劳动合同，并向其发出书面通知，刘某收到该通知后办理了离职手续。2015 年 2 月 1 日刘某向 A 公司出具了离职声明。之后，刘某向当地劳动人事争议仲裁委员会申请劳动仲裁，要求 A 公司向其支付未足额支付的工资，支付违法解除劳动关系的经济补偿金。本案经当地劳动人事争议仲裁委员会仲裁以及基层人民法院审理，劳动人事争议仲裁委员会以及人民法院均不认为 A 公司存在违法解除劳动关系之情形，均不支持刘某要求 A 公司支付违法解除劳动关系的经济补偿金的请求。

劳动纪律是指人们在共同劳动过程中，为取得行动一致，保证生产（或工作）过程实现所必须遵守的行为准则。它是人们从事社会劳动的必要条件。不论在任何生产方式下，只要进行共同劳动，就必须有劳动纪律。

根据《劳动法》第三条第二款，劳动者应当完成劳动任务，提高职业技能，执行劳动安全卫生规程，遵守劳动纪律和职业道德。同时，根据《劳动合同法》第三十九条规定，劳动者有下列情形之一的，用人单位可以解除劳动合同……（二）严重违反用人单位的规章制度的……（六）被依法追究刑事责任的。

用人单位在进行劳动纪律管理时，需要注意：

1. 完善管理制度体系，加强监督管理。企业在组织生产经营过程中，要有一套行之有效的制度，使劳动纪律管理工作有“法”可依，对员工行为进行规范、约束和控制。只有依靠健全的规章制度管理企业，才能确保管理到位，从而达到严格管理的目的。制度一经建立，就应该是刚性的，就必须坚决执行，要一视同仁，不分亲疏，不分领导与普通员工，违者必究，违者必罚。

2. 在员工中广泛开展培训。培训可以促进企业和员工间的双向沟通，增强员工主人翁意识，培养他们的敬业精神和社会责任感，是企业促进管理的必要手段。员工可以通过企业培训使自身素质不断得到提升。企业劳动纪律的管理也必须有培训作支持，一方面可以让员工通过培训了解劳动纪律的规章制度；另一方面可以让员工清楚遵章守纪对自身安全的重要性。

3. 企业规章制度的制定要合法合程序。根据《劳动合同法》第四条第二款规定，用人单位在制定、修改或者决定有关劳动报酬、工作时间、休息休假、劳动安全卫生、保险福利、职工培训、劳动纪律以及劳动定额管理等直接涉及劳动者切身利益的规章制度或者重大事项时，应当经职工代表大会或者全体职工讨论，提出方案和意见，与工会或者职工代表平等协商确定。因此，依据的企业规章制度本身需要经过内部的民主程序协商确定，才能更有说服力，否则很难作为开除员工的直接依据。实践中，往往需要企业提供相应证据证实其所制定的规章制度经过职工代表大会或全体职工讨论、与工会或者职工代表平等协商确定等。

4. 企业规章制度要让员工知晓。根据《劳动合同法》第四条规定，用人单位应当将直接涉及劳动者切身利益的规章制度和重大事项决定公示，或者告知劳动者。因此，企业是否履行了告知员工的义务，就决定了所依据的企业规章制度是否直接约束企业员工。根据《最高人民法院关于审理劳动争议案件适用法律问题的解释（一）》第五十条，用人单位根据《劳动合同法》第四条规定，通过民主程序制定的规章制度，不违反国家法律、行政法规及政策规定，并已向劳动者公示的，可以作为确定双方权利义务的依据。因此，是否公示就成为是否能够依据此规章制度开除员工的关键。实践中，企业一般通过员工手册、企业 OA 和邮件告知等方式，让员工知晓，从而对员工产生拘束力。

5. 严重违反企业规章制度要有“证据”。如果员工有严重违反企业规章制度的行为，企业需要根据上面要求收集足够的证据之后，才能据以开除员工。一般来说，这些证据包括：犯错检讨书、处罚通知书、其他员工的证词、企业视频监控录音录像等资料等，而且每次员工犯错误，都尽量要书面检讨说明并要求本人签字确认，或者找相关部门处理留下笔录等。因此，开除员工需要足够的证据，贸然先开除后收集，很容易因为证据不足，导致上述认定难以成立。

第六节　安全生产管理

【案例】

劳动用工应当注意安全生产管理①

2014 年 12 月 29 日，北京市海淀区某附中在建体育馆发生坍塌事故，造

① （2015）海刑初字第 2597 号。

成10人死亡、4人受伤。北建一建和创分公司某附中项目商务经理杨某中等15人因重大责任事故罪被公诉至法院。最终该15人分别获刑。

安全生产管理是指对安全生产工作进行的管理和控制。公司主管部门是公司经济及生产活动的管理机关，按照"管生产同时管理安全"的原则，在组织本部门、本行业的经济和生产工作中，同时也负责安全生产管理。组织督促所属公司事业单位贯彻安全生产方针、政策、法规、标准。根据本部门、本行业的特点制订相应的管理法规和技术法规，并向劳动安全监察部门备案，依法履行自己的管理职能。

在进行安全生产管理时，需要注意：

1. 依法制定、结合实际。企业制定安全制度，必须以国家法律、法规和安全生产方针政策为依据。根据法律的要求，结合企业的具体情况来制定制度，其模式根据"管生产管安全，谁主管谁负责"的原则来确定。

2. 明确安全生产责任制。包括各级领导、各类人员安全责任制和各职能部门安全生产责任制、安全生产管理制度。

3. 细化安全生产责任制度。包括从业人员安全教育、培训、考核管理制度，劳动防护用品（具）配备管理制度，安全防护设施管理制度，设备管理制度，作业场所防火、防爆、防毒管理制度，安全检查管理制度，隐患整改管理制度，生产安全事故报告和处理制度，特种作业管理办法，安全生产奖惩管理制度等。

4. 编制安全操作规程。包括岗位安全操作规程（岗位安全操作法）整体编写要点、正常生产运行情况下安全操作规程编写要求、特种作业安全操作规程编写要点等。

5. 有章可循、衔接配套。企业安全制度应涵盖安全生产的方方面面，使与安全有关的事项都有章可循，同时又要注意制度之间的衔接配套，防止出现制度空隙而无章可循或制度交叉重复有不一致而无所适从。

第七节 劳动用工的退出

【案例】

怀孕员工的劳动保障①

李某于2010年1月1日与某公司签订了为期2年的劳动合同。2010年7月26日，经医院检查，她已怀孕2个月，李某以怀孕为由，要求公司调整工作岗位。公司领导称其工作岗位符合国家安全生产规定，并告知以前同岗位同工种的女职工生育后身体都很好，不同意调整其工作岗位。李某认为领导对她不关心，于是工作消极，经常迟到、早退、旷工，公司领导多次做工作，但仍无济于事。9月12日，因李某上班时间串岗，其看管的机器断料，生产设备被烧毁，造成直接经济损失2万余元。公司领导对其进行了批评，要求其承认错误，并写出书面检查，否则解除劳动合同。而李某则要求先调整岗位，再写检查。9月28日，该公司作出了解除与李某劳动合同的决定。李某不服，于是向当地劳动争议仲裁委员会提出申请，要求公司撤销解除劳动合同决定。仲裁委经审理认为，根据《劳动法》第二十五条、《劳动合同法》第三十九条的规定，劳动者违反劳动纪律或者用人单位规章制度的，严重失职对用人单位利益造成重大损害的，用人单位可以解除劳动合同，维持该公司作出的解除与李某劳动合同的决定。

在通常发生的劳动纠纷中，因公司单方解聘员工，提前解除劳动合同而引起的纠纷占了很大比重。如何能做到既可以单方解聘员工提前解除劳动合同而同时又可以防范法律风险呢？关键还是公司在认真解读法律的基础上，加强自身管理工作，才能根据《劳动合同法》第三十九条、第四十条、第四十一条的规定，顺利解除与员工的劳动关系以降低公司法律风险。

在劳动合同解除方面，需要注意②：

① 《女员工怀孕，却被公司调岗降薪：怀孕就该被差别对待吗?》，载上海远业律师事务所“远业说法”，https：//www. sohu. com/a/408904694_120772517? _trans_ = 000014_bdss_dkwcdz12zn，最后访问时间：2021年11月9日。

② 参见颜爱民、孟平昇、袁剑明、曾海波、刘岳：《人力资源管理制度法律合规性审查——劳动合同的签订及管理》，载《中国劳动》2012年第6期。

1. 如果企业单方解除劳动合同属于过失性解除的，即劳动者本身原因或主观错误造成过失后企业实施与其解除劳动合同的行为。企业无需提前30天书面通知，也不用支付任何经济补偿金，适用条款为《劳动合同法》第三十九条规定。该条规定，劳动者有下列情形之一的，用人单位可以解除劳动合同：一是在试用期间被证明不符合录用条件的；二是严重违反用人单位的规章制度的；三是严重失职，营私舞弊，给用人单位造成重大损害的；四是劳动者同时与其他用人单位建立劳动关系，对完成本单位的工作任务造成严重影响，或者经用人单位提出，拒不改正的；五是因本法第二十六条第一款第一项规定的情形致使劳动合同无效的；六是被依法追究刑事责任的。该案例中，企业正是适用第二项规定，大胆而顺利地解雇了这个“存在过失的员工”，不需要支付任何经济补偿金。

同时，企业必须做好如下工作：第一，在进行人才招聘前，要根据招聘职位的要求，制定出完整的具有可操作性的录用条件。在试用期间，注意随时按录用条件对新员工进行考察，发现员工不符合录用条件时要及时取得能证明其不符合录用条件的证据，并在试用期内与其解除劳动合同。第二，依法完善规章制度，尤其是针对第三十九条第二项、第三项中出现的严重、重大损失等，企业必须根据自身情况进行依法界定，以利于实际操作。第三，为尽到举证说明理由的义务，建议固化相关文件或资料。

2. 如果企业单方解除劳动合同属于非过失性解除的，即劳动者并非出于上述第三十九条所述的过失而是因为个人身体状况、工作能力（业绩）以及其他客观情况变化等原因，企业实施与其解除劳动合同的行为，适用《劳动合同法》第四十条规定。该条规定，有下列情形之一的，用人单位提前30日以书面形式通知劳动者本人或者额外支付劳动者1个月工资后，可以解除劳动合同：一是劳动者患病或者非因工负伤，在规定的医疗期满后不能从事原工作，也不能从事由用人单位另行安排的工作的。二是劳动者不能胜任工作，经过培训或者调整工作岗位，仍不能胜任工作的。三是劳动合同订立时所依据的客观情况发生重大变化，致使劳动合同无法履行，经用人单位与劳动者协商，未能就变更劳动合同内容达成协议的。要适用本款，必须同时具备以下两个条件：其一，劳动者被证明不能胜任工作。不能胜任工作，是指用人单位有证据表明，劳动者不能按要求完成劳动合同中约定的工作任务或者同工种、同岗位人员的平均工作量。其二，经培训或者调岗，劳动者仍不能胜任工作。即劳动者不能胜任工作的，用人单位应对其进行培训或者调岗，只有在劳动者经培训或调岗后仍不能胜任工作的情况下用人单位才可以解除劳动合同。

3. 并非所有发生《劳动合同法》第四十条的情况，企业都可以提前 30 日通知或者额外支付 1 个月工资就单方解除劳动合同，它仍然受到《劳动合同法》第四十二条的约束：劳动者有下列情形之一的，用人单位不得依照本法第四十条、第四十一条规定解除劳动合同：一是从事接触职业病危害作业的劳动者未进行离岗前职业健康检查，或者疑似职业病病人在诊断或者医学观察期间的。二是在本单位患职业病或者因工负伤并被确认丧失或者部分丧失劳动能力的。三是患病或者非因公负伤在规定的医疗期内的。四是女职工在孕期、产期、哺乳期的。五是在本单位连续工作满 15 年，且距法定退休年龄不足 5 年的。六是法律、行政法规规定的其他情形。该条款为企业单方解除劳动合同的第三种情形：不得解除的情况。即企业遇到上述情形，一般是不能解除劳动合同的。该条款是法律对弱势群体限制解除的规定，是禁止性规定，企业务必谨慎对待，严格执行。

值得提醒的是以下几点：第一，该条不禁止劳动者与用人单位协商解除劳动合同。第二，该条禁止的前提是用人单位不得根据该法第四十条（非过失性解除）、第四十一条（裁员）解除劳动合同，但是，劳动者具备了该条规定的六种情形之一时，用人单位仍可以根据第三十九条（过失性解除）规定解除劳动合同。

4. 企业单方解除还有第四种情况：裁员。这类单方解除，企业只要遵照《劳动合同法》第四十一条规定严格执行即可。总之，企业单方解除时既要降低企业风险，又要实现灵活用工、提高企业经济效益，关键还在于在法律框架下，加强自身人力资源管理工作，从细节上加以强化和完善。

以上所说的都是比较特殊的情况，那么单纯的劳动合同到期后，企业是否可以不续签劳动合同，直接与劳动者终止劳动合同呢？在实践中，往往劳动合同到期后，企业不得无理由不与劳动者续签劳动合同，除劳动者不想续签外，企业都应与劳动者续签劳动合同，否则将要承担一定的经济补偿金。

本章合规指引

劳动人事管理涉及用人单位对所属工作人员进行选拔、录用、培训、考核等一系列的管理性活动，相应的法律风险同时也贯穿于劳动人事管理的各个流程。本章根据国家相关劳动法律规定，结合案例分析，并提供员工手册的合规条款指引对用人单位人事管理流程及法律问题进行梳理，以期帮助用人单位规范用工行为，提高法律风险防范意识。

下面提供《员工手册通用条款示例》作为该部分合规管理的指引。具体内容如下：

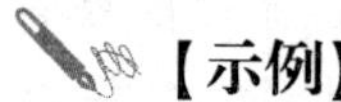【示例】

员工手册通用条款示例

一、招聘管理制度

（一）聘用标准

企业对聘任员工本着精简原则，真正做到任人唯贤，量才录用，按需录用。企业聘任员工的主要原则，视其对该职位是否合适而定，并以该职位的岗位责任书为考核原则。

（二）聘任计划

各部门欲招聘员工，需由部门负责人填写《人员需求申请表》交至人事，由人事根据企业有关组织结构及人事管理制度制订相应的招聘计划，确定招聘的人数、途径、费用、形式等后，报总经理审批。

（三）聘任实施

1. 聘任计划经总经理批准后，由人事统一安排实施。（收集应聘人员资料、指定面试人员、安排面试时间、地点及确定初步面试结果。）

2. 本企业招聘和录用员工，不收取报名费、推荐费、好处费、押金等任何形式的费用。

（四）背景调查

所有员工都必须对应聘面试时提供和填写的资料的真实性负责。作为录用程序的一部分，本企业有权对有录用意向的候选人员进行必要的背景调查和核实。

有任何不良记录或提供虚假信息的，一经发现，都将被视为不符合录用条件而拒绝录用或辞退。背景调查不可能了解一个人的全部，因本人隐瞒或欺骗，故意漏写经历或杜撰经历，都将被企业视作欺骗行为，即使已被企业录用的，一经发现当即做出辞退处理，且无需向员工支付任何经济补偿金。

（五）面试流程

面试流程分为初试和复试，个别重要岗位安排第三次面试：

1. 应聘人员由人事进行第一次面试，面试人员将从个人品质、教育背景、工作经历和职业发展、综合素质等各方面对应聘人员进行评定，做好面试评估和相应的记录并确定第一次面试结果。

2. 根据第一次面试结果，即拒绝、推荐给部门主管、总经理进行第二次面试。推荐给部门主管、总经理进行第二次面试的应聘人员将由部门主管、总经理对其进行第二次面试。部门主管、总经理将从工作经验、工作态度、工作技能及专业知识等方面对应聘人员进行评定，做好面试评估和相应的记录并确定第二次面试结果。

3. 第二次面试结果分为拒绝、可以录用、其他三项。经由总经理根据两次面试情况最终确定录用人员，并向其发送录用通知书。

（六）不予录用

1. 凡有以下任一情况者，一概不予录用：

（1）经被本企业开除或未经批准擅自离职者；

（2）被剥夺政治权利尚未恢复者；

（3）体检不合格者；

（4）未满18周岁者；

（5）对个人学历、经历等有欺骗隐瞒者；

（6）酗酒、吸毒者；

（7）不具备岗位所需的就业资格者；

（8）亏空、拖欠其他单位款项尚未清偿者；

（9）有任何违法犯罪记录或不良记录者，或受到过行政处罚、刑事处罚，企业认为不应予录用者；

（10）有精神病史或其他重大疾病史者；

（11）背景调查有不良记录者；

（12）法律、法规规定的其他情况者。

2. 曾经是本企业的员工，因辞职、辞退、合同解除或终止等原因，已离开企业的，不得再次进入企业，企业拒绝第二次录用同一名人员。特殊情况再次申请进入企业的，需经得总经理室特批。

3. 应聘者有亲属在本企业工作的，原则上不得录用其与其亲属成为同一部门员工或员工，也不得录用其担任与其亲属的工作有直接联系的岗位。同时本企业也有权不录用此类人员。特殊情况申请加入本企业的，需经得总经理室特批。亲属范围包括但不限于：父母、公婆、岳父母、子女、配偶、祖父母、外祖父母、孙子女、外孙子女、兄弟姐妹。员工在加入企业后，与本单位职工结合成为夫妻的，企业一般不予干涉，但对开展工作有影响的，如上下级、同一科室结合为夫妻等，企业有权根据情况相应调整其中一人的工作岗位，员工应予以服从。拒不接受岗位调整的，企业有权解除其中一人或二人的劳动合同，且无需支付任何经济补偿金。

4. 员工的录用手续由企业人事办理，员工在报到之前或当天应将《劳动手册》或《就业失业登记证》、原单位《离职证明》等要求的资料递交给人事，由人事负责办理档案调动等手续。如因员工个人原因，造成企业超过一个月无法调到其个人人事档案甚至无法办理录用手续的，将被视为不符合录用条件而辞退，且无需支付任何经济补偿金。

二、入职管理制度

（一）员工入职

新进人员经招聘、审查合格后，企业人事向其发送录用通知，上面载明新进人员入职报到具体时间、地点以及应携带的材料、文件等。新进人员应按时带齐所需材料和文件于报到日到企业指定地点处报到。逾期不报到或未提前通知企业请假未报到者，视为放弃该工作机会。

（二）入职手续

员工报到后，到人事部办理报到登记、入职登记手续，填写入职登记的相关文件，并向人事提交如下材料和文件：

1. 居民身份证、户口本、学历证件原件及复印件（复印件企业留存）；
2. 职称及相关职业证书证明原件和复印件（复印件企业留存）；
3. 最后单位离职证明；
4. 工资卡；
5. 半身免冠一寸彩照二张；
6. 婚育证及复印件（复印件企业留存）；
7. 其他企业认为需要提交的材料。

上述材料员工应在办理完毕报到登记、入职登记后15日内提交齐全，由人事部出具交齐材料的证明并由员工签字确认，一式两份。员工未及时提交或未提交完整上述材料导致的一切损失和责任由员工自行承担（如员工未提交上述材料导致其社会保险未及时缴纳的后果和责任由员工个人自行承担），给企业造成损失的，应当赔偿企业损失。

新进人员应保证其提交的所有证件、证明材料（包括原件和复印件）的完整性、真实性，如员工对其提供的证件、证明材料有隐瞒、欺骗、伪造、变造的情况，一经发现，即视为严重违反企业规章制度，企业有权与该员工解除劳动关系并不支付任何经济补偿。

（三）入职引导

入职手续办理完毕后，人事应向新进员工介绍企业的情况以及讲解企业全部人事管理、各项规章制度、纪律规定等，由员工认真阅读后进行签字确认，表明其已阅读并认同，同时自愿认真遵守企业各项规定。

后由人事带领新进人员到其所在部门，与其所试用部门主管领导见面，接受所在部门及岗位的工作安排，进行工作计划面谈。员工到其所在岗位、安排好的工位报到，熟悉与工作、该岗位有关的事务。最后到行政部门领取办公用品及其他相关资料，填写《办公用品领用清单》。

（四）劳动合同

新员工入职一个月内，人事应与该新进员工签订书面《劳动合同》，双方共同遵守。签订时在双方协商一致的基础上，员工可以对劳动合同条款提出意见，签署时应在人事员工在场的情况下签字。员工无正当理由拒绝签订书面劳动合同的，视为该员工因其本人原因不愿意继续与企业存在劳动关系，劳动关系即时解除。同时，对于可能于日后工作中掌握企业秘密的员工，人事应与员工签署《保密协议》等文件。

三、考勤管理制度

（一）工作时间与考勤管理

所有员工均须按照企业统一规定的上下班时间出勤，对于某些特殊岗位，部门负责人可根据具体情况安排出勤时间，但应事先取得上级领导批准、在人事部门备案，并事先在考勤系统中予以录入。各部门独立负责本部门员工的排班、请假与审批等事宜，但应遵守相关法规与制度并履行必要手续，人事部门有权进行监督与抽查。考勤数据由人事部门定期汇总，各部门负责人对异常记录进行审核，审核后的考勤数据作为计算工资的依据。

1. 企业设指纹录入考勤系统，员工入职后每天进行指纹录入，记录员工的出勤情况，由行政前台负责监管。

2. 员工应按企业规定时间录入指纹，每日四次（上午上班，午休两次，晚上下班）。

3. 忘记录入指纹、登记的员工，应于当日或次日上班时在前台处填写《未录入指纹登记确认表》，经缺勤人员、部门负责人及行政工作人员签字确认。实际出勤而忘记打卡又未填写《未录入指纹登记确认表》，按照事假处理。

4. 如确属漏记、系统故障等非缺勤人员本身的原因，可根据实际情况进行更改，更改信息须经缺勤人员、部门负责人及行政工作人员签字，由人事部经理在当月考勤表上签字对员工出勤进行确认。

5. 前台根据员工录入指纹记录，《未录入指纹登记确认表》《加班申请表》《请假、倒休单》《外访登记表》《出差审批表》及企业相关规定对员工考勤进行检查和统计整理，经员工签字确认后于次月3日前（遇节假日提前）将本月考勤进行汇总，制作《考勤统计表》经人事部经理审核签字后交财务部，作为核算工资的依据。

6. 异常考勤记录处理（说明：以下内容中提及“当月”的均指自然月，“当年”指自然年）：

（1）迟到与早退：

①根据迟到或早退时间，员工按如下标准在实际绩效奖金中扣除（具体绩效奖金制度详见第四章薪酬制度）：

迟到或早退时间在5分钟以内，扣除10元；迟到或早退时间在5分钟至30分钟以内，扣除50元；迟到早退时间在30分钟至1小时以内，扣除100元。

②迟到或早退达到或超过1小时的视为旷工半天，迟到或早退达到或超过3小时的视为旷工一天。

③当月累计迟到次数加早退次数超过6次或当年累计迟到次数加早退次数超过30次的，属于严重违反劳动纪律的行为。

④因突发状况迟到或早退转为公出或请假的，应最迟在突发事件发生的次日由部门负责人通过邮件补报，否则月终统计时计入迟到/早退/旷工次数。

（二）旷工

1. 旷工的最小计算单位为半小时，按照（旷工小时数/8小时）×日工资的计算方法扣除工资。

2. 当月累计旷工达到2次，或自入职后累计旷工达到3次，或一次旷工时间超过3日的，属于严重违反劳动纪律。

3. 员工有下列情形之一的，按旷工处理：

（1）不经请假、请假未按企业规定办理手续或请假未获批准而擅自不上班者；

（2）请假期限届满，未续假或续假未获批准而逾期不归者；

（3）上班外访、请假理由查明不属实的；

(4) 不服从调动和工作分配，未按时到工作岗位报到、工作；

(5) 迟到、早退一小时以上不足三小时的，按旷工半日计，超过三小时的，按旷工一日计；

(6) 本管理制度或企业其他规定、制度视为旷工的。

4. 旷工一日，当日工资不予发放，连续旷工三日、当月累计旷工三日者，或一年内累计旷工五日者，视为严重违反企业规章制度，企业有权与其解除劳动关系并不支付经济补偿。

四、加班管理制度

1. 各部门须提高工作效率，严格控制加班加点。特殊岗位如客服、库房等不能正常休息的，应安排好员工的倒休排班时间表，并事先录入考勤管理系统。

2. 所有加班或倒休均需经部门负责人同意并报备人事部门，然后将加班信息提前由部门负责人向人事部门提交《加班申请表》或《调休申请表》。未经批准自行延长工作时间的情况不计为加班。

3. 对于有突发状况需要加班或安排倒休的，应最迟在加班次日（节假日顺延）由部门负责人通过邮件补报。

4. 加班需要录入指纹（对于直接延长下班时间计为加班的，无需再次签到，离开时签退即可)。

5. 加班或倒休的最小单位为半小时。

6. 迟到或旷工不能转记为倒休。

7. 加班是指因企业工作要求，在正常工作时间之外完成急需完成某些任务而进行的临时性的劳动行为。

8. 企业安排的加班。由相关部门统一安排人员，明确工作任务、加班时间、人数、完成时限，填写《加班申请表》，并由部门主管初审，报总经理审批同意后执行。

9. 临时性的加班。经部门领导或加班人员自行提出申请，明确工作任务、加班时间、人数、完成时限，填写《加班申请表》，报总经理审批后执行，并交人事部备案。

10. 遇紧急情况时，经部门经理批准，可先实施加班，并在加班后第一个工作日内补填《加班申请表》，由总经理确认签字。任何未按上述规定履行加班审批手续的，均不视为加班，不得计发加班工资或安排调休。员工未经批准自行延长在企业时间的或自行留在工作场所不归的，企业不视为加班且不支付加班费。

五、休假管理制度

（一）日常休假

1. 周末：实行一周五天工作制，周六、周日两天休息。

2. 法定节假日：春节、中秋节、清明节、劳动节、端午节、中秋节、国庆节等法定节假日按照国家规定执行。

（二）年假制度

1. 员工累计工作已满 1 年不满 10 年的，年休假 5 天全薪假期；已满 10 年不满 20 年的，年休假 10 天全薪假期；已满 20 年的，年休假 15 天全薪假期。国家法定休假日、休息日不计入年休假的假期。

2. 员工在不妨碍正常工作的情况下使用年休假，连续休假者应提前两周申请，由部门负责人根据工作情况安排。

3. 年休假最小时间单位为 1 个工作日，年假经主管上级批准可冲抵病假、事假（须在请假单上注明）。

4. 员工的年假应于当年 1 月 1 日至 12 月 31 日期间休完。年假不得跨年度转入下一个年度。

5. 员工在休年假期间工资仍予以发放。

（三）婚、产、丧、工伤假

A. 婚假

1. 试用期满，且在本企业工作期间领取结婚证登记证的员工可休婚假。员工在本企业入职前登记结婚或再婚的，不再在本企业享受婚假。

2. 男女均符合婚姻法规定年龄（男 22 周岁，女 20 周岁）结婚，假期为 3 天。

3. 晚婚（男 25 周岁，女 23 周岁）结婚假期增加 7 天，共计 10 天（遇节假日连续计算）。

4. 男女有一方是再婚者，婚假为 3 天，但不享受晚婚假。

5. 员工请婚假须提前两周填写《员工请假单》并附结婚证复印件，按规定的管理程序审批。

6. 员工在休婚假期间工资仍予以发放。

7. 婚假包括公休假和法定节假日。

B. 产假

1. 产假天数：执行国家有关计划生育的女员工正常生育的产假为 98 天，（其中包括产前假 15 天），难产的增加 15 天，多胞胎生育的每多生育 1 个婴儿增加15天，晚育的增加30天（满24周岁）。产假包括休息日和法定节假日在内。

2. 男女员工实行节育及绝育手术，依据医院诊断休假证明享受3~7天。

3. 产假内遇节假日的，均不另加假期天数，产假应连续一次休完，不可拆开使用。

4. 违反国家计划生育规定者休产假须提交相关医院证明按病假处理。

5. 女员工产假期满后，因身体原因不能工作，经过医务部门证明，其超过产假的待遇按照病假处理并按病假流程申请审批，无故超休产假或未按规定程序申请及审批的按旷工处理。

6. 办理生育保险的员工，产假期间工资按国家规定，由社会保险机构从生育保险基金支付，个人承担的社会保险部分公司负责代扣代缴。

C. 丧假

1. 员工直系亲属（父母、配偶父母、配偶、子女）死亡，享受3天丧假，于亲属死亡一个月内使用。

2. 请休丧假须填写《员工请假单》并附直系亲属死亡证明复印件，按规定的管理程序审批。

3. 休丧假期间工资予以发放。

D. 工伤假

遵照国家相关规定执行。

六、薪酬管理制度

（一）薪酬发放

本企业实行月薪制，发薪日为每月5日。薪酬体系的建立以岗位职责为基础，结合个人知识技能、经验背景、绩效成绩而决定员工的薪酬水平，并且：

1. 薪酬体系将结合企业经济效益、外部环境变化、市场薪酬水平等因素而变化；

2. 每月5日之前发放上月工资，其中加班费、中夜班津贴、奖惩、全勤奖、缺勤扣款等次月结算；

3. 员工当月薪资收入中已包括国家政策规定的各类生活补贴、津贴及其他费用；

4. 个人所得税由员工本人承担，企业按规定代扣代缴；

5. 员工当月工资中还将扣除各项社会保险、公积金、工会会费、缺勤扣款及其他应扣款项；

6. 员工薪资以银行转账方式支付，特殊情况下将以现金结算。

（二）绩效考核

企业将对员工的工作表现进行绩效评估，绩效评估以书面及面谈形式进行，是发放奖金、薪资调整、晋升和岗位变动的重要依据。绩效评估依据员工出勤状况、奖惩记录、工作表现、工作成绩、考核情况、企业效益等综合因素进行，具体以企业给出的绩效评估成绩为准：

1. 每年评估一次，评估周期为每年1月至12月，也有可能根据实际情况调整为上一年的12月至当年度的11月；

2. 新进及离职员工，评估期按当年1～12月出勤情况核定；

3. 新进员工截至12月31日，仍在试用期尚未转正的，不做考评，已经转正的，无论具体出勤满几个月，均应列入考核范围，按实际工作月数进行考核和评审；

4. 在评估期内离职的员工不享受当期绩效评估奖金（年终奖）；

5. 绩效评估结束后的两个月内根据评估成绩发放年终奖，评估分数小于等于40分和培训考试不合格者不能享受当期年终奖；

6. 根据经营状况，企业有权对评估周期、是否发放奖金、所有奖金的发放办法和标准进行调整。

七、保险福利制度

1. 企业按国家和上海市政府的有关规定，依法为员工缴纳社会保险。自员工被正式录用之日起，企业和员工都将根据规定按月缴纳养老保险、医疗保险、失业保险、工伤保险、生育保险和住房公积金；员工个人应缴纳部分，由企业代扣代缴。

2. 以上社会保险根据员工本人收入情况，及上海市政府有关规定每年作相应调整，并要求员工对调整情况签字确认。

3. 企业还将根据实际情况发放高温费、饭贴、生日蛋糕券等福利。

4. 为关心员工健康状况，企业每二年组织一次身体检查（女职工每年检查一次；男职工年满45周岁及以上的每年检查一次），具体形式和安排由企业决定后另行通知。

5. 企业安排班车接送员工上下班，具体行车路线见班车表安排。

6. 年度内工作表现优异或对企业有突出贡献的员工，企业根据情况进行嘉奖。

八、教育培训管理制度

（一）培训范围

1. 对一般员工的培训主要是帮助其了解企业概况，理解企业的各项规章制度，掌握本岗位的工作职责、规范和必要的工作技能，以求更快更好地融入工作环境并按时按质完成本职工作；

2. 对基层管理人员的培训是配合其尽快掌握必要的基础管理技能，明确自身的职责，适时地改变现有的工作观念，结合企业实际创造新的工作和管理方法；

3. 对专业技术人员的培训是要求其熟练掌握本岗位的专业技术知识与技能，并及时了解和更新各自领域里的最新知识，不断学习和发展，保持与社会发展相适应；

4. 对管理人员的培训，主要侧重于领导力培训、高效沟通培训、绩效管理培训、创新能力培训等，旨在提高企业的综合竞争力。

（二）培训管理

1. 各部门经理及直线主管对自己的所有下属负有培训责任和义务。

2. 根据各部门工作过程中出现的错误、遇到的问题及员工发展需要，结合企业战略规划及各部门业务发展需求，进行培训需求分析并提出相应的培训项目或培训建议。各部门的培训需求分析于每年 9 月前交至人力资源部，由人力资源部负责审核并制订年度培训计划。

3. 年度培训计划经总经理室审批后由人力资源部负责组织和实施，各部门应给予配合与协助。预算外培训项目需报人力资源部审核，并经分管副总经理、总经理批准后方可实施；预算内培训项目按培训计划实施，费用经人力资源部审核并备案后至计划财务部办理报销手续；如工作需要，部门自行组织的培训项目由本部门经理负责，于培训前报人力资源部备案，必要时可要求人力资源部给予协助与配合。

4. 根据实际需求，培训将会采取不同的形式，原则上入职培训、岗前培训、规章制度及业务知识等基础培训项目由企业内部人员培训，专业技术类培训、管理类培训等由外聘讲师授课。

5. 员工务必按时参加企业安排的各类培训，认真听讲并做好记录，争取将培训效果转化到实际工作中，如有特殊原因不能出席者需以书面形式说明原因，培训出勤记录与培训考核成绩将作为绩效考核依据之一。

6. 凡参加各类上岗证、岗位资格培训、技能培训、复训等，考试不合格者，按员工手册相关规定处理。

7. 培训考勤管理

（1）企业在工作时间内组织的培训，员工必须准时参加，如有迟到、早退、缺勤等相应按考勤管理规定执行。

（2）企业组织的工作时间以外的培训，不能视为加班，员工自愿参加。如果培训时间安排不合理，或确因个人特殊情况无法参加的，可通过所在部门向人力资源部或培训组织机构反映，并尽可能进行调节。

（3）如员工因缺席培训而无法取得相应的资格或资质，导致培训费损失、不能上岗、技能低下、不符合继续工作条件（法律规定或企业规定），无法胜任工作岗位的，企业有权相应做出处理，包括调整岗位、考核评估、调整薪酬待遇、辞退等。

（三）服务期约定

1. 根据特殊需要，企业将出资为特定员工提供专项技术培训，即区别于一般的，并非涉及全体员工的培训，包括国内（外）进修、定向管理能力培训和学习交流等，培训进行前将与员工约定服务期；

2. 员工如在约定的服务期内离职的（包括辞职、辞退、开除、解除劳动合同），将补偿未履行的服务期所应分摊的培训费用；

3. 有关培训费用的定义、范围、分摊及服务期的约定等细则以签订培训协议为准；

4. 各类培训所获得的证书均由企业人力资源部统一保管，离职时，对培训费用结算完毕后证书所有权将归属员工个人所有；

5. 如员工参加外派培训，所获得的所有与培训相关的资料需复印一份交人力资源部留底，以备今后培训所需；

6. 培训所获得的技术、资料等相关信息，受训人员必须严格保密，未经企业授权，不得外传或外泄。不遵守保密纪律，因此给企业造成实际损失的，企业将根据损失大小做出赔偿，必要时将诉之法律。

（四）培训费用

1. 经批准的培训项目将由企业统一支付费用，员工本人因特殊情况垫付培训费用的，根据实际支出报销相关费用。

2. 企业出资的外部培训，考核不合格者，如该项培训无补考，则由本人承担培训费用50%，记入当期考核成绩；如该项培训有补考机会，给予补考一次，补考费用由本人承担；同时如涉及岗位资格和安全类的培训，企业有权按企业相关规定处理。

3. 根据培训协议，培训预算费用为每人每年2000元。

九、奖惩制度

为严明纪律，奖励先进，处罚落后，调动员工的积极性，提高工作效益和经济效益，特制订本制度。

（一）奖励

所有员工对企业有突出贡献的、积极参与和提出有利于改善企业各项工作和经营业务的建议的，企业都将根据情况给予不同的奖励，奖励实行内容包括但不限于：

1. 改善管理和服务质量的；

2. 提高工作效率的；

3. 受到内外部客户表扬和嘉奖的；

4. 积极向企业提出合理化建议，被企业采纳的；

5. 具有其他功绩，经企业领导认为应给予奖励的。

（二）奖励程序

可由员工推荐、本人自荐、领导提名等方式得出合适人选，经证明符合条件者给予奖励。

（三）奖励方式

1. 表扬信/嘉奖单：发表扬信，张贴通告。

2. 口头鼓励：领导谈话方式。

3. 嘉奖（现金）：根据各部门提议，人力资源审核，企业领导批准，每次奖励金额不等。一般为每人每次50元、100元、200元、300元或500元。

4. 特别嘉奖（现金）：特殊情况下的奖励，由企业领导批准。

（四）惩罚

员工在劳动合同期间有下列行为者，视情节轻重，分别给予扣除相应奖金、津贴、口头警告、书面警告、差错单、降职、撤职、停职、辞退等处分，行为包括但不限于：

1. 违反国家法律、法规、政策和企业规章制度，造成经济损失或不良影响的（无论金额大小）；

2. 违反业务、航班或货物操作规定，或违反各项工作制度和流程，给企业带来不利影响、隐患和后果的；

3. 违反部门规章制度、业务流程、操作规程、安全规定、考核制度、通知和要求等，造成不利后果和不良影响的；

4. 因工作差错，造成企业经济损失、客户抱怨或投诉的；

5. 违反劳动纪律、迟到、早退和消极怠工的；

6. 其他违反部门规章制度的行为举止，应给予相应处罚的。

（五）违纪行为纠正方法

企业的发展和成功依赖于有效和谐且安全的工作氛围，这就要求每一位员工以成熟负责任的方式来待人处事，对于违纪行为，一般采取以下纠正方式，但是可以不按这个顺序或者同时采用一种以上的方式：

1. 口头警告。口头警告是对不能很好地完成工作中某一方面的员工的提醒，包括但不限于缺勤、效率低下或其他和整个工作表现相关的行为情节较轻的。

2. 差错单。差错单是行政处罚的书面形式，是针对在主管做出警告和提醒后，仍无明显改进的迹象时，或违纪行为超出口头警告范畴时所采取的方式。违纪行为和处罚情况都将被记录在案。

(1) 一般差错：工作发生错误，经指出已纠正，未造成不良后果或后果不严重，损失轻微可弥补的。

(2) 中等差错：工作发生错误，造成不良影响，给企业造成一定的经济损失（2000 元至 5000 元）；或虽未造成经济损失，但导致客户投诉或不良影响的。

(3) 重大差错：发生工作失误，造成严重后果，给企业带来经济损失达 5000 元及以上；或对企业的声誉造成严重损害；或导致客户强烈不满或投诉，影响恶劣的。

3. 辞退警告信。辞退警告处分是一项非常严厉的措施，适用于当员工违反相关规定，情节较严重；或多次差错，本年度内差错单累计达 4 张时，将给予辞退警告信。

4. 停职。如员工发生违纪行为需要一定的时间进行调查，而员工又不便在此期间投入工作的，企业将要求员工停职（停止工作），停职期间工资按企业相关规定发放，待有调查结论后按相关规定处理。

5. 降职。指将员工调至更低级别、责任相对较小的岗位工作。员工被证明不适合原岗位工作的，将给予降职处分，并相应调整薪资福利待遇。降职可能是暂时的，如员工深刻认识到自身的错误和不足之处，通过勤奋和努力的工作，可以复职，并按晋升程序处理。

6. 撤职。指撤销一切职务，直接降级至普通员工。担任一定职务的员工，一旦发生工作失误和严重失职等情况时，企业可做撤职处理。

7. 辞退。辞退是对违纪员工最严厉的一种处理，当员工严重违反企业规章制度和相关规定，达到被解除劳动合同的情形，或者有任何涉嫌违法犯罪行为的，企业可以立即辞退。

8. 针对每一具体违纪事件，以上纠正程序并非企业必须履行的，企业可以视情况保留或更改惩罚措施，包括辞退的权力，必要时，也将诉之法律。

9. 各类处罚通知，包括差错单、辞退警告信等，原则上要求员工本人签字并公示，目的是加强员工教育，注重客观事实，要求员工吸取教训，避免此类问题的再次发生；但员工签收并非必要程序，如果因各种原因未签收或员工拒绝签收的，该处罚措施依然有效执行。

10. 员工如对处罚决定有异议的，可以向所在部门领导、工会、人力资源部等申诉，企业将予以调查核实并慎重处理。但最终无论是否更改处罚决定，员工必须服从企业的管理和奖惩决定。矛盾突出有争议的，按劳动争议法律规定处理。

十、劳动纪律

企业关于工作时间、考勤、休假、请假和奖惩纪律均属于劳动纪律范畴，每位员工都应严格遵守，同时，还包括：

1. 着装

（1）所有员工上班时间均须穿着得体，整齐干净；

（2）员工不得赤膊、穿短裤、背心、拖鞋、超短裙或过于袒露的服饰；

（3）生产运行部、技术设备部、安全保卫部、行政部等部门的一线员工，凡已经领取工作服的，员工均应在工作时间按规定穿着企业统一发放的工作服，并保持服装清洁整齐，无破损。

2. 仪表仪容

（1）员工应保持衣冠、头发整洁；

（2）男性胡须要经常刮净，女性头发须梳理服帖，不得蓬乱；

（3）上班前不得饮酒、吃有特殊异味的食品；

（4）与客户、同事谈话时，态度要和蔼、认真，不得发泄个人情绪及做出不文雅的举止；

（5）员工应注重礼仪，讲究文明礼貌，自觉维护企业的团体荣誉和对外形象；

（6）对待客户、同事态度一律要自然、大方、热情、稳重、有礼，对人对事不带个人偏见，不侮辱他人人格。

3. 部门可根据各自的管理需要，结合本制度的相关规定，制定各自的劳动纪律管理规定或实施细则，但必须报人力资源部审核，经总经理室批准后下发执行。

4. 每位员工都有义务遵守企业的劳动纪律和行为准则，各级主管及经理有责任指导或督促下属遵守行为准则。必要时，企业会采取必要的处罚措施。

十一、安全生产管理制度

1. 企业坚持“安全第一”的指导思想，各级领导组织企业的生产，以保证全面完成企业的各项任务。

2. 安全保卫部负责建立、健全整个企业的安全生产管理制度，发现隐患及时告知相关部门，并会同各相关部门提出整改措施。

3. 各部门经理是其部门的安全生产责任人，负责制定本部门各岗位的安全生产操作流程，负责本部门日常安全生产的落实与检查。生产运行部值班经理为兼职安全员，负责本班次的安全生产工作。

4. 技术设备部应配合有关部门制定高压电、高空及特殊岗位的操作规范和保护措施。

5. 企业所有新进员工及转岗员工必须坚持先培训、后上岗的原则，除培训业务知识、生产技能外，还须结合本部门安全生产的特点，加强安全生产知识和自我安全保护意识的教育。

6. 重要岗位、危险工种，各部门必须选派人员素质好、工作认真、责任心强的员工担任。

7. 安全保卫部定期组织防火检查，督促落实火灾隐患整改，及时处理涉及消防安全的重大问题。定期检查灭火器材的维护保养，并做好相关记录备查，确保其完好有效。

8. 各部门组织员工开展消防知识、技能的宣传教育。熟悉掌握本企业的消防应急预案、火灾处理流程、基本消防器材的使用。

9. 凡因不遵守安全生产规定和玩忽职守而造成重大人员伤亡事故、重大设备事故者必将追究直接责任人和有关部门负责人的责任，并将视其情节及危害程度给予必要的行政处分，直到追究其刑事责任。

10. 生产安全事故责任追究制度

（1）按财产损失和情节分为：

轻微事故：经济损失金额在2000元以下的事故；

一般事故：经济损失金额在2001～5000元的事故；

重大事故：经济损失金额在5001～50000元的事故；

特大事故：经济损失金额在50000元以上的事故。

（2）按人员伤亡情况分为：

轻伤事故：一般为软组织挫伤等轻微受伤事故，员工休养时间在一周以内即可完全康复的，受伤者经认定或鉴定为无伤残等级；

一般事故：造成受伤者骨折或肢体残缺等，经劳动部门鉴定为伤残等级为10级至9级的；

重伤事故：造成受伤者肢体或器官严重受损，并引起长期功能性障碍等，经劳动部门鉴定为伤残等级为8级及以上的；

死亡事故：一次事故中造成1～2人死亡的；

重大死亡事故：一次事故中造成3人或3人以上死亡的。

（3）肇事者赔偿和责任追究

轻微事故：赔偿10%～50%，通常为30%，并将被开具差错单，给予书面警告或严重警告。拒绝赔偿或态度恶劣，缺乏安全意识的，将给予辞退。

一般事故：赔偿10%～50%，通常为30%，并将被开具差错单，给予严重警告。拒绝赔偿或态度恶劣，缺乏安全意识的，将给予辞退。

重大事故：将给予辞退。如肇事者平时工作表现优秀且本人认错态度诚恳深刻，用人部门申请留用的，将被开具辞退警告信，并需赔偿企业经济损失的10%～50%，通常为30%，最高赔偿为本人3个月工资收入的总额。

特大事故：将给予辞退，并将有可能被追究刑事责任。

轻伤事故：扣除当月绩效工资或津贴50～300元，并将被开具差错单，给予书面警告或严重警告。安全意识差，拒不接受批评和教育且态度恶劣的，将给予辞退。

一般事故：扣除相应的奖金或津贴300～1500元，并将被开具差错单，给予严重警告。安全意识差，拒不接受批评和教育且态度恶劣的，将给予辞退。

重伤事故：将给予辞退。如肇事者平时工作表现优秀且本人认错态度诚恳深刻，用人部门申请留用的，将被开具辞退警告信，并全额扣除当年月奖金和年终奖。

死亡事故：将给予辞退，并将有可能被追究刑事责任。

重大死亡事故：将给予辞退，并将有可能被追究刑事责任。

（4）多人肇事的，承担共同赔偿责任，并根据情节相应做出处罚，包括全部辞退。

（5）间接责任人、连带责任人和管理责任人的责任追究

轻微事故、轻伤事故和一般事故，将根据情节和责任大小，给予间接责任人、连带责任人和管理责任人一定的处罚，包括批评、口头警告、严重警告、开具差错单和扣除相应的评估成绩和奖金等。

重大事故和重伤事故，将根据情节和责任大小，给予间接责任人、连带责任人和管理责任人相应的处罚，包括通报批评、严重警告、扣除相应的评估成绩和奖金、降职等。

特大事故、死亡事故和重大死亡事故，将根据责任大小，给予间接责任人、连带责任人和管理责任人相应的处罚，包括通报批评、扣除相应的评估成绩和奖金、辞退警告信、撤职、降职、辞退等，并有可能会被追究刑事责任。

十二、离职管理制度

（一）主动辞职

员工主动辞职的，试用期员工应至少提前3日，转正后正式员工应提前30日向企业提交书面申请，写明辞职岗位、辞职理由等，递交给所属部门直属领导，审批后交人事。人事与申请辞职的员工面谈，依实际情况将其辞职情况上报总经理，经总经理核准后生效。批准后由人事与其部门主管协商确定该员工工作交接、办理离职手续期限及具体安排，确定该员工最后工作日。另外，员工无理由连续旷工超过3日视为严重违反企业制度，企业有权要求直接予以辞退。

辞职申请未经总经理核准前员工应继续工作，不得先行离职或擅自离岗，否则以旷工处理，因自行离开而未办理离职手续、未开证明的后果由员工个人承担，给企业造成损失的，企业有权追偿。

（二）企业辞退

员工出现下列任何情形的，企业有权单方立即并直接辞退该员工且不支付任何经济补偿：

1. 在试用期间被证明不符合录用条件的；

2. 符合本《员工手册》规定的辞退情形或视为本《员工手册》规定的严重违纪及其他严重违反企业规章制度、管理制度或纪律规定的情形的；

3. 严重失职，营私舞弊，给企业造成损害的；

4. 员工同时与其他用人单位建立劳动关系，对完成本企业的工作任务造

成严重影响，或者经企业提出，拒不改正的；

5. 员工以欺诈、胁迫的手段或者乘人之危，使企业在违背真实意思的情况下订立或者变更劳动合同，致使劳动合同无效的；

6. 员工被依法刑事拘留、行政拘留、治安拘留、治安传唤、行政处罚、逮捕、追究刑事责任以及社区矫正等各种情况的；

7. 被证明有精神类疾病，无法正常工作的；

8. 法律法规、企业规章制度、管理规定、纪律规定中规定的其他企业可以解除、辞退员工的情形出现的。

员工出现上述情形的，由员工所在部门主管或人事负责人审核后认为可以辞退的，上报企业总经理处批准后即予以辞退。人事向被辞退员工发送《辞退通知书》，员工进行签字确认，自签发《辞退通知书》之日起即与该员工解除劳动关系，员工应在人事指定期限内按照本管理制度完成离职手续的办理。

（三）双方协商一致解除

企业与员工任意一方可以提出解除劳动关系，双方经协商一致可以解除，并就解除后事项达成一致意见的，可以签订《解除劳动关系协议书》，确定离职日期、离职事项并按照本管理规定办理离职手续。

（四）劳动关系到期终止

员工《劳动合同》到期终止的，人事应于该员工合同终止到期前30日内与该员工协商是否续签及续签具体事项，对于合同到期前30日内员工没有向人事提出续签的书面意见和续签申请的，视为该员工不愿续签，应在企业人事的协助下按照企业关于离职流程的规定办理离职手续。与本企业签订劳动合同的员工视为愿意接受本人的合同到期续签的提示义务。

（五）离职流程

员工因本管理制度任何原因离职的，均应当在接到人事通知后在指定的离职期限内办理离职手续，径行离职或逾期不办的员工，视为放弃一切权利，因此而产生的一切责任和后果均由员工个人承担。员工径行离别时由其所在部门作出书面报告后交人事按照旷工违纪辞退流程办理离职手续。

员工因本管理制度任何原因离职的，手续的办理均包括工作交接和企业财物的返还，由人事按照《离职交接单》进行协助办理，并及时进行填写，具体离职流程如下：

1. 工作交接由部门主管领导负责离职员工具体的交接安排。由离职员工书写书面工作汇报、工作进展，将所经办事项及经营的文件、账目、款项、公务等全部交代清楚，详细列出未完成工作、待办事项及需特别交代的重要工作事项。

2. 企业财物的返还，由人事员工组织，按照该员工入职时的物品领用清单和《离职交接单》所列项目仔细核对并收回，财务部负责核对清理离职员工的所有欠款和报销账目。

3. 离职员工有义务积极配合上述交接。待上述交接内容全部核清后由部门主管领导、人事、财务部签字确认。属于企业财物的，员工无法归还或损毁的，应照价赔偿。

4. 员工依照《离职交接单》完成工作和财物返还等交接工作后，由人事和该员工部门主管进行认真核对后在《离职交接单》上签字，后交由总经理审核并确认。总经理签字后，人事将该《离职交接单》交由财务，财务方可办理该员工工资发放手续，通知离职员工领取工资及福利。

5. 员工社会保险关系及人事档案关系在企业的，应在离职后15日之内将社会保险关系、档案及人事关系转离企业，应该应企业的要求，积极配合企业进行员工个人社会保险关系的转移，按时提交所需的相应材料、文件，否则因此造成的一切后果和责任由员工自行承担。

6. 离职员工如与企业签订有其他《保密协议》《竞业限制协议》等协议，应按照约定办理。

7. 员工离职手续办理完毕，人事应收集所有该员工在离职期间办理的书面手续、文件，如《辞职申请书》《辞退通知书》《离职交接单》等，妥善保存并存档备查。

8. 离职员工于离职后，经发现有亏空、舞弊或业务上等违法事项，除应当负担赔偿责任外，情节严重者，将追究刑事法律责任。

第十一章　企业财务税收合规管理

【思维导图】

- 企业财务税收合规管理
  - 企业财务合规管理
    - 建立企业合规管理体系，健全各项财务管理制度
    - 财务合规管理是业务发展的基石
    - 业务发展促进财务管理制度建立
    - 基于业务发展的财务合规管理为了更好地发展企业业务
    - 用合规的财务管理是为企业业务发展保驾护航
  - 企业税务合规管理
    - 税务合规的概念
    - 税务合规风险的分类
    - 税务合规体系的构建
    - 全球税务合规管理发展趋势

【本章概要】

当今社会市场经济浪潮汹涌，很多企业都面临着激烈的竞争。在这种情况下如何更好地发展业务，赢得更多的市场，保证企业能够在激烈的市场竞争中屹立不倒，并且保证基本的盈利是很多企业正在面对的难题。财务合规管理是企业管理的重要内容，财务部门作为企业最重要的部门之一，应该严格遵守国家和企业的规章制度，把合规管理放在财务活动的首要地位，这是非常有利于企业长久发展的。一个企业如果想要在业务发展方面取得更多的成果，就要保证自身经营的合法合规。本章从企业财务管理合规、企业税务管理合规两个角度为企业的财务税收制度提供指导和建议，为企业未来发展奠定坚实基础。

第一节　企业财务合规管理

一、建立企业合规管理体系，健全各项财务管理制度

企业在从事生产经营的活动过程中，要严格遵守国家的各项法律法规，在此基础上制定自己的企业标准和规章制度。企业的每一个员工和企业管理者都应该树立起法律意识，规范自己的一言一行，使得自己的行为完全处于合理范围之内。在财务管理方面，财务管理制度的建议是特别重要的，财务部门的工作涉及企业经营的方方面面，关系着企业的经济命脉，国家关于企业财务活动也有着一系列的法律和规章制度。这些规定都是为了规范企业的财务活动。只有合理合规的财务管理才能够帮助企业获得长远的发展，使企业的经营活动得到法律的保护。

二、财务合规管理是业务发展的基石

（一）财务合规管理对于业务发展的重要性

业务发展是一个企业发展前行的重要手段，企业只有拥有源源不断的业务才能够持续前行，业务发展不但要依靠企业经营销售手段，还要依靠企业

良好的信誉和质量。业务发展是市场对企业认可的一种表现，也是企业经营发展的一种成功。财务合规管理能够保证企业不出现资金短缺和现金流断裂等现象。对于一个企业来说，最重要的就是良好的口碑和信用，只有对消费者和合作伙伴认真负责才能够赢得良好的信誉，财务合规管理是企业信誉的重要保证，如果企业财务管理陷入混乱，那么就很容易产生财务风险，导致企业出现经营问题和信誉危机。

（二）财务不合规管理对于业务发展的损害

有一部分公司为了获得短时间的业务发展，对于财务采取了一些不合规的管理手段。例如有些银行，为了获得更多的业务发展，对于一些不符合要求的项目也给予贷款支持，使得银行产生了大量的坏账和呆账，很多贷款无法按时收回，给银行和国家造成了巨大的损失。再如房地产企业，为了建筑施工的快速进行，节省本单位资金，恶意拖欠工人企业和供应商货款，不允许财务进行资金划拨。这都是财务管理不合规的一种重要表现。这种手段或许可以赢得短时间的业务发展，降低企业成本，但是并不是长久之计，它不但会破坏企业营造起来的形象，也会使得企业在长期范围内损失掉很多业务。

三、业务发展促进财务管理制度建立

企业的业务发展能够使得企业得到快速发展，使得企业规模不断扩大。在企业发展的过程中需要建立起切实可行而且高效的管理制度，特别是财务管理制度。很多企业经营管理者都是在企业快速发展过程中认识到这一点的，企业发展得越快越好也就越要重视企业财务管理制度的建立。如果没有一个良性的财务管理制度，就无法保证企业的生产经营活动，大量的业务会使企业很快陷入一种混乱状态。因此企业业务发展会迫使企业加强自身财务管理制度建设，这是所有企业做大做强的必由之路。合法合规的财务管理能够帮助企业不断壮大自己，发展企业的重点在于从内部做起，解决自身存在的一些问题，而财务管理制度的建立就是非常重要的，只有解决了财务管理问题才能保证企业财务稳定运行，为企业发展提供源源不断的动力。

四、基于业务发展的财务合规管理是为了更好地发展企业业务

企业应该建立起合规的财务制度，这个制度既要保证企业财务长期稳定

运行，又要富有活力，能够支持企业业务的快速发展。

1. 强化企业财务管理，进行专项治理。企业在建立起合法合规的财务管理制度之后，要严格执行这些规章制度，强化企业财务管理制度的落实，使得企业所有人员特别是财务人员能够严格执行这些规章制度。如果建立起制度后不能严格执行，那么是没有意义的，所有企业应该展开落实财务管理的专项行动，使得所有制度都能落到实处。并且要对企业经营过程中存在的各种不合规财务管理行为展开专项治理，给予及时的解决处理，避免继续发生。

2. 加强员工素质，避免违规财务活动出现。企业要加强员工素质培养，特别是要培养员工遵守法律法规和企业各项管理制度的意识。一定要避免员工为了业务发展而故意违背财务管理制度的现象，这种情况一旦发生一定要进行严肃处理。很多企业为了业务发展急功近利，只要员工能够促进企业业务发展，并不会追究员工究竟采用了什么方式，手段是否符合各项规定。有一些企业甚至为了业务发展暗中鼓励员工采用一些违规手段。这是一种非常错误的观念，企业想要获得长远的发展一定要改变企业管理者和员工的观念，加强员工素质建设，在合法合规的手段下获得的业务发展才是切实可靠的发展。

3. 建立良好的企业文化，为企业业务发展打下坚实基础。很多企业都在市场经济的浪潮中获得了快速发展，但是由于发展速度过快，很多企业并没有建立起良好的企业文化。甚至有一些企业形成了非常不正确的企业文化，在这种企业中甚至会号召员工发扬“野兽”的特性，不惜一切代价，不惜采取一切手段来获得业绩，促进企业业务发展。这种企业在短时间内也能够获得一些发展，但是经过长时间的发展后极有可能会带来很多恶劣的后果，最终走向消亡。

为了避免这种情况出现，企业一定要建立良好的企业文化，鼓励所有员工采用正确的方式方法为企业发展做出自己的贡献，严格遵守企业的各项财务规定，共同为企业业务发展打下坚实基础。

五、用合规的财务管理为企业业务发展保驾护航

企业最根本的目的是盈利和发展，为了实现这一目标企业要经过种种努力。有一些企业为了眼前的利益，不惜采用各种手段获得业务发展，这一点在他们的财务管理上表现得尤为明显。这种企业的财务管理往往比较粗放，

为了融资和筹措资金不惜一些代价，不但向银行等正规金融机构筹措资金，也会向很多非正规金融机构筹措资金，如小额贷款企业和民间借贷等。这种资金渠道使得他们在财务遇到困难时，非常可能承受撤资压力和巨额的利息压力。同时这些企业为了扩展业务也会采取一些非正规手段，例如现金行贿或隐形利益输送，这种手段使得这些企业在短时间内比较容易获得一些业务发展机会，甚至会有非常快速的发展。但是这种发展很难持久，只有合法合规的财务管理制度才能够为企业业务发展保驾护航。合规的财务管理制度可能会使企业在短时间内感受到经营发展上的不便，但是却能够为企业赢得长久发展的机会，获得市场、客户和所有合作伙伴的认可。财务合规管理是企业业务发展的基础，如果采用不合格的财务管理制度可能会使得企业获得短期的业务发展，但是从长久来看这种管理运行方式对于企业发展是非常有害的。企业应该建立起合法合规的财务管理制度，并且加强员工素质，建立良好的企业文化，为企业长久业务发展保驾护航。

1. 财务记账合规

财务记账就是根据审核无误的原始凭证，按照国家统一会计制度，通过指定的记账法在账簿中登记业务。企业财务记账首先是企业管理需要，企业账务可以明确地反映实际经营状况；其次是企业报税需要，税务要求一般纳税人必须建立规范的会计核算，准确核算进、销项税额，并且及时进行纳税申报；最后，《税收征收管理法》第十九条规定：“纳税人、扣缴义务人按照有关法律、行政法规和国务院财政、税务主管部门的规定设置帐簿，根据合法、有效凭证记帐，进行核算。”

企业要严格管理制度，加强对会计人员的管理，确保会计人员严格按照客观、公正的原则，帮助企业准确核算，建立账簿，并编制资产负债表、损益表、商品盘点表等财务报表。企业的销货收入，不论是存款还是现金必须坚持按日清点，登记收入明细账，月终清结，凭此向税务机关申报纳税。

《会计法》第十三条第三款规定，任何单位和个人不得伪造、变造会计凭证、会计账簿及其他会计资料，不得提供虚假的财务会计报告。第四十三条规定，伪造、变造会计凭证、会计账簿，编制虚假财务会计报告，构成犯罪的，依法追究刑事责任。有的企业忽视原始凭证的取得、填制以及审核管理，导致出现不合规格的凭证，例如伪造、变造甚至隐匿会计凭证。还有的企业为逃避税收，不根据法律、法规的要求设置会计账簿，或者私设账目甚至做出完全虚假的账目，以此来隐瞒收入或者虚报支出、转移资金。这些行为都会给企业及创始人带来重大合规风险。

《会计法》第四条规定，单位负责人对本单位的会计工作和会计资料的真实性、完整性负责。从单位负责人与会计人员在本单位会计工作的职责划分来看，单位负责人是本单位会计工作的领导者和管理者，会计机构、会计人员是本单位会计工作的执行者和被管理者。单位的负责人一般是本单位的“一把手”和最高负责人，统管本单位所有的工作，包括会计工作。企业创始人属于单位负责人，而会计人员是做假账的直接执行者。所以，从上述法律条文可以看出，企业做假账，作为当事人的财务人员、主管领导或法定代表人均应对此承担法律责任。

2. 会计资料保管合规

会计资料是指会计凭证、会计账簿和财务报告等会计核算专业材料，是记录和反映企业经济业务的重要史料和证据。作为企业财务收支及有关经营管理信息活动的载体，会计资料是评判企业信用情况的重要资料。会计资料的真实性、完整性直接关系到股东、债权人利益，也间接影响到国家宏观经济决策和资源调配的有效性。基于会计资料的重要性，《会计法》和《会计档案管理办法》均要求企业对会计凭证、会计账簿、财务会计报告和其他会计资料建立会计档案的立卷、归档、保管、查阅和销毁等管理制度，保证会计档案妥善保管、有序存放、方便查阅，严防毁损、散失和泄密。

会计档案的保管期应当符合法定保管期限。会计档案的保管期限分为永久和定期两类。其中，月季度财务报告需要保管 3 年；银行余额调节表、银行对账单保管 5 年；原始凭证、记账凭证、汇总凭证、总账、明细账、日记账、辅助账簿、会计移交清册等保管 15 年；现金和银行存款日记账保管 25 年；年度财务报告、会计档案保管清册、会计档案销毁清册永久保管。

会计资料的销毁涉及会计资料的完整性，必须遵守法定程序。一般来讲，保管期届满的会计档案可以依法进行销毁。销毁会计档案时，应当由档案人员和会计人员共同监督销毁。在销毁会计档案之前，应当按照会计档案销毁清册所列内容清点核对所有销毁的会计档案，在销毁后，需在会计档案销毁清册上签名盖章，并向企业负责人报告监督销毁情况。需要注意的是，对于保管期满但还涉及未结清债权债务的原始凭证和涉及其他未了事项的原始凭证不得销毁。国家对于实施隐匿、销毁会计资料的企业或个人，根据违法行为严重程度的不同，可依法追究行为人行政责任甚至刑事责任。依据《会计法》的规定，对违法行为人的行为由县级以上人民政府财政部门予以通报，可以对企业并处5000元以上10万元以下的罚款；对企业直接负责的主管人员和其他直接责任人员可以处3000元以上5万元以下的罚款。

根据《刑法》第一百六十二条之一规定，隐匿或者故意销毁依法应当保存的会计凭证、会计账簿、财务会计报告，情节严重的，处五年以下有期徒刑或拘役，并处或单处2万元以上20万元以下罚金。单位犯前款罪的，对单位判处罚金，并对其直接负责的主管人员和其他责任人员，依照前款的规定处罚。《最高人民检察院、公安部关于印发〈最高人民检察院、公安部关于公安机关管辖的刑事案件立案追诉标准的规定（二）〉的通知》第八条规定："隐匿或者故意销毁依法应当保存的会计凭证、会计账簿、财务会计报告，涉嫌下列情形之一的，应予立案追诉：（一）隐匿、故意销毁的会计凭证、会计账簿、财务会计报告涉及金额在五十万元以上的；（二）依法应当向司法机关、行政机关、有关主管部门等提供而隐匿、故意销毁或者拒不交出会计凭证、会计账簿、财务会计报告的；（三）其他情节严重的情形。"

3. 企业印章管理合规

企业设立后需要刻制印章的，应当凭市场监督管理部门核发的营业执照，向公安部门提出申请，经公安部门审批同意后，发给公章刻制证明，企业在规定的期限内到经营公章刻制业务的单位刻制印章。印章在企业各项经营活动中发挥巨大作用。印章在使用形式上代表企业或法人的意志，其不当使用会给企业带来潜在的风险和损失。因此，企业应根据印章类别进行严格管理。

（1）公章：企业效力最大的一枚印章，是法人权利的象征。凡是以企业名义发出的信函、公文、合同、介绍信、证明或其他企业材料均可使用公章。一般来说，公章的掌管者应该是企业创始人或其最信任的人，例如董事长或总经理，或其指定的行政主管。

（2）财务章：通常与银行有业务往来的时候会用到，如银行的各种凭据、汇款单、支票的用印。另外，也会用于财务往来的结算等。一般由企业的财务人员管理，可以是财务主管或出纳等。

（3）合同专用章：企业对外签订合同时使用，可以在签约的范围内代表企业。在合同上加盖合同专用章，企业需承受由此产生的权利义务。一般来说，创业初期也可以直接用公章盖合同，减少一枚公章可以减少风险（比如遗失、公章私用等），合同专用章保管者可以是企业法务人员、财务部门或行政部门等。

（4）发票专用章：企业在购买和开发票时，需要加盖发票章才生效。印章印模里含有其企业单位名称、发票专用章字样、税务登记号。

（5）法定代表人名章：法人章主要用于企业有关决议，以及办理银行有关事务。保管者一般是法定代表人自己，也有让企业财务部门出纳人员管理的情况。

由于企业各种印章的权限不一，并可直接带来一定法律后果，因此所有文件加盖印章都必须得到重视。企业印章的保管，应实行印章专人保管、负责人印章与财务专用章分管的制度，并严格执行保管人交接制度。员工因工作需要使用各类印章时，必须提前办理审批及登记手续。对需要重新刻制的印章，应当报请企业管理层依照制度审批，做好旧章作废、新章启用手续，并建议登报公告，以作为日后变更作废的依据。

第二节　企业税务合规管理

随着数字经济、人工智能与大数据等迅速发展，企业面临的税务合规环境急速变化，对税务合规尤其是风险管理的客观需求也更加迫切。在这一背景下，税务合规及风险管理的重要性愈加凸显，应如何理解加强税务合规及风险管理的意义，又应如何构建税务合规及风险管理体系，成为企业当下格外关注及亟待完善的重要事项。

一、税务合规的概念

借鉴国务院国有资产监督管理委员会于2018年11月发布的《央企合规指引》，“税务合规”是指企业及其员工的经营管理行为符合税务方面的法律法规、监管规定、行业准则和企业章程、规章制度以及国际条约、规则等要求。“税务合规风险”是指企业及其员工因税务不合规行为，引发法律责任、受到相关处罚、造成经济或声誉损失以及其他负面影响的可能性。“税务合规管理”是指以有效防控税务合规风险为目的，以企业和员工经营管理行为为对象，开展包括制度制定、风险识别、合规审查、风险应对、责任追究、考核评价、合规培训等有组织、有计划的管理活动。

二、税务合规风险的分类

税务合规风险，是指企业涉税行为未能正确遵守税法相关规定而导致企业未来经济利益产生的不确定性，具体表现为两个方面，一是企业未按规定纳税而遭受惩罚，二是企业未能充分利用税法相关规定而多付出纳税成本，产生潜在的经济利益损失。从成因看，以企业为例，企业税务风险可以分为两大类①：

1. 内因造成的企业税务风险。即法律法规和相关司法解释都明确规定的，企业由于自身原因不能准时、正确地缴纳税款而形成税务风险。从源头看，内因造成的税务风险可以分为两种：一是结构性风险。多产生于覆盖业务广、供应链条长的企业，或是模式复杂的交易。由于涉及的税种多，适用的税法条文复杂，除非有专业的税法人士予以咨询指导，否则企业的财务或商务人员很难完全理解税法规定并准确、及时地缴纳税款。二是行为式风险。不同于其他法律合规，由于税款的缴纳直接影响企业的成本、现金流和税后利润，故在满足企业合规要求和完成公司目标利润之间，容易产生冲突。这是税务合规对管理者提出的一个特殊挑战。在知晓税务规定后，企业是否要遵循最谨慎原则纳税取决于企业最高层的税务风险管理理念，即选择做税法合规的“低风险”纳税人还是“高风险”纳税人。企业管理层的风险理念需明确传达给下属。

2. 外因造成的企业税务风险。一方面，税务机关与纳税人之间的权责关系并不完全对等，纳税人处于一种相对劣势地位，“税法解释权归税务机关”这一条款使纳税人的税务风险大大增加。同时，目前税法上仍存在一些抽象的概念，企业和税务局在这些抽象概念的理解上可能存在差异。另一方面，税收法律制度自身也有待完善，这使税法本身以及税法在某些税务问题的应用上存在不明确性，极易引发企业税务风险。在我国，税收征管体系较为复杂，既涉及不同的部门，如国税局、地税局、海关等，也涉及不同层级的政府机构。不同部门以及不同层级政府机构之间在具体税务处理上可能存在一定差异，但企业往往要同时与不同职能以及不同层级的税务部门对接，从而增加企业税务风险。

---

① 参见华东师范大学企业合规研究中心编：《公司合规讲义》，中国法制出版社2018年版，第373页。

三、税务合规体系的构建

企业税务合规体系的构建，关系到企业税务合规风险的管控，是每一个企业都需要关注的问题。具体而言，可以从以下三个方面建设税务合规管理体系。

1. 税务风险管理制度构建。设立税务风险管理机构。为了确保企业税务风险管理的有效实施，必须建立与之相配套的多层次企业税务风险管理机构，治理层、管理层、职能部门、业务部门都应该认真履行相应的税务风险管理职能，并且明确税务风险管理机构的职责和权限，将税务风险管理状况纳入绩效考核之中，才能真正确保企业税务风险管理的有效实施。税务风险管理是一项专业性与技术性较强的工作，要求从业人员不仅要了解风险管理知识，更要熟悉税务知识，这就决定了企业必须设立专门的机构与聘请专门的人员，才能完成税务风险管理的规划以及方案的制订。目前，大多数大企业都拥有自身的风险管理委员会，企业可以根据自身规模大小及纳税业务的繁杂程度，在风险管理委员会下建立企业税务风险管理机构或设立专职岗位聘请专业的税务人员处理企业税务相关事宜。

在企业税务风险管理机构设置过程中，企业应该注意以下几个方面：

一是可以借助中介机构的力量来帮助设置企业税务风险管理机构。目前，会计师事务所一般都会提供税务服务和风险管理服务，在企业尚没有充分经验的前提下，中介机构可以有效运用其专业知识，帮助企业建立符合自身经营特点的企业税务风险管理机构。

二是要明确企业税务管理机构的职责。具体包括：（1）为企业战略规划和重大经营决策提供税务影响分析。（2）制定和完善企业税务风险管理制度和其他涉税规章制度；对企业日常生产经营进行税务风险管理，即组织实施企业税务风险的识别、评估，采取应对措施。（3）为企业收集并传递税收相关信息，如及时收集与研究各种税收法规，组织税务培训，并向本企业其他部门提供税务咨询。（4）办理企业日常涉税事务，如承担或协助纳税申报、税款缴纳、负责账簿凭证和其他涉税资料的准备和保管工作。（5）为企业处理外部涉税问题，如协助税务机关的各项调查、询问及答复事宜。

三是要建立科学有效的职责分工和制衡机制，确保税务管理的不相容岗位相互分离、制约和监督，如税务资料的准备与审查、纳税申报表的填报与审批等岗位不能由同一人来兼任。

2. 税务风险的识别和评估

税务风险识别是进行税务风险管理的基础，只有全面、准确地识别税务风险，才能进一步评估税务风险和选择恰当的税务风险管理方法。税务风险识别是指运用各种技术和方法，对尚未发生的、潜在的和客观存在的税务风险进行系统全面地识别和归类，并分析税务风险产生原因的过程。实际上就是收集各种信息，发现导致税务风险产生，造成税务风险损失的源头，从而有针对性地制定应对策略。

税务风险识别的方法众多、各具特色，需要企业灵活运用。如果税务风险很难量化，比如税务法律法规的变更，企业管理者对税务风险的态度等，可以使用定性的方法对企业税务风险进行检查；如果税务风险容易量化，比如多计成本费用、少计收入等，可以使用定量的方法对企业税务风险进行识别。

税务风险评估是指在税务风险识别的基础上，通过对税务风险发生的可能性影响程度进行分析，来确定税务风险重要程度的过程。由此可见，税务风险评估可以从税务风险发生的可能性及影响程度两个方面来进行衡量，发生的可能性越大，影响程度越强烈，则税务风险越高。税务风险评估可以分为定量与定性两种方法，其中定量方法是指采用一定的指标来衡量企业的税务风险，不同的企业采用不同的指标可能会产生不同的评估结果。定性评估是指直接对某种税务风险发生可能性的高低以及可能造成损失程度的大小进行文字描述。一般来说，这种方法经常用在数据无法获得、数据不充分或评估数据成本过高而无法量化的税务风险上。定性评估一般用文字进行描述，对税务风险发生可能性的评估结果一般有“几乎不可能”“较小可能”“较大可能”“很可能”“几乎确定”这几种情况：“几乎不能”意味着风险极低，几乎不会发生；“较小可能”意味着风险较低；“较大可能”意味着风险较高；“很可能”意味着风险很高；“几乎确定”意味着风险几乎不可避免。对税务风险可能产生影响的评估结果，可以按照税务风险的性质划分为“几乎无影响”“较小影响”“较大影响”“严重影响”“致命影响”这几种情况：“几乎无影响”意味着风险的影响几乎可以忽略不计；“较小影响”意味着影响程度较小；“较大影响”意味着会对个别生产经营环节造成影响，可能会受到税务调查；“严重影响”意味着对部分生产经营环节造成影响可能会受到税务机关处罚；“致命影响”意味着威胁到整个企业的生产经营重要声誉。这样，就形成了税务风险的影响与可能性矩阵，根据税务风险发生的可能性与风险的影响两方面，将税务风险大致划分为“致命风险”“极度风险”“高度风险”“中度风险”“低度风险”这几种情况。

3. 税务风险的管理

税务风险管理要根据其分类的不同，即风险的产生是内因还是外因，而采取不同的应对措施。

（1）内因造成的税务风险的管理。首先要找出风险产生的初始环节，即从根本上解决问题。国家税务总局发布的关于税务风险管理的《大企业税务风险管理指引（试行）》（以下简称《指引》），将企业的税务风险管理从内部环境、目标设定、事项识别、风险评估、风险应对、风险控制、信息与沟通、监控评估 8 个环节进行了归纳总结。在具体实践中，企业需要就每个环节中税务管理部门所承担的角色予以定位，即总负责方、部分环节负责方、承担咨询责任方、被通知方。同时，风险管理的措施适用于企业的总企业、子公司、分公司、业务单元等多层次主体。

《指引》内容大概分为四个部分，归类如下：一是对于内部经营环境，企业税务风险的管理者要了解下述内容，如董事会、监事会等企业治理层以及管理层的税收遵从意识和对待税务风险的态度，组织机构、经营方式和业务流程的完善程度等。二是在税务风险识别环节，企业的税务部门要参与到下述业务活动，提供咨询以跟踪和发现相关税务风险，如应参与咨询企业战略规划和重大经营决策的制定，要参与对全局性组织结构规划、产品和市场战略规划、竞争和发展战略规划及重大对外投资、重大并购或重组、经营模式的改变以及重要合同或协议的签订等重大决定的制订等。三是在税务风险控制环节，企业的税务管理部门要统一负责日常经营活动中的税务风险，如参与制订或审核企业日常经营业务中涉税事项的政策和规范，制订各项涉税会计事务的处理流程，明确各自的职责和权限，保证对税务事项的会计处理符合相关法律法规等。四是在信息沟通环节，企业的税务部门要负责的内容，包括建立内部的税务风险管理的信息与沟通制度，明确税务相关信息的收集、处理和传递程序，确保企业税务部门内部、企业税务部门与其他企业税务部门、企业税务部门与董事会、监事会等企业治理层以及管理层的沟通和反馈，发现问题应及时报告并采取相应措施等。

（2）外因造成的税务风险的管理。如因税收法律不健全、税务机关征管组织落后、税务干部自身业务水平差或缺乏服务意识等，都可能使企业在税法的理解上产生偏差而不能作出正确的税务合规决定。近年来，在帮助企业降低税务风险方面，税务机关正在努力探索新的管理模式，一个主要变化就是引入风险管理理念，将管理资源用于对税收收入影响大的纳税人。同时，大企业税收管理司还出台了两个非常重要的文件，即《指引》和《国家税务总局大企业税收服务和管理规程》。税务机关应进一步采取更为明晰的分级分类的应对措施。例如，对于低风险纳税企业，日常征管中，应与企业形成“回应式”而非“命令式”为主的沟通方式；向企业提供更快捷的争议解决机制，降低其法律维权成本。对于高风险企业，针对其以逃避纳税为目的的税收筹划行为，可以要求其“主动披露”相关税收筹划和交易目的，发现不合规行为，提高稽查频率，加重处罚力度。这些措施有利于指导企业正确理解税法规定，降低其主观上选择高风险、高收益的可能性，帮助企业树立低风险的税务管理理念。

四、全球税务合规管理发展趋势

1. 传统申报模式面临挑战

新的业务环境对传统的税务合规与申报模式带来了挑战。多数企业认为，监管要求的变化将对税务申报流程构成重大挑战，而构建更为合理、高效的全球税务合规管理体系则有助于降低这些风险和意料之外的成本。

2. 财务变革为申报流程改革提供了催化剂

企业近几年来对标准化业务流程，尤其是财务流程的重视，为创造更加高效的税务合规与申报流程提供了巨大的机遇。多数企业已经为税款的拨备建立了标准化全球流程，然而对于税务申报工作等其他方面，许多企业并未设立标准化全球流程。将财务变革延伸至税务申报所有领域的机遇是显著的，而将税务申报排除在财务部门结构性变革之外的风险也是巨大的。因此，企业应尽快开展税务合规与申报流程和模式等相应领域的改革。

3. 当地专家资源至关重要

当地资源对于各区域税务申报与合规管理至关重要。一般来说，财务工作的趋势都是减少传统上用于支持当地税务申报流程的当地财务资源，或将其重新调配到企业的全球或区域中心。与此同时，由于当地税务机关更加重视通过加强执行力度来增加收入，故增加了企业对富有经验的当地专家资源的需求。因此，获取当地专家资源已成为税务合规与申报管理工作的一项基本要求。

获取当地专家资源可通过采用税务流程外包的方式来实现。许多企业认为使用外部服务供应商为获取必要的当地专家资源提供了极大的便利。

我们还注意到，领先企业均采取战略性观点审视其运营模式及其税务申报的要求，以识别其内、外部资源的最优组合。资源的理想组合因各企业而异，但在税务申报管理中时刻重视对外部当地资源的利用，并不断将内外部资源进行整合，已成为现代“走出去”企业发展的必然趋势。

4. 全球税务合规管理举足轻重

部分企业对于法定财务申报缺乏全球管理，而对于税务申报，有些企业还尚未进行全球管理。对此，“走出去”企业有必要优化税务合规与申报流程并建立全球税务合规管理体系。例如：企业可根据自身情况，通过明确税务合规与申报流程的地域管辖范围和减少负责这些流程的部门来提高效率及加强透明度，并避免在全球范围内各个税务申报环节中出现耗费额外时间和财力的状况。一般来说，先进的全球税务管理具有流程简化、标准化、自动化和集中化的特征，能在企业经营的过程中降低不可预计税务稽查的可能性。而在经营过程中不断改进和完善全球税务管理的企业，也更易于在税务申报模式和流程的转型中获得成功。

综上，新的业务运营模式以及日益复杂的监管环境使得税务合规与申报管理面临关键时刻。很多企业已经意识到，必须通过税务合规与申报管理的转型，才能够在日益全球化和复杂化的税务监管环境中，提高税务合规效率、改善管理水平，并降低税收风险。

一些企业在其财务流程转型过程中成功把握了税务合规与申报流程转型机遇，目前已从中获益。而对于其他企业，则应尽快考虑进行适当的改变。在转型中，企业需要评估其与当前采用的方式所存在的差距，以及新的税务合规与申报模式所能带来的益处。

在当地专家资源日趋重要的趋势下，领先企业不断整合内、外部资源，以解决这一挑战。通过在内部拥有适当的核心技能和标准化的流程及信息，企业可以有效地利用在全球开展运营的外部供应商。

此外，很多企业在优化全球税务合规管理的过程中采用了全球化的思维模式，并引入了清晰的全球职责，这样不仅提高了全球税务合规管理的透明度，也完善了全球税务申报相关的控制，其效果优于传统的税务申报管理模式。

本章合规指引

首先，财务管理是最后一道合规防线，因为资金使用的最后一道关口在财务，即使在业务流程的前端出现了不合规的做法，位于终端的财务如果能够坚持原则，恪守诚信，严格管理大额资金的支付，就能及时纠正不合规行为，发挥财务的监督和控制作用，保护企业资产的安全和完整。其次，财务渗透在企业的每一个经营管理环节中，企业所有的经营管理活动最终都会反映在财务数据上，这些数据能够暴露出企业经营管理的漏洞和薄弱环节，为防范经营风险提示预警。最后，财务管理作为企业管理的核心和基础，是一项综合性管理工作，企业内部管控的设计、实施和维护都离不开财务，财务是检验企业管理合理性和规范性最有效的工具。

下面提供《企业税务管理办法》《企业财务会计人员继续教育培训管理办法》《财务会计人员遵守和承担的职业道德和相关法律责任的规定》《企业会计核算一般规则》《企业会计档案管理办法》作为该部分合规管理的指引。具体内容如下：

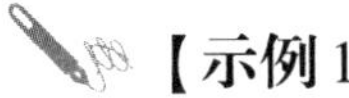

【示例1】

企业税务管理办法

第一条 为了加强企业税务管理，依法遵守国家税收政策和履行企业纳税义务，依法确保企业利益和享受税收优惠政策，根据《中华人民共和国会计法》和《中华人民共和国税法》等有关法律法规，结合企业实际，特制定本管理办法。

第二条 企业的税务筹划和税务管理的目标：企业应遵守国家税法及其他相关法律法规，依法纳税，不断学习研究税务法规和税务政策，依法维护自身利益，以实现企业税后利润最大化目标。

第三条 财务部门为企业的税务管理和税款交缴的归口管理部门。企业可根据经营管理实际对各类税收的缴税、退税按税种性质划分不同部门负责，但必须由财务部门进行管理。

第四条 企业财务部门应负责企业的税务登记和变更，每年按规定做好企业税务年检。

第五条 企业财务部门应设立税务管理岗位，专门负责税务管理工作，明确岗位职责，并定期对岗位人员进行国家税收政策法规、专业知识的教育培训，不断提高人员专业素质。税务管理岗位人员在工作中应熟悉国家税收政策，熟悉相关业务，研究和掌握税收信息，主持税务筹划，并向相关业务部门提供涉税业务指导和咨询。

税务管理岗位人员（税务专员）必须具有税务机关颁发的“办税员证”，具有税务机关认定的办税资质。

第六条 企业应制定年度税务预算，作为企业预算的组成部分，预测全年可能发生的涉税业务和涉税金额，指导和安排税费交缴、减免税费、税务管理等事项。如发生未纳入预算的重大涉税业务，应及时测算可能涉及的税种和相关税额，并调整相关税务预算。

第七条 企业税务应做好税务筹划工作，应在企业管理层领导下，在税法允许的范围内进行筹划，收集相关资料和信息，研究国家税务法规和政策，分析业务背景，对发生涉税业务，联系本企业经营实际，充分研究依法利用税收优惠政策，形成税务筹划方案并落实，并在实践中不断总结提高。

对企业发生的非日常性重大涉税事项，应当进行税务风险评估，对可能涉及的税种和可能发生的税款金额进行测算，制定相应税务筹划方案，有效控制税务筹划风险。企业也可根据实际情况，聘请专业的外部税务咨询机构对项目进行税务风险评估和税务方案筹划。

第八条 应做好各种税收申报和交缴工作。

1. 企业应严格增值税管理，按要求做好纳税人认定、增值税缴纳范围划分、销项税和进项税抵扣、专用发票验证等环节的管理，及时进行月度增值税纳税申报和抄税工作。

在增值税申报中，企业应按照税务机关统一规定的申报方式进行纳税申报，采用电子申报的企业，应通过税务机关的申报软件系统按规定时间填制申报表及相关资料，经财务部门负责人审核批准后由网上发送申报，并另行报送经加盖公章的申报表和财务会计报表及相关资料；持增值税抵扣联清单和IC卡，办理转销手续。

企业也可委托税务咨询机构代理纳税申报。并应审阅纳税回执中所列示的纳税人、税种、税款金额及税款所属期等内容是否与最终确认的纳税申报表一致。

2. 所得税一般实行按月预交、年度清算的交缴方式。企业所得税年度清算根据相关税收法律法规的规定，应遵循真实完整的原则，填报所得税清算汇缴申报表并准备需要的相关税务证明资料和分析说明材料，在主管税务机关要求的时间内上报，并经主管税务机关核准批复后确定年度税额，进行相关会计账务处理。

税务部门的所得税清算汇缴申报表等资料，应真实完整地填报，经税务部门核准批复后确定年度税额。

3. 其他各种税种的交缴，企业应按照所涉及经营范围内容根据税法和税务部门的规定要求进行申报和交缴。

4. 企业在办理纳税申报时，应根据企业经营和财务数据如实填写纳税申报表，真实反映计税基础、经营状况和纳税情况。纳税申报所需要的财务数据，税务管理岗位人员应按要求从相关的账务系统中取得，但应做到：(1) 与税务部门沟通，明确纳税要求；(2) 数据应得到相关会计岗位的确认；(3) 应对数据进行复核。以确保纳税申报数据资料正确、可靠。

第九条　企业应及时在会计账务上确认相应税务成本和费用，在税务机关批复确认和实际缴纳后，及时进行税款缴纳的会计处理，确保纳税结果真实、完整和正确地在财务会计账目上得到体现，并将税务机关的相关批复和纳税凭证等纳税依据附在会计凭证后，以备查询。

企业应按会计准则要求进行所得税会计核算，正确反映所得税费用与应税所得，正确反映递延所得税资产、负债。在确认递延所得税资产或负债时，应提供相应的证明材料，作为会计账务处理的依据。

第十条　税务重大事项上报。企业年度内发生的重大税务事项应当及时向企业财务部请示、汇报或备案。对于企业需要的各类税务信息和资料，企业应积极配合，如实并根据要求按时上报。

第十一条　企业应当与主管税务机关建立和保持充分、正常的沟通和协调关系，依法配合主管税务机关的征管工作，依法争取税务机关对企业税收待遇的确认和支持，正确处理国家、企业的利益关系，维护双方的合法利益。

第十二条　企业在财务报告中应对纳税事项进行披露。包括企业纳税政策、需缴纳的税种和主要税种的金额、享受的税收优惠或税收减免，确保披露内容的真实正确。

第十三条　所有纳税申报表及相关资料、税款缴纳凭证等资料应妥善保存；增值税专用发票抵扣联应按税务部门的要求装订成册，接受税务部门的检查。

第十四条　本管理办法由企业财务部制定并负责解释。

【示例2】

企业财务会计人员继续教育培训管理办法

财务会计人员继续教育培训应按以下要求进行：

1. 国家规定会计人员应当进行后续教育。各企业应当合理安排会计人员参加企业组织的会计业务培训，保证会计人员每年有一定时间用于学习和参加培训。会计人员每年用于后续教育的时间不得少于国家相关法规规定学时。

2. 有下列情况之一的会计人员，其继续教育时间可以顺延，在下一年度一并完成规定的继续教育时间：

（1）年度内在境外工作超过六个月的；

（2）年度内病假超过六个月的；

（3）生育；

（4）其他情况。

有上述情况的会计人员由个人提出书面申请，企业证明，经企业财务部和财政部门审核后确认。

3. 按规定应参加而未参加继续教育的会计人员，除前项列示的情况外，企业财务部和财政部门对有关会计人员和企业应根据以下情况给予处分或处理：

（1）年度内未接受继续教育或未按有关规定完成继续教育时间的会计人员，如无正当理由的，予以警告。

（2）连续2年内未接受继续教育或连续2年未按有关规定完成继续教育时间的会计人员，不得参加上一档次会计专业技术资格考试或高级会计师资格评审，不得参加先进会计工作者评选，企业与财政部门不予颁发会计人员荣誉证书；会计人员所在企业负有责任的，其企业不得申请会计基础工作规范化资格。

（3）连续3年未接受继续教育或连续3年未按有关规定完成继续教育时间的会计人员，由企业财务部作出或建议作出取消其会计证、会计专业技术资格（职称）、会计人员所在企业会计基础工作规范化证书的决定。

（4）被取消会计证、会计专业技术资格（职称）、会计基础工作规范化证书的会计人员和企业，2年内（含2年）不得重新参加会计证考试、会计专业技术资格（职称）考试或评审、申请会计基础工作规范化资格。如在2年后想重新获得会计证、会计专业技术资格（职称）、会计基础工作规范化证书，需要企业与财政部门批准后才能重新参加会计证、会计专业技术资格（职称）考试（评审）或申请会计基础工作规范化资格。

【示例3】

财务会计人员遵守和承担的职业道德和相关法律责任的规定

财务会计人员继续教育培训应按以下要求进行：

1. 会计人员应当具备必要的专业知识和专业技能，熟悉国家有关法律、法规、规章和国家统一会计制度，遵守职业道德。

2. 会计人员应当保守本企业的商业秘密。除法律规定和企业领导人同意外，不能私自向外界提供或者泄露企业的会计信息。

3. 会计人员违反职业道德的，由所在企业进行处罚；情节严重的，由会计证发证机关吊销其会计证。

4. 违反《会计法》规定，有下列行为之一的，由企业责令限期改正；对其直接负责的主管人员和其他直接责任人员，由其所在企业或者企业依法给予行政处分。

1）不依法设置会计账簿的；

2）私设会计账簿的；

3）未按照规定填制、取得原始凭证或者填制、取得的原始凭证不符合规定的；

4）以未经审核的会计凭证为依据登记会计账簿或者登记会计账簿不符合规定的；

5）随意变更会计处理方法的；

6）向不同的会计资料使用者提供的财务会计报告编制依据不一致的；

7）未按照规定使用会计记录文字或者记账本位币的；

8）未按照规定保管会计资料，致使会计资料毁损、灭失的；

9）未按照规定建立并实施企业内部会计监督制度或者拒绝依法实施的监督或者不如实提供有关会计资料及有关情况的；

10）任用会计人员不符合《会计法》规定的。

有上述所列行为之一，情节严重的，由主管财政部门吊销其会计从业资格证书，构成犯罪的，依法追究刑事责任。

5. 伪造、变造会计凭证、会计账簿，编制虚假财务会计报告，由企业予以通报。对其直接负责的主管人员和其他直接责任人员，还应当由其所在企业或者有关单位依法给予撤职直至开除的行政处分，对其中的会计人员，由主管财政部门吊销会计从业资格证书，构成犯罪的，依法追究刑事责任。

6. 隐匿或者故意销毁依法应当保存的会计凭证、会计账簿、财务会计报告，由企业予以通报，对其直接负责的主管人员和其他直接责任人员，还应当由其所在企业或者有关单位依法给予撤职直至开除的行政处分，对其中的会计人员，由主管财政部门吊销其会计从业资格证书，构成犯罪的，依法追究刑事责任。

7. 授意、指使、强令会计机构、会计人员及其他人员伪造、变造会计凭证、会计账簿、编制虚假财务会计报告或者隐匿、故意销毁依法应当保存的会计凭证、会计账簿、财务会计报告，构成犯罪的，依法追究刑事责任；尚不构成犯罪的，由其所在企业或者企业依法给予降级、撤职、开除的行政处分。

8. 企业负责人对依法履行职责、抵制违反《会计法》规定行为的会计人员以降级、撤职、调离工作岗位、解聘或者开除等方式实行打击报复，构成犯罪的，依法追究刑事责任；尚不构成犯罪的，由其所在企业或者上级单位依法给予行政处分。对受打击报复的会计人员，应当恢复其名誉和原有职务、级别。

【示例4】

企业会计核算一般规则

会计核算应遵循以下一般原则：

1. 企业的会计核算应当遵循客观性原则的要求，以实际发生的交易或事项为依据，如实反映企业的财务状况、经营成果和现金流量。

2. 企业的会计核算应当遵循实质重于形式原则的要求，按照交易或事项的经济实质进行会计核算，而不应当仅仅按照它们的法律形式作为会计核算的依据。

3. 企业的会计核算应当遵循相关性原则的要求，提供的会计信息应当能够反映企业的财务状况，经营成果和现金流量，以满足会计信息使用者的需要。

4. 企业的会计核算应当遵循一贯性原则的要求，核算方法前后各期应当保持一致，不得随意变更。如有必要变更，应当经董事会批准，将变更的内容和理由、变更的累积影响数，以及累积影响数不能合理确定的理由等，在会计报表附注中予以说明。

5. 企业的会计核算应当遵循可比性原则的要求，按照规定的会计处理方法进行，会计指标应当口径一致、相互可比。

6. 企业的会计核算应当遵循及时性原则的要求，会计核算应当及时进行，不得提前或延后。

7. 企业的会计核算应当遵循清晰性原则的要求，会计核算和编制的财务会计报告应当清晰明了，便于理解和利用。

8. 企业的会计核算应当遵循权责发生制原则的要求，会计核算应当以权责发生制为基础，凡是当期已经实现的收入和已经发生或应当负担的费用，不论款项是否收付，都应当作为当期收入和费用；凡是不属于当期的收入和费用，即使款项在当期收付，也不应当作为当期的收入和费用。

9. 企业的会计核算应当遵循配比原则的要求，进行会计核算时，收入和其成本、费用应当相互配比，同一会计期间的各项收入和与其相关的成本、费用应当在该会计期间内确认。

10. 企业的会计核算应当遵循历史成本原则的要求，企业的各项财产在取得时应当按照实际成本计量。其后，各项财产如果发生减值，应当按照企业会计制度规定计提相应的减值准备。除法律、行政法规和企业会计制度另有规定者外，企业一律不得自行调整其账面价值。

11. 企业的会计核算应当遵循划分收益性支出和资本性支出原则的要求，会计核算应当合理划分收益性支出和资本性支出的界限。凡支出的效益仅及于本年度（或一个营业周期）的，应当作为收益性支出；凡支出的效益及于几个会计年度（或几个营业周期）的，应当作为资本性支出。

12. 企业的会计核算应当遵循谨慎性原则的要求，不得多计资产或收益、少计负债或费用，但不得计提秘密准备。

13. 企业的会计核算应当遵循重要性原则的要求，在会计核算过程中对交易或事项应当区别其重要程序，采用不同的核算方式。对资产、负债、损益等有较大影响，并进而影响财务会计报告使用者据以作出合理判断的重要会计事项，必须按照规定的会计方法和程序进行处理，并在财务会计报告中予以充分、准确地披露；对于次要的会计事项，在不影响会计信息真实性和不至于误导财务会计报告使用者作出正确判断的前提下，可适当简化处理。

【示例5】

企业会计档案管理办法

第一条 为加强会计档案作为记录和反映企业经济业务的重要历史资料和证据的管理和保存，确保会计档案为企业经营管理服务，根据《中华人民共和国档案法》《会计基础工作规范》等有关法律和规定，结合企业实际，特制定本管理办法。

第二条 会计档案的种类

一、会计档案按内容分类有：

1. 会计凭证类：原始凭证（自制、外来）、记账凭证（收款、付款、转账）、汇总凭证、其他会计凭证；

2. 会计账簿类：总分类账、明细分类账、日记账、辅助账、固定资产卡片、备查登记簿等；

3. 财务报告（报表）类：月度、季度、年度会计报告（报表），包括会计报表及附表、报表附注、分析说明等；

4. 其他会计资料：银行存款余额调节表、银行对账单、财务数据统计资料、纳税申报及审批资料、会计档案移交清册、会计档案保管清册、会计档案销毁清册等。

二、会计档案按形式分类有：

1. 纸质档案；

2. 电子档案：存储在磁性介质（计算机硬盘、软盘、光盘等）上的会计核算资料和信息。

第三条 会计档案装订

1. 月度会计档案应在次月15天内，年度会计档案应在年报审计后20天内及时装订。电算化会计档案应按相同时限存盘备份并分别存放。

2. 各类现金、银行、转账原始凭证按经济业务发生的时间、凭证编号有序装订成册，装订线上应用装订用纸封签，并在接缝处加盖装订者章，以保证凭证的安全完好。凭证封面应注明：凭证种类、业务起始日期、凭证起止编号、总册数与分册数，并分别由财务会计部门负责人、会计人员、装订人员签章。

3. 各类会计账簿、会计报表在年终加装封面，装订成册，并注明账簿报表名称、财务会计部门负责人、装订人。财务会计报告应有单位负责人、总会计师或财务总监、财务会计部门负责人盖章签字。

第四条 会计档案移交前的保管

1. 会计档案在财务部门保管期内应放置在安全的专门地点或专用设施内，指定专人负责管理，做到防盗防火、防水防潮、防虫防蛀、防霉防尘；电算化会计档案介质还应该防磁防电，并应准备双份备份，存放在两个不同保管地点，并定期检查，防止介质损害造成档案丢失。

2. 出纳人员不得兼管财务档案保管。

第五条 会计档案移交

1. 企业财务部门应负责财务档案的整理立卷、装订成册，保管企业当年和上一年的会计档案。期满之后，财务部应编制移交清册，连同对应的档案，在双方到场并核验签字后，移交给企业档案管理部门。

2. 移交给档案管理部门的会计档案，应保持原卷册的封装。个别需要拆封重新整理的，档案管理部门应会同财务部门经办人员共同拆封整理，以分清责任。

3. 档案管理部门严格执行安全和保密制度，不得任意堆放会计档案，严防毁损、散失和泄密。会计档案原则上不得出借，如有特殊需要，经企业主管财务的领导和财务部门负责人批准，可提供查阅或复印，并办理登记手续。

第六条 会计档案的保管和销毁

1. 会计档案的保管期限分为永久和定期两类。(详见附表)

2. 定期表格期限分别为 3 年、5 年、10 年、15 年、25 年等。保管期从会计年度终了后的第一天算起。

3. 会计档案保管期满需要销毁时，由各保管单位档案部门提出销毁意见，会同财务会计部门共同鉴定后，编制会计档案清册，列明销毁会计档案的名称、卷号、册数、起止年度和档案编号、规定保管期限、已保管期限、销毁时间等内容。

4. 会计档案销毁必须由企业领导批准，企业负责人、企业财务会计负责人在会计档案销毁清册上签字，加盖公章。会计档案销毁时，企业档案部门与财务会计部门应派员共同监销。销毁后经办人员和监销人员应在销毁清册上注明“已销毁”和销毁日期并签字，同时还应写出监销报告，报企业领导和归入企业档案备查。销毁会计档案的清册应永久保持。

5. 保管期满但未结清的债权债务原始凭证和涉及其他未了事项的原始凭证，不得销毁，应当单独抽出立卷，保管到未了事项完结时为止。单独抽出立卷的会计档案，应在会计档案销毁清册和会计档案保管清册中列明。

第七条 境外企业会计档案管理特殊要求

1. 境外企业会计档案是反映本企业生产经营管理活动的真实记录，境外企业及其工作人员都有保护本企业会计档案的权利和义务。

2. 境外企业必须建立健全会计档案的收集、整理、保管、利用等各项管理制度，统筹安排、加强管理。

3. 境外企业每年形成的会计档案，应当由会计机构按照归档要求，负责整理立卷、装订成册，编制会计档案保管清册。委托中介机构代理记账的，应当在企业内部指定专人负责归档和保管工作。并建立健全会计档案查阅、复印登记制度。

4. 境外企业应当配置适宜档案安全保管的场地、设备及保护设施，认真做好档案的报关和保护工作，确保档案实体和档案信息的安全，防止档案秘密内容的泄露。

5. 我国境内企业的会计档案不得携带出境。境外企业因工作需要须携带其保存在境内的档案原件或复印件出境时，必须由企业出具证明，由海关审核后凭证明放行。

6. 境外企业在开展会计档案利用中，对国内派驻境外企业的工作人员和境外聘用的员工，应按照其职责范围，根据《中华人民共和国档案法》和《中华人民共和国保密法》的规定，实行内外有别的办法。

7. 境外企业会计档案管理中的其他要求按照本管理办法的规定执行。

第八条 本管理办法由企业财务部制定并负责解释。

第十二章　企业知识产权合规管理

【思维导图】

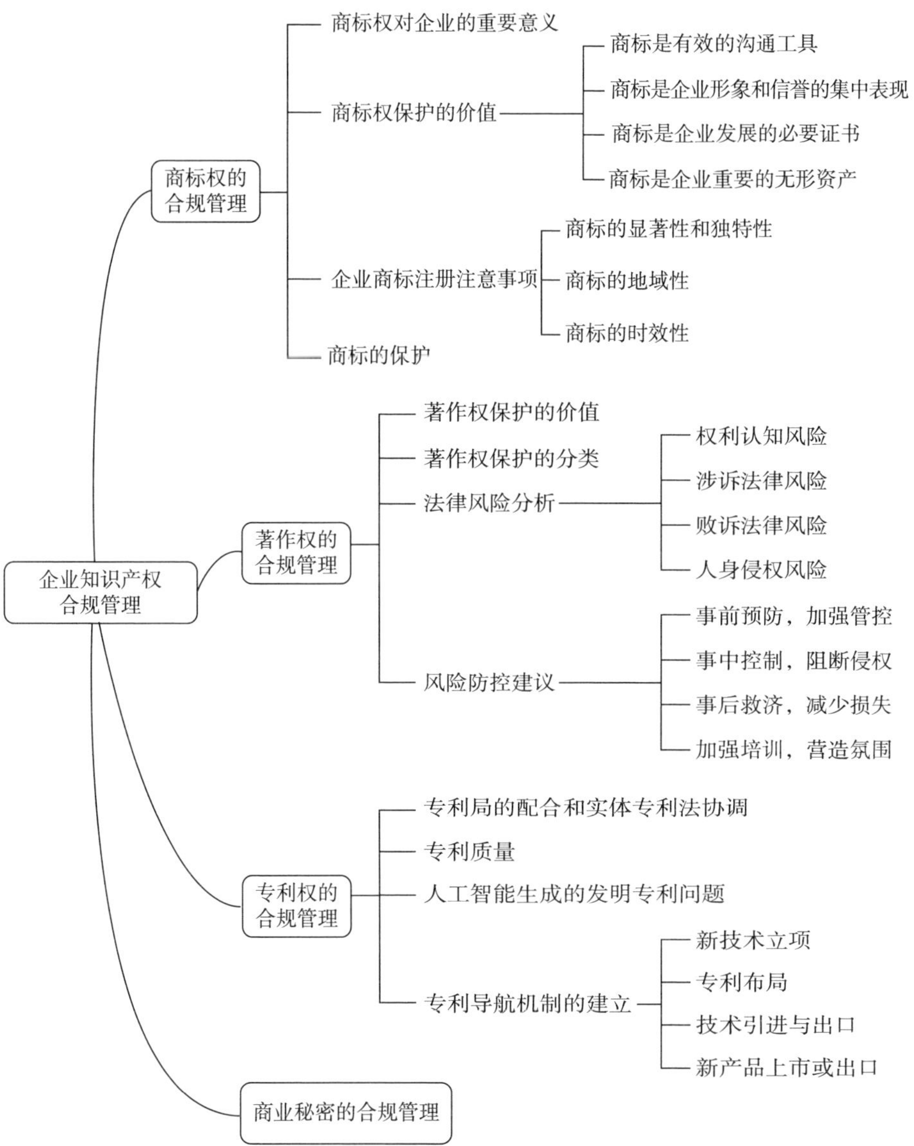

【本章概要】

如今知识产权日益成为企业发展的战略性资源和市场竞争力的核心要素。知识产权主要包括商标、著作、专利、商业秘密等，企业开发新产品，包括所有有形和无形的产品，企业势必投入大量的人力、物力和财力。加强知识产权保护是保障企业核心竞争力和研发投入回报率的重要保障，也是企业合规运营的重要组成部分。本章从对商标权、著作权、专利权、商业秘密四个方面的合规管理进行阐述，分析知识产权对企业的重要性，引导企业重视保护自身的知识产权，尊重他人的知识产权，指引企业通过专业化的合规管理防范知识产权风险，减少知识产权纠纷，增加知识产权效益，使企业在复杂的经济环境中立于不败之地。

第一节　商标权的合规管理

商标（trade mark）是一个专门的法律术语。商标是商品的生产者、经营者在其生产、制造、加工、拣选或者经销的商品上或者服务的提供者在其提供的服务上采用的，用于区别商品或服务来源的，由文字、图形、字母、数字、三维标志、声音、颜色组合，或上述要素的组合，具有显著特征的标志，是现代经济的产物。商标作为一种重要的知识产权，已成为企业和国家发展的重要战略性资源和推动市场经济发展的强大动力，在一定程度上代表着一个企业、一个地区乃至一个国家的经济实力、发展水平和整体形象。当前，商标案件所受关注度越来越高，企业商标权的合规保护已经成为企业知识产权合规管理的重要组成部分。

一、商标权对企业的重要意义

商标是企业为了把自己的商品或者服务区别于他人而使用的标记，包括文字、图形、字母、数字、三维标志和颜色组合，以及上述要素的组合，均可作为商标申请注册。一个商标的产生要耗费高额的成本。企业创造优质的商标。需要注入大量的人力、物力、财力，生产出质优价廉、适销对路的商品，需要花费很大的代价对产品及品牌进行广告宣传。商标可以使企业迅速被社会了解，促进企业的生产和经营，对企业的长远发展具有重要意义。

商标不仅是企业的通行证，它本身还是企业的一项无形资产，有人曾论述：“名牌就是企业发展的最大资产，企业的牌子如同储蓄的户头，当你不断用产品累积其价值，便可尽享其利息。”①

商标在企业经营中的重要性已经不言而喻，企业没有商标，就像人没有名字，必定无法为人知晓，更谈不上成名。但商标与人的名字不同的是，在全国可以有成千上万个叫“张三”的人，但却不能在同样的产品上同时有两个叫“李四”的注册商标。由于我国过去一些企业的商标保护意识不强，有些企业和个人钻“在先使用人”的疏漏和法律规定的空子，率先抢注，无偿占有他人已有的商标商誉。因此，商标虽小，但的确事关企业的发展，应该引起企业的高度重视。

二、商标权保护的价值

经国家核准注册的商标为注册商标，受法律保护。商标通过确保商标注册人享有用以标明商品或服务，或者许可他人使用以获取报酬的专用权，而使商标注册人受到保护。商标注册就是向商标局提出申请，在某个特定服务或产品上拥有某个品牌名的专有使用权。注册商标对于企业有如下价值：

（一）商标是有效的沟通工具

首先，商标是产品的标志，是企业的标识、商品的品牌，是企业为了使自己生产或经营的商品或者服务同其他企业生产或经营的商品或服务区别开来而使用的一种标识。商标具有识别性，简单来说就是权利人将自己的产品和服务区分于其他相同或类似的产品和服务的重要标识，消费者能通过商标来辨识商品和服务的来源。商标法的基本目的就是保护商标的识别功能，这体现在：它只保护具有识别功能或识别性的标识，商标权的范围限于识别功能所必需和所及的边界，商标侵权行为就是破坏商标识别功能的行为。也就是说识别包含了两个方面的作用：一是积极的承载商誉、示明来源；二是消极的防御功能，以此抵挡他人对商标专用权的侵害行为。

其次，任何商标都代表着它所依附的特定产品的内在质量和标准，在某种程度上表明了生产者或经营者对该产品所应承担的品质责任，从而保证消

---

① 参见施宣：《企业竞争中的名牌战略》，载《江苏科技信息》2002 年第 4 期。

费者能在互相竞争的同类产品中凭借商标对产品进行选择和识别，商标的品质保障功能，是指经营者应保证其所提供的商品或服务的品质稳定性、一致性，以符合消费者通过商标对其商品或服务品质的认知经验和期望。因此商标是一种信息资源，有创造价值的功能，通过对商标的广泛宣传而为消费者所熟知，开拓出市场，给企业带来收益。

（二）商标是企业形象和信誉的集中表现

商誉，指的是经营者通过商品或服务的提供及广告宣传所产生的吸引客户的一种能力。而商标作为商誉的可视载体，其作用体现在显示商品来源，对商标和产品质量进行捆绑，当两者间的关系在消费者心理产生固定联系时，商标便由此被赋予积极的广告宣传效应。企业通过商标的显著性和新颖性等具体特征向消费者展示其形象和信誉，加深消费者对其产品的印象，引起消费者的注意，刺激消费者购买的欲望，进而达到扩大产品销量的最终目的。同时，良好的品牌形象还可以增强消费者对商标产生忠诚性，促使消费者反复购买。因此，商标的知名度越高，企业的形象和信誉越好。企业必须做好商标的维护与发展工作，精心培育商标知名度和美誉度，令企业在消费者心目中树立使用该商标的商品走在科技发展前沿的良好形象，使消费者对使用该商标的商品产生依赖感和安全感，从而使企业拥有一批固定的顾客，拥有越来越多的稳固市场，实现企业的可持续发展。加强内因的积累固然重要，外因的反作用亦不可忽视，企业更要维护好商标的美誉，预防和打击商标被侵权、被假冒等败坏产品声誉的侵权行为。

（三）商标是企业发展的必要证书

商标凝聚着生产企业的智慧和劳动，是一项重要的知识产权；它是一种无形的财产，时时都在产生着利润。由于商标具有续展的功能（商标的有效期为10年，期满可续展），具有增值的作用。因此，企业的经营者必须重视商标的这一特殊作用，尽量给产品起一个好名称，在质量可靠的前提下广泛宣传产品的商标，增加产品商标的知名度，从而促进产品的销售，巩固其市场地位。随着品牌知名度的提高，商标具有的价值及其增值功能是不可估量的。因此企业一定注意千万不要轻易放弃自己产品的品牌，否则，可能会给企业带来许多不必要的损失。

商标作为一种重要的知识产权，已成为企业和国家发展的重要战略性资源和推动市场经济发展的强大动力，在一定程度上代表着一个企业、一个地区乃至一个国家的经济实力、发展水平和整体形象。可见，商标是企业极为重要的财产，如果善于运用是可以给企业带来可能比企业的有形财产更大的财富的。企业的商标权利实在是企业一座不容易用肉眼看到，却可能为企业带来实实在在利益的金矿。

（四）商标是企业重要的无形资产

商标是企业的产品进入市场的敲门砖，竞争是市场经济固有的经济规律。企业要在竞争中立于不败之地，提高和扩大市场占有率，必然要采取诸如价格、推销、商标、广告宣传、营销推广、公共关系等多种竞争形式。现代企业往往更多的是采取非价格竞争形式，通过对商标的广告宣传，建立品牌知名度，使产品顺利打入市场。弗兰克福特大法官对商标的广告宣传功能有一段精辟的解释“商标是劝诱消费者选择其所需，或在引导后认为其所需的商品的商业捷径。商标所有人殚精竭虑地以适当的符号所蕴含的吸引力来营造市场氛围，从而抓住人类的先天习性。无论采取何种手段，其目的都始终如一，即通过商标，将其所依附的商品吸引力输入潜在消费者的大脑”[①]。同时，依靠商标的知名度，企业又会不断开拓进取，不断提高产品质量，增加产品的附加值，巩固已有的市场份额，并不断扩大市场占有率，在竞争中占有优势地位。

设立企业即是以营利为目的，侵权者制造大量假冒产品，投入市场后，难辨真假的消费者误购了这些假冒产品，直接减少了正牌产品的交易机会，挤占了正牌企业的市场份额，减少了企业利润，使企业的市场逐步萎缩，甚至导致亏损。没有了利润，再优秀的企业管理者也将力不从心，无论实力多么雄厚的企业也有可能面临被击溃的危险。据估算，近年来假冒伪劣产品每年的产值都在1600亿~2000亿元人民币之间，也就是说正牌企业每年都要因假货对市场的冲击，而至少损失1600亿~2000亿元。[②] 正因如此，一些有着光明前景的企业被挤出市场，濒临破产之灾。

---

① 参见申杰、黄碧筠：《商标的功能、价值及保护》，载微信公众号“申杰金融商事法律频道”2018年11月14日，最后访问时间：2020年3月31日。

② 黄晓菊：《浅论现代企业商标维权重要意义》，载《活力》2013年第3期。

三、企业商标注册注意事项

近年来，伴随着全社会商标意识的日益增强，我国商标事业和商标注册工作取得了长足的发展。2019 年度全国商标注册申请量合计 7977488 件，比去年同期增加 532462 件，同比增长 7.15%。[①] 商标注册量的迅速增长，有其深刻的时代背景：在知识经济时代，商标作为重要的知识产权、企业宝贵的无形资产，越来越受到企业的重视。在实践中，由于商标注册事务涉及面宽、专业性强，部分企业在未对有关商标注册知识详尽了解的情况下，便办理商标注册事务，不仅不能有效保护商标、发挥商标作用，甚至在浪费财力物力的同时给企业带来不便和麻烦。因此，企业在商标注册上应当注意以下事项。

（一）商标的显著性和独特性

所谓商标的显著性，主要是指商标所具有的标示企业商品或服务的属性。在法理层面上，没有显著的标志用在商品或者服务商上，标志只能成为符号，而不能作为实际意义上的商标。在立法层面上，商标应当具备显著性的要求在《商标法》第九条“申请注册的商标，应当有显著特征，便于识别，并不得与他人在先取得的合法权利相冲突。商标注册人有权标明‘注册商标’或者注册标记”已经得到充分体现。[②] 基于确保商标显著性的考虑，商标应当具有唯一性、独特性的特征，也就是说在中国注册商标，不仅仅是提交资料注册就可以了。要判断一个商标是否具有显著特征应从商标是否具有识别性和独特性的角度出发，看它能否达到区别不同企业相同或类似的商品的目的，能达到这一目的就说明其具备了显著特征。如某商标由于其具有显著特征而在同类商品中有很强的识别力。而像一些简单的图形和颜色、过于复杂的文字、纯粹的学术术语等，由于这些标识无特色就难以让人感觉到具有显著特征。

（二）商标的地域性

商标的专用权具有地域性，在某一国家或地区核准注册的商标只有在该

---

① 参见《2019 年度全国商标注册申请数据报告》，载国方软件官网，http://www.trademark.cn/view.php?id=215，最后访问时间：2021 年 8 月 3 日。

② 参见薛缤勇：《企业商标注册应当注意的几个原则》，载《中华商标》2010 年第 12 期。

国或该地区内有效，受这一地域范围内法律的保护。由于商标权与其他知识产权一样具有很强的地域特征，在交通与信息高度发达和国际交流日益频繁的今天，全球市场趋向统一，经济开放与世界贸易自由化已成为不可逆转的潮流，企业创设商标应有超前的战略眼光，使创设的商标有利于企业向国际市场发展，有利于企业在国际市场上建立自己的产品信誉和企业精神。因此，企业在进军国际市场之前，必须做好商标权国际保护计划，应根据自己商品的销售情况适时地向其他国家也申请注册商标或申请商标国际注册。这就要求企业在进行商标设计时，了解各国的风土人情，注意遵守国际规范，妥善选择商标的文字、图形和色彩，使自己的商标为世界上大多数国家普遍接受，能在国际市场上普遍适用，这将有助于商标在国际市场上的有效性和统一性，尤其避免采用销售国禁用的或忌讳的文字、图形等标志作为商标使用，以避免商标不能获得国际或某些国家注册使用而导致该企业商品在这些国家的销售受到影响。

（三）商标的时效性

根据《商标法》第三十九条规定，注册商标的有效期为十年，自核准之日起计算。根据《商标法》第四十条规定，注册商标有效期满，需要继续使用的，商标注册人应当在期满前十二个月内按照规定办理续展手续；在此期间未能办理的，可以给予六个月的宽展期。每次续展注册的有效期为十年，自该商标上一届有效期满次日起计算。期满未办理续展手续的，注销其注册商标。商标局应当对续展注册的商标予以公告。因此，企业在市场竞争中一定要树立“商品未动、商标先行”的意识，在商标注册时机的把握上要注意前瞻性原则。在商标注册后，还需要注意商标的有效期，即时效性。

四、商标的保护

商标并不是品牌，而是一个品牌的基础和前提。商标是一个企业在法律范畴内进行合法商业活动的基石，它的背后可能代表着一个企业的主营业务、品牌定位，以及领导者的战略部署。现今市场，信息过于爆炸，而一个企业仅仅立足于把手里的事做好已经远远不够，有无数双来自市场各个角落的眼睛在盯着企业的发展。产品和服务做得不好自然会被市场所淘汰，但一旦企业业务从茫茫商海中脱颖而出，有一立足之地，那品牌保护风险也将接踵而来。企业没有自己商标的，相同近似抢注的会马上出现；企业只保护了自己业务领域商标的，在其相似或相反业务领域中的商标也会马上出现。诚然，这与目前我国市场中所谓“侵权成本低，维权成本高”的现状有极大关联，但其根本的原因还是企业对其商标保护体系没有明确方向和认识。因此，在构建企业自身品牌形象前，对商标的保护是重中之重，也是基础工作。与其花大把的时间和精力来维权，不如从自身做起，让别人无可乘之机。

1. 企业商标注册成功后，应当加强商标保护意识，密切关注《中国商标网》等权威信息发布，或者由专业人士利用商标检索网站定期进行相关检索，对涉嫌与本企业的在先权利相冲突的他人申请注册或已经注册的商标，在法定期限内提出商标异议或争议申请。同时，积极关注己方商标的权利状态，及时续展，防止未履行相关义务而导致商标权利产生瑕疵或者丧失。

2. 企业发现他人涉嫌侵犯其注册商标专用权时，应及时制定并采取应对措施，委托律师收集并以公证方式固定下列证据：（1）获得侵权商品及商标标识；（2）销售被控侵权产品的买卖合同及产品发票以及其他凭证；（3）记录并留存侵权人生产、销售、贮运场所照片；（4）其他有关证据。另外，权利还应准备：（1）商标注册证（如指定颜色的须提交商标注册证原件）及续展手续。如果是国际商标注册，则需由国家商标局发布该国际注册在中国的有效证明。（2）驰名商标认证书或人民法院认定驰名商标判决书。（3）商标使用的在经营过程中使用商标所形成的档案，包括商标宣传资料、广告资料以及销售资料等，以此证明商标的权属和使用情况。

3. 对经初步核实涉嫌侵权的案件，取证手段包括：委托律师调查取证、申请公证机关进行证据保全、申请法院进行诉前证据保全、申请人民法院调取证据、向行政机关举报取证、向公安机关依法取证等；应根据情节轻重分别采取与侵权方协商解决、向相关部门投诉、向人民法院起诉、向公安部门报案等方式处理。

4. 其他扩大商标保护的范围和力度的手段，诸如：向海关总署申请商标知识产权备案，加强进出口环节的商标保护；申请认定驰名商标等。

第二节　著作权的合规管理

著作权亦称版权。近年来，随着国家政策导向及市场需求推动，版权经济高速发展，越来越多的人或企业已经或者正在体验着由版权带来的经济效益，版权对于人们来说，早已不是一个陌生的概念。企业（尤其是文化创意企业）和版权密切关联，几乎每个企业都离不开版权。企业日常工作的主要内容是使用、创作和传播各类作品，因而时刻面临着各种著作权风险，尤其是在网络等自媒体快速发展的互联网环境下，不可避免地遇到了各类版权侵权的问题。但大部分企业在版权管理工作方面尚不到位，往往在付出沉重的代价之后才认识到版权管理工作的重要性。

一、著作权保护的价值

著作权产业的经济贡献是巨大的，应增加对著作权的经济重要性的认识，并应认识到广大商业领域依赖于对著作权的保护以及充分的许可可能性才能得以保持其活力。

为尽可能全面开展使所有人获益的数字改革，同时尊重著作权人的基本权利，企业将加强工作，实现在电子商务的情形下促进著作权保护和合法提供受保护商品/作品的共同利益。

企业应利用所有机会与法律制定者交流其忧虑，制定一个鼓励信息社会创造力的法律框架。企业鼓励《世界知识产权组织互联网条约》的实施，此条约顾及所有相关利益人的合法利益但同时又刺激相关产业部门的创造力和投资。企业应该继续跟进这些条约的实施，以确保达到全部预定目标。

企业应继续寻求恰当运用现有的著作权立法，维护授予给所有权人的权利，同时考虑到服务提供者的适当利益。同时，企业应当就面对新形式的侵权如何更有效率、有效地和低成本地根据《世界知识产权组织互联网条约》，依托《欧盟著作权和电子商务指令》或者其他多边协议的立法，进行著作权实施、合法提供作品的许可达成一致意见。企业对国家和国际层面开展的确认著作权相关活动对国家和全球经济的贡献的持续研究表示欢迎。政府部门应该通过执行《世界知识产权组织互联网条约》和基于平衡的维权机制通过最低限度地执行《与贸易有关的知识产权协定》（TRIPs）协议的条款，在实体上增强著作权保护。其目标是建立一个平衡和有效的责任体系，能够尊重国际义务、激励产业之间开展防止和打击侵权的合作、推广负责的商业运作、不为中间机构增加不合理的负担，通过促进合法的要约的许可结构来促进这种要约，以及为法院预留一个合适角色。

任何关于著作权侵权责任规则的适用性的立法都应仔细审视这些规则，考虑如何将这些规则适用于在数字网络环境中的所有利益相关人，以此作为确保整个著作权保护框架有效性的一部分。对服务提供者的法律责任规定了限制的框架应当限于损害赔偿及其他经济赔偿，应当依据不断演变的管辖该等救济的法律提供禁止令和其他形式的同等救济。

二、著作权保护的分类

1. 精神权利

精神权利使作者能够阻止对其作品不表明归属的使用和扭曲的使用，精神权利独立于经济权利。

创作者和表演艺术家正在寻求其精神权利获得尊重的再次保证，特别是第三方的尊重，以及确认其作品和表演在数字网络环境中未遭受不合理利用。《视听表演北京条约》中规定签署国有保护音像表演者的精神权利的义务。企业正努力制定实践规则，以期有效并合乎商业惯例的利用作品，其中包括衍生作品的创作。该等实践规则将最终使制作人、表演者和作者受益。

政府应采取合理方式处理精神权利的问题，特别是防止第三方篡改作品和表演，同时防止削弱表演者和作者所依赖的经济基础和产业惯例的成功，以及某些行业中已经出现的对改编作品的创新型许可的新机遇。

2. 音像表演者的保护

自从《世界知识产权组织互联网条约》开始谈判以来，音像表演者一直在国际层面上寻求改善他们的权利。

《视听表演北京条约》于2012年6月达成，为视听作品中的演员和表演者提供最低的经济和精神权利。《视听表演北京条约》将在30个国家交存其批准书或加入书三个月后生效。随着越来越多的批准/加入，《视听表演北京条约》有能力巩固现有的音像表演者国际法律保护框架。企业已经积极参与了导致《视听表演北京条约》缔结的谈判。其批准将使得可以有序利用视听作品，使所有参与创作和发行该等作品的各方受益。政府应当意识到电影制作、发行和巨额投资的特别需要，进而批准和实施《视听表演北京条约》。

3. 为盲人、视力障碍者或其他印刷品阅读障碍者获得已出版作品提供便利

为了让盲人、视力障碍者或其他印刷品阅读障碍者获得他们可接受的出

版材料的格式，世界知识产权组织成员国于 2013 年 6 月通过了《为盲人、视力障碍者或其他印刷品阅读障碍者获得已出版作品提供便利的马拉喀什条约》(2013 年)，从而增加成员国之间的接触和加强有效合作。其目标是，在考虑到对权利人的影响的情况下，鼓励协调一致的法律和有效的跨境交换受保护作品。

4. 广播者的保护

广播者一直在寻求根据市场变化和技术发展改善其权利，目前其权利在国际层面上包括在《罗马公约》中。多年来，世界知识产权组织一直在探讨有关广播权利国际条约的规定和建议。

三、法律风险分析

(一) 权利认知风险

员工的著作权侵权法律风险意识淡薄，对该项权利缺乏认知。传统观念对于字体、图片版权往往没有太多概念，工作人员在制作企业产品宣传文案时会错误地认为使用网络上的字体、图片无须经过授权，对于在互联网新媒体运营过程中使用字体、图片会构成侵权的情况也并不了解。事实上，早期设计师、漫画家维权难度的确较大，绝大部分权利人也都比较抗拒与律师或法院打交道，一般也就放弃了自己的权利，这也导致文案工作人员形成错误认识，认为使用他人作品无须经过授权。“司空见惯”并不等同于合规合法，著作权因距离日常生活较遥远而被忽略，但该权利却恰恰是当前商战的一把“利器”，如不妥善处理，极易使企业陷入诉累。

(二) 涉诉法律风险

随着知识产权意识和维权技术的不断提高，企业涉诉的可能性大大增加。权利人著作权维权意识不断增强，企业在新媒体运营过程中稍不注意就会被诉。各大图库、字库和国内外图片生产商等都开始采用批量维权的方式来获取一定的收入。而且此类民事诉讼只需授权给律师等专业人士来处理，根本不需要权利人出面代理人即可全权处理，大大节约了维权成本，提高了维权效率，这些设计师、漫画家也不用直接与律师、法院打交道，提高了此类人群参与维权的积极性，维权力量的增强就使得企业涉诉的可能性增加。

（三）败诉法律风险

互联网新媒体侵权案件败诉率较高。当企业收到传票或公函时，权利方往往已经进行了相关作品的登记、发表以及相关侵权证据的保全，做了万全的准备，侵权事实难以抗辩。且此类案件的管辖法院一般不是被告所在地法院，这就造成了在增加诉讼成本的同时，也增加了诉讼的难度，对企业较为不利，要承担较大的败诉风险。

（四）人身侵权风险

互联网新媒体侵权可能还会侵犯到权利人的人身权。从司法实践来看，法院会支持赔礼道歉的诉求，但在方式上会有所考量，一般会判令在侵权媒体上致歉。但不管是在报刊上还是在互联网新媒体上致歉，都会给企业的名誉带来非常不利的影响，损害企业的社会形象。

四、风险防控建议

（一）事前预防，加强管控

1. 健全机制，明确责任

企业应当按照著作权管理的相关规定，建立健全发布内容的著作权审核机制和流程。理顺相关工作流程与职责界面，通过建立自有资源清单或合法授权使用库等多种方式，切实从源头封堵相关法律风险。

2. 优化合同，转移风险

通过优化合同的方式将风险转移。涉及著作权的合同需通过知识产权条款来明确双方权利义务关系，如与第三方代维企业签订新媒体代维协议时要通过知识产权条款明确：一旦发生相关的权利纠纷，应由对方出面解决协议期内发生的侵权纠纷并承担因此而发生的相关费用及不利诉果。

（二）事中控制，阻断侵权

对于以企业名义开设的各类互联网新媒体平台目前仍在发布的广告宣传文案内容，如仍存在疑似侵权的内容，应及时妥善处理，一经确认为未经许可授权的作品应立即停止上载、传播，并将内容从网络上删除、屏蔽，阻断侵权行为，避免损失进一步扩大。

（三）事后救济，减少损失

如遇到相关诉讼，要认真做好案件应对工作，从证据有效性、诉讼时效、责任主体等角度论证应诉方案。

（四）加强培训，营造氛围

企业应自行组织普法教育活动，加强对新媒体业务人员的培训和宣传，增强其对著作权等法律知识的理解和运用能力，着重营造守法诚信、创新的企业文化环境。

第三节　专利权的合规管理

目前，我国对于专利标识权行使的规定主要见诸现行《专利法》及其实施细则和2012年5月1日起施行的《专利标识标注办法》。在经济全球化背景之下，我国的经济获得了突飞猛进的发展，同样也面临着较为激烈的市场竞争，在竞争当中，科学技术占据了重要的地位，科技创新成为国际竞争当中的决定因素，而专利技术则是竞争取胜的核心。本节就以此为中心，结合工作实际，对如何进行专利权的合规管理进行分析论述。

一、专利局的配合和实体专利法协调

随着商业、贸易和技术的影响日益全球化，关于专利等知识产权资产价值的认知度也在增长，导致自20世纪90年代中期以来全球专利申请数量稳步增长。在主要的专利局，待审批专利申请的积压日益增加，给所有相关方带来了麻烦，这导致了专利局之间促进业务共享的需要。在该情形下，业务共享意味着专利局分享关于检索方法、检索结果的信息以及针对同一发明申请的审查结果的信息，并利用与该检索以及就该申请进行的审查工作相关的信息。参与这种业务共享的专利局将保留自己决定是否应授予专利的最终权力。

世界上主要的五个专利局是欧洲专利局（EPO）、日本特许厅（JPO）、韩国知识产权局（KIPO）、国家知识产权局（SIPO）以及美国专利商标局（US-

PTO），统称为 IP 5，它们在专利检索和审查的多个领域为实现业务共享而合作。专利局之间的业务共享的另一个发展是所谓的专利审查高速路（PPH）。这些方面的合作安排允许专利局利用其他参与业务共享的专利局进行过的审查和检索成果，从而缩短审查过程所需的时间。

《专利合作条约》（PCT），作为世界知识产权组织的条约可追溯到 1970 年，其旨在通过在国际阶段提供单一的高质量检索和审查解决国际积压的专利申请所带来的许多问题。PCT 体系取得了巨大的成功，截至 2017 年 3 月已有 152 个成员国。通过单一申请，可在所有 PCT 成员国适用专利保护。PCT 还延缓了与寻求多国专利保护相关的主要成本，并允许专利申请人有更多的时间来决定是否在所需国家或地区使申请生效。世界知识产权组织 PCT 工作组的任务是改进 PCT 体系。

与此同时，自关于当时所称的《实体专利法条约》（SPLT）的谈判在 2006 年失败以来，世界知识产权组织就专利法协调的工作已经实际停滞。在世界知识产权组织专利法常设委员会（SCP）于 2008 年恢复工作之后，商讨了一些问题并进行了不同的研究。然而，由于国家集团之间的政治差异，选择议题变得困难重重，专利法的协调仍然不在这些讨论的范围之内。

二、专利质量

专利质量问题已被纳入最近的国际条约，如《跨太平洋伙伴关系协定》（TPP），其中包括签字国专利局之间的专利合作和业务共享条款，以及承诺改进民事和刑事执法程序。许多国家采用“专利健康”机制，例如任何人均可以以公共利益为由在专利授权后启动无效宣告程序。在欧洲，即将成立的统一专利法院将对受统一专利法院规定约束的单一专利（UP）和其他欧洲专利（EP）授权后的无效宣告有管辖权。我国的法院系统通过发布关于权利要求解释的相关规定，努力确保专利质量，为申请人提供重要指导。①

① 参见《最高人民法院关于审理侵犯专利权纠纷案件应用法律若干问题的解释（二）》（2020 修正）第三条。

三、人工智能生成的发明专利问题①

第一，人工智能生成的发明能否给予专利保护？

随着人工智能技术的发展，人工智能在发明创造中的作用已经由辅助完成发展为自主创造。对于人工智能生成的发明，如果不给予专利保护，就极有可能发生通过伪造出一个"人类发明人"来获得专利保护的情况，为了人工智能技术和产业的健康发展，必须在法律层面给予回应。《专利法》规定的发明是指对产品、方法或者其改进所提出的新的技术方案，专利法没有对完成发明创造的主体做任何限定。对于人工智能生成的发明，只要符合法律规定，就没有被排除在专利保护之外。

第二，谁是人工智能生成的发明的专利权人？

根据《专利法》的规定，对于职务发明，申请专利的权利、专利申请权和专利权均属于职务发明人所在的单位。对于人工智能生成的发明可以参照职务发明的规定，由人工智能的所有者享有申请专利的权利，进而履行专利申请权，在专利获得授权后享有专利权。

四、专利导航机制的建立②

企业实施专利导航的目的在于充分利用专利分析信息，引导企业在新技术/新产品立项、专利布局、重点产品分析、人才引进、企业上市等经营活动中作出最有利的决策。本工作指南重点关注了以下四项常见的与企业相关的经营活动：（一）新技术立项；（二）专利布局；（三）技术引进与出口；（四）新产品上市或出口等。针对这些常见的经营活动，以下将分别以解决问题、提出建议为导向提出企业专利导航的具体过程及其要点。

（一）新技术立项

企业为了在重点技术上取得新的突破，促进企业产品或技术转型升级，

---

① 参见最高人民法院知识产权庭高级法官何隽在知识产权与人工智能产权组织对话会第二届会议上的发言《人工智能生成的发明的专利保护问题》，载腾讯新闻网，https：//xw. qq. com/cmsid/20200909A0II6400，最后访问时间：2021 年 8 月 3 日。

② 详情参见《广东省专利导航工作指南》，载广东省市场监督管理局网，http：//amr. gd. gov. cn/attachment/0/330/330683/2281840. pdf，最后访问时间：2021 年 8 月 3 日。

会投入资金在核心技术上进行立项攻关。立项过程中的主要工作是从宏观上论述项目设立的必要性、可能性，以及项目实施过程中可能出现的风险情况，以此减少项目选择的盲目性，为可行性研究打下基础。专利导航可以为项目立项提供研发方向、竞争对手状态、方案规划等辅助决策信息，可以为专业性科研项目提供技术细节、技术方案设计等技术辅助信息，帮助确定项目的必要性和可行性，同时，通过专利检索分析，规避侵权风险，实现项目在立项阶段的知识产权风险预警。

（二）专利布局

在市场竞争中，专利是企业商战中用来遏制竞争对手、提升自身市场竞争力的武器，企业可以通过专利工具来避免竞争对手损害自身的市场利益，并保持自身的竞争优势，以获得更多的市场利益。企业进行零散的专利申请往往会给后来者的规避设计（design around、回避设计）留下空间，并不能有效地遏制竞争对手，因此为最大化专利的作用以获得更多市场利益，需要进行专利布局，通过组建专利包的方式来申请专利。专利布局是综合产业、市场和法律等因素，对专利进行有机结合，涵盖企业利益相关的时间、地域、技术和产品等维度，构建严密高效的专利保护网，最终形成对企业有利格局的专利组合。

（三）技术引进与出口

1. 技术引进

技术引进是指一个国家或地区的企业、研究单位、机构等通过一定方式从本国或其他国家、地区的企业、研究单位、机构获得先进适用的技术的行为。技术引进可以使引进方迅速取得成熟的先进技术成果，不必重复前人的科学研究和试制工作，是世界各国互相促进经济技术发展必不可少的重要途径。

技术引进的行为主要包括专利权转让、专利申请权转让、专利实施许可、技术秘密转让、技术服务和其他方式的技术转移。

技术引进有多种模式，而不同技术引进模式所产生的成本、风险和收益也具有显著差异。就目前的研究来看，技术引进模式一般包括组建合资企业（新设立/在原厂地基础上组建）、战略性收购（部分收购/全部收购）、联合开发、技术许可、技术转让等具体模式，在实际技术引进过程中往往将这几种技术引进模式交叉使用，根据实际情况具体进行选择。

2. 技术出口

技术出口是指中华人民共和国境内向中华人民共和国境外，通过贸易、投资或者经济技术合作的方式转移技术的行为。根据《技术进出口管理条例》《技术进出口合同登记管理办法》以及国务院办公厅于2018年3月29日发布的《知识产权对外转让有关工作办法（试行）》（国办发〔2018〕19号）的相关规定，技术出口、外国投资者并购境内企业等活动中涉及专利权、集成电路布图设计专有权、计算机软件著作权、植物新品种权等知识产权（包括其申请权）对外转让的，需要进行审查及备案。属于禁止出口的技术，不得出口。属于限制出口的技术，实行许可证管理；未经许可，不得出口。属于自由出口的技术，实行合同登记管理。

（四）新产品上市或出口

企业产品是否可销售、企业投入经费立项研发出来的新产品上市是否能够自由实施，是否会侵犯他人专利权，是否会涉及巨额赔偿，这些都关系到企业的利益，甚至牵扯到企业重要决策和企业命脉。新产品往往涉及很多技术点，这些技术点会涉及许多专利技术，这些技术点企业是否已申请专利获得保护，构筑全面专利网，对产品的实施保驾护航，也是企业推出产品前需要分析考虑的。另外，现在全球经济发展迅速，随着国家对外开放的不断深入，企业产品往往不仅仅在国内销售，还会销往其他国家和地区，不同地域的法律环境不同，竞争对手的专利布局、合作关系等错综复杂，更应该在产品上市和出口前对生产地、销售地的侵权风险等进行全面的调查分析。

第四节　商业秘密的合规管理

信息和知识一般被认为是企业最宝贵的资产。商业秘密和机密商业信息作为这些知识资产的一部分日益重要，尤其是考虑到贸易和互联网供应链的全球化。商业秘密包含各种类型的商业信息，无论是技术的、商业的还是财务的，这些商业信息不是公众所知的也不容易被相关公众确定，并且能给企业带来竞争优势（例如未公开的财务信息、新产品计划、物料清单、价格计算方法、客户名单和简介、分销方式，食品饮料成分和化学配方等）。一般情况下，如果信息符合《与贸易有关的知识产权协定》第三十九条规定的被认定为重要的和秘密的，则信息符合作为商业秘密保护的条件。

国家立法通常还要求对商业秘密采取有效保密措施，以享有法律保护。《欧盟商业秘密指令》要求所有权人必须采取足够的措施才能享受保护[①]。商业秘密保护自动产生，无需注册，只要保持机密性，就可以一直被享有而没有时限。

当商业秘密是可申请专利的技术诀窍时，专利法赋予的法律保护范围和商业秘密的状态，需进行认真的对比，从而决定是否对发明申请专利或对其保密。影响这一决定的几个关键因素包括注册和维护专利的高费用，以及专利需要公开并要求披露和申请的事实情况，作为商业秘密保护的信息不需要技术性、新颖性、独创性或非显而易见，这些不同于专利保护。应该指出的是，发明在研发过程中往往作为商业秘密保护。此外，专利和商业秘密通常是结合在一起的，只通过专利申请展示一部分创新，而对其他元素保密。

在劳动合同中签订的保密协议、不披露协议以及竞业禁止协议是限制不希望的泄密和未经授权使用有价值的商业信息的标准商业惯例。未经授权的转移商业机密行为，供应链中或合作中（如合资企业）商业秘密盗窃行为的普遍性常常被低估。

现行法律规定的商业秘密的保护主要基于不正当竞争法。许多法律明确地涉及了雇员泄密的风险，但并没有解决供应商泄密的风险。商业秘密案件中很大比例是由于供应商和其他业务伙伴的盗用。关于保护商业秘密免受雇员滥用的行为，各国的立法存在极大不同，雇主和权力机关在相关案件中的行为权力也有很大差异。

其中，许多国家的商业秘密保护仍然很弱，部分原因是缺乏明确的保护性立法，部分原因是司法机关和其他行政机构缺乏认识。《与贸易有关的知识产权协定》第三十九条也规定了，通过适用侵权法的分支、不正当竞争或不法行为的法律，对获得、使用或披露商业秘密进行制裁。违反保密承诺也可被视为违约。在有限的情况下，例如窃取、盗用商业秘密或商业间谍活动可能构成刑事犯罪。

关于保护商业秘密的合规指引详见第九章。

---

① 参见《欧洲议会立法决议》，载欧盟法律数据库，https：//eur - lex. europa. eu/legal - content/EN/TXT/HTML/？uri = CELEX：32016L0943&from = DE，最后访问时间：2021 年 7 月 30 日。

本章合规指引

本章从商标权、著作权、专利权和商业秘密保护四个方面阐述了企业对知识产权进行合规管理的大致情况。构建知识产权和商业秘密的合规体系有两个目标：一是预防经营者违反知识产权相关法律与反不正当竞争法；二是预防经营者受到他人在上述领域的不正当竞争。在知识产权与商业秘密日益成为企业核心竞争力的当下，尤其应当注意跨境知识产权合规风险，具体而言是做好相应知识产权资产和风险的识别和分类，并加强保密措施和信息资料归档。

下面提供《企业商标管理办法》《企业专利管理办法》《企业技术秘密、商业秘密管理办法》作为该部分合规管理的指引。具体内容如下：

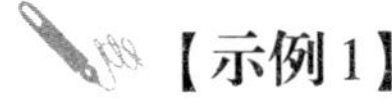

【示例1】

企业商标管理办法

第一章　总　则

第一条　为促进企业技术创新能力，鼓励员工发明创造的积极性，积累专利资产，充分发挥专利资产的效益，根据《知识产权管理总则》制订本制度。

第二条　在企业内牢固树立专利意识，技术创新与专利管理紧密结合，专利管理贯穿研究开发、生产和经营的全过程。制订专利战略，把专利资产的形成和充分利用、专利资产效益的发挥列入企业战略的内容之一。

第三条　本规定中所称的专利是指：发明专利、实用新型专利、外观设计专利以及软件著作权。

本规定中所称的职务发明是指：发明人或设计人主要利用本企业的物质条件所完成的发明创造；发明人或设计人在本职工作中所做出的发明创造；发明人履行本企业交付的本职工作之外的任务所做出的发明创造。

本规定中所称的专利资产是指：专利申请权、专利权。

第四条　作为企业商标管理的机构，知识产权管理部门履行商标管理的职责：

（一）策划商标策略；

（二）拟定和实施商标管理制度；

（三）办理商标注册，设立商标档案；

（四）负责商标使用管理；

（五）开展商标保护工作，打击侵权行为；

（六）配合企业宣传、广告部门进行商标宣传工作；

（七）与有关商标管理和服务机构联系及合作。

第二章　商标的实施

第五条　知识产权管理部门负责对注册商标的具体组织实施工作。

第六条　企业在计划向其他国家出口产品或开展其他市场活动时，应考虑在该国家注册商标，以避免商标在他国被人抢注。

知识产权管理部门提出申请商标国际注册的计划，由企业决策层研究决定是否申请，必要时要求知识产权管理部门和其他相关部门参加讨论。具体申请操作由知识产权管理部门执行。

第七条　企业在向其他国家出口产品时，应到中国海关总署办理知识产权海关备案（主要是商标备案）。

在遇到出口商品的商标侵权情况时，由知识产权管理部门提出、企业决策层讨论决定，启动知识产权海关保护程序，具体操作由知识产权管理部门执行。

第三章　商标资产的管理

第八条　为发挥企业商标资产的效益，企业允许注册商标对外的许可使用。商标的许可使用必须由企业决策层决定。许可使用的具体工作由知识产权管理部门负责。

每一个商标许可使用都要签订书面许可协议，明确双方责任、权利和义务。许可协议须经决策层批准。由知识产权管理部门对被许可方进行监督管理，如果被许可方出现损害企业信誉的行为，应立即按照协议规定进行处理。商标使用许可合同应到商标局备案。

第九条　企业注册商标的转让或以商标权进行投资由企业决策层决定。在转让和商标权投资过程中的具体工作，包括转让合同、投资协议的拟订，转让合同的备案等由知识产权管理部门负责。

企业以商标权投资，必须在有关投资文件中明确商标投资方式，作价数额，使用商标的商品品种、数量、场合、时限及区域，商标收益分配，被投资企业终止后商标的归属。

在转让商标、以商标权投资及其他需要进行商标评估时，应委托商标评估机构进行价值评估。知识产权管理部门负责具体工作。

第四章　商标的使用管理和保护

第十条　在下列载体或活动中允许使用商标：

（一）产出之产品；

（二）产品或商品的包装或容器；

（三）产品或商品的标签、封签、说明书、合格证、保修卡、标贴、文档手册等印刷品；

（四）作为商品的产品交易文书，包括销售合同、销售发票等；

（五）企业营业、服务、办公场所等固定场所和广告宣传刊物应标识商标；

（六）企业举办或参加展示会等需要标示企业名称的会议时，应同时标示企业商标。

第十一条　企业应选定声誉好的商标定点印制厂印制商标（包括含有商标图案的产品包装、标签），并严格按照注册商标的文字、图形进行制版、印刷，对残次、废旧商标一律予以销毁，以防止其流失，被不法厂商利用。

具体工作由知识产权管理部门负责，具体商标印制以合同形式执行。

第十二条　企业商品商标标识实行专人专管，对标识领用、消耗要进行严格的统计、登记，并适时进行考核。企业生产部门负责对企业商品商标标识的保管与发放。

第十三条　企业知识产权管理部门设立商标档案，包括商标设计档案、商标注册档案、商标使用档案等。

商标设计档案：商标设计方案、说明、设计底稿以及审定结果均应归卷后存档。

商标注册档案：对商标注册进行登记备案。应包括商标注册（变更、续展）申请表复印件、商标公告材料、商标异议、争议材料、商标注册复印件、注册商标登记表（登记表中应写明商标样式、标识内涵、开始使用日期、准用产品、申请时间、核准时间、申请人、证书编号、有效时间，以及变更事项、变更时间、续展时间等）。知识产权管理部门协助企业档案管理机构保存和管理商标注册证，未经知识产权管理部门批准，任何人不能动用。

商标使用档案：应包括商标印制登记、商标领用登记、废次商标销毁记录、商标使用许可登记（包括许可协议复印件）、商标产品的销售记录（包括在各国和各地销售的原始凭证，用于宣传商标的广告费用和广告稿）等。

商标专用权保护档案：包括商标投诉案件材料、执法机关处理情况、公告监测、侵权监测材料等。

第十四条 企业订阅《商标公告》，由知识产权管理部门对企业的商标在公告上进行监测，以防止他人在注册上进行侵权。

如果发现他人在相同或类似商品（服务）上申请注册的商标与本企业的注册商标相同或类似应及时向决策层汇报，由决策层做出处置决定，知识产权管理部门提供意见。决定做出后，采取的商标异议、商标争议、撤销申请及诉讼等具体工作，由知识产权管理部门负责。

第十五条 本企业鼓励员工和所属子公司对企业商标被可能的侵权行为进行监测活动。对于反映真实的产品或服务的假冒情况，经企业知识产权管理部门核实后对于举报人员给予物质奖励。奖励方式依照企业有关规定进行。

第十六条 对发现的侵犯企业商标权行为，由知识产权管理部门根据侵权情节，向决策层提出处理方案建议，经决策层批准后负责采取相应措施进行处理。

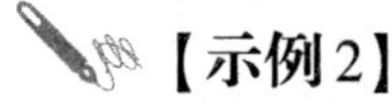【示例2】

企业专利管理办法

第一章 总 则

第一条 为促进企业技术创新能力，鼓励员工发明创造的积极性，积累专利资产，充分发挥专利资产的效益，根据《知识产权管理总则》制订本制度。

第二条 在企业内牢固树立专利意识，技术创新与专利管理紧密结合，专利管理贯穿研究开发、生产和经营的全过程。制订专利战略，把专利资产的形成和充分利用、专利资产效益的发挥列入企业战略的内容之一。

第三条 本规定中所称的专利是指：发明专利、实用新型专利、外观设计专利以及软件著作权。

本规定中所称的职务发明是指：发明人或设计人主要利用本企业的物质条件所完成的发明创造；发明人或设计人在本职工作中做出发明创造；发明人履行本企业交付的本职工作之外的任务所做出的发明创造。

本规定中所称的专利资产是指：专利申请权、专利权。

第二章 专利管理机制

第四条 根据《知识产权管理总则》的有关规定，企业总经理主管和统筹企业专利工作。

第五条　企业知识产权管理部门是专利管理的执行机构，负责企业的专利管理宏观调控和多方协调工作，以及有关专利的法律事务方面的工作。主要有以下方面：

（一）专利申请、维持、放弃的确定，职务与非职务发明的审查；

（二）专利评价、评估；

（三）专利资产运营，包括专利权转让、许可贸易、运用实施，专利作价投资，专利权质押；

（四）制定和落实企业技术活动中形成的与专利申请相关的技术档案的管理及对技术人员业务活动的规范；

（五）制定和落实涉及专利技术开发权益的流动人员相关活动的规范；

（六）落实专利权保护，包括专利侵权监视、专利诉讼及专利权保护；

（七）收集、研究与企业有关的信息，为企业技术创新、经营管理等相关活动提出对策；

（八）落实有关专利的宣传、教育和培训工作；

（九）提出修改本制度的意见、建议并提交决策层。

第六条　在专利管理工作中，必要时可从社会中介机构聘请专业人员帮助企业开展专利工作，并对该方面工作实施管理。

第三章　技术创新的专利管理

第七条　企业强调技术创新对企业发展的重大意义，并鼓励各部门和员工积极开展业务范围内的技术创新。技术创新工作应当与企业的专利管理紧密结合。

第八条　在技术创新活动立项之前，应当进行专利文献检索。其目的在于避免重复研究，便于向决策层提出预立项项目应采取引进、合作或自主研发方式的建议。

技术创新活动立项申请由技术中心向决策层提出后，由知识产权管理部门会同技术中心对该技术创新活动涉及的技术领域进行国内的专利文献检索；必要时还应该进行国际专利检索。在分析国内外专利信息的基础上，提出专利检索报告。提出能获得市场效益的技术路线的技术解决方案建议。

决定层的立项决策、专利检索报告和解决方案建议作为技术创新活动是否立项的重要依据。

第九条　在研究开发过程中及技术创新项目取得阶段性成果后，知识产权管理部门会同技术中心对该技术创新活动涉及的技术领域进行必要的跟踪检索，及时向决策层提出该技术创新活动的方向性建议。

在研究开发完成后，知识产权管理部门提供涉及该技术创新活动的技术领域的全面知识产权分析报告，并根据企业的需要对该技术创新活动产生的发明创造的知识产权形式提出建议。

第十条 对于已经成形的技术创新成果，知识产权管理部门应及时做出分析评价，提出该成果的知识产权方式建议。

对于已经成形的技术创新成果应该申请专利的，及时提出申请。决定提出专利申请的技术创新成果，应该在提出申请后再进行成果鉴定、科技评价、评估、评奖、产品展览与销售等会导致技术发明公开从而丧失新颖性的活动。

对于有必要向国外申请专利的技术创新成果，应当由知识产权管理部门提出建议，企业决策层做出决定。鉴于向国外提出专利申请的费用支出巨大，周期长久、获权不确定因素强等原因，在做出国外申请决策前应进行论证，必要时请求国家知识产权局等有关部门提供意见。

第十一条 对于开发完成的技术创新成果，经过论证不适于申请专利的，要根据该成果对本企业的作用和意义，除从企业专利战略及经营实际出发需要公开的以外，应将其纳入企业商业秘密保护范围。具体保护措施由《商业秘密管理制度》规范。

第四章 专利申请的程序

第十二条 专利的国内申请程序：

（一）准备提交专利申请的，由技术创新项目负责人或发明人（设计人）向知识产权管理部门提出专利申请报告书，并提出申请的时机、种类的建议。

（二）技术创新成果由项目负责人或发明人（设计人）起草专利申请文件。

（三）知识产权管理部门在协助完成专利申请文件后应备案，同时向知识产权主管领导报告。

（四）经知识产权主管领导批准后，由知识产权管理部门负责办理专利申请手续。具体申请工作可委托专利服务机构代理。

第十三条 专利的国际申请程序：

（一）需向国外申请专利的项目，由技术创新项目负责人或发明人（设计人）向知识产权管理部门提出专利国际申请报告。

（二）知识产权管理部门向企业总经理汇报，由企业决策层主持，组成企业领导、知识产权管理部门、技术中心、市场主管部门等参加的评议会，对该成果的国际专利价值进行评估，必要时听取该技术创新的项目负责人或发明人（设计人）的汇报。在论证基础上决定是否提交以及向何国提交国际专利申请等具体工作。

（三）决定提交专利国际申请的相关技术创新成果，由项目负责人或发明人（设计人）起草专利申请文件。知识产权管理部门协助起草申请文件，具体申请工作可委托专利服务机构代理。

（四）论证后要进行专利国际申请的，知识产权管理部门要按照有关规定及时申请获得基金、专项资金等的支持。

（五）知识产权管理部门负责专利国际申请之后的监督、跟踪事宜。对于申请后产生的各种问题，随时向企业决策层汇报，具体问题可由知识产权管理部门及时解决。

第五章　专利申请流程管理

第十四条　企业在开发的科研项目、研制新产品过程中的技术创新点由发明人、设计人或项目负责人，对创新内容形成专利资料，报企业知识产权主管领导审核。

第十五条　对于确定申请专利的创新项目，在申请前，应委托知识产权服务中心进行专利检索，以防止低水平重复研究和侵犯他人专利。通过专利检索了解竞争对手所处的技术水平，为企业的生产经营决策服务。

第十六条　经过检索确定其创新点申请专利的，由企业知识产权管理部门负责将专利资料以书面或电子文档的形式，委托专利事务所办理正式的申请手续。委托材料中应确定专利申请的类型、国家、时间等内容。

第十七条　专利事务所将企业提交的专利申报资料整理成国家知识产权局规定的统一格式后回复到本企业确认（包括：说明书、说明书附图、说明书摘要、权利要求书等），经企业知识产权管理部门确认后由专利事务所向国家知识产权局正式申请。

第十八条　国家知识产权局在受理专利申请后，对文件进行审查，合格后专利事务所向本企业转发“专利申请受理通知书”，企业在收到受理通知后，应向国家知识产权局缴纳申请费和文件费。

第六章　专利资产的管理

第十九条　对于已经提交的专利申请和已经获权的专利，由知识产权管理部门负责跟踪监控，具体工作：

（一）需交纳年费或申请维持费的，及时交纳，维持其有效；

（二）对拟在法定期限届满前放弃或终止的专利，予以论证确认，报请企业决策层批准后放弃或终止，同时对该专利建立档案；

（三）监测市场状况，掌握本行业专利申请及授权情况，对有损于本企业权益的他人专利及专利申请应及时启动相应法律程序；

（四）对发生被侵权或者与他方发生专利侵权的纠纷，进行综合分析，提出应对措施。

第二十条 本企业与其他企业签订有关技术开发的合同，或者签订其他在将来履行中可能产生发明创造的合同时，应根据合同签定时的情况在合同中明确可能产生的发明创造的专利申请权和专利权的归属。

到本企业进修学习的临时聘用人员工作中做出发明创造的专利申请权及专利权归本企业所有；对于在技术合作中以合作方工作人员为主做出的发明创造的专利申请权及专利权的归属，依照前款规定。

第二十一条 对于由企业决策层做出的专利对外许可或转让决定，由知识产权管理部门负责落实专利资产评估工作。开展专利资产评估应委托符合执业资格的中介机构完成。

第二十二条 企业决策层在做出有关技术、设备的引进（开展技术贸易）决策前，指定知识产权管理部门分析引进技术、设备的国外专利信息，提出引进方案。

第二十三条 企业在收购、兼并时，涉及对方专利资产的，企业决策层在做出决策前，指定知识产权管理部门核实其专利的法律状态，并与对方协商其专利资产的价值评估的方式、价值等，为收购、兼并提出参考意见。

企业在对外合营、合作时，涉及自有专利资产的，指定知识产权管理部门与对方协商自有专利资产的价值评估的方式、价值等，为合营、合作提出参考意见。

第二十四条 企业在建立中外合资、合作企业时，外方以技术、设备、产品作投资的，知识产权管理部门就所涉及的专利和相关技术领域进行专利检索和论证，提出可利用性的建议，并定期监视其法律状态。

第二十五条 企业定期对专利权及专利申请状况进行统计，由知识产权管理部门会同企业财务部门评估企业专利资产，评估结果纳入本企业财会核算管理体系。

第二十六条 知识产权管理部门负责企业专利保护的市场监视工作，及时掌握本行业专利申请及授权情况，对出现的侵权行为，由知识产权管理部门进行综合分析后提出应对措施建议。采取措施的决定由企业决策层做出。具体工作由知识产权管理部门落实。

企业专利权益涉及海关保护的情况，由企业决策层做出决定，知识产权管理部门按照知识产权海关保护条例，向海关申请办理知识产权海关保护备案手续。所有具体维权工作，由知识产权管理部门落实。

第七章 专利工作经费和奖励

第二十七条 企业在专利管理中发生的费用，包括：

（一）从专利申请到专利权终止的全过程发生的有关费用；

（二）专利技术交易过程中发生的成本（如专利资产评估）；

（三）发生专利诉讼产生的有关费用；

（四）请求知识产权行政保护产生的费用（如专利海关保护备案等）；

（五）企业专利数据库的建设和更新费用；

（六）专利管理工作中发生的其他费用。

第二十八条 专利管理费用按照年度拨付。由知识产权管理部门在每一财政年度前提出计划，由决策层审核批准。财政年度中发生的专利管理的临时费用，如专利国际申请、专利纠纷诉讼费用等，由知识产权管理部门提出申请报告，决策层审核批准后财务部门划拨。

第二十九条 专利专项资金的来源，主要由企业拨付。在企业的专利实施许可、专利权转让以及其他从专利资产上获得的收益，按照交易额的3%到5%的比例提出，纳入专利专项资金。

第三十条 对于员工开发或参与开发的技术创新的创造发明，根据其最终确立的知识产权形式，企业将依照《知识产权创造奖励制度》给予奖励。

第三十一条 企业员工将其非职务发明创造申请专利，企业予以支持。需要企业出具证明的，由企业审查确认后，出具非职务发明证明。

第八章 责任与处罚

第三十二条 企业员工就其做出的发明创造的职务与非职务性质与本企业发生争议时由企业和员工协商解决。协商不成依照有关法律规定处理。

第三十三条 违反本制度的规定，造成专利资产损失、侵害企业财产的按照企业有关规定予以处罚。违反法律的，本企业将依照法律规定行使权利。

第三十四条 知识产权管理部门玩忽职守、履行职责不当或者泄露秘密，造成企业损失的，按照本企业有关规定予以处罚。违反法律的，本企业将依照法律规定行使权利。

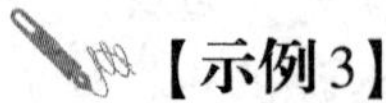【示例3】

企业技术秘密、商业秘密管理办法

第一章 总 则

第一条 为保障企业的合法权益，充分发挥作为企业重要资产的技术秘密、商业秘密的效益，鼓励员工不断创造并自觉维护技术秘密、商业秘密的积极性，根据《知识产权管理总则》制订本制度。

第二条 技术秘密、商业秘密是本企业拥有的知识产权的组成部分，是企业的重要资产。要在企业内牢固树立技术秘密、商业秘密的保护意识。要将技术秘密、商业秘密的管理贯穿研究开发、生产和经营的全过程。明确商业秘密的界定和保护。

第三条 企业内的相关文件、合同、记录等文献中出现的“专有技术”“技术诀窍”“技术秘密”“经营管理诀窍”“实际知识”“实践经验”均是本制度中“商业秘密”的表达形式。

第二章 技术秘密、商业秘密的定义、确立和管理机制

第四条 本制度所称的技术秘密、商业秘密，是指由企业员工在职务范围内创造或履行职务产生的、经企业知识产权管理部门认定并采取了保密措施、只在企业一定范围内流传的、具有商业价值的所有信息或成果。这些信息或成果以各种纸质材料、照片、录像和计算机等数字存储设备为载体而能够为人所感知。具体包括：

（一）技术秘密。包括：企业现有的、正在开发或者构思之中的或经过技术创新确定不宜于申请专利的产品设计、制造方法、工艺过程、材料配方、实验数据、经验公式、计算机软件及其算法以及产品开发计划等；及其存在形式：资料和图纸、样品、手册文档、工具模具、计算机软件等承载物。

（二）经营信息。包括：企业的市场营销计划、广告宣传方案、销售方法、供应商和客户名单、客户的专门需求、未公开的销售服务网络以及企业现有的、正在开发或者构思之中的经营项目等信息及其承载物。

（三）依据法律和有关协议对第三方负有保密责任的第三方商业秘密。

第五条 确定为技术秘密、商业秘密的信息及其承载物，归企业所有。

第六条　技术秘密、商业秘密的确定程序：

（一）由参与技术创新或经营管理的部门或员工就某一项或几项信息或成果，向企业知识产权管理部门申报。

（二）知识产权管理部门接到申报后采取：

1. 指定参与者中一人专门保管成果或信息的承载物，可以采取加密措施。被指定人一般是项目或业务负责人或发明创造者本人。

2. 向企业决策层汇报并提出是否构成技术秘密、商业秘密建议。必要时会同指定人员向企业决策层汇报。

3. 企业决策层在接到知识产权管理部门的汇报后应立即作出是否确定为技术秘密、商业秘密的决定。

4. 对于被确定为技术秘密、商业秘密的信息或成果，按照本制度第三章和第四章的有关规定具体落实管理措施。

5. 技术秘密、商业秘密的确定遵循随时产生随时确定的原则，实行动态管理。

第七条　企业决策层负责技术秘密、商业秘密的整体工作。及时、高效地作出审核、批准、否决等工作，定期检查各部门的保密工作，作出奖惩决定。

企业下属部门的负责人负责本部门的日常技术秘密、商业秘密管理和保护工作。定期检查本部门的保密工作，配合支持知识产权管理部门履行企业技术秘密、商业秘密保护工作。

知识产权管理部门是企业技术秘密、商业秘密保护工作的职责机构，具体操作落实与协调商业秘密保护的各项工作，研究开发部门、信息系统管理部门、市场营销和行政档案管理部门按其职能分工负责日常商业秘密和保护工作。

企业全体员工是技术秘密、商业秘密保护的实施者。全体员工应当牢固树立知识产权意识，自觉维护企业的商业秘密。

第三章　技术秘密、商业秘密及其承载物的管理

第八条　根据本制度第六条的规定，被决策层确立为技术秘密、商业秘密的信息或成果，由知识产权管理部门确立密级和保密期限。密级划分的标准、保密期限的确立，要参考该信息或成果同企业业务的联系程度、与同行业竞争的影响力度、是否为企业运营的关键等因素，由知识产权管理部门划定。商业秘密的申报人应当提供意见。

第九条 按照技术秘密、商业秘密需要保密的程度，参考第八条的标准，技术秘密、商业秘密分为三级：绝密、机密、保密。此外，对于不宜于对外的信息，由知识产权管理部门确立为“内部使用”的资料，参照本制度做好保密工作。

绝密——是指一旦泄露会使企业遭受严重危害和重大损失的信息或成果，包括：企业核心技术秘密、技术诀窍。

机密——是指一旦泄露会使企业遭受危害和较大损失的信息，包括：企业的产品模型及开发方法、产品开发、市场营销等各类工作计划、企业内部重要文件。

保密——是指一旦泄露会使企业遭受损失的信息，包括：产品销售情况、用户名单及其分布、用户需求信息、限于一定范围内阅读的企业内部文件等。

内部使用的信息或成果——是指一旦泄露会对企业业务产生一定不良影响的可能的信息或成果、只限于内部员工阅读的企业内部文件。

保密期限，一般分为三级：永久保密、长期（20 年）和短期（5 年）。密级和保密期限划定后，应在信息或成果的承载物上标注。

第十条 密级、保密期限确立后，被指定人及时整理该技术秘密、商业秘密的资料，收集整理所有消息或成果承载物，在确定没有其他拷贝或复制件的基础上，用统一外包装封装，加盖密级标记后交企业行政档案管理部门保存，由此形成技术秘密、商业秘密档案材料。企业各部门指定专人负责技术秘密、商业秘密的资料及移交工作。

第十一条 保密资料由专人负责管理。企业档案管理部门对交接来的技术秘密、商业秘密档案材料，根据其密级和保密期限于档案卷宗封面加盖保密印章，登记、编号后统一放置保密资料专门存放处保存，并建立台账登记，重要的资料柜实行双钥匙制度。

企业各部门要设立保密资料柜，用于存放各部门经常运用的或暂时无法交存企业行政档案管理部门保存的技术秘密、商业秘密档案材料，该资料柜应由专人管理。

第十二条 绝密、机密级商业秘密档案材料的借阅，必须经企业知识产权负责领导批准；保密级商业秘密档案材料、内部使用文件资料的借阅，必须经知识产权管理部门负责人批准，资料的借阅应持借阅批准书到资料保管人员处办理借阅手续，确定借阅时间，使用后立即归还，不得延期，更不得交与他人使用。

第十三条　绝密和机密商业秘密档案材料的复印，必须经企业知识产权负责领导批准后，由原制作企业（如已存档由资料保管员）交复印室复印，未见企业知识产权负责领导批准意见，复印室一律不得复印。复印由专人负责，复印期间不得向他人泄露，复印后应当立即将复印稿和原稿交还申请复印人，废稿要立即销毁，不得留存或随意丢弃。

第十四条　商业秘密档案资料的传送，必须采取密封形式，由专人送达，接收人签字。采用邮寄办法的，必须采用挂号形式。商业秘密档案材料利用电子邮件传递时必须加密。

第四章　技术秘密、商业秘密的保障措施

第十五条　在本企业进行技术创新过程中，任何研发项目从立项之日起，围绕该项目的研发活动均进入技术秘密、商业秘密保护范围内，产生的任何信息或成果，不论最终产生的知识产权形式如何，均作为企业的技术秘密、商业秘密进行保护。

第十六条　对于在研发过程中被确定为技术秘密、商业秘密的信息，由于处在不断发展改进的状态下，其档案材料可以经企业知识产权主管领导批准后保留在本部门，但必须设专门存放处保存，保存于计算机的，必须对该设备进行数字加密，密码不得向任何无关该商业秘密的人透露。

研发中的阶段性成果，必须形成档案材料，依照保密措施保存，直到最终成果形成后，将各阶段成果形成的过程档案进行保存、销毁、解密等措施。

第十七条　对于开发完成的技术创新成果，除从本企业专利战略及经营实际出发需要公开的以外，经过论证不适于申请专利的，将其完全纳入企业商业秘密保护范围内，做好商业秘密的确立、密级划分、建档、专门保存档案资料等工作。参与技术创新的有关人员，在开发项目进行中，应履行商业秘密的保密工作。

第十八条　企业所有员工有义务保护企业技术秘密、商业秘密的安全。

第十九条　员工在企业工作期间，因工作需要使用企业的技术秘密、商业秘密及其承载物，应按照要求的范围和程度使用，不得将实物、资料等擅自带离工作岗位，未经书面同意，不得随意进行复制、交流或转移含有企业技术秘密、商业秘密的资料。

第二十条　员工在参加任何级别的学术交流活动、产品订货会、技术鉴定会等会议或活动时，必须注意保护企业的技术秘密、商业秘密，用以交流的文档或资料事先要经过上级审查批准。

第二十一条 企业在对外发布新产品信息和广告时，要注意避免泄露企业的技术秘密、商业秘密。重要的新产品发布会、广告文稿必须经企业主管负责领导审核批准后才可发布。

第二十二条 企业在接受外企业人员的实习、合作研究、学习进修等工作时，对企业的技术秘密、商业秘密负有保密的义务。

第二十三条 员工因工作需要或其他原因（包括离职、辞职、退休、开除等）调离原工作岗位或离开企业，应将接触到的所有包含于职务开发中的技术秘密、商业秘密的数据、文档等的记录、模型、软磁盘、光盘及数字存储装置以及其他媒介形式的资料如数交回企业。

第五章 技术秘密、商业秘密效益发挥的保证措施

第二十四条 企业在对外的技术合作过程中，以技术秘密、商业秘密为标的或其他技术合同涉及技术秘密、商业秘密许可的，对于技术秘密、商业秘密的价值通过与合作方协商确定。需要进行第三方价值评估的，委托符合执业要求的中介机构完成，并通过合同约定严格的保密措施。明确双方的权利义务及合作方在合同未完全履行，泄露企业技术秘密、商业秘密时应承担的责任。

第二十五条 参与履行有关技术秘密、商业秘密的技术合同的企业员工，在合作中要对企业技术秘密、商业秘密进行保密，与合作方的接触、信息的交流只限于技术合作范围内。涉及的技术秘密、商业秘密只以合同限定的为准，相关技术秘密、商业秘密不在合同中的，不与合作方交流。

第二十六条 企业员工在主持或参与对外业务谈判时要遵守企业的保密纪律。涉及企业商业秘密的谈判，事先制定谈判提纲，该提纲经企业主管负责领导批准。

第二十七条 在技术合作中产生的技术成果，其知识产权形式的确定和归属由合同约定，凡约定技术秘密、商业秘密归属本企业的，应采取保密措施。

第十三章 企业广告合规管理

【思维导图】

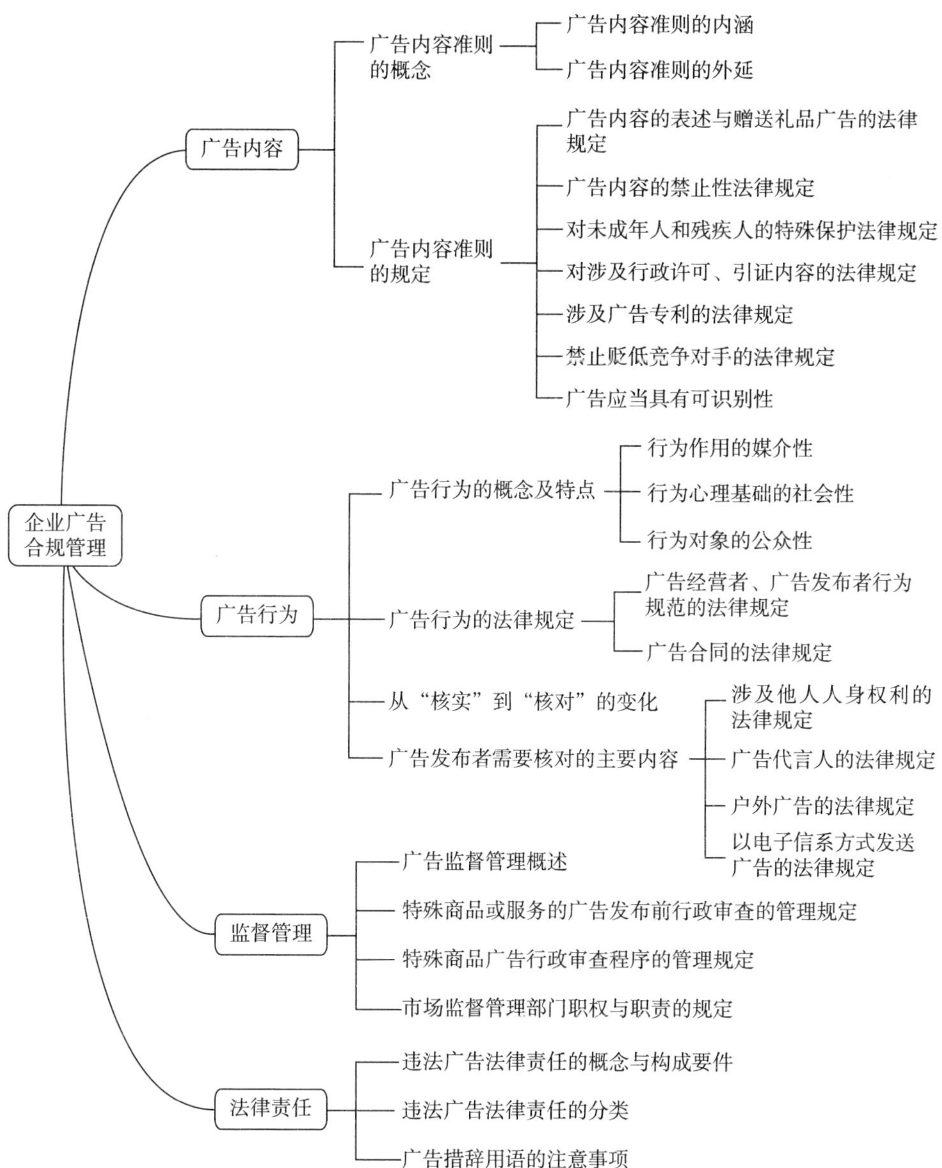

【本章概要】

广告，与企业运营息息相关，几乎无处不在，除了传统渠道的电视、电影、报刊、杂志类广告，还有网络销售、宣传页面、商品包装、宣传册等媒介上任何具有推销商品或服务的商业广告活动均属于广告法所调整的对象。打广告容易，但防范广告违法风险并不容易。2015 年广告法实施后，由于企业对广告内容的禁止性规定及广告发布行为的禁止性规定缺乏专业认识，加上职业打假人的大面积举报，有众多企业遭遇了可能涉及民事、行政甚至刑事上不同程度的处罚。本章包括广告内容、广告行为、监督管理、法律责任四个方面，并结合大量的判例进行阐述，以企业常见广告内容、广告行为以及相关法律法规作为切入点，分别从广告法的整体框架、常见的广告风险、企业的应对等方面，指引企业做好事前预防。

第一节　广告内容

一、广告内容准则的概念

（一）广告内容准则的内涵

广告是由文字、图像、音响等元素构成的。在内容上，对于违背法律、法规规定，违反社会公德和职业道德，侵犯消费者的合法权益，损害国家的尊严和利益的文字、形象的广告都必须予以禁止。

广告内容准则是广告法基本原则的具体体现，是一切广告在发布的内容及形式上都应当遵循的发布标准。凡是广告准则禁止发布的内容，都不得出现在广告中，否则就是违禁广告。

（二）广告内容准则的外延

广告是由一定形式表现出来的，如在广告发布形式上，禁止以新闻报道形式发布广告；禁止广播电台、电视台、报刊音像出版单位、互联网信息服务提供者以介绍健康、养生知识等形式变相发布医疗、药品、医疗器械、保健食品广告。

二、广告内容准则的规定

《广告法》第八条至第十四条规定是广告内容发布的法定依据。

（一）广告内容的表述与赠送礼品广告的法律规定

1.《广告法》的规定

第八条规定，广告中对商品的性能、功能、产地、用途、质量、成分、价格、生产者、有效期限、允诺等或者对服务的内容、提供者、形式、质量、价格、允诺等有表示的，应当准确、清楚、明白。广告中表明推销的商品或者服务附带赠送的，应当明示所附带赠送商品或者服务的品种、规格、数量、期限和方式。法律、行政法规规定广告中应当明示的内容，应当显著、清晰表示。

2. 其他法律规定

《消费者权益保护法》第二十八条规定，采用网络、电视、电话、邮购等方式提供商品或者服务的经营者，以及提供证券、保险、银行等金融服务的经营者，应当向消费者提供经营地址、联系方式、商品或者服务的数量和质量、价款或者费用、履行期限和方式、安全注意事项和风险警示、售后服务、民事责任等信息。

【案例】

广告虚假宣传①

2018年4月原告李某（以下简称原告）使用其京东账号“某某轻吟”在京东APP上购买了“章鱼星球八核私有云盘”一台，销售方是上海某科技投资有限公司（以下简称被告）。原告收到从上述被告处购买的货物后发现，产品功能与该产品在京东网页上的商品描述严重不符。被告在销售网页上宣传“通过电视、电脑也能看章鱼星球中备份的电影，支持多种主流视频格式”“高清大片在家看，再也不用跑电影院了”“HDMI高清输出，支持显示器直连”，实际上原告按步骤安装章鱼星球，使用HDMI连接线接到显示器上发现根本不具备此功能，显示器屏幕显示这样一行字：“即将支持照片、视频投影

① （2019）冀0684民初1205号。

等高清播放体验，敬请期待！”其并不具备看视频的功能，与被告承诺的功能完全不符合。原告就此事拨打被告的电话客服联系，客服答复原告的内容是此功能即将上线，请耐心等待。但截止到原告决定起诉进行公证之日，被告出售的货物仍然没有看视频的功能。原告认为：被告在商品页上宣传虚假的功能，且长达数月的时间未兑现显示器画面与客服做出的承诺，未实现视频播放的功能，说明被告具有欺诈的故意，在商品销售页面上宣传具备的功能，实际商品并不具备，导致了原告做出了错误的意思表示，侵犯了原告的知情权及对购买商品的自由选择权。被告的行为严重违反了《广告法》《消费者权益保护法》等相关法律条款，侵犯了原告作为消费者的知情权和公平交易权。法院认为，售出的产品有下列情形之一的，销售者应当负责修理、更换、退货；给购买产品的消费者造成损失的，销售者应当赔偿损失：（一）不具备产品应当具备的使用性能而事先未作说明的；（二）不符合在产品或者其包装上注明采用的产品标准的；（三）不符合以产品说明、实物样品等方式表明的质量状况的。本案中，综合原告陈述及举证，能够证实原、被告之间存在买卖合同关系；原告购买被告销售的商品，该商品不具备商品宣传描述的功能，导致原告的合同目的不能实现，被告构成违约。现原告要求被告退货退款并承担原告为此支付的公证费，于法有据，法院予以支持。

（二）广告内容的禁止性法律规定

1.《广告法》的规定

第九条规定，广告不得有下列情形：（一）使用或者变相使用中华人民共和国的国旗、国歌、国徽，军旗、军歌、军徽；（二）使用或者变相使用国家机关、国家机关工作人员的名义或者形象；（三）使用“国家级”“最高级”“最佳”等用语；（四）损害国家的尊严或者利益，泄露国家秘密；（五）妨碍社会安定，损害社会公共利益；（六）危害人身、财产安全，泄露个人隐私；（七）妨碍社会公共秩序或者违背社会良好风尚；（八）含有淫秽、色情、赌博、迷信、恐怖、暴力的内容；（九）含有民族、种族、宗教、性别歧视的内容；（十）妨碍环境、自然资源或者文化遗产保护；（十一）法律、行政法规规定禁止的其他情形。

2. 其他法律规定

《消费者权益保护法》第五十五条第一款规定，经营者提供商品或者服务有欺诈行为的，应当按照消费者的要求增加赔偿其受到的损失，增加赔偿的金额为消费者购买商品的价款或者接受服务的费用的三倍；增加赔偿的金额不足500元的，为500元。法律另有规定的，依照其规定。

【案例】

使用“最高级”“最佳”等用语违反广告法[①]

2017年12月，焦作市B汽车销售有限公司（以下简称原告）在某县某路新客车站西邻某汽贸院内东侧墙体，发布喷绘户外广告，内容为：“公司简介：焦作B 4s店隶属于焦作X汽车贸易集团，是焦作地区该品牌全国优秀经销商，店内拥有最标准的功能设施、最优的服务理念、最佳的管理体系、最精良的顶尖技术等。分别在焦作、沁阳、孟州、温县、修武、博爱、武陟都设立有分公司。加入了咱们五菱宝骏大家庭，不只是焦作，当你走到全国各地，不管是哪个省、哪个市，甚至是哪个县城，你都能找到属于五菱宝骏的用户之家。我们公司不仅有新车销售，配件供应，售后服务等，更有保险，分期等专业服务，让你用车无忧。”某县工商行政管理局（以下简称被告）认为原告发布的“店内拥有最标准的功能设施、最优的服务理念、最佳的管理体系、最精良的顶尖技术等”用语，系违反《广告法》第九条第三项广告不得有使用“国家级”“最高级”“最佳”等用语的规定，于2018年5月23日作出武工商处字（2018）第8号行政处罚决定，责令原告停止发布含有禁止情形用语的广告，并处罚款20万元。原告不服后诉至法院，法院认为，原告在某县某路新客车站西邻某汽贸院内东侧墙体发布的喷绘内容，是对其公司商品和所能提供的服务的一种推销手段，系广告的范畴。内容所含“店内拥有最标准的功能设施、最优的服务理念、最佳的管理体系、最精良的顶尖技术等”用语，违反《广告法》第九条第三项的规定。

（三）对未成年人和残疾人的特殊保护法律规定

1.《广告法》的规定

第十条规定，广告不得损害未成年人和残疾人的身心健康。

2. 其他法律规定

《未成年人保护法》第五十条规定，禁止制作、复制、出版、发布、传播含有宣扬淫秽、色情、暴力、邪教、迷信、赌博、引诱自杀、恐怖主义、分

① （2018）豫0821行初38号。

裂主义、极端主义等危害未成年人身心健康内容的图书、报刊、电影、广播电视节目、舞台艺术作品、音像制品、电子出版物和网络信息等。《残疾人保障法》第三条规定，残疾人在政治、经济、文化、社会和家庭生活等方面享有同其他公民平等的权利。残疾人的公民权利和人格尊严受法律保护。禁止基于残疾的歧视。禁止侮辱、侵害残疾人。禁止通过大众传播媒介或者其他方式贬低损害残疾人人格。

（四）对涉及行政许可、引证内容的法律规定

1.《广告法》的规定

第十一条规定，广告内容涉及的事项需要取得行政许可的，应当与许可的内容相符合。广告使用数据、统计资料、调查结果、文摘、引用语等引证内容的，应当真实、准确，并表明出处。引证内容有适用范围和有效期限的，应当明确表示。

2. 其他法律规定

《行政许可法》第二条规定，本法所称行政许可，是指行政机关根据公民、法人或者其他组织的申请，经依法审查，准予其从事特定活动的行为。第二十二条规定，行政许可由具有行政许可权的行政机关在其法定职权范围内实施。

【案例】

广告虚假宣传①

被告赤壁市市监局（以下简称被告）在日常检查中发现，原告广州市H日用品有限公司（以下简称原告）生产并在沃尔玛公司某分店销售的活性炭高防护口罩产品包装上“对0.3μm颗粒物的过滤效果大于95%”、哈雷3D口罩产品包装上“BFE过滤效率99%”等内容不真实、不准确地标注实验数据来源条件，且未标明出处的行为，涉嫌违反《广告法》第十一条第二款之规定，对原告进行了行政处罚，原告不服后诉至法院。法院认为，依照《广告法》第十一条“广告内容涉及的事项需要取得行政许可的，应当与许可的内容相符合。广告使用数据、统计资料、调查结果、文摘、引用语等引证内容的，应当真实、准确，并表明出处。引证内容有适用范围和有效期限的，应当明确表示”的规定，被告在执法过程中，发现原告

① （2019）鄂1281行初20号。

涉嫌夸大宣传的行为，依法立案后，对原告的违法行为进行了查处，认为原告的广告内容不真实、不准确，涉嫌虚假夸大，原告片面标注过滤效果，过滤颗粒物的大小标注不准确，未真实、准确标注数据来源的试验条件的行为违反了《广告法》第十一条的规定，遂对原告的违法行为作出了行政处罚决定，其认定事实证据确凿，适用法律、法规正确，符合法定程序。

（五）涉及广告专利的法律规定

1.《广告法》的规定

第十二条规定，广告中涉及专利产品或者专利方法的，应当标明专利号和专利种类。未取得专利权的，不得在广告中谎称取得专利权。禁止使用未授予专利权的专利申请和已经终止、撤销、无效的专利作广告。

2. 其他法律规定

《专利法》第二条规定，本法所称的发明创造是指发明、实用新型和外观设计。发明，是指对产品、方法或者其改进所提出的新的技术方案。实用新型，是指对产品的形状、构造或者其结合所提出的适于实用的新的技术方案。外观设计，是指对产品的形状、图案或者其结合以及色彩与形状、图案的结合所作出的富有美感并适于工业应用的新设计。第三条规定，国务院专利行政部门负责管理全国的专利工作；统一受理和审查专利申请，依法授予专利权。省、自治区、直辖市人民政府管理专利工作的部门负责本行政区域内的专利管理工作。

【案例】

消费者欺诈行为[①]

原告H通过淘宝网平台上在被告L健身器材公司开设的“希洛普旗舰店”网店内购买标题为“希洛普锂电折叠迷你代驾两轮便携代步电瓶自行车电动滑板车成人”的电动车一辆，该玩具网页详情标注“苛刻的品控标准（创新多项专利）SEALUP/希洛普拥有亚洲领先的设计监测中心，与服务世界500强排名前3的大型工厂，先进的仪器设备和技术精湛的工程师保证了SEALUP/希洛普运动品牌每一款产品具有过硬的品质”，“电池类型：进口聚合物锂电池”，“电池寿命：可反复充电1000次以上/5年”。H下单后，L健

① （2016）湘0702民初3279号。

身器材公司通过快递方式将电动车发至H住址。H认为，其购买的电动车没有广告宣传中宣称的“创新多项专利”及电动车安装的是进口聚合物锂电池，故诉至法院。另查明，涉案电动车广告中宣传的“创新多项专利”，L健身器材公司未标明专利号和专利种类，宣传的“电池类型：进口聚合物锂电池”也未标明生产商的信息。法院认为，H通过L健身器材公司在天猫开设的希洛普旗舰店购买电动车，双方买卖合同关系成立。《广告法》第四条规定，广告不得含有虚假或者引人误解的内容，不得欺骗、误导消费者。广告主应当对广告内容的真实性负责。《广告法》第十二条第一款、第二款规定，广告中涉及专利产品或者专利方法的，应当标明专利号和专利种类。未取得专利权的，不得在广告中谎称已取得专利权。而涉案产品未标明专利号和专利种类，L健身器材公司也未向本院提交证据证明涉案电动车宣传所称的“创新多项专利”的专利号及专利种类，故本院认定L健身器材公司作为经营者未真实、全面地告知消费者产品信息，违反了法律强制性规定，其行为构成欺诈。

（六）禁止贬低竞争对手的法律规定

1.《广告法》的规定

第十三条规定，广告不得贬低其他生产经营者的商品或者服务。

2. 其他法律规定

《反不正当竞争法》第二条第一款、第二款规定，经营者在生产经营活动中，应当遵循自愿、平等、公平、诚信的原则，遵守法律和商业道德。本法所称的不正当竞争行为，是指经营者在生产经营活动中，违反本法规定，扰乱市场竞争秩序，损害其他经营者或者消费者的合法权益的行为。第十一条规定，经营者不得编造、传播虚假信息或者误导性信息，损害竞争对手的商业信誉、商品声誉。

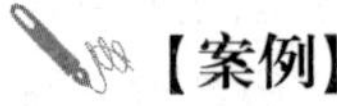**【案例】**

不正当竞争行为①

被告B有限公司、被告H有限公司发布、散布上述系争广告的行为构成对原告高××公司的不正当竞争。1.《反不正当竞争法》第十四条规定，经营者不得捏造、散布虚伪事实，损害竞争对手的商业信誉、商品声誉。被告

---

① （2004）沪二中民五（知）初字第40号。

H有限公司经销“佳××深层洁白牙贴”商品，与经销“高××捷齿白美白液”商品的原告高××公司存在竞争关系。被告B有限公司虽没有经销“佳××深层洁白牙贴”商品，但因其经营牙齿护理商品而与原告存在事实上的竞争关系。两被告分别采取发布网站广告或散发广告单的手法，捏造、散布“‘佳××深层洁白牙贴’产品效果是涂抹式美白牙齿液产品的三倍”“一般的牙齿洁白产品（如洁白牙膏、美白牙齿液），只能去除牙齿表面的部分污渍”“美白牙齿液往往于涂上后数分钟便被唾液冲掉而大量流失、洁白成效相对偏低”等虚假陈述，贬低了涂抹式美白牙齿液商品的效果。两被告的行为均损害了原告经销的“高××捷齿白美白液”的商品声誉和原告在经销该商品中享有的商业信誉，构成《反不正当竞争法》第十四条规定的不正当竞争行为。2.《反不正当竞争法》第九条规定，经营者不得利用广告或者其他方式，对商品的质量、制作成分、性能、生产者、有效期限、产地等作引人误解的虚假宣传。被告B有限公司、被告H有限公司在网站广告或广告单中虚构“‘佳××深层洁白牙贴’产品效果是涂抹式美白牙齿液产品的三倍”的事实，利用广告对“佳××深层洁白牙贴”的商品质量作引人误解的虚假宣传，符合《反不正当竞争法》第九条的规定，构成对经营同类产品的原告高××公司的不正当竞争。3.《反不正当竞争法》规定，经营者在市场交易中，应当遵循公平、诚实信用的原则，遵守公认的商业道德。《广告法》规定，广告不得含有虚假的内容，不得欺骗和误导消费者；广告不得贬低其他生产经营者的商品或者服务；广告主不得在广告活动中进行任何形式的不正当竞争。依照法律规定，比较广告应当遵循法律规定的公平、诚实信用的原则和公认的商业道德，应当遵循比较广告的行为准则，即对比的内容应当以可以证明的具体事实为基础，不得采用直接的比较方式，使用的语言、文字的描述应当准确，广告中所作的比较必须在一定的限度范围内而且只能陈述一种客观事实，不能片面夸大，不得借以贬低其他经营者的商品或服务。被告B有限公司、被告H有限公司在发布网站广告或散发广告单时，中国市场上的涂抹式牙齿美白商品只有“高××捷齿白美白液”，两被告分别在广告中声称“‘佳××深层洁白牙贴’产品效果是涂抹式美白牙齿液产品的三倍”“一般的牙齿洁白产品（如洁白牙膏、美白牙齿液），只能去除牙齿表面的部分污渍”“美白牙齿液往往于涂上后数分钟便被唾液冲掉而大量流失、洁白成效相对偏低”，属于采用直接对比的方式比较广告，而比较的内容并无事实基础，且客观上贬低了原告经销的“高××捷齿白美白液”商品，该虚假的比较广告实质是一种商业诋毁，故两被告的行为分别构成以不当对比广告损害经营同类产品的原告高××公司的不正当竞争。

（七）广告应当具有可识别性

1.《广告法》的规定

第十四条规定，广告应当具有可识别性，能够使消费者辨明其为广告。大众传播媒介不得以新闻报道形式变相发布广告。通过大众传播媒介发布的广告应当显著标明“广告”，与其他非广告信息相区别，不得使消费者产生误解。广播电台、电视台发布广告，应当遵守国务院有关部门关于时长、方式的规定，并应当对广告时长作出明显提示。

2. 其他法律规定

《医疗广告管理办法》第二条规定，本办法所称医疗广告，是指利用各种媒介或者形式直接或间接介绍医疗机构或医疗服务的广告。第三条规定，医疗机构发布医疗广告，应当在发布前申请医疗广告审查。未取得《医疗广告审查证明》，不得发布医疗广告。《上海市关于加强新闻队伍职业道德建设禁止有偿新闻的规定》第十一条规定，新闻单位应严格区分新闻报道与广告的界限，新闻报道不得收取任何费用，不得以新闻报道的形式为企业或产品做广告。收取费用的版面、专栏和节目，必须有明确的广告标识，以示与其他非广告类信息的区别。发布市场信息的非广告类版面、专栏和节目，必须坚持真实、准确的原则，重点应放在介绍市场动态、指导群众消费等方面。新闻采、编、播人员不得从事广告经营活动。

**【案例】**

彭某诉某市工商局不履行法定职责纠纷案①

关于“彭某诉某市工商局不履行法定职责纠纷行政二审案”判决书，《广告法》第六条规定，县级以上人民政府工商行政管理部门是广告监督管理机关。根据广告法的规定，广告的管理和监督是工商行政管理部门的职责之一，因此，认定有关节目是否构成广告、是否构成违法广告，以及如何依法进行行政处罚，均属于工商行政管理部门的职责范围。彭某认为某市有线电视台播出节目属于

① 《最高人民法院公报案例》2003年第5期（总第85期）。

违法广告，侵犯其合法权益，并向某市工商局申请对该广告予以行政查处，符合《行政诉讼法》的有关规定。1993年国家工商行政管理总局、卫生部《医疗广告管理办法》第二条第二款规定，医疗广告是指医疗机构通过一定媒介或者形式，向社会或者公众宣传其运用科学技术诊疗疾病的活动。公众所理解的广告，就是以一定的方式通过媒体对商品或者服务以及提供商品或者服务单位的宣传和介绍。从庭审播放的某市有线电视台专题节目《共和国之歌——献给人民功臣》来看，尽管录制的光盘声音不清晰，但画面反映出节目中不仅有对411医院院长章某的事迹介绍，还有相当一部分内容是介绍其诊疗方法和疗效，画面上还三次出现411医院名称的特写镜头。该节目反映的信息既有医务人员工作事迹的介绍，又有医务人员医术和医疗专长的介绍，其宣传医院和医院服务的用意十分明显，彭某有理由得出该节目属于医疗广告的结论。因此，原审认定该专题报道从形式上具备了认定为医疗广告的基本特征，并无不当，符合《医疗广告管理办法》的有关规定，工商局以该节目不构成广告而不予查处的理由不成立。工商局虽然将不予立案查处的理由告诉了彭某本人，但由于工商局没有依法履行其法定的行政职责，未能够依法保护申请人的人身权和财产权，故原审判决认定工商局应对该节目进行查处，亦无不当，可予维持。

下面对判断相关信息是商业必要信息还是商业广告的四个要点[①]作一介绍。

第一，商业必要信息内容是相关法律法规规定的经营者必须向消费者提供的信息。主要条款如下：

《消费者权益保护法》第八条规定，消费者享有知悉其购买、使用的商品或者接受的服务的真实情况的权利。

消费者有权根据商品或者服务的不同情况，要求经营者提供商品的价格、产地、生产者、用途、性能、规格、等级、主要成分、生产日期、有效期限、检验合格证明、使用方法说明书、售后服务，或者服务的内容、规格、费用等有关情况。

《产品质量法》第二十七条规定，产品或者其包装上的标识必须真实，并符合下列要求：

（一）有产品质量检验合格证明；

（二）有中文标明的产品名称、生产厂厂名和厂址；

① 参见杜东为：《互联网广告合规实务解析》，载《中国市场监管报》2019年7月23日。

（三）根据产品的特点和使用要求，需要标明产品规格、等级、所含主要成分的名称和含量的，用中文相应予以标明；需要事先让消费者知晓的，应当在外包装上标明，或者预先向消费者提供有关资料；

（四）限期使用的产品，应当在显著位置清晰地标明生产日期和安全使用期或者失效日期；

（五）使用不当，容易造成产品本身损坏或者可能危及人身、财产安全的产品，应当有警示标志或者中文警示说明。

裸装的食品和其他根据产品的特点难以附加标识的裸装产品，可以不附加产品标识。

《食品安全法》第六十七条规定，预包装食品的包装上应当有标签。标签应当标明下列事项：

（一）名称、规格、净含量、生产日期；（二）成分或者配料表；（三）生产者的名称、地址、联系方式；（四）保质期；（五）产品标准代号；（六）贮存条件；（七）所使用的食品添加剂在国家标准中的通用名称；（八）生产许可证编号；（九）法律、法规或者食品安全标准规定应当标明的其他事项。

专供婴幼儿和其他特定人群的主辅食品，其标签还应当标明主要营养成分及其含量。

食品安全国家标准对标签标注事项另有规定的，从其规定。

《食品安全法》第六十八条规定，食品经营者销售散装食品，应当在散装食品的容器、外包装上标明食品的名称、生产日期或者生产批号、保质期以及生产经营者名称、地址、联系方式等内容。

《食品安全法》第六十九条规定，生产经营转基因食品应当按照规定显著标示。

《食品安全法》第七十条规定，食品添加剂应当有标签、说明书和包装。标签、说明书应当载明本法第六十七条第一款第一项至第六项、第八项、第九项规定的事项，以及食品添加剂的使用范围、用量、使用方法，并在标签上载明“食品添加剂”字样。

《食品安全法》第七十一条规定，食品和食品添加剂的标签、说明书，不得含有虚假内容，不得涉及疾病预防、治疗功能。生产经营者对其提供的标签、说明书的内容负责。

食品和食品添加剂的标签、说明书应当清楚、明显，生产日期、保质期等事项应当显著标注，容易辨识。

食品和食品添加剂与其标签、说明书的内容不符的，不得上市销售。

《药品管理法》第四十九条规定，药品包装应当按照规定印有或者贴有标签并附有说明书。

标签或者说明书应当注明药品的通用名称、成份、规格、上市许可持有人及其地址、生产企业及其地址、批准文号、产品批号、生产日期、有效期、适应症或者功能主治、用法、用量、禁忌、不良反应和注意事项。标签、说明书中的文字应当清晰，生产日期、有效期等事项应当显著标注，容易辨识。

麻醉药品、精神药品、医疗用毒性药品、放射性药品、外用药品和非处方药的标签、说明书，应当印有规定的标志。

《网络交易管理办法》第十一条规定，网络商品经营者向消费者销售商品或者提供服务，应当向消费者提供经营地址、联系方式、商品或者服务的数量和质量、价款或者费用、履行期限和方式、支付形式、退换货方式、安全注意事项和风险警示、售后服务、民事责任等信息，采取安全保障措施确保交易安全可靠，并按照承诺提供商品或者服务。

第二，广告活动特征之一是收取广告费，签订广告服务协议。

第三，商业广告是以营利为目的进行宣传互动。比如，招聘信息不属于商业广告活动。

第四，商业广告包含的广告文字往往会采用描写、抒情等表达方式以及其他一些文学表现性很强的方式，商品信息只是客观陈述事实。

此外，在促销活动中，对于促销时间、范围、折扣等的表述，也属于商业必要信息，而非广告。企业网站刊登的企业新闻、行业新闻等内容，不属于商业广告。

第二节　广告行为

一、广告行为的概念及特点

广告行为是指“商品经营者或者服务提供者承担费用，通过一定的媒介和形式直接或者间接地介绍自己所推销的商品或者所提供服务的商业宣传行为”。广告行为的特点包括：

（一）行为作用的媒介性

广告行为是一种媒介行为，它通过广告媒介体把广告宣传者与广告宣传对象联结起来，沟通二者之间的关系和情感，缩小二者之间的社会距离。经济广告行为的目的和功能是把工商企业和广大消费者联结起来，使双方发生关系。所以，评价广告行为效果的优劣的标志，就是媒介作用的强弱。一幅广告发布后，能刺激顾客和消费者的需求欲望，从而产生购买行为，就有了媒介作用，购买行为的人越多，广告行为效果越好；反之，则相反。

（二）行为心理基础的社会性

任何行为都是外界刺激通过心理反应而发生的，广告也不例外。不过，广告行为的心理包括消费者心理、广告客户心理和广告经营者心理以及他们之间的相互作用的心理特征。所以，广告行为的心理基础是礼会心理，特别是社会公共关系心理。它的心理依据综合起来看，是工商企业与公众在相互作用中所发生的心理现象及其发展变化规律。

（三）行为对象的公众性

人的行为总是有目的的，一定的行为总是按照一定行为目的指向一定的对象，即行为的对象。广告行为的目的是广告客户促销商品，行为对象是广大顾客和消费者。虽然广告宣传的对象对公众有选择性，但这种选择性一般是开放性的，而不能把宣传对象封闭起来进行。所以，一幅广告一经发布，对公布都会有刺激，只是由于公众对广告也有选择权，能引起注意的公众是有限的。这就要求广告行为不仅要为其特定目标服务，能够起到促销作用，而且还要考虑广告行为的其他社会效果，如社会教育作用、美化环境、提高人们审美能力的作用等。

二、广告行为的法律规定

（一）广告经营者、广告发布者行为规范的法律规定

1.《广告法》的规定

第二十九条规定，广播电台、电视台、报刊出版单位从事广告发布业务

的，应当设有专门从事广告业务的机构，配备必要的人员，具有与发布广告相适应的场所、设备。第三十四条规定，广告经营者、广告发布者应当按照国家有关规定，建立、健全广告业务的承接登记、审核、档案管理制度。广告经营者、广告发布者依据法律、行政法规查验有关证明文件，核对广告内容。对内容不符或者证明文件不全的广告，广告经营者不得提供设计、制作、代理服务，广告发布者不得发布。第三十五条规定，广告经营者、广告发布者应当公布其收费标准和收费办法。第三十六条规定，广告发布者向广告主、广告经营者提供的覆盖率、收视率、点击率、发行量等资料应当真实。第三十七条规定，法律、行政法规规定禁止生产、销售的产品或者提供的服务，以及禁止发布广告的商品或者服务，任何单位或者个人不得设计、制作、代理、发布广告。

2. 其他法律规定

《医疗广告管理办法》第三条规定，医疗机构发布医疗广告，应当在发布前申请医疗广告审查。未取得《医疗广告审查证明》，不得发布医疗广告。《注册会计师法》第二十二条规定，注册会计师不得有下列行为……（六）对其能力进行广告宣传以招揽业务……

【案例】

发布医疗广告需提请审查①

根据《广告法》第十六条第一款规定：“医疗、药品、医疗器械广告不得含有下列内容：（一）表示功效、安全性的断言或者保证；（二）说明治愈率或者有效率；（三）与其他药品、医疗器械的功效和安全性或者其他医疗机构比较；（四）利用广告代言人作推荐、证明；（五）法律、行政法规规定禁止的其他内容”；根据《广告法》第三十四条规定：“广告经营者、广告发布者应当按照国家有关规定，建立、健全广告业务的承接等级、审核、档案管理制度。广告经营者、广告发布者依据法律、行政法规查验有关证明文件，核对广告内容。对内容不符或者证明文件不全的广告，广告经营者不得提供设计、制作、代理服务，广告发布者不得发布。”根据《广告医疗管理办法》第三条规定：“医疗机构发布医疗广告，应当在发布前申请医疗广告审查。未取得《医疗广告审查证明》，不得发布医疗广告……”根据上述法律规定，本案

---

① （2019）豫1302民初2505号。

中被告某医院委托原告浪里沙公司制作的广告系医疗广告，包含了表示功效、安全性的断言或者保证及说明治愈率或者有效率等内容，违反广告法的规定。被告某医院作为医疗机构在发布广告之前，未申请医疗广告审查并取得《医疗广告审查证明》，原告公司作为广告经营者、发布者，未按规定检查《医疗广告审查证明》并核实广告内容，即径行发布医疗广告。二者行为均违反了《广告法》《广告医疗管理办法》的相关规定。根据《民法总则》第一百五十三条规定：违反法律、行政法规的强制性规定的民事行为无效。

（二）广告合同的法律规定

1.《广告法》的规定

第三十条规定，广告主、广告经营者、广告发布者之间在广告活动中应当依法订立书面合同。

2. 其他法律规定

《民法典》第一百三十五条规定，民事法律行为可以采用书面形式、口头形式或者其他形式；法律、行政法规规定或者当事人约定采用特定形式的，应当采用特定形式。第一百一十九条规定，依法成立的合同，对当事人具有法律约束力。第四百六十五条第一款规定，依法成立的合同，受法律保护。

三、从"核实"到"核对"的变化①

《广告法》第三十四条规定，广告经营者、广告发布者应当按照国家有关规定，建立、健全广告业务的承接登记、审核、档案管理制度。

广告经营者、广告发布者依据法律、行政法规查验有关证明文件，核对广告内容。对内容不符或者证明文件不全的广告，广告经营者不得提供设计、制作、代理服务，广告发布者不得发布。

《互联网广告管理暂行办法》第十条规定，互联网广告主应当对广告内容的真实性负责。

广告主发布互联网广告需具备的主体身份、行政许可、引证内容等证明文件，应当真实、合法、有效。

---

① 参见杜东为：《互联网广告合规实务解析》，载《中国市场监管报》2019 年 7 月 23 日。

广告主可以通过自设网站或者拥有合法使用权的互联网媒介自行发布广告，也可以委托互联网广告经营者、广告发布者发布广告。

互联网广告主委托互联网广告经营者、广告发布者发布广告，修改广告内容时，应当以书面形式或者其他可以被确认的方式通知为其提供服务的互联网广告经营者、广告发布者。

2015 年 4 月，在召开最后一次《广告法》修改评估会时，该法第三十四条第二款还是规定"广告发布者和广告经营者依据法律、行政法规查验有关证明文件，核实广告内容"。当月 24 日第十二届全国人大常委会表决通过《广告法》，其中第三十四条第二款的"核实"改为了"核对"。

上述变化意味着，广告发布者和广告经营者对广告主有关证明文件要进行查验，核对广告内容。广告经营者、广告发布者经历从承担"实质审查义务"到承担"形式审查义务"的重大变化。

此外，《广告法》总则第四条明确了"广告主应当对广告内容的真实性负责"的规定，进一步强调了广告主为广告内容真实性第一责任人。

四、广告发布者需要核对的主要内容①

首先，核对主体身份证明。主要包括营业执照、民办学校办学许可证、律师事务所执业许可证、事业单位法人证书、医疗机构许可证、社会组织登记证等，主要证明该组织身份真实、合法、有效。

对于广告主要求广告发布者跳转至指定的落地页，广告发布者和广告经营者应该核对跳转的页面所属媒介是不是广告主自设或者拥有合法使用权的。在实务审核操作中，主要审核 ICP 备案情况。

此外，还需要审核广告主要求跳转的落地页与前端广告的内容的关联性，是否指向同一市场主体或者同一商品、服务，链接内容落地页内容中是否含有被法律、行政法规禁止生产和销售或者提供的商品和服务。比如：如果前端广告内容为 A 企业，但落地页宣称自己是 B 企业；前端广告内容涉及普通日用百货，落地页内容涉及食品经营许可证才能销售的预包装食品等。这些情形下，广告经营者都不能审查通过。

综上所述，广告发布者和广告经营者主要核对三个要点：第一，跳转、

① 参见杜东为：《互联网广告合规实务解析》，载《中国市场监管报》2019 年 7 月 23 日。

链接到的页面所属的媒介是不是广告主自设或者拥有合法使用权的；第二，前端广告内容与链接内容的关联性，是否指向同一市场主体或同一商品、服务；第三，链接内容是否有被法律、行政法规禁止生产、销售或提供的商品、服务。

其次，核对有关行政许可文件。目前，按照《行政许可法》要求在我国经营一些特定项目需要取得相关行政许可，在广告发布资质审核中，审查行政许可也是必要内容，最常见的行政许可主要如下：

食品药品类：食品经营许可证（食品流通许可证、食品生产许可证）、医疗器械经营许可证（医疗器械生产许可证）。

金融类：从事小额贷款经营活动需要小额贷款许可证或金融许可证。

网络文化类：网络文化经营许可证。根据不同的文化传播形式，文化类经营许可还有广播电视节目制作经营许可证、摄制电影许可证、电影公映许可证、互联网出版许可证、音像制品经营许可证、出版物经营许可证、互联网出版许可证、信息网络传播视听节目许可证、营业性演出许可证等。

最后，核对广告内容证明文件。常见的广告内容证明文件包括数据、统计资料、专利等证明，审核中要对证明文件的种类、数量、出处及其真实性、合法性、有效性进行查验。如广告内容中使用的数据、统计资料、调查结果、文摘、引用语等应当真实、准确，并标明出处。

审核过程中，主要采用将广告内容与有关证明文件进行核对的方法。对于有关文件中的数据、引用的真实性等情况，广告主承担第一责任。

（一）涉及他人人身权利的法律规定

1.《广告法》的规定

第三十三条规定，广告主或者广告经营者在广告中使用他人名义或者形象的，应当事先取得其书面同意；使用无民事行为能力人、限制民事行为能力人的名义或者形象的，应当事先取得其监护人的书面同意。

2. 其他法律规定

《民法典》第一百一十条规定，自然人享有生命权、身体权、健康权、姓名权、肖像权、名誉权、荣誉权、隐私权、婚姻自主权等权利。

【案例】

发布广告需警惕侵犯肖像权[①]

原告W系我国著名女演员、歌手。自2012年4月以来，网址为××的网站先后刊登了18篇文章，文章中均配有原告W的照片（共3张，使用18次）作为插图，页面中，“来源”处均载明“至美医院”，且设有多处“在线咨询”窗口以及该医院其他整形类项目的介绍。原告W庭审时否认其曾同意在网页中使用上述照片。法院认为，我国《广告法》规定，广告主或者广告经营者在广告中使用他人形象的，应当事先取得他人的书面同意。广告主、广告经营者、广告发布者违反广告法规定，广告中未经同意使用他人形象的，依法应承担民事责任。本案中，原告W享有的肖像权受法律保护。根据原告所提供的网站截图，足以确认涉案照片中的形象即原告本人肖像。被告未经原告同意擅自使用原告照片，利用该照片上所附着的商业价值进行整形美容的商业广告宣传，以实现商业利益的行为侵犯了原告的肖像权。公民的肖像权、名誉权受到侵害的，有权要求停止侵害，恢复名誉，消除影响，赔礼道歉，并可以要求赔偿损失。原告W作为著名影视演员，享有一定的知名度，其主张被告在全国公开发行的报纸上道歉的诉讼请求，本院予以支持。

（二）广告代言人的法律规定

1.《广告法》的规定

第三十八条规定，广告代言人在广告中对商品、服务作推荐、证明，应当依据事实，符合本法和有关法律、行政法规规定，并不得为其未使用过的商品或者未接受过的服务作推荐、证明。不得利用不满十周岁的未成年人作为广告代言人。对在虚假广告中作推荐、证明受到行政处罚未满三年的自然人、法人或者其他组织，不得利用其作为广告代言人。第五十六条第二款和第三款规定，关系消费者生命健康的商品或者服务的虚假广告，造成消费者损害的，其广告经营者、广告发布者、广告代言人应当与广告主承担连带责任。前款规定以外的商品或者服务的虚假广告，造成消费者损害的，其广告经营者、广告发布者、广告代言人，明知或者应知广告虚假仍设计、制作、代理、发布或者作推荐、证明的，应当与广告主承担连带责任。

---

① （2016）鄂0111民初636号。

2. 其他法律规定

《食品安全法》第一百四十条前三款规定，违反本法规定，在广告中对食品作虚假宣传，欺骗消费者，或者发布未取得批准文件、广告内容与批准文件不一致的保健食品广告的，依照《广告法》的规定给予处罚。广告经营者、发布者设计、制作、发布虚假食品广告，使消费者的合法权益受到损害的，应当与食品生产经营者承担连带责任。社会团体或者其他组织、个人在虚假广告或者其他虚假宣传中向消费者推荐食品，使消费者的合法权益受到损害的，应当与食品生产经营者承担连带责任。

（三）户外广告的法律规定

1.《广告法》的规定

第四十一条规定，县级以上地方人民政府应当组织有关部门加强对利用户外场所、空间、设施等发布户外广告的监督管理，制定户外广告设置规划和安全要求。户外广告的管理办法，由地方性法规、地方政府规章规定。第四十二条规定，有下列情形之一的，不得设置户外广告：（一）利用交通安全设施、交通标志的；（二）影响市政公共设施、交通安全设施、交通标志、消防设施、消防安全标志使用的；（三）妨碍生产或者人民生活，损害市容市貌的；（四）在国家机关、文物保护单位、风景名胜区等的建筑控制地带，或者县级以上地方人民政府禁止设置户外广告的区域设置的。

2. 其他法律规定

《户外广告登记管理规定》第九条第三款、第四款规定，广告形式、场所、设施等用于户外广告发布，按照国家或者地方政府规定需经政府有关部门批准的，应当提交有关部门的批准文件。发布法律、法规和规章规定应当审批的广告，应当提交有关批准文件。

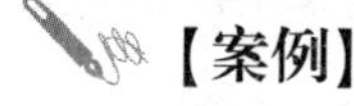【案例】

户外广告设置需合法①

法院认为，原告（M文化传媒有限公司）的户外广告设置存在违法之处。《河南省公路管理条例》第三十六条规定："公路标号志由交通行政主管部门按照规定设置和管理；公路安全标志由公安交通管理部门按照规定设置和管理。

① （2019）豫1202行初29号。

在公路及公路用地范围内设置广告牌（架）、宣传牌（架）及其他非公路标号志和公路安全标志的，应当事先报经当地交通行政主管部门同意。对擅自设置的，应在五日内拆除。”原告设置广告应经过被告（某市城市综合执法局）审批，对于占用公路及在公路用地范围内所设置广告牌，也应经交通行政主管部门的同意，缴纳相关费用。公路行政部门并无对广告设立行政许可的法定职权。《某市户外广告设置管理办法》第二十三条规定，户外广告设置转让户外广告设置权，应当经设置审核部门同意，并到原批准部门办理变更手续。三门峡正诚公司转让给原告的部分广告牌，应当按照上述规定经设置审核部门同意，并到原批准部门办理变更手续，而原告却未办理相关手续，故原告设置的户外广告牌属于违法设置。

（四）以电子信息方式发送广告的法律规定

1.《广告法》的规定

第四十三条规定，任何单位或者个人未经当事人同意或者请求，不得向其住宅、交通工具等发送广告，也不得以电子信息方式向其发送广告。以电子信息方式发送广告的，应当明示发送者的真实身份和联系方式，并向接收者提供拒绝继续接收的方式。

2. 其他法律规定

《通信短信息服务管理规定》第十八条第一款、第二款规定，短信息服务提供者、短信息内容提供者未经用户同意或者请求，不得向其发送商业性短信息。用户同意后又明确表示拒绝接收商业性短信息的，应当停止向其发送。短信息服务提供者、短信息内容提供者请求用户同意接收商业性短信息的，应当说明拟发送商业性短信息的类型、频次和期限等信息。用户未回复的，视为不同意接收。用户明确拒绝或者未回复的，不得再次向其发送内容相同或者相似的短信息。第二十七条第一款规定，用户认为其受到商业性短信息侵扰或者收到含有法律法规规定的禁止性内容的短信息的，可以向短信息服务提供者投诉或者向举报中心举报。

**【案例】**

通过手机发送广告可能侵犯用户人格权[1]

经审理查明，某服务台是被告重庆移动公司下属单位的平台，自2008年5

---

[1] （2008）涪民初字第2453号。

月以来，某平台以免费手机短信的方式每天向原告S使用的手机发送短信，发送的短信内容为：为协助您使用GPRS业务，重庆移动将自动向您下发自动配置信息。请留意手机提示并确认，同时将CQMC设为默认配置，本信息及配置过程免费。由于原告无意开通GPRS上网业务，多次向被告重庆移动公司的分支机构涪陵移动公司和重庆移动某服务台提出投诉，要求取消向其发送有上述内容的短信，某服务台或称是系统自动下发，或称已停止发送，但该平台仍每天向原告发送3~4条配置信息，直到2008年8月11日才停止发送。原告S遂于2008年8月29日诉至本院。法院认为，消费者有拒绝和接受服务的权利，经营者不得强制消费者接受其服务，即使是免费的服务项目亦不得违背消费者意愿强行赠送。本案中，被告重庆移动公司作为通信运营商与通信终端用户的原告形成了服务合同关系，运营商可以免费发送短信向手机用户介绍增项业务，但其发送免费短信的次数不得过多，以不干扰手机用户的正常生活为限。被告重庆移动公司通过某服务台从2008年5月起每天向原告发送介绍增项业务的免费短信，在原告多次明确表示已扰乱其正常的生活秩序而要求其停止发送后仍持续至2008年8月11日才停止发送，严重违背了原告的意愿，构成了对原告自主决定权等人格权益的侵害，被告重庆移动公司应承担相应的民事责任。按民法通则的规定，承担民事责任的方式主要有：停止侵害、赔偿损失、赔礼道歉等。

第三节　监督管理

一、广告监督管理概述

广告监督管理，是指法定的广告行政管理机关依据法律、行政法规对广告活动进行监督和管理的行为。

广告监督管理机关具有维护广告经营秩序、规范广告宣传内容、促进广告业健康发展、保护消费者合法权益的职能，包括事前审查、事后监督检查、秩序控制、广告监督管理协调、广告监督指导服务、对违法广告行为进行行政处罚等。

《广告法》第六条规定，国务院市场监督管理部门主管全国的广告监督管理工作，国务院有关部门在各自的职责范围内负责广告管理相关工作。县级以上地方市场监督管理部门主管本行政区域的广告监督管理工作，县级以上地方人民政府有关部门在各自的职责范围内负责广告管理相关工作。

1. 广告监督管理机关

主要行使以下广告监督管理职能：

（1）立法和法规解释。国家市场监督管理总局负责全国广告监督管理工作的决策、指导，受国家立法机关和国务院委托起草广告法律、法规，单独或会同有关部门制定广告管理行政规章，制订各类广告发布标准，根据授权负责解释广告行政法规和广告管理行政规章。地方市场监督管理局可以依照立法程序和权限的有关规定，受地方立法机关和地方政府委托起草地方性广告管理法规。

（2）广告经营登记。市场监督管理部门依法审查和批准广告经营的资格。审查批准其他经济组织或个人从事广告活动的资格，核定广告经营范围，核发广告经营许可证；审查各类临时性或特殊形成的广告活动的资格，核定广告经营范围，核发广告经营许可证。

（3）监督检查。市场监督管理部门应定期核查各类广告经营者、广告发布者的广告从业资格，经常性监督检查其广告活动是否符合国家法律、法规的要求，对经检查不合格的广告经营单位，依法停止其广告业务。

（4）接受违法广告投诉，查处和复议广告违法案件。各级市场监督管理局可以受理广大用户和消费者对违法广告的投诉，认为广告危害国家、社会公众时，可以先行做出停止发布的行政决定。对广告违法案件立案检查和行使行政处罚权，情节严重、构成犯罪的，可移送司法机关依法处理。作出行政处罚决定的上一级市场监督管理总局依法承担对广告违法案件的行政复议职能，根据案件事实及法律、法规适用规定，做出维持、变更或撤销原处罚决定的复议决定。

（5）指导广告业健康发展。市场监督管理部门还负责研究制订广告业方针、政策和发展规划，并组织实施。此外，市场监督管理部门负责指导广告行业组织。

2. 广告审查机关

（1）食品药品监督管理机关。食品药品监督管理机关对药品、医疗器械、保健食品广告等进行发布前审查，并对批准的广告内容核发广告审查证明。省级食品药品监督管理机关负责对本地区药品、医疗器械、保健食品广告等进行发布前审查，地市县食品药品监督管理机关负责日常监督、检查。

（2）卫生监督管理机关。卫生监督管理机关对医疗广告等进行发布前审查，并对批准的广告内容核发广告审查证明。省级卫生监督管理机关负责本地区医疗广告等发布前审查，地市县卫生监督管理机关负责日常监督、检查。

（3）农（牧）业管理机关。农（牧）业管理机关对农药广告、兽药广告等进行发布前审查，并对批准的广告内容核发广告审查证明。国家农（牧）业管理机关负责对利用重点媒介发布的农药、兽药广告和境外生产的农药广告，以及保护期内新兽药、境外生产的兽药广告等进行发布前审查，省级农（牧）业管理机关负责本地区其他农药、兽药广告等的发布前审查，地市县农（牧）业管理机关负责日常监督、检查。

（4）在广告管理机关中，除以上广告监督管理机关、广告审查机关之外，还有涉及广告管理的其他机关，如国家广播电视总局对电视、广播、新闻出版物广告管理，公安、交通管理机关对交通设施广告管理，建设、市容、城管部门对户外广告设施管理等。

3. 社会监督组织——消费者协会

《广告法》第五十四条规定，消费者协会和其他消费者组织对违反本法规定，发布虚假广告侵害消费者合法权益，以及其他损害社会公共利益的行为，依法进行社会监督。

《消费者权益保护法》第三十六条规定，消费者协会和其他消费者组织是依法成立的对商品和服务进行社会监督的保护消费者合法权益的社会组织。第三十七条规定，消费者协会履行下列公益性职责：（一）向消费者提供消费信息和咨询服务，提高消费者维护自身合法权益的能力，引导文明、健康、节约资源和保护环境的消费方式；（二）参与制定有关消费者权益的法律、法规、规章和强制性标准；（三）参与有关行政部门对商品和服务的监督、检查；（四）就有关消费者合法权益的问题，向有关部门反映、查询，提出建议；（五）受理消费者的投诉，并对投诉事项进行调查、调解；（六）投诉事项涉及商品和服务质量问题的，可以委托具备资格的鉴定人鉴定，鉴定人应当告知鉴定意见；（七）就损害消费者合法权益的行为，支持受损害的消费者提起诉讼或者依照本法提起诉讼；（八）对损害消费者合法权益的行为，通过大众传播媒介予以揭露、批评。各级人民政府对消费者协会履行职责应当予以必要的经费等支持。消费者协会应当认真履行保护消费者合法权益的职责，听取消费者的意见和建议，接受社会监督。依法成立的其他消费者组织依照法律、法规及其章程的规定，开展保护消费者合法权益的活动。

二、特殊商品或服务的广告发布前行政审查的管理规定

1. 法律依据

《广告法》第四十六条规定，发布医疗、药品、医疗器械、农药、兽药和保健食品广告，以及法律、行政法规规定应当进行审查的其他广告，应当在发布前由有关部门（以下简称广告审查机关）对广告内容进行审查；未经审查，不得发布。《广告管理条例》第十一条规定，申请刊播、设置、张贴下列广告，应当提交有关证明……（七）文化、教育、卫生广告，应当提交上级行政主管部门的证明……

2. 广告发布前行政审查的范围

纳入广告发布前行政审查的特殊商品或服务的广告，主要是与生命财产密切相关的商品或服务的广告，由于这些商品或服务的特殊性，法律、行政法规对其广告的内容作了一些必要的限制，以防止误导消费者，造成人身或者财产的损害。

特殊商品的范围，《广告法》作了两个方面的规定：一是医疗、药品、医疗器械、农药、兽药和保健食品等特殊商品或服务的广告；二是其他法律、行政法规中规定的应当进行特殊管理的商品或服务的广告。

3. 广告行政审查机关

广告行政审查机关，是指法定广告审查机关，包括省级以上的食品药品监督管理机关、卫生监督管理机关、农（牧）业监督管理机关等。除以上部门外，广告监督管理机关对烟草广告、户外广告在行政审批时也负责行政审查。

4. 特殊商品或服务的广告发布前行政审查的管理规定

特殊商品或服务的广告，应当在发布前提请有关行政主管部门对广告内容进行审查，审查合格后方可发布。未经审查的广告不得发布，否则依法承担法律责任。

三、特殊商品广告行政审查程序的管理规定

1. 法定依据

《广告法》第四十七条规定，广告主申请广告审查，应当依照法律、行政法规向广告审查机关提交有关证明文件。广告审查机关应当依照法律、行政

法规规定作出审查决定，并应当将审查批准文件抄送同级市场监督管理部门。广告审查机关应当及时向社会公布批准的广告。

2. 特殊商品或服务广告的审查程序

（1）由广告主提出申请。由广告主向广告审查机关提出申请。凡是法定行政审查的广告，必须在发布前向广告审查机关提出审查申请，由广告审查机关对广告内容进行审查。申请是否必须由广告主亲自提出，《广告法》并未作具体规定。按照我国《民法典》关于代理的有关规定，以及有关广告监管、审查规章的规定，可以委托广告经营者办理。广告主提出申请时，应当同时向广告审查机关提交与其申请审查的广告内容有关的证明文件。

①证明广告主有合法的经营资格的证明文件（企业法人应当提交《企业法人营业执照》，企业分支机构和个体工商户等应当提交《营业执照》），以及其他批准广告主从事生产经营活动或者服务活动的批准文件。

②对于一些需要经过专门的批准或者许可方可生产经营的商品或者从事的服务活动，还要提供其批准文件或者许可证，如药品的《药品生产公司许可证》《药品经营公司许可证》，兽药的《兽药生产许可证》《兽药经营许可证》，医院、医疗美容院的《医疗机构许可证》。

③证明广告主申请发布广告的商品合法性的证明文件。如某种药品生产的批准文件、进口药品的《进口注册证》、医疗器械的产品鉴定证书、化妆品的检验合格证明书或者批准文号、农药的登记证明等。

④证明广告内容真实、合法的证明证件。如经过批准的药品的说明书、商标注册证、专利证书、科技成果鉴定证书、有关商品质量内容的证明文件等。

⑤其他法律、行政法规规定应当提交的证明文件。

（2）广告审查机关审查。广告审查机关接受广告主或广告经营者或者广告发布者代理提出申请之后，广告审查机关应当按照有关法律、行政法规对该项申请的广告内容进行审查。

（3）广告审查机关做出审查决定。广告审查机关对申请审查的广告的内容进行审查之后，无论是批准还是不予批准，都应当做出审查决定，并通知申请人。准予批准的，发给广告审查文件；不予批准的，发出驳回申请通知书，并明确告知理由。

3. 广告审查批准文号时效

药品广告批准文号有效期为一年。

医疗器械广告审查批准文号的有效期为一年，其中产品介绍和样本审查批准号的有效期可延至五年。

农药广告审查批准文号的有效期为一年。

兽药广告审查批准文号的有效期为一年。《兽药生产许可证》《兽药经营许可证》的有效期限不足一年的，兽药广告审查批准号的有效期以上述许可证有效期限为准。

医疗广告审查证明批准文号的有效期为一年，到期后仍需继续发布医疗广告的，应重新提出审查申请。

四、市场监督管理部门职权与职责的规定

1. 法定依据

《广告法》第四十九条规定，市场监督管理部门履行广告监督管理职责，可以行使下列职权：（一）对涉嫌从事违法广告活动的场所实施现场检查；（二）询问涉嫌违法当事人或者其法定代表人、主要负责人和其他有关人员，对有关单位或者个人进行调查；（三）要求涉嫌违法当事人限期提供有关证明文件；（四）查阅、复制与涉嫌违法广告有关的合同、票据、账簿、广告作品和其他有关资料；（五）查封、扣押与涉嫌违法广告直接相关的广告物品、经营工具、设备等财物；（六）责令暂停发布可能造成严重后果的涉嫌违法广告；（七）法律、行政法规规定的其他职权。市场监督管理部门应当建立健全广告监测制度，完善监测措施，及时发现和依法查处违法广告行为。

第五十条规定，国务院市场监督管理部门会同国务院有关部门，制定大众传播媒介广告发布行为规范。

第五十一条规定，市场监督管理部门依照本法规定行使职权，当事人应当协助、配合，不得拒绝、阻挠。

第五十二条规定，市场监督管理部门和有关部门及其工作人员对其在广告监督管理活动中知悉的商业秘密负有保密义务。

第五十三条规定，任何单位或者个人有权向市场监督管理部门和有关部门投诉、举报违反本法的行为。市场监督管理部门和有关部门应当向社会公开受理投诉、举报的电话、信箱或者电子邮件地址，接到投诉、举报的部门应当自收到投诉之日起七个工作日内，予以处理并告知投诉、举报人。市场监督管理部门和有关部门不依法履行职责的，任何单位或者个人有权向其上级机关或者监察机关举报。接到举报的机关应当依法作出处理，并将处理结

果及时告知举报人。有关部门应当为投诉、举报人保密。

第七十三条第二款规定，大众传播媒介有义务发布公益广告。广播电台、电视台、报刊出版单位应当按照规定的版面、时段、时长发布公益广告。公益广告的管理办法，由国务院市场监督管理部门会同有关部门制定。

2. 保密义务

《广告法》第五十二条规定，市场监督管理部门和有关部门及其工作人员对其在广告监督管理活动中知悉的商业秘密负有保密义务。广告监管部门负有不得泄露其在监督管理活动中知悉的商业秘密的法律责任。若广告监管部门违反了广告法规定的保密义务，给当事人造成经济损失，须要承担相应的法律责任。

第四节　法律责任

一、违法广告法律责任的概念与构成要件

1. 违法广告法律责任的概念

广告法律责任，是指行为人由于违法作为，或者违法不作为而应当承担的法律规定的后果。

如广告经营者、广告发布者、其他广告活动人违反《广告法》禁止虚假广告的规定，设计、制作、发布、代理、代言虚假广告，应当承担法律规定的作为的后果；广告经营者、广告发布者违反《广告法》规定，不审查广告内容，导致虚假广告发生，应当承担法律规定的不作为的后果；广告监督管理机关、广告审查机关违反《广告法》规定，不履行广告监督管理、广告审查之义务，致使虚假广告泛滥，并损害消费者利益，应当承担法律规定的不作为的后果。

2. 违法广告法律责任的构成要件

包括主体、主观过错、违法行为事实、损害事实和因果关系四个方面构成要件。

（1）主体。是具有法律规定资格的自然人、法人与其他组织。既包括广告活动的主体：广告主，广告经营者、广告发布者、广告代言人，与广告活动有关的特殊主体，也包括广告监督管理机关、广告审查机关。

（2）主观过错。既包括主观故意（直接故意或间接故意），也包括主观过失（疏忽大意过失或过于自信过失）。如某广告主向报刊广告发布者提供了保健食品广告审查证明文件，广告发布者依法查验了保健食品广告审查证明文件，证明文件形式上并无异样，也核对了保健食品广告内容与证明文件核准内容是一致的。在发布后，广告监督管理机关、广告审查机关指出这是违法广告。因为，保健食品广告审查证明文件是广告主变造的，用修图软件篡改的。广告发布者依法履行了查验证明文件、核对广告内容的义务，没有过错，不构成法律责任。广告主应当承担法律规定的法律责任。

（3）违法行为事实，即法律规定的事实。法律、法规、规章没有应为与不应为的规定，即使行为人实施或不实施某种行为，也不能认定违法行为。因为，法无明文规定不为过。另外，在企业内部设计、制作广告，并未对外发布，即使违反了《广告法》规定，也不能构成违法行为。

（4）损害事实和因果关系。行为人实施了某种行为，但没有后果，或者行为人实施了某种行为与某后果之间没有任何联系，即没有前因后果关系，也不构成法律责任。如某广告主向广告发布者提供了真实合法的报告文稿，广告发布者在排版印刷制作中因疏忽大意的过失，将文稿中的广告词弄少了一个关键字或一段关键句子，在发布前也没有提交广告主最后签稿认可，造成违法广告发生。广告主与违法广告后果没有前因后果关系，不构成法律责任。而广告发布者虽无主观故意，但因其疏忽大意过失行为与违法广告的后果之间有前因后果关系，因此，广告发布者应当承担法律规定的法律责任。

二、违法广告法律责任的分类

根据引起责任的性质不同，可以分为：

1. 刑事责任

广告违法行为情节严重，构成《刑法》规定的犯罪行为应当受刑事处罚。如虚假广告罪、伪造国家机关公文罪等。

2. 民事责任

广告违法行为侵害了他人的民事权力和利益，根据《广告法》《民法典》《商标法》《专利法》《著作权法》等法律规定应承担民事赔偿责任。如侵犯姓名权、肖像权、名誉权、商标权、专利权、著作权以及合同违约等行为，都应承担民事赔偿责任。

3. 行政责任

广告行为违反广告法律、法规、规章的规定，由广告监督管理机关依法作出行政处罚，由违法广告行为人承担法律责任。

广告违法行为的行政责任主要包括：

（1）责令停止发布广告。广告监督管理机关对社会危害性严重的违法广告依法做出停止发布广告的行政处罚。

（2）责令广告主在相应范围内消除影响。广告监督管理机关对社会危害性严重的违法广告依法做出由广告主在相应范围内公开更正、消除影响的行政处罚。

（3）通报批评。通报批评是《广告管理条例》及《广告管理条例施行细则》规定的行政责任方式，由广告监督管理机关对发布违法广告，情节较轻的广告主、广告经营者、广告发布者依法作出在行业内或一定社会范围予以书面批评的行政处罚

（4）暂停广告发布。暂停广告发布是广告监督管理机关对发布违法广告情节严重的广告发布者依法作出暂时停止广告发布资格的行政处罚。

（5）没收广告费用。没收广告费用是广告监督管理机关对违法广告依法作出没收广告主支付的广告设计、制作、发布、代理费的全额的行政处罚。

（6）罚款。罚款是广告监督管理机关依法对违法广告做出一定数额、一定比例金额缴纳的行政处罚。

（7）停业整顿。停业整顿是《广告管理条例》规定的行政责任方式。是广告监督管理机关对发布违法广告情节较严重的广告经营者、广告发布者依法作出暂停一段时间广告经营、发布资格的行政处罚。

（8）吊销营业执照。吊销广告发布登记证，撤销广告审查批准文件、一年内不受理其广告审查申请，吊销诊疗科目或者吊销医疗机构执业许可证。发布虚假广告或社会危害性严重的违禁广告，除以上行政处罚外，广告审查机关撤销广告审查批准文件、一年内不受理其广告审查申请。医疗机构有前款规定违法行为，情节严重的，除由市场监督管理部门依照本法处罚外，卫生行政部门可以吊销其诊疗科目或者吊销其医疗机构执业许可证。

三、广告措辞用语的注意事项

企业在选择发布商业广告时，往往需要着重突出产品的优秀性。而幅度

的把控失当，常常造成宣传失真，由此导致虚假广告现象。随着我国的广告市场监督机制日臻完善，违法成本也越来越高。商业广告的不当使用，往往会引起纠纷，受到行政机关的处罚。让企业广告合法合规，成为企业法务甚至企业管理层必须重视的一项工作内容。

1. 严格规范广告用语

对于法律有明确禁止性规定的，在广告活动中一定要遵守法律的规定，例如，不得使用“国家级”“最高级”“最佳”“顶级”“极品”等用语；不得使用各类带有评比性质的排序或者综合评价的“全国销量第一”“市场占有率第一”“市场主导品牌”“消费者首选品牌”“中国公认名牌”“×××认定”“×××认可”“×××展示”“×××荟萃”“×××指定”等用语。

2. 坚决避免虚假广告

（1）广告必须真实、合法。《广告法》第十一条第二款规定：“广告使用数据、统计资料、调查结果、文摘、引用语等引证内容的，应当真实、准确，并表明出处。引证内容有适用范围和有效期限的，应当明确表示。”例如对市场份额的调查是在上海做出的，广告应宣传“上海销量前三”“上海销量领先”，而不应忽略上海这一地点直接宣称“全国销量领先”。

（2）产品质量或使用效果方面的结论或断言，应当有国家认可的质量检验机构的证明，运用承诺、保证、担保性语言、文字，应当有实际履行能力的证明。

3. 严格控制对比广告

广告宣传不得通过对比，贬低其他电信运营商的商业信誉或商品声誉；广告中的比较性内容，不得涉及具体的产品或服务，或采用其他直接的比较方式。对一般性同类产品或服务进行间接比较的广告，必须有科学的依据和证明；比较广告中使用的数据或调查结果，必须有权威依据，并应提供国家专门检测机构的证明。比较广告使用的语言、文字的描述应当准确，并且能够使消费者理解，不得以直接或影射方式中伤、诽谤其他产品。

4. 避免误导消费者广告用语的使用

不得对商品作片面的宣传或者对比、将科学上未定论的观点或现象等当作定论的事实用于商品宣传、以歧义性语言或者其他引人误解的方式进行商品宣传，使用含混不清、易使消费者产生歧义的承诺，采取隐去主要事实、断章取义、偷换概念的手法使用有关数据、文摘，误导消费者。

5. 避免侵犯第三人合法权益

对于广告内容涉及第三方权益的，必须获得权利人的许可，避免侵权行为（责任）的发生。近年来，因为广告侵犯他人肖像权、著作权而引发的法律纠纷时有发生，大家在广告内容审查方面务必要严格注意。广告中如使用他人肖像，涉及他人肖像权的，必须获得本人的书面同意；在广告中使用他人著作权的，必须获得著作权人的同意授权等。

本章合规指引

2015 年广告法实施后，由于企业对广告内容的禁止性规定及广告发布行为的禁止性规定缺乏专业认识，加上职业打假人的大面积举报，有众多企业遭遇了可能涉及民事、行政甚至刑事不同程度的处罚。本章包括广告内容、广告行为、监督管理、法律责任、广告合规管理五个方面，以企业常见广告内容、广告行为以及相关法律法规作为切入点，分别从广告法的整体框架、常见的广告风险、企业的应对等方面，总结并指引企业做好事前预防。

下面提供《公司广告管理办法》作为该部分合规管理的指引。具体内容如下：

【示例】

企业广告管理办法

1. 广告内容涉及的事项需要取得行政许可的，应当与许可的内容相符合。

2. 广告使用数据、统计资料、调查结果、文摘、引用语等引证内容的，应当真实、准确，并表明出处。引证内容有适用范围和有效期限的，应当明确。表示广告中涉及专利产品或者专利方法的，应当标明专利号和专利种类。

3. 广告业务经营应当依法订立书面合同，建立、健全广告业务的承接登记、审核、档案管理制度，公布其收费标准和收费办法，向广告主、广告经营者提供的覆盖率、收视率、点击率、发行量等资料应当真实。

4. 针对医疗、农药、药品、兽药、医疗器械、保健食品等发布广告应当查验有关证明文件，核对广告内容，对内容不符或者证明文件不全的广告，广告发布者不得发布。

5. 未取得专利权的，不得在广告中谎称取得专利权。

6. 禁止使用未授予专利权的专利申请和已经终止、撤销、无效的专利作广告。

7. 大众传播媒介不得以新闻报道形式变相发布广告。通过大众传播媒介发布的广告应当显著标明“广告”，与其他非广告信息相区别，不得使消费者产生误解。

8. 广告应具有可识别性，能够使消费者辨明其为广告。除医疗、药品、医疗器械广告外，禁止其他任何广告涉及疾病治疗功能，并不得使用医疗用语或者易使推销的商品与药品、医疗器械相混淆的用语。

9. 特殊行业广告用语不得相混淆。

10. 严禁发布虚假广告。下列情形构成虚假广告：

（1）商品或者服务不存在的。

（2）商品的性能、功能、产地、用途、质量、规格、成分、价格、生产者、有效期限、销售状况、曾获荣誉等信息，或者服务的内容、提供者、形式、质量、价格、销售状况、曾获荣誉等信息，以及与商品或者服务有关的允诺等信息与实际情况不符，对购买行为有实质性影响的广告不得含有虚假或者引人误解的内容，不得欺骗、误导消费者。

（3）广告以虚假或者引人误解的内容欺骗、误导消费者的，构成虚假广告。使用虚构、伪造或者无法验证的科研成果、统计资料、调查结果、文摘、引用语等信息作证明材料的。

（4）虚构使用商品或者接受服务的效果的，以虚假或者引人误解的内容欺骗、误导消费者的其他情形使用。

11. 广告内容严禁含有下列内容：

（1）变相使用中华人民共和国的国旗、国歌、国徽，军旗、军歌、军徽；

（2）使用或者变相使用国家机关、国家机关工作人员的名义或者形象；

（3）使用“国家级”“最高级”“最佳”等用语损害国家的尊严或者利益，泄露国家秘密、妨碍社会安定，损害社会公共利益，危害人身、财产安全，泄露个人隐私；

（4）广告不得贬低其他生产经营者的商品或者服务；

（5）妨碍社会公共秩序或者违背社会良好风尚；

（6）含有淫秽、色情、赌博、迷信、恐怖、暴力的内容；

（7）含有民族、种族、宗教、性别歧视的内容；

（8）妨碍环境、自然资源或者文化遗产保护；

（9）法律、行政法规规定禁止的其他情形。

12. 以互联网为媒介发布广告应额外避免以下事项：

（1）提供或者利用应用程序、硬件等对他人正当经营的广告采取拦截、过滤、覆盖、快进等限制措施；

（2）利用网络通路、网络设备、应用程序等破坏正常广告数据传输，篡改或者遮挡他人正当经营的广告，擅自加载广告；

（3）禁止利用互联网发布处方药和烟草的广告；

（4）利用虚假的统计数据、传播效果或者互联网媒介价值，诱导错误报价，谋取不正当利益或者损害他人利益。

13. 特殊药品、药品、类易制毒化学品、麻醉药品、精神药品、医疗用毒性药品、放射性药品等特殊药品不得制作和发布广告。

14. 医疗、药品、医疗器械广告不得有下列内容：

（1）表示功效、安全性的断言或者保证；

（2）说明治愈率或者有效率；

（3）医疗器械与其他药品、医疗器械或医疗机构比较；

（4）利用广告代言人作推荐、证明；

（5）涉及疾病预防、治疗功能；

（6）法律、行政法规规定禁止的其他内容。

医疗、药品、医处方药广告应当显著标明“本广告仅供医学药学专业人士阅读”，非处方药广告应当显著标明“请按药品说明书或者在药师指导下购买和使用”。

15. 保健食品广告不得含有下列内容：

（1）声称或者暗示广告商品为保障健康所必需；

（2）与药品、其他保健食品进行比较；

（3）利用广告代言人作推荐、证明；

（4）表示功效、安全性的断言或者保证；

（5）利用科研单位、学术机构或者专业人士等名义作推荐；

（6）农药、兽药、饲料和饲料添加剂；

（7）法律、行政法规规定禁止的其他内容。

保健食品广告应当显著标明“本品不能代替药物”。

16. 烟草广告不得含有以下内容：

（1）向未成年人发送烟草广告；

（2）烟草制品生产者或者销售者发布的迁址、更名、招聘等启事中，不得含有烟草制品名称、商标、包装、装潢以及类似内容；

(3) 利用其他广告宣传烟草制品名称、商标及类似内容。

17. 酒类广告不得含有以下内容:

(1) 诱导、怂恿饮酒或者宣传无节制饮酒;

(2) 出现饮酒的动作;

(3) 表现驾驶车、船、飞机等活动;

(4) 明示或者暗示饮酒有消除紧张和焦虑、增加体力等功效。

18. 教育、培训广告不得含有以下内容:

(1) 对升学、通过考试等作出明示或暗示的保证性承诺;

(2) 明示或者暗示有考试命题人员等参与教育、培训;

(3) 利用科研单位、学术机构、专业人士等名义作推荐;

(4) 对未来效果、收益或者与其相关的情况作出保证性承诺。

19. 房地产广告不得含有以下内容;

(1) 招商等有投资回报预期的商品或者服务;

(2) 应当对可能存在的风险以及风险责任承担有合理提示或者警示;

(3) 房源信息应当真实,面积应当表明为建筑面积或者套内建筑面积;

(4) 利用学术机构、行业协会、专业人士等名义作推荐;

(5) 升值或者投资回报的承诺;

(6) 以项目到达某一具体参照物的所需时间表示项目位置。

20. 不得设置户外广告的情形:妨碍生产或者人民生活,损害市容市貌的;在国家机关、文物保护单位、风景名胜区等建筑控制地带设置的,或者县级以上地方人民政府禁止设置户外广告的区域设置的。

21. 未经当事人同意或者请求,不得向其住宅、交通工具等发送广告,也不得以电子信息方式向其发送广告。以电子信息方式发送广告,应当明示发送者的真实身份和联系方式,并向接收者提供拒绝继续接收的方式。

第十四章　企业信息安全合规管理

【思维导图】

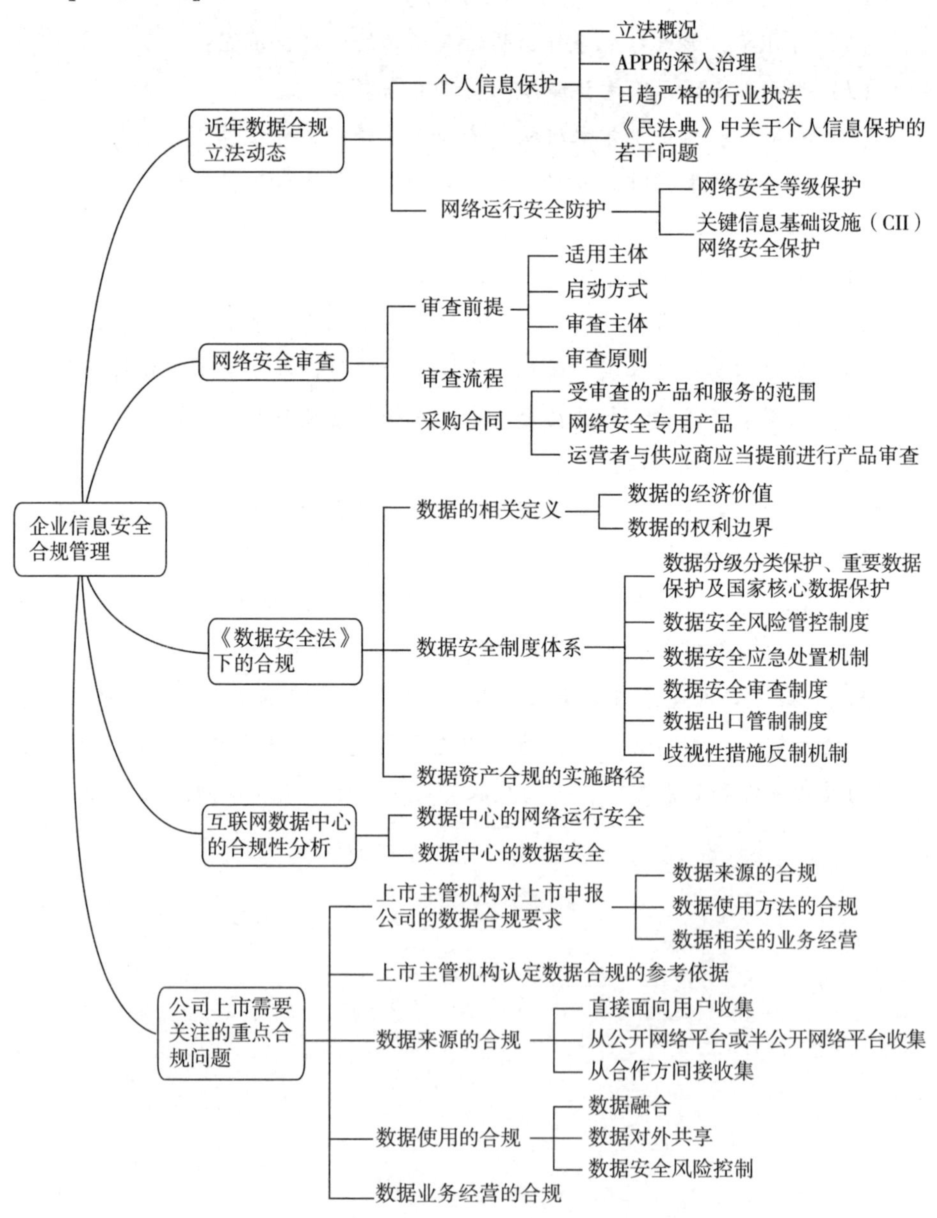

【本章概要】

本章将会围绕企业信息安全的合规问题展开，第一节回顾了近年来国内有关数据合规的立法动态，主要集中于个人信息保护和网络系统运行安全两方面。在第二节，本书以《网络安全法》与《网络安全审查办法》为基础，探讨了网络安全审查的前提、流程，并对企业有关网络设备的采购合同的合规进行了探讨。第三节、第四节两节对数据资产和数据中心的合规问题进行了研究。最后一节则是对公司申请上市时可能会面临的有关数据合规的问询进行了分析，并提出了应对的大致意见。

第一节　近年数据合规立法动态

随着信息网络的不断普及，网络完全事件也频频牵动社会各界的注意力，网络和数据的安全已经成为各个企业关心的问题。网络安全和数据的合规工作要求企业作为网络运营者在经营活动中履行对网络和数据的安全保障义务；同时，对于其业务活动中收集和使用用户信息的环节要着重加强用户信息保护制度，确保与用户个人信息相关的人格权益受到足够保障。

首先，网络及数据安全的合规工作的一大特点在于其覆盖范围非常广泛，其适用对象是网络运营者，包括网络的所有者、管理者和服务提供者①。网络的定义既包括互联网，也包括局域网以及工业控制系统等。由于信息网络的普及，无论是传统企业还是新兴科技企业在对外经营活动中或多或少都会使用信息网络为工具。因此大多数企业需要通过一定的技术手段和合规制度确保网络运行和数据存储安全。

其次，随着大数据技术的发展和机器计算能力的提高，社会经济发展正在进入新模式。目前以数字技术驱动的新经济模式已经是社会发展的新趋势。在数字经济浪潮中，数据信息被称为“新时代的钻石矿”。由于数据本身的价值被企业广泛认可，数据已经成为企业市场竞争的重要资源。数据采集、储存、使用等环节成了企业合规工作的重点。

最后，从过去几年的立法活动来看，我国的网络安全与数据合规工作正

---

① 参见华东师范大学企业合规研究中心编：《企业合规讲义》，中国法制出版社2018年版，第407页。

在迈入“深水区”。其工作基础不仅是“技术+合规”，而是以网络和数据的合规资产为导向的合规工作还将直接影响企业的商业价值①。近些年来，个人信息保护是数据合规的重点领域，网络安全等级保护、关键信息基础设施保护（CII）、互联网信息内容服务管理等领域也有重要的发展。主管部门在多项重点问题上的监管思路也越发清晰成熟，正在逐步推进执法和监管的落地，我国网络安全与数据合规的发展格局日益清晰。

一、个人信息保护

（一）立法概况

《网络安全法》是个人信息保护的基础性法律。从其颁行伊始，其体系规则通过“法律—法规—国家及行业标准”的思路层层递进。

法律法规	《民法典》《网络安全法》《电子商务法》《消费者权益保护法》
部门规章	《电信和互联网用户个人信息保护规定》《儿童个人信息网络保护规定》《数据安全管理办法（征求意见稿）》《个人信息出境安全评估办法（征求意见稿）》《网络安全等级保护条例（征求意见稿）》《个人信息和重要数据出境安全评估办法（征求意见稿）》
司法解释	《最高人民法院、最高人民检察院关于办理侵犯公民个人信息刑事案件适用法律若干问题的解释》《最高人民法院关于审理利用信息网络侵害人身权益民事纠纷案件适用法律若干问题的规定》《最高人民法院、最高人民检察院、公安部关于办理电信网络诈骗等刑事案件适用法律若干问题的意见》
国家、行业标准	《个人信息安全规范》《个人信息去标识化指南》《个人信息安全规范（修订稿征求意见稿）》《个人信息安全影响评估指南（征求意见稿）》

从法律法规的相互衔接来看，《民法典》总则编第一百一十一条②对个人信息权利作出了一般性规定，在《民法典》第四编人格权编第六章中，对于

---

① 参见宁宣凤、吴涵、黎辉辉：《2020年网络安全与数据合规：合规创造价值》，载金杜律师事务所网，最后访问时间：2020年8月10日。

② 《民法典》第一百一十一条规定：“自然人的个人信息受法律保护。任何组织或者个人需要获取他人个人信息的，应当依法取得并确保信息安全，不得非法收集、使用、加工、传输他人个人信息，不得非法买卖、提供或者公开他人个人信息。”

个人信息保护有更为详细的规定。这些法律条文与《网络安全法》中关于个人信息保护的基本规则相呼应。

2021年6月10日，第十三届全国人大常委会第二十九次会议审议后通过了《数据安全法》。《数据安全法》将于2021年9月1日起正式施行。《数据安全法》规定的重要数据相关保护义务与《网络安全法》《数据安全管理办法（征求意见稿）》等规定相衔接。《数据安全法》规定的数据出口管制制度与2020年出台的《出口管制法》及《网络安全法》《数据安全管理办法（征求意见稿）》规定的数据出境的相关要求相衔接。《数据安全法》规定的数据安全审查制度与《外商投资法》规定的外商投资安全审查制度及《网络安全审查办法》相关联。

2021年8月20日，第十三届全国人民代表大会常务委员会第三十次会议通过了《个人信息保护法》。《个人信息保护法》生效伊始，企业所面临的突出合规风险主要包括行政处罚、民事诉讼、公益诉讼、高管责任、媒体舆情及协会组织的质疑等方面。除上述风险外，企业还可能面临因个人信息保护层面的合规程度低而受到合作伙伴质疑，进而失去商业机会的局面。此外，企业如违法出售、非法提供、非法获取公民个人信息且情节严重的，还将面临构成侵犯公民个人信息罪的刑事风险。①

在规章层面，《儿童个人信息网络保护规定》是我国第一部针对儿童的个人信息保护的专门立法，具有保护主体上的针对性特点，填补了我国在儿童个人信息保护具体规则的空白，也让我国对此类数据的保护水平与国际接轨。除此以外，《数据安全管理办法（征求意见稿）》等规章文本也陆续出台，也可以从《个人信息去标识化指南》《个人信息安全规范（修订稿征求意见稿）》和《个人信息安全影响评估指南（征求意见稿）》等国家标准的编制中看出，主管部门的注意力已经从个人信息保护的基础规则转向了具体的操作环节和特定的保护对象的类型，注重在现有的个人信息保护的框架内进一步丰富个人信息保护工作的内涵。

（二）APP的深入治理

2019年初，中央网信办、工信部、公安部、市场监管总局四部门决定全

① 陈际红等：《〈个人信息保护法〉正式生效，我们聊聊合规落地中的“五六七”》，载中伦律师事务所官网，http://www.zhonglun.com/Content/2021/11-01/1455171055.html，最后访问时间：2021年11月9日。

年在全国范围内组织开展 App 违法违规收集使用个人信息专项治理[①]，治理工作的重点为过度收集个人信息，违法违规使用个人信息、信息泄露、非法出售、非法向他人提供个人信息等行为。可见，个人信息保护的合规已经从过去的“形式合规”转向了现在的“实质合规”。这要求合规部门对产品所使用的技术有全面深刻的认识，也要求商务、技术部门在产品生命周期内保持高度的合规意识，在实质层面落实 App 个人信息保护。

除了四部门的联合行动，不同部门也在自身职权范围内开展相应的执法检查，如工信部的信息通信领域 App 专项整治、公安部“净网行动”等。[②]不同执法部门的关注点和执法要求有可能存在差异，因此为了更好应对不同部门的执法要求，企业在设计产品时就要充分考虑执法的趋势和程度，在可行的范围内以更加严格的标准落实合规，避免亡羊补牢的局面。

在《关于开展 App 违法违规收集使用个人信息专项治理的公告》最后一条中，App 个人信息安全认证受到鼓励。App 运营者参与申请安全认证，既能发挥第三方独立监测机构的技术优势，也能发挥各大搜索引擎、应用市场的辅助监督价值，一定程度上减轻了主管部门的执法负担，更能激发 App 运营者的合规积极性。考虑到未来的 App 治理工作将进一步深入，App 安全认证的范围亦会拓宽，有条件的企业可以考虑通过安全认证的方式来实现 App 的实质合规。

（三）日趋严格的行业执法

考虑到不同行业所涉及的个人信息的敏感程度和数量规模不同，主管部门在执法检查中也作出了相应区分。金融、征信、医疗、通信、互联网等行业因在经营过程中能够接触到海量的个人信息，且行业覆盖范围极其广泛，始终是主管部门高度关注的行业领域。过去几年间，“个人金融信息”“（类）征信业务”“爬虫”等词汇频繁出现在经济犯罪活动中。在刑事侦查领域，公安部门对“严监管”行业的关注通常不会停留在某一业务节点，而会延伸至

---

① 参见国家互联网信息办公室：《中央网信办、工业和信息化部、公安部、市场监管总局关于开展 App 违法违规收集使用个人信息专项治理的公告》，载中央网信办官网，http://www.cac.gov.cn/2019-01/25/c_1124042599.htm，最后访问时间：2021 年 8 月 5 日。

② 《工信部专项整治 APP 侵害用户权益问题》，载中央纪委国家监委网站，https://www.ccdi.gov.cn/yaowen/202106/t20210626_244566.html，最后访问时间：2021 年 11 月 9 日；《公安部：“净网行动”破案 4 万余起!》，载中国长安网，http://www.chinapeace.gov.cn/chinapeace/c54219/2019-11/14/content_12301947.shtml，最后访问时间：2021 年 11 月 9 日。

切入点的上游或下游业务，并从宏观层面考察上下游业务之间可能存在的关联性，以及其中可能涉及的个人信息处理活动。

此外，个人信息保护和数据合规问题也引发了资本市场的关注。各大证交所在2019年下半年的IPO（尤以科创板为重点）中加大了对申请上市公司的数据合规情况问询。除了发函要求保荐机构与律师事务所针对具体个人信息处理问题发表正式意见以外，个别项目中证券交易所甚至组成督查组进场驻扎，对重点关注问题进行现场勘验。其中，主营业务中涉及个人信息采集、分析、共享的处理活动备受关注。

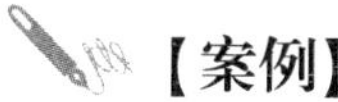【案例】

S公司牵涉个人信息倒卖①

2018年7月，公安部、最高人民检察院督办特大侵犯个人信息专案顺利破获，该案牵涉11家公司（其中3家公司涉嫌单位犯罪），57名犯罪嫌疑人。其中更为抓睛的是，“大数据第一股”的新三板上市公司S公司也牵涉其中，多名S公司股东都曾接受过调查，最终包括首席运营官、平台资源部总监等在内的6名员工被诉。S公司本身虽然尚未被诉（对S公司本身是否涉嫌单位犯罪仍存争议），但自2017年8月14日起已经停牌，至今仍未复牌，公司的产品营销线和金融征信线已被关停。

该案中，涉案信息的源头为联×一家合作商的两名内部员工，将涉及全国15个省份联通机主的上网数据和偏好，包括手机号、姓名、上网数据、浏览网址等（均为原始未脱敏数据，平均正确率为99.99%）出售给济南某公司，S公司人员再从济南某公司购入涉案数据。此后S公司有关人员，将经过清洗和处理的数据卖给扬州某公司（主要内容为手机号、地区和偏好，如房地产相关等），扬州某公司再转手将数据卖给上海某公司。

（四）《民法典》中关于个人信息保护的若干问题

《民法典》总则编第一百一十一条延续了《民法总则》第一百一十一条的规定，对个人信息保护作出了概括性规定，并在人格权编第六章整合了《网络安全法》等有关个人信息保护的法律法规以及先前相关的司法解释，通

① 参见李丕：《S公司涉倒卖公民信息案：日均传输个人信息1.3亿条》，载观察者网，https://www.guancha.cn/economy/2018_07_16_464346.shtml，最后访问时间：2020年8月17日。

过主要的八个条文规定了个人信息相关定义、保护要求以及责任主体和自然人权利义务等方面。

1. 个人信息的定义

相比《网络安全法》第七十六条的规定，《民法典》第一千零三十四条在个人信息定义的列举部分增加了电子邮箱、健康信息和行踪信息，明确这三类信息属于个人信息。《民法典》第一千零三十二条第二款将隐私定义为“自然人的私人生活安宁和不愿为他人知晓的私密空间、私密活动、私密信息”，个人信息中的私密信息属于自然人的隐私，但是个人私密信息的具体范畴尚未明确。《信息安全技术个人信息安全规范》（GB/T 35273－2020）第3.2条中对于个人敏感信息的定义为“一旦泄露、非法提供或滥用可能危害人身和财产安全，极易导致个人名誉、身心健康受到损害或歧视性待遇等的个人信息”，这个定义很大可能会在今后《民法典》的司法实践中被予以采用，用于判断个人私密信息。根据《民法典》第一千零三十三条的规定，对于个人私密信息以及其他涉及隐私权部分的处理，需要个人的“明确同意”或者法律法规另有规定，否则这些处理私密信息的行为属于禁止性行为。

2. 个人信息的查询与复制

《民法典》第一千零三十七条增加了自然人可以依法向信息处理者查阅或者复制其个人信息的权利，但是并未对自然人查阅或复制个人信息的范围以及信息处理者应当如何响应该等行权请求进行细化。相比《民法典》，《个人信息安全规范》对于查询权和获得个人信息副本权的规定更为细化，《民法典》在实施的过程中是否会从《个人信息安全规范》规定的角度进行考虑有待明确。

3. 信息处理者承担民事责任的例外情形

《民法典》第一千零三十六条规定了信息处理者不承担民事责任的三种情形：（1）在该自然人或者其监护人同意的合理范围内；（2）合理处理该自然人自行公开的或者其他已经合法公开的信息，但是该自然人明确拒绝或者处理该信息侵害其重大利益的除外；（3）为了维护公共利益或者该自然人合法权益，合理实施的其他行为。需注意上述（2）中增加了处理的“合理性”要求，并以该自然人未明确拒绝或者处理该信息不会侵害该主体重大利益为限。这一限制可能会对目前业务中涉及处理较多公开个人信息的企业产生较大影响。

二、网络运行安全防护

（一）网络安全等级保护

以 GB/T 22239－2019《信息安全技术网络安全等级保护基本要求》为代表的三项网络安全等级保护国家标准正式生效，意味着网络安全保护体系有了更进一步的发展。该国家标准基于《网络安全法》第二十一条有关网络安全等级保护的规定，在企业合规工作中有更强的引导作用。该标准还将云计算、移动互联、物联网、工业控制系统和大数据等应用纳入防护体系中，以便相关企业能够最大限度提升自身的合规属性。作为网络安全合规常态化运行必不可少的部分，该标准是承载网络安全与数据价值的基础，因为如果缺乏对网络信息保护的分级，安全无从谈起。因此企业在合规工作中应当将网络安全等级保护工作置于重要地位。

（二）关键信息基础设施（CII）网络安全保护

2019 年 12 月 3 日，全国信息安全标准化技术委员会秘书处在北京组织召开了《信息安全技术关键信息基础设施网络安全保护基本要求》（报批稿）试点工作启动会。根据该标准，关键信息基础设施网络安全保护包括识别认定、安全防护、检测评估、监测预警、事件处置五个环节。该文件对 CII 运营者提出了安全保护基本要求，为满足这些要求，运营者需要采用相应安全控制措施。随着 CII 保护工作条件的日臻成熟，CII 的范围与对象将逐渐明朗，相应的合规工作也将能够正式启动。

第二节　网络安全审查

2020 年 4 月 27 日，国家互联网信息办公室、国家发展和改革委员会、工业和信息化部、公安部、国家安全部等 12 个部门共同发布了《网络安全审查办法》（以下简称《审查办法》），并将于 2020 年 6 月 1 日正式实施。《审查办法》从网络安全审查的适用范围、申报流程、评估因素、合规开展（特别是关键信息基础设施运营者（以下简称运营者）、产品和服务提供者的权益保护）和法律责任等方面做出规定，预示着我国网络安全审查进入新阶段，运营者和相关网络产品和服务供应商应予以高度重视。本节将会以《审查办法》的主要亮点为线索，介绍该办法对企业合规带来的影响。

一、审查前提

（一）适用主体

《审查办法》将适用范围聚焦于关键信息基础设施运营者。根据第二条，关键信息基础设施运营者采购网络产品和服务，影响或可能影响国家安全的，应当进行网络安全审查。从文义上讲，"关键信息基础设施运营者"即指运营"关键信息基础设施"的企业。按照《网络安全法》以及《关键信息基础设施安全保护条例（征求意见稿）》（以下简称《CII 保护条例》），"关键信息基础设施"是指一旦遭到破坏、丧失功能或数据泄露，可能严重危害国家安全、国计民生、公共利益的网络设施和信息系统。《网络安全法》第三十一条和《CII 保护条例》第十八条均列举了可能被识别为关键信息基础设施的行业和领域，包括能源、金融、交通、水利、卫生医疗、教育、社保、环境保护、云计算、大数据、国防科工、大型装备、化工、食品药品、新闻等。根据《审查办法》第十九条，CII 运营者的认定由 CII 保护工作部门负责。结合《CII 保护条例》第十九条的规定，国家网信部门会同国务院电信主管部门、公安部门等部门制定 CII 识别指南，其识别和认定主要由行业主管部门或监管部门做出，并需要结合相关专家意见。

根据《关键信息基础设施安全保护条例》第二条规定，本条例所称关键信息基础设施，是指公共通信和信息服务、能源、交通、水利、金融、公共服务、电子政务、国防科技工业等重要行业和领域的，以及其他一旦遭到破坏、丧失功能或者数据泄露，可能严重危害国家安全、国计民生、公共利益的重要网络设施、信息系统等。

总体而言，若企业运营的网络设备遭到破坏、丧失功能或者数据泄露后，可能严重危害到国家安全公共利益的，则这些企业很有可能会被认定为关键信息基础设施运营者。那么，其在采购网络产品和服务时需要注意，如果所采购的产品或服务有可能影响到国家安全的，就可能会受此办法所规制。

（二）启动方式

网络安全的审查启动方式主要有两类：

1. 由 CII 运营者启动。CII 运营者在采购网络产品和服务时，通过评估和预判，认为所采购的产品和服务在投入使用后可能给国家带来安全风险，影响或者可能影响国家安全的，在制作安全风险报告后，向网络安全审查办公室进行申报，进入政府审查程序。根据《审查办法》第五条第二款，CII 保护工作部门可以制定本行业、本领域的预判指南，以更好地帮助相关企业把握风险预测的尺度，不贻误申报审查的适当时机。

2. 由网安审查工作机制单位启动。当网络安全审查工作机制成员单位认为影响或可能影响国家安全的，网络安全审查办公室按照程序报中央网络安全和信息化委员会批准，启动审查程序（《审查办法》第十五条）。

对于 CII 运营者或者网络安全审查工作机制成员单位判断产品和服务可能影响到国家安全的维度与因素，《审查办法》第九条主要提出了如下角度：

（1）网络产品和服务的使用是否会对关键信息基础设施产生不良影响，包括该网络产品的使用是否可能导致关键信息基础设施被非法控制、干扰、破坏，以及导致重要数据被窃取、泄露、毁损等；

（2）网络产品和服务的供应中断是否会影响关键信息基础设施业务的连续性；

（3）产品和服务本身是否具有安全性、开放性、透明性和来源的多样性和可靠性，是否可能导致供应中断；

（4）产品和服务提供者是否遵守中国法律、行政法规及部门规章；

（5）其他可能危害关键信息基础设施安全和国家安全的因素。

以上诸条的目的主要在于评估 CII 运营者所采购的相关产品和服务在投产使用后是否会对 CII 网络造成破坏，是否会对国家支柱产业和关键经济产业造成其他安全隐患，以及产品服务本身是否可靠，是否因其存在脆弱性、可攻击性、有限供应进而对整个关键信息基础设施的安全和稳定造成影响。如果判断后认为有任何因素触及的，则应当启动网络安全审查，无论是由企业自身发起还是由政府监管机构发起。

（三）审查主体

《审查办法》第四条明确了由中央网络安全和信息化委员会统一领导网络

安全审查工作，由国家网络安全审查办公室会同11个国务院组成部门和直属机构共同建立网络安全审查工作机制。其中，中央网络安全和信息化委员会负责统一领导与决策，而网络安全审查办公室则设在国家互联网信息办公室，负责制定网络安全审查的相关制度规范，并组织网络安全审查。除此之外，《审查办法》第十一条在网络安全审查工作机制成员单位后面新增了相关CII保护工作部门。在特别审查流程中，网络安全审查办公室既需要向网络安全审查工作机制成员单位征求意见，也需要向相关CII保护工作部门征求意见(第十二条)。

对于“网络安全审查工作机制成员单位”和“相关关键信息基础设施保护工作部门”的准确定义，《审查办法》没有设专门条款进行规定。但根据第四条，网络安全审查工作机制成员单位应当包括该条提及的所有发文机构。另外，根据第二十条，CII运营者是指经CII保护工作部门认定的运营者。

（四）审查原则

相比于2017年5月发布的《网络产品和服务安全审查办法（试行）》，这次发布的《审查办法》在第三条新增了“促进先进技术应用”“知识产权保护”等描述，旨在为企业营造良好营商环境，要求参与网络安全审查的相关机构和工作人员严格保护商业秘密和知识产权，对关键信息基础设施运营者提交的未公开信息和未公开材料予以严格保密。除此之外，《审查办法》第十七条规定，CII运营者和网络产品和服务提供者如认为审查人员有失客观公正或者未履行保密义务，可以向网络安全审查办公室或有关部门举报。这项规定能够让企业更加放心地自我申报。通过主动申报，提前预知和防范风险，对企业与国家都有益处。

值得关注的是，《审查办法》第一条强调制定本办法的目的是“确保关键信息基础设施供应链安全”，而原先征求意见稿在该条的措辞为“提高关键信息基础设施安全可控水平”，这可能也体现出安全审查基础和原则的转变。根据国家互联网信息办公室有关负责人就新办法正式稿答记者问中的回复，网络安全审查的目的是维护国家网络安全，不是要限制或歧视国外产品和服务①。此前新办法征求意见稿将“产品和服务提供者受外国政府资

① 参见甄清岚：《〈网络安全审查办法〉问答：不限制或歧视国外产品和服务》，载通信世界网，http：//www.cww.net.cn/article? id=469083，最后访问时间：2020年8月25日。

助、控制等情况”作为一项审查标准，而新办法正式稿则删除了此类表达，更多地关注网络产品和服务本身的供应链安全，而不是要限制或歧视国外产品和服务。由此，向 CII 运营者提供产品和服务的外企受到的阻碍将会减少。

总之，确立网络安全审查制度与流程，旨在，（1）落实网络安全审查，保障国家安全、减少风险隐患；（2）确保关键信息基础设施供应链安全；（3）保护企业的商业秘密和知识产权。

二、审查流程

《审查办法》第四条将实施审查的工作下放到了网络安全审查办公室，并由中央网络安全和信息化委员会行使最后的批准决策权（第十二条）。当不同机构之间出现对所上报的内容有不同意见或者有利益冲突的情况时，设立统一的决策机构更有利于意见形成的统一，避免因联合决策机构多而造成审批拖沓、相互推诿。

按照审查的发起人，审查可以分为由 CII 运营者主动发起和由网络安全审查工作机制成员单位发起两类。

1. 由 CII 运营者主动发起

CII 运营者应当将申报材料（包括申报书、关于影响或可能影响国家安全的分析报告、采购文件或协议或拟签订的合同、其他认为可支持审查所需的材料）发送至网络安全审查办公室（《审查办法》第七条、第八条）。中国网络安全审查技术与认证中心在网络安全审查办公室的指导下，负责接收申报材料，在收到上述申报材料后 10 个工作日内，对申报材料进行形式性审查后，确定是否需要进入实质性审查，并书面通知关键信息基础设施运营者。如需要进行实质性审查的，再具体组织下步审查工作。网络安全审查办公室应当在 30 个工作日内（情况复杂的，可以延长 15 个工作日）完成初步审查，包括将审查结论建议发给网络安全审查机制成员单位、相关关键信息基础设施保护工作部门征求意见（第十条）。网络安全审查机制成员单位、相关关键信息基础设施保护工作部门应当在收到审查结论建议之日起 15 个工作日内书面回复意见（《审查办法》第十条）。

《审查办法》第十条规定，如网络安全审查工作机制成员单位和相关关键信息基础设施保护工作部门意见一致，则由网络安全审查办公室将审查结论书面通知给关键信息基础设施运营者；如二者意见不一致，则进入特别审查程序并书面通知关键信息基础设施运营者。

进入特别审查程序后，由网络安全审查办公室进一步听取相关部门和单位的意见，进行深入分析评估，再次形成审查结论建议，在征求网络安全审查工作机制成员单位和相关关键信息基础设施保护工作部门的意见后，按程序报中央网络安全和信息化委员会批准，形成审查结论并书面通知运营者。特别审查原则上也应当在45个工作日内完成，情况复杂的可以适当延长。同时需要注意的是，提交补充材料的时间不计入上述审查时间。

2. 由网络安全审查工作机制成员单位发起

根据《审查办法》第十五条的规定，在任何国务院组成部门或直属机构认为网络产品和服务对国家安全有影响或可能造成影响的，由网络安全审查办公室按程序报中央网络安全和信息化委员会批准后，依办法进行审查。

三、采购合同

《审查办法》第六条规定，CII运营者与网络产品和服务提供者签署合同，可要求网络产品和服务提供者配合网络安全审查，包括可要求网络产品和服务提供者承诺不利用所提供产品和服务的便利条件非法获取用户数据、非法控制和操纵用户设备，无正当理由不中断产品供应或必要的技术支持服务等。与此同时，与CII企业签署合同一方的网络产品和服务提供者往往比较担心是否会因此承担过重的合同义务。因为CII运营者往往因有网络安全审查的背书，对提供其网络产品的供应商实施更加严格的要求，包括在合同条款上增加更多的义务与责任。

笔者建议，虽然网络产品和服务提供商本身不属于《审查办法》的适用主体，但由于其向CII运营者提供网络产品和服务，因此也建议其熟悉新办法正式稿的相关规定，以免在采购合同的条款和条件上被施加额外的义务。

（一）受审查的产品和服务的范围

网络产品和服务提供商需要了解有可能会被申报网络安全审查的网络产品和服务的范围，主要包括：核心网络设备、高性能计算机和服务器、大容量存储设备、大型数据库和应用软件、网络安全设备、云计算服务，以及其他对关键信息基础设施安全有重要影响的网络产品和服务。根据《信息安全技术网络产品和服务安全通用要求（征求意见稿）》第3.1条、第3.2条，“网络产品”指按照一定的规则和程序对信息进行收集、存储、传输、交换、处理的硬件、软件和系统，例如计算机、信息终端、工控等相关设备，以及基础软件、系统软件等；“网络服务”指供方为满足需方要求提供的信息技术开发、应用活动，以及以网络技术为手段支持需方业务的一系列活动，例如云计算服务、网络通信服务、数据处理和存储服务、信息技术咨询服务、设计与开发服务、信息系统集成实施服务、信息系统运维服务等。

（二）网络安全专用产品

网络产品和服务提供商需要厘清网络产品和服务与网络关键设备和网络安全专用产品的区别。根据《网络安全法》第二十三条，国家网信部门会同国务院有关部门制定、公布网络关键设备和网络安全专用产品目录。2017年6月，国家互联网信息办公室会同工信部、公安部、国家认证认可监督管理委员会等部门颁布《网络关键设备和网络安全专用产品目录（第一批）》，首次明确了网络关键设备和网络安全专用产品的类型，包括路由器、交换机、服务器（机架式）、PLC设备4种网络关键设备，以及数据备份一体机、防火墙、入侵检测系统等11种网络安全专用产品。

（三）运营者与供应商应当提前进行产品审查

如果供应商提供的产品属于上述产品目录范畴，只有按照相关国家标准的强制性要求，取得安全认证或者安全检测符合要求后，方可销售或者提供产品。因此，如果CII运营者采购了网络关键设备和网络安全专用产品，除了前文提及的会启动网络安全审查外，还可能会要求在合同中承诺提供的设备和产品本身已经拿到了安全认证证书或检测合格证明。

CII运营者应当在与产品和服务提供方正式签署合同前申报网络安全审查。对于网络产品和服务提供商来说，不能放松警惕，因为有可能因审查而延迟了合同的签署时间。也不排除会在已经提供了产品或者服务后，合同还在报批审查的过程中无法签署，也可能因最后无法通过审查造成前期成本损失。因此，网络产品和服务提供商应当加强产品与服务的自身安全能力，并且对未完成合同签署进入项目试运行有可能产生的风险做好充分的预估。

第三节 《数据安全法》下的合规

一、数据的相关定义

《数据安全法》第三条规定，“数据”是指任何以电子或者其他方式对信息的记录；“数据处理”包括数据的收集、存储、使用、加工、传输、提供、公开。根据上述定义，“数据”所涵盖的范围十分广泛，几乎会囊括生产、经营、管理各方各面所产生的信息记录。《数据安全法》附则进一步规定，开展涉及国家秘密的数据处理活动，适用《保守国家秘密法》等法律、行政法规的规定；在统计、档案工作中开展数据处理活动，开展涉及个人信息的数据处理活动，还应当遵守相关的法律、行政法规的规定。

（一）数据的经济价值

数据的价值往往体现在内部和外部两个方面。数据的内部价值主要体现在企业的生产运营上。比如对于一个人的消费记录进行长期跟踪分析，就能获得其消费偏好、消费习惯等诸多对商家有用的信息，甚至能够凭此推断出消费者的年龄、身份、社会地位等。而持有这些数据的企业则可以通过数据分析，实现人群的特征描绘，从而优化产品结构，加强自身的精准营销能力。

但为了确保数据带来的经济收益合规合法，企业必须及早在数据获取阶段确保数据的合规性。例如在获取个人信息时，企业应当征得个人信息主体关于收集数据的同意，并获得后续对数据进行相应加工处理的充分授权。如果在数据源头上就存在合规风险，则后续一系列基于数据获得的资产都会带有相应的合规风险，继而影响企业的生产运营。

（二）数据的权利边界

有关数据的权属问题，现在还停留在理论阶段。2018 年最高人民法院曾经将大数据时代的权力保护作为年度重大研究课题，召集专家多方论证①。但

① 参见张音：《最高人民法院公布 2018 年度司法研究重大课题》，载中国法院网，https：//www. chinacourt. org/article/detail/2018/09/id/3484625. shtml，最后访问时间：2020 年 8 月 31 日。

由于数据牵涉多方利益和价值考虑，截至目前尚未就数据权属的认定取得共识。

虽然前述学术活动未能就数据的权属达成共识，但近年来法院的判决已经肯定了企业通过自身经营活动长期积累的数据信息可以构成重要的竞争优势和商业资源。如“某宝诉安徽美景”案中，法院认为虽然企业对记录网络用户信息的原始网络数据只能依其与用户的约定享有使用权，但淘宝的大数据产品的数据内容是经过网络运营者的分析过滤、提炼整合等大量劳动投入和匿名化处理的结果，企业对此享有独立于用户的财产性权益[①]。“G诉元光”案中，法院认为经企业收集、加工、分析、编辑、整合的数据具有实用性并能够为权利人带来经济利益，企业对此享有财产性权益，受到《反不正当竞争法》的保护[②]。

【案例】

禁止非法获取并使用用户后台数据[③]

裁判观点：未经数据权利人许可，非法获取后台数据并使用，谋取竞争优势，上述行为违反了诚实信用原则和公认的商业道德，构成不正当竞争。

判决摘要：原告G公司为开发和运营“酷××”App（提供实时公交查询服务），与公交公司达成合作，在公交车上安装定位器，以获取实时公交位置数据。G公司所收集的实时数据不仅被用于“酷××”App运营，还被提供给深圳市交委。深圳市交委基于信息化建设工作将该实时数据提供给深圳北斗应用技术研究院开展研究工作。经深圳市交委同意，深圳北斗应用技术研究院将深圳公交电子站牌数据测试接口开放给被告元光公司“车××”（提供实时公交查询服务）App应用。深圳公交电子站牌数据测试接口数据包含G公司所收集的公交车实时数据。但相比G公司直接从定位器上获取的实时数据，G公司提供给深圳市交委的数据存在一定的延迟。2015年11月至2016年5月，为了获取更加精准的数据，元光公司破解了G公司的“酷××”App加密系统，并利用爬虫技术爬取了“酷××”App内的实时数据。

法院认为，首先，G公司系“酷××”软件著作权人，对该软件所包含的信息数据的占有、使用、收益及处分享有合法权益。未经G公司许可，任

---

① （2018）浙01民终7312号。

② （2017）粤03民初822号。

③ （2017）粤03民初822号。

何人不得非法获取该软件的后台数据并用于经营行为。其次，元光公司未经G公司许可，利用网络爬虫技术进入G公司的服务器后台非法获取数据，其数据来源不合法。最后，元光公司将爬取获得的数据用于同质产品是一种“不劳而获”“食人而肥”的行为，具有非法占用他人无形财产权益，破坏他人市场竞争优势，并为自己谋取竞争优势的主观故意，违反了诚实信用原则，扰乱了竞争秩序，构成不正当竞争行为。

二、数据安全制度体系

《数据安全法》第三章创设了一系列数据领域的基本制度，构建了我国数据安全制度的基本框架，这些新的基本制度包括：

（一）数据分级分类保护、重要数据保护及国家核心数据保护

《数据安全法》第二十一条规定，国家根据数据在经济社会发展中的重要程度，以及一旦遭到篡改、破坏、泄露或者非法获取、非法利用，对国家安全、公共利益或者个人、组织合法权益造成的危害程度，对数据实行分级分类保护。国家数据安全工作协调机制统筹协调有关部门制定重要数据目录。对关系国家安全、国民经济命脉、重要民生、重大公共利益等数据属于国家核心数据，实行更加严格的管理制度。各地区、各部门应当按照数据分类分级保护制度，确定本地区、本部门、相关行业、领域的重要数据保护目录，对列入目录的数据进行重点保护。

《数据安全法》第二十七条和第三十条对于重要数据的处理提出了特别的要求：(1) 重要数据的处理者应设立数据安全负责人和管理机构；(2) 重要数据处理者应定期对数据处理活动开展风险评估，并向有关主管部门报送风险评估报告，评估报告应包含所处理的重要数据的种类、数量，开展数据处理活动的情况，面临的数据安全风险及其应对措施等。

《数据安全法》第三十一条明确提出，关键信息基础设施的运营者在中华人民共和国境内运营中收集和产生的重要数据的出境安全管理，适用《网络安全法》的规定；其他数据处理者在中华人民共和国境内运营中收集和产生的重要数据的出境安全管理办法，由国家网信部门会同国务院有关部门制定。可见，对于关键信息基础设施运营者而言，重要数据的出境依然沿袭《网络安全法》第三十七条的规定，以本地存储为原则，出境须经过安全评估；而

对于其他数据处理者，其收集和产生的重要数据也将有专门的重要数据出境安全管理办法予以规制。目前该办法尚未出台，因此，一般的数据处理者的重要数据出境仍有待立法的进一步明确和澄清。

《数据安全法》首次提出“国家核心数据”的概念。目前，《数据安全法》尚未具体规定“更加严格的管理制度”，但第四十五条已经规定了违反国家核心数据管理制度的罚则（罚金最高可达人民币1000万元），我们理解，国家核心数据的范围和相关管理制度可能后续配套出台。

（二）数据安全风险管控制度

《数据安全法》第二十二条要求，国家建立统一、高效权威的数据安全风险评估、报告、信息共享、监测预警机制，国家数据安全工作协调机制统筹协调有关部门加强数据安全风险信息的获取、分析、研判、预警工作。此制度的具体内容及相关政府部门及企业的义务待未来相关配套法规进一步澄清。

（三）数据安全应急处置机制

《数据安全法》第二十三条明确，国家建立数据安全应急处置机制。发生数据安全事件，有关主管部门应当依法启动应急预案，采取相应的应急处置措施，防止危害扩大，消除安全隐患，并及时向社会发布与公众有关的警示信息。此规定如何与《突发事件应对法》等现有法规衔接需进一步观察。

（四）数据安全审查制度

《数据安全法》第二十四条规定，国家建立数据安全审查制度，对影响或者可能影响国家安全的数据处理活动进行国家安全审查。依法作出的安全审查决定为最终决定。但是，《数据安全法》未明确数据安全审查制度的具体内容，其与现有《外商投资法》规定的外商投资安全审查制度及《网络安全审查办法》中规定的针对关键信息基础设施运营者的相关安全审查制度的关系需进一步观察。

（五）数据出口管制制度

《数据安全法》第二十五条规定，国家对与履行国际义务和维护国家安全相关的属于管制物项的数据依法实施出口管制制度。与此相关的是，2020年10月17日发布的《出口管制法》规定了对货物、技术、服务等物项的出口管制要求，并对出口管制进行了定义。《数据安全法》第三十一条规定的其他数据处理者的重要数据的处境安全管理办法亦尚未出台。数据出口管制及数据出境安全评估制度之间的配合及衔接有待未来立法的进一步明确。

（六）歧视性措施反制机制

《数据安全法》第二十六条规定了反歧视措施。对在数据和数据开发利用技术等有关的投资、贸易等方面对我国采取歧视性的禁止、限制或者类似措施的，我国可以根据实际情况采取对等措施。

三、数据资产合规的实施路径

随着全球数据合规日趋严格，数据的商业化利用势必面临更为严格的监管。这主要体现在，随着合规要求的趋严，导致可用或容易利用的数据类型和范围急剧减少；以及随着企业对于数据价值的认识加深，加剧了企业之间对于数据资源的争夺。对于同时运营多种类业务的企业而言，在集团层面将其各业务线所处理、控制的数据进行打通与融合，将成为企业最大化发掘、应用数据价值的有效途径。但在数据融合过程中，企业也将不可避免地涉及大量个人信息、重要数据等行业监管数据的收集与处理。对于各业务中收集的个人信息，企业如何确保在数据融合互通的场景下获得个人信息主体对数据在整体系统中进行处理的有效授权，是数据融合互通方面的合规工作的重点。

目前已经有越来越多的现象表明，数据资产化是新经济时代的必由之路。未来数据资产估值，甚至数据资产的证券化可能也指日可待。但和所有资产管理的前提一样，数据的合规性和资产中价值因素如何分析及固定将是企业首要考虑的问题。考虑到近期国家各执法机构对于个人信息保护的重视，企业在进一步累积数据资产的同时，要重点关注数据资产的合规性，隔离外部数据风险并充分挖掘企业内部数据价值。

现在不少企业已经基于自身情况对数据进行了分类，但多数还是基于数据安全将数据分为不同的密级。但数据的密级和合规意义上的敏感程度并非同一层面的含义，仅仅对数据进行密级的分类会忽略数据安全的合规意义。实践中，企业应当全面梳理自身不同类别、来源的各项数据，并将数据的业务属性、安全属性、合规义务以及价值因素同时纳入考量，根据自身实际情况建立数据分级机制。由于企业内部的业务条线可能彼此交叉，在数据分类识别和分级管控上会面临复杂的局面，故企业应当更多基于自身特点，在参考国家及行业标准的基础上，有步骤地实施不同业务条线的数据分类。

第四节　互联网数据中心的合规性分析

根据《网络安全法》第二十一条，网络运营者应当按照网络安全等级保护制度的要求，履行下列安全保护义务，保障网络免受干扰、破坏或者未经授权的访问，防止网络数据泄露或者被窃取、篡改。数据中心的运营者作为该条所述"网络运营者"，对数据负有该条所规定的安全保护义务。除此之外，根据《国家网络安全检查操作指南》第3.2条的内容，"数据中心/云服务"属于电信与互联网行业的关键业务，数据中心的信息系统很有可能被认定为CII。根据《网络安全法》第三十四条，数据中心的运营者很有可能作为关键信息基础设施的运营者（以下简称CIIO），应当履行"对重要系统和数据库进行容灾备份"等安全保护义务。作为数据中心的运营者，还需要参照《数据中心设计规范》（GB 50174－2017）、《计算机场地安全要求》（GB/T 9361－2011）、《云计算数据中心基本要求》（GB/T 34982－2017）等相关国家标准中的相关要求，确保数据中心的网络与数据安全。

一、数据中心的网络运行安全

数据中心根据其自身重要程度的不同，其系统所需配备的安全保障措施也不同。在对数据中心的安全保障作出具体要求之前，首先需要对数据中心进行分级。根据《数据中心设计规范》第3.1条的内容，数据中心应划分为A、B、C三级。设计时应根据数据中心的使用性质、数据丢失或网络中断在经济或社会上造成的损失或影响程度确定所属级别。其中，A级是指：（1）电子信息系统运行中断将造成重大的经济损失；（2）电子信息系统运行中断将造成公共场所秩序严重混乱。B级是指：（1）电子信息系统运行中断将造成较大的经济损失；（2）电子信息系统运行中断将造成公共场所秩序混乱。不属于A级或B级的数据中心应为C级。

根据《计算机场地安全要求》第4条的要求，根据计算机系统运行中断的影响程度，计算机场地的安全被分为A、B、C三个等级。A级的标准为计算机系统运行中断后，会对国家安全、社会秩序、公共利益造成严重损害，对计算机场地的安全有严格的要求，需要有完善的计算机场地安全措施；B级的标准为计算机系统运行中断后，会对国家安全、社会秩序、公共利益造成较大损害，对计算机场地的安全有较严格的要求，需要有较完善的计算机场地安全措施；C级的标准对计算机场地的安全有基本的要求，需要有基本的计算机场地安全措施。

可见，根据我国的国家标准，对于不同等级的数据中心和不同等级的计算机系统，在系统安全保障方面的要求存在差异。数据中心系统的安全大致可分为：设备部署的安全、网络系统运行的安全、安防系统的设置。

1. 设备部署的安全

根据《数据中心设计规范》第4.3.1条的要求，数据中心内的各类设备应根据工艺设计进行布置，应满足系统运行、运行管理、人员操作和安全、设备和物料运输、设备散热、安装和维护的要求。《计算机场地安全要求》针对计算机系统的场地设置也提出了要求，比如其第5.1条规定，计算机场地位置应当避开：（1）易发生火灾危险程度高的区域；（2）易产生粉尘、油烟、有害气体源以及存放腐蚀、易燃、易爆物品的地方；（3）低洼、潮湿、落雷、重盐害区域和地震频繁的地方；（4）强振动源和强噪音源；（5）强电磁场的干扰；（6）设在建筑物的高层或地下室，以及用水设备的下层或隔壁；（7）远离核辐射源。A级安全机房“必须”按照该条执行，B级安全机房“应当”按照该条执行，C级安全机房“宜参照”该条执行。又如在第10.1条中规定，A级机房、低压配电室、不间断电源室、蓄电池室区域设备上方不应穿过水管。A级、B级机房计算机电气设备和线路采用活动地板下布线时，线路不得紧贴地面敷设。机房防水最主要的目的就在于防止发生漏电、断电等安全事故。即使是亚马逊的数据中心，也曾发生过断电事故，导致客户数据丢失。

2. 网络系统运行的安全

对于数据中心网络系统的要求，既包括上述提到的《网络安全法》对于网络运营者和CIIO的要求，也包括相关国家标准中关于网络安全等级保护的要求，以及针对数据中心网络安全方面的要求。例如《信息安全技术网络安全等级保护基本要求》第 8.1.2.1 条要求，安全通信网络的网络架构应当做到：a）应保证网络设备的业务处理能力满足业务高峰期需要；b）应保证网络各个部分的带宽满足业务高峰期需要；c）应划分不同的网络区域，并按照方便管理和控制的原则为各网络区域分配地址；d）应避免将重要网络区域部署在边界处，重要网络区域与其他网络区域之间应采取可靠的技术隔离手段；e）应提供通信线路、关键网络设备和关键计算设备的硬件冗余，保证系统的可用性。应保证跨越边界的访问和数据流通过边界设备提供的受控接口进行通信（第 6.1.3.1 条）。对于入侵防范，a）应在关键网络节点处检测、防止或限制从外部发起的网络攻击行为；b）应在关键网络节点处检测、防止或限制从内部发起的网络攻击行为；c）应采取技术措施对网络行为进行分析，实现对网络攻击特别是新型网络攻击行为的分析；d）当检测到攻击行为时，记录攻击源 IP、攻击类型、攻击目标、攻击时间，在发生严重入侵事件时应提供报警（第 9.1.3.3 条）。

《数据中心设计规范》在其第 10.1 条中要求，数据中心网络系统应根据用户需求和技术发展状况进行规划和设计；数据中心网络应包括互联网络、前端网络、后端网络和运管网络。前端网络可采用三层、二层和一层架构。A 级数据中心的核心网络设备应采用容错系统，并应具有可扩展性，相互备用的核心网络设备宜布置在不同的物理隔间内。

百度安全分析的数据显示，每天至少有 4 起 100Gbps 的峰值攻击，而超过 10Gbps 峰值攻击，日均可达 52 起。① 假设这些攻击发生在全国数据中心机房，超过一半的数据中心机房出口宽带都有被打超的风险。② 按照上述关于网络系统安全保障的要求，部署安全防御的软硬件系统，是对频发的网络攻击最好的应对，也是数据中心企业必须时刻做到的安防义务。

3. 安防系统的设置

《数据中心设计规范》第 11.3 条提到了数据中心的安全防范系统。安全防范系统宜由视频安防监控系统、入侵报警系统和出入口控制系统组成，各系统之间应具备联动控制功能。A 级数据中心主机房的视频监控应无盲区。

---

① 《IDC DDoS 攻击报告：单个 IP 最多被攻击数千次》，载人民网，http：//m.people.cn/n4/2018/0322/c157－10714145.htm，最后访问时间：2021 年 11 月 9 日。

② 参见闫枫、吴晓琴：《IDC DDoS 攻击报告：单个 IP 最多被攻击数千次》，载人民网，http：//it.people.com.cn/n1/2018/0322/c1009－29883721.html，最后访问时间：2020 年 9 月 10 日。

当发生火灾等紧急情况时，出入口控制系统应能接受相关系统的联动控制信号，自动打开疏散通道上的门禁系统。室外安装的安全防范系统设备应采取防雷电保护措施，电源线、信号线应采用屏蔽电缆，避雷装置和电缆屏蔽层应接地，且接地电阻不应大于10Ω。安全防范系统宜采用数字式系统，支持远程监视功能。

除了上述提到的各方面的安全保障，数据中心企业还需要从总体上规划设计，全面提高数据中心的容灾能力。对重要系统和数据库进行容灾备份是CIIO应当履行的安全保护义务。数据中心企业可以参照《信息系统灾难恢复规范》（GB/T 20988－2007）的要求，建立自身的防灾容灾恢复机制。

二、数据中心的数据安全

《网络安全法》第十条规定："建设、运营网络或者通过网络提供服务，应当依照法律、行政法规的规定和国家标准的强制性要求，采取技术措施和其他必要措施，保障网络安全、稳定运行，有效应对网络安全事件，防范网络违法犯罪活动，维护网络数据的完整性、保密性和可用性。"数据中心中存储的数据既包括个人信息，也包括企业数据、行业数据等，确保这些数据的安全是数据中心企业的本职工作。

1. 数据存储安全

数据安全首要在于存储的安全。《云计算数据中心基本要求》第5.2.3条对云计算数据中心存储资源池的要求包括：a）存储资源池包括基于对象的云存储和基于键值的云存储；b）应能够通过对多台异构物理存储设备的识别和管理实现资源池化；c）应能够实现数据的分层存储及数据的生命周期管理；d）应兼容多种的存储方式，满足计算、网络等资源池的访问要求；e）应支持多种数据类型的数据存取；f）应具备冗余的数据存储能力，并能够实现存储资源的动态调整、数据高可用性、数据迁移、自动精简配置；g）宜支持多种存储系统的统一管理；h）应支持存储多路径技术；i）应提供完整性保障机制；j）应提供本地数据备份能力，宜提供异地数据灾备能力。

数据的完整性和可用性主要依靠技术措施来保障。例如，通过数据备份，可以减少数据中心发生事故后造成用户数据丢失，保证数据的完整性。又如，通过数据的加密、解密技术以及数据传输技术，可以让客户随时安全地取用数据。

2. 防止非法访问

为应对非法访问，数据中心企业可以采用恶意代码防范措施等方法来提高数据的保密性。《网络安全等级保护基本要求》第 7.1.4.1 条针对身份鉴别要求：a）应对登录的用户进行身份标识和鉴别，身份标识具有唯一性，身份鉴别信息具有复杂度要求并定期更换；b）应具有登录失败处理功能，应配置并启用结束会话、限制非法登录次数和当登录连接超时自动退出等相关措施；c）当进行远程管理时，应采取必要措施防止鉴别信息在网络传输过程中被窃听。第 7.1.4.2 条针对访问控制要求：a）应对登录的用户分配账户和权限；b）应重命名或删除默认账户，修改默认账户的默认口令；c）应及时删除或停用多余的、过期的账户，避免共享账户的存在；d）应授予管理用户所需的最小权限，实现管理用户的权限分离。

3. 数据跨境传输

数据中心的运营过程还会涉及数据的跨境传输。根据《网络安全法》第三十七条，关键信息基础设施的运营者在中华人民共和国境内运营中收集和产生的个人信息和重要数据应当在境内存储。因业务需要，确需向境外提供的，应当按照国家网信部门会同国务院有关部门制定的办法进行安全评估；法律、行政法规另有规定的，依照其规定。《个人信息和重要数据出境安全评估办法（征求意见稿）》《信息安全技术数据出境安全评估指南（征求意见稿）》等规定虽未正式施行，但其中关于重要数据类型的列举，安全评估的具体流程和要求的阐释等可作为重要参考。如果数据中心企业需要跨境传输的数据是来自能源、化工、国防、金融、交通等行业的重要数据，数据出境前必须进行安全评估，避免非法数据出境。

第五节 公司上市需要关注的重点合规问题

一、上市主管机构对上市申报公司的数据合规要求

根据《首次公开发行股票并上市管理办法》《首次公开发行股票并在创业板上市管理办法》《科创板首次公开发行股票注册管理办法（试行）》的要求，发行人生产经营符合法律、行政法规的规定，符合国家产业政策是公司

IPO 上市的必要条件。发行人应当依法充分披露投资者作出价值判断和投资决策所必需的信息，所披露信息必须真实、准确、完整，不得有虚假记载、误导性陈述或者重大遗漏。

上市主管机构针对拟上市公司提出的数据合规问题进行了整理，主要可以分为数据来源的合规问题、数据使用方法的合规问题、数据相关的业务经营问题三类。

（一）数据来源的合规

对于数据合规，首要关注的问题就是数据从哪来，即数据来源的合规，如：

（1）发行人获取用户数据及标签的过程及方法，是否对用户有明示提示，用户授权在法律上是否完备，是否明确告知收集信息的范围及使用用途，发行人获取用户数据的手段及方式是否合法合规；

（2）发行人采集数据（包括自行采集，也包括向供应商采集）时，是否获得了相关信息主体（及用户）的合法授权，获取用户数据的手段及方式是否合法合规；

（3）发行人为客户提供数据分析服务时，主要的数据获取途径是否合法合规；

（4）发行人收到 App 专项治理组发出的《关于 App 收集使用个人信息相关问题的通知》，App 专项治理工作组要求发行人就收集使用个人信息中存在的问题进行整改。

（二）数据使用方法的合规

在确认数据来源合规后，还需要确认发行人对数据的使用是否合规：

（1）发行人使用用户数据是否合法合规，尤其是商业化变现的合规性；对照《网络安全法》《关于办理侵犯公民个人信息刑事案件适用法律若干问题的解释》《信息安全技术个人信息安全规范》等法规和司法解释，报告期内发行人是否存在侵犯用户隐私或数据的情况，是否存在法律风险或潜在法律风险。

（2）数据供应商的合规性、发行人是否对数据供应商建立完善评价体系、是否向第三方提供数据。

（3）发行人数据获取、使用、处理等过程的内部控制制度及执行情况，对数据安全和个人隐私的保护措施与手段，是否出现过个人信息、隐私泄露事件，是否存在纠纷或潜在纠纷。

（三）数据相关的业务经营

在这一部分，上市主管机构更多关注公司数据相关的商业模式的可持续性和收益情况，如：

（1）报告期各类数据所对应的数据采集方式和供应商、数据采购成本、数据分析方式、产品服务内容；

（2）发行人获取的数据的所有权归属情况；

（3）发行人是否掌握核心数据来源，此种运营模式是否与同行业可比公司相同或相似，是否对数据供应商存在重大依赖；

（4）在向供应商采购数据的数据采集方式下，主要的交易对手方、主要的交易对手在报告期内是否发生重大变化，与不同交易对方的采购单价是否存在重大差异及原因。

二、上市主管机构认定数据合规的参考依据

上市审批部门对数据合规的参考依据来源非常广泛，既包括《网络安全法》《儿童个人信息网络保护规定》《关于办理侵犯公民个人信息刑事案件适用法律若干问题的解释》等已经生效的法律法规和司法解释，也包括《信息安全技术个人信息安全规范》《个人信息安全规范》等国家推荐性标准。甚至对于 App 专项治理，主管机构也会要求公司对整改通知中的特定问题进行具体说明。

对于拟申请上市的公司而言，应当密切关注最新的数据保护立法动态、执法和监管趋势，具体包括：

1. 严格遵守各监管部门制定的网络安全与数据保护规范性文件，包括《密码法》《儿童个人信息网络保护规定》《网络信息内容生态治理规定》《民法典》（总则编和人格权编）、《数据安全管理办法（征求意见稿）》《网络安全审查办法（征求意见稿）》《个人信息出境安全评估办法（征求意见稿）》和《个人信息安全规范（第三次征求意见稿）》等。

2. 关注并积极应对日益活跃的多部门联合执法活动，如 2019 年中央网信办、工信部、公安部和市场监管总局在全国范围内联合开展的 App 违法违规

收集使用个人信息专项治理。随着《App 违法违规收集使用个人信息行为认定方法》的出台，可以预见网络安全与数据保护严格执法必将持续。

3. 持续跟踪公开的执法案例，相应调整自身的产品、服务设计与合规实践。

三、数据来源的合规

数据来源是数据处理及后续商业化开发的前提条件。公司收集用户数据的来源主要包括：(1) 直接面向用户收集；(2) 从公开网络平台或半公开网络平台收集；(3) 从合作方间接收集。

(一) 直接面向用户收集

在既有的法律法规体系下，对个人的信息处理依然以用户的“授权同意”为核心展开。公司应当基于前述法律法规重新审查和评估公司现有的隐私政策和用户告知授权文本的合规性；对产品业务线的隐私政策和用户告知授权文本进行针对性完善。

根据当前的监管要求，公司应当在隐私政策和其他授权文本中，逐一列出收集和使用个人信息的目的、方式、范围，否则有可能被认为是“未明示收集使用个人信息的目的、方式和范围”。如果对以前收集的用户个人信息已经开始使用，但却没有进行充分的告知，亦未获得相应授权，公司应当尝试通过隐私政策推送，取得用户的补充授权。如果无法取得补充授权，公司应当对存在瑕疵的用户数据进行清洗与分类，并对高风险的数据进行数据隔离或删除，避免因为授权和告知的不充分造成不必要的合规风险。

(二) 从公开网络平台或半公开网络平台收集

部分公司会自行或委托第三方通过爬虫技术从公开网络平台或半公开网络平台抓取数据。爬虫技术是互联网公司普遍运用的网络信息收集技术，为数据收集者提供了极大的便利。但同时，爬虫技术的滥用也可能对其他网络运营者的正常经营造成不利影响，自 2019 年以来，使用爬虫技术非法获取个人信息的行为受到了公安机关的查处。公司应当对此引起足够重视，避免从违法违规的供应商采购数据，或者采用可能破坏目标网络平台信息系统的技术进行数据采集。

另外，公司在未取得充分授权的前提下，通过爬虫技术从第三方网络平台不当采集数据，也有可能构成不正当竞争的行为。国内多个典型的互联网不正当竞争纠纷案件①都认可了网络平台对其数据资产的权益，行业、法律实务界和学术界也逐步认可了网络平台之间共享用户数据的“三重授权原则”，即“用户授权平台方+平台方/第三方授权+用户授权第三方”。

（三）从合作方间接收集

对于数据驱动型公司而言，来自外部第三方的数据源也是公司产品功能实现的重要组成部分。但围绕第三方数据源总有些问题无法回避：（1）供应商数据来源合法吗？（2）供应商的用户授权是否能够覆盖公司处理数据的所有业务需求？（3）如何核查第三方数据源的合法性？

因此公司应当按照以下步骤核实数据供应商所提供数据的合法性：（1）核实引入第三方数据源的必要性和可行性；（2）要求第三方数据源就用户授权提供有效、充足的承诺与证明；（3）确保第三方数据的用户授权范围足够覆盖公司处理数据的业务需求。

四、数据使用的合规

（一）数据融合

数据融合的目的在于利用多种渠道获得的多元化数据形成更加完善的用户图像，其过程必然涉及大量用户个人信息与行业监管数据的收集与处理。因此数据融合的合规难点在于如何把控全流程的数据安全与利用的合法性。

首先，在数据使用的过程中，公司应当确保不超出相关个人对信息主体的授权范围。考虑到在超出初始授权范围后获得二次授权较为麻烦，公司应当注意在初始授权范围中保留一定的弹性空间。其次，公司应当梳理数据融合涉及的个人信息与行业监管数据，以便识别合规风险，确认在数据处理中可能面临的合规要求。

---

① 包括某宝公司与美景信息不正当竞争纠纷案［（2018）浙01民终7312号］、淘友天下等与微梦创科不正当竞争纠纷案［（2016）京73民终588号］等。

（二）数据对外共享

根据《网络安全法》《个人信息安全规范》等相关法律法规和标准规范，对于个人信息而言，公司在对外转让、披露和共享收集的个人信息时应当承担严格的注意义务：

（1）公司应当在对外共享收集的个人信息前，充分告知共享、转让个人信息的目的、数据接收方类型和可能的后果。

（2）通过合同等方式规定个人信息接收方的责任和义务，在发现接收方违反法律法规或约定处理个人信息时立刻要求停止该行为与采取补救措施。

（3）公司在向他人提供个人信息前，应当评估可能带来的安全风险，但特殊情况除外，如从合法公开渠道收集且不明显违背个人信息主体意愿；个人信息主体主动公开；经过匿名化处理等。

（4）留存与第三方交互、共享个人信息的日志记录、合同文本，作为公司自证合规的材料文本。

（三）数据安全风险控制

数据安全是个人信息保护和处理的前提。为了保障数据存储的安全，公司应当在产品设计过程中就考虑数据安全：

（1）及时采取风险分散措施，例如选用多个服务提供商、数据本地备份等。

（2）及时采取风险控制措施，例如选择合格服务提供商、完善与服务商之间的权利义务约定等。

（3）适当采取风险对冲措施，例如购买商业保险等。

五、数据业务经营的合规

为了确保数据资产的实际形成和价值发挥，公司需要相应构建必要的数据资产管理体系，以求能得到及时、准确的数据支持和服务。考虑到数据资产具有较强的流动性，因而在构建数据资产管理体系时，除遵循基本的数据治理规则以外，还需要加强对数据价值的梳理和管控。具体而言分为：（1）定义数据资产，包括数据资产盘点、数据资产的分级与分类；（2）管理数据资产，包括数据资产安全管理和数据资产价值管理。该部分内容详见本章数据资产一节。

本章合规指引

本章以《网络安全法》《网络安全审查办法》《网络安全等级保护基本要求》《个人信息安全规范》等法律、法规、技术规范为基础，对个人信息保护、网络系统安全运行、数据存储安全、数据采集和使用等合规问题进行了分析，并在最后对公司申请上市需注意的数据合规问题提出了建议。数据和网络相关领域是近年来我国的立法热点领域，除了层出不穷的法律法规，还涉及大量不断更新的技术规范。企业在应对该领域的合规问题时应当注意及时更新自身法规库，跟踪立法动态。

下面提供《企业信息系统管理办法》作为该部分合规管理的指引。具体内容如下：

【示例】

企业信息系统管理办法

一、责任

（一）用户的责任

1. 企业的每个计算机信息用户都肩负着保护信息系统安全的责任。在使用任何计算机和网络资源时，必须严格遵守企业信息系统安全制度和由此产生或衍生的有关信息安全的支持性制度文件，以及企业员工手册中的有关信息安全条例。

2. 用户应出于工作实际需要并本着为企业以最小成本创最大效益的原则，使用企业计算机和网络资源。

3. 用户不得非法或未经授权使用或肆意破坏企业计算机和网络及信息，如传播不良图片、连锁信、计算机游戏、非法软件、个人文件等。

4. 若发现任何与计算机信息安全有关的问题或漏洞，应及时与部门领导、总裁办公室及股份信息系统部（以下统称为信息系统部）系统协调员或安全员联系。

5. 任何违反相关条例和制度的行为，将按情节轻重予以处分。

（二）部门领导及部门信息协调员的责任

1. 各部门领导及信息协调员应根据员工工作实际需要，授权其登录网络、系统或使用电子数据的权限，并定期审阅和更新权限批准，并及时与信息系统部联系。

2. 各部门对相关电子数据、数据文件、程序、软件、系统及计算机设备对本部门业务运作的重要性及潜在风险进行分级评估和分析，以便与信息系统部共同制定安全措施，做好相应的备份和灾难恢复计划。各部门应与信息系统部一起定期测试和更新灾难恢复计划，以确保在危难情况下，各部门运作能及时恢复。

3. 指导和监督部门所有计算机用户，包括使用企业计算机设备及网络资源的非企业组织或人员（如供应商等），明确注意事项，严格遵守安全使用条例。

（三）信息系统部的责任

1. 信息系统部受企业委托，主要负责企业计算机网络及相关 IT 设备的运行、维护和信息安全工作，并对受控信息系统环境在物理和逻辑上的安全，采取足够、适当的信息安全措施，确保信息系统和网络的保密性、完整性及可用性。

2. 在鉴定部门信息系统申请符合权限申请流程及安全性管理要求的基础上，批准、处理和控制各信息系统的权限设置，并归纳和保留所有申请原件，以供各部门定期审阅及企业内部和外部审计需要。

3. 与用户部门一起就信息系统对其业务领域产生的影响、风险及优先级别进行划分，作出相应备份和灾难恢复计划并严格执行，确保具备用户要求的及时恢复能力。

4. 及时回应用户部门对现有信息系统安全保护提出的疑惑、指出的漏洞及合理的信息系统安全保护要求，作出解决方案并落实具体措施。

5. 提供信息系统安全方面的培训，通过各种形式，不断加强宣传和教育，以增强用户部门和用户对信息系统安全的认识和重视程度。

6. 对于内部审计部门、管理层或外部审计单位在正常情况下，提出的合理信息和信息系统安全审查要求，信息系统部应积极做好相应准备和配合工作，检查并确认必要的安全措施已有效地执行。

二、规定

（一）IT 环境的物理安全

IT 环境的物理安全保护是保护信息系统安全的重要防线，应与相关部门联系，确保各项安全措施的到位。

1. 建立高度安全区域。信息系统部设立的高度安全区域包括但不仅限于：

信息处理中心，UPS 电源房、PABX 机房等。

高度安全区域应配备完好的消防系统，温度/湿度调节系统，报警及闭路电视监控系统。

高度安全区域必须采取严格的进出控制及门警系统，除非有明确的工作需要并经授权，任何人不得出入高度安全区域。

任何来访者或供应商须在相关人员陪同下，才能进入高度安全区域。没有预先批准，不得参观高度安全区域。

必须严格遵守信息系统部制定的《数据处理中心机房管理制度》。

2. 保护计算机、其他相关设备及通信设施的安全。未经授权，禁止私自动用，转移或破坏他人计算机（PC）、终端、介质、服务器、打印机、电话及语音信箱、传真机及其他电子设备。

用户可采用锁住键盘等控制措施以防止他人非法入侵。若较长时间不使用某种设备或介质（如磁盘等）时，应将其保存在安全的地方，如可上锁的橱柜或抽屉里。

因维修或其他用途而拆除存有信息的电子设备，如硬盘时，应完全销毁其存有的数据，并确保此信息不可能被恢复。

根据用户部门合理的要求，信息部应与各用户部门协调，适当保存一定的设备库存量，以应付紧急情况的需要。

（二）登录权限控制

1. 登录权限申请和批准

任何人因工作需要，需登录和使用企业的计算机系统和网络资源，包括数据、应用系统、操作系统，局域网、广域网等，须严格遵循申请和批准流程及相关条例。

在不违反企业相关保密制度的前提下，用户部门负责确定和批准用户申请的权限范围，企业总裁办、信息系统部将审核此申请是否符合相关流程和规定，并按照申请进行技术处理。

用户因转岗、合同终止或其他原因需改变或取消其原先的权限，用户部门应同样遵守权限申请规定，以书面形式通知企业总裁办，信息系统部负责更改或取消其设定。

用户部门批准权限申请的负责人应定期审核并调整用户登录各系统的权限范围，至少一年一次；对于重要的关键系统应至少每半年审核一次，信息系统部协助提供相关用户权限清单。

2. 权限控制

对用户适用一一对应的识别和认证权限控制系统（如用户 ID 和密码），以阻止非法侵入，确保各级用户只能进入其授权使用的系统。

用户应建立良好的密码设定和保密习惯，基本要求如下：

1）由用户本人选择并严格保密。

2）在系统允许的范围内密码设定值一般不少于 8 位字符。

3）不要用本人工号、电话分机号、姓名、生日等易被猜测的字符做密码。

4）密码应定期更改，同一种密码在九个月内不要重复使用。

5）用户须牢记所设密码，不得以清晰的文本方式显示于计算机系统中或记录在公开的、易被他人察觉的地方。

6）任何记录有密码的文件、磁盘应放置于加锁的抽屉或保险柜中。

用户登录使用系统时，一旦在一定时间内没有操作行为，系统会自动失效或要求用户重新输入用户 ID 及密码进行再次验证。时间间隔根据系统运行数据的重要等级而定。

系统保留一定期限内的所有登录记录。系统管理员、信息安全员或信息系统部指定的专人负责定期检查登录记录，检查频率依据系统的重要等级和具体监控工具而定。对于没有成功登录的尝试，应进一步检查登录人员和登录点，确认此登录的合法性。

若用户在 90 天内（至多）未登录过系统，该用户 ID 将自动失效。若用户连续六次登录系统不成功，用户 ID 将被自动锁住。

重要的文件目录、数据应有密码保护，并根据内容不同，附有创建、删除、只读及改写的权限设置。对远程登录企业计算机及网络系统应有严格的控制。系统应记录所有必要的远程登录日志，系统管理员和信息安全员至少每月进行一次检查，以防止黑客等非法入侵。

（三）病毒防治

计算机病毒会感染并破坏计算机系统及其运行的数据。为确保系统及数据的完整性和可用性，必须采取必要的病毒防治措施。

1. 在个人计算机、服务器、工作站等计算机设备上安装防毒软件，并定期升级。每次启动系统时，防毒软件会检查是否有病毒。

2. 尽量使用写保护口的软盘；在使用及分发磁盘前，需检查是否有病毒；在重新利用旧磁盘时，应检查病毒情况或重新格式化。

3. 用户只能使用信息系统部指定的正版软件。若在企业计算机平台上有特殊软件安装需求，须向企业总裁办和信息系统部申报，在信息系统部对该软件进行杀毒测试后才能安装。

4. 指导用户不运行功能不明的程序软件，不看来历不明的电子邮件，尤其是所附的执行文件。

5. 定期备份 PC 及服务器上的数据。

6. 用户若发现有任何病毒感染的情况，应立即报告信息系统部，以及时采取措施。

7. 信息系统部将定期更新杀毒软件，并以邮件等形式通知用户可能的流行病毒，以引起警惕。参见《计算机病毒防治管理流程》。

（四）网络安全控制和用户使用规范

1. 网络安全控制

企业的计算机网络，如局域网、广域网等，是计算机系统运作及数据传递的基础。信息系统部必须采取足够的、有效的措施保证网络的安全，确保企业内外信息沟通的正常进行。

确保网络、通信设备及其附件、通信线路（如路由器、交换机、集线器、配线架、光纤、布线、接口、调制解调器等）的物理安全。监测设备运行情况，定期维护保养设备并做好记录和故障汇报工作。

关键的网络设备和线路，如生产网主干部分，采用冗余的网络设备备份。

所有网络资源的登录和使用须有权限设置，所有登录或配置更改行为须有记录。调查非法登录尝试，采取相应措施防止类似事件再次发生。

对于通过调制解调器或其他远程登录技术登录企业的网络系统应有严格的权限控制，以减少非法入侵的可能。

根据企业信息技术管理标准，对外的网络连接上采用防火墙、加密等措施实现权限控制。

至少每半年审核一次设定的防火墙规则，以确保防火墙规则的合理性和安全性。

采取合理的预防措施确保网络上传送的数据不会被截取或篡改。

制定并定期执行网络和系统的模拟攻击和监测计划，记录分析结果并提出相应改进建议，以减少网络漏洞和潜在的风险。

网络主管应提供准确的、详尽的企业网络结构拓扑图及完整的说明文档，并及时更新。文档必须包括但不仅限于：企业计算机及通信网络的网络设备、具体地理位置、接入点、通信协议、网络应用及相关安全性措施。

2. 用户使用规范

用户在使用企业网络时，也应明确其责任，个人的网络行为直接影响到企业网络的公共安全。

用户登录和使用企业网络资源，必须通过规定的入网申请流程，未经信息系统部批准不得擅自接入任何设备。用户部门须尤其督促和监督供应商遵守这一规定。

采取病毒防治等安全措施以防止数据遭到破坏。特别警惕在使用外部网络资源，如下载文件时可能遇到的风险。

禁止用户通过网络，蓄意破坏企业的计算机资源。

（五）IT受控环境的更改控制

为了维护IT受控环境的稳定性和完整性，确保一方的更改不会对其他各系统运行产生负面的影响，在对IT受控环境做任何更改前，必须严格执行《更改控制流程》中规定的每一步骤，以下几点尤为重要：

1. 无论是信息系统部还是用户部门，在进行更改前，必须填写更改申请单，通知有关领域并使他们理解该更改对他们产生的影响，并得到各领域同意此项更改的批准。

2. 相关领域必须对提出的更改要求和实施步骤作好完善的计划和准备工作，并由企业总裁办和信息系统部管理层审核批准。在实施变更前，必须有完善的备份和恢复措施，一旦更改失败，可退回到原先正常运行状态。

3. 所有对IT受控环境的更改或新的开发，如操作系统更改，企业内部新开发的软件应用等，在正式运用到生产环境以前，如条件允许，须先在测试环境下测试通过。

4. 所有更改须有书面的授权批准，并附有详尽的实施前后分析报告。

（六）合法使用正版软件

1. 企业根据其软件合同，使用正版的、合法的计算机应用软件。信息系统部将根据业务需要，及时提供合法软件及足够数量的使用许可证（license）。

2. 若用户部门使用由供应商提供的第三方软件，应向供应商索取使用许可证；若用户部门使用供应商特别为企业开发的应用程序，应向供应商索取源程序。

3. 企业计算机硬件和软件仅用于支持企业业务运作的需要。未经允许，用户不得私自将个人的PC、软件或磁盘等存储设备带进企业工作场地，信息系统部也不对员工个人所有的软硬件提供服务。

4. 企业员工须遵守企业有关合法软件及使用许可证合同的规定。信息系统部将定期检查或抽查用户合法软件使用情况，发现任何盗版等不合法行为将通报企业总裁办，并酌情予以处理。

（七）灾难恢复及备份

为了确保企业各领域业务运作的持续性，缩短紧急情况或灾难发生后响应时间，企业总裁办和信息系统部根据定义的重要等级，组织制订相应的灾难恢复和备份计划，以有效协调应急和恢复工作，降低恢复工作的难度和风险。

1. 灾难恢复

有效的灾难恢复及备份计划是根据系统、应用、数据的性质和关键程度，遭破坏后产生的影响大小以及生产或其他业务领域对响应时间的要求制订的，确保企业对关键的系统有充分的恢复资源和保护措施，同时在成本上又有合理的控制。

(1) 灾难恢复计划由业务部门与信息系统部共同制订，需确定：信息系统、应用及数据对各业务领域的影响和重要等级；容许数据丢失的最长时间段和相应的备份频率；容许系统、应用和数据瘫痪的最长时间段；相应的应用软件和硬件的库存量；紧急状态或灾难情况下，尤其是在处理系统恢复时，必要的业务运作后备方案；灾难恢复的系统方法及具体实施步骤。

(2) 灾难恢复的具体要求需与供应商沟通、协调，以确保制订的灾难恢复计划是正确有效的，符合企业信息系统持续运作的需要。

(3) 灾难恢复计划必须包括至少每年一次的测试计划。每次测试文档必须包括测试流程，测试前准备，测试后总结以及用户部门的反馈信息。

(4) 灾难恢复计划必须随系统、流程等需求改变而不断更新。更新的计划需通过信息系统部和用户部门管理层审批。

2. 备份

用户负责制订并定期执行用户自己PC上的数据备份计划。通过申请，用户也可以将重要的业务信息备份到部门文件服务器上（空间有限）。部门文件服务器的安全由信息系统部维护。

根据与用户部门共同划分的系统、应用、数据的重要等级，信息系统部负责制订企业级、部门级的系统、应用、数据备份计划并定期执行。

所有备份必须妥善放置于非工作区域。备份存储的地理位置必须与工作地有足够的距离，以防止同时遭到灾难性破坏。

所有备份的保留期限由信息系统部和业务部门根据重要性等级共同确定。

对于计算机和网络硬件、软件资源应有一定的备份，以确保应急措施和灾难恢复的及时进行。

（八）信息保存期限

1. 业务部门根据法律法规的规定，企业的规定及业务需要，制定相应的信息保存期限及存储形式。

2. 保存的信息应有足够的安全措施保障其可用性、完整性和保密性。

3. 过了保存期限的信息应及时销毁。销毁工作必须彻底以避免信息泄露。

4. 业务部门应至少每年一次对以电子形式存放的信息保存期限进行检查和调整，确保合理利用计算机资源，保留且仅保留需要的信息。

（九）企业的所有员工、现场支持人员或业务伙伴必须严格遵守企业信息系统安全制度及相关支持性文件制度。若有违反上述规定，将取消其企业计算机用户资格，并视具体情况按企业有关奖惩条例进行处理。必要时，追究其法律责任。

第十五章　企业资金往来合规管理

【思维导图】

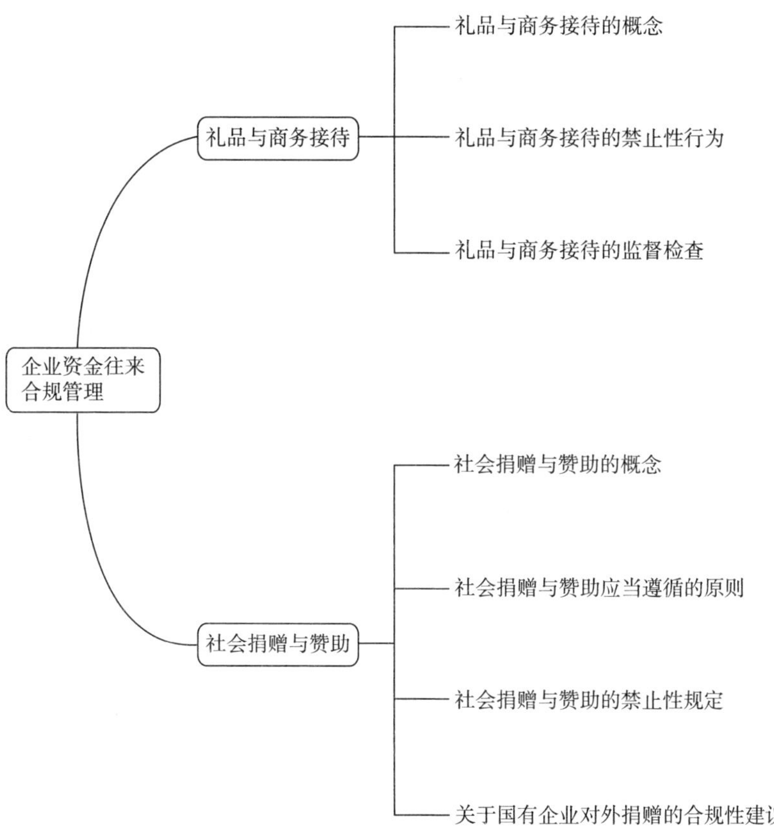

【本章概要】

2018 年 1 月 1 日实施的新《反不正当竞争法》对商业贿赂条款进行了修订，内容涉及商业贿赂的行为对象、目的范围以及法律后果等方面，对企业的合规体系建设提出了新的要求。新法中关于商业贿赂条款的修订以及打击商业贿赂的力度的加大，对企业的合规体系建设提出了更高的要求。毋庸讳言，在市场环境并不净化，潜规则无处不在的情况下，谈企业合规难免有夸夸其谈之嫌。但企业如果不采取措施，被处罚的风险也会随着新法的实施增大。本章主要分为合规管理的礼品与商务接待、社会捐赠与赞助两个部分，通过概念、禁止性行为、监督管理并结合案例的阐述方式，建议企业特别是国有企业在合规层面建立相应配套合规措施，旨在完善企业合规制度，调整商业模式，完善合规盲点。另外，高层管理人员乃至其他企业员工均要树立正确的合规意识，建立企业合规文化。

第一节　礼品与商务接待

一、礼品与商务接待的概念

业务招待管理是指企业因生产经营业务需要，招待客户、合资合作方及其他外部关系人员发生的活动和费用的管理，主要包括餐饮、接待、赠送礼品等方式。

一般而言，业务招待费实行年度预算管理。由企业各部门制订计划，严格按预算执行，按规定报批后组织实施。具体业务招待工作由企业承办部门负责，必要时由企业办公室或者其他部门予以配合。企业员工应认真学习并贯彻执行企业业务支出管理相关文件及国家有关规定，充分认识到日常业务活动中的赠与、业务招待等行为合法合规的重要性，如处理不当，可能发生商业贿赂或不正当交易，从而导致违法违规风险。

二、礼品与商务接待的禁止性行为

(1) 不得超标准宴请，严格按就餐标准宴请客人。

（2）不得随意自行购置和发放礼品或纪念品。

（3）不得参加所属单位或关联企业安排到高档的娱乐、休闲、健身、保健等经营场所的业务招待活动。

（4）不得向所属单位转嫁招待费用。

（5）不得报销因私招待费用、个人消费费用。

（6）不得弄虚作假，严格按照财务规定及相关审批程序办理报销手续。

三、礼品与商务接待的监督检查

首先，企业财务部门应严格审核赠送礼品和业务招待费用的开支，履行企业内部的事前审批程序。为此企业设定审批权限和审批流程，并要求合规部门参与审批或者对审批结果进行复核。对于未经事前审批的事项以及超范围、超标准的费用，一律不予报销。其次，财务部门应严格审查票据是否合法、金额是否准确、单据是否齐全、审批是否完整。财务部门有权拒绝不符合报销流程或审批权限的业务招待费的报销。再次，礼品的购买和业务招待费用应当按照财务制度形成记录，必要的话形成更详细的记录，包括礼品的接受人、招待活动的被邀请人等信息。最后，在企业每年的职工代表大会上，由总会计师就礼品的购买和业务招待费使用情况制作报告，并就使用情况进行通报。

业务招待及礼品合规管理有如下注意事项：

1. 礼品合规管理和措施。礼品是由给予方向接受方提供，而且无须接受方按照市场价值支付回报的物品。礼品包括货币、货币等价物（如购物卡、提货券等）、会员卡、电子券和实物等。礼品在正常情况下是交往的润滑剂，因此很少有企业绝对禁止赠送礼品，但是有必要予以约束。企业在合规管理中一般会制定向第三方提供礼品的制度。礼品制度适用于所有向第三方提供礼品的情形，但是不包括在市场推广活动中向个人消费者提供的赠品、在与其他企业的交易中列明于合同的赠品和企业向员工提供的福利。企业一般对礼品的市场价值做出限定，并使用货币作为衡量单位。需要注意的是，这里的市场价值仅供参考，因为市场价值没有确定的判断标准。除货币外，其他形式的礼品也需要结合当地风俗和赠送礼品的场合判断是否妥当。[①] 有些企业

---

① 参见中天公司《礼品与招待合规实施细则》第九条，载中天公司官网，https：//www.chinaztt.cn/upload/compliance/CN/8. 中天科技_《礼品与招待合规实施细则》_ 202009 更新 . pdf，最后访问时间：2021 年 11 月 10 日。

会根据需要集中采购礼品，供员工在需要时领用。有些企业会在礼品上印刷本企业的标识或者其他推介信息，则这些礼品同时具有了宣传品的性质。企业一般会限制向同一接受者赠送礼品的频度。

某些礼品实际的市场价值不高，但是给人以奢侈品的印象，如镀金饰品、珠宝饰品、高档烟酒。企业一般限制赠送这些礼品。赠送礼品需要考虑接收者的身份和接收者所在组织的要求。例如，国家行政机关及其工作人员在国内公务活动中接受礼品是被禁止的。企业一般禁止在可能导致不当影响的时点或者场合赠送礼品，如在投标过程中向招标方相关负责人赠送礼品。

2. 招待活动合规管理和措施。招待活动在企业经营中经常发生。招待活动一般包括接送、交通、餐饮、娱乐、住宿等内容。招待活动通常由邀请和提供两个部分组成。实践中，除了临时发生的餐饮活动外，企业一般提前向被接待方所在组织发送正式的邀请函。邀请函会注明邀请的目的、行程安排、费用支付等内容。邀请函应当发送到被邀请方所在组织的官方地址或者官方电子邮箱。与招待活动相关的一个重要风险是公务招待被认定为私人旅游①。一方面，这可能是由于招待活动的行程安排本身存在问题，如娱乐时间或者工作时间中自由活动的比例过大，或者招待活动安排在与活动本身没有内在联系的旅游景点；另一方面，有些招待活动在执行中发生了重大的调整，与原计划严重不符。出于这个风险考虑，合规部门须对招待活动的行程进行事前审核，并在事后结合相关记录审计是否有不合规的情形出现。

3. 法院认定“赠送礼品、报销费用等方式”构成商业贿赂的判例

实物礼品、现金或现金等价物是典型的与商业贿赂挂钩的财物，一旦与经营者谋取特定交易机会或竞争优势的主观目的相结合，就会被认定为构成商业贿赂。

---

① 参见华东师范大学企业合规中心编：《公司合规讲义》，中国法制出版社2018年版，第226页。

【案例】

从事销售业务应严防商业贿赂案[①]

在上海H商贸有限公司（以下简称H公司）与徐汇工商分局行政处罚纠纷一案中，一审法院查明，H公司系国内合资公司，经营范围为医疗设备器械及零配件，医用试剂（纸）的生产（涉及许可经营的凭许可证经营）。2003年3月12日，徐汇工商分局在对H公司进行检查时发现该公司的财务账上有大量的交际费记录，遂于次日立案并进行调查，查明H公司自2001年1月至2002年12月，以赠送产品、报销各种费用等不正当手段销售德国产“费森××”牌血透机及耗材，获违法所得1737552.86元，并经审计事务所审计确认。2003年11月11日，徐汇工商分局向H公司送达行政处罚听证告知书，并于2003年12月10日、12月29日，2004年3月5日进行了听证。2004年5月19日，徐汇工商分局作出（2003）沪工商徐案处字第040200310182号行政处罚决定书，认定H公司的上述行为构成《反不正当竞争法》第八条第一款和《关于禁止商业贿赂行为的暂行规定》（以下简称《暂行规定》）第二条、第八条规定所指情形。

一审法院认为，徐汇工商分局有权对不正当竞争行为进行监督检查并作出行政处罚。徐汇工商分局在执法检查中发现H公司在经营中涉嫌不正当竞争行为，经查实依法作出行政处罚于法有据，处罚程序合法。处罚决定以具有资质的审计机构作出的审计报告中对违法所得金额的认定作为处罚的依据亦无不当，关于违法所得的计算方法符合法律规定。H公司提出徐汇工商分局对违法所得计算错误及适用法律不当的主张无事实和法律依据，不予采纳。H公司不服，向本院提起上诉。上诉法院认为，被诉处罚决定认定上诉人在2001年1月至2002年12月间，采用提供销售对象工作人员境内外旅游、赠送礼品及设备耗材、报销各种费用等手段销售商品，其中向16家单位销售商品共17笔，获违法所得1737552.86元的事实，有上诉人H公司工作人员询问笔录、证人证言、上诉人公司原始财务凭证以及两份审计报告的审计结论所证实。

《反不正当竞争法》（1993年）第二十二条规定：“经营者采用财物或者其他手段进行贿赂以销售或者购买商品，构成犯罪的，依法追究刑事责任；

---

① （2004）沪一中行终字第275号。

不构成犯罪的，监督检查部门可以根据情节处以一万元以上二十万元以下的罚款，有违法所得的，予以没收。”① 本市公安机关在对上诉人H公司涉嫌商业贿赂行为进行侦查后认为不够刑事处罚，而将案件移送被上诉人进行查处。被上诉人据此将公安机关侦查活动中取得的包括审计报告在内的证据材料作为认定上诉人违法事实的证据，并无不当。上诉人称审计报告并非被上诉人委托故不能作为证据使用的上诉理由缺乏法律依据，本院不予采纳。

《暂行规定》第六条规定：“经营者销售商品，可以以明示方式给予对方折扣。经营者给予对方折扣的，必须如实入帐……本规定所称明示和入帐，是指根据合同约定的金额和支付方式，在依法设立的反映其生产经营活动或者行政事业经费收支的财务帐上按照财务会计制度规定明确如实记载。”审计报告显示，上诉人的赠品均未开具销售发票、所有费用均未列入销售账目，属非企业经营费用，因此上诉人称其费用及赠品等均为明示并入账、符合《暂行规定》第六条规定的上诉理由不能成立。审计报告所依据的是上诉人的原始财务凭证，所统计的上诉人销售收入均不含税，销售利润的计算已扣除了其所有销售成本，故上诉人关于审计报告未扣除其缴纳的税收及其他成本费用的上诉理由缺乏依据，本院难以采信。

《反不正当竞争法》(1993年) 第八条第一款规定：“经营者不得采用财物或者其他手段进行贿赂以销售或者购买商品……”；《暂行规定》第八条规定：“经营者在商品交易中不得向对方单位或者其个人附赠现金或者物品。但按照商业惯例赠送小额广告礼品的除外。违反前款规定的，视为商业贿赂行为。”在本案中，被上诉人根据查明的事实，认定上诉人的行为违反了上述法律规定，构成商业贿赂，并依据《反不正当竞争法》第二十二条的规定，对

---

① 《反不正当竞争法》(1993年) 已由中华人民共和国第十二届全国人民代表大会常务委员会第三十次会议于2017年11月4日修订、中华人民共和国第十三届全国人民代表大会常务委员会第十次会议于2019年4月23日根据《关于修改〈中华人民共和国建筑法〉等八部法律的决定》修正。原第二十二条已被修改。《反不正当竞争法》(2019年修正) 第十九条规定：“经营者违反本法第七条规定贿赂他人的，由监督检查部门没收违法所得，处十万元以上三百万元以下的罚款。情节严重的，吊销营业执照。”第七条规定：“经营者不得采用财物或者其他手段贿赂下列单位或者个人，以谋取交易机会或者竞争优势：(一) 交易相对方的工作人员；(二) 受交易相对方委托办理相关事务的单位或者个人；(三) 利用职权或者影响力影响交易的单位或者个人。

“经营者在交易活动中，可以以明示方式向交易相对方支付折扣，或者向中间人支付佣金。经营者向交易相对方支付折扣、向中间人支付佣金的，应当如实入账。接受折扣、佣金的经营者也应当如实入账。

“经营者的工作人员进行贿赂的，应当认定为经营者的行为；但是，经营者有证据证明该工作人员的行为与为经营者谋取交易机会或者竞争优势无关的除外。”

上诉人作出相应行政处罚，适用法律正确。综上所述，被上诉人徐汇工商分局对上诉人H公司作出行政处罚决定认定事实清楚，适用法律正确，程序合法，原审在查明案件事实的基础上判决维持并无不当，判决驳回上诉，维持原判。

第二节　社会捐赠与赞助

目的正当的赞助和捐赠通常有助于企业提高品牌知名度，扩大市场影响力，也彰显企业的社会责任感。但赞助和捐赠也很容易被利用为利益输送的工具和渠道，成为贿赂外部方的更为隐蔽的伪装。相比较礼品和邀请，在赞助和捐赠的合规制度设计上，需要进一步加强在赞助和捐赠各个环节流程上的把控及对涉及其中的相关方的背景评估。与赞助和捐赠相关的合规政策应明确赞助、捐赠活动应符合的原则及规范赞助、捐赠活动在企业内部审批的流程要求。

一、社会捐赠与赞助的概念

社会捐赠是指企业自愿无偿将有权处分的合法资产赠送给合法的受赠人，用于与生产经营活动没有直接关系的公益事业的行为。社会赞助是指企业（赞助方）以提供财务资助或实物资助的方式，向从事体育、文化艺术、教育、科学、环境、社会项目、媒体或其他类似重要社会活动的个人（仅限于品牌形象大使）、团体、企业或机构（被赞助方）提供赞助。

二、社会捐赠与赞助应当遵循的原则

（1）对外捐赠与赞助应当遵循相关法律、法规的规定，必要时须通过依法成立的公益性社会团体和公益性非营利的事业单位或县级以上人民政府及其组成部门进行。

（2）企业发生的对外捐赠与赞助应当按照国家和企业有关财务会计制度进行账务处理。对外捐赠与赞助不能支付给个人账户，以避免利益冲突或其他以腐败贿赂为目的的利益输送。

(3) 企业实际发生的对外捐赠与赞助支出，应当依据受赠方或受赞助方出具的财政部门同意印（监）制的捐赠、赞助收据或者捐赠、赞助财产交接清单确认[①]。

(4) 企业应当按照国家税收法律法规的相关规定申报企业所得税税前扣除。

(5) 企业为捐赠与赞助资产提供运输、保管以及举办相应仪式等所发生的费用，应当作为期间费用处理，不得挂账。

(6) 企业应当在财务会计报告中如实披露对外捐赠与赞助情况。

除此之外，很多企业也会从遵守国际公约、体现企业价值观方面对受赞助方做一定要求，如不允许赞助在信仰、性别等方面存在歧视的企业，以及违反国际公约的个人或企业等。

三、社会捐赠与赞助的禁止性规定

(1) 按照内部议事规范审议决定并已经向受赠方或受赞助方承诺的捐赠或赞助，必须诚实履行，不得出于宣传的目的而虚假承诺。

(2) 捐赠与赞助应当遵守法律、法规，不得违背社会公德，不得损害社会公共利益和其他公民的合法权益。

(3) 对外捐赠与赞助后，不得要求受赠方或受赞助方在融资、市场准入、行政许可、占有其他资源等方面创造便利条件，不得以捐赠与赞助为名从事营利活动。捐赠与赞助财产的使用应当尊重捐赠人和赞助人的意愿，符合公益目的，不得将捐赠与赞助财产挪作他用。

(4) 资不抵债、经营亏损或者由于对外捐赠与赞助将导致亏损或者影响企业正常生产经营的，除特殊情况，不得对外捐赠与赞助。

(5) 若是集团企业本部负责对外捐赠与赞助的实施，集团所属子公司、分公司及其分支机构等不得直接发生对外捐赠与赞助支出。

(6) 生产经营需要使用的主要固定资产、持有的股权和债权、受托代管财产、已设置担保物权的财产、权属关系不清的财产，或者变质、残损、过期报废的商品、产品、物资，不得用于对外捐赠与赞助。

---

① 参见陈立彤：《企业国际化进程中合规风险的爆发与防控》，中国工商出版社2019年版，第77页。

因赞助或捐赠一般涉及较高金额资金或是实物资产的输出，加上其高合规风险的特征，故企业在设置赞助或捐赠的审批流程时，相较于其他市场活动，会设置更高级别管理层的审批，如加入合规部门的事先咨询，预算控制部门和风险管理部门的建议等。为更好地降低合规风险，企业应当要求必须签订赞助协议，在赞助协议中明确赞助的类型和范围，作为回报收到的权益，反贿赂条款，审计条款等①。企业合规政策中应明确赞助协议必须经法务部审查和批准。捐赠因其不需要任何回报，因此一般不做签署捐赠协议的要求。为了更好地控制合规风险，建议企业应当对发生过的赞助和捐赠活动进行抽样审查。内容包括要求活动申请部门提供活动回顾，赞助的市场、公关宣传效果和利益回报的履约情况。同时，应要求员工将相关信息准确全面地进行记录。为确保记录的完整和准确性，政策中也可提供记录样式，要求记录的信息应当包括但不仅限于收送礼品或邀请的人员姓名、代表的单位或企业、时间、地点、预计的价值和实际发生的价值等。

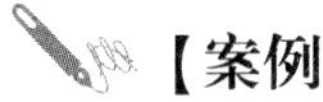【案例】

从事销售业务应严防商业贿赂案②

在衡阳市某某公司与会同县工商局行政处罚纠纷一案中，一审法院查明，在2008年至2010年间，原告某某公司为扩大销量，通过原会同县农管局唐某某介绍会同县购机户，向原告某某公司购买其生产的衡×牌拖拉机，因唐某某当时负责办理会同县农机补贴协议事项，于是原告某某公司约定给付会同县农管局每台1000元（700元的推广费和300元的自提费）。原告某某公司向会同县销售了衡×牌拖拉机18台，每台均享受了国家农机购置补贴，原告某某公司共付给会同县农管局推广费、赞助费计13680元。2013年7月16日，被告会同县工商局认为原告某某公司的行为违反了《反不正当竞争法》第八条第一款“经营者不得采用财物或者其他手段进行贿赂以销售或者购买商品”和《关于禁止商业贿赂行为的暂行规定》第二条之规定，依照《反不正当竞争法》第二十二条之规定，作出对原告某某公司罚款10万元的（2013）会工商案字第53号行政处罚决定书。原告某某公司不服，于2013年8月19日向怀化市工商行政管理局申请行政复议，2013年9月29日，怀化市

---

① 参见华东师范大学企业合规中心编：《企业合规讲义》，中国法制出版社2018年版，第204页。

② （2013）会行初字第41号。

工商行政管理局作出（2013）怀工商复决字第02号行政复议决定书，决定维持原处罚决定。原告某某公司仍不服，诉至法院，要求依法撤销被告会同县工商局（2013）会工商案字第53号行政处罚决定书。

一审法院认为，根据《反不正当竞争法》第八条“经营者不得采用财物或者其他手段进行贿赂以销售或者购买商品”和《关于禁止商业贿赂行为的暂行规定》第二条第一款“经营者不得违反《反不正当竞争法》第八条规定，采用商业贿赂手段销售或者购买商品”。原告某某公司为了扩大销售量，在向会同县销售拖拉机过程中，利用会同县农管局办理，确认国家农机购置补贴的便利条件，假借推广费、赞助费的名义给付对交易行为起关键作用的单位会同县农管局款项的行为，已构成商业贿赂。被告会同县工商局的代理人提出，会同县工商局作出行政处罚决定书，认定的事实清楚，程序合法，适用法律法规正确，要求维持被告会同县工商局的行政处罚决定的理由充分，证据确实充分，本院予以支持。

四、关于国有企业对外捐赠的合规性建议

《财政部关于加强企业对外捐赠财务管理的通知》要求，各中央企业对集团所属各级子公司对外捐赠行为实行统一管理，制订和完善制度，明确管理部门，落实管理责任，明确对外捐赠支出限额和权限。

无论是针对中央企业还是省属国有企业的对外捐赠管理，制订制度是实行捐赠行为的必要前提。若没有明确的管理制度、管理部门、管理责任，相关捐赠行为难以保证其程序合规性。为此，相关国有企业及其各级子公司需要制订并完善其捐赠管理制度，并根据相关制度制订办法报董事会或股东会予以审批，方可开展相关捐赠行为。

中央企业主要采用年度预算总额管理与日常重大捐赠项目备案管理相结合的监管方式。因此，对于中央企业而言，对外捐赠应严格按照企业内部规章制度规定的要求，合理确定对外捐赠的规模，并按照国资委对中央企业捐赠额度的备案管理要求进行备案。对于在重大自然灾害等紧急情况下超出预算规定范围的对外捐赠事项，企业应当提交董事会或类似决策机构专题审议，并履行相应预算追加审批程序。

《企业国有资产法》第三十条至第三十三条规定，国家出资企业进行大额捐赠应当遵守法律、行政法规以及公司章程的规定，不得损害出资人和债权

人的权益。国有独资企业、国有独资公司进行大额捐赠的，除由履行出资人职责的机构决定以外，国有独资企业还需由企业负责人集体讨论决定，国有独资公司由董事会决定。国有资本控股公司、国有资本参股公司进行大额捐赠的，依照法律、行政法规以及公司章程的规定，由公司股东会、股东大会或者董事会决定。由股东会、股东大会决定的，履行出资人职责的机构委派的股东代表参加股东会会议、股东大会会议，应当按照委派机构的指示提案、发表意见、行使表决权，并将其履行职责的情况和结果及时报告委派机构。

根据我国《民法典》第六百五十七条规定，赠与合同是赠与人将自己的财产无偿给予受赠人，受赠人表示接受赠与的合同。故国有企业捐赠是指国有企业出于公益的目的，将自身合法拥有的国有资产依照特定的程序自愿无偿赠与他人的行为。根据《慈善法》第四十三条规定，国有企业实施慈善捐赠应当遵守有关国有资产管理的规定，履行批准和备案程序。因为国有企业管理的是国家财产，属全社会共同享有。因此对其决策程序要求更为严格。除上述普通企业制企业须履行的程序外，根据国有企业性质的不同，还各有其他要求。例如对于国有独资企业、国有独资企业、国有控股企业，需根据法律、行政法规及企业章程规定的决策程序，由董事会或厂长（经理）办公会或股东会决定，对于重大的对外捐赠事项，还需提交职工代表大会审议，并上报国有资本持有单位（决定）或备案后实施。另外，对于国有控股和国有参股企业还要求由股东会、股东大会决定的，履行出资人职责的机构委派的股东代表参加股东会会议、股东大会会议，应当按照委派机构的指示提案、发表意见、行使表决权，并将其履行职责的情况和结果及时报告委派机构。《财政部关于加强企业对外捐赠财务管理的通知》也明确要求各中央企业严格对外捐赠审批程序，这一系列规定都是为了防止国有资产流失。

从上述法律规定看，企业进行对外捐赠决策，首先不论企业性质都需要先由经办部门和人员提出捐赠报告，再由企业财务部门对捐赠（报告）方案进行审核，并就捐赠支出对企业财务状况和经营成果的影响进行分析，提出审核意见后，按照企业内部管理制度提交决策层进行决定。企业生产经营需要的主要固定资产、国家特准储备物资、国家财政拨款、受托代管财产、已设置担保物权的财产、权属关系不清的财产，或者变质、残损、过期报废的商品物资，不得用于对外捐赠。

国有上市公司除了受国资相关法律法规的约束外，还应遵守相关上市规则的规定，根据《上海证券交易所股票上市规则》第九条[①]、《深圳证券交易所股票上市规则》第九条[②]以及《上市公司重大资产重组管理办法》第十五条[③]的规定可知，上市公司对外捐赠达到一定标准的，还应召开董事会和股东大会表决并予以披露。此外，有些国有上市公司为了维护中小股东利益，在章程或专门的规章制度中明确对外捐赠的限制。综上所述，国有企业对外实施捐赠过程中应当严格按照企业自身相关规章制度的要求，合理确定对外捐赠的规模，履行内部审批程序，按照要求报国资委进行备案，与此同时，针对国有上市公司还应按照上市规则在一定条件下履行董事会或者股东大会等流程，并进行披露，按照履行出资人权利的国资委对捐赠额度的授权管理要求进行决策，地方国有企业应按照地方国资部门和相关政府部门要求履行相应的程序，避免因违法违规导致捐赠不生效的情形。

本章合规指引

企业应当健全合规制度，对现有的商业模式进行检查和调研，根据其所在行业的特征，重点审查可能涉及商业贿赂的“行业惯例”，如接待标准、赠送礼品、返利、佣金支付等。此外，企业高层管理人员以及其他员工应具有反商业贿赂的合规意识，定期开展反商业贿赂方面的培训，将预防商业贿赂深入到整个经营者内部。作为经营者一方有必要和交易伙伴进行沟通，对合作模式、外包制度等进行必要的调整。避免向合作方的关联企业、附属企业及监管机关工作人员等有特定关系人的贿赂事件发生。建立反商业贿赂风控体系，要通过公开和秘密的内部调查，逐步实现防控体系的完善。

下面提供《公司资金管理办法》《公司借款管理办法》《公司委托贷款管理办法》《公司担保管理办法》作为该部分合规管理的指引。具体内容如下：

---

① 《上海证券交易所股票上市规则》于1998年1月实施，截至目前，共经过14次修订。修订后的《上海证券交易所股票上市规则》（上证发〔2020〕100号）于2020年12月31日发布，自发布之日起施行。

② 《深圳证券交易所股票上市规则》于1998年1月实施，截至目前，共经过11次修订。修订后的《深圳证券交易所股票上市规则》（深证上〔2020〕1294号）于2020年12月31日发布，自发布之日起施行。

③ 《上市公司重大资产重组管理办法》于2008年5月18日实施，截至目前，共经过5次修订。修订后的《上市公司重大资产重组管理办法》（中国证券监督管理委员会令第166号）于2020年3月20日发布，自发布之日起施行。

【示例1】

公司资金管理办法

一、资金管理政策的制定

公司的资金管理政策（制度）由公司财务部根据国家金融、财务会计有关法律法规和政策，并按照公司实际经营情况制定。公司的资金管理政策应体现公司战略发展要求，符合经营目标的需要，为促进公司战略发展、实现经营目标服务。

公司资金管理政策应由公司财务部门执行总监负责制定、公司财务总监审核、公司总裁审定，报公司总裁办公会议和董事会批准。

全资或控股子公司应根据国家政策和法律法规，结合公司实际制定本公司资金管理政策。

二、资金管理政策的更新

当国家政策和法律法规或公司实际情况发生变化时，公司财务部应评审和检查资金管理政策的适用性，对资金管理政策实施修订，修订后的资金管理政策也应按照以上的审定、批准、发布程序后实施。

1. 银行账户的开设和销户管理

（1）开户审批

公司由管理层授权各级财务部门根据经营业务需要开设银行账户。需要开立银行账户时，应填写《账户开立/销户申请表》，并由公司财务部负责人审批签字。各公司应加强对银行账户的管理，根据公司的经营管理需要开设，不得随意开设多个账户。

（2）销户审批

财务部门应定期对银行账户进行清理，对于已开设未使用或长期不使用的账户，在确定账户已不再具有开设的必要时，应当及时对账户作出销户处理。在办理销户时由财务部门相关人员填写《账户开立/销户申请表》，包括需销户的账户信息、申请原因和填写人员的签字，填写完毕后报财务部门负责人审批签字。

销户的银行存款应转入正在使用的银行账户中，并对存、销户凭证及时编制会计记录入账，确保销户已正确地反映在会计记录中。

2. 银行账户的日常管理

公司应严格遵守银行结算纪律，不得签发没有资金保证的票据或远期支票，套取银行信用；不得签发没有真实交易和债权债务的票据；不得无理拒绝付款，任意占用他人资金；不得违反规定开立和使用银行账户。

实行网上交易、电子支付等方式办理资金支付业务的，应与承办银行签订网上银行操作协议，明确双方在资金安全方面的责任与义务、交易范围等。操作人员应当根据操作授权和密码进行规范操作。

要严格实行网上交易、电子支付操作人员的不相容岗位的相互分离控制，同时还要配备专人加强对交易和支付行为的审核。使用网上交易、电子支付等方式办理资金支付业务的，应该注意的是，不得因支付方式的改变或简化而随意变更或简化支付资金所必需的授权批准程序。

3. 票据的取得与管理

票据金额、日期、收款人名称不得更改，金额大小写必须一致，更改过的票据无效。出纳人员及有关业务人员在收到支票、汇票、本票等票据时应认真检查，核对付款单位、日期、金额、用途、背书、经办人身份等要素，辨别票据真伪。

接受票据、票据贴现、调换（票据签发人以重新签发的票据替换原先签发的票据）必须经财务部门负责人审核批准。

对收到的支票、汇票、本票应进行登记，并及时办理银行入账手续。应指定专人登记和保管应收票据、应付票据及其他空白票据，存放于保险箱内，保险箱的钥匙、密码由负责票据管理的出纳保管。

保管人员不得经办应收票据，应付票据的兑付业务，不得编制登记会计记录。

财务部门应按中国人民银行的有关规定控制支票的购买数量，购买时由部门负责人签字批准，购买的支票应存放在保险箱内。出纳从银行购回空白支票后，应先检查支票号是否连续，并在票据备查簿上登记票据编号。

（1）票据的签发

票据的签发、取得、转让必须按照《票据法》及相关法律规定进行，在签发支票或办理银行本票、汇票时，必须填写签发日期、收款单位，大小写金额相符，用途明确。不得签发空白支票、空头支票和远期支票套取银行信用；不准签发、取得和转让没有真实交易和债权债务关系的票据。

如业务部门需要使用支票，应由经办人将本部门负责人签字后的支款单交财务部门负责人审核签字后，由出纳根据支款单内容开具支票，印鉴保管人加盖银行预留印鉴。

支票只能由申请人本人领取。申请人领到盖好章的支票后，应在支票登记本上签名确认。

因开错或其他原因导致作废的票据，应在规定期限内妥善保存，超过规定保管期限后，应在办妥审批手续、建立销毁清册后进行销毁。

（2）银行预留印鉴的管理

加强银行预留印鉴管理，财务印鉴应分别保管，个人名章应由本人或授权人员保管，严禁由一个人保管支付款项所需要的全部印鉴。

4. 票据盘点

财务部门应对收到但尚未兑付的汇票、本票、支票等实施定期盘点，将盘点结果与票据登记簿记录核对，如有差异应查明原因，并及时向财务部门负责人报告。

【示例2】

公司借款管理办法

一、借款的管理原则

流动资金借款应按照董事会批准的年度预算实施。

固定资产投资建设项目借款应严格按照经公司董事会和总裁办公会议批准、国家主管部门核准或备案的可行性方案中确定的建设资金借款计划安排实施。

财务部门应对公司经营状况、借款的需求、付息还款能力等进行分析评估，在确保借款符合国家有关法律法规、政策前提下，论证借款对资产负债结构、成本效益、经营目标等方面的影响，提出借款意见。

二、借款的岗位要求

应明确借款业务管理的岗位责任，确保办理借款业务不相容岗位互相分离、制约、监督，同一个岗位不得办理借款业务的全过程。

三、借款的审批程序

根据公司章程规定，公司如发生超过公司（最近一期经审计的）净资产50%，或单笔超过公司（最近一期经审计的）净资产10%的重大融资事项，必须获得市国资委（出资人）的批准。

公司制定借款业务的授权和审批制度，公司董事会和总裁办公会议授权公司财务部负责办理公司借款业务，并按以下权限审批：

1. 以公司为借款人的单笔借款金额小于等于3000万元人民币的，由总裁授权公司财务部执行总监审批。

2. 以公司为借款人的单笔借款金额大于3000万元、小于等于5000万元人民币的，由总裁授权公司财务总监审批。

3. 以公司为借款人的单笔借款金额大于5000万元、小于等于1亿元人民币的，由公司董事会授权总裁审批或由总裁决定召开总裁办公会议审批。

4. 以公司为借款人的单笔借款金额大于1亿元人民币的，或单笔借款占公司最近一期经审计净资产3%以上，或一年内累计金额占公司最近一期经审计净资产20%以上借款，或根据最近一期审计报告公司资产负债率超过70%的所有借款，由公司董事会审核批准。

经批准后的固定资产投资项目建设资金的使用不再另行审批。

四、借款的日常管理

财务部门应负责建立借款台账，对借款合同进行编号登记，按照借款合同内容准确填写借款信息，确保完整、正确、及时地记录所有的借款信息。

应定期对借款台账和借款合同进行检查核对，保证其一致性；在借款付息日和还款日前应筹措安排足额资金，保证正常付息和归还借款。

财务部门应在借款到账、借款归还的当期，根据银行借款凭证、还款凭证及时记录入账；应在利息发生的当期，根据银行利息支付凭证及时记录借款利息的发生。

出纳岗位应复验、稽核岗位应审核银行利息计算的正确性；稽核岗位应审核借、还款会计记录的准确性。

固定资产投资建设项目的借款利息应按照“借款费用”会计准则要求处理。

五、借款的披露

年度结束后应根据会计准则和制度规定在年度财务报告中对借款事项进行信息披露。

六、公司借款管理

全资或控股子公司的各类借款管理应参照执行，或按公司以上管理要求结合公司实际自行制定管理制度。

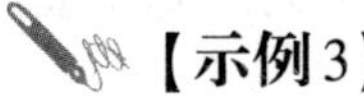

【示例3】

公司委托贷款管理办法

一、委托贷款的管理原则

委托贷款（简称委贷），是指由公司及全资或控股子公司作为委托人提供资金，通过金融机构（受托人）向委托人确定的贷款对象、用途、金额、期限、利率等代为发放、监督使用并协助收回的贷款。

委托人的资金来源必须正当并可自由支配。

公司对外委贷的委托人应为其他第三方公司。

公司原则上不对其他第三方公司或单位提供委托贷款。如有特殊情况确需对其他第三方公司或单位提供委托贷款的，由公司总裁办公会议审核批准。

二、借款人的资质调查

委托人必须对借款人的资质情况进行调查核实，如有担保人的还应对担保人进行调查核实；借款人的借款申请必须符合有关政策规定，并应提供受托人的审查意见。

借款人原则上应为经主管机关注册登记的公司全资或控股子公司或全资或控股子公司非公经济实体，符合《贷款通则》和公司关于借款人资质的各项要求。

三、委托贷款的审批

公司董事会和总裁办公会议授权公司财务部门负责办理公司委托贷款业务，并按以下权限审批：

1. 以公司为委托人的单笔委托贷款金额小于等于3000万元人民币的，应由总裁授权公司财务部执行总监审批。

2. 以公司为委托人的单笔委托贷款金额大于3000万元、小于等于5000万元人民币的，应由总裁授权公司财务总监审批。

3. 以公司为委托人的单笔委托贷款金额大于5000万元、小于等于1亿元人民币的，应由公司董事会授权公司总裁审批或由总裁决定召开总裁办公会议审批。

4. 以公司为委托人的单笔委托贷款金额大于1亿元人民币的，应由公司董事会审批。

委托贷款原则上应通过公司财务有限责任公司（受托人）办理。

除公司财务以公司商业银行作为受托人办理委托贷款的合同之外，其他合同应经总裁办法律顾问审验。

四、借款后续跟踪

委托人应建立委托贷款台账，并定期检查和审核台账记录的正确性。委托人应要求借款人定期提供会计报表和相关财务资料，定期跟踪监督借款人的财务状况、借款使用情况，确保委托贷款的正常使用和资金安全。

五、委托贷款减值准备的计提与核销

委托人应当严格控制委托贷款风险，并对委托贷款本金进行定期检查，如出现可收回金额低于委托贷款本金的，应按可收回金额低于本金的差额，及时计提减值准备。

当有合法、有效、确凿的证据表明委托贷款发生事实损失时，在履行以下批准程序后可对投资减值准备实行核销：

单项损失金额小于等于500万元人民币的，报公司总裁办公会议审批核销，并向国资委备案；单项损失金额大于500万元人民币的，单笔投资金额大于100万元人民币、小于等于500万元人民币的投资跌价准备核销，由公司总裁办公会议审核批准，并向国资委备案；大于500万元人民币的投资跌价准备核销，由公司董事会审核批准，并向国资委备案；大于1000万元人民币的投资跌价准备核销，由公司董事会审核批准，并应向国资委提出申请，得到核准后进行财务核销。

委托借款减值核销流程参见“第九章国有资产产权管理—005重大财务事项报告—重大资产处置”。

六、公司委贷管理

除公司外，全资或控股子公司原则上不得发放委托贷款。如确需发放委托贷款，应严格管理、制定健全的内部审批权限，经公司管理层办公会议通过，报公司财务部批准。

参股公司如需发放委托贷款，应经过公司董事会或管理层办公会议批准。

全资或控股子公司如确需进行委托贷款的，应严格参照公司以上管理规定执行或参照公司管理要求自行制定严格的管理制度。

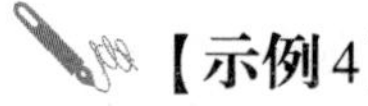

【示例4】

公司担保管理办法

一、担保定义

担保是指在各类经济活动中，债权人为保障其债权实现所依法设定的一种行为方式。主要包括：保证、抵押、质押、留置和定金。本手册所称的担保是指公司为直接管理公司以及直接管理公司之间发生的各类贷款进行担保业务，担保方式仅限于保证、抵押和质押。

保证：是指保证人和债权人约定，当债务人不履行债务时，保证人按照约定履行债务或承担责任行为。

抵押：是指债务人或第三人不转移财产的占有，将该财产作为债权的担保。债务人不履行债务时，债权人有权以该财产折价或者以拍卖、变卖该财产的价款优先受偿。

质押：是指债务人或者第三人将其动产移交债权人占有，将该动产作为债权的担保。债务人不履行债务时，债权人有权以该动产折价或拍卖、变卖的价款优先受偿。

二、担保项目的管理

（一）担保原则

公司对外担保业务坚持严格、谨慎、授权的原则。

担保范围包括固定资产项目贷款、流动资产贷款以及开立信用证的担保。

公司对全资或控股子公司的借款以及其他有投资关系公司确需投资方共同提供担保的借款，根据“共同投资、共担风险”原则，与公司的其他投资方按各自投资比例提供担保；对超过投资比例的担保，必须经公司总裁办公会审核批准。公司对公司的担保余额不得超过被担保方提出担保申请时按投资比例计算的净资产。

公司原则上不对其他第三方公司和单位提供担保，如有特殊情况确需对其他第三方公司或单位提供担保的，由公司董事会审核批准。

（二）担保的岗位分工和制约

公司建立担保业务的岗位责任制，明确担保业务涉及的相关部门和岗位的职责权限，做到以下不相容岗位的相互分离、制约和监督：

1. 担保业务的评估与审批；
2. 担保业务的审批与执行；
3. 担保业务的执行与核对；
4. 担保业务相关财产保管和担保业务的记录。

公司明确担保业务的审批权限，在授权范围内进行审批，不得超越权限审批。严禁未经授权或超出审批权限的担保业务。

公司严格按照规定办理担保业务，对于违反规定担保的公司和个人，公司有权给予一定的行政处罚，对于造成经济损失的担保，可追究经济责任和法律责任。对于外部强令的担保事项，有权拒绝办理。

办理担保业务的人员应该具备良好的职业道德、较强的风险意识和业务素质，掌握与担保业务相关的专业知识和法律法规。

（三）担保的风险评估

担保必须进行风险评估，对被担保公司进行合法性审查、资信审核、业务评审：

1. 合法性审查：申请担保公司的资格、担保事项应当符合《担保法》等相关法律法规和政策规定。

2. 资信审核：审核申请担保公司的资信等级、资产负债率、有无拖欠利息、经营业绩等因素，全面评估担保风险。如要求申请担保人提供反担保的，还应对与反担保有关的资产进行评估，且申请和评估应分离。

3. 业务评审：从业务层面评审融资的用途和必要性、融资对未来经营的影响以及法律意见等，为担保决策提供依据。

4. 被担保人出现以下情形不得提供担保：担保项目不符合国家法律和政策、公司规定的；已进入重组、托管、兼并、破产清算的；财务状况严重恶化资不抵债的；管理混乱经营风险较大的；存在较大的经营纠纷、经济纠纷、面临法律诉讼且可能承担较大赔偿责任的；与公司或公司就过去已经发生的担保产生纠纷，或不能及时缴纳担保费用的。

（四）担保审批的权限

公司董事会和总裁办公会议按以下权限审批担保业务：

1. 为全资或控股子公司提供担保、单笔金额小于等于3000万元人民币，或同一公司一年内累计提供担保额小于等于5000万元人民币的，由公司总裁办公会议审核批准；

2. 为全资或控股子公司提供担保、单笔金额大于3000万元人民币，或同一公司一年内累计提供担保额大于5000万元人民币的，由公司董事会审核批准；

3. 为其他第三方公司提供担保、单笔金额小于等于1000万元，或为同一公司一年内累计提供小于等于3000万元的担保，应由公司总裁办公会议审核批准。

4. 为其他第三方公司提供担保、单笔金额大于1000万元，或为同一公司一年内累计提供大于3000万元的担保，应由公司董事会审核批准。

（五）担保的程序

公司要求被担保公司在提出担保申请时，应在申请材料中列明申请理由、借款金额、利率、期限、担保形式、还款安排。项目借款须报送立项批准书、项目可行性报告等相关材料。

申请担保公司，应在拟签订担保合同前 7 个工作日，将办理担保手续所需的全部申请材料送公司财务部审核。财务部经办人员进行初审，对担保的必要性、风险性进行评估，不符合担保条件的申请应予以退回，符合条件的担保申请交由财务部执行总监核准。

核准后由公司总裁办法律顾问对担保合同条款审核，并提出法律意见。

完成以上审核程序并获得通过后，按第 4.1.4 条规定的审批权限进行审批。

签订担保合同后，被担保公司应将借款合同、担保合同及时送公司财务部备案。

如为关联方提供担保的，与关联方存在经济利益或亲属关系的有关人员应在评估与审批环节中予以回避。

（六）担保的记录及跟踪

担保方对于大额资金（单笔担保金额达到担保公司净资产 10% 以上的，或累计担保金额超过净资产 50% 以后的每笔担保数额）担保，应要求被担保方提供由具备资质机构出具截至申请担保日期的资信评估报告或审计报告。

签订担保合同后，公司将组织对被担保公司进行严格的动态监控，定期监测和掌握被担保人的经营情况和财务状况，进行担保风险分析评估，直至合同终止。对于异常情况和风险较大问题，应早发现、早预警、早报告，根据情况研究防范和化解风险的措施。重大问题和特殊情况，必须及时向管理层或董事会报告。

应做好担保合同的管理，由财务部门妥善保管担保合同、与担保合同相关的主合同、反担保函或反担保合同，以及抵押、质押权利凭证和有关原始资料，保证担保项目档案完整、有效，并定期进行检查。

按要求需进行反担保或资产抵押质押的担保业务，应要求被担保单位提供反担保或具有价值保障、变现能力强的资产作为抵押或质押，同时通过调查了解反担保方主体资格、资产质量、信用状况等方面情况，确定反担保提供方的实际承保能力；妥善保管被担保人用于反担保的财产和权利凭证，定期核实财产的存续状况和价值，确保反担保财产安全完整。

（七）担保的监管

公司的对外担保情况应定期报市国资委备案。发生包括但不限于下列情况，应向国资委备案：公司及公司直接管理的全资公司、控股公司，如担保总额超过最近一期经审计净资产 50% 以后提供的任何担保；为资产负债率超过70%的担保对象提供的担保；单笔担保额超过最近一期经审计净资产10%的担保。

市国资委、公司监事会负责监督检查公司担保业务；公司审计室负责监督检查全资或控股子公司的担保业务。

（八）担保中抵押、质押担保的具体规定

抵押、质押担保必须符合以下要求：

下列财产可以抵押：

1. 抵押人所有的房屋和其他地上定着物；
2. 抵押人所有的机器、交通运输工具和其他财产；
3. 抵押人依法有权处分的国有土地使用权、房屋和其他地上定着物；
4. 抵押人依法有权处分的机器设备、交通运输工具和其他财产；
5. 公司认可的依法可以抵押的其他财产。

下列财产不得抵押：

1. 所有权、使用权不明或者有争议的财产；
2. 依法被查封、扣押、监管的财产；
3. 依法不得抵押的其他财产。

下列财产可以质押：

1. 出质人所有的动产；
2. 汇票、本票、支票、债券、存款单、仓单、提单；
3. 依法可以转让的股份、股票；
4. 依法可以转让的商标专用权、专利权、著作权中的财产权；
5. 公司认可的依法可以质押的其他动产或权利。

下列财产不得质押：

1. 依法被查封、扣押、冻结、监管的动产或权利；
2. 易燃易爆物品；
3. 赃物和来源不明的物品；
4. 不能强制执行或者没有有效证明文件的物品；
5. 依法不得质押的其他动产或权利。

抵押物和质押物按以下要求进行审查：

1. 在采用抵押或质押的方式时，应当审查核实抵押或质押的有关证明文件：

(1) 抵押（出质）人用国有的财产抵押、质押的，须出具国有资产管理部门同意抵押、质押的证明文件或有权抵押、质押的证明文件；

（2）抵押（出质）人用合资公司、有限责任公司、股份有限公司的财产抵押、质押的，须出具董事会同意抵押、质押的证明文件；

（3）抵押（出质）人用其他财产抵押、质押的，须出具有权抵押、质押的证明文件，并按照公司章程规定，有足够董事会人数签字同意；

（4）抵押（出质）人用不可分割的共有财产设定抵押、质押的，须征得其他共有人的书面同意后，才能以其自己所拥有的份额设定抵押、质押权。

2. 以不动产（如土地、房产）设定抵押的，须提供下列证明文件：

（1）以土地使用权作抵押的，须出具《土地出让（转让）合同》和《国有土地使用权证》。

（2）以现有房屋作抵押的，须出具《国有土地使用权》和《房屋所有权证》；若以商品房作抵押的，须出具《商品房出售合同》。办理抵押时，应取得当地房地产管理部门出具的《房地产他项权利证明》，其中须载明抵押人的抵押债权。

3. 以动产设定抵押、质押的，须出具商品发票及有关证明材料，并办妥相关抵押、质押登记证明文件。

4. 以有价凭证（如汇票、本票、支票、债券、存款单、仓单、提单）设定质押的，须交付实物凭证原件。质押票据应符合票面"清洁"的要求，应为真实交易的付款凭证，并满足下列条件：

（1）出质人应当在票据背面记载质押背书的文字，如"质押"等字样，并按票据转让规定加盖背书。

（2）所有用于质押的汇票（包括银行汇票和银行承兑汇票），必须通过银行系统的查询，必要时可通过其他方式核实，以确保其真实性。背书正确与否，须经开户银行确认。

抵押物和质押物的处分根据以下要求进行：

1. 有下列情况之一的，抵押权人或质权人有权处分抵押物、质押物：

（1）借款人未履行到期债务；

（2）借款人依法被宣告解散或破产的；

（3）借款人有擅自处分抵押物、质押物的意向的；

（4）借款人发生减资、分立等情况，足以影响抵押、质押合同的履行；

（5）抵押、质押合同约定的其他情况。

凡发生上款所述情况的，债权人与抵押人或出质人可协商以抵押物、质押物折价或者以拍卖所得的价款优先受偿；协议不成的，可申请人民法院拍卖抵押物、质押物。

2. 抵押人或出质人的行为足以使抵押物、质押物的价值减少的，抵押权人、质权人有权要求抵押人、出质人停止其行为。抵押物或质押物价值减少的，抵押权人或质权人有权要求抵押人或出质人恢复抵押物或质押物的价值，或者提供与减少的价值相当的担保；抵押人或出质人拒不采取措施或提供担保的，抵押权人或质权人有权按照抵押、质押合同的约定，以抵押物、质押物折价或者以拍卖、变卖等方式所提的价款提前清偿债务，也可以直接请求法院保护自身的抵押权、质权。

公司董事会和总裁办公会议按以下权限审批资产抵押事项：

1. 如单笔交易涉及资产额占公司最近一期经审计净资产5%以下（含），或一年内累计金额占公司最近一期经审计净资产20%以下（含）的资产抵押事项，应由公司总裁办公会议审核批准。

2. 如单笔交易涉及资产额占公司最近一期经审计净资产5%以上，或一年内累计金额占公司最近一期经审计净资产20%以上的资产抵押事项，应由公司董事会审核批准。

（九）担保的披露

公司财务部门应建立担保台账或辅助备忘记录，详细记录担保对象、金额、期限、用于抵押质押的物品、权利和其他有关事项，定期对担保余额、担保总额、逾期担保等情况进行统计，并定期进行检查。

公司对提供的担保情况应在财务报表附注进行披露。对担保可能引起的负债也应按会计制度和准则进行确认和披露。

（十）全资或控股子公司参照执行

全资或控股子公司不得对其他第三方公司或单位提供担保；原则上也不允许全资或控股子公司（不含全资或控股子公司对其投资控股、参股公司）之间相互提供担保。如有特殊情况需要提供担保的，应严格控制，参照公司以上管理规定执行或依据公司管理要求自行制定管理制度，并报公司总裁办公会议审核批准。

第十六章　企业社会责任和突发事件处理合规管理

【思维导图】

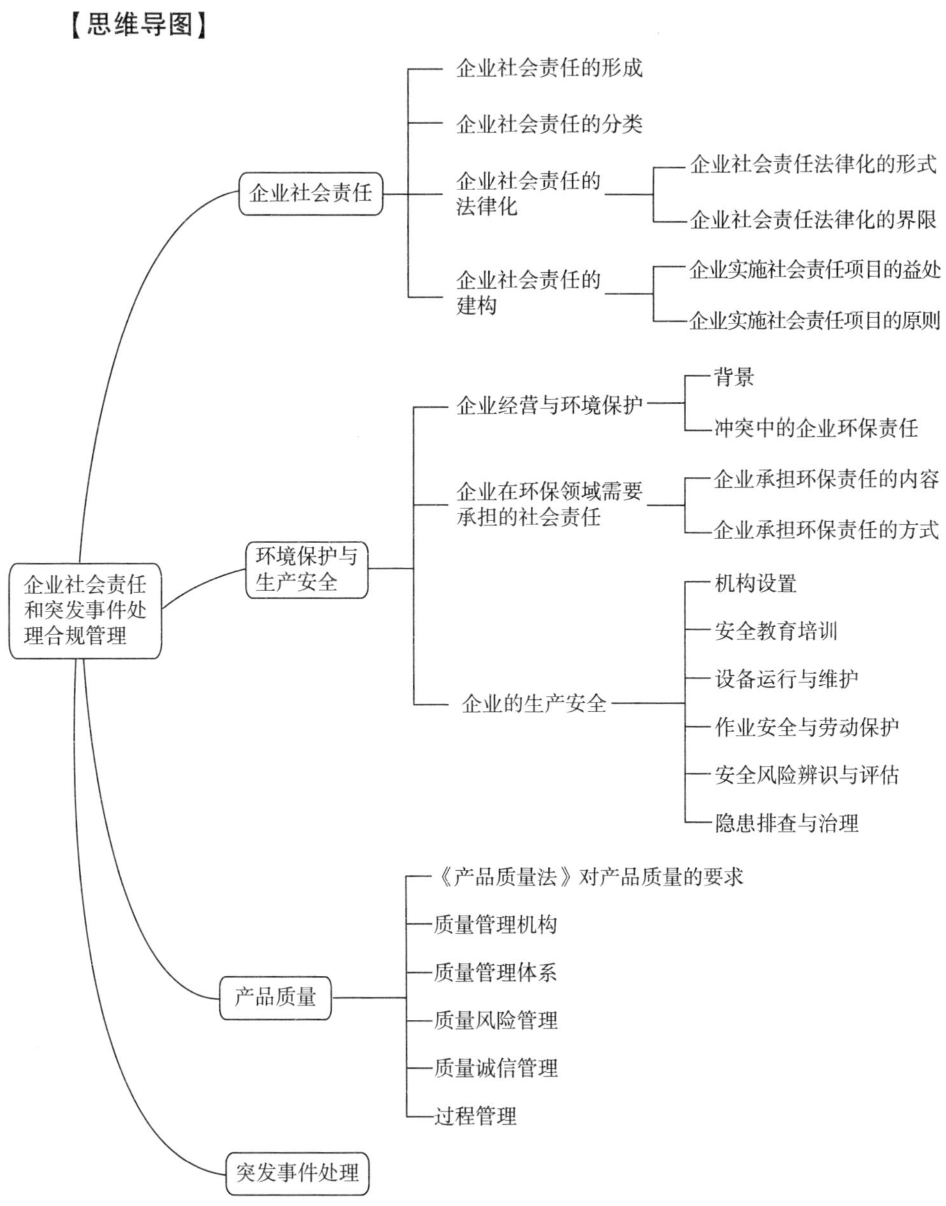

【本章概要】

本章将重点分析企业的社会责任以及突发事件处理。企业社会责任是20世纪初诞生的概念，旨在为企业设定营利以外的公共利益目标来增进社会整体福祉。本章第一节主要分析了企业履行社会责任的收益以及我国企业实施社会责任项目的路径。在接下来的章节中，我们挑选了环保、生产安全、产品质量三大社会责任进一步阐述企业在这些领域可以为社会做出的贡献。在最后一节，我们讨论了企业应对突发事件所需要的组织机构、人员、流程，为企业应对突发事件整理出了一个初步的应对机制。

第一节　企业社会责任

一、企业社会责任的形成

企业社会责任（Corporate Social Responsibility，CSR），是一个发源于20世纪初的理念。20世纪60年代以后，由于社会责任涵盖的问题越发广泛，有关企业社会责任的理论探讨吸引了大量学者的参与，并且开始影响到社会上的其他人员。

企业的社会责任从2000年以后开始在我国受到重视，随着我国加入WTO，外资企业实行的企业社会责任标准对我国企业参与国际竞争起到促进和刺激的作用。企业缺乏社会责任而导致的重大社会问题要求我们就企业道德和社会责任问题展开了较深入的研讨。2005年1月成立的“中国企业联合会全球契约推进办公室”，旨在积极鼓励、支持和帮助我国企业参与“全球契约”的组织；2006年1月1日我国施行的《公司法》加入“社会责任”条款(第五条)，并在现行企业法中予以保留。在政府干预、社会公众问责和企业自身可持续发展的要求下，在我国推行企业社会责任运动的呼声日益高涨。

二、企业社会责任的分类

企业社会责任可以分为两种：传统型企业社会责任和当代型企业社会责任。在传统型企业社会责任中，企业在创造利润和价值时，不会过多地考虑股东和客户以外的利益。企业会筹集资金，并进行捐赠，但并没有将这样的行为视为企业职能。在当代型企业社会责任中，它们将责任行为作为一种既满足社会期望又产生利润的手段。因而企业社会责任是它们日常业务的一部分[①]。

关于以上二者的差异可以参阅以下表格：[②]

	传统型企业社会责任	当代型企业社会责任
关注点	分享或回馈的方式	产生利润的方式
驱动力	形象、品牌、公众接受度	运行情况、市场、产品
执行者	企业、单边慈善事业	企业 + 多利益相关者网络
与最终价值的关系	价值分配	价值创造
指导方针	被动回应型	积极主动型
纲领	企业社会责任是被动回应	企业社会责任是主动领导

三、企业社会责任的法律化

（一）企业社会责任法律化的形式

法律责任的特征是有国家强制力作为其实现的后盾。当前，许多国家的公司法和商法典通过强行性法律规范不同程度地实现了企业社会责任的法律责任化。最早在企业法中体现社会责任是在 1937 年的德国《股份公司法》，其中规定企业董事“必须追求股东的利益、企业雇员的利益和公共利益[③]”。2006 年修订并于 2008 年实施的《英国公司法》第一百七十二条第二款规定：当企业的目的条款包含，或者在一定程度上包含了追求其成员之外的利益的条款时，第一款即应当在以下意义上产生效力：为了企业全体成员利益而促进企业成功，也就是等同于实现第一款所列的目的。[④]

我国《公司法》及其他相关法律也以强行性规范的方式规定了公司的社

① Crane, A. , Matten, D. , Spence, L. (Eds.) . (2014) . Corporate Social Responsibility: Readings and Cases in a Global Context. London: Routledge.

② Crane, A. , Matten, D. , Spence, L. (Eds.) . (2014) . Corporate Social Responsibility: Readings and Cases in a Global Context. London: Routledge.

③ 参见傅穹：《公司社会责任的法律迷思与规制路径》，载《社会科学战线》2010 年第 1 期。

④ 参见罗培新：《我国公司社会责任的司法裁判困境及若干解决思路》，载《法学》2007 年第 12 期。

会责任。如有限责任公司和股份有限公司的监事会中职工代表的比例不得低于三分之一；由两个以上的国有公司或者两个以上的其他国有投资主体投资设立的有限责任公司之董事会成员中应当有公司职工代表，国有独资公司董事会成员中应当有公司职工代表；上市公司应设立独立董事等。这些法律设定的社会责任范围小于公司社会责任的范畴。我国对公司社会责任的强行性规定还体现于《破产法》《产品质量法》《消费者权益保护法》《反垄断法》《反不正当竞争法》《劳动法》等立法之中。

（二）企业社会责任法律化的界限

对于企业社会责任来说，能以法律性质被固定的属于道德底线的那一部分。我们不难发现，诸如环境保护、消费者保护、劳工保护等强行性规定都是对企业道德底线的要求。当然，随着社会的发展变化，法律对道德底线的判断会发生变化，从而道德责任向法律责任转化的现象会持续不断地发生变化。从国外立法例及判例来看，支持企业管理层考虑企业社会责任的理由，主要是这些行为有利于企业的长远利益，或者与股东的利益相关。而是否有利于企业的长远利益，则有赖于企业董事和高管的商业判断①。

单就我国的情形而言，在判断企业社会责任的时候，首先，应当将国务院明令禁止的摊派行为排除在外。其次，应当由相关部委出面，组织各行业根据本行业的实际情况，颁布有关企业社会责任的指引性文件，供企业确定自身社会责任时参考。目前我国的深圳证券交易所已经制定并发布了《深圳证券交易所上市公司社会责任指引》，上海证券交易所则制定并发布了《上海证券交易所上市公司环境信息披露指引》，均是在帮助、引导企业落实自身社会责任方面迈出的重要步伐。

当前，企业社会责任在我国已经成为一个普遍的话题，社会对于通过法律来推动企业社会责任的落实业已取得较大共识。但是，企业社会责任最初是一种道德责任，并非所有的道德规范都有必要且有可能上升为法律规制。针对不同的企业社会责任要求，将其分别予以法律化，或者继续留给伦理调整。当然，它们之间的边界并非一成不变，随着社会的发展，它们各自的范围也会发生变化。我国企业社会责任的法律化途径主要有两条：一是将属于

---

① 参见罗培新：《我国公司社会责任的司法裁判困境及若干解决思路》，载《法学》2007年第12期。

道德底线要求的企业社会责任尽可能地转化为法律责任；二是借助各类指引性文件促成企业社会责任的实现。

四、企业社会责任的建构

随着我国越来越多的企业登上国际舞台，我国企业在国际道路上取得了令人瞩目的成就。企业的社会责任可以为真正大而强的企业在国际市场上建立自己的企业品牌奠定良好的基础。

（一）企业实施社会责任项目的益处

在今天的中国，企业的社会责任被寄予了比以往任何时候都要高的期望。为了更好地应对我国企业走出去后面临的重重挑战，我国企业应当对在当地开展社会责任项目予以足够重视。因为这些项目可以为企业带来以下收益：

1. 增强当地社会认可度

这是指一个企业获得当地居民及其他利益相关者的接受或者准许。现在这个概念已经越来越普遍化。一个获得高度评价的案例则是高×。过去十年中，高×在其发展中国家市场开展了一项提升女性企业家形象的项目——万名女性行动[①]。这些项目被高×的领导层认为有助于提升企业在当地的形象即向当地人民展示了高×不仅是来寻求利润的，同时也能给他们带来帮助。这在很大程度上可以帮助高×建立良好的社会形象，也帮助高×打开了与政府对话的大门。现在"软实力"在政府层面显得愈加重要。在企业层面建立一个战略性的社会责任项目就是重要的软实力建设举措。这有助于减少公众对企业动机的怀疑，提升企业形象以及公众接受度。

2. 增强市场认知能力

社会责任项目亦是企业了解当地市场的有效途径。例如，品牌 IBM 为企业主要领导创立了一个"企业全球志愿服务队"，在该项目中，IBM 领导人会在国际市场所在国家为当地 NGO 工作一个月左右。IBM 根据内部的未来 20 年至 30 年时间关键的增长市场的列表来决定在哪里开展志愿者项目。通过这些志愿者项目，企业领导人可以更多地了解当地市场以及这个国家的投资计划。同时，企业领导利用这段在当地工作的机会与当地政府工作人员有所接触，

---

① 参见张颖、孟睿思：《社会公司责任与全球竞争力》，载《中国经济报告》2015 年第 3 期。

为未来的重要工作建立了联系。在发达国家，购买 IBM 产品和服务的主要是企业，而在发展中国家主要是政府购买 IBM 的产品。[①]

3. 加强文化嵌入

不同国家在文化方面存在巨大差异。在过去十年间，有许多在中国有业务的跨国商业企业实施了自己的社会责任项目，促进了其在本地更好地运营。跨国公司管理层已然发现，这些项目的开展可以帮助他们更好地了解当地情况和员工情况，但更为重要的是，这些项目可以使得当地员工与跨国公司建立更深层次的联系[②]。

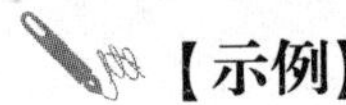【示例】

国家电网发布《国家电网有限公司海外社会责任指南》[③]

2018 年 12 月 12 日，在我国公司海外形象高峰论坛上，国家电网发布了中央公司首个海外社会责任指南——《国家电网有限公司海外社会责任指南》，从规范、理性视角呈现公司海外履责的基本要求、管理思路和运营行为，以及积极贡献可持续发展和包容性增长的举措，会上同时还发布了《国家电网有限公司海外履责故事汇（2018）》。

作为中央公司首个海外社会责任指南，《国家电网有限公司海外社会责任指南》是国家电网公司社会责任思想创新的系统梳理，也是公司社会责任实践成果的生动总结，对我国公司的海外履责提供了可借鉴的行动路径，因而具有划时代的理论创新和实践示范的意义。

此举同样还展现出了中国社会责任先锋公司负责任的形象、实践者的形象和创新者的形象，是对中国负责任大国形象的最好诠释和生动案例。

（二）企业实施社会责任项目的原则

1. 放眼长远利益

现在虽然有越来越多的企业赋予社会责任项目以战略性的地位，但企业不应当将该类项目等同于单纯的市场推广或公关项目。后两者在通常情况下

---

① 《践行社会责任 IBM 企业全球志愿服务队连获殊荣》，载 IBM 官网，https：//www－31. ibm. com/ibm/cn/corporateresponsibility/news/news－20151229. shtml，最后访问时间：2021 年 11 月 9 日。

② 参见张颖、孟睿思：《社会公司责任与全球竞争力》，载《中国经济报告》2015 年第 3 期。

③ 参见赵均、李蔷薇：《2018 企业社会责任十大事件（国内）》，载企业社会责任中国网，http：//www. csr－china. net/，最后访问时间：2020 年 9 月 21 日。

虽然能够产生短期利益，但如果将社会责任项目等同于此二者，则会对企业的长期发展构成潜在危害。企业应当将社会责任项目置于比一般沟通手段更高的地位，它应当是一个真正与全球利益相关者互动联系的有效途径。有些企业把社会责任项目作为一个单纯的公关手段，但当其真实目的暴露后，则会有适得其反的效果。随着企业社会责任报告和可持续发展报告越来越流行，企业会更倾向于在报告中采取象征性的姿态，但不把责任落到实处。实际上，这种做法对企业的长远利益有害无益。

2. 采取问题导向

企业在社会责任项目中通常会关注一个特定的社会问题。通过对特定问题的关注，企业可以传达关于企业的全面愿景。如果项目与企业的经营业务存在一定关系，企业能够利用其核心能力更有效地执行社会责任项目，利益相关者也会较少质疑企业项目。

3. 在全球战略与当地战略间获取平衡

企业应当使社会责任项目立足于当地，更好地满足基层客户的需求，以获得本土支持。在有些案例中，企业选择聚焦本土而不是全球战略，以充分发挥最为有效的 NGO 合作伙伴的优势①。但焦点过于着重于本地可能会使项目存在重叠，企业可能会因此失去协同效应的优势。所以企业应当在全球战略与当地战略之间取得平衡，展示一个连贯的社会责任战略。

【示例】

星巴克的公司责任建构②

星巴克咖啡从 1971 年开始，一直专注于公司责任和道德，其主要关注点之一就是绿色咖啡的可持续生产。该模式被称为 C. A. F. E. 模式。通过使用 C. A. F. E. 模式③，公平贸易和其他致力于购买此认证咖啡的组织，对全世界种植此咖啡的工人、农场的自然和社会环境产生了重大的影响。该公司支持许多产品，例如给世界上超过 1 千万无法获得干净水资源的人们带来纯净水的 Ethos Water。截至目前，Ethos Water 提供的资金已超过 6200 万美元。2014

① 参见张颖、孟睿思：《社会公司责任与全球竞争力》，载《中国经济报告》2015 年第 3 期。

② 参见星巴克：《社会责任》，载星巴克官网，https://www.starbucks.com.cn/about/responsibility/，最后访问时间：2020 年 9 月 25 日。

③ 该模式是一种伴随有第三方评估的咖啡来源指导，旨在为星巴克门店提供高质量、可持续发展的咖啡来源。它主要从经济、社会、环境三方面评估咖啡生产过程。

年，星巴克公司捐出1140万美元现金，其中190万美元给了星巴克基金会，此外还有3880万美元的物质资助。星巴克同时也投资于可再生能源的发展，鼓励使用可回收杯子。为了给员工、社区和咖啡种植者创造一个更好的工作环境，星巴克不断革新和测试绿色实践，同时致力于降低对经济、社会和自然环境稳定性的风险，通过创新气候与能源政策业务（BICEP）及其他来提倡气候立法。星巴克致力于2018年雇用1万个待业青年。

第二节 环境保护与生产安全

一、企业经营与环境保护

（一）背景

环境本身没有直接的利益对象，也无法直接保障企业的既得利益。不论是在经济景气还是经济萧条的背景下，环境可能往往是首先被牺牲的。

Russo和Fouts从企业承担环境责任的角度进行了研究，发现企业实行严格的环境政策、强调污染控制，能给企业带来两种无形资源：一是可以对顾客购买产生影响的环境控制声誉；二是企业的政治影响资产，即企业影响公共政策制定的能力。Mohr和Webb从公益事业和环境保护两个方面研究了社会责任对消费者购买意向的影响，结果显示，企业负责任的行为会正向影响消费者对企业的评价和购买意向①。

但由于环境保护的收益具有长期性和间接性，无法帮助企业形成直接的收益，再加上环境保护需要长期投入，这会让企业倾向于短期内逃避社会责任，甚至伤害社会利益，以换取企业收益。因此在企业社会责任中，通常企业会将那些易于提升自身形象及获取社会认同的社会责任置于重要的地位，让它们成为企业文化的重要组成部分。而环境保护却始终停留在表面，无法落到实处。我国企业过去和现在都从环境中收获了大量的利益，现在必须主动承担社会责任。

① 参见李新娥：《公司社会责任和公司绩效》，经济管理出版社2010年版，第43页。

【案例】

对于非法处置危险废物犯罪严惩重罚[1]

2015 年 2 月，被告人董某等人租用停车场地挖设隐蔽排污管道，连接到河北省蠡县城市下水管网，将2816.84 万吨废碱液排放至下水管网。2015 年 5 月 16 日、17 日，被告人石某国等人经暗道排放 100 余吨废碱液至城市下水管网，18 日上午，又将 30 余吨废盐酸排放至暗道。当日下午 1 时许，停车场及周边下水道大量废水外溢，并产生大量硫化氢气体，致停车场西侧经营饭店的被害人李某被熏倒，经抢救无效死亡。

河北省蠡县人民法院一审认为，涉案废碱液、废盐酸均被列入《国家危险废物名录》，属危险废物。被告人董某等人违反国家规定，非法处置、排放有毒物质，严重污染环境。其行为均已构成污染环境罪。董某等人非法排放废碱液，娄某等人非法排放废盐酸，均对李某硫化氢中毒死亡这一结果的发生起到了决定性作用，应对李某的死亡结果承担刑事责任。根据各被告人的犯罪事实、犯罪情节和社会危害性，法院一审判决被告人董某等犯污染环境罪，判处有期徒刑二年至七年不等，并处罚金。河北省保定市中级人民法院二审对一审刑事判决部分予以维持。

本案中，被告人董某等 19 人分别违法排放的废酸与废碱产生化学反应，致人死亡，后果特别严重。人民法院全面贯彻宽严相济刑事政策，充分发挥环境资源刑事审判的惩治和教育功能，结合各被告人犯罪事实、犯罪情节和社会危害性，依法认定提供、运输、排放、倾倒、处置等环节各被告人的刑事责任，从重判处刑罚。本案的审理和判决对于斩断危险废物非法经营地下产业链条、震慑潜在的污染者具有典型意义。

（二）冲突中的企业环保责任

一般来说，企业不可能单纯自发地自主履行社会责任和义务，特别是需要长期投入的责任和义务。企业作为一个追求利益的经济体，有节省开支的属性。为了吸引企业带来经济利益，地方政府也有牺牲环境的长远利益的可能，如主动为企业创造廉价的生产条件，对当地环境进行压榨和破坏。而企

---

[1] 参见最高人民法院：《生态环境保护典型案例》，载最高人民法院官网，http://www.court.gov.cn/zixun-xiangqing-144992.html，最后访问时间：2020 年 9 月 27 日。

业则为当地居民带来了就业和创收的机会，地方政府对经济发展的诉求与环节保护之间需要调和。

现在，随着从中央到地方的各级政府开始重视环境保护，以及地方居民在受到环境污染的侵害后开始反对污染企业，不断有企业和项目因为无法达到环保要求而被处罚。另外，绿色信贷等环保经济政策的推出，也使得环保问题成为企业发展中必须考虑的问题。

二、企业在环保领域需要承担的社会责任

（一）企业承担环保责任的内容

基于社会整体在新时期对环保的需求，企业在环保领域需要承担的社会责任大致有以下内容：

（1）遵守有关环境保护的国家和全球组织立法和政策，社会和行业道德伦理要求。

（2）减少对生态环境的破坏。企业应当在生产经营的全过程中实行绿色清洁采购、生产、运输和销售，控制污染和废弃物的排放，实现资源的再利用，保护当地生态，提高员工环保意识。

（3）节约资源与能源。企业应当建立节能减排机制，发展科技创新技术，积极倡导低碳循环经济，树立可持续发展理念。

（4）提高环保效益，引导绿色消费。企业应当致力于提高绿色产品的质量，积极引导消费者选择绿色产品。在经济危机中，寻找绿色产业的突破口，既将环保作为企业文化软实力来培养，也将其作为一种企业效益硬实力来巩固，提高适应国际关贸高标准的能力，提高市场竞争力。

（二）企业承担环保责任的方式

目前在探索企业履行环保社会责任的方式中，产生了许多模式，例如：

（1）企业运营的各方面普及环保观念。以英特尔企业为例，将环保绩效理念贯彻于产品的整个生产链中，从产品研发、工厂建造、原料采购、制造工艺，到资源利用和废物处理，通过绿色生产制造高效能产品，同时提高职工环保意识，建造“社区环保”，组织各种环境公益活动，将环保融入企业绩

效和社会回应中。①

(2) 聚焦于产品本身的绿色环保，针对重大的环保项目改进产品生产。这种确定重点再开发的模式能更好地契合产品生产方向，将环保和产品特点相结合，使环境和企业双赢。②

三、企业的生产安全

企业的生产安全亦是其需担负并落实的社会责任。《企业安全生产标准化基本规范》③ 指出，企业开展安全生产标准化工作，应当以安全风险管理、隐患排查治理、职业病危害防治为基础，以安全生产责任制为核心，建立安全生产标准化管理体系，实现全员参与，持续改进安全生产工作，预防和减少事故的发生，保障人身安全健康，保证生产经营活动的有序进行。

【案例】

某高速某路段特别重大道路交通事故④

2019年9月28日，某高速公路某段发生一起大客车碰撞重型货车的特别重大道路交通事故，造成36人死亡、36人受伤。

事故大客车在行驶过程中左前轮爆胎，导致车辆失控与中央隔离护栏碰撞，冲入对向车道，与对向大货车相撞。大客车上大部分乘员未系安全带，在事故发生时脱离座椅，加重了事故伤亡后果。

道路客运行业跨省异地源头管控存在漏洞：一是公司注册地有关部门对未取得道路运输经营许可的公司、车辆监管不力，对公司日常安全管理严重缺失的问题失察失管；二是车辆实际运营地有关部门未对非法营运大客车和非法组客点进行有效查处，仅将已掌握的异地籍非法车辆线索抄告车籍所在

---

① 《2009－2010英特尔中国企业社会责任报告：以技术创新推动社会创新》，载英特尔官网，https://www.intel.de/content/dam/doc/report/corporate－responsibility－2009－china－report.pdf，最后访问时间：2020年9月30日。

② 如宝钢集团的环保项目，参见《环保“零距离” 宝钢在行动》，载上海市宝山区人民政府官网，https://www.shbsq.gov.cn/shbs/xwdt/20190606/171551.html，最后访问时间：2021年11月10日。

③ 参见《企业安全生产标准化基本规范》(GB/T 33000－2016)。

④ 参见《应急管理部公布2019年全国应急救援和生产安全事故十大典型案例》，载应急管理部官网，https://www.mem.gov.cn/xw/bndt/202001/t20200111_343398.shtml，最后访问时间：2020年9月30日。

地交通运管部门；三是有关部门未形成合力，车辆登记和营运准入联动机制不健全，车辆行驶证使用性质与运输许可情况不符。

根据新修订的《安全生产法》及相关法律法规，企业构建内部生产安全制度有如下注意要点：

（一）机构设置

企业的安全生产责任制应当明确各岗位的责任人员、责任范围和考核标准等内容。企业应当建立相应的机制，加强对安全生产责任制落实情况的监督考核，保证安全生产责任制的落实。企业应当具备的安全生产条件所必需的资金投入，由企业的决策机构、主要负责人或者个人经营的投资人予以保证，并对由于安全生产所必需的资金投入不足导致的后果承担责任。有关企业应当按照规定提取和使用安全生产费用，专门用于改善安全生产条件。安全生产费用在成本中据实列支。

为了落实安全生产的组织功能，企业应当成立安全生产委员会，并应按照有关规定设置安全生产和职业卫生管理机构，或配备相应的专职或兼职安全生产和职业卫生管理人员，按照有关规定配备注册安全工程师，建立健全从管理机构到基层班组的管理网络。

企业主要负责人全面负责安全生产和职业卫生工作，并履行相应责任和义务如下：

（1）组织或者参与拟订本单位安全生产规章制度、操作规程和生产安全事故应急救援预案；

（2）组织或者参与本单位安全生产教育和培训，如实记录安全生产教育和培训情况；

（3）督促落实本单位重大危险源的安全管理措施；

（4）组织或者参与本单位应急救援演练；

（5）检查本单位的安全生产状况，及时排查生产安全事故隐患，提出改进安全生产管理的建议；

（6）制止和纠正违章指挥、强令冒险作业、违反操作规程的行为；

（7）督促落实本单位安全生产整改措施。

（二）安全教育培训

企业应当对从业人员进行安全生产教育和培训，保证从业人员具备必要的安全生产知识，熟悉有关的安全生产规章制度和安全操作规程，掌握本岗位的安全操作技能，了解事故应急处理措施，知悉自身在安全生产方面的权利和义务。未经安全生产教育和培训合格的从业人员，不得上岗作业。

企业使用被派遣劳动者的，应当将被派遣劳动者纳入本单位从业人员统一管理，对被派遣劳动者进行岗位安全操作规程和安全操作技能的教育和培训。劳务派遣单位应当对被派遣劳动者进行必要的安全生产教育和培训。

企业接收中等职业学校、高等学校学生实习的，应当对实习学生进行相应的安全生产教育和培训，提供必要的劳动防护用品。学校应当协助企业对实习学生进行安全生产教育和培训。

企业应当建立安全生产教育和培训档案，如实记录安全生产教育和培训的时间、内容、参加人员以及考核结果等情况。

（三）设备运行与维护

企业应对设备设施进行规范化管理，建立设备设施管理台账。企业应有专人负责管理各种安全设施以及检测与监测设备，定期检查维护并做好记录。对高风险设备及特种设备，企业应当建立专项安全管理制度，确保其始终处于安全可靠的运行状态。

企业采用新工艺、新技术、新材料或者使用新设备，必须了解、掌握其安全技术特性，采取有效的安全防护措施，并对从业人员进行专门的安全生产教育和培训。

企业的特种作业人员必须按照国家有关规定经专门的安全作业培训，取得相应资格，方可上岗作业。特种设备应按照有关规定，委托具有专业资质的检测、检验机构进行定期检测、检验。涉及人身安全、危险性较大的海洋石油开采特种设备和矿山井下特种设备，应取得矿用产品安全标志或相关安全使用证。

企业应建立设备设施报废管理制度。设备设施的报废应办理审批手续，在报废设备设施拆除前应制订方案，并在现场设置明显的报废设备设施标志。报废、拆除涉及许可作业的，应事先报批，并在作业前对相关作业人员进行培训和安全技术交底。报废、拆除应按方案和许可内容组织落实。

（四）作业安全与劳动保护

企业与从业人员订立的劳动合同，应当载明有关保障从业人员劳动安全、防止职业危害的事项，以及依法为从业人员办理工伤保险的事项。企业的从业人员有权了解其作业场所和工作岗位存在的危险因素、防范措施及事故应急措施，有权对本单位的安全生产工作提出建议。从业人员有权对本单位安全生产工作中存在的问题提出批评、检举、控告；有权拒绝违章指挥和强令冒险作业。工会有权对建设项目的安全设施与主体工程同时设计、同时施工、同时投入生产和使用进行监督，提出意见。

工会对企业违反安全生产法律、法规，侵犯从业人员合法权益的行为，有权要求纠正；发现企业违章指挥、强令冒险作业或者发现事故隐患时，有权提出解决的建议，企业应当及时研究答复；发现危及从业人员生命安全的情况时，有权向企业建议组织从业人员撤离危险场所，企业必须立即作出处理。从业人员发现直接危及人身安全的紧急情况时，有权停止作业或者在采取可能的应急措施后撤离作业场所。因生产安全事故受到损害的从业人员，除依法享有工伤保险外，依照有关民事法律尚有获得赔偿的权利的，有权向本单位提出赔偿要求。工会有权依法参加事故调查，向有关部门提出处理意见，并要求追究有关人员的责任。

从业人员在作业过程中，应当严格遵守本单位的安全生产规章制度和操作规程，服从管理，正确佩戴和使用劳动防护用品。从业人员应当接受安全生产教育和培训，掌握本职工作所需的安全生产知识，提高安全生产技能，增强事故预防和应急处理能力。

企业应为从业人员提供符合职业卫生要求的工作环境和条件，为接触职业病危害的从业人员提供个人使用的职业病防护用品，建立、健全职业卫生档案和健康监护档案。企业应确保使用有毒、有害物品的工作场所与生活区、辅助生产区分开，工作场所不应住人；将有害作业与无害作业分开，高毒工作场所与其他工作场所隔离。企业应组织从业人员进行上岗前、在岗期间、特殊情况应急后和离岗时的职业健康检查，将检查结果书面如实告知从业人员并存档。对检查结果异常的从业人员，应及时就医，并定期复查。企业不应安排未经职业健康检查的从业人员从事接触职业病危害的作业；不应安排有职业禁忌的从业人员从事禁忌作业。

（五）安全风险辨识与评估

1. 安全风险的辨识

企业应建立安全风险辨识管理制度，组织全员对本单位安全风险进行全面、系统的辨识。安全风险辨识范围应覆盖本单位的所有活动及区域，并考虑正常、异常和紧急三种状态及过去、现在和将来三种时态。安全风险辨识应采用适宜的方法和程序，且与现场实际相符。企业应对安全风险辨识资料进行统计、分析、整理和归档。

2. 安全风险的评估

企业应选择合适的安全风险评估方法，定期对所辨识出的存在安全风险的作业活动、设备设施、物料等进行评估。在进行安全风险评估时，至少应从影响人、财产和环境三个方面的可能性和严重程度进行分析。

企业应根据安全风险评估结果及生产经营状况等，确定相应的安全风险等级，对其进行分级分类管理，实施安全风险差异化动态管理，制定并落实相应的安全风险控制措施。企业应将安全风险评估结果及所采取的控制措施告知相关从业人员，使其熟悉工作岗位和作业环境中存在的安全风险，掌握、落实应采取的控制措施。

（六）隐患排查与治理

1. 隐患排查

企业应建立隐患排查治理制度，逐级建立并落实从主要负责人到从业人员的隐患排查治理和防控责任制度。同时，按照有关规定组织开展隐患排查治理工作，及时发现并消除隐患，实行隐患闭环管理。

企业应根据有关法律法规、标准规范等，组织制定各部门、岗位、场所、设备设施的隐患排查治理标准或排查清单，明确隐患排查的时限、范围、内容、频次和要求，并组织开展相应的培训。隐患排查的范围应包括所有与生产经营相关的场所、人员、设备设施和活动，包括承包商、供应商等相关方服务范围。

企业应按照有关规定，结合安全生产的需要和特点，采用综合检查、专业检查、季节性检查、节假日检查、日常检查等不同方式进行隐患排查。对排查出的隐患，按照隐患的等级进行记录，建立隐患信息档案，并按照职责分工实施监控治理。组织有关专业技术人员对本企业可能存在的重大隐患做出认定，并按照有关规定进行管理。

2. 隐患治理

企业应根据隐患排查的结果，制定隐患治理方案，对隐患及时进行治理。企业应按照责任分工立即或限期组织整改一般隐患。主要负责人应组织制定并实施重大隐患治理方案。治理方案应包括目标和任务、方法和措施、经费和物资、机构和人员、时限和要求、应急预案。企业在隐患治理过程中，应采取相应的监控防范措施。隐患排除前或排除过程中无法保证安全的，应从危险区域内撤出作业人员，疏散可能危及的人员，设置警戒标志，暂时停产停业或停止使用相关设备、设施。

3. 后续工作

隐患治理完成后，企业应按照有关规定对治理情况进行评估、验收。重大隐患治理完成后，企业应组织本企业的安全管理人员和有关技术人员进行验收或委托依法设立的为安全生产提供技术、管理服务的机构进行评估。企业应如实记录隐患排查治理情况，至少每月进行一次统计分析，及时将隐患排查治理情况向从业人员通报。

企业应运用隐患自查、自改、自报信息系统，通过信息系统对隐患排查、报告、治理、销账等过程进行电子化管理和统计分析，并按照当地安全监管部门和有关部门的要求，定期或实时报送隐患排查治理情况。

第三节　产品质量

一、《产品质量法》对产品质量的要求

《产品质量法》第二十六条规定：生产者应当对其生产的产品质量负责。产品质量应当符合下列要求：（一）不存在危及人身、财产安全的不合理的危险，有保障人体健康和人身、财产安全的国家标准、行业标准的，应当符合该标准；（二）具备产品应当具备的使用性能，但是，对产品存在使用性能的瑕疵作出说明的除外；（三）符合在产品或者其包装上注明采用的产品标准，符合以产品说明、实物样品等方式表明的质量状况。

该条第一款规定了生产者应当对产品质量负责，包括两方面的含义：一是指生产者必须严格履行其保证产品质量的法定义务，二是指生产者不履行或不完全履行其法定义务时，必须依法承担相应的产品质量责任。

第二款第一项要求生产者要保证其产品不存在危及人身、财产安全的不合理的危险。首先，应当在产品设计上保证安全、可靠。其次，在产品制造

方面保证符合规定的要求，制造上的缺陷往往是导致产品存在危及人身、财产安全的不合理的危险的主要原因。另外，对涉及产品使用安全的事项，应当有完整的中文警示说明、警示标志，并且标注清晰、准确，以提醒人们注意。

第二款第二项要求产品应当具有使用性能，主要体现在两方面：一方面是在产品标准、合同、规范、图样和技术要求以及其他文件中明确规定的使用性能。另一方面是隐含需要的使用性能。这里所讲的隐含需要是指消费者对产品使用性能的合理期望，通常是被人们公认的、不言而喻的使用性能方面的要求。

第二款第三项是法律对生产者保证产品质量所规定的明示担保义务。所谓产品质量的明示担保，由生产者根据事实自愿作出，多见于生产者证明产品符合某一标准、某些状态要求的产品说明、实物样品、广告宣传中。在产品或者包装上注明采用的产品标准，是表明产品质量符合自身标注的产品标准中规定的质量指标，判定产品是否合格，则以该项明示的产品标准作为依据。当然，生产者明示采用的产品标准不得与强制性的国家标准、行业标准相抵触。

二、质量管理机构

鉴于生产者是产品的直接创造者，其产品的开发、设计和制造决定了产品质量的全部特征和特性，产品的生产环节对其质量好坏具有根本的作用。因此，法律规定，生产者必须对其生产的产品质量负责。生产者应当将保证产品质量作为其首要义务，通过强化质量管理，增加技术投入，改进产品售后服务等措施，不断提高其产品质量水平。企业应当在内部全面推行精细化、标准化的全面质量管理制度，建立严格的质量管理体系。

企业应当将生产质量的管理融入企业的企业管理架构，比如由企业总经理主持以质量为核心的经营战略的调查、研讨和制订。企业可以建立专门的质量管理部，由企业副总经理及质量管理部对本企业的产品质量安全工作全面负责，组织制定企业质量发展战略、年度质量工作计划和质量安全保障措施，建立并实施先进质量管理体系和管理方法，配备相应人员并规定其职责、权限和相互关系，确保质量管理体系得到建立和保持，并推动持续改进。

企业可以设立首席质量官管理制度，由质量管理部专职负责企业产品质量管理工作，该部门主要负责企业产品全过程的质量管理，按照质量控制的分级管理要求，开展质量活动的组织、计划、协调、调度及考核工作；负责企业质量体系的培训和各部门质量从业人员的培训工作；负责对企业各生产基地的质量管理工作，实施对零部件的进料检验、成品机组的入库和出厂检验，并签发产品质量文件和出厂合格证；负责企业产品质量问题的最终评审、责任认定和协调处理，组织制定纠正、预防和改进措施，并监督实施；负责对企业计量器具的管理，实现量值溯源等工作；并设置多种质量改进创新的激励措施，激励全体员工参与全面质量管理工作。

三、质量管理体系

在企业的日常经营管理中引入质量管理体系可以帮助改善生产过程管理。PDCA 就是一种有效的过程管理工具。全面质量管理的思想基础和方法依据就是 PDCA 循环。PDCA 循环的含义是将质量管理分为四个阶段，即 Plan（计划）、Do（执行）、Check（检查）和 Action（处理）①。在质量管理活动中，要求把各项工作按照作出计划、计划实施、检查实施效果，然后将成功的纳入标准，不成功的留待下一循环去解决的步骤开展。这一工作方法是质量管理的基本方法，也是企业管理各项工作的一般规律。

企业可以参照国际标准化组织的相关标准体系建立质量管理体系，并取得认证证书。通过体系认证工作，建立一套全面、详尽、严格的质量管理规章制度和制订质量控制标准文件，这些文件涵盖生产管理、设备管理、人员管理、质量管理、生产工艺管理、质量监督检验、销售与服务管理、市场信息反馈等各环节，让一切工作都有章可循，真正地体现了质量管理的科学化、系统化、规范化。

企业应当结合自身的经营情况对产业性质进行综合分析，对企业生产经营全过程的价值贡献和重要程度进行分析，识别企业的核心竞争力，以此确定七个关键过程：研发设计过程、采购过程、生产制造过程、销售过程、人力资源管理过程、设备管理过程、财务管理过程。企业通过关键过程的运作来为股东、顾客、员工和其他相关方创造最大价值。

---

① 参见刁瑜、聂益源：《浅析 ODCA 的持续改进》，载《企业家天地》2011 年 6 月。

四、质量风险管理

1. 质量投诉

为了不断提升产品质量，提升企业治理服务水平，企业应当对顾客满意度予以足够重视，制定相应的调查分析程序采集顾客满意度的信息数据，建立健全投诉受理和售后治理处理程序，对顾客的质量投诉及时落实。此外，通过加强定期走访客户，主动与客户交流沟通，对顾客抱怨进行及时改进与沟通来提高顾客满意度。

企业最好每年年底对顾客满意度进行问卷调查，调查内容包括产品质量、交货期、服务等方面，了解顾客对产品的各种要求和期望，进行数据统计以后再确定下一步产品质量优化的方向。

2. 质量风险监测

企业应当建立质量管理档案，对产品质量一致性以及产品变更进行有序、详细的记录，定期总结分析阶段性质量状况。

五、质量诚信管理

1. 质量承诺

企业应当严格遵守和执行我国《消费者权益保护法》《产品质量法》等法律法规的要求，保证诚信经营，生产加工，销售、品牌宣传、售后服务活动诚信守法。企业应当保证用于产品检验的检测量具、仪器设备经过校准并有效，使所有质量检验活动严谨有效，并通过质量活动的记录，保证其具有可追溯性。另外，自产品出厂之日起一定时期内，在客户正常的储运、保养、使用条件下，因产品的制造质量问题而不能正常使用时，提供免费更换服务。

2. 质量文化建设

企业应当以客户需求为重点，本着为客户服务的理念宗旨，引导各层级员工积极参与质量技术攻关活动。通过潜移默化的方式强化员工的质量思想，让企业从上到下各层级产生对企业质量目标、质量观念、质量行业规范的认同感。在质量文化所形成的氛围中，形成内在激励，鼓励员工不断提升自身生产技能。

通过企业管理的提升和活动的有效开展，企业可以强化管理层级的责任意识，将质量意识逐步贯穿于工序管理和操作中，结合系统的宣传培训，帮助员工进一步认识质量文化对企业发展及兴衰的重要性。管理层在员工面前展示对质量活动的高效执行力，会有力地推进企业的质量文化建设工作。

六、过程管理

企业应当以战略目标为导向，以最大限度地满足顾客、员工、供应商或合作伙伴、社会、股东等利益相关方的要求为关注点，从“设计”“实施”“改进”三个阶段对过程进行系统、有效的管理。企业还应当及早引入质量管理体系、环境管理体系，采用 PDCA 的思维流程来管理企业的各个过程。对每个过程均按照“识别过程类型、明确过程要求、规范过程流程、评价过程能力、改善过程业绩”的方法来管理和创新各过程①。

企业应当基于对经营情况和产业性质的综合分析，确认生产经营全过程的价值贡献和重要程度以识别企业的核心竞争力，以此确定研发设计、采购、生产制造、销售、人力资源管理、设备管理、财务管理七个关键。通过对关键过程施加控制来为利益相关方创造价值。

研发设计过程	市场需求，提升竞争力；以新产品创造高附加值
采购过程	合理分析控制采购数量，降低库存量；与供应商双赢模式
生产制造过程	流程控制，控制生产成本，提高生产效率
销售过程	库存运行、价格体系、市场运作；效益明显、资金周转快
人力资源管理过程	以人为本，提升全员劳动生产率，满足经营活动的需求
设备管理过程	设备有效运作，保持生产运作的持续性，提升生产能力
财务管理过程	提供资金保障，合理有效的资金运作

企业应当针对产品的生产制定详细的工艺流程，制定工艺指导、设备操作指导等内部指引文件，保证各个工序的有序衔接。企业应当加强生产过程的监视与测量，由品质监控部门对产品生产的过程控制和出厂质量实施监管。

① 参见美高电气科技公司《2018 质量诚信报告》，载美高电气科技公司官网，https://www.maxge.cn/public/Uploads/file/20191225/1577240962131419.pdf，最后访问时间：2021 年 7 月 30 日。

采购原料和零部件前应当制定材料的指标标准，对供应商的相关资质进行严格的审查。采购时需要严格按照标准筛选合格供应商，对采购的原材料需要检验，未达标的原材料一律不许入库。

企业应当为用户提供产品检验合格证，以确保用户能使用企业的合格产品。企业保证出厂的产品均按国家或客户有关标准检验，产品的生产和检测均有检验记录和检测资料。不合格产品绝不出厂。企业应严格按合同要求交货期按时交货，对于用户提出关于产品质量、服务方面的异议，企业保证在接到用户提出异议后在规定时间内为客户提供解决方案。

第四节　突发事件处理

在企业的经营管理过程中，不可避免地会遭遇各种突发事件。如果对突发事件处理不当，则会对企业的声誉和财产造成负面影响。因此，企业为了自身的可持续发展，有必要制定突发事件处理预案。本节将会以海外大型企业为例，阐述企业如何建立突发事件的应对机制，小规模企业可根据自身需要相应地缩减应对体系的规模。

本章合规指引

本章以企业社会责任为起点，重点介绍了我国企业履行社会责任的益处以及履行社会责任应当注意的方面。在后续章节中，我们又以环保、生产安全、产品质量三大社会责任为中心，介绍了企业实现这些社会责任所需要的机构设置、人员配备、制度流程等。但即使企业在日常经营中做到谨慎周全，可能依然无法避免遭遇自然灾害、社会动乱等突发事件。因此企业（尤其是大型跨国公司）有必要提前制定应对突发事件的预案流程，并设置相应的人员机构，以在遭遇突发事件时尽可能地降低对企业和社会的负面影响。

下面提供《OECD 关于跨国公司环保议题的指引》《公司应急组织体系建设方案》《公司风险分析标准》《公司应急响应流程》作为该部分合规管理的指引。具体内容如下：

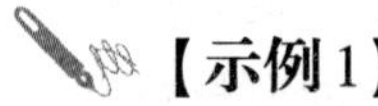【示例1】

OECD 关于跨国公司环保议题的指引

根据 OECD 跨国公司指南第五章内容①，企业应在其业务所在国家的法律、规定和行政惯例框架内，并在考虑到相关的国际协定、原则、目标及标准的情况下，适当考虑保护环境、公共健康和安全的需求，并在通常情况下以能够促进更广泛的可持续发展的方式开展其活动。企业应当：

1. 建立和维持适合本企业的环境管理制度，其中包括：（1）充分、及时地收集并分析其有关活动的环境、健康和安全影响的信息；（2）制定可度量目标，并在适当的时候制定环境状况改善的具体目标，包括定期审议这些目标的持续相关性；（3）定期监督和验证环境、健康与安全目标或具体目标的进展情况。

2. 与环保无关：（1）充分、及时地向公众和雇员提供有关企业活动潜在环境、健康和安全影响的信息，其中可能包括有关改善环境状况的进展报告；（2）与受企业环境、健康和安全政策及其实施直接影响的社区充分、及时地交流和协商。

3. 在决策之时，分析并解决企业生存周期内生产过程、产品和服务所连带的、可预见的环境、健康和安全影响。如果这些拟议的活动可能具有明显的环境、健康或安全影响，而且这些活动须经过主管部门的决定，企业应准备一份适当的环境评估报告。

4. 如果存在破坏环境的严重威胁，根据对风险的科学和技术上的理解，同时考虑人类健康与安全，不以科学确定性不足为原因延缓采用可防止或此类环境破坏的有效措施。

5. 防止、缓解和控制企业运行引起严重的环境与健康破坏，制订事故和突发事件的应急计划，并建立向主管部门迅速报告的机制。

6. 通过适当鼓励如下活动，持续地努力改善企业在环境保护方面的表现：（1）在企业各部门采用符合企业内环境表现最佳的部门所采用的涉及环境表现的、标准的技术与操作程序；（2）生产和供应的产品与服务无不当环境影响，该产品与服务是使用安全、消费过程中能源与自然资源利用效率高、可

① 参见 OECD《跨国公司指南》，载 OECD 官网，https：//www. oecd. org/env/36000282. pdf，最后访问时间：2021 年 8 月 5 日。

重复使用，或可再生并处置安全的；（3）提高消费者对使用或接受该企业的产品和服务的环境影响的认识；（4）研究能够改善企业长期环境表现的途径。

7. 向雇员提供适当的环境健康与安全方面的培训，包括有害物质处理与环境事故预防，以及更普遍的环境管理知识，例如环境影响评估程序、公共关系和环境技术。

8. 促进具有环境意义和经济效率的公共政策的发展，例如关注能够强化环境意识的伙伴关系和倡议。

【示例2】

企业应急组织体系建设方案

企业应急组织机构由应急领导小组，应急工作小组，应急工作小组日常工作机构，应急专家组，现场工作组，集团企业海外企业、企业所属单位应急领导小组及现场应急指挥部组成。

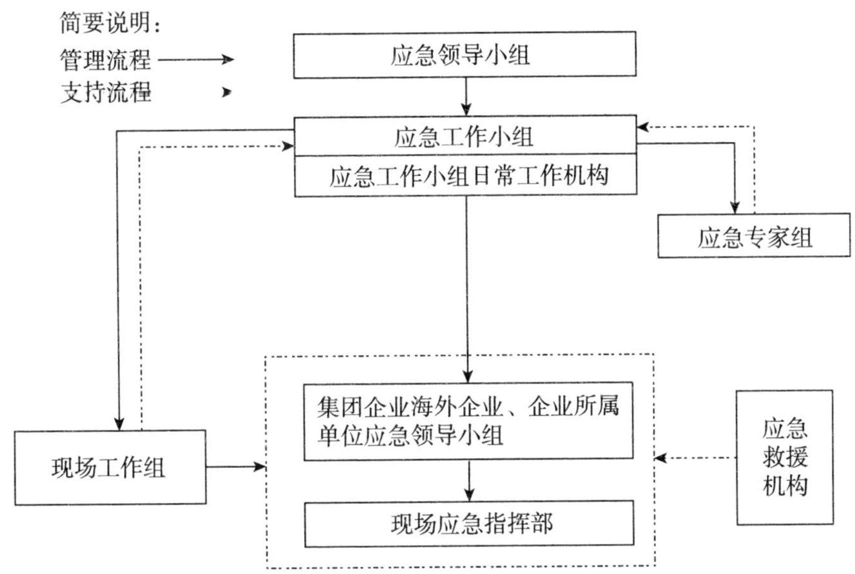

1. 应急领导小组

应急领导小组由企业管理层组成，是突发事件应急管理工作的领导机构。负责企业级突发事件的应急组织领导和决策指挥工作，下达应急处置指令。必要时，派出现场工作组指导有关工作。

组长：企业总经理。

副组长：企业党委书记、企业分管安全环保工作的领导、企业安全总监。

成员：企业领导班子其他成员、集团企业海外企业总经理、企业所属单位总经理、企业副总经理。

2. 应急工作小组

应急工作小组由企业业务主管领导和安全总监、企业机关相关部门负责人及事发单位主管领导或安全总监组成，是企业应急指挥机构，具体组织实施应急处置工作。主要工作职责有：

(1) 在企业应急领导小组的指挥下负责处置企业级突发事件，组织协调突发事件的预防预警、应急指挥和救援、资源保障、调查评估、信息报告和媒体应对等工作；

(2) 组织企业级突发事件的善后处理和恢复重建；

(3) 负责应急领导小组交办的其他事项。

3. 应急工作小组日常工作机构

企业下设应急办公室，统筹规划应急平台建设。负责应急预案管理、值班值守、应急信息报告与指令的传递、统筹规划应急平台建设，建立并维护应急资源数据库。

机关各部门负责其业务管辖范围内的日常应急管理和准备工作，包括建立健全业务范围内的专项应急预案，优化配置相应的应急资源，建立应急救援队伍和应急专家库，指导构建畅通的应急信息网络。应急时，负责制定应急工作方案和提供技术支持，协调应急资源及应急救援队伍，根据情况组织现场工作组赴现场指导应急处置工作。

总经理办公室：负责新闻突发事件应急处置工作，组织协调应急事件上报材料和新闻发布工作；负责协调应急状态下机关有关部门应急联动及后勤工作，维护企业机关的正常工作秩序。

健康安全环保部：负责恐怖袭击、医疗卫生、员工健康及海外员工紧急转运等突发事件应急处置工作；负责指导环境监测和应急状态下的污染防治；负责工伤认定的组织工作；跟踪掌握各突发事件及应急处置情况；协助做好受伤人员医疗及遇难员工善后处理工作；参与或组织突发事件调查、统计及案例分析工作。

财务与资本运营部：负责资金管理突发事件应急处置工作；按照企业应急领导小组指令按程序及时拨付应急处置工作所需资金。

人力资源部：负责协调处理与劳资政策有关的解释和疏导工作；配合制订应急培训计划并负责组织实施；负责企业应急专家管理制度制定；负责伤

亡人员的保险理赔工作。

经营计划部：负责组织制订恢复重建规划；审批应急资源配置规划计划。

4. 应急专家组

企业建立突发事件应急处置的专家库，在应急状态下调动相关专家组成应急专家组，参与制订企业级突发事件应急处置方案，必要时参加突发事件的应急处置工作。专家人员的选用、调整和日常管理由机关各业务部门负责。

5. 现场工作组

现场工作组由企业主要领导或主管业务领导、相关部门负责人、应急专家或根据集团企业要求组成，在应急状态下，由应急领导小组根据突发事件严重程度决定是否派出。其主要职责是：

（1）协助或指挥集团企业海外企业、企业所属单位现场应急指挥部开展应急工作，调配相关应急资源；

（2）收集现场信息，核实现场情况，保证现场与应急工作小组之间信息传递的及时与畅通；

（3）完成应急领导小组交办的其他工作。

6. 海外企业、企业所属单位应急领导小组

集团企业海外企业、企业所属单位应急领导小组是应对突发事件的责任主体，承担突发事件的应对责任，对管辖范围内的各类突发事件负有直接指挥权、处置权。

7. 现场应急指挥部

现场应急指挥部是负责现场应急工作的指挥中心，由事发单位组成或由企业应急领导小组派出人员和事发单位的人员联合组建。现场应急指挥部行使现场应急指挥、协调、处置等职权。

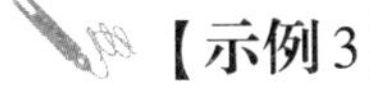

【示例3】

企业风险分析标准

1. 风险的分类

企业在生产经营过程会遇到包括事故灾难、自然灾害、公共卫生、社会安全等多种类型的风险。这些风险具体可以分为以下四种：

（1）事故灾难事件：指各类安全生产事故、交通运输事故、放射性事故、环境污染和生态破坏事故等。

（2）自然灾害事件：指洪涝灾害、破坏性地震灾害、地质灾害、气象灾

害、海洋灾害、生物灾害和森林草原火灾等。

(3) 公共卫生事件：指突发急性职业中毒事件、重大传染病疫情、重大食物中毒事件、群体性不明原因疾病以及严重影响人员健康的事件等。

(4) 社会安全事件：指战争、暴乱、骚乱、大型罢工以及信息安全事故等。

2. 风险的分级

按照突发事件发生单位，可以将突发事件分级为：

(1) 企业级突发事件指突然发生，事态严重，对员工、相关方和人民群众的生命安全、设备财产、生产经营和工作秩序造成严重危害或威胁，已经或可能造成人员死亡、重大财产损失或环境污染和生态破坏，造成较大社会影响和对企业声誉产生重大影响，企业必须调度多个部门和单位力量、资源应急处置的突发事件。

(2) 下属单位级突发事件指突然发生，事态较为严重，对员工、相关方和人民群众的生命安全、设备财产、生产经营和工作秩序造成较为严重的危害或威胁，已经或可能造成人员重伤、较大财产损失或环境污染和生态破坏，造成社会影响和对企业声誉产生较大影响，需要集团企业海外企业、企业所属单位调度力量和资源进行应急处置的事件。

(3) 基层生产单元级突发事件指突然发生，对员工、相关方和人民群众的生命安全、设备财产、生产经营和工作秩序造成一定危害或威胁，可能造成人员伤害、财产损失或环境污染和生态破坏，依靠项目企业基层站队力量和资源就能进行应急处置的事件。

若按照突发事件本身的严重程度，可以以下标准分类：

(1) 红色等级：高风险。事态不断恶化，已经发生或预示企业级突发事件会随时发生。有关单位必须立即组织人员撤离；企业将向各单位发出通报，启动预警或应急响应。

(2) 橙色等级：较高风险。事态逐步扩大，已经发生或预示将要发生下属单位级突发事件。有关单位应做好人员的撤离准备；企业将停止安排人员到项目企业出差，延缓休假人员返回项目工作。同时，企业业务主管部门将设专人密切关注事态发展。

(3) 黄色等级：一般风险。事态有扩大的趋势，已经发生或预示将要发生基层生产单元级突发事件。有关单位应确认各项具体的防范措施；企业应急办公室定期汇总相关情况，做好上报工作。

(4) 蓝色等级：低风险。事态可能会扩大，预计发生基层站队级突发事件的概率存在，有关单位应密切关注事态发展。

企业应当根据自然灾害、事故灾难、公共卫生、社会安全事件的特点，对可能发生的突发事件进行监测。企业应急办公室收集、获取、记录、整理集团企业海外企业、企业所属单位所在地的突发事件信息。收集渠道包括但不限于：(1) 政府通告；(2) 外交部门、使领馆通告；(3) 新闻媒体；(4) 来源于本单位各级组织和员工的预警信息；(5) 作业伙伴；(6) 社区团体和国际组织。企业应急工作小组日常工作机构应组织有关部门和专家，根据预报信息分析、判断突发事件的危害程度、紧急程度和发展态势。

【示例4】

企业应急响应流程

一、事发单位向企业应急办公室报告

当集团企业海外企业、企业所属单位发生企业级突发事件时，应按照突发事件汇报流程图立即组织报告，报告分初报、续报。

1. 初报。为确保应急时效性，事发单位可用电话在第一时间进行口头汇报，也可用传真或报告单的形式报告企业应急办公室。报告内容主要包括：突发事件发生的时间、地点、简要过程和已经采取的措施等；人员伤亡及撤离情况；对现场周边社会人员造成的影响；事态发展初步判断；请求企业协调、支持事项；报告人姓名和联系电话等。事发单位同时向集团企业涉外办事处、我国驻外使（领）馆及当地政府主管部门报告。情况紧急时，事发单位现场也可越级直接向企业应急办公室报告。

2. 续报。在初报的基础上，及时反映事态进展，提供进一步的情况和资料，主要包括事件发生原因，应急处置进展情况，已采取的应急措施，相关方、当地应急救援机构及政府参加救援信息等情况。续报可通过电子邮件、传真或书面报告，也可电话口头汇报，视突发事件进展情况一次或多次报告。

二、企业向集团企业报告

当应急办公室接到集团企业海外企业或企业所属单位发生突发事件信息报告后，应立即向企业主管安全生产副总经理及企业分管业务副总经理、机关主管部门负责人报告，同时编制事件报告，经企业应急领导小组组长或副组长审阅后上报集团企业。如果突发事件情况紧急，应急办公室可采取口头汇报的方式向集团企业报告。

三、应急专家联系协调程序

1. 应急预案启动后，由应急工作小组确定专家人选，机关业务部门联系有关应急专家到位；

2. 应急工作小组向专家介绍有关企业级突发事件的信息，听取专家建议；

3. 总经理办公室协调安排应急专家交通，食宿安排等后勤保障事宜。

四、突发事件信息发布、告知管理程序

1. 媒体沟通和信息发布。发生企业级突发事件后，应急工作小组应根据实际情况及时编写事件报告或新闻稿，经应急领导小组组长审定后，报集团企业或涉外应急工作小组，由集团企业统一对外发布或在集团企业授权下由企业新闻发言人负责对外信息披露，未经授权任何人不得擅自对外发布信息和接受媒体采访。

2. 内部员工信息告知。可通过企业内部网站、电子邮件等形式迅速对内部员工告知突发事件情况，及时进行正面引导。注意收集员工对事件的反映、意见及建议。

3. 外部投资者、业务合作伙伴信息告知。在发生企业级突发事件后，相关部门应及时向与企业有业务关系的单位、投资者提供有关信息，介绍突发事件的情况，处理好相关法律和商务关系，并提供企业对突发事件应急处理的情况说明。相关业务部门向业务合作伙伴告知突发事件处理情况时，应与集团企业对外发布的新闻内容保持一致。

4. 受突发事件影响的相关方的告知要求。发生企业级突发事件后，企业应急工作小组应尽可能及时地向受到影响的相关方告知有关情况，以及相应的应急措施和方法，必要时派出工作组。受突发事件影响的单位应当配合政府有关部门做好相关方的告知工作。

五、应急状态后续

当企业级突发事件应急处置工作结束，或相关危险因素排除后，现场应急指挥部确认应急状态可以解除时，向企业应急办公室报告，由应急领导小组组长决定并发布应急状态解除命令，宣布应急状态解除。

当突发事件无法得到有效控制时，由企业应急领导小组向集团企业申请应急增援。应急工作小组在集团企业统一指挥下，落实好有关应急工作指令。突发事件应急处置结束后，事发单位应开展恢复与重建工作，主要包括但不限于：

（1）对受伤人员积极安排救治，抚恤死者家属。

(2) 接受政府有关部门、集团企业或企业事件调查组调查。

(3) 经政府主管部门同意后，符合条件的，尽快恢复生产和经营。

(4) 应急响应结束后，组织灾难评估。

(5) 根据损失评估情况，编制恢复和重建计划。自然灾害类型事件的重建计划，纳入当地政府统一规划中；事故灾难类型事件按照投资权限分别报企业或者集团企业予以审批。

(6) 做好突发事件应急处置过程中各种应急物资、装备消耗情况统计和分析工作，并结合应急救援工作，进一步完善应急物资及装备储备；在突发事件处置结束后，应当第一时间将所需要的应急物资、装备配备齐全。

(7) 负责编写现场应急处置工作总结，总结应包括但不限于突发事件基本情况、应急处置具体步骤及效果、善后处理安排、事件教训及预防改进措施等内容。机关业务主管部门在应急状态终止后，负责编制应急工作总结和资料归档工作。应急工作小组负责完成上报集团企业材料以及改进措施落实情况的督办。

第十七章　公司争议解决合规管理

【思维导图】

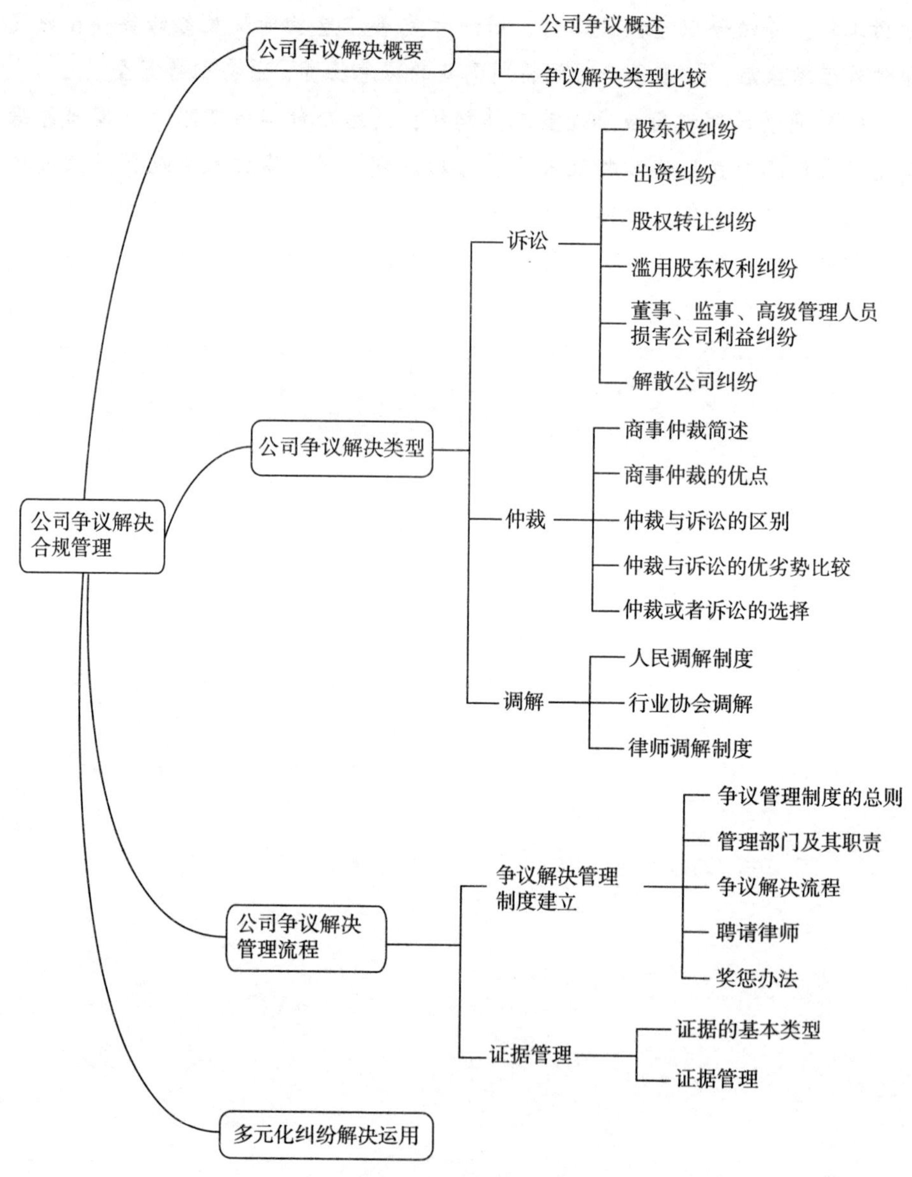

【本章概要】

法律赋予公司独立的法人人格，使之既区别于合伙企业、独资企业等其他企业组织，又使之因此可以享有权利，承担义务。公司无论是以资合性为主还是以人合性为主，其日常经营管理主要由自然人实际组织和运作，是个人结合的社团。虽然本章不能穷尽所有公司法律争议，但通过本章的阐释，希望可以将法律争议管理问题围绕着争议的解决作出从抽象到具体，从全局到部分的探讨，为公司法律争议解决管理的实务操作构筑基础平台。本章以公司法律争议解决管理的对象为分析目标，结合实务中发生的大量典型案例，在展示和总结现有公司常见法律争议的基础上，为公司法律争议解决管理作出相应方法与策略性的提示，便于公司争议解决管理人员提供实务操作的模式。

第一节　公司争议解决概要

一、公司争议概述

公司争议主要是指公司及公司相关主体之间发生的，以公司法规定的权利义务为内容的特殊民事纠纷。按照公司争议主体的不同，可将公司争议分为公司内部争议和公司外部争议。公司内部争议无异于公司“内战”，体现了股东之间、股东与公司之间、股东与董事会之间或者董事会与经理层之间等权利主体的意志差异与利益纠葛。公司外部争议是指公司与其他公司、其他组织、个人之间发生的法律纠纷。

二、争议解决类型比较

比较诉讼、仲裁、调解，大致可以有以下区别：

诉讼	在无其他约定的情况下，两方都能选择通过诉讼解决争议	由法院判决，也可以由法院主持调解	当事人自愿履行或法院强制执行，效力最高	耗时较长

续表

仲裁	由双方事先约定仲裁机构与仲裁方式后，由争议一方确定选择提出仲裁申请	由仲裁庭仲裁，结果可能包含较多的商业惯例和仲裁员自身的观点	当事人自愿履行或申请法院执行	耗时较短，一裁终局
调解	本方式不排除诉讼或仲裁，通常作为诉讼或仲裁前解决争议的一个选项	调解员主持，争议双方共同配合寻求解决方案，比较灵活	当事人自愿履行，或请求法院确认调解协议的效力，可强制执行	时间灵活，效率高，但需要双方配合

第二节 公司争议解决类型

一、诉讼

在现代社会中，诉讼所起到的纠纷解决的主导性作用是任何纠纷解决方式都无法替代的。尤其是在维护合法权利以及强制义务的实现、阐明和宣传国家的法律规范、维护法律秩序的尊严等方面，诉讼的效用是其他任何纠纷解决机制所不及的。可以说，在法治社会中，诸如调解等非诉讼纠纷解决机制之所以能够发挥有效的作用，很大程度上是由于诉讼及其暴力制的有效存在。正如顾培东所说："诉讼审判手段的存在，现实地提高了其他冲突解决手段的适用概率和适用效果，没有诉讼审判，其他手段将会是苍白无力的。"

根据《民事案件案由规定》与公司有关的纠纷主要可以分为以下25类：股东资格确认纠纷、股东名册记载纠纷、请求变更公司登记纠纷、股东出资纠纷、新增资本认购纠纷、股东知情权纠纷、请求公司收购股份纠纷、股权转让纠纷、公司决议纠纷、公司设立纠纷、公司证照返还纠纷、发起人责任纠纷、公司盈余分配纠纷、损害股东利益责任纠纷、损害公司利益责任纠纷、股东损害公司债权人利益责任纠纷、公司关联交易损害责任纠纷、公司合并纠纷、公司分立纠纷、公司减资纠纷、公司增资纠纷、公司解散纠纷、申请公司清算、清算责任纠纷、上市公司收购纠纷。

下面将与读者分享实务中主要的公司争议诉讼类型。

（一）股东权纠纷

【案例】

股权转让规则的对内对外效力[①]

J公司于2008年5月由T投资管理有限公司（以下简称T公司）、马某、邓某共同出资设立，法定代表人为孙某，其中T公司持股50%、马某持股30%、邓某持股20%。2010年4月20日，T公司与合友公司签订股权转让协议书，将其持有的J公司50%的股权转让给合友公司。

2011年11月1日，孙某（甲方）与马某、余某（乙方）签订《1101股权转让协议》，约定就甲方以1.3亿元收购乙方持有的J公司30%股权事宜达成协议。2011年11月9日，孙某向马某、余某支付3000万元股权转让款。同日，孙某向J公司出具声明书，声明其从马某、余某处取得的J公司股权全部转让给孙某强，产生的一切责任由孙某本人承担。2011年11月10日，马某（转让方）与孙某强（受让方）签订《股权转让协议》，约定经全体股东同意，转让方与受让方就股份转让事宜达成协议：马某在J公司持有的6%股份转让给孙某强。同日，J公司申请变更公司登记，法定代表人由孙某变更为孙某强，股东由马某、邓某、合友公司变更为马某、邓某、合友公司、孙某强，持股比例分别为24%、20%、50%、6%。

2012年，孙某（甲方）与马某、余某（乙方）签订《补充协议》后，孙某依约向马某、余某支付2000万元股权转让款，其余8000万元未支付。乙方向甲方多次催告。2015年12月6日，邓某在《补充协议》（孙某与马某、余某所签订）尾部空白处书写"不同意不购买邓某2015年12月6日"字样。

而后，马某向北京一中院法院起诉要求孙某继续履行《股权转让协议》及《补充协议》，支付剩余股权转让款8000万元及利息。孙某以及J公司、邓某、合友公司均以侵犯了其他股东优先购买权为由，主张《1101股权转让协议》及《补充协议》为无效协议。

一审法院认为，本案中，诉争的《1101股权转让协议》及《补充协议》签订时J公司的其他股东为合友公司和邓某。对于合友公司而言，在诉争协议签订时，合同的一方当事人孙某系合友公司的法定代表人，从合友公司的

① （2017）京民终796号。

股权结构来看，股东亦为孙某及其家人，或者其家人所持股的公司，基于以上特殊情形，应认定在孙某签署诉争协议时合友公司已经知道或应当知道股权转让事宜，但其既未在法定的30日内予以答复，亦未在合理期限内主张行使优先购买权，而是在《1101股权转让协议》签订5年后方以侵犯其优先购买权为由主张本案诉争协议无效，对此该院不予支持。对于邓某而言，其已于2015年12月6日在《补充协议》中书写“不同意不购买”字样，上述内容已明确表达了邓某不购买案涉股权的意思，该意思表示清晰明确。虽然邓某在本案诉讼中又对“不购买”的含义进行了解释，但其在书面意见中所称的“在其不同意的情况下包括孙某在内任何股东以外的第三人均不能购买其公司股份”，明显不符合通常的语言逻辑；其在庭审中所称的“因为出让的已不是30%的股权，股权份额和公司资产都已发生变化，所以不能购买”，仅是针对“不购买”的原因进行了说明，但以此并不能否定或变更邓某已经作出的“不购买”的真实意思表示。据此，邓某在作出了“不购买”的意思表示近半年后，再以侵犯其优先购买权为由主张本案诉争协议无效的意见，该院亦不予支持。该院认为，《1101股权转让协议》及《补充协议》系马某、余某与孙某的真实意思表示，未违反法律法规的强制性规定，应属有效，各方均应依约履行。

二审法院认为，根据《公司法》第七十一条规定以及《全国法院民商事审判工作会议纪要》的指引精神，股东向股东以外的人转让股权应经过其他股东过半数同意、其他股东在同等条件下享有优先购买权，是公司法为维护有限责任公司人合性而赋予股东的权利，但该规定是对公司内部行为的约束，不影响与股东外第三人之间股权转让合同的效力。股东对外签订股权转让合同，只要合同当事人意思表示真实，不违反法律法规效力性强制性规定，在转让人与受让人之间即应自成立时起生效。其他股东如认为股权转让合同未经其过半数同意或侵害其优先购买权，可依法向法院申请撤销股权转让合同。

【解读】

常规案件中，一般是公司的股东以其他股东侵犯了自己的优先购买权为由主张股权转让协议无效。而本案是股权受让方即原公司股东外的第三人孙某因未能偿还股权转让款，为了逃避违约责任而主动以侵犯了其他股东优先购买权为由，提出涉案《1101股权转让协议》及《补充协议》无效。本案法院在裁判时，依然秉持法律规定，如合同当事人意思表示真实，不违反法律法规效力性强制性规定，股权协议依然有效。同时给了其他股东再次救济的权利，其他股东如认为股权转让合同未经其过半数同意或侵害其优先购买权，可依法向法院申请撤销股权转让合同。

对此类争议，公司应当注意：

1. 对外转让公司股权的股东在准备书面股权转让通知时，要注意转让股权通知书内容的具体、明确、全面，一般需包含转让股权的数额、股权转让价款、支付方式、支付期限、违约责任、股权过户期限、税费承担等。转让股权的同等条件发生实质性变更的，需要另行通知其他股东。转让通知需要以书面或者其他能够确认收悉的合理方式送达公司其他股东。

2. 对外转让公司股权的股东在向公司其他股东送达转让通知前，须明确、确定对外转让的条件，因为股东优先购买权是在该条件上优先于股东以外的买受人受让公司股权。因此，股东行使优先购买权的前提是，拟出让股东与股东以外的第三人已经就股权转让达成合意，该合意不仅包括对外转让的意思表示，还应包括价款、支付期限及方式等在内的完整对价。

3. 对于公司股东以外的受让方应关注：股权转让方转让股权是否征求过公司其他股东同意、其他股东是否已放弃优先购买权等情况，在获得其他股东放弃优先购买权的书面声明文件后，再受让标的股权。如果因股东行使优先购买权而不能实现合同目的，可以依法请求转让股东承担相应民事责任。

4. 对于公司其他股东而言，需在合理期限内行使优先购买权，还需在原股东继续转让股权的前提下行使。股东主张优先购买权的，应当在收到通知后，在公司章程规定的行使期间内提出购买请求。公司章程没有规定或者规定不明确的，以通知确定的期间为准，通知确定的期间短于 30 日或者未明确行使期间的，行使期间为 30 日。

5. 对于公司而言，公司章程作为公司的自治性规则，股东可以根据意思自治原则制定、修改公司章程，但不得违反法律强制性规定、剥夺股东的优先购买权等法定权利，除非获得全体股东的一致同意。公司设立时，公司章程即明确约定了股东放弃优先购买权之条款，全体股东皆应遵守。修改公司章程时，增加了对股东优先购买权的限制或排除条款，该条款对未签字或未同意的股东不发生效力。公司设立时的章程已对优先购买权进行限制，后加入公司的继受股东也应适用该限制条款。

（二）出资纠纷

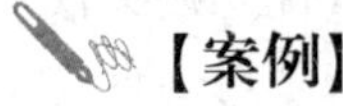【案例】

公司股东会决议的有效性①

2012年8月28日，A公司召开股东会会议，作出决议如下：1. 同意增加公司注册资本，由原注册资本100万元增至1亿元。2. 同意吸收新股东杭州C贸易有限公司（以下简称C公司）。3. 增资后的股东、出资情况及股权比例为：X 60万元（0.6%）、Y 40万元（0.4%）、C公司9900万元（99%）。同日，A公司通过新的公司章程。2012年9月14日，上海大诚会计师事务所出具验资报告，载明：截至2012年9月14日，A公司已收到C公司缴纳的新增注册资本9900万元，出资方式为货币出资。

2013年12月27日，A公司向C公司邮寄"催告返还抽逃出资函"，称C公司已抽逃其全部出资9900万元，望其于收函后3日内返还全部抽逃出资，否则A公司将依法召开股东会会议，解除其股东资格。C公司于2013年12月30日签收该份函件。2014年3月6日，A公司向C公司邮寄"临时股东会会议通知"，通知其于2014年3月25日召开股东会，审议关于解除C公司股东资格的事项。

2014年3月25日，A公司召开2014年度临时股东会，全体股东均出席股东会。股东会会议记录载明……5. 到会股东就解除C公司作为A公司股东资格事项进行表决。6. 表决情况：同意2票，占总股数1%，占出席会议有效表决权100%；反对1票，占总股数99%，占出席会议有效表决权的0%。表决结果：提案通过。各股东在会议记录尾部签字，其中，C公司代理人注明，C公司不认可第6项中"占出席会议有效表决权的100%"及"占出席会议有效表决权的0%"的表述。同日，A公司出具股东会决议，载明：因股东C公司抽逃全部出资，且经合理催告后仍未及时归还，故经其他所有股东协商一致，决议解除其作为A公司股东的资格。A公司于本决议作出后30日内向公司登记机关申请办理股东变更登记及减资手续。以上事项表决结果：同意的，占总股数1%；不同意的，占总股数99%。X、Y在该股东会决议尾部签字。C公司代理人拒绝签字。

① （2014）沪二中民四（商）终字第1261号。

由于C公司对上述股东会决议不认可，故X作为A公司股东，诉至法院，请求确认A公司2014年3月25日股东会决议有效。

一审法院认为：即便C公司作为股东违反出资义务，抽逃出资，其表决权并不因此受到限制，本案系争股东会决议关于解除C公司股东资格的内容，未如实反映根据资本多数决原则形成的A公司股东会意思表示，对其效力原审法院难以认定。故对于X要求确认A公司2014年3月25日股东会决议有效的诉请，一审法院不予支持。

二审法院认为：本案的争议焦点在于，当股东会决议就股东除名问题进行讨论和决议时，拟被除名股东是否应当回避，即是否应当将C公司本身排除在外，各方对此意见不一，《最高人民法院关于适用〈中华人民共和国公司法〉若干问题的规定（三）》对此未作规定。二审法院认为，《最高人民法院关于适用〈中华人民共和国公司法〉若干问题的规定（三）》中规定的股东除名权是公司为消除不履行义务的股东对公司和其他股东所产生不利影响而享有的一种法定权能，是不以征求被除名股东的意思为前提和基础的。在特定情形下，股东除名决议作出时，会涉及被除名股东可能操纵表决权的情形。故当某一股东与股东会讨论的决议事项有特别利害关系时，该股东不得就其持有的股权行使表决权。C公司是持有A公司99%股权的大股东，A公司召开系争股东会会议前通知了C公司参加会议，并由其委托的代理人在会议上进行了申辩和提出反对意见，已尽到了对拟被除名股东权利的保护。但如前所述，C公司在系争决议表决时，其所持股权对应的表决权应被排除在外，因此本案系争除名决议已获除C公司以外的其他股东一致表决同意，即以100%表决权同意并通过，故该股东会决议应属有效。二审法院对原审判决予以改判，确认A公司作出的股东会决议有效。

【解读】

1. 股东除名制度为那些陷入治理僵局或面临经营困难的有限责任公司提供了打破僵局或摆脱困境的手段，在一定程度上能够避免公司走向解体。《最高人民法院关于适用〈中华人民共和国公司法〉若干问题的规定（三）》第十七条第一款规定，"有限责任公司的股东未履行出资义务或者抽逃全部出资，经公司催告缴纳或者返还，其在合理期间内仍未缴纳或者返还出资，公司以股东会决议解除该股东的股东资格，该股东请求确认该解除行为无效的，人民法院不予支持。"这一规定将股东未履行出资义务与抽逃全部出资并列为股东除名的事由，本案例中持有公司股权99%的大股东不履行出资义务，被持有公司股权1%的小股东解除了股东资格。

2. 本案中的终审判决，向公众警示了“问题股东”的股东会表决权将会被限制。同时，为了防止问题股东除名制度被滥用，对于股东除名的事由被严格地限定于未履行出资和抽逃全部出资，至于威胁公司资本形成与维持的其他“轻微违法”行为，如出资不足、抽逃部分出资、虚假出资、出资瑕疵等并未被列为股东除名的事由。

3. 从理论上，如果要解决上述问题并不困难，但是在实践中，如何区分是“重大违法”还是“轻微违法”则是很困难的，比如说某股东认缴100万元，但是认缴期限到了之后，该股东一分钱都没有实缴，这当然是重大违法；但如果股东缴纳了50万元还算不算重大违法呢？或者实缴了10万元、20万元、30万元、40万元呢？到底实缴多少算重大违法可以除名，实缴多少只能算轻微违法而不能除名呢？所以这个标准是很难掌握的，再加上我国各地经济发展的差异、法官认识的不同和水平的高低，如果仅仅是在法律上规定“重大性标准”难免会在实践中产生较大分歧，同案不同判的情况是可以预料的。因此立法者仅将股东除名事由列为未履行出资和抽逃全部出资两种情形，这两种情形都是较容易判断的，法官通过案件事实即可断定该情形确实有或者确实无，而不存在有与无之间的其他状态。

4. 需要看到，由于现行法律并未将未全面履行出资义务或者抽逃部分出资的股东列为股东除名的事由，这导致股东除名制度极易被规避，从理论上而言，认缴100万元的股东只要出资1元钱，按照现行的法律规定，其他股东就无权解除该股东的股东资格。

对此类争议，公司应当注意：

1. 制定个性化的公司章程。公司章程可以将股东除名制度列入公司章程，并规定比法律更为详细具体或者更加严苛的股东除名事由（例如规定股东未缴纳50%以上认缴资本时股东会可将该股东除名）。公司章程另行规定的除名事由没有违反法律强制性规定和基本原则，未侵害股东的固有权利，并经全体股东同意的，则公司以此类事由为依据作出除名决定应属合法有效行为。这不仅有助于增强对信守出资义务股东利益的保护，督促其他股东履行出资义务，也从根本上保护了公司及公司债权人的利益。

2. 为了避免上述公司章程中关于出资不足、抽逃部分出资、虚假出资、出资瑕疵股东除名的规定被认定无效后，出现出资瑕疵的股东权利不受限制的情形，公司章程应同时规定未履行出资义务或者抽逃全部出资的股东，出资不足、抽逃部分出资、虚假出资、出资瑕疵的股东将行使受限的股东权利，包括分红权、表决权，均按照实际出资比例行使权利。例如，在公司章程中明确规定“公司股东会就股东除名进行表决时，拟被除名的股东不得行使表决权”“公司股东会就股东除名进行表决时，拟被除名的股东按照实际出资比例行使表决权”，避免股东间就股东会的决议效力产生争议。

（三）股权转让纠纷

【案例】

公司股权转让纠纷案①

L公司成立于1995年2月22日，成立时的股东为汽修厂（40%）、XL商会（60%），总经理为徐某。2003年1月5日，XL商会出具《所有权书》将其在L公司的全部资产的所有权，归中国公民徐某先生所有。D公司于2010年3月9日被登记为L公司股东。2010年7月7日，徐某加盖私刻的XL商会印章，与YB公司签署《股权转让协议书》，并在该协议书上代XL商会签名。《股权转让协议书》约定：XL商会将20%股权转让给YB公司。徐某在《关于放弃优先受让权的说明》上加盖了私刻的D公司的印章并代赵某签名。2010年7月25日，L公司、徐某出具《收条》，《收条》上同时加盖“有限会社XL商会之印”字样的印章一枚，收条记载XL商会授权徐某代为收取上述股权转让金及补偿金，徐某签字认可，视同本公司收到上述款项。

D公司以D公司、XL商会及汽修厂均为L公司的股东，XL商会未通知股东D公司而将其持有的L公司20%股权转让给YB公司，侵犯了D公司的优先购买权为由，提起本案诉讼，请求法院判令：1. 撤销XL商会与YB公司签订的《股权转让协议书》；2. D公司在同等条件下以90万元的价格优先受让L公司20%股权；3. XL商会、YB公司承担本案的诉讼费。

本案一、二审法院虽然对于争议焦点的分析观点不同，但是判决结果保持了一致。

本案主要的争议点在于徐某是否有权根据《所有权书》的约定进行股权转让，虽然《所有权书》的内容只是一项概括性的授权，但是从公司法的原

① （2013）沪高民二（商）终字第28号。

理角度出发，二审法院对于《所有权书》的界定比较合理。徐某与 XL 商会虽未至工商登记部门办理相应股权变更登记，但事实上已按照《所有权书》中约定内容履行；系争授权理应涵盖 XL 商会在 L 公司持有的 60% 股权，故徐某有权代表 XL 商会向 YB 公司转让系争股权。虽然有合法的授权，但是当 D 公司于 2010 年 3 月被登记为 L 公司持股比例 35% 的股东后，其在《承诺书》中确立放弃优先购买权的条件已成就，据此 D 公司已无权再行向 XL 商会主张系争股权的优先购买权。故二审法院在认定事实和基于诚实信用原则的基础上最终驳回了上诉。

【解读】

1. 股权转让是指股东将自己的股权依法转让给公司内部股东或者案外第三人的民事法律行为。司法实践中，股权转让风险存在于交易的整个过程，包括法律风险、市场风险及道德风险。股权转让系发生在股东之间的纠纷，包括公司内部股东之间的股权转让、公司内部股东与案外第三人之间的股权转让。常见的股权转让纠纷频发于合同签订前期、股权转让合同的签订、股权转让合同的履行三个主要的阶段，在任何一个阶段如有不慎或者操作上的瑕疵均容易出现相关的法律问题，所带来的后果也往往不堪设想。

2. XL 商会的该项概括性授权应当理解为包括股权及基于股权产生的所有权利；徐某与 XL 商会虽未至工商登记部门办理相应股权变更登记，事实上已按照《所有权书》中约定内容履行；系争授权理应涵盖 XL 商会在 L 公司持有的 60% 股权，徐某有权代表 XL 商会向 YB 公司转让系争股权。

3. XL 商会向 YB 公司转让 L 公司 20% 股权的行为并未侵犯 D 公司优先购买权。根据本案查明事实，D 公司法定代表人赵某在 2010 年 2 月 9 日已出具《承诺书》，承诺在 D 公司注册为 L 公司法定股东后，对 XL 商会转让给 YB 公司股权的行为“不反对、不干涉，持欢迎的态度”。

4. D 公司既已作出不干涉 YB 公司入股的概括性承诺，则应按约履行，在其登记为法定股东后，现又以系争股权转让侵犯优先购买权为由要求撤销系争《股权转让协议书》，违反诚实信用原则，亦无事实及法律依据。

对此类争议，公司应当注意：

1. 股权转让合同签订前期的法律风险防范。此阶段的主要法律风险系尽职调查的法律风险，当受让股权方与股权转让方对公司股权的转让达成了初步意向后，为了保证转让标的的股权不存在任何瑕疵，以及对转让股权的公司进行初步的了解，作为股权受让方应该对目标公司进行充分的事前调查，此处的事前调查可以是受让股东自行调查了解，也可以是委托专业的律师事务所、会计师事务所以及其他专业中介服务机构进行调查了解。为了保证对目标公司的全方位了解，一般情况下，受让股权方均会委托第三方专业机构对目标企业的主体资格、公司章程、股权结构、出资情况、资产状况、税务报表、近期涉诉情况等开展调查，从而更好地评估股权转让风险及转让价格，更好地为后续的股权转让设计相应的操作方案。

2. 股权转让合同签订阶段的法律风险防范。此阶段应当是股权转让方和受让方对转让股权的金额、对应的股权转让价款，以及配合办理工商变更登记的日期等均达成了共识，并最终敲定股权转让协议。对于股权转让双方来说，最需要防范的风险就是避免股权转让合同的瑕疵，如无效、存在可撤销等情形，以及需要对股权转让合同的内容进行详尽的约定。从而使股权转让合同的内容明确、完整，且能够切实履行，具有可操作性。只有这样，才能尽量减少双方在转让过程中发生争议或在双方有争议发生时有据可依，尽早止损。

3. 股权转让合同履行阶段的法律风险防范。股权转让履行系股权转让合同生效后，股权转让双方均应尽的合同义务和法律义务。此阶段主要是避免转让方恶意违约，“一股二卖”或者拒不配合办理相应的工商变更登记手续。因此，作为股权受让方在合同签订且已经履行付款义务的情况下，应该尽快督促转让方配合办理变更登记手续，同时做好注销原始股东名册、修改公司章程等配套手续。在完成股权转让的全部流程事项后，股权受让方可以按照公司法及公司章程的规定，行使相应的股东权利。

（四）滥用股东权利纠纷

【案例】

公司盈余分配纠纷案①

T工贸公司持T热力公司股权60%，居立门业公司在T热力公司持股40%。李某军系T热力公司执行董事、法定代表人，兼兴盛建安公司法定代表人。

2009年10月6日，庆阳市某区人民政府（甲方）与T热力公司（乙方）

① （2016）最高法民终字第528号。

签订《工程回购合同》约定，回购T热力公司资产，甲方须再支付乙方收购价款7000万元。经审计截至2014年10月31日，清算净收益75973413.08元。该《审计报告》亦载明，T热力公司应收账款33900000元，系2010年9月8日转入兴盛建安公司，于2013年7月30日收回1000000元，清算数33900000元；其他应收款21694383.08元中，兴盛建安公司12988795.65元。T热力公司银行贷款1000万元由李某军自己公司长期占用，利息2319118.75元由T热力公司支付，应增列2319118.75元应收账款。

居立门业公司诉讼请求：一、判令T热力公司对盈余的7000余万元现金和盈余的32.7亩土地（从政府受让取得时的地价款为330万元）按照《公司法》第三十五条和T热力公司章程第二十七条之规定向居立门业公司进行分配。

最高人民法院认为，公司在经营中存在可分配的税后利润时，有的股东希望将盈余留作公司经营以期待获取更多收益，有的股东则希望及时分配利润实现投资利益，一般而言，即使股东会或股东大会未形成盈余分配的决议，对希望分配利润股东的利益不会发生根本损害，因此，原则上这种冲突的解决属于公司自治范畴，是否进行公司盈余分配及分配多少，应当由股东会作出公司盈余分配的具体方案。但是，当部分股东变相分配利润、隐瞒或转移公司利润时，则会损害其他股东的实体利益，已非公司自治所能解决，此时若司法不加以适度干预则不能制止权利滥用，亦有违司法正义。虽目前有股权回购、公司解散、代位诉讼等法定救济路径，但不同的救济路径对股东的权利保护有实质区别，故需司法解释对股东的盈余分配请求权进一步予以明确。为此，《公司法解释（四）》第十五条规定，“股东未提交载明具体分配方案的股东会或者股东大会决议，请求公司分配利润的，人民法院应当驳回其诉讼请求，但违反法律规定滥用股东权利导致公司不分配利润，给其他股东造成损失的除外”。本案中，首先，T热力公司的全部资产被整体收购后没有其他经营活动，一审法院委托司法审计的结论显示，T热力公司清算净收益为75973413.08元，即使扣除双方有争议的款项，T热力公司也有巨额的可分配利润，具备公司进行盈余分配的前提条件。其次，李某军同为T热力公司及其控股股东T工贸公司法定代表人，未经公司另一股东居立门业公司同意，没有合理事由将5600万余元公司资产转让款转入兴盛建安公司账户，转移公司利润，给居立门业公司造成损失，属于T工贸公司滥用股东权利，符合《公司法解释（四）》第十五条但书条款规定应进行强制盈余分配的实质要件。最后，前述司法解释规定的股东盈余分配的救济权利，并未规定需以采取股权回购、公司解散、代位诉讼等其他救济措施为前置程序，居立门业公司对不同的救济路径有自由选择的权利。因此，一审判决关于T热力公司应当进行盈余分配的认定有事实和法律依据，T热力公司、李某军关于没有股东会决议不应进行公司盈余分配的上诉主张不能成立。

【解读】

1. 公司有盈利是否分红属于公司内部自治范围的事务，对此司法一般不予干预。不分红未必损害股东的利益，公司可以将其转为资本公积金，用于公司的发展和规模的扩大。

2. 公司股东会决定公司是否分红，如果股东会作出同意分红的决定，则公司一般来说要兑现承诺，因为股东的分红权已经由期待权变成了请求权，股东由此已经变成公司的债权人了，当然在这之前应当符合《公司法》的规定，公司应当履行了弥补亏损和缴纳税款的义务。

3. 如果公司有盈利不分红也不开展其他业务，大股东滥用股东权利将公司盈利挪作自己使用，甚至有侵占的意图，并且利用自己大股东身份不作出分红的股东决议或者不作为而根本不召开股东会，显然危及或损害了其他股东的利益，此时其他股东向法院提出分红的请求可以得到法院支持，但是其他股东有义务举证证明因大股东不主张分配公司盈利，使自己的股东利益很有可能面临损失的风险。

对此类争议，公司应当注意：

1. 从公司治理层面上看，股东之间对公司是否分红的分歧和争夺，实质仍然是对公司控制权的争夺，小股东因占股比例小往往在博弈中处于相对不利的地位。为了避免出现“有钱不分，个别人花”不公平情况的出现，建议在公司成立之初，或者公司发展过程中尚没有出现分歧时及时将公司分红的条件和相应的程序写入章程，以免被动。《公司法》赋予了公司章程在公司治理中较高的法律地位，其调整公司有关组织架构、股东之间的权利义务、议事规则。公司章程可以根据公司的具体情况和股东的具体约定，在《公司法》的框架下对股东权利内容、行使方式、法律后果穷尽列明，且章程内容往往具有优先适用的效果。所以，为防止部分股东在公司设立后滥用权利损害公司或股东利益，其他股东应在公司设立过程中制定完备的公司章程。比如：由公司章程对公司股东的分配和行使作出具体规定、在章程中规定知情权的具体实现方式、对股东会议事方式和表决程序作出详尽规定、禁止公司为控股股东提供大额担保、在公司担保事项的表决权上提高比例，等等，都有助于防范股东滥用股东权利的情况发生。

2. 股东滥用股东权利的情况发生后，应及时寻求司法救济。

（五）董事、监事、高级管理人员损害公司利益纠纷

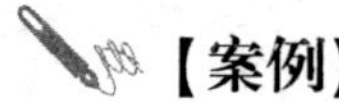【案例】

借款合同纠纷案①

公司于2014年8月15日注册登记成立，其法定代表人由赵甲担任。公司向Z公司购买4套商品房，支付了涉案1号、2号两套房屋购房款合计898.9093万元，Z公司也与公司签订了四份《商品房买卖合同》的网签合同，并在房产管理部门办理了合同备案。赵甲在未经股东会决议同意情况下，持公司《委托书》向Z公司、房产管理部门提出注销网签备案合同和更名申请，申请撤销公司与Z公司网签备案的1号、2号房屋的《商品房买卖合同》，并办理合同更名事宜。合同撤销后，Z公司未将898.9093万元购房款退还公司。2015年11月9日，赵甲以赵乙的名义与Z公司签订两份《商品房买卖合同》，约定赵乙以原合同约定总价款购买1号、2号商品房。合同签订后，赵甲将公司名下四份购房款发票退还Z公司，Z公司以赵乙名义换发了同等金额的两份发票，分别载明1号购房款为442.3583万元、2号购房款为456.551万元。同时，赵甲、赵乙另行支付Z公司1号房屋购房款442万元、2号房屋购房款456万元，两套房屋总房款为1796.9093万元。2016年3月30日，公司的股东胡某等人知晓赵甲上述行为后，致函公司监事会，要求监事会依法维权，起诉赵甲、赵乙。同年4月1日上午，公司监事会召开监事会会议，作出监事会决议一份，其主要内容为："鉴于，现在情况紧急，为防止赵甲、赵乙转移财产，立即以公司的名义聘请律师，依法起诉，追究赵甲、赵乙等人的法律责任。"此后，公司起诉请求判令：1. 赵甲返还公司898.9093万元购房款；2. 赵甲赔偿公司房屋价格上涨的可期待损失321.13万元；3. 赵乙对公司上述损失承担连带责任。诉讼过程中，经评估：1号、2号房屋在2016年9月9日的房地产市场价值为单价20500元/平方米，总价2117.04万元。

一审法院审理认为，赵甲为公司的法定代表人和高级管理人员，在公司

---

①（2017）鄂01民终1939号。

两名股东以其侵占公司财产为由书面申请监事会行使诉权，且监事会已作出起诉决议情况下，公司应当依法履行其职责，根据监事会决议对赵甲提起诉讼。故公司在本案中的诉讼主体资格适格。公司购买1号、2号房屋后，与Z公司签订了网签合同和合同备案手续，并支付了购房款898.9093万元，双方之间的商品房买卖合同关系已经成立并生效，公司应依约享有合同完全履行后可以获得的履行利益。赵甲在未经公司股东会决议同意情况下，利用其公司高管身份和便利条件，擅自解除公司与Z公司签订的商品房买卖合同，并以赵乙名义重新购房合同，将公司已付898.9093万元房款用于支付赵乙应付购房款，其行为侵害了公司的合法权益，已直接导致公司遭受898.9093万元购房款损失。此外，涉案1号、2号房屋的现有价值经过鉴定部门评估后确认为2117.04万元，较原买卖合同约定房屋价款上涨320.130万元（2117.04万元－1796.9093万元），该房价增值部分本应属于公司在合同履行后的必得利益，因赵乙侵权行为，导致公司未能获取该利益，故该房价增值部分应认定为公司的可得利益损失。上述购房款损失和房价增值部分损失，均属于赵甲违法侵权行为造成的损失，赵甲应向公司承担赔偿责任。赵甲与赵乙系父子关系，赵甲撤销原合同后以赵乙名义购房，并以公司已付898.9093万元房款冲抵部分购房款，导致赵乙在支付对价情况下取得买卖合同项下的全部利益，如此侵害了公司的财产权益，赵乙在购房过程中主观上存在过错，应认定为本案的共同侵权人以及实际受益人，应与赵甲一并对公司的全部损失承担连带清偿责任。判决：一、赵甲偿付公司898.9093万元购房款；二、赵甲赔偿公司房价上涨损失320.1307万元；三、赵乙对上述判决第一项、第二项确定的公司的损失承担连带清偿责任。二审法院维持原判。

【解读】

1. 公司实务中，股东、实际控制人、高级管理人员，违反对公司的忠实勤勉义务，损害公司利益的事件并不鲜见。司法实践中，按照请求权基础区分，主要有董事、监事、高级管理人员违反忠实、勤勉义务损害公司利益责任纠纷和股东、实际控制人等滥用股东权利损害公司利益责任纠纷两类；按照原告主体区分，有公司自行起诉以及股东代表诉讼两类。本案即是公司自行起诉。监事会作为公司的法定机关，在董事、高级管理人员违法执行职务给公司造成损失时，可以根据股东的书面申请代表公司行使起诉权，以追究董事、高级管理人员的赔偿责任。由于监事会是公司的内设机构，不具备独立的诉讼主体资格，不能以自己的名义行使诉权，只能以公司的名义提起民事诉讼，由此产生的后果或利益由公司承担。

2. 根据《公司法》第一百五十一条规定，股东代表诉讼是当公司的合法权益受到他人侵害，特别是受到控股股东、实际控制人、公司高级管理人员的侵害而公司怠于行使诉权时，符合法定条件的股东以自己名义为公司的利益对侵害人提起诉讼，追究其法律责任的诉讼制度。股东代表诉讼又称股东派生诉讼。

3. 股东提起股东代表诉讼，诉讼前须经“用尽内部救济”的前置程序，即在公司遭受不正当行为损害时，股东必须先征询公司是否对该行为提起诉讼，不可直接代表公司提起诉讼；只有在公司董事、监事拒绝或者怠于提起诉讼时，股东才可行使代表诉讼权利。

对此类争议，公司应当注意：

1. 建议公司建立初始就在公司章程或者有关合同、聘书中明确高级管理人员的定义，一旦发生高级管理人员损害公司权益的情形时，清晰的高级管理人员定义将便利公司的维权。根据《公司法》第二百一十六条第一项规定：高级管理人员，是指公司的经理、副经理、财务负责人，上市公司董事会秘书和公司章程规定的其他人员。虽然如此，在司法实务中，认定公司高级管理人员的身份，应采取形式审查和实质判断相结合的方式，不仅通过考察公司章程规定、任免手续等形式要件，还可通过其在公司中享有的职权范围、实际担当工作的重要性和影响力，综合考量其是否实际掌握着公司经营权或重大事项的执行决定权，来认定其高管人员的身份。

2. 我国《公司法》并未对董事、高级管理人员的勤勉义务作具体规定，可以从三个方面加以举证：（1）须以善意为之；（2）在处理公司事务时负有在类似的情形、处于类似地位的具有一般性谨慎的人在处理自己事务时的注意；（3）有理由相信是为了公司的最大利益履行其职责。

3. 完善公司财务管理制度、审批流程，方便公司举证证明董监高的资金行为违反了公司章程或财务管理制度。“董监高”最常见的违反忠实义务的行为包括挪用或侵占公司财产、同业竞争、侵夺公司商业机会等，而该类案件中常常存在损害事实的举证困难。公司本身财务管理制度不健全、审批流程不规范等都会导致公司无法证明损害事实。同时，在侵夺商业机会类案件中，对于何为商业机会，以及董监高的行为究竟属于侵夺公司商业机会还是属于合理的商业安排，也往往有赖于法官的经验判断。

（六）解散公司纠纷

【案例】

公司解散之诉案[①]

K公司成立于2002年1月，L与D系该公司股东，各占50%的股份，D任公司法定代表人及执行董事，L任公司总经理兼公司监事。K公司章程明确规定：股东会的决议须经代表二分之一以上表决权的股东通过，但对公司增加或减少注册资本、合并、解散、变更公司形式、修改公司章程作出决议时，必须经代表三分之二以上表决权的股东通过。股东会会议由股东按照出资比例行使表决权。从2006年起，L与D两人之间的矛盾逐渐显现。同年5月9日，L提议并通知召开股东会，由于D认为L没有召集会议的权利，会议未能召开。同年6月6日、8月8日、9月16日、10月10日、10月17日，L委托律师向K公司和D发函称，因股东权益受到严重侵害，L作为享有公司股东会二分之一表决权的股东，已按公司章程规定的程序表决并通过了解散K公司的决议，要求D提供K公司的财务账册等资料，并对K公司进行清算。同年6月17日、9月7日、10月13日，D回函称，L作出的股东会决议没有合法依据，D不同意解散公司，并要求L交出公司财务资料。同年11月15日、25日，L再次向K公司和D发函，要求K公司和D提供公司财务账册等供其查阅、分配公司收入、解散公司。从2006年6月1日至今，K公司未召开过股东会。江苏常熟服装城管委会证明K公司目前经营尚正常，且愿意组织L和D进行调解。服装城管委会调解委员会于2009年12月15日、16日两次组织双方进行调解，但均未成功。原告L诉称：常熟市K公司经营管理发生严重困难，陷入公司僵局且无法通过其他方法解决，其权益遭受重大损害，请求解散K公司。被告K公司及D辩称：K公司及其下属分公司运营状态良好，不符合公司解散的条件，D与L的矛盾有其他解决途径，不应通过司法程序强制解散公司。

江苏省高级人民法院认为：首先，K公司的经营管理已发生严重困难。根据《公司法》第一百八十三条和《公司法解释（二）》第一条的规定，判断公司的经营管理是否出现严重困难，应当从公司的股东会、董事会或执行

---

① （2010）苏商终字第0043号。

董事及监事会或监事的运行现状进行综合分析。K 公司已持续 4 年未召开股东会，无法形成有效股东会决议，也就无法通过股东会决议的方式管理公司，股东会机制已经失灵。执行董事 D 作为互有矛盾的两名股东之一，其管理公司的行为，已无法贯彻股东会的决议。L 作为公司监事不能正常行使监事职权，无法发挥监督作用。由于 K 公司的内部机制已无法正常运行、无法对公司的经营作出决策，即使尚未处于亏损状况，也不能改变该公司的经营管理已发生严重困难的事实。其次，由于 K 公司的内部运营机制早已失灵，L 的股东权、监事权长期处于无法行使的状态，其投资 K 公司的目的无法实现，利益受到重大损失，且 K 公司的僵局通过其他途径长期无法解决。《公司法解释（二）》第五条明确规定了“当事人不能协商一致使公司存续的，人民法院应当及时判决”。本案中，L 在提起公司解散诉讼之前，已通过其他途径试图化解与 D 之间的矛盾，服装城管委会也曾组织双方当事人调解，但双方仍不能达成一致意见。两审法院也基于慎用司法手段强制解散公司的考虑，积极进行调解，但均未成功。此外，L 持有 K 公司 50% 的股份，也符合公司法关于提起公司解散诉讼的股东须持有公司 10% 以上股份的条件。综上所述，K 公司已符合公司法及《公司法解释（二）》所规定的股东提起解散公司之诉的条件，生效法院依法改判解散 K 公司。

【解读】

1.《公司法解释（二）》规定了解散公司诉讼的受理条件，可以说受理条件本身就是公司解散之诉的实体审查要件。故诉辩双方应当围绕上述法定条件承担举证责任和遵循相应的证明规则。公司解散的条件，即单独或者合计持有公司全部股东表决权 10% 以上的股东，以下列事由之一提起解散公司诉讼，并符合《公司法》第一百八十三条规定的，人民法院应予受理：（一）公司持续两年以上无法召开股东会或者股东大会，公司经营管理发生严重困难的；（二）股东表决时无法达到法定或者公司章程规定的比例，持续两年以上不能做出有效的股东会或者股东大会决议，公司经营管理发生严重困难的；（三）公司董事长期冲突，且无法通过股东会或者股东大会解决，公司经营管理发生严重困难的；（四）经营管理发生其他严重困难，公司继续存续会使股东利益受到重大损失的情形。

2. 公司解散之诉中的一个核心裁判规则是如何正确认知“公司经营管理发生严重困难”这一法定要件的本质内涵。“公司经营管理发生严重困难”的侧重点在于公司管理方面存有严重内部障碍，如股东会机制失灵、无法就公司的经营管理进行决策等，不应片面理解为公司资金缺乏、严重亏损等经营性困难。本案中，K 公司仅有 D 与 L 两名股东，两人各占 50% 的股份，K 公司章程规定“股东会的决议须经代表二分之一以上表决权的股东通过”，且各方当事人一致认可该“二分之一以上”不包括本数。因此，只要两名股东的意见存有分歧、互不配合，就无法形成有效表决，显然影响公司的运营。

3. 股权治理结构的特殊性导致公司僵局一旦形成，则难以通过自力救济打破。上述公司特殊股权治理结构具有明显的“先天性”瑕疵，因为在各占 50% 的特殊股权比例情形下，除非双方一致同意某事项，否则任何一方都可以否决对方的任何提议，即公司僵局一旦形成则难以自行救济的方式打破，诉请解散公司几乎是解决公司僵局唯一可行的途径。

对此类争议，公司应当注意：

类似 K 公司的股权治理结构应当足以引起实务界的高度重视，在设立公司时应当避免出现各占 50% 的股权结构。否则，公司的“人合性”一旦遭到破坏而形成“公司僵局”，则根本无法通过公司自身的股权治理结构进行修复。因此，只要两名股东的意见存有分歧、互不配合，就无法形成有效表决，显然影响公司的运营。

在有限责任公司股东之间产生重大分歧，除解散公司以外，当事人还可以考虑协商解决分歧。根据《公司法解释（五）》规定，涉及有限责任公司股东重大分歧案件时，应当注意调解。当事人协商一致以以下方式解决分歧，且不违反法律、行政法规的强制性规定的，人民法院应予支持：(1) 公司回购部分股东股份；(2) 其他股东受让部分股东股份；(3) 他人受让部分股东股份；(4) 公司减资；(5) 公司分立；(6) 其他能够解决分歧，恢复公司正常经营，避免公司解散的方式。

二、仲裁

（一）商事仲裁简述

商事仲裁，国际上又称公断，是指双方当事人协议将争议提交第三方，由该第三方对争议的是非曲直进行评判并作出裁决的一种解决争议的方法。因此双方当事人在合同书或者书面协议中约定了选择仲裁方式解决纠纷的

“仲裁条款”才是仲裁合法性的前提条件。

商事仲裁是当前除民事诉讼外最主要的纠纷解决方式，既是我国法律规定的纠纷解决制度，亦是国际通行的纠纷解决方式。由于其较少受行业和领域的限制，因此在市场经济较发达的国家，商事仲裁更为人们所认可并大范围适用在商业纠纷方面。

（二）商事仲裁的优点

商事仲裁因为在解决纠纷中具有诸多优越性，在国外通过仲裁方式解决民商事纠纷已是非常普遍，随着社会生活水平的提高，国内越来越多的人开始了解仲裁、熟知仲裁，并选择以仲裁方式来解决民商事纠纷。笼统来说仲裁具有以下优势：

1. 自愿性。当事人的自愿性是仲裁最突出的特点。仲裁以双方当事人的自愿为前提，即当事人之间的争议是否提交仲裁、交与谁仲裁、仲裁庭如何组成、由谁组成以及仲裁的审理方式、开庭形式等，都是在当事人自愿的基础上，由双方当事人协商确定的。因此，仲裁是最能充分体现当事人意思自治原则的争议解决方式。

2. 专业性。民商事争议往往涉及特殊的知识领域，会遇到许多复杂的法律、经济贸易和有关的技术性问题，故专家裁判更能体现专业权威性。由具有一定专业水平和能力的专家担任仲裁员对当事人之间的纠纷进行裁决，是仲裁公正性的重要保障。根据我国《仲裁法》的规定，仲裁机构都备有分专业的、由专家组成的仲裁员名册供当事人进行选择。

3. 灵活性。当事人享有较大的自主权，可以自定程序，很多环节可以简化，有些文书的格式甚至裁决书的内容和形式可以灵活处理。在管辖上不实行地域管辖和级别管辖。

4. 保密性。仲裁以不公开审理为原则，相关的仲裁法律和仲裁规则也规定了仲裁员及仲裁秘书的保密义务，当事人的商业秘密和贸易活动不会因仲裁活动而泄露，最大限度地保护当事人的利益。

5. 快捷性。仲裁实行一裁终局制。例如，唐山仲裁委员会《仲裁规则》规定简易程序案件的审限是两个月，普通程序案件的审限是四个月。仲裁裁决一经仲裁庭作出即发生法律效力，这使得当事人之间的纠纷能够迅速得以解决。

6. 经济性。时间上的快捷性使得仲裁所需费用相对减少，仲裁实行一裁终局，无需多审级收费，使得仲裁花费的成本较低。

7. 强制性。仲裁实行“一裁终局”制度，裁决自作出之日起即与人民法院生效的法律文书具有同等法律效力，当事人持有仲裁裁决书可以向人民法院申请强制执行。

（三）仲裁与诉讼的区别

仲裁和诉讼都是为解决具体的争议和纠纷而设置的程序性规则，但诉讼是国家司法行为，而仲裁则是具有民间性的居中裁决。法院行使国家所赋予的审判权，向法院起诉不需要双方当事人在诉讼前达成协议，只要一方当事人向有审判管辖权的法院起诉，经法院受理后，另一方必须应诉。仲裁机构通常是民间团体的性质，其受理案件的管辖权来自双方协议，没有协议就无权受理。

因此，诉讼与仲裁的性质不同，这就决定了它们之间有许多区别。

1. 启动的前提不同。要启动仲裁程序，争议各方必须要达成将纠纷提交仲裁的一致的书面意思表示，并选定明确具体的仲裁机构。达成一致的时间可以在纠纷发生前，纠纷过程中，也可以在纠纷发生之后。对诉讼而言，只要一方认为自己的合法权益受到侵害，即可以向法院提起诉讼，而无需征得对方同意。

2. 仲裁的受案范围要小于民事诉讼的受案范围。《仲裁法》第二条规定：“平等主体的公民、法人和其他组织之间发生的合同纠纷和其他财产权益纠纷，可以仲裁。”这里明确了三条原则：一是发生纠纷的当事人必须是民事主体，包括国内外法人、自然人和其他合法的具有独立主体资格的组织；二是仲裁的争议事项应当是当事人有权处分的；三是仲裁范围限定为合同纠纷和其他财产权益纠纷。由此可知，仲裁只适用于部分民事纠纷。

根据《仲裁法》的规定，有两类纠纷不能仲裁：

（1）婚姻、收养、监护、扶养、继承纠纷不能仲裁。这类纠纷虽然属于民事纠纷，也不同程度地涉及财产权益争议，但这类纠纷都是建立在身份关系的基础上，当事人往往不能自由处分这方面的权利。

（2）依法应当由行政机关处理的行政争议不能仲裁。行政争议是以实施具体行政行为的国家行政机关为一方，以作为该具体行政行为相对人的公民、法人或者其他组织为另一方，针对行政机关实施的具体行政行为是否合法（包括适当）而引起的争议。因争议事项涉及国家行政权，当事人无权自由处分。

若仲裁协议约定的仲裁事项超出法律规定的仲裁范围，则仲裁协议无效。

3. 当事人参与程度不同。在仲裁中，当事人可以根据自身的情况来选择仲裁机构、选择仲裁员，特别是可依据仲裁员的经验、阅历、职称、学历、品行素养、仲裁水平等诸多方面来自由选择自己信任的仲裁员。而诉讼中，受理的法院、审判员、审理程序、时间及地点均由法律规定或法院确定，当事人只能按照法律法规的要求参加诉讼，无权干涉和选择。

4. 管辖的规定不同。仲裁机构独立于行政机关，与行政机关没有隶属关系，仲裁委员会之间也没有隶属关系。仲裁不实行级别管辖和地域管辖，一般情况下，当事人可以在全国范围内任意选择仲裁机构，而不论纠纷发生在何地、争议的标的有多大。人民法院分为四级，上级法院对下级法院具有监督、指导的职能。诉讼实行级别管辖和地域管辖，级别管辖主要根据案件的性质、复杂程度和案件影响来确定，地域管辖主要以法院与当事人、诉讼标的以及法律事实之间的关联关系来确定，法律还规定某些特殊类型的案件专门由特定的法院管辖。无管辖权的法院不得随意受理案件，当事人也不得随意选择。

5. 庭审公开程度不同。仲裁一般不公开进行，当事人协议公开的，可以公开进行，但涉及国家秘密的除外。人民法院审理民事案件，除涉及国家秘密、个人隐私或者法律另有规定的以外，应当公开进行。离婚案件、涉及商业秘密的案件，当事人申请不公开审理的，可以不公开审理。

6. 仲裁员和法官任职条件不同。仲裁员由各仲裁机构根据仲裁法的规定进行聘任，一般都是具有法律知识、在特定领域具有丰富经验、公道正派的专业人士或从业人员。法官是依法行使国家审判权的审判人员，应当具备职业资格、具有法律专业知识和法律从业经历，其任免依照法律规定的任免权限和程序办理。

7. 裁决强制力不同。我国仲裁实行一裁终局制，仲裁裁决书自作出之日起发生法律效力，没有法定情形不得撤销或不予执行。民事诉讼中，除最高人民法院审理的一审案件，适用特别程序、督促程序、公示催告程序的案件，小额诉讼案件，以及确认婚姻效力的案件均属一审终审外，人民法院审理民事案件一般均依照法律规定实行两审终审制度。但我国法律还规定了审判监督程序，目的在于对已生效而确实有错误的判决和裁定，通过再次审理并作出裁判予以纠正。

（四）仲裁与诉讼的优劣势比较

1. 与诉讼相比仲裁的优势

（1）仲裁能充分体现当事人的自愿。仲裁以充分的当事人意思自治为基础，且当事人的意愿对争议的解决也可以发挥比较大的影响。诉讼则必须按照法律规定的程序启动并进行，除调解、和解程序外，当事人自主意志体现较弱。

（2）仲裁体现出较高的程序上的效率。仲裁的受理和开庭程序相对简单，当事人还可协议不开庭，由仲裁庭根据仲裁申请书、答辩书以及其他材料作出裁决，而且仲裁实行一裁终局，整体效率较高。诉讼实行两审终审，且诉讼案件呈逐年上升趋势，而人民法院的诉讼资源有限，加之受案件复杂程度、法官判案水平、社会舆论干扰等因素影响，一个案件从人民法院受理到判决生效，往往需要较长时间。

（3）仲裁的保密性好。仲裁不公开审理，不允许旁听和新闻媒体采访，有利于保护当事人商业秘密。而诉讼除法律规定的不公开审理情形外，均公开审理；且即使是不公开审理的案件，也都一律公开宣告判决。

2. 与诉讼相比仲裁的劣势

（1）仲裁没有足够的国家强制力。仲裁庭不能依职权通知证人出庭作证；仲裁过程中当事人申请证据保全或财产保全的，只能向人民法院申请并由法院实施。仲裁庭对当事人恶意利用仲裁来逃避责任、损害第三人利益的行为，不能采取强有力的对策，其对干扰仲裁活动的当事人，也无权采取强制措施。

（2）仲裁的可救济性弱。仲裁实行一裁终局，在快捷方便的同时，也失去了再审的监督作用，除《仲裁法》第五十八条规定的撤销仲裁的情形及第六十三条规定的不予执行的情形外，当事人必须无条件接受并执行，且没有任何救济措施，因而又容易降低人们对仲裁的信任度。

（3）仲裁监督机制不完善。鉴于仲裁的民间属性，目前对仲裁的监督主要是事后的司法监管，缺乏完善有效的行政监管和行业监管机制。

长期以来，由于仲裁法不完善、各地经济社会发展不平衡不充分、公信力不足等原因，广西各地商事仲裁机构得以受理的商事纠纷案件数量普遍偏少。

（五）仲裁或者诉讼的选择

在比较了仲裁与诉讼的区别和它们各自的优势后，可以看出，二者在现代社会中平等地发挥着各自的作用，同时又互为补充，共同丰富着民事纠纷解决的制度体系。对于公司争议的解决，为了有效维护当事人的合法权益，可以基于包括但不限于以下侧重点来考量是选择仲裁或是选择诉讼：

1. 商事纠纷当事人，出于声誉之考虑，可以选择保密性较好的仲裁程序。

2. 对于审理时效有要求的当事人，可结合标的金额大小、具体仲裁委员会规则（仲裁委的仲裁规则可能不规定审理周期）等因素作出不同决策。若选择仲裁，则可以考虑在制定仲裁条款时选择适用简易程序；当然，在目前诉讼繁简分流试点改革的背景下，部分案件的诉讼流程可能比仲裁更快，因此具体还要看争议复杂程度和当地法院的安排。

3. 对于注重救济程序的当事人，通常而言，鉴于法院审理的公开性较高以及二审终审制度，可以考虑诉讼。如选择诉讼，则建议当事人结合民商事活动安排慎重选择被告住所地、合同履行地、合同签订地、原告住所地、标的物所在地等与争议有实际联系的管辖法院。

争议解决条款的设置对于纠纷解决有不可忽视的作用，若相关民商事活动所涉事宜重大，建议慎重选择。

三、调解

学界习惯上将调解按性质分成司法调解、行政调解和人民调解三类。争议主体选择调解解决争议，主要是因为调解相较一般诉讼具有自愿性、保密性、便捷性、灵活性的特点。所以，无论是调解的启动、进程的控制、结果的选择均源自双方当事人的选择。在整个调解中，自愿性始终贯穿于调解的整个过程。调解是在不公开的情况下，调解员必须遵守保密的责任，双方当事人商业价值或信誉的损失相对而言更少。由于调解的自由度比较大，可以不受时间地点的限制，也没有特别的固定场所，甚至在网络上就可以完成。所以，对于当事人而言，只要调解员与当事人同意，则可以在任何时间与地点进行调解。调解目的只是一个如何寻找到争议当事人都能认可且便于执行的方案。只要当事人在了解调解方案的本质及结果的前提下，理论上，只要不违反公平公正的原则，任何调解方案都是可以尝试的。我国的调解机制，主要有人民调解、行业协会调解、律师调解。

（一）人民调解制度

2011 年 1 月 1 日《人民调解法》正式实施。人民调解侧重于解决比较简单的以居民生活及简易经济活动为主的争议。人民调解制度作为中国特色的民间纠纷解决机制，是指在人民调解委员会的主持下，依照法律法规及道德规范，对产生纠纷的当事人进行规劝说服，促成其互谅互让，从而使当事人之间在自愿的基础上达成协议，解决纠纷的活动。人民调解委员会的组成人员并非专业的审判人员，对相关法律的认识具有一定的局限性，人民调解委员会也并非正式的审判机关及行政机关，作出的调解协议只具有法律约束力，没有强制执行力，调解人员应督促达成协议的当事人及时履行。但是在调解协议作出后，双方当事人可以在30天内申请法院进行司法确认，经过司法确认的调解协议具有强制执行力，可以申请强制执行。

人民调解一般适宜处理在没有陌生人的社区共同体内的纠纷，这种纠纷往往标的额微小，纠纷事实简单，纠纷主体不希望关系情感的破裂，而诉讼、审判的成本高、周期长、程序复杂，在许多情况下，诉讼表面上排除了纠纷所引起的社会矛盾，但并不能消除当事人的心理对抗。虽然公司商事争议一般不会寻求人民调解对有关争议进行实质性解决，但是如果人民调解能在诉前达成双方的协商和解，对非必诉纠纷提前调解也减轻了司法机关的工作压力、节约司法成本与社会资源。

（二）行业协会调解制度

行业协会基于社会分工日益细化和专业而产生，它是介于政府与企业之间的民间性组织，起到桥梁与纽带的作用。由此，根据行业协会的性质，以行业协会作为调解主体进行的调解属于人民调解。行业协会之所以可以胜任行业内的调解职能，来源于它对外以集体的形式形成、表达和满足行业成员的共同需要，代表行业整体维护行业利益，凝聚行业内个体的力量；对内可以进行自我管理，行业协会通过制定行业规则，要求行业成员遵循本行业的专业特征，集中本行业协会成员的基本诉求，形成本行业的“最大公约数”，按照内部规则的形成程序进而获得规则的效力，对本行业协会成员具有约束力，即行业自律。行业协会在我国是需要进行社团登记的群众性自治组织，根据目前推出的调解组织看，其基本都得到政府主管部门的支持，合法性有保障。调解的纠纷内容均应当是行业中涉及成员的业务纠纷。

目前的行业调解主要有：交通事故调解、医疗纠纷调解、知识产权纠纷调解、涉外商贸争议调解、物业纠纷调解、消费者权益纠纷调解，以及金融、保险、工程建设纠纷等专业性调解。调解主体的组成人员具有广泛性，既有年长的具有丰富社会生活经验的人员，又有法学专业毕业生等。调解主体的组成人员中，律师是值得关注的群体。律师调解在现实社会中的定位更贴近现代调解的特征，它所采取的调解的基本方向有两种：一个方向是积极回答对审判式处理的期待、努力与这种要求保持一致的方向（同向的调解）；另一个方向则相反，把这样的期待作为与调解本来的性质不相容的东西，而寻求与审判不同的、调解自身固有的处理（异向的调解）。而律师调解的社会角色决定了律师调解是与审判同向的调解，较多地满足了许多纠纷不能，或不愿由审判处理却又期待审判式处理的社会心理。

（三）律师调解制度

2012 年《最高人民法院关于扩大诉讼与非诉讼相衔接的矛盾纠纷解决机制改革试点总体方案》中，指出试点法院可以以两种方式发展律师调解：一是律师在诉调对接中心以特邀调解员身份开展调解工作，二是推动建立律师调解员制度，支持律师协会、律师事务所建立专职或者兼职的律师调解员队伍，由律师调解员独立主持调解纠纷，并协助其建立和完善相关制度。2017 年 9 月最高人民法院、司法部联合颁布《关于开展律师调解试点工作的意见》（司发通〔2017〕105 号，以下简称《试点意见》），提出全面开展律师调解的探索与部署。

法律关系复杂、标的额较大、涉及专业法律问题的民事案件，在调解机制的选择上可以选择律师调解予以解决争议。律师调解制度主要具有以下几点优势：一是专业性。相对于一般的人民调解来说，律师调解由于本身是专业的法律从业人员，能够在调解过程中对于案件未来的裁判结果进行有效预判，并能使得调解结果在不过于偏离司法机关的判断的情形下，平衡双方利益。二是公正性。调解协议无法由律师调解员单方面作出，调解协议的产生必定需要双方当事人的认可，从而达到案结事了的目的，其接近实体正义的概率可能会高于法院判决。三是高效性。作为专业的法律从业者，律师拥有从事调解工作的先天优势，可以有效提高调解的效率，降低当事人诉累。

律师调解存在四种形式，主要有在人民法院、公共法律服务中心、律师协会以及律师事务所中设立律师调解工作室，律师协会和律师事务所还可以单独设立民办非企业单位的律师调解中心。律师调解后争议双方达成的调解协议由法院赋予强制执行力，在法律程序上不存在任何问题。但是，有些地方法院，对于调解协议效力的确认范围限定在小额的民事争议案件，建议未来与法院协商，在律师调解工作进一步完善与成熟的基础上，给予放开争议金额的限制。

第三节 公司争议解决管理流程

建立健全争议解决管理制度，对于企业的风险控制和合规经营极为重要。建立公司内部争议解决管理流程，需要与可能产生争议所涉及的业务流程紧密相连。争议解决的第一步应该是公司风险管理控制，制定公司风险解决的内控方案，将风险所涉的业务流程中的每个关键环节作为风险管理的控制点，而争议解决即是风险管理控制点上采取的控制措施之一。

一、争议解决管理制度建立

争议解决包括经营纠纷、诉讼、仲裁、行政处罚等的处理，争议解决管理是一项系统性的制度建设，它充分考虑争议产生的背景，以翔实充分的证据材料为依据，制定严密可行的争议解决方案，并针对争议解决结果进行评价，分析争议产生的原因，找出经营流程中的漏洞，完善企业管理制度。为此，制定争议解决管理制度要充分考虑以下几个方面：

（一）争议管理制度的总则

总则主要对制定整理制度的目的、使用范围以及争议类型进行明确，以确保争议管理制度的大方向。在争议类型的种类上，一般会涉及商业纠纷、诉讼、仲裁以及行政处罚，有些企业会把劳动争议、知识产权纠纷单独作为一项制度进行管理。

（二）管理部门及其职责

争议管理部门一般会有主管部门、协办部门以及审批部门。主管部门一般为法务部门或合规部门；协办部门一般包括财务部门和业务部门；审批部门一般由企业负责人或总经办负责。由于争议解决往往会对企业产生极大的影响，不仅会涉及经济利益，还会涉及企业信誉。因此在确定争议解决方案的过程中，一般都会以企业最高领导者的意见为主，由其作为审批决定者，以确保争议解决方案符合企业的最大经济利益。

主管部门的职责：主要负责制定和监督履行争议解决制度；全面了解与争议相关的事实；要求协助部门收集与争议相关的全部证据资料；负责起草相关争议文件（包括但不限于沟通函、申请书、起诉书、答辩状、代理意见、证据清单、质证意见等）；全面负责与外部、内部的协调沟通；分析和评价争议产生的原因；保管争议解决资料。

协助部门之财务部门：主要负责介绍相关款项和税票的履行情况，并提供相关证据资料；核实财务数据的准确性；提供涉财税的相关法律文件。

协助部门之业务部门：主要负责介绍争议发生的背景和经过；收集与争议相关全部证据资料；提出初步的争议解决方案；保管非涉争议的相关文件。

审批部门：主要负责审核最终的争议解决方案；提出争议解决的建议。

（三）争议解决流程

1. 争议解决分类

争议事项将根据涉及金额以及争议类型进行不同的分类，分为一般争议事项和重大争议事项。一般争议事项为涉及金额小或常规性的日常争议事项；重大争议事项为涉及金额大或影响大的争议事项。

2. 争议解决发起时间

根据争议事项分类的不同以及诉讼时效，确定不同的发起时间。法务部门须结合日常工作经验，以监管效率和时间。同时，可根据例外情形（包括经营状况恶化、转移藏匿资产、出现重大信誉问题、破产、停业等），制定相对应的发起时间。

3. 争议事项申报的条件

业务部门进行争议事项申报时，需要准备充分的证据资料，包括争议产生的背景和争议产生原因的书面介绍；提供全面的业务证据资料；提示财务部门提供相关的财务资料；提供对方财产线索，以确保及时采取财产保全；确保争议案件在时效内。

4. 争议审批

法务部门向审批部门汇报时，应准备充分而翔实的证据资料，以备公司决策者可以充分地了解争议事项，特别是诉讼和仲裁纠纷。在向审批部门汇报诉讼和仲裁纠纷时，应准备争议解决方案以及选择该方案的原因；起诉状或答辩状；证据清单和质证意见；对方可能的诉讼思路或答辩意见；对方可能提交的证据；聘请律师及其代理协议。

（四）聘请律师

企业法务部门是处理争议事项的归口主管部门，但企业可以根据案件性质以及涉及金额的大小，以确定是否聘请律师。聘请律师应制定律师选定标准，包括执业年限、专注领域、执业素养、执业道德以及处理争议事项的胜诉判决等。同时，在支付律师费的方式上，提倡进行风险代理或半风险代理，以期将律师收益与争议处理结果相挂钩。

（五）奖惩办法

企业任意一项制度的严格执行和有效执行，都需要与之相匹配的奖惩办法。对于严格执行争议解决管理办法，并实际取得争议解决满意结果的，将给予相对应的精神奖励和物质奖励；如果没有严格执行争议解决管理办法，并由此影响了争议解决的结果，务必要进行惩罚。

二、证据管理

争议解决管理流程中，证据管理是极为重要的一环。法律行业内对于争议解决，流传着“证据为王”的口头禅，足见好的证据留存习惯在争议解决中起的作用。简单来说，证据管理工作就是沿着公司各项业务流程主线，收集、保存与合同履行过程和内容相关的证据材料，以便涉及争议解决时，公司可以有效维护自己的合法权益。

在发生争议后，就诉讼和仲裁而言，裁断争议的中立方都将围绕证据的形式和内容是否反映案件事实情况，证据的收集是否符合法定程序，证据与待证事实之间是否具有一定的关联，即证据的真实性、合法性、关联性进行审查。只有能够反映案件真实情况、与待证事实相关联、来源和形式符合法律规定的证据，才能作为认定案件事实的根据。因而，对于企业来说，在管理证据的过程中，还需要对证据的三性，即真实性、合法性和相关性进行重点关注。

（一）证据的基本类型

《民事诉讼法》第六十三条规定：“证据包括：（一）当事人的陈述；

（二）书证；（三）物证；（四）视听资料；（五）电子数据；（六）证人证言；（七）鉴定意见；（八）勘验笔录。”上述法定证据种类中，书证、物证、视听资料、电子数据，其实是可以有意识地保存的，在企业开展业务过程中所发生的证据也基本是这几种形式。

书证，指以记载的内容和反映的思想来证明案件事实；物证则是以物理属性和外观特征来证明案件事实。从概念可以看出，书证是指记载的具体内容，而物证强调物体本质属性，例如：洽谈记录、合同文本、招投标文件、订单、收付款凭证和发票等属于书证，设备本身、标的物等都属于物证。

电子数据证据是指通过电子邮件、电子数据交换、网上聊天记录、博客、微博客、手机短信、电子签名、域名等形成或者存储在电子介质中的信息，包括下列信息、电子文件：（1）网页、博客、微博客等网络平台发布的信息；（2）手机短信、电子邮件、即时通信、通信群组等网络应用服务的通信信息；（3）用户注册信息、身份认证信息、电子交易记录、通信记录、登录日志等信息；（4）文档、图片、音频、视频、数字证书、计算机程序等电子文件；（5）其他以数字化形式存储、处理、传输的能够证明案件事实的信息。

视听资料证据是指以录音、录像等技术手段反映的声音、图像证明案件事实的材料，包括录音资料和影像资料（如照片、录像带、录音带等），是指以模拟信号存储的信息。这里需要注意，存储在电子介质中的录音资料和影像资料，适用电子数据的规定，如手机、数码相机、U 盘中储存的照片、录像等。所以，企业与客户之间履约过程中形成的电话录音、手机短信、微信聊天记录、电子邮件、电子交易记录等都是电子数据。

除了上述四类证据以外，其他的证据类型往往是“事后证据”，不是能够通过事先保存取得的。而且上述四种证据在证明力上往往强于当事人陈述或证人证言，鉴定和勘验还是要以当事人提供的书证、物证等证据材料为依据，所以，上述四类证据是企业在经营过程中要特别重视，且必须进行保存的。

在实务中，由于争议的类型和业务的不同，证据保存也会有不同的要求。主要区分为对内或对外。对内，涉及员工关系，证据保存可能涉及规章制度、劳动合同等相关方面；对外，根据企业业务类型，要根据相关法律规定和当事人合同约定进行考虑。例如：对于一家制造业企业，所涉及的法律关系主要为买卖合同关系，涉及的证据主要包括买卖合同、订单、交货单、产品验收单、收款凭证、发票、往来沟通函件、质保及维修记录等。对于工程施工企业来说，涉及的证据主要包括招投标文件、招标图纸、谈判记录、合同交底记录表、承包或分包合同及附件、补充协议、工程进度计划、履约过程中的工程联系函、重大事件、重大气象记录、政府行为记录、工程预算和结算文件、签证和洽商、往来沟通函件、工程验收文件等。

（二）证据管理

在具体实践中，针对企业在日常经营中的证据管理问题，要注意以下几点。

第一，建立企业“履约证据管理清单”，即根据相关法律法规和合同约定，将企业在合同履约过程中常见的过程资料、往来文件中关键的、共性的和重复性的部分提取出来，制作相关模板，编号归档，形成履约证据清单。企业在证据管理过程中可以“照单”收集、保存，并在争议发生时，调取使用。

第二，证据尽量收集原件、原物，并妥善保管。以电子数据、视听资料作为证据的，应当保存存储该视听资料、电子数据的原始载体。电子数据的制作者制作的与原件一致的副本，直接来源于电子数据的打印件，其他可以显示、识别电子数据的输出介质，均视为电子数据的原件。

第三，书证方面，合同书在签署时要注意签约人的授权，并同时要求加盖公章和签字。如果合同中约定了双方的联系人（如收货人、验收人），那么在合同履行过程中的往来文件签字时，要注意要求合同中载明的“联系人”签字，否则，需要对方公司出具授权书或者事后追认。

第四，电子数据的收集、保存。日常沟通、联络建议选择电子邮件，可以长期保存在服务器中，不易丢失，可信度高，发生纠纷，便于取证。微信聊天记录是无法从腾讯公司调取的，只存在于当事人双方的手机，所以，对于微信聊天记录，应当保存好存储聊天记录的原始载体。通过快递邮寄相关文件、物品的回执（妥投记录），需要及时在快递公司网页打印，以免超过时限消除记录。

第五，基于交易全过程考虑保存证据。实践中，某个单独的证据原件，是不能充分证明某些事实成立的，例如实践中大量存在的“先票后款”的情形，不能仅凭“发票”证明已经付款的事实。但是，如果每一个间接证据均能够从不同侧面间接证明部分案件事实，各个间接证据能够互相印证并形成完整的证据链，且能得出唯一结论，那么就能够载明该待证事实。

第六，证据缺失的补救。证据缺失的补救，最好的方法是“提前管理好，无须补救”。如果在争议发生的过程中并没有留存有关证据，可以考虑在事后通过对双方沟通时还原的争议真实情况进行录音、录像，以方便诉讼、仲裁或调解的中立方了解争议事实，从而辅助证明我方的观点。

第四节　多元化纠纷解决运用

多元化纠纷解决运用，是指公司利用各种不同性质、功能和形式的纠纷解决方式，包括诉讼与非诉讼两大类型，相互协调互补，共同合力达到争议解决、维护公司利益最终达到公司治理目的。通常而言，除了诉讼以外，仲裁和调解都能被称为替代性纠纷解决方案，替代性纠纷解决方案的解决时长比法律诉讼短、复杂性比法律诉讼要低，并且允许参与者获取更多的信息，也有更强的私密性。并且，公司涉诉将对公司治理产生影响，只有把多元化纠纷解决机制都调动起来，才能提高公司运营效率实现公司治理体系和治理能力的发展。

首先，公司多元化解决机制的建立，要在解决公司纠纷的流程上着手。公司在制定解决纠纷流程制度上，应当规定公司纠纷处理人员首先与争议对方“先行调解”，并由公司纠纷处理人员根据所涉纠纷性质和类型引导对方先与公司开展调解、和解步骤。争议双方优先选择成本较低、对抗性较弱、有利于修复关系的非诉讼纠纷化解途径，而不是一开始就选择诉讼途径，也有利于降低公司化解纠纷的成本和风险。一般而言，和解、调解等非诉讼化解途径往往对抗性弱、成本低，操作简便灵活，比较容易使纠纷得到妥善化解。而诉讼的对抗性强，非赢即输，最不利于双方关系修复。因此，不倡导解决公司争议一开始就选择诉讼途径。

其次，公司多元化解决机制的建立，要注意整合、衔接各种争议解决机制。诉讼是纠纷解决机制中最具权威性的方式，诉讼是国家审判权的行使，也是最具法律效力的纠纷解决方式。但是，由于诉讼本身程序较复杂、支出较大，也在一定程度上制约了纠纷解决的效果。但是，随着社会经济的发展，改革开放的不断深入，纠纷日益复杂化，如果只是依靠诉讼可能难以满足人们解决纠纷的需求，公司在有关业务涉诉前，可以根据业务性质预先在业务合同中约定争议解决的方式为仲裁。相较于诉讼，仲裁更自主。仲裁条款可由当事人自行约定，较诉讼程序而言更大程度地尊重意思自治，包括仲裁地、仲裁机构、仲裁员、语言等事项也可自主选择。这就便于当事人可以根据自身的需求和意愿进行安排，比如可以约定到第三地的仲裁机构处理，甚至是第三国的仲裁机构，从而打消一些顾虑，更易促进商业合作的达成。仲裁的审理期限一般较诉讼短一些，且一裁终局，一经作出即发生法律效力，具有强制执行力。我国并未加入《国际民商事案件中外国判决的承认和执行公约》，且法律规定我国法院应依照我国缔结或者参加的国际条约，或者按照互惠原则，方可承认其效力并执行。商事仲裁具有非政府属性，这就会让涉外仲裁裁决比起法院判决在国际上具有更好的可执行性和认可度，进而更能保障国际商业活动的进行和维护各国企业的利益。

最后，公司需要注意多元化解决机制的完善。在企业构建多元化纠纷解决机制的同时，也要使诉讼与其他纠纷解决机制得到合理衔接与运用。公司在面对争议、纠纷时，应充分运用现有的所有纠纷解决机制，优先考虑调解、仲裁，最后考量诉讼，通过各种纠纷解决机制的整合与协调，形成先后顺序互补衔接的关系。如此能更好地寻求纠纷解决途径，完善纠纷解决机制格局，形成科学合理的多元化纠纷解决机制，使公司的纠纷得到有效解决，满足公司内部稳定有序和外部抗风险能力强的需求，构建更加和谐的企业氛围，推动公司健康稳定发展。

本章合规指引

本章通过介绍公司争议的定义，公司争议的类型，以及解决公司争议的常见类型，进一步向读者简要介绍了公司争议解决管理的要素和流程，并对公司采取多元化纠纷解决机制化解、解决争议，作了相关建议。本文对当前实务中对商事争议解决主要运用的诉讼和仲裁作了大篇幅的介绍，又总结了多元化纠纷解决机制中协商和解、人民调解、行业调解、商事调解、律师调解等主要解纷方式及独特优势，并最终建议公司应通过强调综合使用多种争议解决机制，在管理公司争议解决流程中对争议方式的选择上应首先考虑成本最小、速度最快、对双方关系伤害最小的和解和调解，再考虑强制度比较高的司法程序比较复杂的诉讼来解决公司争议。如此可以充分发挥各争议解决方式的各自特有优势，以便更好地解决公司争议。

下面提供《公司案件管理办法》作为该部分合规管理的指引。具体内容如下：

【示例】

公司案件管理办法

第一章 总 则

第一条 为规范本公司诉讼与非诉讼案件管理工作，依法、及时、高效处理诉讼、非诉讼案件，最大限度地维护公司的合法权益，根据相关法律法规的规定，制定本办法。

第二条 本办法所称诉讼是指本公司及下属子公司（以下合称公司）在经营、管理过程中发生的，以本公司为当事人的各类诉讼及仲裁案件，包括：民事诉讼案件、劳动争议诉讼案件、行政诉讼案件、执行案件、申请复议案件以及各类仲裁案件等。公司以第三人身份参加诉讼的，依照本办法执行。

本办法所称非诉讼是指本公司在经营、管理过程中发生的，以本公司为一方当事人，采取协商、调解（司法机关/仲裁机构主持的除外）等方式解决有关纠纷或争议的法律事务活动。

如无特别约定，本办法所称纠纷案件包括诉讼案件及非诉讼案件。

第三条 诉讼案件直接影响公司的合法权益及声誉，因此公司应本着诚实信用、平等自愿、等价有偿、互惠互利的原则开展经营、管理工作，尽量避免诉讼案件的发生；对发生的诉讼案件应充分重视，及时、妥善处理，有效规避、控制风险，避免造成不应有的损失。

第二章 管理部门、职责、权限

第四条 纠纷案件管理实行业务部门和法务部分工管理、密切配合的原则。纠纷案件发生部门或纠纷案件涉及事项的主管部门是纠纷案件管理的业务部门，法务部是纠纷案件管理的归口部门。

第五条 业务部门的主要职责：

（一）负责提供纠纷案件涉及的事实情况及证据材料；

（二）参与纠纷案件处理讨论；

（三）根据需要承担部分纠纷案件处理事务工作；

（四）负责与纠纷案件相对人的商谈和解工作；

（五）负责协调纠纷案件处理涉及的费用支出及收取（律师费除外）；

（六）建立非诉讼案件工作台账和档案管理制度；

（七）根据纠纷案件处理需要承担的其他工作。

第六条 法务部的主要职责：

（一）制定纠纷案件管理制度，并负责组织实施；

（二）牵头负责纠纷案件的司法程序处理；

（三）负责纠纷案件处理涉及的外聘律师费用管理；

（四）会同业务部门制作重大案件专题汇报并供本公司管理层和相关部门阅知；

（五）建立诉讼案件工作台账和档案管理制度；

（六）负责纠纷案件的报备工作；

（七）签收、发送法律文书（非诉讼案件除外）；

（八）根据纠纷案件处理需要承担的其他工作。

第七条　纠纷案件处理完结前（诉讼案件应在裁决/调解书生效前），案件处理的参与者不得泄露案件的信息内容，坚持保密原则。如违反保密规定，在案件处理过程中泄露公司商业秘密和其他秘密事项的，根据有关法律规定和公司的有关规章制度追究其相应责任。

第八条　具有下列情形之一的纠纷案件为重大案件。对于重大案件，法务部应报有关管理层审批，并形成专题汇报供本公司管理层和相关部门阅知。

（一）涉案标的额为人民币100万元（含）以上；

（二）案件主体或标的涉外（含港澳台），单个劳动纠纷案件除外；

（三）涉及公司整体利益或处理结果对本公司有重大影响；

（四）法务部认定的其他重大案件。

重大案件之外的其他案件为一般案件，对于一般案件，由法务部会同业务经办部门决定，在必要时可报公司管理层审批。

第九条　纠纷案件处理过程中所涉及的法律性文件、合同类文件的出具，按照公司的有关规定履行审批程序。

第十条　各相关职能部门依据法律、法规、规章及本公司的有关规定，按照各自的职责范围参与纠纷案件管理。

第三章　非诉讼案件管理

第十一条　公司各部门在工作过程中，如发现本部门难以处理，需要公司法务部和/或律师提供支持的案件及事项，应积极了解情况并与纠纷对方当事人协商，及时填写《非诉讼案件情况登记表》，经部门负责人签署处理意见后，连同纠纷情况说明、相关资料等，报法务部。

业务经办部门应根据法务部的具体要求，提供或补充提供详细的情况说明及资料，以便于及时、有效地采取应对措施。

第十二条 法务部对业务经办部门提交的《非诉讼案件情况登记表》及案件资料进行分析，于3个工作日内提出法律意见或建议，并及时通知业务经办部门，同时督促经办部门妥善处理。在必要时可报请公司管理层批示处理意见。

第十三条 非诉讼案件处理原则上由业务经办部门负责；法务部提供法律服务与支持。

对于重大纠纷或疑难法律事务，由法务部联系公司常年法律顾问出具法律意见，作为纠纷处理的参考；或请公司常年法律顾问协助处理。

纠纷处理过程中涉及专业、疑难问题，或需要协调公司其他部门共同处理时，业务经办部门应根据公司相关制度的规定，及时书面上报CEO，由CEO统一协调处理。

第十四条 非诉讼案件发生后，各部门及各所属公司应充分重视并积极处理；杜绝隐瞒不报、推托迟延的情况，避免因纠纷处理不当、不及时而造成不必要的损失。

第四章 诉讼案件管理

第十五条 业务经办部门对需要提起诉讼或仲裁的案件，应提前 个工作日（凡涉及诉讼时效的，最迟应在诉讼时效到期2个月前上报）填写《拟起诉案件审批表》，连同相关证据资料、情况说明报法务部。

法务部对《拟起诉案件审批表》及证据资料进行审查，于3个工作日内提出法律意见或建议，必要时报请公司管理层审批，并在3日内将处理意见书面通知案件经办部门。

第十六条 案件经办部门应在收到法务部书面通知后 个工作日内确定案件承办人员，由案件承办人员具体负责诉讼案件的处理。

第十七条 业务经办部门对需要提起诉讼或仲裁案件的时效负责，确保诉讼、仲裁案件在法定的诉讼时效内启动法律程序。

第十八条 确定起诉后，由法务部负责制作诉讼文书，或在必要时将案件材料提交外聘律师，由律师起草，并由其确认。并在确认诉讼文书后7日内，办理完毕立案相关手续。

第十九条 对于公司被动应诉案件，由法务部统一接收法院或仲裁委员会送达的起诉状、仲裁申请、应诉通知书等法律文件。

第二十条 法务部应在收到应诉案件的法律文件后，通知案件所涉及的业务经办部门，并提供诉状或仲裁申请书、应诉通知书等法律文件复印件。

业务经办部门应于收到法务部转发的法律文件后3个工作日内填写《应诉案件情况登记表》，备齐相应的证据材料、情况说明，并确定具体经办人，经部门负责人签署处理意见后报法务部。

诉讼案件处理的对接程序及相关诉讼手续办理由法务部负责协调，应在起诉状、仲裁申请、应诉通知书等法律文件送达后7日内办理完毕。

第二十一条　法务部应加强对外聘律师的监督和管理，定期了解案件的进度。与此同时，案件承办人员应积极与律师沟通，如实际情况发生变化，有可能对案件处理产生影响，应尽快通知法务部和律师，以便及时调整诉讼策略。

第二十二条　案件经办部门认为需要提起上诉的案件，应于裁判文书送达后7个工作日内填写《拟上诉案件审批表》，连同裁判文书、相关资料报法务部。

法务部对案件经办部门报送的《拟上诉案件审批表》及相关资料进行审查，提出法律意见或建议，必要时可报请公司分管领导审批处理意见。

上诉案件的办理程序，参照本办法关于起诉案件的规定执行。

第二十三条　公司决定不予上诉的案件，法务部应将处理意见及相关裁判文书及时转发相关部门，由相关部门负责裁判文书的履行。

第二十四条　公司申请执行或作为被执行人的案件的审批、办理程序，按照本办法关于起诉、应诉案件的相关规定执行。

第二十五条　诉讼案件承办人员在案件办理过程中，应对案件的情况作详尽的了解，有权调查、收集相应的证据材料，公司各部门应全力配合，不得无故推诿、拖延、拒绝。

第二十六条　对于诉讼案件办理过程中所涉及的法律事项，经办人可随时向法务部咨询，由法务部提供法律服务与支持。对于疑难法律问题或重大法律事务，由法务部联系公司常年法律顾问出具法律意见或提供专项法律服务。

对于诉讼案件办理过程中涉及的专项问题，经办部门可向法务部作出书面通报，由法务部协调相关部门或所属公司协同处理，或报请公司领导批示处理意见。

第五章　档案管理

第二十七条　非诉讼案件的具体经办人员应建立案件档案，一案一档。

案件档案包括但不限于：有关案件的合同、协议、票据、往来函件、履行资料等。

对于已处理完毕的案件，应在15日内，完成整理订卷，并交本部门档案管理机构存档。

第二十八条 诉讼案件的具体经办人应在收到判决/裁定/调解/裁决书后20日内整理归档，并将案卷移交法务部。案卷应包括但不限于：案件受理通知、应诉通知书、起诉状或仲裁申请书、相关证据、答辩状、代理词及判决、裁定、裁决书等。

第二十九条 法务部应及时将诉讼案件案卷交公司档案管理部门归档，并负责对公司的诉讼案件存档情况登记造册备查。

第六章 监督与检查

第三十条 公司各部门应严格按照本办法的规定开展工作；法务部根据本办法的规定对各部门的非诉讼、诉讼案件管理工作进行监督及定期、不定期的检查。凡在检查或日常工作中发现各部门未按本办法的相关规定执行的，有权督促其限期改正。

第三十一条 法务部应对检查工作予以总结，并在检查工作完成后7个工作日内出具工作检查报告，提交公司领导，作为绩效考核的依据。

对于检查中发现的问题与不足，法务部应及时通报相应部门及各所属公司并限期整改。

第七章 问责与考核

第三十二条 公司工作人员如有下列违反本办法的行为，应将相关情况纳入绩效考核。对于未给公司造成损失的，给予批评并限期改正；给公司造成损失的，责令赔偿损失；情节严重的，还应给予处分，直至解除劳动合同；触犯《刑法》的，依法报请有关机关追究刑事责任。

（一）未按照本办法规定的程序及要求办理案件的；

（二）在办理案件过程中牟取私利、收受回扣的；

（三）在办理案件过程中拖延、推诿、不予配合的；

（四）违反本办法规定，在案件办理过程中对公司造成不良影响或损失的；

（五）未按照本办法规定及时、准确报告纠纷案件情况的；

（六）其他违反本规定的行为。

第三十三条 对于违反本办法第三十二条规定行为的，除给予相关责任人员处分外，相应追究相关部门负责人的管理责任。

第八章 附 则

第三十四条 本办法由公司法务部负责解释。

第三十五条 本办法自下发之日起施行。

第十八章　企业海外经营投资合规管理

【思维导图】

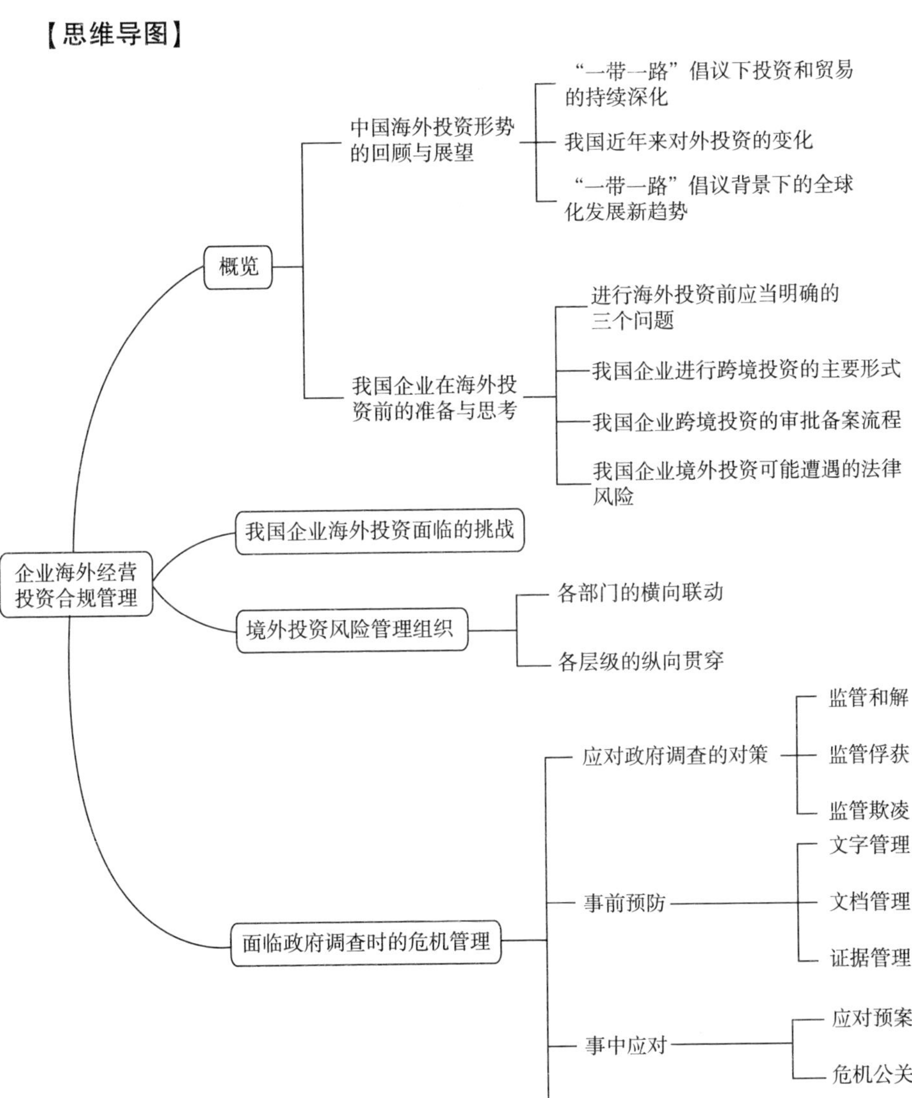

【本章概要】

鉴于我国目前有越来越多的企业远赴海外投资经营，这些企业也会越来越多地遭遇海外的合规风险。本章第一节就我国企业的海外投资形势进行了简单的回顾和展望，并分析了我国企业“出海”所需要做的准备工作和思考的问题。第二节列举了我国企业海外投资主要面临的挑战，并给出了相应的合规建议。第三节就境外投资经营合规所需要的合规组织架构进行了分析。第四节就面临政府调查危机时企业可以采取的对策进行了分析和建议。

第一节　概　览

一、中国海外投资形势的回顾与展望

（一）“一带一路”倡议下投资和贸易的持续深化

2020年，我国对外投资合作保持平稳健康发展，对外投资总体实现增长。全年我国对外直接投资1329.4亿美元，同比增长3.3%，对外劳务合作派出各类劳务人员30.1万人，12月末在外各类劳务人员62.3万人。2020年，我国企业对“一带一路”沿线58个国家非金融类直接投资177.9亿美元，同比增长18.3%，占同期总额的16.2%，较上年提升2.6个百分点。在沿线国家新签承包工程合同额1414.6亿美元，完成营业额911.2亿美元，分别占同期总额的55.4%和58.4%。①

（二）我国近年来对外投资的变化

2017年全年，中国境内投资者共对全球174个国家和地区的6236家境外企业新增非金融类直接投资，累计实现投资1200.8亿美元，同比下降29.4%。从对外投资构成看，股权和债务工具投资1020.8亿美元，同比下降32.9%，占85%；收益再投资180亿美元，与上年持平，占15%。对外投资

① 《2020年我国企业对“一带一路”沿线非金融类直接投资177.9亿美元》，载商务部官网，http://fec.mofcom.gov.cn/article/fwydyl/zgzx/202102/20210203039372.shtml，最后访问时间：2021年11月10日。

主要流向租赁和商务服务业、批发和零售业、制造业以及信息传输、软件和信息技术服务业。①

（三）"一带一路"倡议背景下的全球化发展新趋势

2017 年 10 月召开的党的十九大提出"要以'一带一路'建设为重点，坚持引进来和走出去并重，遵循共商共建共享原则，加强创新能力开放合作"。这表明：第一，在"一带一路"引领下中国的对外投资，并不是单向的我国企业"走出去"的过程，很多"走出去"是为了"引进来"，是为了更好地在全球配置资源；第二，"一带一路"倡议不是中国强加于其他国家的，而是各国共商共建共享，实现合作共赢的新平台，是构建人类命运共同体的有效路径。

"一带一路"的相关行业远不止是基础设施建设行业，将由此起步扩展到当地发展涉及的各行各业。过去几年，在"一带一路"的起步阶段，基础设施建设是各国最为急需的，发展也最为迅猛。我们已经观察到贸易、金融、互联网、文化、教育、旅游等行业，在"一带一路"中所占比例已经逐步加大。在"一带一路"国际产能合作方面，也开始呈现出传统产业与高端产业并举的趋势。可以预见，随着中国与相关国家发展需求的变化，双方在"一带一路"倡议下开展合作的行业将越来越多样。在"一带一路"倡议纵深发展背景下，全球化和中国的对外投资将出现以下四大趋势：

1. 双边及多边合作机制的完善推动"新型全球化"的实现

在"一带一路"所倡导的合作模式下，全球化不再仅仅是将生产地从高成本地区转到低成本地区，从而伴随着工作机会的转移，创造出所谓"赢家"和"输家"；而是对接投资区域的当地发展战略，创造与上下游企业的协同效应，可以将采购、生产、销售都转到当地，打造贯穿产业链的生态圈，切实为当地带来经济效益与就业机会②。"一带一路"所引领的新型全球化，也不再是构筑排他性的贸易保护圈子，而是实现真正的互利共赢，实现全球的共同发展。

① 参见德勤：《2018 中国企业海外投资运营指南》，载互联网数据资讯网，http：//www.199it.com/archives/765382.html，最后访问时间：2021 年 8 月 8 日。

② 参见陈立彤：《企业国际化进程中合规风险的爆发与防控》，中国工商出版社 2019 年版，第 4 页。

2. 多元化股东及合作伙伴的引入

初期，国有企业领衔“一带一路”建设和投资，目前民营企业、外资企业的参与程度也在不断增大。此外，为了减小海外投资风险，并能在当地持续发展，将来各类企业寻找合适的当地合作伙伴，成立合资企业等形式会越来越多。

3. 跨国并购取代绿地投资成为主要投资方式

与其他投资模式相比，跨国并购并不需要很长的建设期，因此成为许多想要加快市场规模扩大速度，在短时间内进入目标市场的跨国公司的首选方式。另外，并购可以帮助获得目标企业的关键能力与无形资产，比如研究与开发能力、商标、商誉、技术、管理、销售渠道，等等，并且可以通过一定的跨领域并购来实现企业业务组合的优化。

4. 我国企业对外投资的监管将进一步加强

在监管部门的引导下，我国企业的非理性对外投资行为得到了遏止，投资和整体战略的相关性增加，风险防控意识和跨国经营能力不断加强。长远来看，中国的对外投资规模会进一步增长，而且整体投资结构将更加优化，投资质量和效益进一步提升，在全球范围内配置资源的能力将不断增强。

二、我国企业在海外投资前的准备与思考

（一）进行海外投资前应当明确的三个问题

我国企业在境外投资前需结合自身情况对并购行为和可能存在的风险进行评估，因我国企业在境外投资过程中可能面临各种风险，除了在项目调研、投标、谈判、签约、交割、运营的各个阶段可能遇到问题，他国的文化、法律制度、政治风险都可能给境外投资带来种种障碍。每个企业在进行跨境投资或并购之前，都必须结合自身情况，思考和回答以下几个问题：

（1）企业的发展战略是什么？

（2）投资或收购目标企业能带来的收益是多少？

（3）为什么目标企业是一个合适的投资/并购对象？

（二）我国企业进行跨境投资的主要形式

绿地投资：企业在境外根据当地法律要求新设企业，包括独资经营与合

资经营。如果当地法律允许，也可以合同方式设立企业，进行投资。

兼并收购：是我国企业对外直接投资的主要方式。选择合适的境外企业作为目标企业，是收购兼并的前提。兼并收购境外企业是通过改变目标企业的所有权或控制权拥有该当地企业，主要收购方式包括股权并购/资产并购。

海外工程承包：是指外国政府部门、企业或项目所有人委托工程承包方按规定完成某项工程任务，是一种综合型的国际经济合作方式①。

（三）我国企业跨境投资的审批备案流程②

1. 国家发改委：根据《企业境外投资管理办法》，实行核准管理的范围是投资主体直接或通过其控制的境外企业开展的敏感类项目。核准机关是国家发展改革委。敏感类项目包括：涉及敏感国家和地区的项目，以及涉及敏感行业的项目。中方投资额10亿美元及以上的境外投资项目，由国家发展改革委核准。涉及敏感国家和地区、敏感行业的境外投资项目不分限额，由国家发展改革委核准。其中，中方投资额20亿美元及以上，并涉及敏感国家和地区、敏感行业的境外投资项目，由国家发展改革委提出审核意见报国务院核准。投资主体直接开展的非敏感类项目实行备案管理，也即涉及投资主体直接投入资产、权益或提供融资、担保的非敏感类项目。实行备案管理的项目中，投资主体是隶属中央管理的企业（含中央管理金融企业、国务院或国务院所属机构直接管理的企业，下同）的，备案机关是国家发展改革委；投资主体是地方企业，且中方投资额3亿美元及以上的，备案机关是国家发展改革委；投资主体是地方企业，且中方投资额3亿美元以下的，备案机关是投资主体注册地的省级政府发展改革部门。

2. 商务部：根据《对外投资备案（核准）报告暂行办法》，商务部和省级商务主管部门按照企业境外投资的不同情形，分别实行备案和核准管理。企业境外投资涉及敏感国家和地区、敏感行业的，实行核准管理。企业其他情形的境外投资，实行备案管理。实行核准管理的国家是指与中华人民共和国未建交的国家、受联合国制裁的国家。必要时，商务部可另行公布其他实行核准管理的国家和地区的名单。实行核准管理的行业是指涉及出口中华人

① 参见蒋冠宏：《绿地投资还是跨国并购：中国企业对外直接投资方式的选择》，载《世界经济》2017年第7期。

② 参见《中国投资者境外投资政府审批流程》，载江苏省进出口商会网，http://www.jccief.org.cn/v-1-10826.aspx，最后访问时间：2021年8月8日。

民共和国限制出口的产品和技术的行业、影响一国（地区）以上利益的行业。

3. 国家外汇管理局：根据《国家外汇管理局关于进一步简化和改进直接投资外汇管理政策的通知》，境内投资者可自行选择注册地银行办理境外直接投资外汇登记，完成直接投资外汇登记后，方可办理后续直接投资相关账户开立、资金汇兑等业务（含利润、红利汇出或汇回）。

4. 国资委：根据《中央企业境外投资监督管理办法》，国有独资企业、国有独资企业、国有控股或参股的企业（统称国有企业）进行境外投资，根据不同情况，首先需要得到国资委的批准、核准或备案。

5. 商务部反垄断部门：根据《关于经营者集中申报的指导意见》，我国企业收购境外企业部分或全部股权或资产的情况下，有可能触发中国反垄断法下的经营者集中申报的要求。经营者集中的情形指经营者合并、经营者通过取得股权或者资产的方式取得对其他经营者的控制权等。即经营者通过合同等方式取得对其他经营者的控制权或者能够对其他经营者施加决定性影响。但实践中，是否构成经营者集中需要视具体情况而定。

6. 其他相关部门：对于境外投资项目，除了上述审批程序外，还可能涉及国土资源部门、财政部门、税收部门、海关部门、外事部门的批准或支持措施。

（四）我国企业境外投资可能遭遇的法律风险

1. 政治风险：境外投资政治风险是指因投资者所在国与东道国政治环境发生变化、东道国政局不稳定、政策法规发生变化给投资企业带来经济损失的风险。政治风险的类型有：东道国违约、汇兑限制、罢工、战争、保险理赔等。

政治风险独特的特征导致很多企业认为自身“无能为力”。然而，采取一些必要的管控措施可以帮助企业降低损失。例如：

（1）选好投向：建议企业严格遵守国家负面清单选择投资目标，实时跟踪目标投资区域的政治环境，对政治环境不稳定的国家审慎开展投资。

（2）风险转移：企业可购买中国出口信用保险公司等机构提供的政治风险保单实现风险转移。风险事件一旦发生，可以通过索偿降低损失。

（3）临危不惧：建立境外突发事件预警、防范和应急处置预案。出现风险事件时应及时寻求驻外使馆等相关政府部门的帮助，可通过约定、双边或多边机制解决争端。

（4）不干涉政治事务：企业及中方员工不干涉或参与投资所在国（地区）的政治事务（包括选举、资助等），或持有及发表带有偏向性的政治立场。

（5）形成命运共同体：与当地民众、政府、企业实现互利共赢是应对政治风险的重要举措。企业应思考如何加强与当地利益相关方的合作，成为“好朋友”。同时要积极承担社会责任，维护好企业在当地民众心中的形象。

2. 商业风险：境外投资商业风险是由于商业经营活动天然具有的风险。商业风险类型的类型有：合同条款约定不明的风险、合同相对人资信瑕疵引致风险、见索即付保函独立性的风险等。

商业风险的规避应当注意以下要点：

（1）依托专业力量保障交易公平：聘请符合资质条件的资产评估机构开展尽职调查及资产评估，以资产评估结果或审计结果作为境外资产定价的参考依据。加强资产权属管理：考虑将个人持有资产转为企业持有；如确需由个人持有的，应采取措施规范个人代持，如通过协议、公正等方式界定资产及其收益的所有权等。

（2）降层减级：随着境外法律法规的出台，企业可考虑及时清理、压缩境外资产的产权层级，对已无存续必要的特殊目的企业依法予以注销。

（3）强化资产保管：加强对境外实物资产运输、验收、存放、领用过程的管理；加强对自身境外品牌、知识产权等非实物资产的保护，及时完成境内外所有权认证手续。合规开展资产核销。依照相关规定及时进行。

（4）行减值或核销，相关工作应经过恰当层级的审批，并遵循恰当的会计准则。

（5）闭环管理推动资产长远增值：建立“可研—跟踪—考核—追责”的闭环管理程序。针对可研设定的指标目标值，企业应定期“回头看”，分析实际值与目标值差异产生的原因，追溯相关单位的工作效果，并作为绩效考核、责任追究的重要依据。

3. 税收/外汇风险：境外投资税收/外汇风险是指收购海外目标企业时可能面临的目标企业有应尽而未尽的纳税义务导致收购后企业税务负担变相增加的风险，及收购过程中外汇汇率、利率波动等情况带来的资金损失等风险。税收/外汇法律风险防范措施：进行税务尽职调查，充分考量东道国的具体税收协定及收购资产折旧方法，重视运用金融工具，积极防范利率、汇率波动等情况带来的金融风险，在条件允许的情况下使用人民币进行海外并购等。

税收/外汇风险的规避应当注意以下要点：

（1）角度全面：投资项目筛选过程中，不仅要看项目有没有“高回报高收益”，也要看收益能否“收回来”。在设计投资及融资方案时，应考虑收益回收路径及风险。

（2）自然对冲：降低外汇风险时间及规模敞口的重要举措，方式包括匹配资产、负债币种，匹配收入、支出币种等。建议企业在谈判及签署合同时锁定收入货币的币种。

（3）抓住时机：实时跟踪汇率波动情况，合理安排货币兑换时点。

（4）风险转移：利用远期外汇拍卖、银行远期结售汇等方式提前锁定汇率，转移风险。

4. 劳动法律风险：境外投资劳动法律风险主要是指投资者在海外经营雇用当地劳工时所需要注意的风险，主要包括：劳工工资/补偿/调整/解聘等问题，并且各国对劳动用工标准（例如最低工资，集体合同等）规定的不同导致对劳动关系处理的不同。

劳动法律风险的规避应当注意以下要点：

首先，应全面了解被并购企业所在地劳动关系的相关法律、法规以及劳资纠纷的争议解决程序；

其次，还应对各国劳工关系的文化背景进行深入了解，在对上述背景、法律全面掌握的基础上，对并购涉及的相关劳工风险进行全面评估和预判；

最后，在并购完成后的整合过程中，中国投资者还应依据当地法律及文化逐步清理原有劳动关系，在纠纷发生后依据当地有效法律和争端解决机制合理解决劳动纠纷。

5. 知识产权法律风险：境外投资知识产权法律风险，是指在海外收购项目中涉及知识产权所有权归属等相关纠纷。知识产权法律风险防范措施：进行知识产权尽职调查、侵犯第三人知识产权风险分析、收购协议中的知识产权保护、项目交割后的知识产权管理等措施。

第二节　我国企业海外投资面临的挑战

根据德勤2017年对来自多个行业的全国166家企业（其中国企51%，外资企业26%，民营企业21%，事业单位2%）做了问卷调查。据问卷调查反映，我国企业对外投资主要面临如下投资挑战[1]：

1. 组织架构。约八成企业已经为国际化设置了或集中或分散的组织架构，但仍有两成企业在组织架构方面还未准备。78%的受访企业为国际化设置了或集中或分散的组织架构，其中38%国际化业务的管理职能分散在各业务板块中，28%设置了国际部统筹管理，还有12%由海外分支机构自行管理。各种国际化组织架构没有优劣之分，企业应根据自身的国际化战略对组织架构进行设置和调整，并完善组织的权利和责任边界，实现管理效率的提高。

2. 企业海外投资区域。东南亚、西亚和非洲、南亚等"一带一路"重点区域国家是受访国企目前及未来最主要的投资区域，这一调查结果与2015年一致，说明在国家倡议的引领下，国有企业正在也将继续在"一带一路"建设上扮演"领头羊"和"主力军"的角色。与国有企业不同，民营企业和外资企业更多投资于欧洲等发达国家，发达国家市场较为成熟、法律法规更加健全，相较于部分发展中国家，投资风险较小。

3. 未来的海外投资规模。超过一半的企业将在未来三年继续扩大海外投资规模，但也有三成受访者不清楚企业海外投资的变化趋势国有企业中的60%，民营企业中的41%将扩大海外投资规模，但也有近一半民企表示不清楚将来的趋势。这说明这部分企业海外发展战略尚不清晰，也未根据自身经营状况，制定具体目标。在开展海外投资时，没有清晰的长期战略极易导致冲动型投资和短期行为的发生，给企业带来损失。

4. "风险、监管、人才"是海外投资面临的最主要三大挑战。大量实例证明，事先对风险准备不足、事中对风险不善应对、事后对风险不予总结改进是许多企业海外投资失败的主要原因。在"一带一路"倡议背景下，风险管理的思路更应得到全面更新。"一带一路"相关国家，大多情况复杂，单纯进行一时一地一方面的风险分析是远远不够的；企业应在全面分析风险的前提下，为自己和项目量身定制一套风险分析、预警及应对机制。"监管"紧随"风险"（55%）被受访者选为目前海外投资的最大挑战之一。可见，随着国内外监管要求和执法力度的日益严格，企业越来越意识到事前了解监管环境、开展合规经营的重要性。

5. 以海外投资的全生命周期来看，"投资前"是最具挑战性的阶段。随

---

① 参见德勤：《2018中国企业海外投资运营指南》，载互联网数据资讯网，http：//www.199it.com/archives/765382.html，最后访问时间：2021年8月8日。

着企业对国际化业务的深耕，与投资地区各方面差异导致的信息不对称，往往让企业制定海外发展战略时感到无所适从。企业开展尽职调查时，可以考虑借助国际专业服务机构的全球网络和渠道，最大限度地获取投资目的地的相关信息，正确衡量投资标的的回报情况。“投资中”和“投资后”阶段的挑战也不容小觑。在“投资中”阶段，虽然大部分企业已经开始积极推行“本土化”经营，但总部对于具体项目和分支机构的管控能力尚未储备到位。对于“投资后”阶段，如何提高投后整合能力，完善持续性管理能力，加强投后评价监察能力，均是企业面临的问题。

6. 推动项目商业风险的合理配置，实现风险共担是融资的最关键考虑因素。实践中，企业越来越重视研究风险分担，强调项目的可融资性。尤其对于目前阶段重点开展的基础设施和能源项目投资开发方面，项目融资不仅强调完善的商务结构，而且必须想方设法实现最低担保、有限追索项目融资。

7. 国际化人才管理。最关键的环节是使用多种培养方式进行国际化后备人才的培养。人才的培养需要时间，应未雨绸缪，梯队式发展和培养。在争夺国际化人才的激烈竞争中，人才好不容易培养出来了，更要留得住，用得好，薪酬福利和职业发展政策也要跟上。

为了应对上述挑战，企业应当做到：①

1. 投资前做好充分全面有针对性的尽职调查，尽量事前识别各类风险，搞清监管合规要求，做好应对预案。企业在对外投资中的“风险管理”挑战，如果在投资前能聘请合格的专业机构，进行充分全面的尽职调查，就可能解决大部分问题。有国际网络的专业机构，在投资目的地有了解当地情况的专业团队，对做好这样的尽职调查无疑是有优势的。尽职调查对应对“国内外监管合规”的挑战同样很重要。有国际网络的专业机构，在投资目的地有多种专业服务人士组成的当地专业团队，能对投资的境外监管合规给出有价值的信息和意见。

2. 通盘考虑海外投资布局，借助科学手段，建立投资优选模型，管理全球投资组合。在投资前，企业除了考虑风险和国内外监管合规，更要评估投资项目和长期战略的相关性，确定投资项目在整体投资组合中的作用，国际化布局应有通盘考虑。在一系列投资机会面前，企业要借助大数据等新技术

---

① 参考普华永道：《立足国际合规框架，突围海外经营风险：发改委合规指引助推企业稳健“出海”》，载普华永道官网，https://www.pwccn.com/zh/consulting/forensic-services/ndrc-compliance-guidelines.pdf，最后访问时间：2021 年 8 月 10 日。

建立一套动态的投资优选模型。基于优选模型，投资前可以评估挑选项目，过程中可进行投资效果分析，为投资动态调整提供依据，投后可以依据项目实施结果而做总结性评估，从而不断优化和持续管理集团在全球的投资组合。

3. 加强和当地政府及合作伙伴的合作，分担融资风险，降低税务成本。针对海外投资的“融资”挑战，企业需要创新思维，投资开发方面不能一味依赖企业担保，尤其是“一带一路”相关国家地区的基础设施和能源项目，要强调风险分担，项目的可融资性。同时，结合项目当地投资和税收法规以及项目自身特点，对项目的投资架构和运营模式进行规划，利用海外投融资平台优势，有效降低税务成本，将项目投资开发运营的风险转移给市场。在香港建立财资中心，对融资和管理全球的投资组合可以发挥巨大作用。

4. 选聘和培养双管齐下，建立和企业国际化进程相匹配的国际化人才“选用育留”机制。许多企业随着国际化业务的高速发展，人才的数量、质量、结构等方面，都无法满足企业发展要求，需要多方式培养人才。而外籍员工的使用，使得外籍员工的管理，文化融合成为我国企业人才管理的新课题。将总部人才管理架构或人才配置直接复制至当地海外企业的模式显然无法满足海外经营状况。人才体系转型，建立一套国际化人才的“选用育留”体系，对企业国际化发展具有长期而深远的意义。

5. 重视投资并购后的整合工作，提前落实整合所需资源，预测困难，准备应对方案。我国企业作为整合主体，常常因其规模性、发展性、运营复杂性、监管特殊性等受到挑战。而且整合工作量大、周期长、复杂程度高，不同的国家、不同的利益体之间往往会产生利益冲突等都是我国企业国际化过程中无可退避的考验。在我们过往服务过的跨境投资并购案例中，成功整合需要奠定如下基础条件：清晰界定整合范围并确立里程碑，与所有利益相关方达成一致；设置明晰的整合团队架构和畅通的上行下达路径；严格管理整合行为、汇报会议和跨部门研讨会议安排；必要时候依赖中间环节来对复杂流程实施提前的试运作；主动识别能产生协同效应的机会，快速取得成效以获得创收及增强员工士气。重中之重是能否采取有效途径应对中国特性化挑战的同时并能与全球流程建立紧密联系。

6. 海外产业园区是我国企业海外投资的新机会，要做好产业与招商规划，争取税收等经营优惠。在海外建立园区，面临巨大的市场潜力但同时复杂的营商环境，要吸引企业到当地发展，需要帮助它们解决市场、资金、法律法规等方面的挑战。同时，专门针对海外园区进行税务规划很有必要。中方作为投资者要考虑其自身投资园区开发企业所适用的税收规定和优惠待遇，还需要站在园区管理者的角度尽量向当地政府为潜在入园经营的企业谋求投资、财政、税收、土地、用工等方面的优惠待遇，从而可以吸引更多企业入园进行生产经营。

第三节　境外投资风险管理组织

一、各部门的横向联动

从横向管理部门来看，不少企业内部已形成部门协同管理模式，参与的职能部门主要包括财务管理部门、风险与审计管理部门、投资管理部门与法务管理部门。产权管理部门与纪检监察部门对境外投资风险管理工作的参与程度较低，可能导致企业对境外资产保值增值风险、廉洁从业风险的管控力度不足。清晰明确的职责分工是发挥部门间协同效益的必要保障。在针对境外投资风险管理职责分配情况的提问中，有些企业内部部门职责有待厘清，管理边界存在交叉或脱节；更多企业则是未明确各项境外投资风险的控制责任部室，应当明确由企业整体负责控制，存在控制责任划分不明确的风险。由企业整体负责控制的“一起管”模式可能减少部门及人员的管理动力，进而导致企业对风险的管控力度不足。调研结果显示，对于未明确风险控制责任部室的企业，其在各项境外投资风险的选择率都高于整体，即企业如未明确风险控制责任部室，风险的发生概率及影响都可能增加。

二、各层级的纵向贯穿

从纵向管理层级来看，董事会及下设委员会、高级管理层（董事长、总经理等）参与企业境外投资风险管理的比例较高，体现企业顶层对相关工作的重视，反映领导与统筹在境外投资风险管理中的重要性。

此外，企业的职能部门、境外业务经营单位参与境外投资风险管理的现象较为普遍，境外投资风险管理层级纵向贯穿各层级。值得注意的问题是：

(1) 部分企业境外投资风险管理参与组织未包含监事会，可能导致风险管理工作的落实情况效果难以得到充分监督。

（2）对国有企业而言，相关法规政策要求国有企业党委（党组）发挥领导作用，做到“把方向、管大局、保落实”。如果企业的境外投资风险管理组织并未包含党委或党组，可能导致党组织在相关工作中的“定向把关”作用难以充分发挥。

第四节　面临政府调查时的危机管理

危机管理是企业为了应对各种危机情形所进行的规划决策、事项处理、员工培训等活动。对于从事海外投资经营业务的企业而言，来自外国政府的调查会是企业经常面临的挑战。

一、应对政府调查的对策

（一）监管和解

“监管和解”是指政府在追查目标企业的同时，也能通过谈判、协商等方式，在合理、合法的基础上达成一个双方都能接受的解决方案。

（二）监管俘获

“监管俘获”是指被监管企业用不正当手段应对政府监管，从而把监管人员俘获成为企业不法行为的帮手，并导致新的合规风险。监管俘获在日常政府监管活动中很常见，甚至有不少企业高管因此锒铛入狱。

（三）监管欺凌

“监管欺凌”是指监管机构在对被监管者进行调查或者采取其他监管措施时采取的执法手段或做法过于简单粗暴，或是执法失之公允，损害了被监管者的利益。企业在应对政府调查的过程中，既不能让“监管俘获”发横，也不能对“监管欺凌”听之任之，应尽力促成“监管和解”。监管和解贯穿于应对政府调查整个过程中。只有坚守这个原则，企业才能做好政府调查的管理工作。

二、事前预防

合规管理的主要目的之一就是要在危机爆发之前做好风险识别、评估、管理。与危机管理相关的事前预防工作涉及诸多方面，本节暂选文字管理、文档管理、证据管理三个方面予以讨论。

（一）文字管理

文字管理就是指企业就员工在内外部业务及管理过程中所生成的各种书面文件内容进行管理。就应对政府调查危机而言，文字管理要做到未雨绸缪，力求准确、没有歧义。对于涉及违法违规的文字内容，业务人员要及时与合规部门进行沟通，从而解决其背后可能存在的违法违规行为。文字管理不仅要涵盖企业的内部文件，还要涵盖企业的对外文件。

（二）文档管理

这里的“文档管理”不同于一般意义上的企业内部文档的查阅、储存、分类、检索，也不是对外一味抗拒政府调查，而是在国际业务的操作中避免把企业的涉密材料置于外国政府的管辖之下。

（三）证据管理

证据管理在政府调查危机的应对中主要是指企业在面对政府调查时如何收集和提交证据，尤其是不得销毁、篡改证据。

面对政府机关的调查，很多企业本能的反应就是删除、篡改证据，或是直接拒绝、阻挠调查，但这些方法对于应对调查没有任何帮助。随着政府调查人员开始运用信息技术挖掘证据，发现违法线索的途径会越来越多，这些篡改证据的做法很有可能给企业带来额外的风险。有些企业会在面临调查时将计算机中的数据全部删除，但这些数据往往可以通过技术手段恢复。

除此之外，很多违法违规的证据并不需要从被调查企业自身去寻找，有些证据会在同案企业或者相关人员的手上。即使相关企业删除了自己电脑上的数据，调查员依然可以从其他渠道获得证据。甚至同案的企业或个人会抢先向调查机构举报，以期获得宽大处理。

三、事中应对

当企业面临政府机构的调查时，事情的关键实际在于找出对自己有利的证据和事实，在法律分析的基础上得出“无罪”或“罪轻”的结论，或是与政府达成监管和解。本章将应对预案、法律分析和危机公关作为三个步骤予以介绍。

（一）应对预案

一般在此环节需要考虑以下问题：如何检查调查人员的身份？如何安抚员工？如何防止调查事件被员工外泄？如何应对调查员查阅文件的要求，尤其是对方要求查阅涉密资料？如何应对调查人员的违法行为？调查人员要求在笔录上签字，怎么办？

以上情形的应对策略：

（1）在接受调查前，可以要求调查人员对调查作出合理解释。

（2）在回答问题前，可以要求执法人员就所提问题予以澄清，以便更好地理解问题。如果对问题含义不理解或是不知道答案，要明确告知，不要乱猜。

（3）回答务必简明扼要，不需要提供额外信息。

（4）执法人员应当就调查制作笔录，但我方也应当保存自己的书面记录。

以上为应对预案的基本原则，各个被调查的企业应当针对调查的具体事项找出相应的应对方案，不变的是围绕识别企业所面临的风险以提供解决方案，降低企业所面临的风险。

（二）危机公关

所谓危机公关，是指通过合理合法的措施加强与政府部门或相关调查机构的人员的沟通，从而缓解企业所面临的压力并帮企业找到合理合法的解决方案。危机公关首先要明确的是，在哪些环节可以与调查人员进行有效的磋商协调。另一个重要问题是，如何应对媒体。不少大型企业在面临重大危机时，会召开记者招待会以安抚社会情绪。对于上市公司而言，一个重大危机往往是必须披露的重大事项。面对记者，企业作为记者会的主办方应注意如下内容。

主办方应当根据会议性质和级别仔细遴选参会人员。与会人员除了必须有足够的权限能够代表企业发言，还得有良好的心理素质和专业知识。对于没有举办过记者会的企业，更应该用心准备，最好能够进行几次事前模拟，预想记者可能的提问，找出发言漏洞。

另外，记者的使命就是深挖事实，因此企业在面临记者会时应当格外注意自身形象。

【案例】

D 公司家具的记者招待会①

公司总经理潘某坚称 D 公司所有代理的意大利品牌均在意大利生产、原装进口，并向媒体提供厚达 89 页的合作伙伴资料及品牌合作伙伴名单，还现场邀来 16 位来自欧洲等地的合作伙伴说明作证。无奈在媒体及消费者的一片质疑声中，这个记者会最终演变成潘某哭泣痛说创业史并草草收场。

有超过 100 位媒体记者到达发布会现场，此外在上海、广州、深圳、杭州、成都、重庆等地观看同步发布的记者也不少。发布会下午 3 时开始，一身华服的潘某在欧美合作伙伴代表陪伴下上场。她首先感谢央视的报道及媒体的监督，希望通过今天这样一个机会向北京以及各地媒体尽可能全面介绍情况。

关于最受关注的 D 公司所代理的意大利家具产地的问题，潘某向出席介绍会的所有媒体确认："D 公司所有代理的意大利品牌，均在意大利生产、原装进口。"对于另一个"Capelletti 质量问题"，潘某没有直接回应，而是交由 Capelletti 公司负责人直接发言。会前，D 公司家居向与会媒体出示了一厚叠资料，而这些资料中大部分都是意大利文，部分英文，只有 5 页用中文表明 Capelletti 在意大利生产和制造。

"给我一个话筒，我要问问题。"主持人正要请另一位嘉宾发言时，一位男士站起来大声说："我花了 1000 多万在 D 公司买了家具，我就想知道，到底是中央电视台说得对，还是你们说得对！"

主持人打断这位男子的提问，希望先请嘉宾发言。这位男士嚷道："你们

---

① 参见央视网专题系列报道《D 公司"密码"》，载央视网官网，https://jingji.cctv.com/2011/07/21/VIDE1336927653795613.shtml，最后访问时间：2021 年 7 月 30 日。

都不回复顾客问题！这都成了你们的产品发布会了，再听也没意思了！我就担心我老婆孩子用你们的家具有没有什么问题！”这位男士越说越激动，还拿出他前几天在D公司商店跟店员交涉的一些材料来质问。眼见媒体越聚越多，而D公司方面没有回答的意思，这位男士愤然离场。戴墨镜男子的一番举动令记者会现场秩序出现混乱，大批媒体纷纷涌到台前希望潘某直接回答媒体提问。潘某情绪也开始激动，一边拿出纸巾拭泪，一边解释：“我知道不管如何解释都无法给消费者和媒体一个答案，但我只愿意相信一个信念，只凭我的诚心。”

潘某说，央视披露D公司家具的报道正是D公司主办的“从北京到米兰”展会最后一天，看完整个报道以后她一下子蒙住了。她表示最近几天压力很大，但通过这几天的思考，她希望向媒体做些说明。随后潘某开始长篇大论讲述她的创业史，有媒体数次欲打断她的讲述，但她坚持要把想说的话说完。现场媒体数次提问“关于被曝光家具产地究竟是何处?”“是否会给消费者赔偿或道歉?”均未获回答。

在与现场媒体、消费者几番语言交锋后，潘某表示，D公司愿意提供20张往返意大利的机票供媒体及消费者代表赴意大利实地调查，了解情况。最后潘某匆匆离场，媒体追至电梯口，仍未获任何回答。

四、事后恢复

如果一个企业希望长久经营，它不可避免地会面临诸多风险，有的风险源自时间跨度长，有点风险源自地域跨度广。当企业在一个较为恶劣的大环境下生存，不能指望能够避开所有的风险，必须考虑在合规风险变为现实之后如何善后。而善后，首当其冲就是找寻企业合规体系的漏洞加以修补。跨国公司在母国以外的国家的违规问题应引起政府和企业的高度关注，批评的同时也要借鉴跨国公司内部建立合规体系的经验，我国企业应该积极顺应强化企业合规经营的潮流，变合规挑战为合规机遇。同时，政府也应该遏制商业贿赂，强化促进企业合规经营。

本章合规指引

本章针对我国企业海外投资经营所可能面临的合规风险提出了相应的分析和建议。企业首先应当结合自身海外投资经营的目的做好先期分析与准备。

其次应当结合海外投资经营的具体内容和所处阶段做好相应的合规管理工作，并应当在项目组织架构层面建立相应的合规组织和流程。最后为了应对政府调查，企业也应当早做准备，制定预案并加以演练。

下面提供《企业内部针对海外投资经营合规的顶层治理》《企业内部针对海外投资经营合规的职能部门设置》《以项目阶段为基础的合规管理重点》作为该部分合规管理的指引。具体内容如下：

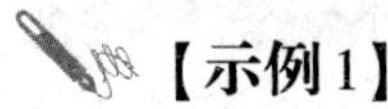【示例1】

企业内部针对海外投资经营合规的顶层治理

机构／岗位	职责设置要点
党组织	在境外投资决策及风险管理工作中，发挥党组织的把关定向作用。
董事会（含上市公司董事）及下设委员会	对境外投融资决策、资本运作、融资方案及投后管理负有主管责任；负责统筹、指导境外投资风险管理。
监事会	监督企业的境外投资与风险管理活动。
董事长	对企业境外投资风险管理负有主要领导责任，是第一责任人。
非上市公司董事	对境外投资风险管控情况进行领导协调，负有重要领导责任。
监事会成员及财务总监	对境外投资风险管理工作负有监督检查责任，负责监督境外投资风险的管控效果。
总经理	负有主要管理责任，对境外投资风险管理工作的有效性向董事会负责。
分管副总	对分管部门的业务开展情况及相应的专业风险管控负有重要管理责任。

【示例2】

企业内部针对海外投资经营合规的职能部门设置

机构／岗位	职责设置要点
战略管理部门	对境外投资战略规划的合理性、战略管控的有效性负有主管责任。

续表

投资管理部门	开展境外投资项目全生命周期管理，负责制订境外投资计划，组织设计投资架构、融资方案及退出方案，组织境外项目调研与评审并跟踪落实投资执行情况等。
财务管理部门	对境外投资相关的资金、税务、预算、融资、财务核算和报告等工作负有主管责任。
审计管理部门	对内部审计、内部控制评价、反舞弊、项目后评价等工作负有主管责任，对潜在违规行为开展调查举证。
法务管理部门	对境外投资相关的法律事务、合规管理、合同管理、完善境外企业法人治理等工作负有主管责任，牵头管控合规与法律风险。
产权管理部门	对境外投资形成的资产产权交易及变动、资产权属管理、特殊目的企业注册与撤并等工作负有主管责任。
人力资源管理部门	对境外投资相关人员安排、招聘与离任、组织发展与培训、薪酬与绩效考评等人事管理工作负有主管责任。
纪检监察部门	对不履行境外投资风险管理职责、侵害公众及企业利益等造成违规责任追究情形的单位、个人进行追责。
风险管理部门	对企业境外投资风险管理体系建设负有牵头管理责任，确保风险管理程序的有效执行，持续监控境外投资风险，组织业务部门完善风险管理方案。

【示例3】①

以项目阶段为基础的合规管理重点

海外并购投资	战略目标筛选及策划	尽调及评估	融资及交易执行	交易整合
海外绿地投资	项目开发筹备	项目融资	项目执行	项目移交或运营
海外基建项目	投标阶段	商业谈判与合同签署	工程项目实施	项目完工及移交

① 参见德勤：《2018 我国公司海外投资经营指南》，载互联网数据资讯网，http：//www.199it.com/archives/765382.html，最后访问时间：2021 年 8 月 8 日。

一、海外并购投资

第一阶段 战略目标筛选及策划	第二阶段 尽调及评估	第三阶段 融资及交易执行	第四阶段 交易整合
·制定并购策略 ·定义目标选择条件 ·开展目标筛选 ·开展初步可行性研究 ·制定初步收购方案 ·初步设计交易架构	·开展税务、财务、商业、运营、法律及其他尽职调查 ·建立财务模型，价值评估及股权溢价分析 ·制定详细收购方案 ·优化交易架构，降低交易过程相关负税 ·开展投资架构及融资架构税务筹划 ·制定风险分析及解决方案	·开展约束性收购价格报价 ·制定商务谈判目标、策略和原则 ·进行股权买卖协议、合资协议及其他交易文件的谈判和签署 ·评阅项目商务文件涉税条款 ·分析项目的融资能力，设置信用保证策略，制定融资方案 ·开展融资方尽职调查及审批 ·谈判及签署融资协议	·审查交接时的财务报表 ·开展财务重组 ·实施并购整合 ·改善业务流程 ·开展财务审计 ·优化人力资源管理 ·优化运营安排及供应链管理优化 ·开展整合后税务申报合规管理、关联交易管理、员工个税管理

二、海外绿地投资

第一阶段 项目开发筹备	第二阶段 项目融资	第三阶段 项目执行	第四阶段 项目移交或运营
·制定项目策略目标及规划 ·设定商业模式与结构 ·分析项目风险，研究风险规避方案 ·分析税务政策，开展税务筹划，申请税收优惠 ·优化投资架构 ·审阅既有商务安排 ·建立财务模型，进行财务分析及项目回报测算	·制订初步融资策略及计划，获得银行初步承诺 ·向潜在贷款银行进行路演，依据其反馈调整确定融资方案 ·开展信贷尽职调查 ·开展项目融资谈判 ·确定套期保值策略、成本和条件 ·确定保险方案以及成本和条件 ·兼顾融资相关负税成本，选择税负较优的融资方案	·落实商务结构和风险配置措施 ·分析更新商务结构对项目可融资性的影响 ·搭建执行主体的组织形式 ·研究招标条件，编制投标文件 ·开展商务合同谈判 ·开展动态风险管理 ·开展税务申报合规管理	·交割日审计 ·过渡期报表审计 ·会计报表准则转换 ·上市公司监管要求的审计和咨询服务 ·建立内部财务管控体系，设计管理报表 ·开展税务检查 ·处理税务争议 ·开展项目绩效评价 ·设计薪酬及考核体系

三、海外基建项目

第一阶段 投标阶段	第二阶段 商业谈判与合同签署	第三阶段 工程项目实施	第四阶段 项目完工及移交
·开展商务、财务、税务等方面可行性研究 ·了解商务、税务、社会保险等相关法律法规 ·测算项目负税成本 ·建立财务模型估算项目成本 ·评估立项审批阶段的风险	·优化项目执行主体组织形式 ·确定 EPC 合同签署模式 ·优化商务合同架构 ·开展税务筹划 · EPC 合同商务、财务及税务风险矩阵分析 ·协助合同谈判，审阅合同条款 ·开展供应商尽职调查 ·制定风险分析及解决方案	·搭建管控体系，厘清权责 ·开展建设期间动态风险管理 ·量化分析经营概率风险 ·建立标准化手册，实现后续管理移植 ·建立综合绩效管理循环，控制项目进程绩效表现 ·优化运营安排及供应链管理 ·开展税务申报合规管理 ·开展关联交易管理	·开展竣工结算 ·开展税务清算 ·应对税务检查 ·申请税收优惠 ·开展工程项目运营阶段的风险评价 ·开展项目后评价

图书在版编目（CIP）数据

企业合规管理：操作指引与案例解析 / 曹志龙著
.—北京：中国法制出版社，2021.12
ISBN 978-7-5216-2262-1

Ⅰ.①企… Ⅱ.①曹… Ⅲ.①企业管理-案例-中国
Ⅳ.①F279.23

中国版本图书馆CIP数据核字（2021）第225541号

责任编辑　韩璐玮（hanluwei666@163.com）　　封面设计　周黎明

企业合规管理：操作指引与案例解析

QIYE HEGUI GUANLI：CAOZUO ZHIYIN YU ANLI JIEXI

著者/曹志龙
经销/新华书店
印刷/三河市国英印务有限公司
开本/710毫米×1000毫米　16开　　印张/37.5　字数/482千
版次/2021年12月第1版　　2021年12月第1次印刷

中国法制出版社出版
书号 ISBN 978-7-5216-2262-1　　定价：128.00元

北京市西城区西便门西里甲16号西便门办公区
邮政编码：100053　　传真：010-63141852
网址：http：//www.zgfzs.com　　**编辑部电话：010-63141790**
市场营销部电话：010-63141612　　**印务部电话：010-63141606**

（如有印装质量问题，请与本社印务部联系。）